Werner Hilgemann

Atlas zur deutschen Zeitgeschichte
1918–1968

Serie Piper
Band 328

Zu diesem Buch

Fünfzig Jahre deutscher Zeitgeschichte (1918–1968) werden in diesem Atlas durch eine neuartige Kombination von Karten und Texten gegliedert und durchschaubar gemacht. Einer ganzseitigen Karte wird jeweils eine ausführliche Erläuterung gegenübergestellt, die den kartographisch nicht darstellbaren Hintergrund bietet.
Auf diese Weise erhält der Leser einen gründlichen und detaillierten Überblick über die geschichtlichen Bewegungen in diesen Jahren, wie etwa das Scheitern der Weimarer Republik, Entstehung und Herrschaftssystem des Dritten Reiches oder die Bildung der zwei deutschen Staaten nach 1945. Die Karten sind vom Autor nach pädagogischen Gesichtspunkten und Erfahrungen zusammen mit dem Kartografen Jürgen Taufmann völlig neu entwickelt worden. Durch differenzierte Farbwahl und leicht lesbare Symbole stellen sie Fakten, Situationen und Ereignisse so präzise dar, daß die geschichtlichen Zusammenhänge deutlich werden.
Eine ausführliche Chronik und ein stichwortartiges Inhaltsverzeichnis schließen das Werk auf und machen es leicht benutzbar.

Werner Hilgemann, geb. am 3. 1. 1921 in Münster/Westfalen, war nach dem Studium der Archäologie, Germanistik, Geschichte und evangelischer Theologie im höheren Schuldienst tätig. Nach seiner Mitarbeit an der Jubiläumsausgabe des »Putzger« veröffentlichte er mit seiner Frau zahlreiche historische Wandkarten, darunter »Deutschland unter der Hitler-Diktatur 1933–1945« (1961), und mit Günther Kettermann, Manfred Hergt sowie seinen Töchtern Transparentserien zur Geschichte und Geographie, von denen die »Großräume in Vergangenheit und Gegenwart« auch im Deutschen Taschenbuch Verlag erschienen. Zusammen mit Hermann Kinder verfaßte er den »dtv-Atlas zur Weltgeschichte« (1964, 1966), der in neun Sprachen übersetzt wurde.

Werner Hilgemann

Atlas zur deutschen Zeitgeschichte 1918–1968

Ende des Kaiserreichs 1918
Weimarer Republik 1919–1933
»Drittes Reich« 1933–1945
Deutschland unter den Besatzungsmächten 1945–1949
Bundesrepublik Deutschland und DDR 1949–1968

Kartografie: Jürgen Taufmann

Piper
München Zürich

Unter Mitarbeit von Christiane und Irene Hilgemann,
Thomas Hilgemann und Sigrid Taufmann

ISBN 3-492-00628-0
Originalausgabe
September 1984

Umschlag: Federico Luci, Wuppertal
Satz: Klaus Wörtler, Bielefeld
Gesamtherstellung: Appl, Wemding
Printed in Germany

Den unvergessenen Freunden
Hermann Kinder und Konrad Jost

Das ist der Stimmzettel für Hitler

(»Der Wahre Jacob«; Berlin, den 9.7.1932)

Eine prophetische Warnung bei einer Machtübernahme durch die NSDAP, deren Politik Deutschland zersprengen würde. Nach der Auflösung des Reichstages (4.6. 1932) und dem mit brutaler Härte und Terror geführten Wahlkampf erhielt die NSDAP am 31.7. 1932 bei den Reichstagswahlen 230 Mandate.

Vorbemerkung für den Benutzer

Im »Atlas zur deutschen Zeitgeschichte« wird der Versuch unternommen, Ereignisse der deutschen Geschichte – eingebettet in die europäische, später auch in den universalen Ost-Westgegensatz – zwischen 1918 und 1968 kartographisch zu erfassen. Auf eine Darstellung der Gegenwart, die sich der historischen Wertung noch weitgehend verschließt, wurde bewußt verzichtet.

Über den in diesem Atlas behandelten Zeitraum liegt eine unübersehbare Zahl von Abhandlungen und zusammenfassenden Darstellungen vor, so daß sich der historisch interessierte Leser leicht informieren kann. Es erschien vertretbar, in einem vorwiegend visuellen Zeitalter das Wagnis auf sich zu nehmen, diesen Abschnitt der Zeitgeschichte mit Hilfe der historischen Kartographie – angereichert durch graphische Lösungen – »anschaulich« zu machen. Zwar kann und will die historische Kartographie nicht die an das Wort gebundene Historie ersetzen, doch können auch durch sie Kenntnisse gewonnen werden, die zu Erkenntnissen führen. Der historischen Kartographie als einer Hilfswissenschaft sind aber Grenzen gesetzt, die nicht ungestraft überschritten werden können, eine Wahrheit, die auch die Konzeption des Atlasses und die Auswahl der Themen bestimmte. Hier stehen die Darstellungen der innen- und außenpolitischen Geschehnisse im Vordergrund, ohne die sozialen und wirtschaftlichen zu vernachlässigen. Doch werden die letzteren durch das Wort und die Graphik oft angemessener behandelt werden können.

In der kartographischen Ausführung wurde Wert darauf gelegt, eine Überlastung der Kartenaussage zu vermeiden. Inhaltlich geschah dies bei vielen Karten durch Beschränkung auf ein jeweils historisch interessantes Thema, soweit dieses gerechtfertigt erschien, zeichnerisch durch einprägsame Symbole und eine dem jeweiligen Thema angemessene Farbauswahl. Die Legende wurde bewußt neben die Karte gesetzt, um den Gesamteindruck der Karte nicht zu zerstören und um – wo es nötig erschien – zu einigen Elementen der Legende Hinweise hinzufügen zu können. Ob der Versuch, einen Mittelweg zwischen herkömmlicher historischer Kartographie und anschaulicher Graphik zu beschreiten, gelungen ist, möge der Benutzer entscheiden.

Als wünschenswertes Ziel wurde erstrebt, die Karte zu einem entscheidenden Träger von überschaubaren Informationen zu machen. Sie soll »gelesen« werden. Dem Text fällt nur die Aufgabe zu, zusätzliche Informationen zu bestimmten, auf der Karte dargestellten Sachverhalten zu geben. Wiederholungen ließen sich nicht immer vermeiden. Einige Karten und Texte aus Büchern und Atlanten, die zwischen 1933 und 1945 erschienen sind, werden wiedergegeben, um zu verdeutlichen, wie historische Begebenheiten durch die Propaganda verzerrt werden können. Der »Leser« des Atlasses soll dazu angeregt werden, sich für historische Zusammenhänge zu interessieren und Vergleiche anzustellen. So wird er in die Lage versetzt, die Gegenwart, in der er lebt, aus ihrer Vergangenheit begreifen und beurteilen zu lernen.

Ein Atlas, der sich zum Ziel setzt, eine Darstellung der Geschichte des »Dritten Reiches« zu versuchen, kann auf eine Einbeziehung der Niederlage (1918) und der Weimarer Republik (1919–1933) nicht verzichten. Der Zeitraum bildet den Prolog zu dem nun folgenden »Tausendjährigen Reich«. Gerade die Niederlage sowie die Politik und die Politiker der Weimarer Republik waren die Ziele, gegen die Adolf Hitler und andere »Kampfgefährten« der NSDAP ihre dauernden Angriffe richteten. Durch »Propaganda!

Aufpeitschende Propaganda!« vermittelten sie den Zuhörern auf den früheren Versammlungen und späteren, sorgfältig inszenierten Massenveranstaltungen ein Bild dieser Zeit, das an Primitivität, Verfälschung von historischen Geschehnissen, bewußten Falschinformationen und -interpretationen nicht zu überbieten war. Dieses durch eine »neue, einheitliche Weltanschauung« dargebotene »Geschichtsbild« kann auf folgende Schlagworte reduziert werden:

Auf die »Vorbereitung des Umsturzes durch Drückeberger und Deserteure, gewissenlose Politiker und Juden« folgte die »Stunde der tiefsten Erniedrigung«, des »tiefsten völkischen Zusammenbruchs«, hervorgerufen durch die »Novemberrevolte«, bzw. die »Zersetzung und den Verrat im November 1918« (»Novemberverbrecher«), verbunden mit der »Selbstaufgabe der Fürsten«. Dies war der Grund für den Abschluß des »schmachvollen Waffenstillstandes«, der beendet wurde durch das »furchtbare Diktat von Versailles«, durch das das »deutsche Heldenvolk« in »ewige Versklavung, Verelendung und Tributpflicht« geriet. Erbe des von Bismarck gegründeten Kaiserreiches wurde 1918 »die judenhörige, waffen- und würdelose Novemberdemokratie«, die »Judenrepublik«. Sie war durch »Aufhetzung der handarbeitenden Bevölkerung in dem Wahn des Klassenkampfes und der proletarischen Internationale« vorbereitet worden. Durch das »Bündnis der mächtigen Zentrumspartei, die die Interessen der deutschen Katholiken wahrzunehmen vorgab«, mit dem »gottesleugnerischen Marxismus«, der »engste Bruderschaft mit dem jüdischen Finanzkapitalismus« schloß, wurde sie erhalten. Für den »deutschen Volkskörper« »zersetzende« und »schädliche« Werte dieser Zeit waren »Individualismus, Liberalismus, Judentum und Marxismus, Kapitalismus und soziale Ausbeutung«. In der Außenpolitik wurde den Mitgliedern der Regierungen der Weimarer Republik eine »unentwegte Erfüllungs- und Unterwerfungspolitik« (»Erfüllungspolitiker«) vorgeworfen, durch die Deutschland »der Möglichkeit von Einfällen schwer bewaffneter Nachbarn hilflos ausgesetzt« war und sich »den Vernichtungswillen der Feinde selbst zu eigen machte«. Die Weltwirtschaftskrise, die als eine Folge des »Diktats von Versailles« von der NS-Propaganda gedeutet wurde, brachte »turmhohe Verschuldung, Bankrott der Wirtschaft, Arbeitslosigkeit in Massen« und eine »Verzweiflungstimmung, die das deutsche Volk mit unausweichbarer Gewißheit dem Kommunismus in die Arme trieb«. Soviel zu diesem »neuen Geschichtsbild«, das zwar durch weitere Schlagworte noch vermehrt werden, aber keineswegs zu tieferen Einsichten führen könnte.

Eine möglichst ausführliche Dokumentation der Geschichte des »Dritten Reiches« (1933–1945) bildet den Schwerpunkt des Atlasses. Es wurde versucht, den Weg des »Dritten Reiches«, in dem das NS-Regime nach der »Machtergreifung« und der »Gleichschaltung« seine Machtbasis ausbaute, zum »Großdeutschen Reich«, das durch den »Anschluß« Österreichs (»Heimkehr der Ostmark«), die »Eingliederung« der sudetendeutschen Gebiete (»Befreiung von den Fesseln von Versailles«) und den »Griff nach Prag« entstanden war, aufzuzeigen. Die 1939/1940 erfolgte Erweiterung durch ein- und angegliederte Gebiete diente als Vorstufe zu dem in Europa erstrebten Kriegsziel, dem »Großgermanischen Reich«, dessen Verwirklichung man sich 1941/1942 auf dem Höhepunkt der Siegeszuversicht nahe glaubte. Ermöglicht wurde diese gewaltige Expansion durch die »Erfassung« der Menschen in den Gliederungen der Partei (HJ, SA, SS) und anderen Organisationen (Reichsnährstand, Reichsarbeitsdienst u.a.) und den Wiederaufbau der Wehrmacht (»Wiederherstellung der Ehre«) im Innern, nach außen durch beeindruckende Zurschaustellungen, die die Leistung des Regimes allen vor Augen führen sollten (Parteitage, Olympische Spiele, Bauten, Autobahnen), nicht zuletzt durch die immer wiederholten Friedensbeteuerungen in den »Friedensreden« Hitlers und durch Versprechungen und Verträge, die gegeben und geschlossen wurden, um – nach Erfüllung ihres Zwecks – nicht eingehalten und gebrochen zu werden. Ausführlich wurden die Folgen einer »Erb- und Rassenpflege« (»Rasseschutz«, »Rassezucht«, »Rassehygiene«) behandelt. Ihr fiel die Aufgabe zu, die »Reinerhaltung« der »arischen« bzw. »nordischen Rasse« in einer »verbastardierten Welt« durch »Entjudung« und »Aufnordung« zu gewährleisten. Für die »Erhaltung des rassischen Daseins der Menschen« hatte nach Hitler der Staat Sorge zu tragen. Dieser »Erhaltung« dienten das Reichserbhofgesetz (29.9. 1939) zur »Rettung des Bauerntums« als eines »Kraftquells des Volkes«, das Gesetz zur Verhütung erbkranken Nachwuchses (14.7. 1933), das Ehegesundheitsgesetz (18.10. 1935), die Nürnberger Gesetze (15.9. 1935: Blutschutzgesetz, Reichsbürgergesetz) und der von allen »Volksgenossen« geforderte »Arier-Nachweis«. Träger und Vollzieher dieser »Rassenideologie«, der wichtigsten Grundlage der »völkischen Weltanschauung«, war die SS unter ihrem Reichsführer Heinrich Himmler, seit 1933/1934 Kommandeur der politischen Polizeien in den deutschen Ländern, seit 1936 Chef der deutschen Polizei. Durch die Verbindung eines politischen Amtes mit einem staatlichen Amt war die Voraussetzung zur personellen Verschmelzung von SS und Polizei geschaffen. Die SS konnte zu einem »Staat im Staate« werden. Ihr unterstanden seit 1934 die Konzentrationslager, das sich während des Krieges gewaltig ausweitende Lagersystem, das zur Zwangsarbeit und Vernichtung (»Ausmerzung«) der »niederen Rassen«, des »Ungeziefers«, (Juden, Zigeuner, »Ostvölker«) diente, die im Osten mordenden Einsatzgruppen, die Umsiedlung deutscher Volksgruppen ins Reich (»Heimholung«) und große Wirtschaftsbetriebe.

Abgerundet wird der Überblick über das »Dritte Reich« durch Darstellungen des NS-Erziehungswesens, der Autarkiebestrebungen, der Zerstörung der Synagogen und Bethäuser in der »Reichskristallnacht«, der Bevölkerungsverschiebungen während des Krieges u.a. So war es nur zu verständlich, daß sich der Widerstand in den eroberten und besetzten Gebieten gegen diese Herrschaft, diese maßlosen Kriegsziele und diese »Neuordnung« formierte. Der Sturm auf die »Festung Europa« und das »Reich« durch die Anti-Hitler-Koalition führte nicht nur zum Selbstmord des »von der Vorsehung berufenen Führers« sondern auch zum Verlust der staatlichen Einheit und Souveränität einer verführten Nation.

Die beiden letzten Abschnitte, Deutschland unter den Besatzungsmächten (1945–1949) und Bundesrepublik Deutschland und Sowjetische Besatzungszone – DDR (1949–1968) bilden den Epilog des Atlasses. In ihnen wurde versucht, die Folgen der Politik Hitlers, die zur Teilung Berlins, Deutschlands, Europas und der Welt führte, darzustellen.

Nach Beendigung des Krieges bestimmten die Rivalität und das Hegemonialstreben der beiden Weltmächte, der USA und der UdSSR, das politische Schicksal Europas. Zu schwach, eine »Dritte Kraft« zu werden, die ihre politische Zukunft autonom hätte gestalten können, begann die Teilung Europas während des »Kalten Krieges«. Die westeuropäischen Staaten wurden in das atlantische Bündnis eingebettet, die osteuropäischen, die schon bei Kriegsende zum Machtbereich der UdSSR gehörten, in das eurasische einbezogen.

Das ehemalige Deutsche Reich, der Staat in Mitteleuropa, dem früher einmal eine Mittlerrolle zwischen Ost und West zugefallen war, bzw. hätte zufallen können, war zugrunde gegangen. Die politischen Sachzwänge der Nachkriegszeit haben zwei deutsche Staaten entstehen lassen, von denen die Bundesrepublik Deutschland dem westlichen Staatensystem, die Deutsche Demokratische Republik dem östlichen angehört. Für die Übernahme einer Mittlerrolle zwischen Ost und West ist keiner der beiden Staaten, – da die politische Einheit Mitteleuropas nicht mehr existiert –, in der Lage und auch nicht geschaffen worden.

Danksagung

Nach Vollendung des Atlasses, der nicht beansprucht, die ganze Wirklichkeit des Vergangenen darzustellen, bleibt mir nur die angenehme Pflicht, Dank zu sagen:

den Direktoren des Internationalen Suchdienstes in Arolsen, Herrn Nikolaus Burckhardt, Herrn Albert de Cocatrix und Herrn Dr. Philipp Züger, sowie den Archivleitern, Herrn Alfred Opitz und Herrn Heinrich Siebel, die seit dem Jahre 1958 nicht müde wurden, mit stets gleichbleibender Hilfsbereitschaft Fragen im Gespräch und schriftliche Anfragen zu beantworten sowie Unterlagen zur Verfügung zu stellen,

Herrn Prof. Dr. Jochen Abr. Frowein, Heidelberg, für freundliche Hinweise über die Rechtslage Deutschlands und den Status von Berlin nach 1945,

meinem Freunde Manfred Hergt für viele Anregungen, zahlreiche bibliographische Hinweise, Verbesserungsvorschläge in bezug auf die Gestaltung verschiedener Karten und den großen Gewinn, mit einem 20 Jahre jüngeren Freund zahlreiche Einzelprobleme besprechen zu können.

Herrn Dr. Armin Wolf, dem Kenner und Kritiker historischer Karten und Atlanten, für Anregungen und informative Gespräche über Zweck, Inhalt und Gestaltung historischer Karten,

meinen Freunden Adolf und Renate Dralle für den Hinweis auf die reichen Schätze der Bibliothek des Oberlandesgerichts in Celle und die Vermittlung der Bekanntschaft mit Herrn Senatspräsidenten i. R. Hans-J. Glaser, dem ich für Unterlagen über außerordentliche Gerichte, Sondergerichte und Gesetze danke, und Herrn Oberlandesgerichtsrat i. R. Dr. P. Herminghausen, dem ich für Informationen über das Reichserbhofgesetz, die Erbhofgerichte, besonders das Landeserbhofgericht in Celle zu danken habe,

Herrn Jürgen Taufmann, dem Kartographen, für die verständnisvolle und befriedigende Zusammenarbeit, die es ermöglichte, meine Vorstellungen von einer historischen Karte zu verwirklichen,

Lieselotte Büchner, die sich seit fast 20 Jahren um die Entzifferung meiner Schrift bemüht, für das undankbare und schwierige Lesen der Kartenkorrekturen,

im Verlag Piper Herrn Matthias Pflieger für sein Interesse an dem Atlas und seine Hilfe bei der Planung,

Herrn Jochen Rahe für seine Arbeit als Lektor und Herrn Hanns Polanetz für die Sorgfalt bei der Herstellung,

nicht zuletzt aber meinen Töchtern Christiane und Irene sowie meinem Neffen Thomas, die wertvolle Mitarbeiter wurden – auch durch die Fragen, die sie an die Vergangenheit und an mich stellten.

Schließlich darf ich noch erwähnen, daß ohne die beständige Unterstützung meiner lieben Frau und die Ermutigung meiner Freunde Carla und Gerd Labudde der Atlas – trotz langjähriger Vorarbeiten und Überlegungen – nicht fertiggestellt worden wäre.

Wenn dies Buch zwei zu früh verstorbenen Freunden gewidmet ist, so auch wegen ihrer Anteilnahme an meiner Arbeit. Hermann Kinder verfolgte schon die Entstehung der Wandkarte »Deutschland unter der Hitler-Diktatur« (1961) mit Aufmerksamkeit und Kritik. Mit Konrad Jost führte ich viele Gespräche über den vorliegenden Atlas, der in seiner ersten Planung nur die Zeit des »Dritten Reiches« darstellen sollte. Er führte mich auch mit Herrn Klaus Piper zusammen, der damals, glaube ich, noch nicht ganz überschaute, auf welch ein Wagnis er sich einließ. Heute möchte ich Herrn Klaus Piper sehr herzlich für sein Vertrauen, sein Verständnis und nicht zuletzt für seine Geduld danken.

Ganz offen möchte ich auch bezeugen, daß uns das Entwerfen der Karten nicht nur Sorge und Arbeit, sondern auch Vergnügen bereitet hat. Nach der Fertigstellung des Atlasses sehe ich aber auch, was hätte anders, was sogar besser gemacht werden können.

Inhalt

Die mit einem roten ● versehenen Texte und Karten sind Atlanten und Büchern entnommen, die zwischen 1933 und 1945 veröffentlicht wurden.

Grenze zwischen Bundesrepublik Deutschland und DDR: – · – · – · – · – · – · – · – ·

* Whither? (Wohin?)
(Daily Express; London, den 29. 7. 1933)

Die Karikatur ist wohl in Anlehnung an den Weg Jesu nach Golgatha entstanden. Der Zeichner wollte aufzeigen, daß Deutschland unter dem Hakenkreuz zugrundegehen würde.

KARTENTEIL

ISLAND
NORWEGEN
SCHWEDEN
FINNLAN
ESTLAN
LETTLAN
LITAUE
GROSSBRITANNIEN
UND IRLAND
DÄNEMARK
NIEDER-
LANDE
DEUTSCHES
REICH
POLEN
BELGIEN
LUX.
Tschechen
Polen
Ukrai
Slowaken
Kar
FRANKREICH
L.
SCHWEIZ
ÖSTERREICH-UNGAR
Ungarn
Slowenen
Kroaten
SERBIEN
BU
MONACO
S. MARINO
ITALIEN
MONTE-
NEGRO
ALBANIEN
GRIEC
LA
PORTUGAL
ANDORRA
SPANIEN
Tanger
Gibraltar
brit.
Span.-
Marokko
Algerien
Marokko
Malta
brit.
Tunesien
Tripolitanien
ital.
Cyr

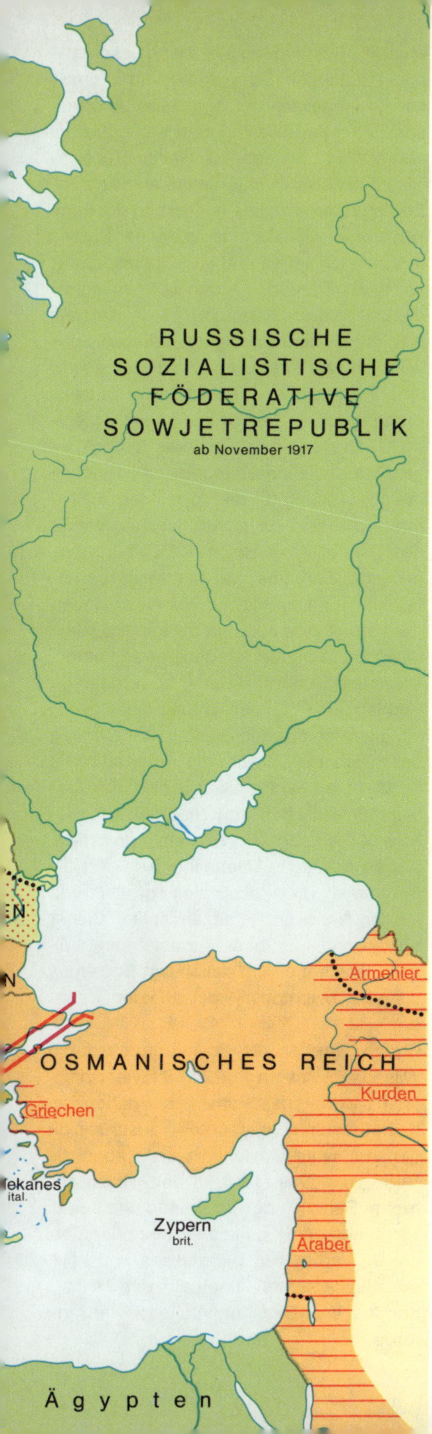

Die »14 Punkte« Wilsons (8.1.1918)

Mittelmächte und Verbündete
Auf der Seite Deutschlands und Österreich-Ungarns traten das Osmanische Reich und Bulgarien in den Krieg ein.

Entente und Alliierte
Neben Serbien traten die Entente – Frankreich und Großbritannien – sowie das Russische Reich in den Krieg ein. Ihnen schlossen sich als Alliierte während des Krieges an: Montenegro, Italien, Portugal, Rumänien und Griechenland, unter den außereuropäischen Mächten u. a. Japan und die USA.

Frontverlauf (Januar 1918)

Wiederherstellung der Souveränität Belgiens (Punkt 7)

Zu räumende Gebiete
Von den Mittelmächten sollten die russischen (Punkt 6), französischen und belgischen Gebiete (Punkt 8), Rumänien, Serbien und Montenegro (Punkt 11) geräumt werden.

Gewährung einer autonomen Entwicklung
Den Völkern Österreich-Ungarns (Punkt 10) und des Osmanischen Reiches (Punkt 12) sollte eine autonome Entwicklung ermöglicht werden.

Rückgabe Elsaß-Lothringens an Frankreich (Punkt 8)

Freier Zugang zum Meer für Serbien (Punkt 11) und Polen (Punkt 13)

POLEN **Errichtung eines unabhängigen Staates Polen (Punkt 13)**

Neue Grenzen gemäß den Nationalitätenlinien für Italien (Punkt 8)

Freier Durchgang
Die Dardanellen sollten als freie Durchfahrt unter internationalen Garantien geöffnet werden (Punkt 12).

Das Friedensprogramm der »14 Punkte«

War der amerikanische Präsident Woodrow Wilson noch am 22.1. 1917 für einen »Frieden ohne Sieg« eingetreten, so ließ die Kriegsbotschaft vom 2.4. 1917 eine Wandlung erkennen. Die Schaffung eines gerechten und dauerhaften Weltfriedens stand zwar auch hier im Vordergrund, doch ließ der Satz »The world must be saved for democracy« auch andere Zielsetzungen ahnen. So erstrebten die Vereinigten Staaten nicht nur die Niederwerfung des Gegners, sondern auch eine Änderung der Regierungsform der Mittelmächte, zumal aus dem Krieg ein Kreuzzug für die Demokratie geworden war. Allerdings standen den allgemeinen Grundsätzen Wilsons die konkreten politischen Abmachungen der alliierten Geheimverträge gegenüber, über die Wilson erst später informiert wurde.
Nach der Friedensresolution des Deutschen Reichstages (19.7.1917) und dem erfolglosen Vermittlungsangebot Papst Benedikts XV. (1.8. 1917) forderte die Sowjetregierung in dem Dekret über den Frieden vom 26.10. (8./9.11.) 1917 einen »sofortigen Frieden ohne Annexionen und Kontributionen« und veröffentlichte die Geheimverträge der Alliierten. So sah sich der britische Premierminister David Lloyd George am 5.1. 1918 vor dem Unterhaus gezwungen, über die alliierten Kriegsziele und die Revision der geheimen Abmachungen mit den Verbündeten zu sprechen. Der amerikanische Präsident konnte sich einer Formulierung der amerikanischen Kriegsziele nicht länger entziehen. Am 18.1. 1918 trug Wilson in einer Botschaft an den Kongreß sein »14 Punkte« umfassendes Programm vor, das von einer Sachverständigenkommission (»the Inquiry«) ausgearbeitet worden war. Die ersten 5 Punkte enthielten allgemein verbindliche Grundsätze für einen zu schaffenden Weltfrieden und die Weltpolitik der Zukunft und wandten sich sowohl an die Mittelmächte als auch an die Entente: offene Friedensverträge unter Abschaffung der Geheimdiplomatie, Freiheit der Schiffahrt auf allen Meeren, Beseitigung der Handelsschranken, Rüstungsbeschränkung und internationale Regelung der kolonialen Ansprüche unter Berücksichtigung der betroffenen Völker und der Kolonialregierungen. Die nächsten 8 Punkte umfaßten konkrete Forderungen, die die Annäherung der Friedensvorschläge Wilsons an die der Entente erkennen ließen und als Voraussetzung für einen Frieden mit den Mittelmächten dienen sollten: Räumung der besetzten Gebiete Rußlands, Belgiens, dessen Souveränität wieder hergestellt werden sollte, und Frankreichs – einschließlich Elsaß-Lothringens –, Berichtigung der italienischen Grenze »entsprechend deutlich erkennbaren Nationalitätsgrenzen«, autonome Entwicklung für die Völker der Donaumonarchie und die nichttürkischen Völker des Osmanischen Reiches, Räumung Rumäniens, Serbiens und Montenegros, internationale Garantie für die Neuordnung der Verhältnisse auf dem Balkan und internationale Garantie für die Balkanstaaten, freier und sicherer Zugang zum Meer für Serbien und Polen, Errichtung eines unabhängigen polnischen Staates und Öffnung der Dardanellen für die internationale Schiffahrt. In Punkt 14 wurde die Gründung einer Gesellschaft von Nationen (»Covenant of the League of Nations«) gefordert, die die politische Unabhängigkeit und die territoriale Unverletzlichkeit großer und kleiner Nationen schützen sollte. Dieser Völkerbund, die bedeutendste Idee Wilsons, sollte die vom nationalen Egoismus diktierte Machtpolitik der Staaten beenden.
Ergänzt wurden die Ausführungen durch Wilsons Rede vom 11.2. 1918 („Vier Prinzipien") in der das Prinzip des nationalen Selbstbestimmungsrechtes ausdrücklich genannt wurde. Wichtig wurde aber die Rede vom 27.9. 1918, in der Wilson gerechte Behandlung von Freund und Feind, Nichtanerkennung nationaler Sonderinteressen, Verbot von Bündnissen und Wirtschaftsabkommen innerhalb des Völkerbundes und Bekanntgabe aller Verträge forderte.

Die Ausstrahlungen der deutschen Volkskraft im Weltkriege

Trotz aller dieser widrigen Umstände sind wir im Laufe der vier Kriegsjahre dem Siege wiederholt nahe gewesen. Die »Alliierten und Assoziierten Mächte« haben mehr als 44 Millionen Soldaten auf die Beine bringen und die Industrie der ganzen Welt einspannen müssen, um den heldenhaften Widerstand des deutschen Heeres zu brechen, das oft auch das Rückgrat der wankenden Armeen seiner Bundesgenossen bilden mußte. Es hat von den 25 Millionen Streitern des Vierbundes allein mehr als 13 ins Feld gestellt.

Schließlich erlag Deutschland einer noch nie dagewesenen Übermacht, die ihm ein »Cannä« bereitete, eine Umzingelung, in der nicht nur die bewaffnete Macht, sondern das ganze Volk strategisch, politisch, wirtschaftlich und moralisch erwürgt wurde.

ISLAND
NORWEGEN
SCHWEDEN
FINNLAN
6.XII.17
ESTLAN
24.II.18
LETTLAN
18.XI.18
LITAU
2.XI.1
GROSSBRITANNIEN UND IRLAND
London
DÄNEMARK
NIEDER-LANDE
DEUTSCHES REICH
ab 9.11.1918 Republik
Berlin
3.10.
11.11.
POLEN
14.XI.18
BELG.
Brüssel
Spa
Compiègne
8.8.
Paris
LUX.
Prag
28.X.18
FRANKREICH
Wien
14.9. Friedensnote
Budapest
16.XI.18
L.
SCHWEIZ
4.10.
ÖSTERREICH-UNG.
24.10.
3.11.
Belgrad
1.XII.18
SERBIEN
MONACO
S. MARINO
ITALIEN
MONTE-NEGRO
Cetinje
Rom
ALBANIEN
GRIEC
PORTUGAL
Lissabon
SPANIEN
ANDORRA
Tanger
Gibraltar brit.
Span.-Marokko
Algerien
Marokko
Tunesien
Malta brit.
Tripolitanien ital.
Cyr

Die Niederlage der Mittelmächte (1918)

Mittelmächte und Verbündete

Auf der Seite Deutschlands und Österreich-Ungarns, der durch den Zweibund seit 1879 verbündeten Mittelmächte, traten die Türkei und Bulgarien in den Krieg ein.

Entente und Alliierte

Neben Serbien traten die Entente – Frankreich und Großbritannien – sowie das Russische Reich in den Krieg ein. Ihnen schlossen sich als Alliierte während des Krieges an: Montenegro, Italien, Portugal, Rumänien und Griechenland, unter den außereuropäischen Mächten u. a. Japan und die USA.

Zusammenbruch der Fronten der Mittelmächte

Neben der westlichen Front in Frankreich und der östlichen in Rußland entstanden weitere Fronten in Italien, auf dem Balkan und in Syrien.

Bitte um Waffenstillstand

Nach dem Zusammenbruch der verschiedenen Fronten baten Bulgarien, das Osmanische Reich, das Deutsche Reich und Österreich-Ungarn um Waffenstillstand.

Waffenstillstand

Während die Bestimmungen des Waffenstillstands mit Bulgarien, der Türkei und Österreich-Ungarn darauf abzielten, alle Kräfte der Entente und ihrer Alliierten gegen den Hauptgegner Deutschland mobilisieren zu können, machte der Waffenstillstand mit Deutschland eine Fortsetzung des Krieges unmöglich.

········· **Frontverlauf beim Waffenstillstand**

30.X.18 **Unabhängigkeitserklärung**

In den von den deutschen Armeen besetzten Gebieten Rußlands und in dem Vielvölkerstaat Österreich-Ungarn erklärten Nationalitäten ihre Unabhängigkeit.

Die Niederlage der Mittelmächte

Die Westfront

Obwohl das Ende des Krieges auf den Nebenkriegsschauplätzen eingeleitet wurde, war die strategische Entscheidungsfront doch die Westfront in Europa. Nachdem der deutschen Frühjahrsoffensive 1918 im Westen kein Erfolg beschieden war, begann die alliierte Gegenoffensive, durch deren Erfolg infolge der Überlegenheit an Menschen (Eintreffen der Amerikaner) und Material (Tanks) der Rückzug des deutschen Westheeres eingeleitet wurde. Nach der Schlacht bei Amiens, »dem schwarzen Tag des deutschen Heeres« (8.8. 1918), der die deutschen Truppen 48000 Soldaten – darunter 33000 Vermißte – kostete, führte das deutsche Heer – abgesehen von örtlichen Erfolgen – nur noch Defensivkämpfe. Die Oberste Heeresleitung hielt eine Fortführung des Krieges für aussichtslos (14.8. 1918). Am 29.9. 1918 forderten Ludendorff und Hindenburg wegen der Lage der Armee einen Waffenstillstand, »um einer Katastrophe vorzubeugen«.

Bulgarien

Nach Verstärkung der alliierten Orientarmee wurde die bulgarische Front durchbrochen (21.9. 1918). Am 24.9. 1918 bat die bulgarische Regierung um Waffenstillstand, der am 30.9. 1918 gewährt wurde. Die Folgen waren: Kontrolle der Alliierten über den Balkan, Unterbrechung der Verbindung zwischen den Mittelmächten und dem Osmanischen Reich und der Wiedereintritt Rumäniens in den Krieg.

Das Osmanische Reich

Nachdem die türkische Front bei Jaffa durchbrochen war (18.9. 1918), wurde aufgrund der türkischen Bitte um Waffenstillstand (14./15.10. 1918) dieser unter folgenden Bedingungen geschlossen: Öffnung der Meerengen und Übergabe der Sperrforts, Freigabe des türkischen Staatsgebiets für alliierte Operationen.

Österreich-Ungarn

Von Österreich-Ungarn, das dem deutschen Waffenstillstandsangebot beigetreten war (4.10. 1918), forderte Wilson in seiner Antwortnote (20.10. 1918) die Anerkennung der Selbständigkeitswünsche der Völker der Donaumonarchie. Österreich-Ungarn, das durch die italienische Offensive, die mit starker alliierter Unterstützung erfolgte, in Bedrängnis geraten war (24.10. 1918) und in Abwehrkämpfe verwickelt wurde, bat unter den von Wilson geforderten Auflagen noch einmal um Waffenstillstand (27.10. 1918), der am 3.11. 1918 gewährt wurde. Damit hatten die Alliierten erreicht, daß die Verhandlungen mit den Mittelmächten in Zukunft getrennt geführt wurden. Die Bedingungen waren: Räumung Tirols, Abzug der deutschen Truppen, freier Durchmarsch für die alliierten Truppen. Mit Ungarn wurde ein gesonderter Waffenstillstand abgeschlossen.

Deutschland

Am 3./4.10. 1918 bot die neue Reichsregierung des Prinzen Max von Baden über die Schweiz dem amerikanischen Präsidenten Wilson – nicht den alliierten Mächten Frankreich und Großbritannien, die die Hauptlast des Krieges getragen hatten – einen Waffenstillstand auf der Grundlage der »14 Punkte« an. Während des nun folgenden amerikanisch-deutschen Notenwechsels forderte die amerikanische Regierung die Räumung der von Deutschland besetzten Gebiete und die demokratische Legitimierung der deutschen Regierung (8.10. 1918), befriedigende Sicherheiten für die weitere militärische Überlegenheit der Alliierten während des Waffenstillstandes (14.10. 1918) und einen Waffenstillstand, der Deutschland militärisch völlig entmachten sollte (23.10. 1918). Daraufhin nahm Ludendorff am 26.10. 1918 seinen Abschied. Nach Erweiterung der Befugnisse des Reichstages durch Verfassungsänderung nahm die deutsche »Volksregierung« die Vorschläge für den Waffenstillstand an (27.10. 1918). In der letzten amerikanischen Note vom 5.11. 1918 wurde der deutschen Regierung die Annahme der »14 Punkte« als Grundlage für den Waffenstillstand durch die Alliierten bekanntgegeben und Marschall Foch als ermächtigter Unterhändler für die Waffenstillstandsverhandlungen benannt. Nach eingehenden Beratungen hatten sich die alliierten Mächte auch bereit erklärt, die »14 Punkte« und die sich an sie anschließenden Erklärungen des amerikanischen Präsidenten als Grundlage für künftige Friedensverhandlungen anzuerkennen, allerdings mit 2 Einschränkungen:

1. sie behielten sich das Recht auf eine Interpretation des Begriffs »Freiheit der Meere« auf der Friedenskonferenz vor und forderten
2. nicht nur die Räumung, sondern auch die Wiederherstellung der besetzten Gebiete, d.h. die Erstattung aller der Zivilbevölkerung zugefügten Schäden (Forderung nach Reparationen).

Das Waffenstillstandsabkommen, das am 11.11. 1918 unterzeichnet und dreimal (13.12. 1918, 17.1. 1919, 16.2. 1919) verlängert wurde, machte Deutschland eine Fortsetzung des Krieges unmöglich und schuf die militärischen und politischen Voraussetzungen für den künftigen Frieden: Räumung der besetzten Gebiete im Westen innerhalb von 15 Tagen, Auslieferung großer Mengen von Kriegsmaterial, Räumung des linken Rheinufers innerhalb von 25 Tagen, Schaffung von 3 Brückenköpfen mit einem Umkreis von 30 km (Mainz, Koblenz, Köln) und einer neutralen Zone rechts des Rheins, Auslieferung von Transportmaterial, Ablieferung der Unterseeboote, Abrüstung und Internierung der deutschen Hochseeflotte, Freilassung der alliierten Kriegsgefangenen ohne Gegenseitigkeit, Verzicht auf die Friedensverträge von Brest-Litowsk und Bukarest sowie Rücknahme der deutschen Truppen im Osten hinter die Grenzen vom 1.8. 1918, allerdings mit der Einschränkung, daß die Räumung der russischen Gebiete erst erfolgen sollte, »sobald die Alliierten, unter Berücksichtigung der inneren Lage dieser Gebiete, den Augenblick für gekommen erachteten«. Besonders hart traf aber die Zivilbevölkerung die weitere Durchführung der alliierten Blockade, der damit verbundene Hunger und die Unterbindung des deutschen Überseehandels.

Die Unabhängigkeitserklärungen

Zwar führte die gegen die Donaumonarchie gerichtete alliierte Kriegspropaganda nicht zu den erwarteten Aufständen der »unterdrückten Völker«, doch mehrten sich seit dem Sommer 1918 die Anzeichen dafür, daß die Völker der Donaumonarchie – vor allem Tschechen und Südslawen – sich keineswegs mit der von Wilson versprochenen Autonomie zufrieden geben würden, sondern das Recht auf nationale Selbstbestimmung für sich beanspruchten. So befand sich die Donaumonarchie im Herbst 1918 in völliger Auflösung. Der Versuch Kaiser Karls I., den Auflösungsprozeß durch das – auf die westliche Reichshälfte bezogene – Völkermanifest (16.10. 1918), in dem die bestehenden Nationalräte anerkannt wurden und der Umbau der Monarchie in einen Bundesstaat verkündet wurde, aufzuhalten, schlug fehl. An einer föderativen Lösung war zu diesem Zeitpunkt keine der nationalstaatlichen Bewegungen, die für völlige Souveränität ihrer Länder eintraten, mehr interessiert. So wurden die tschechoslowakische Republik und das Königreich der Serben, Kroaten und Slowenen proklamiert. Die Republik Ungarn verkündete ihre Unabhängigkeit. Am 12.11. 1918 wurde die deutsch-österreichische Republik ausgerufen.

Nachdem den Völkern Rußlands durch eine feierliche Deklaration vom 2.11. (15.11.) 1917 das Recht auf freie Selbstbestimmung zugestanden worden war und der am 22.11. (5.12.) 1917 mit den Mittelmächten geschlossene Waffenstillstand zu dem »Verzichtfrieden« von Brest-Litowsk geführt hatte (3.3. 1918), setzte ein Auflösungsprozeß innerhalb des ehemaligen Zarenreiches ein. Finnland, Estland, Lettland, Litauen, Polen, die Ukraine und Weißrußland wurden selbständig bzw. erklärten ihre Unabhängigkeit. Im Januar 1918 besetzte Rumänien Bessarabien, dessen Anschluß am 7.4. 1918 proklamiert wurde. Im Mai 1918 erklärten Georgien, Armenien und Aserbaidschan ihre Unabhängigkeit.

DÄNEMARK
SCHWEDEN
27.10. Dienstverweigerung auf der deutschen Hochseeflotte
III. Geschwader
I. Geschwader
IV. Geschwader
Flensburg
Schleswig
Eckernförde
Rendsburg
Kiel
Neumünster
Eutin
Lockstedt
Cuxhaven
Lehe
Bremerhaven
Geestemünde
Wilhelmshaven
Aurich
Oldenburg
Delmenhorst
Vegesack
Bremen
Altona
Hamburg
Holthusen
Harburg
Lübeck
Lüneburg
Warnemünde
Rostock
Stralsund
Greifswald
Swinemünde
Wismar
Güstrow
Schwerin
Parchim
Boizenburg
Neustadt-Glewe
Pasewalk
Stettin
Neustrelitz
Perleberg
Neuruppin
Eberswalde
Nauen
Berlin
Döberitz
Potsdam
Brandenburg
Trebbin
Frankfurt
Pose
NIEDERLANDE
Osnabrück
Bückeburg
Celle
Hannover
Gifhorn
Braunschweig
Hildesheim
Magdeburg
Bielefeld
Detmold
Halberstadt
Jüterbog
Dessau
Haltern
Bottrop
Hamm
Hamborn
Dortm.
Soest
Krefeld
Unna
Düsseldorf
Iserlohn
Arolsen
Rheydt
Wuppertal
Solingen
Kassel
Köln
Düren
Aachen
Bonn
Spa
BELG.
Bitterfeld
Halle
Leipzig
Wurzen
Großenhain
Glogau
Mühlhausen
Weißenfels
Naumburg
Riesa
Kamenz
Döbeln
Dresden
Görlitz
Liegnitz
Eisenach
Erfurt
Zeitz
Altenburg
Bautzen
Gotha
Weimar
Jena
Gera
Pirna
Sebnitz
Chemnitz
Zittau
Meiningen
Suhl
Rudolstadt
Zwickau
Greiz
Hildburghausen
Plauen
Koblenz
Cochem
Frankfurt
Hanau
Offenbach
Mainz
Griesheim
Darmstadt
Würzburg
Bayreuth
LUX.
Trier
Saarbrücken
Mannheim
Nürnberg
Metz
Karlsruhe
TSCHEC
Cannstatt
Regensburg
Straßburg
Stuttgart
Göppingen
Straubing
FRANKREICH
Offenburg
Lahr
Ulm
Augsburg
Freising
Passau
München
Rosenheim
Friedrichshafen
ÖSTERREICH
L.
SCHWEIZ
ITALIEN
JUG

Die Novemberrevolution (1918)

Bildung des 1. Soldatenrates

Nach Ankunft des III. Geschwaders in Kiel wurden unter den Schiffsbesatzungen Verhaftungen vorgenommen, die zu Demonstrationen der Matrosen für die Freilassung der arretierten Kameraden führten. Die unangemessene Bekämpfung der Demonstranten, mit denen sich Teile der Arbeiterschaft solidarisierten, trug dazu bei, nicht nur für die Freilassung sondern auch für eine politische Neuordnung einzutreten. Am 4.11. wurde der 1. Soldatenrat in Kiel gebildet. Gleichzeitig begann die Zusammenarbeit zwischen Militär und Arbeiterschaft.

Bildung von Soldatenräten bzw. Arbeiter- und Soldatenräten

Nachdem sich die Aufstandsbewegung ab 5./6. November im Küstenbereich der Nord- und Ostsee ausgebreitet hatte, bildeten sich im November in fast allen grösseren Städten Deutschlands Arbeiter- und Soldatenräte.

Revolution

Am 7.11. brach die Revolution in München, am 9.11. in Berlin aus.

Sturz der Dynastien in den deutschen Ländern

Während der Novemberrevolution wurden die Dynastien in den deutschen Ländern für abgesetzt erklärt bzw. zur Abdankung gezwungen.

Die Novemberrevolution 1918

Entgegen den Durchhalteparolen, den andauernden Siegesmeldungen und dem Versprechen eines entscheidenden Sieges durch die Oberste Heeresleitung (OHL) ließen die einschneidende Kürzung der Lebensmittelrationen, der Angriff der Alliierten im Westen und der drohende Zusammenbruch der Verbündeten Zivilbevölkerung und Soldaten an einem Sieg zweifeln. Die Streiks der Berg-, Metall- und Munitionsarbeiter sowie Befehlsverweigerungen und Desertionen der Soldaten mehrten sich. Kriegsmüdigkeit und Pessimismus griffen um sich. Ein noch von der Marineführung für den 30.10. 1918 geplantes Unternehmen der Marinestreitkräfte, das angesichts der politischen und militärischen Gesamtlage unverantwortlich war, führte nach seiner Genehmigung am 27.10. 1918 zu Dienstverweigerungen von Heizern auf dem Kreuzer »Straßburg«, am 29.10. zu weiteren Befehlsverweigerungen von Marinesoldaten. Daraufhin wurde der Einsatzbefehl am 30.10. 1918 zurückgenommen. Über 1000 Matrosen wurden verhaftet. Die Geschwader wurden verlegt. Diese Meuterei bildete das Signal für den Beginn der Novemberrevolution.

Als das nach Kiel verlegte III. Geschwader am 31.10. 1918 dort eingelaufen war, riefen neue Verhaftungen große Unruhe unter den Matrosen hervor. Nachdem Marinelandtruppen, die die Ordnung wiederherstellen sollten, sich den meuternden Matrosen angeschlossen hatten, wurde am 4.11. 1918 der 1. Soldatenrat in Kiel gebildet und auf den Kriegsschiffen die rote Fahne gehißt. Die Revolution griff schnell auf andere Städte des Reiches über und besaß feste Bastionen in den Küstenstädten der Nord- und Ostsee, im Ruhrgebiet, in den thüringischen Staaten und Sachsen. Bald kontrollierten die Arbeiter- und Soldatenräte die Regierungen und die meisten Militär- und Zivilbehörden. Die Fürsten wurden abgesetzt bzw. dankten ab und verzichteten auf ihre Rechte. Die wichtigsten Forderungen der Räte waren schnelle Beendigung des Krieges, Freilassung der politischen Gefangenen, Demokratisierung des Wahlrechts und Abdankung des Kaisers, da man sich von einem Systemwechsel Hoffnung auf bessere Friedensbedingungen machte. Revolutionäre Akte bildeten in Berlin am 9. und 10.11. 1918 die Ausrufung der Republik durch den Sozialdemokraten Philipp Scheidemann, die Thronentsagung des Kaisers, der am 10.11. 1918 nach Holland floh, der Rücktritt des letzten konstitutionellen Reichskanzlers Max von Baden und die Bildung des Rates der Volksbeauftragten aus je 3 Mitgliedern der SPD (Ebert, Scheidemann, Landsberg) und der USPD (Haase, Dittmann, Barth) als provisorische deutsche Reichsregierung. In der gespaltenen sozialistischen Arbeiterbewegung bestand keine Einigkeit über die Ziele, die man mit der kampflos zugefallenen politischen Macht verwirklichen wollte. Die SPD wünschte soziale, wirtschaftliche und politische Reformen durch eine parlamentarische Demokratie. Die USPD, der Spartakusbund unter Karl Liebknecht und Rosa Luxemburg sowie die Berliner revolutionären Obleute erstrebten dagegen eine politische und soziale Revolution, um Adel und Großbürgertum durch Sozialisierungsmaßnahmen ihrer politischen Macht zu berauben und eine Rätediktatur nach russischem Vorbild zu errichten. Um chaotische Verhältnisse zu vermeiden, entschied sich Ebert für einen geordneten Übergang zur parlamentarischen Demokratie. So entstanden das »Bündnis Ebert-Groener« (10.11. 1918), in dem die Oberste Heeresleitung mit der geordneten Rückführung des Feldheeres und der Erhaltung von Ruhe und Ordnung im Innern beauftragt wurde, und das »Bündnis Stinnes-Legien« (15.11. 1918), in dem den Arbeitnehmern volle Koalitionsfreiheit, Tarifverträge und Betriebsräte zugestanden wurden. Auf der Reichskonferenz aller deutschen Arbeiter- und Soldatenräte in Berlin (16.–21.12. 1918) wurden die Wahlen zur verfassunggebenden Nationalversammlung für den 19.1. 1919 angesetzt.

Der Dolchstoß

DANEMARK
SCHWEDEN
Stralsund
Kolberg
bis 3.7.1919
„Kommandostelle K
3.7.-20.9.191
Anklam
Cuxhaven
Wilhelmshaven
Hamburg
Bremerhaven
Stettin
II
Bremen
10.1.-4.2.1919
Samot
Czarnikau
NIEDER-
LANDE
DEUTSCHES REICH
Biala
III Berlin
Birnbau
Karl Liebknecht
Rosa Luxemburg
15.1.1919
Bentschen
Münster
VI
Braunschweig
28.2.1919
Magdeburg
Wolls
„Blutwoche"
3.-11.3.1919
Bottrop
Duisburg
Mülheim
Düsseldorf
Mansfeld
Halle
Kassel
bis 12.2.1919
Leipzig
Köln
Erfurt
Eisenach
Gotha
Weimar
„Nationalversammlung"
6.2.-21.8.1919
IV
Dresden
BELG.
Meiningen
Koblenz
Wiesbaden
Mainz
LUX.
„Rheinische Republik"
1.6.1919
Mannheim
Lothringen
Karlsruhe
TSCHEC
V
Stuttgart
Elsaß
FRANK-
REICH
Augsburg
24.2.1919
VII
München
13.4.-3.5.1919
Kurt Eisner
21.2.1919
ÖSTERREICH
SCHWEIZ
ITALIEN
JUG

Das Jahr 1919

- Deutsches Reich
- Von deutschen Truppen geräumtes und von den Alliierten besetztes Gebiet (lt. Waffenstillstandsabkommen)
- Neutrale Zone auf dem rechten Rheinufer
- Waffenstillstandslinien für »Grenzschutz Ost« nach dem Ultimatum von Marschall Foch (16.2.1919)
- Gebiet des »Grenzschutz-Ost«
- Sitz der Obersten Heeresleitung
- Aufstand bzw. Putsch
- Räterepublik
- ✝ Politischer Mord
- Reichswehrgruppenkommando (1.10.1919)
- ◉IV Wehrkreiskommando (1.10.1919)
- Grenze eines Reichswehrgruppen-Kommandos

Die Gründung der KPD

Nach den Entscheidungen der Reichskonferenz der Arbeiter- und Soldatenräte für die Durchführung von Wahlen zur verfassunggebenden Nationalversammlung und Bildung eines Zentralrates zur Wahrnehmung der parlamentarischen Kontrolle rief Karl Liebknecht zur Bildung einer Roten Garde und zum Sturz der Regierung Ebert auf. Am 23. 11. 1918 begann der Matrosenputsch in Berlin. Die republikanische Soldatenwehr und Truppen des Feldheeres versagten und konnten die Regierung nicht schützen. Am 29. 12. 1918 traten wegen des Einsatzes von Truppen die USPD-Mitglieder aus dem Rat der Volksbeauftragten aus, die SPD-Mitglieder Rudolf Wissell und Gustav Noske in ihn ein. Der Putsch konnte erst am 31. 12. 1918 niedergeschlagen werden.

Auf der Reichskonferenz des Spartakusbundes in Berlin wurde am 1. 1. 1919 in Anwesenheit des sowjetischen Deutschlandbeauftragten Karl Radek die »Kommunistische Partei Deutschlands (Spartakusbund)« gegründet. Vom 5.–12. 1. 1919 versuchten Spartakisten, Berliner revolutionäre Obleute und der linke Flügel der USPD noch einmal in einem Aufstand vor den angesetzten Wahlen die Regierung Ebert zu stürzen und eine Räte-Diktatur zu errichten. Der Aufstand wurde mit Hilfe von Freiwilligenverbänden unter Führung monarchistischer Offiziere von Gustav Noske niedergeschlagen. Rosa Luxemburg und Karl Liebknecht, die verhaftet worden waren, wurden am 15. 1. 1919 von Soldaten der 1. Garde-Kavallerie-Schützendivision ermordet.

Die Wahl vom 19. 1. 1919

Bei der am 19. 1. 1919 unter hoher Wahlbeteiligung (83%) durchgeführten allgemeinen, unmittelbaren und geheimen Wahl, bei der auch Frauen und Soldaten wählen konnten, fielen 37,9% der Stimmen auf die SPD, 19,7% auf das Zentrum und 18,5% auf die Deutsche Demokratische Partei. Die Rechte erhielt zusammen 14,7%, nämlich 10,3% die Deutschnationale Volkspartei und 4,4% die Deutsche Volkspartei; die Linke, die USPD, bekam mit 7,8% eine klare Absage.

Die Nationalversammlung

Am 6. 2. 1919 trat die Nationalversammlung in Weimar zusammen. Neben der Errichtung einer vorläufigen Zentralgewalt und der Annahme und Unterzeichnung des Friedensvertrages bestand ihre vordringlichste Aufgabe darin, der am 9. 11. 1918 ausgerufenen Deutschen Republik eine Verfassung zu geben. Nach der Verabschiedung des Gesetzes über die vorläufige Reichsgewalt (10. 2. 1919) wählte die Nationalversammlung am 11. 2. 1919 Friedrich Ebert zum vorläufigen Reichspräsidenten. Der mit der Bildung eines parlamentarischen Reichsministeriums beauftragte sozialdemokratische Abgeordnete Philipp Scheidemann stellte am 13. 2. 1919 das neue Kabinett aus SPD, Demokraten und Zentrum (»Weimarer Koalition«) vor, dem am 21. 2. 1919 das Vertrauen ausgesprochen wurde. Die Verfassung, die aus 181 Artikeln bestand, wurde am 31. 7. 1919 angenommen. Am 11. 8. 1919 vollzog der Reichspräsident die Verfassungsurkunde. Am 14. 8. 1919 trat die Weimarer Verfassung nach ihrer Verkündigung im Reichsgesetzblatt (S. 1383) in Kraft.

Die Auflösung der alten Armee

Nach Unterzeichnung des Waffenstillstandsvertrags am 11. 11. 1918, der zur Einstellung der Feindseligkeiten und Räumung der besetzten Gebiete und des linken Rheinufers führte, ordnete der Rat der Volksbeauftragten die allgemeine Demobilmachung des Heeres und der Marine sowie die Auflösung des Landsturms an. Da im Artikel 160 des Vertrags von Versailles festgelegt worden war, daß spätestens bis zum 31. 3. 1920 die Gesamtstärke des Heeres nicht 100000 Mann überschreiten durfte, begann über Abwicklungsbehörden die Auflösung der Armee, der Marine und der Schutztruppen, die zum vorgesehenen Termin beendet werden konnte.

Die Freikorps

Die Feldtruppen, die sich als unzuverlässig

erwiesen hatten und in Auflösung begriffen waren, sowie die seit dem 12.12. 1918 gebildete Freiwillige Volkswehr, für die sich nicht genügend wehr- und freiwillige Republikanhänger fanden, waren nicht imstande, im Innern den Bürgerkrieg gegen linksextreme Umsturzpläne aufzunehmen und nach außen die Sicherung der Ostgrenze gegen Polen und Bolschewisten und eine geordnete Rückführung des deutschen Ostheeres zu gewährleisten. So wurde zur Bildung von Freiwilligenverbänden am 15.11. 1918 für den Heimatschutz-Ost aufgerufen, am 2.1. 1919 für den Grenzschutz im Osten.

Diese Freiwilligenverbände unterstanden der Obersten Heeresleitung (OHL), der der Grenzschutz im Osten übertragen wurde und die ihren Sitz von Kassel nach Kolberg verlegt hatte. Nach der Beseitigung der deutschen Verwaltung in Posen durch Polen begannen sie im Januar 1919 eine erfolgreiche Abwehr, die die Entente durch Festsetzung einer Demarkationslinie abbrach. Die Kommandostelle Kolberg wurde am 20.9. 1919 aufgelöst. Im Innern wurden Freikorps gegen die Spartakisten-Aufstände in Berlin, Norddeutschland und Mitteldeutschland sowie gegen die Räte-Diktaturen Bremen, Braunschweig und München eingesetzt. In München kam es nach der Ermordung Kurt Eisners zu politischen Wirren, aus denen – unter dem Eindruck der Ereignisse in Ungarn – die Räte-Diktatur hervorging.

Im März 1919 standen in den Freikorps ungefähr 250000 Mann unter Waffen. Ab 31.7. 1919 erhielten die Freikorps, Volks- und Sicherheitswehren, soweit sie nicht in die Reichswehr übernommen wurden, keine Reichsmittel mehr. Den Freikorps waren zweifellos der Schutz der Nationalversammlung, der Friede im Reich und die Einheit des Reiches zu verdanken, doch diese sehr auseinanderstrebenden Kräfte von monarchistisch bis republikanisch gesinnten Einheiten aus ehemaligen Offizieren, Unteroffizieren und Soldaten, die meist ledig und wurzellos waren, Schülern, Studenten, Arbeitern ohne Arbeit und Bauernsöhnen, die Abenteuer lockten, waren nicht fähig, sich in die neue Republik zu integrieren, weder in die Reichswehr noch in das bürgerliche Leben.

Die vorläufige Reichswehr

Da die Freikorps schwer zu kontrollieren waren und eine zunehmende Gefahr für die Ordnung darstellten, wurden durch die Nationalversammlung am 6.3. und 16.4. 1919 die Gesetze über die Bildung einer vorläufigen Reichswehr und Reichsmarine erlassen, die bis zur Verkündung des Wehrgesetzes vom 23.3. 1921 verlängert wurden. Reichswehr und Reichsmarine standen unter dem Oberbefehl des Reichspräsidenten, der die Ausübung der Befehlsgewalt dem Reichswehrminister übertrug. Das Heer, das die Reichsgrenzen zu schützen und die Ordnung im Innern aufrechtzuerhalten hatte, setzte sich aus Angehörigen der Freiwilligenverbände, der alten Armee, der republikanischen Verbände und angeworbenen Freiwilligen zusammen. Die Marine hatte die Aufgabe, die Küsten, den Seeverkehr, die Ausübung der Fischerei und die Handelsschiffahrt zu sichern. Die Reichswehr, am 1.10. 1919 in 4 Reichswehrgruppenkommandos und 7 Wehrkreiskommandos eingeteilt, wurde als Übergangsheer bis zum 15.5. 1920 auf 200000 Mann, bis zum 31.12. 1920 auf 150000 Mann reduziert.

Da auf der Friedenskonferenz ein Kriegsziel Frankreichs – die Errichtung eines Pufferstaates auf dem linksrheinischen Ufer – am Widerstand Wilsons und Lloyd Georges gescheitert war, unterstützten die Franzosen noch vor Unterzeichnung des Vertrags von Versailles die Bestrebungen deutscher Separatisten, autonome Vasallenstaaten unter französischem Schutz zu errichten. Die von dem ehemaligen preußischen Staatsanwalt Dr. Dorten am 1.6. 1919 in Mainz und Wiesbaden ausgerufene »Rheinische Republik« scheiterte schon nach drei Tagen – trotz Förderung durch die französische Besatzungsmacht – am Generalstreik der Arbeiter und an der ablehnenden Haltung der Bevölkerung.

DÄNEMARK
SCHWEDEN
Flensburg
Kiel
Rügen
Helgoland
Hamburg
Stettin
Schne
Netze
Elbe
Oder
NIEDER-
LANDE
Berlin
P
Pos
Rhein
DEUTSCHES REICH
nach
5 Jahren
Düsseldorf
Elbe
nach
10 Jahren
Köln
Eupen
Malmedy
Koblenz
nach
15 Jahren
Trier
Mosel
Mainz
LUX.
Prag
Saargebiet
Saarbrücken
Moldau
Lothringen
TSCHEC
Donau
Rhein
Straßburg
Kehl
Elsaß
FRANK-
REICH
Ulm
Konstanz
ÖSTERREICH
L.
SCHWEIZ
ITALIEN
JUG

Bestimmungen des Vertrages von Versailles I (28.6.1919)

Abzutretende Gebiete

Elsaß-Lothringen kehrte »unter französische Staatshoheit« zurück. Posen und Westpreußen fielen an Polen, das Hultschiner Ländchen an die Tschechoslowakei. Das Memelgebiet stand unter Kontrolle der alliierten Hauptmächte.

Saargebiet

Das Saargebiet wurde für 15 Jahre unter die Treuhandschaft des Völkerbundes gestellt und dem französischen Zollsystem eingeordnet.

Freie Stadt Danzig

Die Freie Stadt Danzig wurde unter den Schutz des Völkerbundes gestellt und in das polnische Zollgebiet aufgenommen.

Abstimmungsgebiete

In Nordschleswig, das in 2 Zonen eingeteilt wurde, in Moresnet, Eupen und Malmedy, im Saargebiet (1935), in Oberschlesien und in den südlichen und westlichen Teilen Ostpreußens sollten Abstimmungen über die staatliche Zugehörigkeit entscheiden.

Besetzte Gebiete:

amerikanische Besatzungszone

britische Besatzungszone

belgische Besatzungszone

französische Besatzungszone

Grenzen der Räumungszonen

Als Sicherheit für die Durchführung des Vertrages wurde das linke Rheinufer mit den Brückenköpfen Köln, Koblenz, Mainz und Kehl besetzt und in 3 Zonen eingeteilt, die nach Ablauf von 5, 10 und 15 Jahren geräumt werden sollten.

Internationalisierte Wasserstraßen

Die Elbe, die Oder, die Memel und die Donau, sowie ihre gesamten Flußgebiete bzw. ein Teil von ihnen wurden für international erklärt. Für den Rhein trat die Mannheimer Schiffahrtsakte (17.10.1868) wieder in Kraft. Der Zentralkommission wurde auch die Mosel unterstellt. Der Kieler Kanal war frei und offen für alle mit Deutschland im Frieden befindlichen Nationen.

Der Vertrag von Versailles I: Die politischen Bestimmungen

Am 18.1. 1919 wurde im Spiegelsaal von Versailles – 48 Jahre nach der hier am 18.1. 1871 erfolgten deutschen Kaiserproklamation – die Friedenskonferenz eröffnet. 32 Staaten waren vertreten, aber Rußland nicht. Wichtigstes Entscheidungsgremium war der Oberste Rat der Großmächte, der Rat der Zehn (ab 12.1. 1919), dem die Regierungschefs und Außenminister der USA, Großbritanniens, Frankreichs, Italiens und Japans angehörten; nach dem Ausscheiden Japans (ab 24.3. 1919) bestand er weiter als Rat der Vier mit den Regierungschefs der USA, Großbritanniens, Frankreichs und Italiens, während der vorübergehenden Abwesenheit Italiens als Rat der Drei. Der amtliche Verkehr mit der deutschen Delegation, der am 7.5. 1919 die Friedensbedingungen übergeben wurden, beschränkte sich während der Konferenz nur auf einen schriftlichen Notenwechsel. Unter dem Druck des Ultimatums der Siegermächte stimmte die Nationalversammlung in Weimar am 22.6. 1919 für die Annahme der Friedensbedingungen. Der Akt der Unterzeichnung fand am 28.6. 1919 – 5 Jahre nach dem Attentat auf das österreichische Thronfolgerpaar in Sarajewo – statt. Der Vertrag wurde am 16.7. 1919 von der Nationalversammlung angenommen. Teil I enthielt die Völkerbundssatzung, im Teil II wurden die Grenzen Deutschlands und Ostpreußens festgelegt. Im Teil III verzichtete Deutschland auf Elsaß-Lothringen, das Hultschiner Ländchen, auf fast ganz Posen und Westpreußen, ferner auf das Memelgebiet zugunsten der Alliierten und Assoziierten Hauptmächte und auf die Freie Stadt Danzig, die unter den Schutz des Völkerbunds gestellt wurde, sowie auf das Saarbecken, dessen Bergwerke mit allen Nebenanlagen in das Eigentum des französischen Staates übergingen. Nach 15 Jahren sollte dort eine Volksabstimmung über den Sonderstatus unter der Hoheit des Völkerbundes, die Vereinigung mit Frankreich oder mit Deutschland stattfinden. Abstimmungen sollten auch in den Gebieten Moresnet, den Kreisen Eupen und Malmedy, in Nordschleswig, Oberschlesien sowie den Regierungsbezirken Allenstein und Marienwerder durchgeführt werden. Deutschland mußte die Unabhängigkeit Österreichs anerkennen. Im Teil IV mußte Deutschland auf seine Rechte und Interessen außerhalb Deutschlands, vor allem auf seine Kolonien, verzichten. Teil VI enthielt Bestimmungen über Kriegsgefangene und Kriegsgräber, Teil VII Strafbestimmungen und Teil VIII Wiedergutmachungen. Im einleitenden Artikel 231 mußten die Mittelmächte die alleinige Kriegsschuld auf sich nehmen, da hiermit der Grund für die Reparationen gegeben war. Teil IX betraf finanzielle, Teil X wirtschaftliche Bestimmungen, Teil XI Bestimmungen über die Luftschiffahrt und Teil XII über Häfen, Wasserstraßen und Eisenbahnen. Elbe, Oder, Njemen (Memel), Donau und Rhein wurden für international erklärt. Der Kieler Kanal konnte von allen Nationen benutzt werden. Teil XIII befaßte sich mit der Organisation der Arbeitsbedingungen, z.B. der Gründung des Internationalen Arbeitsamtes am Sitz des Völkerbundes, und Teil XIV mit den Sicherheiten für die Ausführung des Vertragswerkes. Die deutschen Gebiete westlich des Rheins und die Brückenköpfe auf dem Ostufer wurden von Truppen der Alliierten und Assoziierten Mächte als Sicherheit für die Ausführung des Vertrags während eines Zeitraums von 15 Jahren besetzt und sollten nach 5, 10 und 15 Jahren geräumt werden. Der Friede von Brest-Litowsk mit Rußland wurde aufgehoben. Die Rückführung der deutschen Truppen aus den Ostgebieten konnte erst stattfinden, »sobald die Regierungen der Alliierten und Assoziierten Hauptmächte den Zeitpunkt mit Rücksicht auf die innere Lage dieser Gebiete für gekommen erachteten«. Teil XV enthielt verschiedene Bestimmungen. So mußte Deutschland sein Einverständnis zu den Bestimmungen erklären, die die Gebiete seiner ehemaligen Verbündeten betrafen.

Der große Betrug von Versailles

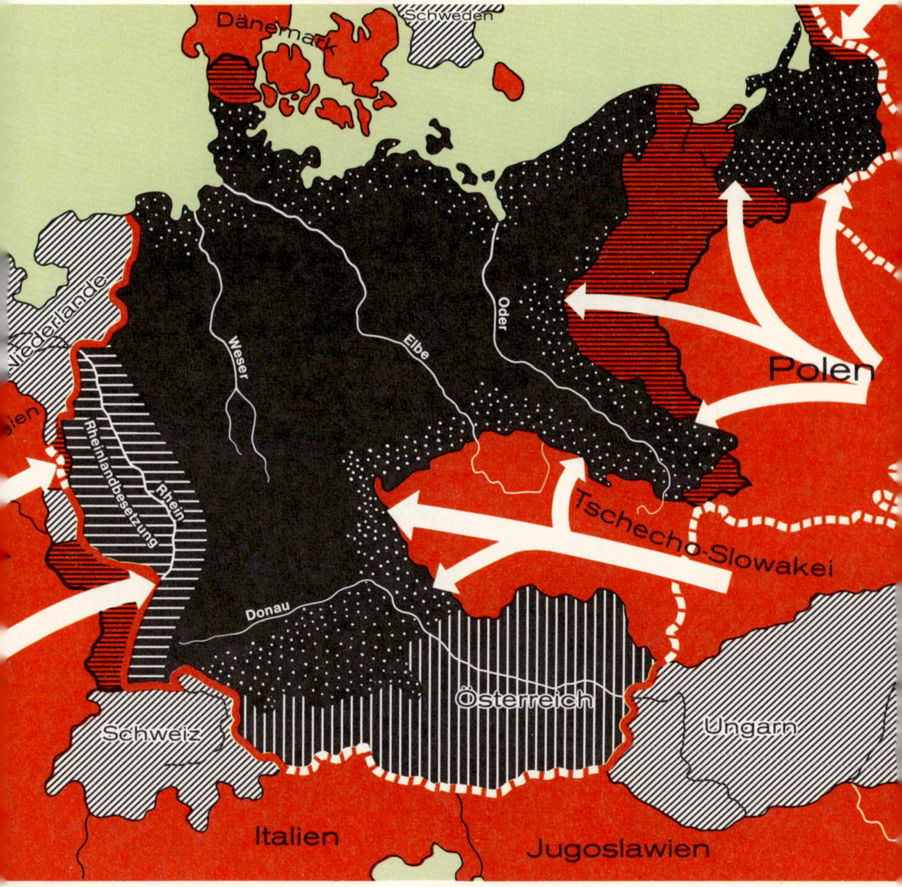

= Deutscher Restraum

= entmilitarisierte Zone

= Zone mit Befestigungsverbot

= abgetretene Gebiete

= Anschlußverbot für Österreich

= Nutznießer des Diktats

= Neutrale und Ungarn

wurde Deutschland 1919 zerstückelt und ehrlos entrechtet, um es für ewig in die Knie zu zwingen!

piete, die seit uralter Zeit zum Reich und seinem Schicksal gehörten, wurden herausgerissen: Nordschleswig, stpreußen, Posen, Memelland, oberschlesisches Land, Elsaß, Lothringen, Eupen und Malmedy.

über hinaus wurde der ganze Westen des verkleinerten Reiches entmilitarisiert. Die ganze Nordküste, fast die samte Ostgrenze und das ganze südliche Deutschland durften keine Befestigungen tragen.

deutschen Ströme wurden der Hoheit des Reiches entzogen, sie wurden „internationalisiert". – Riesige Zonen ugen Jahre hindurch fremde Besatzung. – Österreich wurde der Anschluß ans Reich verboten!

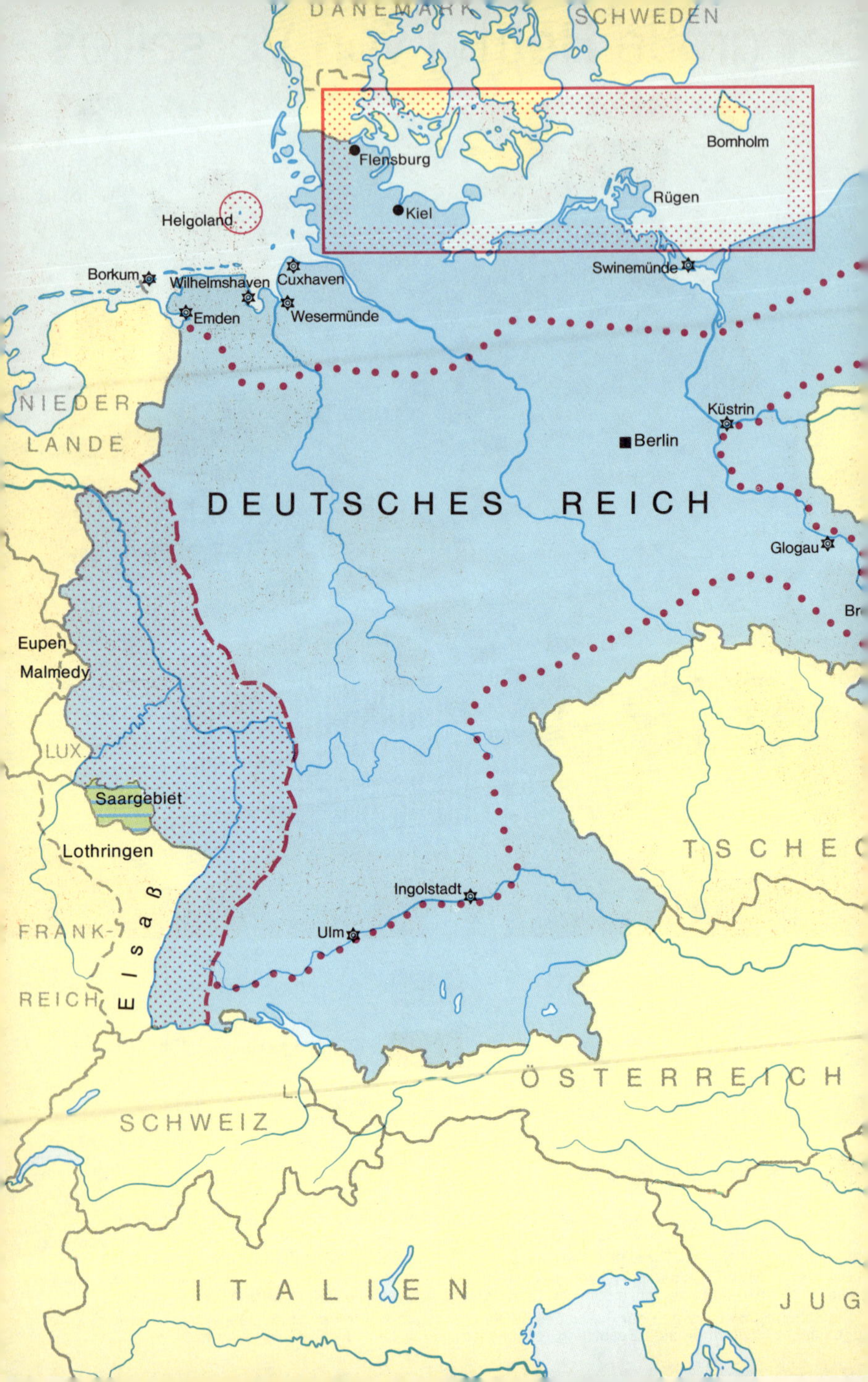

DÄNEMARK
SCHWEDEN
Bornholm
Flensburg
Kiel
Rügen
Helgoland
Borkum
Wilhelmshaven
Cuxhaven
Swinemünde
Emden
Wesermünde
NIEDER-
LANDE
Küstrin
Berlin
DEUTSCHES REICH
Glogau
Eupen
Malmedy
LUX.
Saargebiet
Lothringen
Elsaß
TSCHEC
Ingolstadt
Ulm
FRANK-
REICH
ÖSTERREICH
L.
SCHWEIZ
ITALIEN
JUG

Bestimmungen des Vertrages von Versailles II (28.6.1919)

Das Deutsche Reich nach den Gebietsabtretungen

Grenze des Deutschen Reiches (1914)

Grenzzone mit Verbot der Neuanlage oder Veränderung von Befestigungsanlagen

Festung

Die Festungen an der Süd- und Ostgrenze des Deutschen Reiches durften nicht ausgebaut und modernisiert werden, sondern mußten in ihrem jetzigen Zustand bestehen bleiben. Dasselbe galt auch für befestigte Werke und Seebefestigungen – außer Helgoland und den im »Kieler Rechteck« befindlichen –, die weniger als 50 km von der deutschen Küste oder auf deutschen Inseln errichtet waren.

Entmilitarisierte Zone

Auf dem linken Rheinufer wie auch auf dem rechten Ufer westlich einer 50 km östlich dieses Flusses gezogenen Linie durften keine Befestigungen unterhalten und errichtet werden. Die in dem angegebenen Gebiet vorhandenen befestigten Werke und Festungen mußten abgerüstet und geschleift werden. Deutschen Militärpersonen war das Betreten dieser Zone untersagt.

»Kieler Rechteck«

Zur Gewährung einer sicheren Zufahrt zur Ostsee für alle Nationen war es dem Deutschen Reich verboten, in dem Gebiet zwischen 55°27' und 54°00' nördlicher Breite sowie 9°00' und 16°00' Ostlänge von Greenwich Befestigungen zu errichten und Geschütze aufzustellen.

Helgoland

Alle Befestigungen, militärischen Anlagen und Häfen der Insel und der Düne mußten zerstört werden.

Der Vertrag von Versailles II: Die militärischen Bestimmungen

Gemäß den Artikeln 42–44 des Teils III war es Deutschland untersagt, in den Gebieten links des Rheins und in einer 50 km breiten Zone rechts des Rheins Befestigungen zu unterhalten und zu errichten, Truppen zusammenzuziehen, militärische Übungen abzuhalten oder Vorkehrungen für eine Mobilmachung zu treffen. Ein Verstoß gegen diese Bestimmungen würde von den Signatarmächten als »feindliche Haltung« und »Versuch der Störung des Weltfriedens« angesehen werden. Artikel 115 forderte die Zerstörung der Befestigungen, militärischen Anlagen und Häfen (Nordostmole, Westdamm, Wellenbrecher u. a.) der Insel Helgoland und ihrer Düne.

Teil V enthielt die Bestimmungen über die Land-, See- und Luftstreitkräfte, »um den Anfang einer allgemeinen Beschränkung der Rüstungen aller Nationen zu ermöglichen«. Die Gesamtstärke des Heeres, das 2 Generalkommandos mit 7 Infanterie- und 3 Kavalleriedivisionen umfassen durfte, wurde auf 100000 Freiwillige, darunter 4000 Offiziere und Personal der Depots, festgelegt. Das Heer diente zur Aufrechterhaltung der Ordnung im Innern und als Grenzschutz.

Der Generalstab und ähnliche Einrichtungen mußten aufgelöst werden. Im Kapitel II wurden Bewaffnung und Munition vorgeschrieben. Kapitel III regelte die Heeresergänzung und die militärische Ausbildung. Anstelle der Kriegsakademie, der Schulen für Kadetten, Unteroffiziere und Offiziere traten Waffenschulen zur Heranbildung der Offiziere der einzelnen Waffengattungen. Entsendungen von Militärmissionen ins Ausland wurden verboten. Reichsdeutsche durften nicht in fremde Heere eintreten, doch erhielt Frankreich das Recht, Deutsche für die Fremdenlegion anzuwerben.

Die Artikel 180, 195 und 196 enthielten die Bestimmungen über die Befestigungen und befestigungslosen Zonen. Abgesehen von den Befestigungen an der Süd- und Ostgrenze Deutschlands mußten die Festungen im Westen bis 50 km östlich des Rheins und in den nichtbesetzten Gebieten abgerüstet und geschleift werden. Der Wert der dem Reichsheer durch den Vertrag verbliebenen Festungen war allerdings gering, da sie artilleristisch nicht oder ungenügend armiert werden durften. So wurden der Festung Königsberg 22 ortsfeste schwere Geschütze zugestanden. Um allen Nationen sichere Zufahrt zur Ostsee zu gewährleisten, durfte Deutschland im »Kieler Rechteck« keine Befestigungen errichten und Geschütze aufstellen. Befestigte Werke und Seebefestigungen, die weniger als 50 km von der deutschen Küste entfernt oder auf deutschen Inseln waren, dienten zur Verteidigung und durften bestehen bleiben, aber nicht verändert werden.

Im 2. Abschnitt des Teils V wurde die Zahl der Deutschland zugebilligten Seestreitkräfte auf 6 Linienschiffe (Höchsttonnage je 10000 t), 6 kleine Kreuzer (6000 t), 12 Zerstörer (800 t) und 12 Torpedoboote (200 t) festgesetzt. Das Kaliber der Geschütze durfte 28 cm nicht überschreiten. Flugzeugmutterschiffe und U-Boote wurden verboten. Die Gesamtstärke der Kriegsmarine durfte 15000 Mann betragen. Untersagt wurden Deutschland Land- oder Marineluftstreitkräfte, Panzerkraftwagen (Tanks), Artillerie von größerem Kaliber als 10,5 cm und Gasgeschosse. Die Zahl der Waffen und Munition wurde beschränkt. Die Ausführung der Bestimmungen über die Land-, See- und Luftstreitkräfte, die im Vertrag festgelegt waren, wurde durch interalliierte Kontrollkommissionen, für deren Unterhalt und Kosten Deutschland aufkommen mußte, überwacht (Art. 203 ff.): die interalliierte militärische Kontrollkommission (für das Heer), die interalliierte Marine-Kontrollkommission und die interalliierte Kontrollkommission für das Luftfahrtwesen.

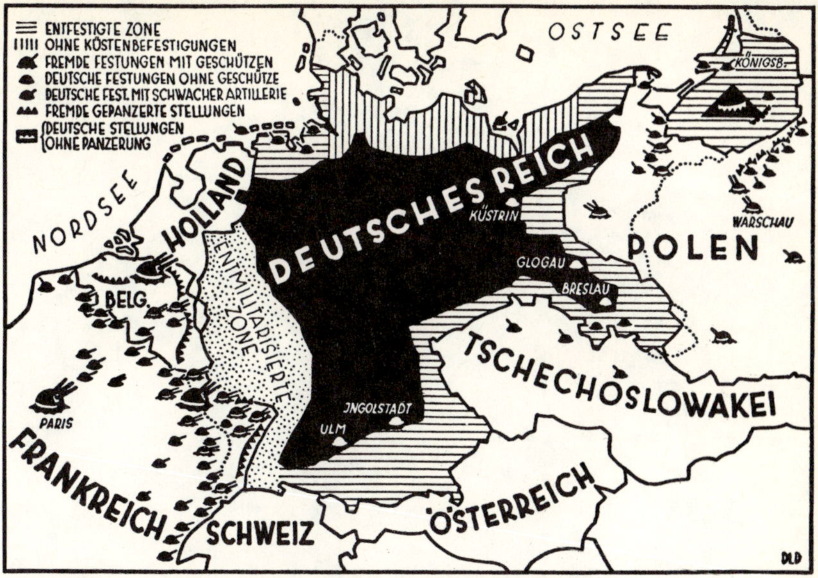

Entfestigt, ja sogar entmilitarisiert liegt Deutschlands Grenze einer Mauer aus Eisen und Stahl gegenüber.

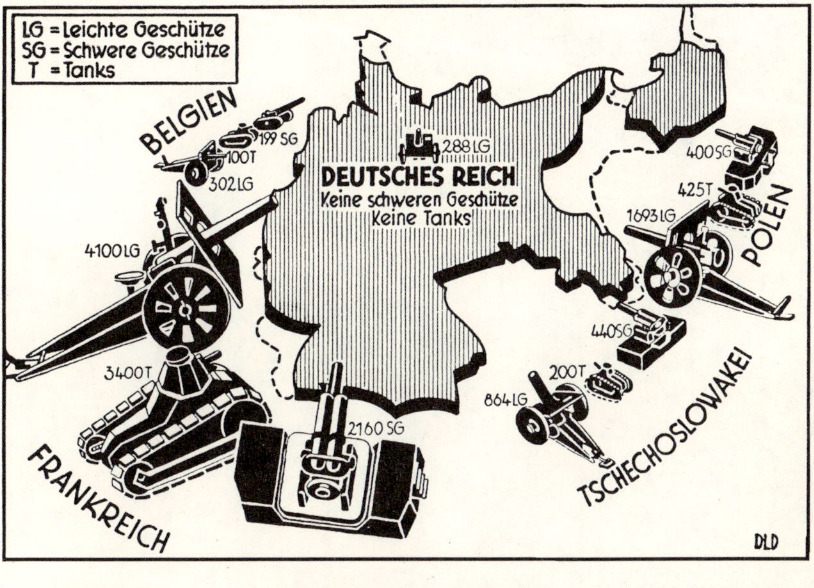

Ueber 10 000 Kanonenrohren unserer Nachbarn stehen 288 leichte Geschütze Deutschlands gegenüber.

DÄNEMARK
SCHWEDEN
25%
81%
Flensburg
Rügen
Helgoland
Kiel
Schleswig-
Holstein
Cuxhaven
zu Hamburg
Lübeck
23.5.1920
Mecklenburg-
Schwerin
Schwerin
17.5.1920
Hamburg
7.1.1921
Bremerhaven
zu Bremen
Mecklenburg-
Strelitz
Neustrelitz
24.5.1923
Pommern
Stettin
Oldenburg
Oldenburg
(17.7.1919)
Bremen
18.5.1920
Elbe
Netze
Oder
NIEDER-
LANDE
Preußen
Hannover
30.11.1920
Provinz
Berlin
Brandenburg
Grenz-
mark
Schaumburg-Lippe
14.2.1922
Bückeburg
Hannover
Braunschweig
Braun-
schweig
22.12.1921
Magdeburg
Lippe
21.12.1920
Detmold
Pyrmont
1922 preußisch
Münster
Rhein
Westfalen
Anhalt
Jan. 1919
Dessau
Sachsen
Düsseldorf
Arolsen
Waldeck
15.4.1919
1929 preußisch
Kassel
Sondershausen
Nieder-
schles
Köln
Hessen-
Weimar
Dresden
Sachsen
1.11.1920
Eupen
Malmedy
Rhein-
provinz
Koblenz
Nassau
Hessen
Thüringen
1.5.1920
Coburg
1920 bayrisch
Trier
Mosel
LUX.
Mainz
12.12.1919
Darmstadt
Prag
Moldau
Saargebiet
Saarbrücken
Lothringen
Pfalz
Baden
Bayern
14.8.1919
TSCHEC
Karlsruhe
Stuttgart
Donau
Straßburg
Kehl
Württemberg
25.9.1920
Ulm
Elsaß
FRANK-
REICH
Hohen-
zollern
Sigmaringen
21.3.1919
München
Konstanz
ÖSTERREICH
L.
SCHWEIZ
ITALIEN
JUG

Die Weimarer Republik (1920–21)

Grenze des Deutschen Reiches (1920/1921)

Grenze des Deutschen Reiches (1914)

Abstimmungsgebiete

60% **Stimmanteil für Verbleiben im Deutschen Reich**

Besetzte Gebiete:

1. Zone

2. Zone

3. Zone

Nach Erfüllung der Bedingungen des Vertrags von Versailles sollte die 1. Zone nach Ablauf von 5, die 2. Zone nach Ablauf von 10 und die 3. Zone nach Ablauf von 15 Jahren geräumt werden.

Ostgrenze der entmilitarisierten Zone

Internationalisierte Wasserstraßen

Baden 21. 3. 1919 **Land des Deutschen Reiches (mit Datum der Verfassung)**

Das Reich bestand aus den Ländern, die sich eine demokratische und parlamentarische Verfassung geben mußten mit einer Volksvertretung, die auf Grund des allgemeinen, gleichen, unmittelbaren und geheimen Wahlrechts gewählt wurde, und einer Regierung, die – vom Landtag berufen und abberufen – von seinem Vertrauen abhängig war.

Hauptstadt des Deutschen Reiches

Berlin, die Hauptstadt des jungen Freistaats Preußen, war die »Reichshauptstadt« des Deutschen Reiches. Die preußische verfassunggebende Landesversammlung bildete durch das Gesetz vom 27. 4. 1920, das am 1. 10. 1920 in Kraft trat, die »Stadtgemeinde Berlin« aus 8 Städten, 59 Landgemeinden und 27 Gutsbezirken. Die Stadt wurde in 20 Bezirke gegliedert. Fast 4 Mio Einwohner lebten auf einer Fläche von etwa 800 qkm.

Die Weimarer Republik nach dem Vertrag von Versailles

Das Deutsche Reich, das durch die Verfassung ein parlamentarisches Regierungssystem erhalten hatte, war eine demokratische Republik, in der alle Staatsgewalt vom Volk ausging (Art. 1 der Weimarer Verfassung). Das Reich bestand aus 18 Ländern, den Freistaaten Anhalt, Baden, Bayern, Braunschweig, Lippe, Mecklenburg-Schwerin, Mecklenburg-Strelitz, Oldenburg, Preußen, Sachsen, Schaumburg-Lippe, Thüringen, Waldeck, den Stadtrepubliken Bremen, Hamburg und Lübeck, dem Volksstaat Hessen und dem Freien Volksstaat Württemberg, die aus den ehemaligen Bundesstaaten hervorgegangen waren. Die Länder mußten eine freistaatliche, parlamentarische Verfassung und eine in allgemeiner, gleicher, unmittelbarer und geheimer Wahl von allen reichsdeutschen Männern und Frauen nach den Grundsätzen des Verhältniswahlrechts gewählte Volksvertretung – analog zur Verfassung des Deutschen Reiches – besitzen. Eine Neugliederung des gesamten Reichsgebiets durch die Zusammenfassung alter Staaten und die Aufteilung Preußens in 7 bis 8 etwa gleich große neue Länder, wie sie der 1. Verfassungsentwurf des Staatsrechtslehrers Hugo Preuß, der von Ebert zum Staatssekretär des Innern berufen worden war, vorgesehen hatte, scheiterte am Widerstand der betroffenen Länder und an den Sozialdemokraten, die für die Einheit Preußens eintraten. Zwar waren die Dynastien gestürzt worden, doch hatte sich in den Ländern ein in Jahrhunderten gewachsenes Zusammengehörigkeitsgefühl entwickelt, das es unmöglich machte, das Eigenleben der Länder zugunsten eines Einheitsstaates zu beseitigen. So blieb die deutsche Länderkarte unverändert mit Ausnahme der 7 thüringischen Staaten, die sich am 1.5. 1920 zum »Land Thüringen« zusammenschlossen, während sich Coburg für den Anschluß an Bayern entschied.

1922 gelangte durch Abkommen zwischen Waldeck und Preußen Pyrmont an Preußen. Der östlich der Weichsel gelegene, übrig gebliebene Teil Westpreußens, Pomesanien, kam zur Provinz Ostpreußen; aus den beiden beim Deutschen Reich verbliebenen Teilen Posens und Westpreußens wurde die Grenzmark Posen-Westpreußen gebildet.

Das Verhältnis des Deutschen Reiches zu Österreich

Am 21.10. 1918, fünf Tage nach dem Völkermanifest Kaiser Karls I., traten die Reichsratsabgeordneten der »österreichischen« Reichshälfte zusammen und konstituierten sich als »Provisorische Nationalversammlung des selbständigen deutsch-österreichischen Staates«. Am selben Tage forderten die Deutschnationalen den Anschluß an das Deutsche Reich. Am 12.11. 1918 erklärte die Provisorische Nationalversammlung Österreich zur Republik und zu einem »Bestandteil der deutschen Republik«. Von dem Beschluß wurden der amerikanische Präsident Wilson, der Verfechter des Selbstbestimmungsrechts der Völker, durch eine Note vom 14.11. 1918 und der Rat der Volksbeauftragten in Berlin unterrichtet. Am 25.11. 1918 teilte der österreichische Gesandte Ludo Moritz Hartmann der Reichskonferenz der Länder das Anschlußbegehren Deutsch-Österreichs mit. Die aus den Wahlen vom 16.2. 1919 hervorgegangene Konstituierende Wahlversammlung erneuerte den Beschluß vom 12.11. 1918 über den Anschluß. Am 21.2. 1919 erklärte die Weimarer Nationalversammlung, durch Verhandlungen den Zusammenschluß beider Staaten herbeizuführen. Lt. Artikel 80 des Vertrages von Versailles mußte Deutschland aber die Unabhängigkeit Österreichs anerkennen. Im Vertrag von St. Germain wurde auch der »Republik Österreich« der Anschluß verboten.

Die Volksabstimmungen

Gemäß Art. 32/34 fielen das strittige Gebiet von Moresnet (Neutral-Moresnet) sowie die Kreise Eupen und Malmedy an Belgien. Allerdings sollten 6 Monate nach Inkrafttreten des Friedensvertrages Wahlen eine endgültige Entscheidung herbeiführen. Unter dem Druck der belgischen Besatzung, die auch vor Einschüchterung und Wahlbehinderung nicht zurückschreckte, erklärten sich in der Volksabstimmung (24.7. 1920) von 33700 Wahlberechtigten nur 270 für Deutschland. Der Völkerbundsrat sprach am 20.9. 1920 das Gebiet Belgien zu.

Da in Nordschleswig gemäß Art. 109 die Grenze nach den Wünschen der Bevölkerung festgelegt werden sollte, wurde das Gebiet von deutschen Truppen geräumt und in zwei Zonen eingeteilt. Eine internationale Kommission übernahm die Verwaltung. Bei den Wahlen in der 1., nördlichen Zone am 10.2. 1920 wurden 75431 Stimmen für Dänemark, 25329 für Deutschland, bei den Wahlen in der 2., südlichen Zone am 14.3. 1920 51727 Stimmen für Deutschland und 12800 für Dänemark abgegeben. Deutsche Versuche, eine Grenzänderung zu erreichen, scheiterten ebenso wie dänische, Mittelschleswig und Flensburg zu internationalisieren. Nach Auflösung der internationalen Kommission am 15.6. 1920 wurde die nördliche Zone an Dänemark übergeben, die südliche an Deutschland zurückgegeben.

Die durch Art. 94/97 vorgesehene Volksabstimmung, in Ostpreußen im Regierungsbezirk Allenstein (ohne das abgetretene Soldaugebiet) und im Kreis Oletzko, in Westpreußen in den Kreisen Marienburg, Marienwerder, Rosenberg und Stuhm, soweit ihre Gebiete östlich von Weichsel und Nogat lagen, erfolgte am 11.7. 1920. Das Abstimmungsergebnis ergab in Ostpreußen 97,8% für Deutschland und 2,2% für Polen, in Westpreußen 92,5% für Deutschland und 7,5% für Polen. Am 16.8. 1920 wurden die Abstimmungsgebiete an Deutschland zurückgegeben, doch fielen die Randgebiete des östlichen Weichselufers an Polen. Dadurch wurde Ostpreußen – bis auf einen schmalen Zugang bei Kurzebrack – von der Weichsel abgeschnitten. Die Botschafterkonferenz war in ihrer Note vom 1.10. 1920 auch nicht zu einem Entgegenkommen bereit.

Im Art. 88 wurde derjenige Teil Oberschlesiens bezeichnet, in dem die Bewohner zu einer Abstimmung aufgerufen werden sollten, ob sie zu Deutschland oder Polen gehören wollten. Nachdem der Abstimmungsbezirk bis Ende Januar 1920 von deutschen Truppen geräumt worden war, übernahm am 11.2. 1920 die »Interalliierte Regierungs- und Plebiszitkommission« unter ihrem Leiter, dem sehr polenfreundlich eingestellten französischen General Le Rond, in Oppeln die Verwaltung. Ohne seine einseitig die polnischen Wünsche berücksichtigende Politik wäre es zweifellos nicht zu den polnischen Aufständen im August 1920 und Mai 1921, die eher Putschcharakter besaßen, gekommen. Am 20.3. 1921 stimmten nach dem offiziellen Bericht der Kommission bei einer Wahlbeteiligung von 97% 707544 Wahlberechtigte (59,64%) für das Verbleiben bei Deutschland, 478820 (40,36%) für den Anschluß an Polen. Enttäuscht über das Ergebnis erließ W. Korfanty einen Aufruf (23.3. 1921), den Kampf für ein polnisches Oberschlesien aufzunehmen. Der polnische Aufstand, der am 2.5. 1921 begann und dem die Interalliierte Kommission – zumeist zu spät – mit Besatzungstruppen begegnete, scheiterte am Widerstand der deutschen Selbstschutzverbände unter General Höfer am Annaberg. Polnische Freischaren und deutsche Selbstschutzverbände mußten sich auf Anordnung der Internationalen Kommission zurückziehen. Das Gutachten des Völkerbundrates vom 20.10. 1921 schlug eine Grenzziehung vor, die die Botschafterkonferenz übernahm und durch die sich Deutschland benachteiligt fühlte. Gegenüber dem Kaiserreich, das 1913 ein Gebiet von 540096 km^2 mit einer Bevölkerung von 65,5 Mio. umfaßt hatte, besaß die Weimarer Republik 1919 nach den Abtretungen und den durch Volksabstimmung verlorenen Gebieten noch 469918 km^2 mit einer Bevölkerung von 59 Mio. Durch den Vertrag von Versailles hatte das Deutsche Reich 15% seines Territoriums und 10% seiner Bevölkerung eingebüßt.

DÄNEMARK
SCHWEDEN
Flensburg-Mürwik
Marine-Schule, Torpedo-Schule
Flensburg
Schleswig
Kiel-Wik
Schiffsartillerie-Schule
Rügen
Helgoland
Rendsburg
Stralsund
Eutin
Kolberg
Cuxhaven
Rostock
Greifswald
Swinemünde
Itzehoe
Belgard
Borkum
Lübeck
II
Demmin
Altenwalde
Ratzeburg
Schwerin
Güstrow
Emden
Wesermünde
Mölln
Stettin
Wilhelmshaven
Pasewalk
Altdamm
Parchim
Stargard
Lüneburg
Ludwigslust
Prenzlau
Oldenburg
Bremen
Perleberg
Schneidemühl
Verden
Neuruppin
Schwedt
Munster
Angermünde
NIEDER-
LANDE
VI
Celle
Rathenow
Küstrin
Hannover
Stendal
Spandau
Berlin
Kavallerie-Schule
Potsdam
Lankwitz
Osnabrück
Minden
Braunschweig
Döberitz
KD
Frankfurt
Bückeburg
Magdeburg
Brandenburg
Fürstenwalde
Hameln
Zossen
Beeskow
Senne
Wolfenbüttel
Altengrabow
Wünsdorf
Züllichau
Münster
Goslar
Zerbst
Klausdorf
Lübben
Neuhaus
Detmold
Halberstadt
Dessau
Jüterbog
III
Paderborn
Quedlinburg
Artillerie-Schule
Sagan
Glogau
Hofgeismar
IV
Torgau
Sprottau
Düsseldorf
Göttingen
Neuhammer
Kassel
Leipzig
Großenhain
Königsbrück
Liegnitz
Fritzlar
Langensalza
Grimma
Görlitz
Köln
Erfurt
Bautzen
Marburg
Eisenach
Döbeln
Löbau
Hirschberg
Eupen
Weimar
Dresden
Gießen
V
Ohrdruf
Freiberg
Infanterie-Schule
Malmedy
Kunnersdorf
Fulda
Meiningen
LUX.
Mainz
Würzburg
Bayreuth
Bamberg
Saargebiet
Erlangen
Grafenwöhr
Fürth
Nürnberg
Amberg
Ansbach
V
Lothringen
TSCHEC
Ludwigsburg
Cannstatt
VII
Regensburg
Stuttgart
Ingolstadt
Straßburg
Gmünd
Straubing
FRANK-
REICH
Eisaß
Tübingen
Ulm
Augsburg
Landshut
Passau
Münsingen
Neu-Ulm
Ulm-Wiblingen
Villingen
München
Pionier-Schule
Donaueschingen
Landsberg
Lindau
Kempten
Konstanz
ÖSTERREICH
L.
SCHWEIZ
ITALIEN
JUG

Die Reichswehr (1921-1933)

Deutsches Reich (1921)

Entmilitarisierte Zone

Festung

Feldbefestigung ohne Panzerung

Küstenbefestigung

Reichswehrministerium

Das Heer:

Gruppenkommando

Grenze der Gruppenkommandos

Divisionskommando

IV Wehrkreis

Wehrkreiskommando

Grenze des Wehrkreises

KD Kavallerie-Divisionskommando

Garnison

Truppenübungsplatz

Die Marine:

Flottenkommando

Befehlshaber der Seestreitkräfte

Marinestationskommando

Schiffsstammdivision

Standort

Marineschießplatz

Ⓐ Marine-Artillerie-Abteilung

Ⓣ Torpedobootsflottille

Ⓜ Minensuch-Halbflottille

Die Reichswehr (1919–1933)

Die Bildung der Reichswehr erfolgte auf Grund der Bestimmungen über die Land-, See- und Luftstreitkräfte im Teil V des Friedensvertrages von Versailles (28.7. 1919), der Artikel der Verfassung des Deutschen Reiches (11.8. 1919) und des Wehrgesetzes (23.3. 1921).

In der am 14.8. 1919 in Kraft getretenen Verfassung des Deutschen Reiches war der Reichspräsident der Oberste Befehlshaber der Reichswehr (Art. 47). Er ernannte und entließ Reichsbeamte und Offiziere (Art. 46). Alle Anordnungen und Verfügungen des Reichspräsidenten bedurften der Gegenzeichnung des Reichskanzlers oder des Reichswehrministers. Am 20.8. 1920 regelte eine Verordnung des Reichspräsidenten die Übertragung des Oberbefehls über die Wehrmacht des Deutschen Reiches auf den Reichswehrminister – allerdings unter Vorbehalt unmittelbarer Befehlserteilung. Der Reichswehrminister war dem Parlament verantwortlich. Ein parlamentarischer Staatssekretär im Reichswehrministerium wurde nie ernannt. Die Verteidigung war ausschließlich eine Sache des Reiches (Art. 9), ebenso wie die Gesetzgebung über eine Wehrverfassung (Art. 6). Landsmannschaftliche Eigenheiten mußten berücksichtigt werden (Art. 79).

Das Wehrgesetz vom 23.3. 1921 bestand aus 48 Paragraphen, die in 4 Abschnitte gegliedert waren: I. Gliederung und Befehlsverhältnisse (§ 1–11), II. Landsmannschaft (§ 12–17), III. Pflichten und Rechte der Angehörigen der Wehrmacht (§ 18–40), IV. Übergangs- und Schlußbestimmungen. Oberster Befehlshaber der Wehrmacht war der Reichspräsident, unter dem ein Reichswehrminister die Befehlsgewalt über die gesamte Wehrmacht ausübte. Dem Reichswehrminister nachgeordnet waren ein General als Chef der Heeresleitung an der Spitze des Reichsheeres und ein Admiral als Chef der Marineleitung an der Spitze der Reichsmarine. Das Reichswehrministerium war die oberste Kommando- und Verwaltungsbehörde der Reichswehr.

Die Wehrmacht des Deutschen Reiches war die Reichswehr, die aus Reichsheer und Reichsmarine bestand, da eine Luftstreitmacht durch den Vertrag von Versailles untersagt war (Art. 198). Die Reichswehr wurde aus freiwilligen Soldaten gebildet, weil durch Art. 173 der Friedensbestimmungen, durch Gesetz vom 21.8. 1920 und § 1 des Wehrgesetzes die allgemeine Wehrpflicht abgeschafft worden war. Die Zahl der Soldaten des Heeres betrug 100000, eingeschlossen 4000 Offiziere und im Offiziersrang stehende Militärbeamte, 300 Sanitäts- und 200 Veterinäroffiziere.

Gemäß Erlaß vom 31.7. 1920 gliederte sich das Heer am 1.10. 1920 in 7 Divisionen und 3 Kavalleriedivisionen. Jede der 7 Divisionen lag in einem der 7 Wehrkreise, in die das Reichsgebiet eingeteilt war. Der Divisionskommandeur (General, Generalleutnant) war gleichzeitig Befehlshaber des Wehrkreises und übte als solcher die Territorialgewalt aus. Unterstellt waren ihm für die Infanterie und Artillerie der Division ein Infanterie- bzw. Artillerieführer. Die Divisionen waren in 2 Gruppenkommandos zusammengefaßt:

Gruppenkommando 1 Berlin: 1.–4. Division, 1. und 2. Kavalleriedivision; Gruppenkommando 2 Kassel: 5.–7. Division, 3. Kavalleriedivision. Eine Division umfaßte je 3 Infanterie-Regimenter, 1 Artillerie-Regiment, 1 Pionier-Bataillon, 1 Nachrichten-, 1 Fahr-, 1 Kraftfahr- und 1 Sanitätsabteilung. Eine Kavalleriedivision bestand aus 6 Reiterregimentern zu je 5 Eskadronen. Jedem Wehrkreis standen ein oder mehrere Truppenübungsplätze zur Verfügung.

Die Zahl der Soldaten und Marinebeamten der Reichsmarine, die aus den Marineteilen zur See und zu Lande bestand, betrug 15000, einschließlich 1500 Offiziere und Deckoffiziere. Der »Oberbefehlshaber der Seestreitkräfte« (ab 1925 »Flottenchef«), der dem Chef der Marineleitung unmittelbar unterstellt war, war Chef der Linienschiffsdivision, deren 2. Admiral der Befehlshaber der Seestreitkräfte Nordsee (Wilhelmshaven) war, während die Aufklärungsstreitkräfte dem Befehlshaber der Seestreitkräfte der Ostsee (Kiel) unterstanden. Der Marineteil zu Lande (Küsten, begrenzende Meere) war geteilt in die Bereiche der Marinestation der Ostsee bzw. Nordsee mit je einem Stationskommando, an dessen Spitze ein dem Chef der Marineleitung unterstellter Flaggoffizier als Stationschef stand. Den Marinestationskommandos waren einige Inspektionen, die Schiffsstammdivisionen, die Küstenverteidigung, die Marineartillerieabteilungen sowie die technischen Institute mit Werften und Arsenalen unterstellt.

Beim Reichswehrministerium wurden eine Heeres- und eine Marinekammer (§ 10) gebildet, deren Mitglieder aus geheimer Wahl hervorgegangen waren. Beide Kammern unterstanden als beratende und begutachtende Körperschaften dem Reichswehrminister.

In den Ländern konnten Landeskommandanten bestellt werden, die die Landesinteressen, landsmannschaftliche Eigenarten und die wirtschaftlichen Interessen des Landes wahrzunehmen hatten. Wenn möglich, sollten die Soldaten Verbänden ihres Landes angehören und von Offizieren ihres Landes geführt werden. Nach § 36 war es dem Soldaten untersagt, sich politisch zu betätigen und politischen Vereinen anzugehören. Sein aktives und passives Wahlrecht ruhte.

Als nach dem Kapp-Lüttwitz-Putsch der Rücktritt des Generalmajors Walther Reinhardt als Chef der Heeresleitung und Gustav Noskes als Reichswehrminister erfolgte, war der Versuch beider Männer gescheitert, Republik und Heer zu versöhnen. Die Reichswehrführung entzog sich immer mehr der parlamentarischen Kontrolle. Unter Hans von Seeckt, dem Nachfolger Reinhardts, war man bestrebt, die Reichswehr aus der Politik der Republik herauszuhalten. Man umging bewußt die Friedensbedingungen. Der ehemalige Generalstab wurde auf Truppenamt, Reichsarchiv und andere Reichsbehörden verteilt. Die Schulen mit einheitlichen Lehrplänen in den 7 Wehrkreisen bildeten einen Ersatz für die Kriegsakademie. Eine Verstärkung der Truppen erfolgte durch die kasernierte Polizei, die statt der zugestandenen 32000 wohl eher 70000 Polizisten stark war. Die Weiterentwicklung der Waffen erfolgte in Zusammenarbeit mit den Krupp-Werken u. a. Die im Juli 1922 getroffenen Vereinbarungen zwischen Reichswehr und Roter Armee führten zur Errichtung von Flugzeug- und Munitionswerken in der UdSSR, die auch drei Basen in Lipezk (Flugzeuge), Saratow (Gaskampf) und Kasan (Panzer) der Reichswehr bis Herbst 1933 zur Verfügung stellte.

Nachdem am 2. 5. 1922 das im Vertrag von Versailles verhängte Bauverbot für die deutsche Luftfahrtindustrie aufgehoben und am 5. 5. 1922 die Luftfahrt-Friedenskommission aufgelöst worden war, begann nach der Gründung der Deutschen Lufthansa AG eine enge Zusammenarbeit mit dem Reichswehrministerium, so daß sich schon ab 1926 Reichswehrangehörige im Flugsport betätigen konnten.

Hinsichtlich der Organisation des Heeres wurden die militärischen Bestimmungen des Vertrags von Versailles durch Umwandlung von Reiterschwadronen in Nachrichteneinheiten, mehrerer Batterien zu Flakbatterien und einiger Fahrschwadronen zu Beobachtungsbatterien verletzt. Seit 1926 erfolgte als Vorbereitung für die Verstärkung des Heeres im Kriegsfall der Ausbau des »Grenzschutzes Ost« in den östlichen Provinzen Preußens und des Landesschutzes, dessen Aufgaben im Interesse der Landesverteidigung lagen, aber laut Vertrag von Versailles verboten waren. Ab 1932 wurde das sogenannte »Heilsberger Dreieck« in Ostpreußen, das allerdings nicht armiert war, ausgebaut. Ab 1930 begann man mit den Vorbereitungen für eine Verstärkung des Heeres, um im Kriegsfall aus 7 Divisionen 21 bilden zu können.

DÄNEMARK
SCHWEDEN
Lübeck
Mecklenburg-Schwerin
Hamburg
Kommunistischer Aufstand
22.-24.10.1923
Mecklenburg-Strelitz
Bremen
Oldenburg
NIEDERLANDE
Preußen
Küstrin
Putsch der Schwarz Reichswehr
1.10.1923
Schaumburg-Lippe
Braunschweig
„Kapp-Putsch"
13.-17.3.1920
Berlin
Walther Rathenau
24.6.1922
Lippe
Anhalt
Cottbus
Hamborn
Duisburg
„Rote Armee"
15.3.-7.4.1920
Oberhausen
Düsseldorf
Halle
März 1921
Leipzig
Aachen
„Rheinische Republik"
21.10.1923
Dresden
13.-14.3.1920
Thüringen
16.10.-12.11.1923
Sachsen
10.-29.10.1923
Eupen
Malmedy
Koblenz
Hessen
Max Hölz
April 1920
Wiesbaden
Coburg
Deutscher Tag
14.-15.10.1922
Mainz
LUX.
Darmstadt
Mannheim
Saargebiet
„Freie Pfalz"
6.11.1923
Speyer
„Autonomer Pfalzstaat"
24.10.1923
Nürnberg
Deutscher Tag
1.-2.9.1923
Lothringen
Karlsruhe
Bayern
26.9.1923-18.2.1924
TSCHEC
Stuttgart
14.-21.3.1920
Württemberg
Offenburg
Kniebis
FRANKREICH
Elsaß
Baden
Matthias Erzberger
26.8.1921
„Hitler-Putsch"
8./9.11.1923
München
1. Reichsparteitag der NSDAP
27.-29.1.1923
ÖSTERREICH
SCHWEIZ
ITALIEN
JUG

Die Weimarer Republik (1920-1923)

- Grenze des Deutschen Reiches (1921)
- Grenze des Deutschen Reiches (1914)
- Grenzen der Bundesländer
- Hessen — Land des Deutschen Reiches
- Ostgrenze der entmilitarisierten Zone
- Abstimmungsgebiet
- Besetzte Gebiete:
  - 1. Zone
  - 2. Zone
  - 3. Zone
- Sanktionen (ab 8.3.1921)
- Besetzung des Ruhrgebiets (ab 11.1.1923)
- Separatistische Bewegung
- Putsch, Aufstand
- Einfall
- Politischer Mord
- Flucht der Reichsregierung (13.-21.3.1920)
- Ausnahmezustand in Bayern
- Bildung einer sozialdemokratisch-kommunistischen Regierung
- Einmarsch der Reichswehr in Sachsen (22.10.1923) und Thüringen (5.11.1923)
- Staatsgerichtshof
- Außerordentliches Gericht

Die Krisenjahre (1920–1923)

Gegenüber den staatstragenden Parteien der Weimarer Republik, die sich in der »Weimarer Koalition« zusammengeschlossen hatten, formierten sich die »Rechte« (»Nationale Opposition«), die die Demokratie als eine undeutsche, importierte Staatsform betrachtete, und die »Linke«, die die Revolution von 1918 vollenden wollte. Der erste Putschversuch der nationalen Opposition, der Kapp-Lüttwitz-Putsch (13.–17.3. 1920), der die Reichsregierung zur Flucht über Dresden nach Stuttgart zwang, aber am Widerstand großer Teile der Beamten und vor allem an den Gewerkschaften scheiterte (Generalstreik), führte zum Rücktritt des Reichswehrministers Gustav Noske und des Chefs der Heeresleitung, Generalmajor Reinhardt, an deren Stelle Dr. Otto Geßler (DDP) und Generalmajor Hans von Seeckt traten. Darauf folgten der kommunistische Aufstand der Roten Armee im Ruhrgebiet (15.3.–7.4. 1920), der von der Reichswehr mit unangemessener Härte niedergeschlagen wurde, und die Besetzung des Rathauses von Plauen durch den Kommunistenführer Max Hölz (3.4. 1920). Bei den Reichstagswahlen am 6.6. 1920 erlitt die SPD empfindliche Verluste, weil sich die enttäuschten Arbeiter der USPD und KPD zuwandten, während die Parteien der bürgerlichen Rechten (DNVP und DVP) fast ein Drittel der Reichstagsmandate gewannen. Nachdem die Bayerische Volkspartei am 9.1. 1920 die Fraktionsgemeinschaft mit dem Zentrum gekündigt hatte, wurde sie zunehmend monarchistischer und rechter eingestellt – in einem Land, das immer mehr zu einem Auffangbecken für militante Freikorps und Gegner der Republik wurde. Die politische Lage der jungen Republik verschärfte sich durch kommunistische Unruhen in Sachsen, Hamburg, im Ruhrgebiet und in Mitteldeutschland (März 1921) und durch die »Fememorde« rechtsradikaler Kreise an dem Zentrumsabgeordneten Matthias Erzberger (26.8. 1921) und dem Reichsaußenminister Walther Rathenau (24.6. 1922). Nach seinem Tod wurde am 21.7. 1922 das Gesetz zum Schutz der Republik erlassen, aufgrund dessen am 1.9. 1922 am Reichsgericht in Leipzig ein Staatsgerichtshof zum Schutz der Republik errichtet wurde. Außenpolitisch bildeten die Annahme des Londoner Ultimatums (5.5. 1921), in dem die Alliierten die Höhe der Reparationen auf 132 Mrd. Goldmark festsetzten, durch die Reichsregierung (11.5. 1921) und die Kämpfe zwischen polnischen Freischärlern und deutschen Selbstschutzverbänden in Oberschlesien (Mai bis Juni 1921) eine schwere Belastung. Frankreich, das im Friedensvertrag die Abtrennung des linken Rheinufers nicht erreicht hatte, versuchte nach dem Kriege, das Rheinland in einen autonomen, von Frankreich abhängigen Vasallenstaat zu verwandeln. So dienten die »Sanktionen« zu einer Erweiterung des ursprünglichen Besatzungsgebiets und die Unterstützung der separatistischen Bewegungen zu einer Loslösung des linken Rheinufers vom Reich. Nachdem die Franzosen wegen des Einmarsches der Reichswehr ins Ruhrgebiet den Maingau kurze Zeit als Vergeltungsmaßnahme besetzt hatten (6.4.–17.5. 1920), wurden am 8.3. 1921 wegen ausstehender Reparationen die Rheinhäfen Hamborn, Duisburg, Düsseldorf, Ruhrort und Oberhausen besetzt. Der Einmarsch französischer und belgischer Truppen in das Ruhrgebiet am 11.1. 1923 sollte die Durchsetzung der Reparationsforderungen erzwingen. Am 4.2. 1923 wurden die Städte Offenburg und Bühl, am 3.3. 1923 Darmstadt, Mannheim und Karlsruhe von den Franzosen okkupiert. Trotz der Unterstützung durch die französische Besatzungsmacht blieben die Bemühungen der separatistischen Bewegungen im Herbst 1923, auf dem linken Rheinufer »autonome Republiken« zu gründen, erfolglos.

Litauische, teils als »Aufständische« getarnte Verbände drangen in das Memelgebiet ein (10.–16.1. 1923), das die Botschafterkonferenz am 16.2. 1923 an Litauen übertrug.

Der von der Reichsregierung unter

Reichskanzler Wilhelm Cuno ausgerufene »passive Widerstand« der Ruhrbevölkerung beschleunigte das Tempo der Inflation, die durch Sachreparationen und inflationäre Kreditpolitik der Reichsbank schon 1922 begonnen hatte. Nach dem Rücktritt der Regierung Cuno bildete Gustav Stresemann am 13.8. 1923 eine Regierung der Großen Koalition (Zentrum, SPD, DDP, DVP), die am 26.9. 1923 aus innenpolitischen und finanziellen Gründen den Abbruch des passiven Widerstands verkündete. Daraufhin verhängte die bayerische Staatsregierung den Ausnahmezustand, ein Recht, das nach Art. 48 der Weimarer Verfassung nur dem Reichspräsidenten zustand, und bestellte den ehemaligen Ministerpräsidenten von Kahr zum Generalstaatskommissar mit diktatorischen Vollmachten. Der Reichspräsident übertrug die vollziehende Gewalt im Reich dem Reichswehrminister. Gegen die Einstellung des passiven Widerstands durch die Reichsregierung richtete sich der rechtsradikale Putsch in Küstrin unter Major a. D. Buchrucker (1.10. 1923), der den Sturz der Republik und die Errichtung einer autoritären Regierung plante. In Bayern arbeiteten von Kahr, nationalistische Wehrverbände und »Völkische« auf den Sturz der Republik hin, um eine »nationale Diktatur« zu errichten. Als Antwort auf die nationalistische Bedrohung aus Bayern wurden in Sachsen und Thüringen Volksfrontregierungen und »Proletarische Hundertschaften« gebildet, doch wurden durch die Reichsexekution (Einmarsch der Reichswehr) gegen Sachsen und Thüringen die »Proletarischen Hundertschaften« aufgelöst und die kommunistischen Minister zum Rücktritt gezwungen. Der kommunistische Aufstand in Hamburg – nach dem Scheitern der Koalitionsverhandlungen zwischen KPD und SPD – wurde am 24.10. 1923 nach heftigem Kampf niedergeschlagen.

General von Lossow, der bayerische Wehrkreiskommandeur, weigerte sich, den »Völkischen Beobachter« wegen eines gehässigen Artikels, der sich gegen von Seeckt und Stresemann richtete, zu verbieten, und wurde daraufhin vom Reichswehrminister am 20.10. 1923 abgesetzt. Die bayerische Regierung setzte ihn aber als Landeskommandeur wieder ein und verpflichtete die in Bayern stehenden Reichswehrtruppen auf den Freistaat Bayern. Durch die sich gegenseitig nicht anerkennenden Regierungen in München und Berlin war die Reichseinheit gefährdet. Nachdem Hitler am 8.11. 1923 die »Nationale Revolution« ausgerufen hatte, wurde von Seeckt die vollziehende Gewalt und der Oberbefehl über die gesamte Reichswehr übertragen. Der Hitler-Putsch in München scheiterte am 9.11. 1923 beim Demonstrationsmarsch an der Feldherrnhalle, da von Kahr, der sich für eine bayerische Sonderstellung einsetzte, und von Lossow, der eine nationale Militär-Diktatur anstrebte, sich dem Putsch nicht anschlossen. Am 23.11. 1923 verbot von Seeckt die KPD, die NSDAP und die Deutsch-völkische Freiheitspartei mit ihren Organisationen im gesamten Reichsgebiet.

Nachdem am 13.10. 1923 ein Ermächtigungsgesetz zur Verordnung wirtschaftlicher, finanzieller und sozialer Maßnahmen vom Reichstag angenommen worden war, wurde am 16.10. 1923 die Rentenbank errichtet und am 15.11. 1923 die Inflation beendet (1 Rentenmark = 1 Billion Papiermark). Da die SPD wegen der Vorgänge in Bayern und Sachsen am 3.11. 1923 ihre Minister aus der Regierung zurückgezogen hatte, bildete am 30.11. 1923 Wilhelm Marx eine bürgerliche Mehrheitsregierung (Zentrum, DDP, DVP, BVP), in der Stresemann Außenminister wurde.

Außerordentliche Gerichte wurden am 2.10. 1923 in Cottbus und am 23.10. 1923 in Hamburg zur Aburteilung der Straftaten im Zusammenhang mit den Unruhen in Küstrin und dem kommunistischen Aufstand in Hamburg sowie in Berlin in Zusammenhang mit der Verordnung vom 26.9. 1923 über den Belagerungszustand gebildet.

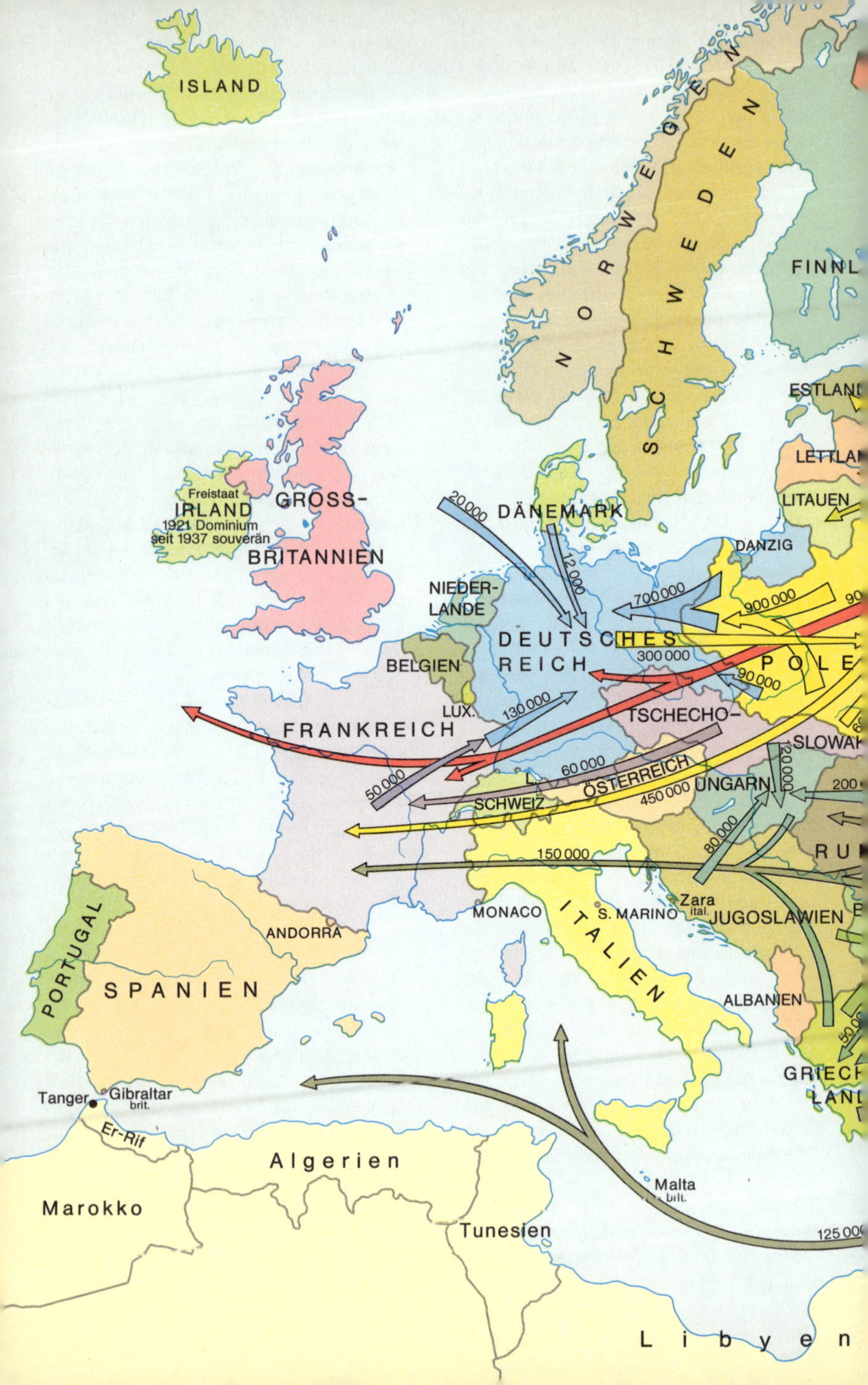
ISLAND
NORWEGEN
SCHWEDEN
FINNL
ESTLAND
LETTLAN
LITAUEN
DANZIG
Freistaat
IRLAND
1921 Dominium
seit 1937 souverän
GROSS-
BRITANNIEN
DÄNEMARK
20 000
12 000
NIEDER-
LANDE
700 000
900 000
DEUTSCHES
REICH
300 000
POLE
90 000
BELGIEN
LUX.
130 000
TSCHECHO-
SLOWAK
FRANKREICH
120 000
60 000
ÖSTERREICH
50 000
SCHWEIZ
450 000
UNGARN
200
80 000
RUM
150 000
MONACO
S. MARINO
Zara
ital.
JUGOSLAWIEN
ITALIEN
ALBANIEN
ANDORRA
PORTUGAL
SPANIEN
GRIECH
LAND
Tanger
Gibraltar
brit.
Er-Rif
Algerien
Malta
brit.
Marokko
Tunesien
125 000
Libyen

Bevölkerungsverschiebungen (1917–1938)

Zwangsumsiedlungen

In der Zeit zwischen den beiden Weltkriegen fanden Zwangsumsiedlungen 1926–1939 in der UdSSR statt, von denen vor allem Russen, Ukrainer und Weißruthenen betroffen wurden.

Gruppenwanderungen

Die Wanderungen wurden hervorgerufen durch Flucht, Verdrängung, Rückkehr in die durch die Pariser Friedensverträge entstandenen Nationalstaaten, freiwilligen Bevölkerungsaustausch sowie vertragsmäßigen Austausch.

Grenzen 1926

Anmerkung:
Flucht, Verdrängung und Auswanderung der Juden 1933–1939 aus dem Deutschen Reich, Österreich und Böhmen-Mähren sowie die aus politischen Gründen erfolgte Flucht von Spaniern nach Frankreich 1938–1939 wurden nicht aufgenommen.

Die Bevölkerungsverschiebungen nach dem 1. Weltkrieg

Gründe für die Bevölkerungsverschiebungen waren die Durchsetzung des Nationalitätsprinzips in den Pariser Vorortverträgen als Folge der oft jahrzehntelangen Emanzipationsbestrebungen, die während des Krieges von den Alliierten gemachten Versprechungen und das vom amerikanischen Präsidenten Wilson verkündete Selbstbestimmungsrecht der Völker sowie die Oktoberrevolution in Rußland. Die nach 1918 neu entstandenen Staaten in Ost- und Südosteuropa waren bestrebt, Nationalstaaten zu werden. Doch geriet dieser Wunsch sehr oft in Konflikt mit der Vorstellung dieser Staaten von Größe, für die historische Erinnerungen, wirtschaftliche und militärische Überlegungen bestimmend waren.
Die nationalen Minderheiten Jugoslawiens und der Tschechoslowakei waren zahlreicher als das Staatsvolk. In Lettland, Litauen, Polen und Rumänien betrug der Anteil der Minderheiten um 25% der Gesamtbevölkerung. Während der Verhandlungen um die Friedensverträge wurde dieses Konflikte in sich bergende Problem durchaus erkannt, und man versuchte, es durch Minderheitenschutzverträge zu entschärfen. Diese wurden jedoch von manchen Staaten nicht beachtet und eingehalten. Die neu gebildeten Nationalstaaten zogen zwar ihre im Ausland lebenden Angehörigen an, versuchten aber auch, die Angehörigen der nationalen Minderheiten durch Bewegung zur Flucht, durch Verdrängung und auf Grund von Austauschverträgen abzustoßen.
Nach Inkrafttreten des Vertrages von Versailles verließen viele Deutsche die Kolonien, Nordschleswig und Elsaß-Lothringen, in das auf Wunsch der französischen Regierung Franzosen einwanderten. Der Hauptstrom kam aber aus den an Polen gefallenen Ostgebieten, die fast die ganze Provinz Posen, den größten Teil der Provinz Westpreußen und kleinere Gebiete von Pommern, Ostpreußen und Niederschlesien umfaßten. Nach der preußischen Volkszählung von 1910 bekannten sich 1714000 Personen zur polnischen, 1080000 zur deutschen Sprache. Nach der zonenweisen Eingliederung der deutschen Gebiete in das polnische Staatsgebiet ab 10.1. 1920 begann eine Abwanderung, vor allem von Offizieren und Beamten mit ihren Familien, aber auch eine gezielte Verdrängung durch Benachteiligung. So wurde – vor allem in den Städten – Deutschen die Konzession entzogen, so daß sie ihrer wirtschaftlichen Basis beraubt wurden. Deutsche, die sich seit 1908 nicht dauernd im Lande aufgehalten hatten, konnten nicht die polnische Staatsbürgerschaft erwerben und mußten das Land verlassen. Durch gesetzlich geregelte Annullierung der Ansiedlerpachtverträge (14.7. 1920) wurden ebenfalls viele Deutsche zur Abwanderung gezwungen. Eine vom polnischen Staat geförderte Binnenwanderung setzte von Mittelpolen und Galizien nach Posen und Westpreußen ein. Aus dem deutschen Reich kehrten polnische Berg- und Landarbeiter nach Polen zurück. Allerdings verließen fast eine halbe Mio. Polen wegen der schlechten wirtschaftlichen Lage ihre Heimat, um in den Industriezentren Frankreichs, aber auch Belgiens Arbeit zu suchen. In geringem Maße traf dies auch auf Tschechen zu.
Schwierig gestaltete sich das Bevölkerungsproblem nach der Unterzeichnung des Friedens von Trianon (4.6. 1920) für Ungarn. Das Staatsgebiet, das 1914 eine Fläche von 325411 qkm mit 20,9 Mio. Einwohnern umfaßt hatte, von denen aber die Hälfte aus nationalen Minderheiten bestand, betrug nur noch 93073 qkm mit 7,6 Mio. Einwohnern. 1920 wohnten in »Rumpf-Ungarn« nur zwei Drittel der Ungarn, während in den an Ungarn grenzenden Randgebieten der Nachbarstaaten über 3 Mio. Ungarn lebten, von denen Teile nach Ungarn einwanderten, zum Teil aber auch von den Anrainerstaaten nach »Rumpf-Ungarn« abgedrängt wurden. Im Gegensatz zu vielen anderen neu gebildeten Staaten war Ungarn – abgesehen von

einer kleinen deutschen und jüdischen Minderheit – ein Staat ohne eine Nationalitätenfrage geworden.
Nach der Unterzeichnung des Friedens von Neuilly (27.11. 1919) strömten ungefähr 250000 bulgarische Flüchtlinge – die offiziell angegebene Zahl 600000 war zweifellos zu hoch gegriffen – aus Mazedonien, Thrazien und der Dobrudscha ins Land. Am Tage der Unterzeichnung des Friedensvertrages wurde mit Griechenland eine Konvention über den Austausch von Minderheitsangehörigen abgeschlossen. Von der Möglichkeit des Austausches machten zwischen 1923 und 1928 ungefähr 30000 Griechen und 50000 Bulgaren Gebrauch, doch waren schon vor 1923 fast 16000 Griechen und 39000 Bulgaren jeweils abgewandert.
Für das kleine Land, dem gegenüber einer Fläche von 114400 qkm im Jahre 1915 nach den Abtretungen noch 103600 qkm verblieben, bedeutete der Zustrom von Flüchtlingen, vor allem der mazedonischen, eine schwere Belastung. Auch entstanden ab 1925 Spannungen mit Griechenland, dessen Fähigkeit, Flüchtlinge aufzunehmen, durch den Zustrom aus Kleinasien auf wirtschaftliche Grenzen stieß. Das Verhältnis zu Jugoslawien blieb durch die fast 1 Mio. Mazedonier und Bulgaren in Jugoslawien immer getrübt, ebenso zu Rumänien, da in der Süddobrudscha 137000 Bulgaren wohnten.
Nach dem Zusammenbruch des griechischen Heeres in Kleinasien (1922) wurde schon am 30.1. 1923 ein Bevölkerungsaustausch zwischen Griechenland und der Türkei vereinbart, durch den mindestens 1,2 Mio. Griechen aus Kleinasien, dem Pontusgebiet und Ost-Thrazien nach Griechenland einwanderten – zusätzlich zu den Flüchtlingen aus Rußland und Bulgarien – und 330000 Türken zum Verlassen ihrer mazedonischen, thessalischen und epirotischen Siedlungsgebiete gezwungen wurden. Gegenüber 1919 hatte Griechenland durch die Aufnahme der Umsiedler und Flüchtlinge einen Bevölkerungszuwachs von 28%. Die Mittellosigkeit der Flüchtlinge erschwerte ihre Eingliederung in das Wirtschaftsleben.
Nach dem Scheitern der den Armeniern im Vertrag von Sèvres (10.8. 1920) zugestandenen Selbständigkeit durch das Einschreiten der Sowjetmacht und der Türkei verließen über 125000 Armenier ihre Heimat und wanderten nach den westeuropäischen Staaten und den Vereinigten Staaten aus. Rumänien, dessen Staatsgebiet sich durch die Bestimmungen der Pariser Vorortverträge gegenüber 1914 mehr als verdoppelt hatte, förderte die Binnenwanderung aus der Walachei und Moldau nach Siebenbürgen. Aus den industriell wenig entwickelten Staaten Südosteuropas und der Türkei emigrierten etwa 150000 Arbeitsuchende nach Frankreich.
Über die in den Jahren nach dem Ausbruch der Oktoberrevolution aus Rußland in den Westen geflohenen Emigranten schwanken die Angaben. Lenin selbst bezifferte ihre Zahl auf 1,5 bis 2 Mio. Eine Zählung des Völkerbundes erbrachte 1921 in Europa 1,44 Mio., 1925 insgesamt 2,5 Mio., während sich die Schätzungen einiger Historiker – darunter auch sowjetischer – zwischen 860000 und 1 Mio. bewegen. Der größte Teil der Emigranten bestand aus Angehörigen des Adels und des Bürgertums. Da in den drei Friedensschlüssen des Jahres 1920 zwischen der Sowjetmacht und den baltischen Staaten auch die Grenzen festgelegt worden waren, wanderten Esten, Letten und Litauer in ihre neuen, auch von der Sowjetunion anerkannten Nationalstaaten. Der Friedensvertrag von Riga (16.3. 1921) legte auch die neue polnische Ostgrenze fest. Eine Folge war die Einwanderung vieler Polen aus dem Gebiet der Sowjetunion nach Polen.
Ab 1926 wurden in der Sowjetunion Zwangsumsiedlungen von als politisch unzuverlässig geltenden Bevölkerungsteilen aus den westlichen Randgebieten in die zentralasiatischen Republiken, das Ural-Gebiet, nach Sibirien und nach dem fernen Osten durchgeführt.

ISLAND
NORWEGEN
SCHWEDEN
26
81
GROSSBRITANNIEN
UND IRLAND
1.788
London
19
DÄNEMARK
93
NIEDER-
LANDE
DEUTSCHES
REICH
(Hohenzollern)
Berlin
Brüssel
BELGIEN
416
LUX.
5.436
Paris
FRANKREICH
3.074
77
L.
SCHWEIZ
Wien
5.063
ÖSTERREICH-UNGA
(Habsburg)
Belgrad
SERBIEN
1.064
MONTE-
NEGRO
Cetinje
ALBANIEN
295
GRIEC
LAN
PORTUGAL
Lissabon
264
434
SPANIEN
ANDORRA
MONACO
S. MARINO
ITALIEN
Rom
2.735
Tanger
Gibraltar
brit.
Span.-
Marokko
Algerien
Marokko
Tunesien
Malta
brit.
Tripolitanien
ital.
Cyr

Die Folgen des 1. Weltkrieges

Mittelmächte und Verbündete

Entente und Alliierte

Bevölkerungsverluste (in Tausend)

Unter die Gesamtbevölkerungsverluste fielen nicht nur die 8 Mio. getöteter Soldaten von ca. 60 Mio. mobilisierter Männer während der Feindseligkeiten, sondern auch die Verluste unter der Zivilbevölkerung als Folge von Krankheiten, Hungersnot, Mangelerscheinungen und militärischen Auseinandersetzungen. Hinzu traten die Geburtenausfälle – vor allem bei den kriegführenden Mächten – als Folgeerscheinung der militärischen Mobilisierung. Der Geburtenverlust in Europa (ohne Rußland) übertraf die Zahl der während des Krieges umgekommenen Soldaten und Zivilisten. Europa (ohne Rußland) verlor 7% seiner Vorkriegsbevölkerung. Die Verluste Rußlands übertrafen die Europas bei weitem.

Kriegsschäden

Von Verwüstung während der Kriegshandlungen und Ausbeutung durch die Mittelmächte waren vor allem Nordfrankreich und Belgien betroffen, deren Eigentumsverluste auf 17 Milliarden Dollar geschätzt wurden. Es folgten Polen – vor allem Galizien –, Serbien, Rumänien und Italien. Die Verluste Österreich-Ungarns und Bulgariens waren gering, während sie in Deutschland bei Beginn des Krieges in Ostpreußen und gegen Ende des Krieges durch Luftangriffe entstanden.

Gestürzte Dynastien

Als Folge der Niederlagen und Revolutionen in den betreffenden Ländern verschwanden 4 Dynastien in Rußland, Deutschland, Österreich-Ungarn und der Türkei. In Bulgarien folgte auf Ferdinand I., der abdanken mußte, Zar Boris III.

ISLAND
NORWEGEN
SCHWEDEN
FINNL
Helsinki
Tallinn (Re
ESTLAND
Dorpat
LETTLAN
Riga
GROSSBRITANNIEN
UND
IRLAND
1921 Dominium
DÄNEMARK
Memel
1919-23 unter alliierter Verwaltung, 1923 an Litauen, 1924 autonomes Gebiet
LITAUEN
Kau
(Kow
DANZIG
NIEDER-
LANDE
London
Berlin
POLEN
Warschau
DEUTSCHES
REICH
Brüssel
BELGIEN
LUX.
Saint-Germain-
en-Laye
Neuilly
Trianon
Paris
Sèvres
Versailles
Prag
TSCHECHO-
SLOWAKEI
FRANKREICH
Wien
ÖSTERREICH
Budapest
UNGARN
L.
Lausanne
SCHWEIZ
RUM
Triest
1920
Freie Stadt
1924
an Italien
JUGOSLAWIEN
1918-1929 KGR. der SERBEN, KROATEN, SLOWENEN
Belgrad
MONACO
S. MAR.
Zara
ital.
ITALIEN
PORTUGAL
ANDORRA
Lissabon
SPANIEN
Lagosta
1920
an Italien
Rom
ALBANIEN
GRIEC
LA
Tanger
Gibraltar
brit.
Er-Rif
Algerien
Marokko
Malta
brit.
Tunesien
Tripolitanien
ital.
Cyr

Die europäischen Grenzen nach den Friedensverträgen (1919–1923).

Alliierte und assoziierte Hauptmächte und Mächte
Entente, Japan, USA und Alliierte

Besiegte Mächte
Mittelmächte und Verbündete

Von Deutschland durch den Friedensvertrag von Versailles abgetretene Gebiete (28.6.1919):
Elsaß-Lothringen, das Saargebiet, Eupen, Malmédy und Moresnet, Nordschleswig, Posen, Westpreußen, Oberschlesien, die Freie Stadt Danzig, das Memelgebiet und das Hultschiner Ländchen.

Von Deutsch-Österreich durch den Friedensvertrag von Saint-Germain-en-Laye abgetretene Gebiete (10.9.1919):
Südtirol, das Küstengebiet mit Triest, Istrien, Dalmatien und dalmatinische Inseln, Teile von Kärnten und Krain, sowie die sich durch die Anerkennung der neuen Staaten Polen, Tschechoslowakei, Ungarn und Serbien – Kroatien – Slawonien ergebenden Abtretungen.

Von Bulgarien durch den Friedensvertrag von Neuilly abgetretene Gebiete (27.11.1919):
Thrazische Gebiete und das Küstengebiet am Ägäischen Meer.

Von Ungarn durch den Friedensvertrag von Trianon abgetretene Gebiete (4.6.1920):
Slowakei, Westungarn, Kroatien – Slawonien, das Banat und Siebenbürgen.

Von der Russischen Sozialistischen Föderativen Sowjetrepublik abgetretene Gebiete (1920–1921):
Anerkennung der Unabhängigkeit Estlands, Litauens, Lettlands, Finnlands und Abtretung westrussischer Gebiete an Polen, Nichtanerkennung der Inbesitznahme Bessarabiens durch Rumänien.

V **Vertragsorte**

ISLAND
NORWEGEN
SCHWEDEN
FINNLA
Helsinki
Tallinn (Rev
ESTLAND
LETTLAN
Rig
LITAUEN
Kaun
(Kow
Freistaat
IRLAND
GROSS-
BRITANNIEN
London
DÄNEMARK
DANZIG
NIEDER-
LANDE
Berlin
Warschau
DEUTSCHES
REICH
POLEN
BELGIEN
Brüssel
LUX.
Prag
TSCHECHO-
SLOWAKEI
Paris
FRANKREICH
Wien
ÖSTERREICH
Budapest
UNGARN
L.
SCHWEIZ
RU
JUGOSLAWIEN
1918-1929 KGR. der SERBEN, KROATEN, SLOWENEN
Belgrad
B
S. MARINO
MONACO
ITALIEN
Zara
ital.
ANDORRA
PORTUGAL
Lissabon
SPANIEN
Rom
ALBANIEN
GRIECH
LAN
Tanger
Gibraltar
brit.
Er-Rif
Algerien
Marokko
Malta
brit.
Tunesien
Tripolitanien
ital.
Cyre

Die Staaten Europas (1923)

Siegermächte

Besiegte Mächte

Neu entstandene Staaten

Die nach dem 1. Weltkrieg neu entstandenen unabhängigen Staaten in Osteuropa waren aus Gebietsteilen des Deutschen Reiches, Österreich-Ungarns und Rußlands entstanden und bildeten einen Gürtel vom Eismeer bis zum Schwarzen Meer und zur Adria. Rumänien konnte seine frühere Größe mehr als verdoppeln.

»Cordon sanitaire«

Der Sicherheitsgürtel bestand aus den neu entstandenen Staaten in Ost- und Südosteuropa sowie dem vergrößerten Rumänien und war als Bollwerk gegen eine Expansion Sowjetrußlands und einen Revisionismus der besiegten Mächte gedacht.

Revisionistisch eingestellte Staaten

Die Staaten, die die territoriale Neugliederung Europas durch die Pariser Friedenskonferenzen ablehnten, strebten eine Revision dieser Neuordnung an: die Sowjetunion, Deutschland, Ungarn, Österreich, Bulgarien, Polen und Italien.

Agrarreform

Die Forderung nach Landreform, d. h. der Auflösung großer Güter und deren Verteilung auf kleine, verarmte Bauern, wurde nach dem 1. Weltkrieg in vielen Staaten Ost- und Südosteuropas erfüllt, doch diente die Agrarreform in vielen Staaten zur Enteignung von Grundbesitzern, die den Minderheiten angehörten.

Monarchie

Ohne Berücksichtigung Andorras, Liechtensteins, San Marinos, Monacos, der Vatikanstadt und des europäischen Teils der Türkei bestand Europa aus einer kommunistisch-sozialistischen Diktatur, 14 Republiken, 14 Monarchien und einem Königreich mit vakantem Thron.

Europa nach dem 1. Weltkrieg

Die Bevölkerungsverluste der kriegführenden Staaten waren erschreckend hoch. Außer den Gefallenen zählte man 7 Mio. ständig Erwerbsunfähige und ungefähr 15 Mio. Verwundete. Die Verluste unter der Zivilbevölkerung durch Krankheit, Hunger, gesundheitsschädigende Verhältnisse und Kriegseinwirkungen betrugen – ohne Rußland – um 5 Mio. Da die Geburtenausfälle während der Kriegsjahre ungefähr den Gesamtverlusten an Soldaten und an der Zivilbevölkerung entsprachen, erlitt die Gesamtbevölkerung Europas als Folge des 1. Weltkrieges einen Verlust von über 22 Mio. Menschen (=7% der Vorkriegsbevölkerung). Die Bevölkerungsverluste Rußlands durch Krieg, Hungersnot und Bürgerkrieg übertrafen die Gesamtverluste Europas.

Die durch den Krieg verursachten materiellen Schäden waren beträchtlich. Der Nordosten Frankreichs, Osteuropa (das spätere Staatsgebiet von Polen) und Serbien waren die Hauptleidtragenden, die durch den Verlust von Gebäuden und Vieh, Vernichtung von Wald und Ackerland, Zerstörung von Eisenbahnanlagen, Brücken und Fabriken am meisten betroffen waren. Vier Dynastien verloren als Folge des Krieges den Thron. Am 1. (14.)3. 1917 wurde der russische Zar Nikolaus II. in Pleskau (Pskow) von einer Delegation des Duma-Komitees zur Abdankung gezwungen und nach seiner Verhaftung am 8. (21.)3. 1917 mit seiner Familie in Zarskoje Selo interniert. Während des Bürgerkrieges wurde die Zarenfamilie am 16.7. 1918 in Jekaterinburg (heute Swerdlowsk) ermordet. Der Reichskanzler Prinz Max von Baden gab am 9. 11. 1918 die Thronentsagung Kaiser Wilhelms II. und des Kronprinzen bekannt. Von seinem Exil in Holland, wohin er am 10. 11. 1918 geflohen war, verzichtete der Kaiser am 28. 11. 1918 auf die Krone Preußens und die deutsche Kaiserkrone. Kaiser Karl I. erklärte am 11. 11. 1918 in Wien seinen Verzicht auf jeden Anteil an den Staatsgeschäften. Am 12. 11. 1918 wurde Deutsch-Österreich eine demokratische Republik. Nach dem Unabhängigkeitskrieg unter Mustafa Kemal Pascha wurde die Institution des Sultanats von der Großen Nationalversammlung am 1. 11. 1923 in der Türkei vor Beginn der Friedenskonferenz in Lausanne abgeschafft.

Vier Staaten auf dem Boden des ehemals Russischen Reiches konnten erst nach Kämpfen ihre staatliche Unabhängigkeit erringen: Finnland, Estland, Lettland und Litauen. Nach Abschluß von Friedensverträgen zwischen diesen Staaten und der Russischen Sozialistischen Föderativen Sowjetrepublik im Jahre 1920 wurden die baltischen Staaten auch von den westlichen Mächten anerkannt. Polen, das aus Gebietsteilen Preußen-Deutschlands, Rußlands und Österreich-Ungarns entstanden war, erhielt erst im Frieden von Riga (18.3. 1920) nach dem polnisch-russischen Krieg seine Ostgrenze, da den alliierten und assoziierten Mächten wegen des Fernbleibens der Sowjetrepublik auf der Friedenskonferenz jenseits der Westgrenze Polens eine Einflußnahme nicht möglich war. Durch die Aufteilung Österreich-Ungarns wurden die Tschechoslowakei, die aus Böhmen, Mähren, Teilen von Österreichisch-Schlesien und Niederösterreich, der Slowakei, der Karpato-Ukraine und dem vom Deutschen Reich abgetrennten Hultschiner Ländchen entstanden war, und Jugoslawien, das sich neben den Königreichen Serbien und Montenegro aus Teilen der Steiermark und Kärntens, Krain, Dalmatien (ohne die italienischen Inseln und Städte), Bosnien, Herzegowina, Kroatien-Slawonien, der Batschka, dem westlichen Banat und Teilen von Albanien und Bulgarien zusammensetzte, Hauptbegünstigte der Friedensschlüsse. Rumänien, das am 7.4. 1918 den Anschluß Bessarabiens proklamiert hatte, gewann durch die Friedensschlüsse die Bukowina, Siebenbürgen, ein Drittel des Banats, das Kreischgebiet, Sathmar und Marmaros und konnte sein Staatsgebiet gegenüber 1914 verdoppeln. Dieser durch die deutschen Siege im

Osten und die Friedensverträge entstandene Staatengürtel sollte ein Bollwerk gegen ein weiteres Vordringen der bolschewistischen Revolution nach Mitteleuropa bilden und ein Zusammengehen von Rußland und Deutschland, den beiden isolierten Mächten, verhindern. Die Aufgabe mußte die Staaten des »Cordon sanitaire« überfordern, da sie durch innenpolitische Auseinandersetzungen (Staatsvolk-Minderheiten, soziale Gegensätze) und außenpolitische Gegensätze (Polen-Litauen) geschwächt wurden. Die Friedensschlüsse der Pariser Vorortkonferenzen wurden von den besiegten Staaten nur unter dem Druck der Sieger – oft mit Vorbehalten – angenommen und als Diktate empfunden. Deutschland hatte außer beachtlichen wirtschaftlichen Ressourcen ein Siebtel seines Vorkriegsterritoriums und 10% seiner Bevölkerung verloren. Österreichs Zerstückelung berücksichtigte nicht wirtschaftliche Kriterien. Ungarn verlor 70% seines Vorkriegsgebiets mit über 60% seiner Vorkriegsbevölkerung und den größten Teil seiner Bodenschätze. Über 3 Mio. Madjaren lebten außerhalb Ungarns. Bulgarien verlor den Zugang zur Ägäis sowie Caribrod und Strumica, ungefähr 10750 km^2 von seinem Staatsgebiet (1915: 114400 km^2). Die Revision dieser Verträge wurde politisches Hauptziel der besiegten Staaten, vor allem Deutschlands und Ungarns. Doch auch viele Siegerstaaten waren unzufrieden. Frankreich hatte seine politischen Ziele am Rhein nicht erreicht. Italien fühlte sich um den Sieg betrogen. Polen war es weder gelungen die »piastische« Staatsidee der Nationaldemokraten im Westen gegenüber Deutschland noch die »jagiellonische« Pilsudskis im Osten (Föderation mit Litauen und der Ukraine) zu verwirklichen.

Die in den ost- und südosteuropäischen Staaten unter dem Einfluß der bolschewistischen Agrarrevolution durchgeführten Agrarreformen dienten weniger dazu, die Sozialstruktur durch ein lebens- und leistungsfähiges Bauerntum zu verbessern und dem Druck einer agrarischen Überbevölkerung zu begegnen, sondern mehr noch, den Einfluß der einer nationalen Minderheit angehörigen Großgrundbesitzerschicht durch Zerschlagung ihres Großgrundbesitzes zu beseitigen. Die Vertragsinhalte der Pariser Vorortkonferenzen waren zustande gekommen auf Grund eines Kompromisses zwischen den 14 Punkten Wilsons, den in Geheimverträgen zwischen den europäischen Mächten formulierten Kriegszielen, der von Frankreich gegenüber Deutschland vertretenen Sicherheitspolitik und dem Bestreben des Vereinigten Königreiches, Europa vor einem weiteren Vordringen der russischen Revolution zu schützen und ein Gleichgewicht in Europa durch Eindämmung der auf dem Kontinent führenden Macht Frankreich wiederherzustellen. Die Verwirklichung der nationalen Selbstbestimmung geriet in Konflikt mit der völkischen Abgrenzung (Polen), der Rücksicht auf historische Erinnerungen (Grenzziehung), den wirtschaftlichen Bedürfnissen (Oberschlesien), den geographischen Gegebenheiten (Tschechoslowakei) und militärischen Überlegungen (Brenner-Linie). Ein besonderes Problem bildeten in den neu entstandenen Staaten die Minderheiten. Zu ihrem Schutz mußten Polen (28.4. 1919), Jugoslawien (10.9. 1919), die Tschechoslowakei (10.9. 1919), Rumänien (9.12. 1919) und Griechenland (10.8. 1920) Minderheitenschutzverträge unterzeichnen, die von den Unterzeichnern oft als diskriminierend empfunden und als Beschränkung der Souveränität aufgefaßt wurden. Der Krieg und die Friedensschlüsse hatten die politische Geographie Europas gegenüber 1914 sehr verändert. Neben sechs neuen Staaten im Osten (Finnland, Estland, Lettland, Litauen, Polen, Tschechoslowakei) und den zwei Nachfolgerstaaten der Habsburger Monarchie (Österreich, Ungarn) hatten sich Serbien-Montenegro und Rumänien sehr, Griechenland weniger vergrößert. Die Anzahl der getrennten Zollsysteme erhöhte sich von 20 auf 27. Die politischen Grenzen verlängerten sich um mehr als 20000 km.

OSTSEE
DANZIG
West-
preußen
1919/20
REICH
DEUTSCHES
Bialyst
Posen
Posen
1918/20
Warschau
Kalisch
Lodz
Radom
1921
Kattowitz
1921
Krakau
Olsa-
gebiet
1938-39
1920
Westgalizien
1919/20
1920
1920
TSCHECHOSLOWAKEI
ÖSTERREICH
UNGARN

Polen (1919–1938)

Königreich Polen
Am 5.11.1916 wurde ein Königreich Polen proklamiert.

Westpreußen und Posen
Die Gebiete wurden durch den Vertrag von Versailles (28.6.1919; II. Teil, Art. 27) an Polen abgetreten.

Ost-Oberschlesien
Nach der Abstimmung in Oberschlesien (20.3.1921) wurde Ost-Oberschlesien durch die Botschafterkonferenz Polen zugesprochen (20.10.1921).

Osthälfte des Teschener Gebiets
Mit zwei anderen kleineren Gebieten gab die Botschafterkonferenz die Osthälfte an Polen (28.7.1920).

Westgalizien
Das Gebiet wurde durch den Frieden von St. Germain-en-Laye (10.9.1919) von Österreich an Polen abgetreten.

Ostgalizien
Das Juli 1919 von Polen besetzte Gebiet sprach die Botschafterkonferenz Polen zu (15.3.1923).

•••••••• **»Curzon-Linie«**
Die sogenannte »Curzon-Linie« wurde im »Protokoll von Spa« festgelegt (10.7.1920).

Weitestes Vordringen der sowjetischen Armee (August 1920) im polnisch-russischen Krieg (1920–1921)

Westrussische Gebiete
Im Frieden von Riga (18.3.1921) fielen diese Gebiete an Polen.

Wilna-Gebiet, von Polen besetzt (Okt. 1920)

Bestandteil Polens (ab Sept. 1921)

Angeschlossenes Gebiet
Dieser Teil des Wilna-Gebietes fiel auf Grund des Beschlusses des Wilnaer Sejms (20. 2. 1922) am 24. 3. 1922 an Polen (»Vereinigungsakt«).

Olsagebiet
Das Gebiet wurde am 2.10.1938 von polnischen Truppen besetzt.

Die Wiedergeburt des polnischen Staates

Vorbereitet wurde die Wiedererrichtung des polnischen Staates durch
1. die Proklamation des Königreiches Polen durch die beiden Generalgouverneure im Namen des deutschen und österreichischen Kaisers am 5.11. 1916 und die Bildung eines aus 25 Personen bestehenden Staatsrates als staatliches Organ am 14.1. 1917,
2. die Proklamation der Provisorischen russischen Regierung über die »Schaffung eines unabhängigen polnischen Staates«, der mit Rußland durch »eine freie Militärunion« verbunden sein sollte, am 17. (30.)3. 1917 sowie
3. die Erklärungen des britischen Premierministers Lloyd George vom 5.1. 1918 über die Schaffung eines unabhängigen polnischen Staates und des amerikanischen Präsidenten Wilson über die Errichtung eines polnischen Staates mit freiem Zugang zum Meer am 8.1. 1918. Die beiden letzten Erklärungen waren unter dem Einfluß des am 15.8. 1917 in Lausanne gegründeten Polnischen Nationalkomitees, das nach seiner Anerkennung als legitimer Repräsentant Polens durch die Westmächte seinen Sitz nach Paris verlegt hatte, zustande gekommen.

Der von den Mittelmächten am 12.9. 1917 gebildete und am 27.10. 1917 in sein Amt eingeführte dreiköpfige Regentschaftsrat in Warschau proklamierte am 7.10. 1918 das »vereinigte unabhängige Polen« und ließ auch das Heer auf sich und diesen Staat am 12.10. 1918 vereidigen. Noch vor dem Ausbruch der Revolution in Deutschland bildeten sich am 27.10. 1918 in Krakau eine Liquidationskommission, deren Wirken sich jedoch auf Galizien beschränkte, und am 7.11. 1918 in Lublin eine »Vorläufige Volksregierung«, die ein stark sozialrevolutionäres Programm verkündete.

Am 11.11. 1918 übergab der Regentschaftsrat dem aus der Festungshaft in Magdeburg entlassenen Josef Pilsudski den Oberbefehl über die Armee, übertrug ihm am 14.11. 1918 auch die politische Gewalt (»Vorläufiger Staatschef«) und löste sich selbst auf. Nach Unterstellung der Liquidationskommission, Ausgleich mit der »Vorläufigen Volksregierung« und Abzug der deutschen Truppen bildete das gemeinsame Dekret des Staatschefs und der Regierung über die beiderseitigen Kompetenzen den Abschluß der polnischen Staatsbildung. Der neue Staat umfaßte Kongreßpolen, Westgalizien und Teile der ehemaligen russischen Westgouvernements. Nach der Aussöhnung Pilsudskis mit dem Nationalkomitee durch Verhandlungen mit Jan Paderewski, bei dessen Ankunft in Posen am 27.12. 1918 ein Aufstand ausbrach, durch den fast die ganze Provinz und Stadt Posen in die Hände der Polen fiel und der erst am 16.2. 1919 durch einen von den Alliierten erzwungenen Waffenstillstand beendet wurde, bildete Paderewski am 16.1. 1919 eine Regierung. Roman Dmowski wurde Leiter der polnischen Delegation bei der Pariser Friedenskonferenz. Dadurch wurde der polnische Staat offiziell von den Alliierten anerkannt. Konnte Polen die Grenzziehung im Westen der Pariser Friedenskonferenz überlassen, so mußten die Grenzen im Osten durch militärische Auseinandersetzungen geschaffen werden.

Durch militärische Vorstöße gegenüber den schwachen Räterepubliken Litauen und Weißruthenien gelangte Polen am 19.4. 1919 in den Besitz des Gebiets von Wilna und Lida, so daß eine Demarkationslinie gegenüber Litauen westlich der Eisenbahnlinie Grodno-Wilna-Dünaburg (Foch-Linie) festgelegt wurde, und im August/September gewann es noch kleinere weißruthenische Gebiete (Minsk, Bobruisk) hinzu. Eine Offensive der aus Frankreich unter General Haller heimgekehrten »Blauen Armee« (14.5. 1919) gegen die West-Ukraine führte bis zum 8.6. 1919 zur Besetzung von ganz Ostgalizien bis zum Fluß Zbrucz, so daß der Oberste Rat der Alliierten, der diese Offensive genehmigt hatte, am 21.6. 1919 die Errichtung einer polnischen Zivilverwaltung gestattete und am 21.11. 1919 Ostgalizien an Polen übertrug. Um das Teschener Gebiet begann im Januar 1919 ein polnisch-tschechischer Krieg, der erst am 1.2. 1919 durch ein Abkommen zwischen Beneš und Dmowski beendet wurde. Am 28.7. 1920 sprach die interalliierte Botschafterkonferenz das Gebiet östlich der Olsa und Grenzdörfer in der Hohen Tatra (Zips und Arwa) Polen zu. Die endgültige Grenzregelung erfolgte am 16.9. 1924. Die Westgrenze Polens wurde durch den Vertrag von Versailles geschaffen, durch den Polen die Provinz Posen, den größten Teil Westpreußens und kleinere Gebiete Pommerns, Ostpreußens und Niederschlesiens erhielt, insgesamt ein Gebiet von fast 43000 km² mit 3 Mio. Einwohnern, darunter über 1 Mio. deutschsprachige Personen. Nach Inkrafttreten des Vertrages wurde dieses Gebiet ab 10.1. 1920 zonenweise besetzt. Der Oberste Rat in Paris, der die Schwierigkeiten einer polnisch-sowjetrussischen Grenzregelung erkannt hatte, setzte entgegen den Wünschen Dmowskis und Pilsudskis am 8.12. 1918 eine östliche Verwaltungsgrenze für Polen nach vorwiegend ethnographischen Gesichtspunkten fest, die von der ostpreußischen Grenze nördlich von Suwalki zum Njemen, von dort östlich von Bialystok zum Bug bei Mieluik und den Bug entlang bis Krylow verlief (»Linie vom 8. Dezember«). Da Polen diese Grenze nicht anerkannte, begannen Kampfhandlungen, die die Sowjets durch Friedensverhandlungen beenden wollten. Der vom sowjetischen Außenkommissar Georgij Tschitscherin am 22.12. 1919 und von Lenin am 28.1. 1920 gemachte Grenzregelungsvorschlag sah als Demarkationslinie den Frontverlauf Drissa-Polozk-Borissow-Chudnow-Bar vor. Pilsudski entschloß sich nach Abschluß einer Militärkonvention mit dem ukrainischen Ataman Symon Petljura zum Kiewer Feldzug, der am 8.5. 1920 zur Besetzung Kiews führte. Die ab Mitte Mai 1920 einsetzenden Gegenvorstöße der Roten Armee unter Tuchatschewskij im Norden und Budjonnyj im Süden drohten die polnische Armee in Zentralpolen zu umfassen. Auf ein polnisches Hilfsgesuch sandte der britische Außenminister Lord Curzon einen Waffenstillstandsvorschlag an die Moskauer Regierung und legte eine Demarkationslinie fest, die im Norden der »Foch-Linie«, in der Mitte der »Linie vom 8. Dezember« und im Süden der Grenze zwischen Ostgalizien und der Ukraine (»A«-Linie vom 17.6. 1919) entsprach. Dieser Linie sollte sich die Rote Armee nur auf 50 km nähern dürfen. Die in Minsk zwischen Polen und Sowjetrussen begonnenen Friedensverhandlungen blieben ergebnislos, da sich Pilsudski am 6.8. 1920 zu einem Gegenangriff entschlossen hatte, der am 16.8. 1920 begann. Der sowjetische Gegner wurde besiegt und zum Rückzug gezwungen (»Wunder an der Weichsel«). Die am 18.3. 1920 im Frieden von Riga vereinbarte Grenze, die der des Vorfriedens vom 12.10. 1919 entsprach (Frontverlauf), lag 200 bis 300 km östlich der »Curzon-Linie« und nahm weder auf ethnographische noch historische Gegebenheiten Rücksicht. Nach der Übergabe Wilnas durch Sowjetrußland an Litauen im Frieden vom 12.7. 1920 legte das Abkommen von Suwalki zwischen Polen und Litauen (7.10. 1920) eine Demarkationslinie fest, durch die Wilna bei Litauen verblieb. Am 10.10. 1920 besetzte General Lucjan Zeligowski das Wilna-Gebiet und gründete als Übergangslösung für 1½ Jahre den Staat »Mittel-Litauen«. Nach dem Scheitern der polnisch-litauischen Verhandlungen und der Vermittlung des Völkerbundes fanden am 8.1. 1922 Wahlen statt, die zwar von den Litauern und großen Teilen der Weißruthenen und Juden boykottiert wurden, aber eine Mehrheit für die Unitaristen ergaben. Der Wilnaer Sejm beschloß am 20.2. 1922 den Anschluß an Polen, der am 20.4. 1922 feierlich vollzogen wurde. Das Gebiet war etwa 37000 km² groß mit rund 1 Mio. Einwohnern.

Am 21.9. 1938 verlangte Polen bei der Zerstückelung der Tschechoslowakei das westliche Olsagebiet, das es am 1.10. 1938 erhielt.

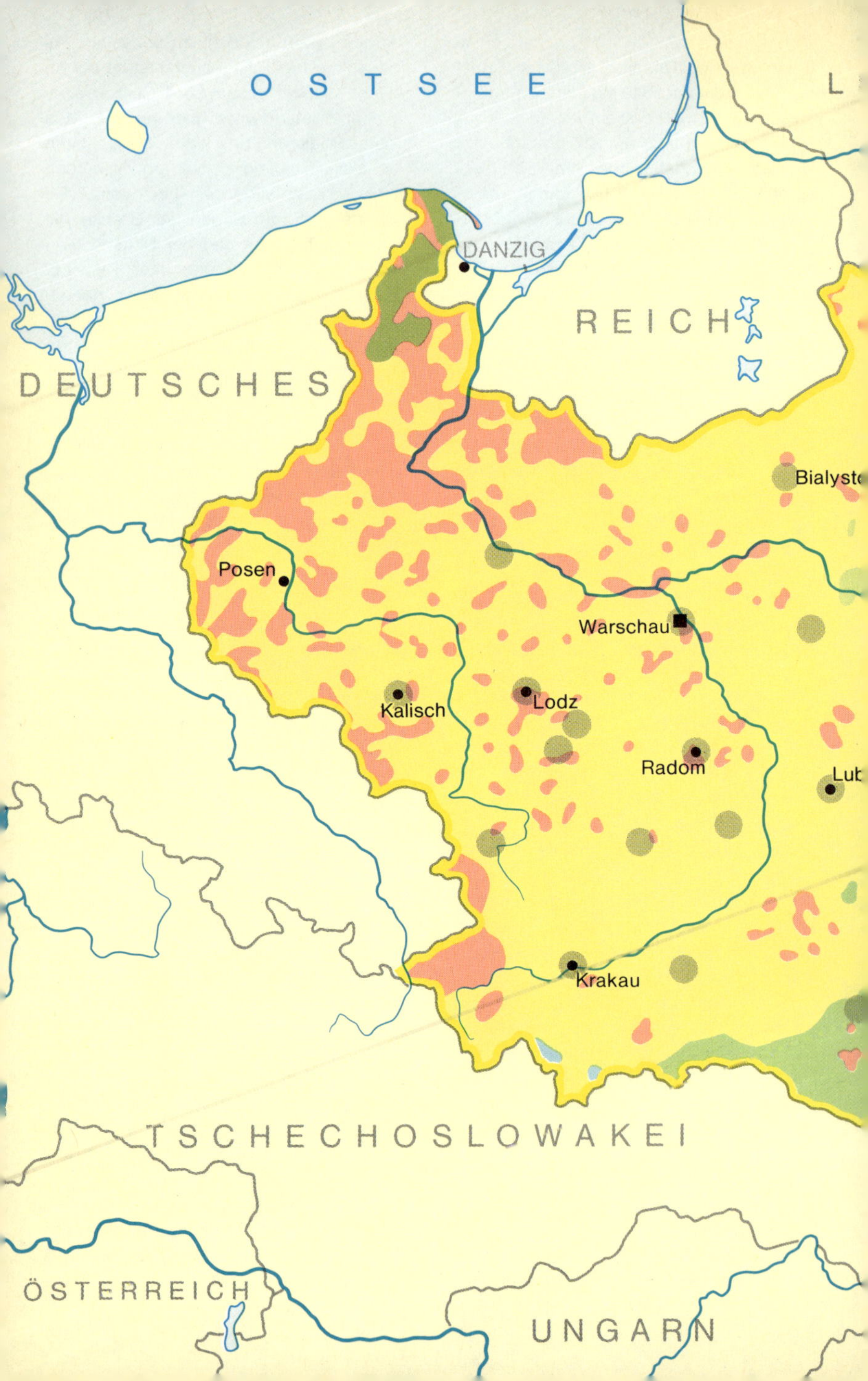
OSTSEE
DANZIG
REICH
DEUTSCHES
Bialyst
Posen
Warschau
Kalisch
Lodz
Radom
Lub
Krakau
TSCHECHOSLOWAKEI
ÖSTERREICH
UNGARN
L

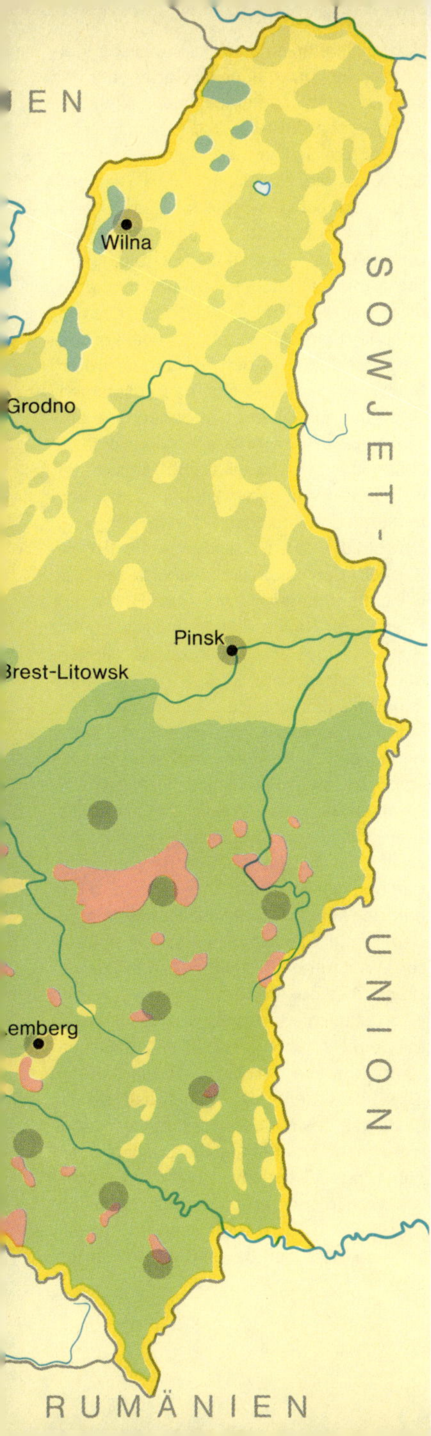

Nationalitäten in Polen

Polen

Die polnische Bevölkerung wuchs bei dem hohen Geburtenüberschuß von 18,5 Mio (1921) auf 22,0 Mio (1931) und dürfte 1939 etwa 25 Mio betragen haben.

Kaschuben

Die Volksgruppe wurde 1910 auf etwa 100000 geschätzt, mag aber in der Republik Polen auf 120000 angewachsen sein.

Ukrainer

Der ukrainische Bevölkerungsanteil lebte vor allem in Ostgalizien und den sich nördlich daran anschließenden Gebieten, die im Frieden von Riga an Polen gefallen waren.

Weißrussen

Der nördliche Teil der im Frieden von Riga an Polen abgetretenen Westgebiete wurde überwiegend von Weißrussen bewohnt.

Litauer

In dem von Polen besetzten Wilna-Gebiet, den späteren polnischen Woiwodschaften Wilna, Nowogródek und Bialystok, wohnten etwa 300000 Litauer.

Deutsche

Die Zahl der Deutschen sank von 1,1 Mio (1921) auf 0,7 Mio (1931), scheint dann aber wieder zugenommen zu haben. Über 1,0 Mio haben nach 1918 Polen verlassen bzw. sind verdrängt worden.

Juden

Nach der Volkszählung 1931 wohnten 2,7 Mio in Polen, etwa 600000 mehr als 1921. Bei gleichanwachsender Geburtenziffer darf man für das Jahr 1939 mit 3,25 Mio Juden rechnen.

Slowaken

Eine kleinere Gruppe saß in den Grenzgebieten von Arva und Zips.

Nationalitäten in Polen

Nachdem die Botschafterkonferenz am 15.3. 1923 die polnisch-sowjetische und polnisch-litauische Grenze, die allerdings von Litauen bestritten wurde, namens der alliierten Hauptmächte anerkannt hatte, umfaßte das polnische Staatsgebiet nach sich 4 Jahre hinziehenden politischen Verhandlungen und militärischen Auseinandersetzungen eine Fläche von 388390 km^2 mit 29589000 Einwohnern (1921). 18820163 Einwohner bekannten sich zum polnischen Staatsvolk, 3899223 zur ukrainischen, 2111304 zur jüdischen, 1060041 zur weißruthenischen, 1058824 zur deutschen Nationalität. Daneben gab es noch 235281 Personen anderer Nationalitäten (Russen, Litauer, Tschechen, Kaschuben u.a.). 69,2% der Einwohner gehörten also dem polnischen Staatsvolk an, 30,8% den nationalen Minderheiten. In einigen Wojewodschaften betrug der Anteil der Polen weniger als 50%, so in Wolhynien 16,8%, in Stanislau 21,9%, in Polesien 24,3% und in Tarnopol 45%. Demgegenüber bekannten sich zur weißruthenischen Nationalität in Stanislau 70,2%, in Wolhynien 68,4% und in Tarnopol 50%. Die deutsche Bevölkerung wohnte vorwiegend in den Wojewodschaften Schlesien (28,3%), Pomerellen (18,8%) und Posen (16,7%). Wie in vielen der neuen Nationalstaaten verband sich auch in Polen ein extremer Nationalismus mit einem starken Antisemitismus, der schon während der Bildung des polnischen Staates zu antijüdischen Ausschreitungen führte. Ungefähr 75% der Juden wohnten in den Städten, vor allem in denen des Ostens und Südostens, so daß 30% der gesamten Stadtbevölkerung Polens aus Juden bestanden. Ihr Anteil betrug in Warschau 26,9%, in Bialystok 12,5% und in Lodz 12%. Polen war also nach der ethnischen Zusammensetzung seiner Bevölkerung kein Nationalstaat, sondern ein vielgestaltiger Nationalitätenstaat. Noch 1931 gaben 22208000 (69,1%) Einwohner Polnisch, 9925000 (30,9%) Einwohner eine andere Sprache als Polnisch als Muttersprache an.

Neben die ethnische und sprachliche Vielfalt trat die konfessionelle. Gegenüber der starken römisch-katholischen Mehrheit (64%) – vor allem in West- und Mittelpolen – herrschten östlich der Memel-Weichsel-Sau-Linie die osteuropäischen Bekenntnisse (griechisch-orthodox und griechisch-katholisch, d.h. »uniert«) vor. Das evangelische Bekenntnis war hauptsächlich in den deutschen Siedlungsgebieten, die vor 1914 zu Preußen gehörten, das mosaische Bekenntnis gemäß der Verbreitung der Juden in den Städten vertreten. Schwierig gestaltete sich das Zusammenleben in den Gebieten, in denen eine ethnisch-sprachliche und eine konfessionelle Mischung der Bevölkerung anzutreffen war, z.B. im mittleren Litauen sowie dem mittleren und östlichen Galizien.

Obwohl die »Märzverfassung« von 1921 im Kapitel V den nationalen Minderheiten volle Gleichberechtigung und das Recht zur Pflege ihrer Nationalität, ihrer Sprache und Kultur zugestand, der Minderheitenschutzvertrag vom 28.6. 1919 die deutsche und jüdische Bevölkerung schützen sollte und eine galizisch-ukrainische Autonomie am 26.9. 1922 anerkannt worden war, kam es in Polen nicht zu einem Zusammenleben der Völker. Ein unduldsamer polnischer Nationalismus verkannte ethnische und geographische Bedingungen und war bestrebt, Bedeutung und Einfluß der Minderheiten einzuschränken, indem er sie zu assimilieren bzw. polonisieren (Weißruthenen, Ukrainer) oder zu verdrängen versuchte (Deutsche).

Nach Abschluß des Nichtangriffspaktes mit dem Deutschen Reich (26.1. 1934) unterrichtete die polnische Regierung am 13.9. 1934 den Völkerbund, daß sie die Gültigkeit des Minderheitsschutzvertrages nicht mehr anerkenne. Die politische Annäherung an Deutschland führte in Polen – wie auch in anderen osteuropäischen Ländern – ab 1935 zu Pogromen und Gesetzen, die die Juden bewußt diskriminierten.

Polen 1919-32

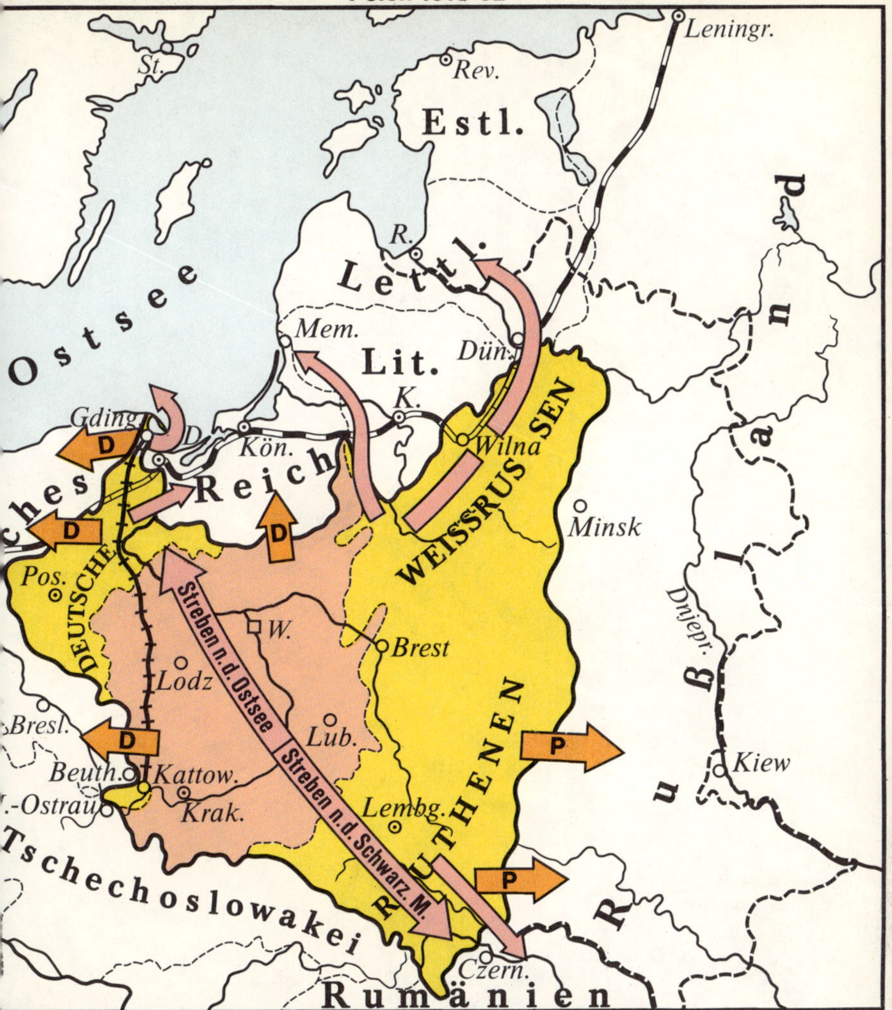

Das heutige Polen
„Minderheiten"
Programm Pilsudskis
Kohlenbahn
Ostgrenze von 1722, von polnischen Nationalisten erstrebt
Programm Dmowskis

Polen besaß schon vor der ·berschles. Teilung 1921: 52 v.H. des ähr.-schles.-poln. Kohlenbezirks

Polen	17,0	Mill.
Juden	5,0	„
Ukrainer	4,0	„
Weißrussen	1,5	„
Deutsche	1,15	„
Kaschuben	0,2	„
Litauer	0,1	„

„Minderheiten":38 v.H.

Bevölkerungsdruck 1931

Lebendgeburten auf 1000 E.	
in Polen	30,3
in d. dtsch. Ostmark	17,0-23,9
Geburtenübersch. auf 1000 E.	
in Polen	14,8
in d. deutsch. Ostmark	4,6-11,2

DEUTSCHES
REICH
Reichenberg
(Liberec)
Karlsbad
(Karlovy Vary)
Prag
(Praha)
Böhmen
Pilsen
(Plzeň)
Budweis
(Č. Budějovice)
Troppau
(Opava)
Schlesien
Mähren
Brünn
(Brno)
Sillein
(Žilina)
Slowake
Preßburg
(Bratislava)
ÖSTERREICH
UNGARN

DEUTSCHES
REICH
Reichenberg
(Liberec)
Karlsbad
(Karlovy Vary)
Prag
(Praha)
Böhmen
Pilsen
(Plzeň)
Budweis
(Č. Budějovice)
Mähren
Brünn
(Brno)
Sillein
(Žilina)
Slowake
Preßburg
(Bratislava)
ÖSTERREICH
UNGARN

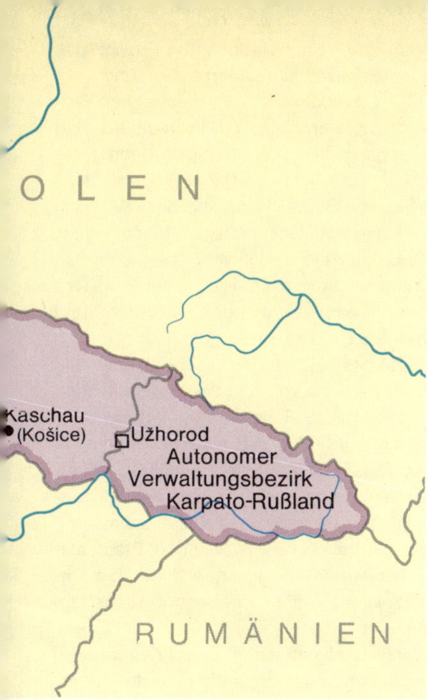

Die Tschechoslowakei

Tschechoslowakische Republik

Nach der Bildung einer Regierung mit Thomas G. Masaryk als Präsidenten und Edvard Beneš als Außenminister durch den Tschechoslowakischen Nationalrat in Paris (14.10.1918) wurde am 28.10.1918 in Prag die Tschechoslowakische Republik ausgerufen. Sie bestand aus den Ländern Böhmen, Mähren, Schlesien, Slowakei und dem autonomen Verwaltungsbezirk Karpato-Rußland.

Die Autonomie, die den Slowaken im Vertrag von Pittsburgh (30.5.1918) und dann auch den Karpato-Russen zugesagt wurde, wurde später nicht erfüllt. Nachdem die Deutschen in Böhmen und Mähren am 13.11.1918 – wie vorher am 12.11.1918 das Land »Deutsch-Österreich« – den Anschluß an das Deutsche Reich erklärt hatten, wurden ihre Gebiete von tschechischen Truppen besetzt und tschechischer Verwaltung unterstellt.

Nationalitäten

Tschechen	**(7,2 Mio)**
Deutsche	**(3,5 Mio)**
Slowaken	**(2,5 Mio)**
Ungarn	**(0,7 Mio)**
Karpato-Russen	**(0,5 Mio)**
Polen	**(0,1 Mio)**

Anmerkung: Zu diesen Nationalitäten treten noch kleinere Gruppen von Zigeunern und Rumänen, sowie ca. 0,3 Mio Juden (Stand 1938).

Trotz des Minderheitenschutzvertrages zwischen der Tschechoslowakei, deren Staatsverfassung mit den Worten begann: »Wir die tschechoslowakische Nation . . .«, und den alliierten und assoziierten Hauptmächten vom 10.9.1919 wurden die Grundsätze über Zweisprachigkeit, Schulautonomie, gemischte Gerichtshöfe u.a. umgangen. So wurde die tschechische Sprache in Böhmen und Mähren und die slowakische in der Slowakei Staatssprache.

Der tschechoslowakische Staat

Durch die Verkündung des »Gesetzes über die Errichtung des tschechoslowakischen Staates« und des »Manifests an das tschechoslowakische Volk« am 28.10. 1918 wurde der tschechoslowakische Nationalstaat gebildet. Nach der Abdankung des österreichischen Kaisers Karl und der Entbindung der Völker der Habsburger Monarchie von ihrem Treueid (11.11. 1918) wurde am 14.11. 1918 in der Nationalversammlung das Haus Habsburg für abgesetzt erklärt, der tschechoslowakische Staat als Republik proklamiert und Thomas Masaryk, der erst am 21.11. 1918 nach Prag zurückkehrte, einstimmig zum ersten Präsidenten gewählt.

Da Ungarn versuchte, die Slowakei als oberungarische Provinz zu erhalten, drangen ab 2.11. 1918 tschechische Truppen in die Slowakei ein, die aber den ab 11.11. 1918 vordringenden Ungarn weichen mußten. Die am 6.12. 1918 unter ethnographischen Gesichtspunkten festgelegte Demarkationslinie wurde auf Betreiben von Edvard Beneš unter Berücksichtigung strategischer Überlegungen verändert. Als die Demarkationslinie im April 1919 von den Tschechen mehrfach überschritten wurde, setzten die »Roten Garden« Bela Kuns zum Gegenstoß an und drangen bis zur polnischen Grenze vor. Auf Drohung der Alliierten mußten sich die »Roten Garden« zurückziehen. Am 24.7. 1919 unterstanden die Slowakei und Karpato-Rußland tschechoslowakischer Kontrolle.

Die Regierung in Prag hielt gegenüber der Slowakei die Abmachungen von Pittsburgh (30.5. 1918), die der Slowakei ein eigenes Parlament, eine eigene Verwaltung, eigene Gerichte und Anerkennung des Slowakischen als Amtssprache zugestanden hatten, nicht ein. Karpato-Rußland erhielt auch nie einen Autonomiestatus.

In der Hoffnung auf Verwirklichung des Selbstbestimmungsrechtes der Völker und einen baldigen deutsch-österreichischen Zusammenschluß erfolgte am 29.10. 1918 die Proklamation Deutschböhmens zur »eigenberechtigten Provinz des Staates Deutsch-Österreich« und am 30.10. 1918 die der »österreichischen Provinz Sudetenland«. In Reichenberg und Troppau wurden Landesregierungen gebildet. Am 3.11. 1918 erklärten sich »Deutsch-Südmähren« und der »Böhmerwaldgau« zu Bestandteilen Nieder- bzw. Oberösterreichs, obwohl sie nicht an Österreich grenzten. Nach dem Scheitern der Verhandlungen über die Versorgung der beiden Provinzen (30.10. und 4.11. 1918) besetzten tschechische Truppen die Gebiete. Eine von den Sudetendeutschen am 13.10. 1918 beantragte Volksabstimmung wurde von den Alliierten abgelehnt. Am 2.4. 1919 wurde der Beschluß der Friedenskonferenz bekannt, die deutsch besiedelten Gebiete ohne Volksabstimmung in den tschechoslowakischen Staat einzugliedern. Dies geschah durch die Unterzeichnung des Friedensvertrages am 10.9. 1919.

Nach diplomatischen und kriegerischen Auseinandersetzungen sprach die Pariser Botschafterkonferenz am 28.7. 1920 der Tschechoslowakei das Gebiet westlich der Olsa mit dem bedeutenden Kohlegebiet zu. 1921 umfaßte das Staatsgebiet der Tschechoslowakei 140394 km^2 mit einer Bevölkerung von 13 611 717 Einwohnern. Grenzprobleme an der 3590 km langen Grenze gab es mit Polen wegen des Olsagebiets und mit Ungarn, das im Süden der Slowakei eine Grenzrevision anstrebte.

Um die starken nationalen Minderheiten in dem neu gebildeten Staat zu integrieren, trat Beneš im Anfang für das »Schweizer Modell« (gleichberechtigte Nationalitäten) ein. Doch fühlte er sich nach Abschluß des Minderheitsschutzvertrags und Verkündung der Verfassung vom 29.1. 1920, die in § 128 allen Staatsbürgern der ČSR gleiche politische Rechte und freien Sprachgebrauch zusagte, nicht an seine früher gegebenen Versprechungen gebunden.

Im Gegensatz zu anderen Staaten Osteuropas war die Tschechoslowakei bereit, die Juden als nationale Minderheit anzuerkennen.

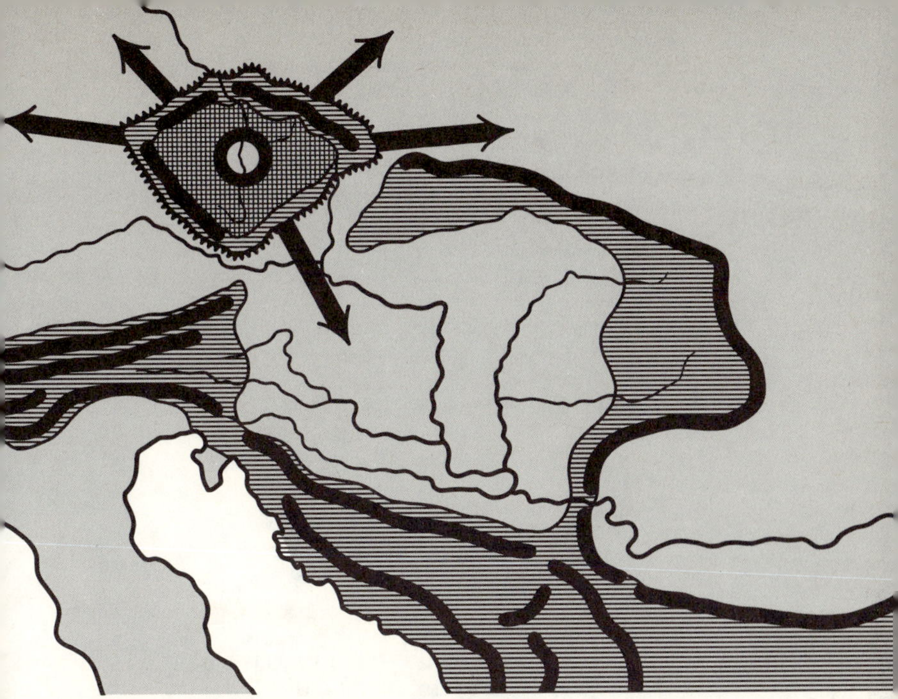

In die Gebirgszeichnung doppelt schraffiert eingetragen Böhmen mit seinem natürlichen Zentralraum um Prag und den wichtigsten Ausfallslinien.

Zwar geringer an Raum und Volkskraft, aber noch mehr als Ungarn durch seine Bergumschlossenheit begünstigt, liegt Böhmen als eine natürliche Festung im Herzen Europas und bildet die wirksamste, aber auch gefährlichste Ausfallstellung gegen alle benachbarten Länder.

Böhmen als natürliche Festung

Seit es eine deutsche Geschichte gibt, ist Böhmen, obwohl es von Deutschen und Tschechen gemeinsam bewohnt wird, eine geschlossene politische Einheit gewesen. Selbst in den Zeiten der größten Zersplitterung deutschen Landes blieb es ungeteilt in einer Hand. Das hat seinen guten Grund. Aus den Ebenen Mitteleuropas erhebt sich ganz isoliert diese von rauhen Waldgebirgen umschlossene natürliche Landschaftsburg. Dazu kommt seine quadratische Gebietsform, die eine rasche Verteidigung nach allen Seiten hin ermöglicht und den natürlichen Zentralraum genau in den Schnittpunkt der Diagonalen gerückt hat. „Wer Böhmen hält, hält Europa", sagte Bismarck. Wenn aus dem Inneren Böhmens das Tschechentum sich erhob, wurde Böhmen durch seine Stellung in der Mitte des Erdteiles zur größten Gefahr für Deutschland. Mit der Bildung des tschechoslowakischen Staates, der sich einzig und allein auf die Widerstandskraft und Selbständigkeit Böhmens stützt, hat Frankreich nunmehr Böhmen zu einer tief in deutsches Land vorspringenden, hochgerüsteten Bastion ausgebaut, die von drei Seiten das Reich, von der vierten Österreich bedroht.

ISLAND
NORWEGEN
SCHWEDEN
FINNL
ESTLAND
LETTLAN
LITAUEN
DANZIG
DÄNEMARK
Freistaat
IRLAND
1921 Dominium
seit 1937 souverän
GROSS-
BRITANNIEN
NIEDER-
LANDE
Berlin
DEUTSCHES
REICH
POLEN
BELGIEN
LUX.
TSCHECHO-
SLOWAKEI
FRANKREICH
L.
SCHWEIZ
ÖSTERREICH
UNGARN
RU
MONACO
S. MARINO
Zara
ital.
JUGOSLAWIEN
ITALIEN
ANDORRA
PORTUGAL
SPANIEN
ALBANIEN
GRIECH
LAND
Tanger
Gibraltar
brit.
Er-Rif
Algerien
Marokko
Malta
brit.
Tunesien
Libyen

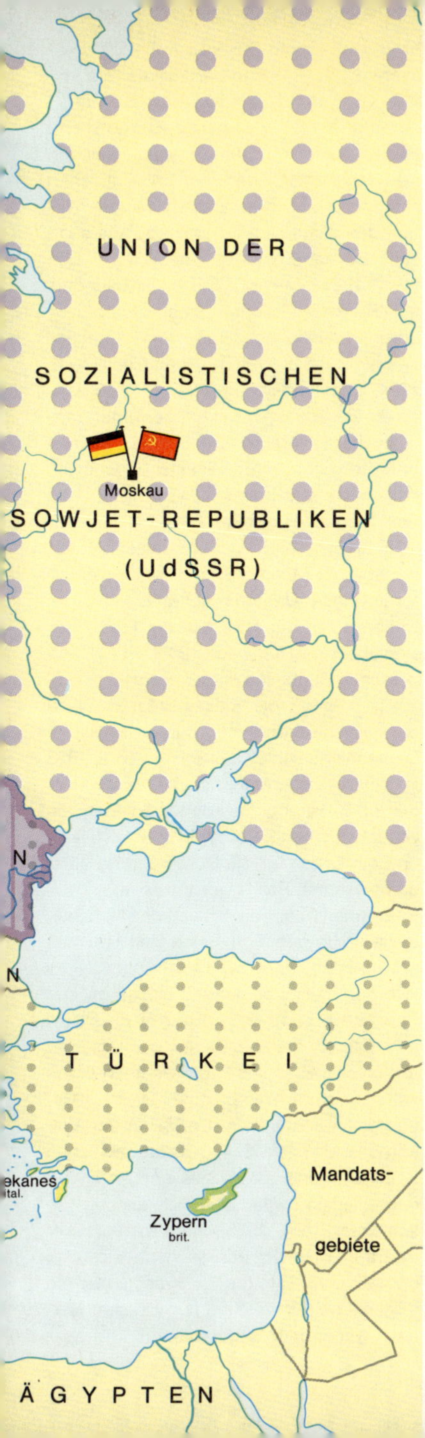

Bündnisse (1919–1938)

Britisch-französische Zusammenarbeit

»Kleine Entente« (1920–1921)
Aus dem Defensivbündnis zwischen der Tschechoslowakei und Jugoslawien (14.8.1920) ging durch die Verträge zwischen der Tschechoslowakei und Rumänien und Rumänien und Jugoslawien (1921) die »Kleine Entente« hervor, die am 16.2.1932 erneuert wurde.

Bündnisse Frankreichs
Frankreich schloß nach der Militärkonvention mit Belgien (1920) Bündnisse mit Polen (1921), der Tschechoslowakei (1924) und Rumänien (1926).

Bündnis Polen-Rumänien (3.3.1921)

Vertrag von Rapallo (16.4.1922)
Zwischen den beiden isolierten Mächten Deutschland und der Sowjetunion wurden die Beziehungen geregelt. Der Berliner Vertrag (24.4.1926) sollte die vertrauensvolle Zusammenarbeit fortsetzen.

Estnisch-lettisches Bündnis (1.11.1923)

Baltische Entente (12.9.1934)
Durch Beitritt Litauens wurde das estnisch-lettische Bündnis zur Baltischen Entente erweitert.

Balkanpakt (9.2.1934)
Aus der Zusammenarbeit Rumäniens, Jugoslawiens und Griechenlands im Balkanblock (1923) bildete sich unter Einschluß der Türkei der Balkanpakt.

Bündnisse Italiens

Römische Protokolle (17.3.1934)
Dreierpakt zwischen Italien, Ungarn und Österreich.

Französisch-sowjetischer Beistandspakt (2.5.1935)
Der Pakt richtete sich gegen aggressive Absichten Hitlers.

Die Bündnissysteme nach dem 1. Weltkrieg

Die politische Situation nach dem 1. Weltkrieg wurde bestimmt durch
1. das Sicherheitsstreben der kontinentalen Siegermacht Frankreich,
2. die Teilung der europäischen Mächte in Siegerstaaten, die den durch die Pariser Vorortkonferenzen geschaffenen Status quo verteidigten, und besiegte Staaten, die außenpolitisch einen Revisionismus verfolgten,
3. die Selbstisolierung des bolschewistischen Rußland, der größten europäischen Macht, die sich nach den Gebietsverlusten der Kriegs- und Nachkriegszeit am 30.12. 1922 zur sozialistischen Union zusammenschloß und mit ihren inneren Umwälzungen beschäftigt war,
4. den Rückzug der USA, die das europäische Mächtesystem und den Völkerbund als Versuch einer neuen Weltordnung nach dem 1. Weltkrieg mitgeschaffen hatten, aus Europa und dem Völkerbund,
5. die durch Gebietsabtretungen der besiegten Großmächte Deutschland und Österreich-Ungarn und durch das Streben nach nationaler Souveränität auf dem Gebiet des durch die Bürgerkriegswirren geschwächten Rußland entstandene Vielfalt von Mittel- und Kleinstaaten in Ostmitteleuropa,
6. die Zurückhaltung Großbritanniens gegenüber Europa unter dem Einfluß seiner Dominions, aber Beibehaltung der traditionellen Balance-Politik in Europa, die durch die oft expansionistische Sicherheitspolitik Frankreichs gestört zu werden drohte,
7. die Furcht vor den sozialistisch-weltrevolutionären Ambitionen Lenins, die sich im Anfang zu erfüllen schienen, seit 1921 aber in der Außenpolitik der Sowjetunion zurücktraten und einer politischen Ernüchterung Platz machten, die zu Konzessionen an die bürgerliche Welt führten.

Frankreich

Nachdem die USA und Großbritannien die Garantieerklärung für Frankreich im Falle eines deutschen Angriffs nicht ratifiziert hatten, errichtete Frankreich ein Bündnissystem, das – neben der Militärallianz mit Belgien (7.9. 1920) – vor allem die neuen osteuropäischen Staaten im »Cordon sanitaire« zwischen dem revisionistischen Deutschland und dem bolschewistischen Rußland zu Bündnispartnern machte. Neben den bilateralen Bündnissen, die auch zum Beistand verpflichteten, mit Polen (19.2. 1921), das am 3.3. 1921 ein Bündnis mit Rumänien wegen einer Bedrohung durch Rußland abschloß, der Tschechoslowakei (25.1. 1924), Rumänien (10.6. 1924) und Jugoslawien (11.11. 1927) wurde die Zusammenarbeit mit der unter französischem Protektorat gebildeten Kleinen Entente wichtig. Ihre Bildung begann mit dem Vertrag zwischen Jugoslawien und der Tschechoslowakei (14.8. 1920), der sich gegen die Wiederherstellung der Habsburger Monarchie und die Revisionsforderungen Ungarns richtete. Die zwei weiteren Verträge zwischen der Tschechoslowakei und Rumänien (23.4. 1921) und zwischen Rumänien und Jugoslawien (5.6. 1921) schufen die Kleine Entente. Nach der Machtübernahme durch Hitler in Deutschland schloß sie sich am 16.2. 1933 in einem Organisationspakt zusammen, der der Erhaltung des Friedens dienen, die wirtschaftlichen Verbindungen stärken und ein Organ für die Durchführung einer gemeinsamen Politik werden sollte.
Beunruhigt über den Anstieg des Nationalsozialismus gab Frankreich den von ihm protegierten, antisowjetisch eingestellten »Cordon sanitaire« auf und schloß mit der Sowjetunion am 29.11. 1932 einen Nichtangriffspakt, der zum Beistand verpflichtete. Nach Abschluß des deutsch-polnischen Nichtangriffspaktes (26.1. 1934) und der Aufnahme der UdSSR in den Völkerbund (18.9. 1934) wurde zwischen Frankreich und der UdSSR ein Vertrag auf gegenseitige militärische Hilfeleistung geschlossen (5.5. 1935), dem im Juni der Vertrag zwischen der Tschechoslowakei und der UdSSR folgte, doch sollte hier die militärische Hilfeleistung nur wirksam werden, wenn dem angegriffenen Vertrags-

partner zuerst von Frankreich Hilfe gewährt würde.

Deutsches Reich

Der Vertrag von Rapallo (16.4. 1922) normalisierte das Verhältnis zwischen dem Deutschen Reich und Rußland durch Wiederaufnahme der 1918 abgebrochenen diplomatischen Beziehungen, den gegenseitigen Verzicht auf Ersatz der Kriegskosten und Kriegsschäden und den Grundsatz der Meistbegünstigung im Handel. Nach Unterzeichnung der Verträge von Locarno wurde am 24.4. 1926 ein Neutralitätsvertrag zwischen dem Deutschen Reich und der Sowjetunion geschlossen (»Berliner Vertrag«). Jeder Vertragspartner verpflichtete sich, im Falle eines Angriffs dritter Mächte auf einen Vertragspartner neutral zu bleiben und sich keiner Koalition dritter Mächte zum Zweck eines wirtschaftlichen und finanziellen Boykotts gegen einen Vertragspartner anzuschließen. In einem Protokoll verzichtete das Deutsche Reich bei seinem Eintritt in den Völkerbund auf Anwendung des Artikels 16 der Völkerbundsakte. Dadurch war das Deutsche Reich nicht verpflichtet, sich an Sanktionen gegen die Sowjetunion zu beteiligen und einer Völkerbundsarmee das Durchmarschrecht gegen die Sowjetunion zu gestatten.

Die baltische Entente

Die Bildung einer Defensivallianz aus Finnland, Estland, Lettland, Litauen und Polen scheiterte an der gewaltsamen Besetzung des Wilnagebiets durch Polen (10.10. 1920), so daß in der Folgezeit Vereinbarungen unter Einschluß Polens und Litauens in Osteuropa unmöglich wurden. Am 1.11. 1923 kam deshalb nur ein Defensivbündnis zwischen Estland und Lettland zustande, das durch einen Grenz- und Verteidigungsvertrag ergänzt wurde. Das Defensivbündnis wurde am 17.2. 1934 zu einem Bündnisvertrag erneuert und erweitert, der dritten Staaten den Beitritt ermöglichte. Nachdem eine Anfrage Litauens wegen eines Beitritts vom 25.4. 1934 zustimmend beantwortet worden war, unterzeichneten am 12.9. 1934 die Außenminister der drei baltischen Staaten den Konsultationsvertrag (»Baltische Entente«). Allerdings wurden die litauischen Streitobjekte (Wilnagebiet, Memelland) aus der Konsultation und Zusammenarbeit ausgenommen.

Der Balkanpakt

Am 9.2. 1934 wurden die bestehenden zweiseitigen Verträge zwischen Jugoslawien, Rumänien, Griechenland und der Türkei in den Balkanpakt umgewandelt, der sich gegen die zunehmend schroffer werdenden Forderungen Bulgariens richtete (Korridor zur Ägäis, Rückgabe der Süddobrudscha, Grenze zu Jugoslawien). Die vier Mächte garantierten sich ihre Grenzen und sagten sich gegenseitigen Schutz ihrer Interessen, Abstimmung der Politik und Hilfe für einen Vertragspartner, der von einer außerbalkanischen Macht und einem Balkanstaat angegriffen würde, zu. Der Pakt wurde durch den Freundschaftsvertrag Jugoslawiens mit Bulgarien (24.1. 1937) und die Nichtangriffsabkommen der drei anderen Mitglieder mit Bulgarien (27.7. 1938) bedeutungslos.

Die Römischen Protokolle

Nach dem Ausgleich Italiens mit dem Königreich der Serben, Kroaten und Slowenen (ab 1929 Jugoslawien) durch die Verträge von Rapallo (12.11. 1920) und das Abkommen von Rom (27.11. 1924) mit territorialen Zugeständnissen Jugoslawiens an Italien versuchte Mussolini den Adriagegner durch den 1. und 2. Vertrag von Tirana mit Albanien (27.11. 1926, 22.11. 1927), den Vertrag mit Rumänien (1927), den Freundschaftsvertrag mit Ungarn (5.4. 1927) und den Freundschafts- und Schiedsgerichtsvertrag mit Österreich (6.2. 1930) einzukreisen. Durch die Heirat des Zaren Boris III. mit der italienischen Prinzessin Giovanna (25.10. 1930) lehnte sich auch Bulgarien an Italien an. Der Dreierpakt der Römischen Protokolle (17.3. 1934) mit Österreich und Ungarn diente Mussolini dazu, die Revisionsforderungen der im 1. Weltkrieg besiegten Mächte zu unterstützen und sich durch Umsturz der durch die Pariser Vorortverträge geschaffenen Ordnung einen außenpolitischen Einfluß auf dem Balkan zu sichern.

ISLAND
NORWEGEN
SCHWEDEN
FINNL
Åland-
Inseln
ESTLAND
LETTLA
Memel
LITAUEN
DANZIG
Korridor
POLEN
Ober-
schlesien
Teschen
TSCHECHO-
SLOWAKEI
Slowakei
Salgó-
tarján
UNGARN
Klagenfurter
Becken
Banat
JUGOSLAWIEN
Grenzstreit
ALBANIEN
Korfu
Grenzst
GRIEC
Mak
Freistaat
IRLAND
GROSS-
BRITANNIEN
USA
DÄNEMARK
NIEDERLD.
Den Haag
Intern.
Gerichtshof
DEUTSCHES
REICH
Ruhrgebiet
Linksrhein.
Gebiet
Saargebiet
BELGIEN
Eupen-
Malmedy
LUX.
FRANKREICH
L.
SCHWEIZ
Burgenland
ÖSTERREICH
Südtirol
Genf
Sitz des
Völkerbundes
Fiume
MONACO
S. MARINO
ITALIEN
ANDORRA
PORTUGAL
SPANIEN
Tanger
intern.
Gibraltar
brit.
Er-Rif
Algerien
Marokko
Tunesien
Malta
brit.
Libyen

Der Völkerbund (1920–1932)

Ursprüngliche Mitglieder

Ursprüngliche Mitglieder des Völkerbundes waren die Staaten, die den Friedensvertrag von Versailles unterschrieben hatten.

Eingeladene Staaten

Zum Beitritt eingeladen wurden in Europa: Dänemark, Spanien, Norwegen, die Niederlande, Schweden und die Schweiz.

Beitritte zwischen 10.1.–30.12.1920

Beitritte 1921–1925

Beitritte nach 1925

Mandatsgebiete des Völkerbundes

Die früheren Kolonien und Gebiete der besiegten Mächte wurden als Kolonialmandate gemäß Art. 22 der Völkerbundsakte 1922 an die Siegermächte übertragen.

Gebiete unter Schutz und Verwaltung des Völkerbundes

Die Regierung des Saargebietes wurde einer Kommission anvertraut, die den Völkerbund vertrat. Die Stadt Danzig wurde unter den Schutz des Völkerbundes gestellt.

Eingreifen des Völkerbundes in Konflikte

Die Konflikte konnten in einigen Fällen durch den Völkerbund gelöst werden, doch erklärte sich der Völkerbund oft zu einer Lösung außerstande.

Revisionistische Dauerkonflikte

Die territoriale Neugliederung durch Gebietsabtretungen, neue Grenzen und die Bildung unabhängiger Staaten mit großen Minderheiten schufen anhaltende Konfliktsituationen.

Nicht eingetretene Staaten

Die USA lehnten den Beitritt wegen des Eintretens für den Status quo (Art. 10) ab (12.3.1920), die UdSSR wegen ihrer permanenten Feindschaft gegenüber der »imperialistischen Politik« der Westmächte.

Der Völkerbund

Vorgeschichte

In den ersten Kriegsjahren gelangte man in kriegführenden, aber auch neutralen Ländern zu der Einsicht, daß einer der Gründe für den Kriegsausbruch in den europäischen Vorkriegsallianzen und den in ihnen enthaltenen automatischen Bündnisverpflichtungen zu suchen sei. In vielen Ländern entstanden Gruppen und Bewegungen, die es sich zum Ziel setzten, eine internationale Ordnung zur Vermeidung kommender Kriege zu schaffen. Im Mai 1915 wurde die britische Völkerbundsgesellschaft gegründet, die von führenden Politikern (Asquith, Grey, Balfour, Lord Cecil) Unterstützung erfuhr. In Frankreich setzte sich der frühere Ministerpräsident Léon Bourgeois für einen Völkerbund ein. In den USA stand die Völkerbundsgesellschaft unter der Leitung des früheren Präsidenten William Taft, während den Anhängern einer Völkerbundsidee in Deutschland die Unterstützung führender Politiker versagt blieb. Wichtig wurden die Entwürfe des 1917 auf Veranlassung der britischen und französischen Regierung gebildeten Komitees. Die britische Parlamentskommission unter Vorsitz von Lord Phillimore legte bereits am 20.3. 1918 einen Entwurf vor, in dem der Grundsatz der kollektiven Verantwortung festgelegt war. Die französische Kommission, in der Bourgeois die treibende Kraft war, stellte in den Mittelpunkt ihrer Ausführungen die Bildung einer Streitmacht des Völkerbundes, der dadurch zu einem Superstaat wurde (8.6. 1918). Beide Berichte wurden auch nach Washington gesandt. Der Entwurf von Oberst House gelangte am 16.7. 1918 zur Kenntnis Wilsons und sah als wichtigste Institution eines künftigen Völkerbundes einen internationalen Gerichtshof vor. Der südafrikanische General Smuts, Mitglied des britischen Kriegskabinetts, formulierte seine Gedanken Dezember 1918 in der Schrift »The League of Nations. A Practical Suggestion«, in der der Mandatsgedanke, die Versammlung der Mitglieder, die Bildung eines Rates als Exekutivkomitee wie auch die wichtigsten Aufgaben eines Völkerbundes vorgesehen waren. Den präzisen und realistischen europäischen Vorschlägen gegenüber muteten die Vorschläge des amerikanischen Präsidenten Wilson sehr vage an.

Die Gründung in Versailles

Nachdem am 25.1. 1919 die von Lloyd George eingebrachte Resolution, die sich auf die von Smuts gemachten Vorschläge stützte, von der Vollversammlung der alliierten und assoziierten Staaten gebilligt worden war, nahm der Völkerbundsausschuß unter Vorsitz Wilsons am 3.2. 1919 seine Beratungen über Satzung und Formulierung des Textes für einen Völkerbund auf. Am 14.2. 1919 konnte Wilson dem Plenum der Friedenskonferenz einen Entwurf der Satzung vorlegen, nach einigen Änderungen sachlicher und stilistischer Art am 28.4. 1919 die endgültige Textgestaltung. Die aus 26 Artikeln bestehende Satzung des Völkerbundes folgte mehr den englisch-amerikanischen Vorstellungen (politischer Bund für die Garantie einer kollektiven Sicherheit, Verpflichtung der Mitglieder zur Anerkennung einer Schiedsgerichtbarkeit) als den französischen (Weltstreitmacht, Völkerbund als Fortsetzung der Kriegsallianz). Mit der Ratifizierung des Friedensvertrages am 10.1. 1920 trat die Satzung in Kraft. Am 16.1. 1920 trat der Völkerbundsrat zum 1. Mal in Paris unter Vorsitz von Léon Bourgeois zusammen, am 18.12. 1920 die Vollversammlung unter Vorsitz des Belgiers P. Hymans in Genf.

Aufgaben des Völkerbundes waren: die Förderung einer internationalen Zusammenarbeit, die Sicherung des Weltfriedens durch kontrollierte Herabsetzung der Rüstungen auf ein zulässiges Mindestmaß, Beschränkung drohender Kriege durch gemeinsame Sicherung der Völkerbundsmitglieder gegen Angriffe und durch Schlichtungsverfahren des Völkerbundes, internationale Regelung wirtschaftlicher und humanitärer Fragen, Wahrung der Friedensverträge und Schutz der nationalen Minderheiten.

Mitglieder des Völkerbundes

Usprüngliche Mitglieder des Völkerbundes waren die Signatarstaaten des Vertrags von Versailles, die 32 »Alliierten und Assoziierten Mächte«, d.h. die Siegermächte des 1. Weltkrieges, und 13 neutrale Staaten. Doch verringerte sich ihre Zahl, da die Vereinigten Staaten, Ecuador und Hedschas die Pariser Vorortverträge nicht ratifizierten. Weitere Staaten konnten nachträglich mit der Zustimmung von zwei Dritteln der Vollversammlung aufgenommen werden, während der Austritt eines Staates durch einfache Erklärung möglich war – allerdings mit einer zweijährigen Kündigungsfrist. Nach Abschluß der Verträge von Locarno (16.10. 1925) beantragte am 28.2. 1926 Reichsaußenminister Stresemann die Aufnahme des Deutschen Reiches in den Völkerbund. Die 7. Völkerbundsversammlung beschloß am 8.9. 1926 einstimmig die Aufnahme und billigte dem Deutschen Reich einen ständigen Ratssitz zu, den Stresemann am 10.9. 1926 einnahm. Einige Mächte verließen in der Folgezeit den Völkerbund: 1933 Japan wegen seiner Expansion in der Mandschurei, 1933 Deutschland, 1937 Italien wegen des Abessinien-Krieges, 1938 Chile, 1939 Peru, Ungarn und Spanien, 1940 Rumänien u.a. Nach Bildung einer Nachfolgeorganisation (UN) löste sich der Völkerbund am 19.4. 1946 auf.

Organe des Völkerbundes

Die Völkerbundsversammlung, in die jeder Staat höchstens drei Delegierte – allerdings mit einer Stimme – senden konnte, tagte im September jedes Jahres in Genf. Der Völkerbundsrat bestand aus ständigen Mitgliedern (Großbritannien, Frankreich, Italien, Japan, Deutschland seit 1926, die Sowjetunion seit 1934) und nichtständigen Mitgliedern (Belgien, Brasilien, Griechenland, Spanien), deren Zahl bis 1936 auf 11 anstieg. Rat und Versammlung konnten sich mit allen internationalen Problemen befassen. Das Ständige Völkerbundssekretariat stand unter der Leitung eines Generalsekretärs (1920–1933 J. E. Drummond). Andere autonome Organisationen waren der Ständige Internationale Gerichtshof, die Internationale Arbeitsorganisation, das Internationale Gesundheitsamt, die Internationale Organisation für geistige Zusammenarbeit sowie Kommissionen, u.a. die Reparationskommission für das Saargebiet und Kommissionen zur Bekämpfung der Sklaverei und für Flüchtlingsschutz. Der Völkerbund ernannte auch Hohe Kommissare für bestimmte Aufgaben, z. B. in Danzig. So große Erfolge der Völkerbund auf gesundheitspolitischen und humanitärem Gebiet (z. B. Nansenpaß für russische Flüchtlinge) verzeichnen konnte, so war er bei politischen Konflikten oft zum Scheitern verurteilt, wenn Interessen der großen Mächte berührt wurden.

Die ehemals türkischen Gebiete im Vorderen Orient und die Kolonien, auf die Deutschland gemäß Art. 119 des Vertrags von Versailles verzichten mußte, wurden gemäß Art. 22 der Völkerbundsakte als A-, B- und C-Mandate (Völkerbundsaufträge) unter Oberhoheit des Völkerbundes Beauftragten des Bundes zeitweise zur Verwaltung übertragen.

Da der Völkerbund durch die Koppelung mit den Pariser Vorortverträgen für die Erhaltung des 1919/1920 geschaffenen neuen politischen Systems in Europa verantwortlich war, stand er in Deutschland in dem Verdacht, ein Aufsichts- und Hilfsorgan der Siegermächte – vor allem Frankreichs – für die durch den Vertrag von Versailles geschaffene Ordnung zu sein. Die Wirkungsmöglichkeit des Völkerbundes wurde erschwert durch den Nichteintritt der Vereinigten Staaten und das Fernbleiben der Sowjetunion. Die allgemein vorgesehene Abrüstung beschränkte sich in der Folgezeit nur auf eine Abrüstung der Mittelmächte.

Das Nichtfunktionieren bzw. Versagen des Völkerbundes war weniger auf mangelnden guten Willen, als vielmehr oft auf seine Struktur zurückzuführen. Zur Ausübung der Zwangsgewalt fehlte die Streitmacht. Sogar Sanktionen konnten nur empfohlen, nicht angeordnet werden.

Reykjavik
ISLAND
NORWEGEN
SCHWEDEN
Oslo
Stockholm
Helsinki
Tallinn
ESTLAN
LETTLAN
LITAUEN
Freistaat
IRLAND
Dublin
GROSS-
BRITANNIEN
London
DÄNEMARK
Kopenhagen
DANZIG
NIEDER-
LANDE
Den Haag
Berlin
Warschau
DEUTSCHES
REICH
Brüssel
BELGIEN
LUX.
Paris
Prag
TSCHECHO-
SLOWAKEI
Wien
ÖSTERREICH
Budapest
UNGARN
FRANKREICH
Bern
L.
SCHWEIZ
JUGOSLAWIEN
1918–1929 KGR. der SERBEN, KROATEN, SLOWENEN
Belgrad
S. MARINO
MONACO
Zara
ital.
ITALIEN
ANDORRA
PORTUGAL
Lissabon
Madrid
SPANIEN
Rom
ALBANIEN
Tirana
Tanger
Gibraltar
brit.
Er-Rif
Algerien
Marokko
Tunesien
Malta
brit.
Tripolitanien
ital.

Die Staaten Europas (1926)

Durch den Frieden von Brest-Litowsk konnten sich einige Völker von Rußland lösen und später nach der Niederlage der Mittelmächte durch Verteidigung gegenüber dem bolschewistischen Rußland das Prinzip der von ihnen angestrebten nationalen Selbstbestimmung verwirklichen. Finnland, Estland, Lettland, Litauen und Polen wurden souveräne Staaten. Durch Gebietsabtretungen und -verzichte, die in den Pariser Vorortverträgen Österreich, Ungarn und der Türkei, in geringerem Maße auch dem Deutschen Reiche auferlegt wurden, konnten sich Staaten wie die Tschechoslowakei, Polen und das Königreich der Serben, Kroaten und Slowenen (seit 1929 Jugoslawien) bilden bzw. vergrößern. Sie wurden schon Mitunterzeichner der Pariser Vorortverträge. Das Königreich der Serben, Kroaten und Slowenen entstand aus den schon vor 1914 bestehenden souveränen Staaten Serbien und Montenegro mit Teilen der Donaumonarchie und fühlte sich als Nachfolgestaat Serbiens. Die Nachfolge der Habsburger Monarchie traten Österreich und Ungarn an. Durch den Vertrag von Versailles wurde die Freie Stadt Danzig unter dem Schutz des Völkerbundes geschaffen. Aufgrund der Bestimmungen der Pariser Vorortverträge mit dem Deutschen Reich, Österreich, Ungarn, Bulgarien und der Türkei konnten Frankreich, Belgien, Dänemark, Litauen, Polen, Jugoslawien, Rumänien und Griechenland eine Vergrößerung ihres Staatsgebiets erreichen. Rumänien gelang es sogar, sein Staatsgebiet zu verdoppeln.

ISLAND
NORWEGEN
SCHWEDEN
1.457
6.469
1.77
FINNL
ESTLAN
4.5
LETTLA
Riga
155.125
LITAUEN
Kowno
GROSS-
BRITANNIEN
Freistaat
IRLAND
3.686
Leeds
Manchester
300.000
London
5.947
DÄNEMARK
DANZIG
9.239
Hamburg
Berlin
NIEDERLD.
150.000
Amsterdam
Antwerpen
BELGIEN
44.000
LUX.
2.242
Paris
DEUTSCHES
REICH
568.417
Frankfurt
Prag
TSCHECHO-
SLOWAKEI
356.768
Bialy
POLEN
2.978.000
Warsch
Lodz
Radom
Lu
Czenstochau
Krakau
Sta
Wien
Budapest
ÖSTERREICH
250.000
UNGARN
444.567
RU
FRANKREICH
220.000
20.979 L.
SCHWEIZ
JUGOSLAWIEN
67.722
Zara
ital.
47.435
ITALIEN
S. MARINO
MONACO
1.000
PORTUGAL
SPANIEN
4.000
ANDORRA
ALBANIEN
204
GRIE
LA
72.
Tangor
Gibraltar
brit.
1.123
Er-Rif
Algerien
Marokko
Tunesien
Malta
brit.
35
Libyen

Jüdische Bevölkerung (1933)

Prozentualer Anteil der Juden an der Gesamtbevölkerung in den verschiedenen Ländern:

- **0 – 0,24 %**
- **0,25 – 0,99 %**
- **1,00 – 2,99 %**
- **3,00 – 7,49 %**
- **7,50 – 9,99 %**
- **10 % und mehr**

Jüdische Zentren:

- ● **20 000 – 100 000 Juden**
- ■ **über 100 000 Juden**

1.000 **Zahl der Juden**

Böhmen, die Slowakei, das österreichische Burgenland, die nördlichen Teile Ungarns und Rumäniens, Estland, Lettland, Litauen, Weißrußland, Moldavien und die Ukraine bildeten das Kerngebiet des europäischen Judentums. Bis 1917, dem Jahr der Gleichberechtigung in Rußland, war die Linie Petersburg–Rostow die durch einen Zarenukas von 1794 festgelegte Ostgrenze des jüdischen »Ansiedlungsrayons«. In diesen Gebieten lebte mehr als die Hälfte der Juden der gesamten Welt. Die physische Unsicherheit, die sich in Pogromen äußerte, und die aussichtslose wirtschaftliche Lage verstärkten den Wunsch, in einem eigenen Staat Geborgenheit zu finden.

Nach der Französischen Revolution und den darauf folgenden Jahrzehnten, in denen die westeuropäischen Juden die Gleichberechtigung erhielten, waren diese bestrebt, sich unter Wahrung ihrer religiösen und moralischen Grundsätze zu assimilieren. Von wenigen Ausnahmen abgesehen (Dreyfus-Affaire in Frankreich, antisemitische Strömungen in Deutschland) bedeuteten die Jahrzehnte vor 1933 eine verhältnismäßig ruhige Zeitspanne für die zum größten Teil in Städten lebende jüdische Bevölkerung. In Deutschland, Österreich, Polen, Ungarn und Rumänien nahm die jüdische Bevölkerung nach dem 1. Weltkrieg durch Aufnahme von Flüchtlingen aus dem Osten, deren äußeres Erscheinungsbild antisemitische Gefühle wieder aufleben ließ, zu.

Die Verträge von Locarno (5.–16.10.1925)

Teilnehmer der Konferenz von Locarno

Partner und Unterzeichner waren Deutschland, Belgien, Großbritannien, Frankreich, Italien, Polen und die Tschechoslowakei.

Unterzeichner des »Sicherheits-, Rhein- oder Westpakts«

Der Vertrag wurde zwischen Deutschland, Belgien, Großbritannien, Frankreich und Italien geschlossen und beinhaltete die Garantie der Unverletzlichkeit der Grenzen zwischen Deutschland einerseits, Belgien und Frankreich andererseits.

Garantierte Westgrenze des Deutschen Reiches

Deutschland verzichtete auf Elsaß-Lothringen. Die Rheingrenze wurde entmilitarisiert (Art. 42–43 des Vertrages von Versailles).

Schiedsabkommen Deutschlands mit Belgien und Frankreich

Die Abkommen sahen eine gütliche Regelung aller Streitfragen vor.

Schiedsverträge Deutschlands mit Polen und der Tschechoslowakei

Die Unterzeichner erklärten sich entschlossen, Streitigkeiten friedlich zu regeln. Deutschland verpflichtete sich, seine Grenzen im Osten nicht mit Gewalt zu verändern.

Nichtgarantierte Ostgrenze Deutschlands

Garantieverträge Frankreichs mit Polen und der Tschechoslowakei

In den Verträgen wurden die gegenseitigen Verpflichtungen zu sofortigem Beistand im Falle eines Verstoßes Deutschlands gegen die Verträge festgelegt. Es handelte sich um reine Defensivverträge.

Das Vertragswerk von Locarno

Um die berechtigten Vorbehalte Frankreichs gegenüber Deutschland zu zerstreuen, entschied sich Gustav Stresemann, der als Reichskanzler (13.8.–23.11. 1923) den passiven Widerstand an der Ruhr abgebrochen hatte, als Außenminister (seit 30.11. 1923) für eine Normalisierung der Beziehungen zu Frankreich. Der von ihm eingeleiteten Verständigungspolitik konnte aber nur dann Erfolg beschieden sein, wenn es gelang, das Sicherheitsbedürfnis Frankreichs zu befriedigen. Die Reparationsfrage mußte gelöst werden, um Frankreich davon abzuhalten, sie zum Vorwand für weitere Sicherheitsgarantien zu benutzen. Dies geschah durch den auf der Londoner Konferenz (16.7.–16.8. 1924) angenommenen Dawes-Plan, der den Gläubigern Deutschlands wirtschaftliche Garantien gewährte und für Frankreich die Reparationsfrage regelte. Die Möglichkeit zu Sanktionen bei Nichterfüllung war nur aufgrund eines einstimmigen Beschlusses aller Gläubiger möglich.

Nachdem sich durch die Lösung der Reparationsfrage eine Entspannung der deutsch-französischen Beziehungen angebahnt hatte, nahm Stresemann die Beschwerden der Botschafterkonferenz über die Nichterfüllung der Abrüstungsklauseln des Friedensvertrages durch Deutschland und die damit verbundene Nichträumung der Kölner Zone zu einer politischen Verständigung mit Frankreich wahr. Auch beunruhigten ihn Informationen über britisch-französische Gespräche, die die Schaffung eines britisch-französischen Sicherheitspaktes bzw. einer belgisch-britisch-französischen Allianz zum Inhalt hatten. Am 9.2. 1925 schlug er unter britischer Vermittlung der französischen Regierung die freiwillige Anerkennung der französischen Ostgrenze und einen Sicherheitspakt der interessierten Mächte, die diese Anerkennung garantieren sollten, vor. Am 16.6. 1925 stimmte die französische Regierung den deutschen Vorschlägen zu.

Auf der Konferenz von Locarno (5.–16.10. 1925) wurde ein Vertragswerk aus mehreren Verträgen und Pakten ausgearbeitet:

a) Sicherheits-, Rhein- oder Westpakt zwischen Belgien, Deutschland, Frankreich, Großbritannien und Italien: Anerkennung der Westgrenze gegenüber Belgien und Frankreich und Einhaltung der Artikel 42 und 43 des Vertrages von Versailles durch Deutschland.

b) Schiedsabkommen zwischen Deutschland und Belgien und

c) Schiedsabkommen zwischen Deutschland und Frankreich: Entscheidung über auftauchende Streitfragen durch ein Schiedsgericht bzw. den Ständigen Internationalen Gerichtshof.

d) Schiedsvertrag zwischen Deutschland und Polen.

e) Schiedsvertrag zwischen Deutschland und der Tschechoslowakei.

In beiden Verträgen, die nicht garantiert wurden, verpflichtete sich Deutschland zur friedlichen Regelung entstehender internationaler Streitigkeiten.

Im Anschluß an die Verträge von Locarno schloß Frankreich mit der Tschechoslowakei und Polen Garantieverträge (26.10. 1925), die jedoch nicht Bestandteile des Vertragswerkes von Locarno bildeten.

Um den Argwohn der Sowjetunion wegen einer einseitigen Bindung Deutschlands an den Westen zu zerstreuen, wurde festgelegt, bei dem Eintritt Deutschlands in den Völkerbund, der eine Bedingung für den Vertragsabschluß war, Artikel 16 der Völkerbundssatzung über die Mitwirkung an Sanktionen nur unter Berücksichtigung der militärischen und geographischen Lage in Kraft treten zu lassen.

Die deutsche Revisionspolitik gegenüber Polen und der Tschechoslowakei wurde weiterhin aufrecht erhalten, da die Forderung nach einem »Ost-Locarno« von der deutschen Delegation abgelehnt wurde. Auch scheute sich Großbritannien, eine weitere Garantieverpflichtung im Osten zu übernehmen.

Die sowjetische Außenpolitik in Osteuropa (1929–1933)

»Cordon sanitaire«

Moskauer Ostpakt (9.2.1929)

Aus Furcht, daß der Briand-Kellogg-Pakt (27.8.1928) zu einer antisowjetischen Frontbildung führen könnte, machte die UdSSR den Vorschlag, den Briand-Kellogg-Pakt, durch den der Krieg geächtet wurde, auch bei Nichtratifizierung durch andere Staaten gelten zu lassen. Der Moskauer Ostpakt hatte folgende Ziele: Eingliederung der Staaten des »Cordon sanitaire« in ein Paktsystem, Wunsch der UdSSR nach einer Hegemonie-Stellung, Rückensicherung für die UdSSR gegenüber Ostasien.

Nichtangriffspakte der UdSSR (1932)

Nach den Nichtangriffspakten der UdSSR mit der Türkei, Litauen, Persien und Afghanistan vor dem Jahre 1932 schloß die UdSSR 1932 weitere Nichtangriffspakte mit osteuropäischen Staaten, um die Beziehungen zu den Nachbarstaaten noch mehr zu intensivieren, und mit Frankreich, das die politische Entwicklung in Deutschland mit Besorgnis verfolgte.

LK **Unterzeichner der Londoner Konvention (3.7.1933)**

Zweck der Konvention war es, unter den Vertragspartnern eine Einigung über die genaue Definition des Angreifers zu erzielen.

Die sowjetische Außenpolitik in Osteuropa (1929–1933)

Die Beziehungen zu Großbritannien, das die Sowjetunion de jure anerkannt hatte (2.2. 1924), verschlechterten sich nach der Veröffentlichung des wohl gefälschten »Sinowjew-Briefes« (Oktober 1924), in dem die britischen Arbeiter zur Vorbereitung eines Aufstandes ermutigt wurden. Der Sturz MacDonalds (1924), die finanzielle Unterstützung der streikenden britischen Bergarbeiter durch die sowjetischen Staatsgewerkschaften (1926) und die Haussuchung bei der britisch-sowjetischen Handelsgesellschaft »Arcos« (12.5. 1927) führten zum Abbruch der diplomatischen Beziehungen (27.5. 1927). Trotz ihrer Wiederaufnahme auf Drängen britischer Industrieller (1.10. 1929) blieb das britisch-sowjetische Verhältnis kühl.

In China war die auf Wunsch Stalins zustanden gekommene Zusammenarbeit zwischen chinesischen Kommunisten und Nationalchinesen nach der Beseitigung der Kommunisten (April/Mai 1927) und der Entlassung der sowjetischen »Berater« durch Tschiang Kai-schek gescheitert. Nach weiteren sowjetisch-chinesischen diplomatischen Verwicklungen brach die Sowjetunion im Dezember 1927 die diplomatischen Beziehungen ab. Die Auseinandersetzungen in der Mandschurei und der Streit um die mandschurische Bahn wurden durch das Abkommen von Chabarowsk beendet (12.12. 1929). Das Eindringen der Japaner in die Mandschurei (ab 1931) und die Bildung des von Japan abhängigen Staates Mandschukuo (9.3. 1932) stellte die Sowjetunion vor neue Probleme.

Die außenpolitischen Rückschläge im Westen und Osten bewogen die Sowjetunion zu einer Neuorientierung ihrer Außenpolitik und einer Neugestaltung ihres Verhältnisses zu den westlichen Randstaaten. Maxim Litwinow, seit 1928 Vertreter des erkrankten sowjetischen Außenministers Tschitscherin, seit 1930 sein offizieller Nachfolger, leitete eine neue Politik der kollektiven Sicherheit ein, um Rückendekkung für die Ostasienpolitik zu gewinnen, Einbrüche in den »Cordon sanitaire« zu erzielen und die Versuche Polens zu vereiteln, Warschau zum Mittelpunkt eines osteuropäischen Paktsystems zu machen. Der Abschluß des Briand-Kellogg-Paktes zur Ächtung des Krieges (27.8. 1928) bot Litwinow Gelegenheit, die Nachbarstaaten der Sowjetunion für ein Zusatzprotokoll zu gewinnen, durch das das Kriegsächtungsabkommen sofort nach der eigenen Ratifizierung – und nicht wie beim Kellogg-Pakt erst nach Ratifizierung durch alle Signatarstaaten – in Kraft treten sollte. Das sogenannte Litwinow-Protokoll oder der Ostpakt wurden am 9.2. 1929 von der Sowjetunion, Polen, Estland, Lettland und Rumänien in Moskau unterzeichnet. Später traten ihm auch Litauen, die Türkei und Persien bei. Wegen des Inkrafttretens des Kellogg-Paktes (August 1929) hatte der Ostpakt praktisch keine Bedeutung, doch stellte er einen diplomatischen Erfolg der Sowjetunion dar.

Mit Ausnahme Litauens hatten sich in den Zwanziger Jahren alle Nachbarstaaten geweigert, Nichtangriffsverträge mit der Sowjetunion abzuschließen. Nach Unterzeichnung des Ostpakts stieß das Angebot der Sowjetunion im Jahre 1931 nicht mehr auf Ablehnung. So unterzeichneten im Jahre 1932 Finnland (21.1.), Polen (25.1.), Lettland (5.2.) und Estland (4.5.) Nichtangriffsverträge mit der Sowjetunion, am 29.11. auch Frankreich. Doch erlosch das Mißtrauen der Randstaaten nicht, da die Sowjetunion – mit Ausnahme Finnlands – keine Grenzen garantierte. Da die Nichtangriffspakte noch keine genaue Definition des Angreifers enthielten, wurde das System der kollektiven Sicherheit durch die Londoner Konvention über die Bestimmung des Angreifers vom 3.7. 1933 weiter ausgebaut, die von der Sowjetunion und allen Vertragspartnern unterzeichnet wurde.

ISLAND
NORWEGEN
SCHWEDEN
FINNLA
ESTLAN
Päts 193
LETTLAN
Ulmanis 19
LITAUEN
Smetona
1929
DÄNEMARK
Freistaat
IRLAND
GROSS-
BRITANNIEN
DANZIG
NIEDER-
LANDE
Hitler 1933
DEUTSCHES
REICH
POLEN
Pilsudski
1926
BELGIEN
LUX.
TSCHECHOSLOWAKEI
Dollfuß
1933
FRANKREICH
1936-1938
L.
SCHWEIZ
ÖSTERREICH
UNGARN
Horthy
1920
RU
Mussolini
1922
JUGOSLAWIEN
Alexander I.
1929
Salazar
1928
PORTUGAL
Primo de Rivera
1923-1930
ANDORRA
MONACO
S. MARINO
ITALIEN
SPANIEN
Franco
1936
1936
ALBANIEN
Ahmed
Zogu
1925
GRIECHEN
LAN
Metax
193
Tanger
intern.
Gibraltar
brit.
Er-Rif
Algerien
Marokko
Malta
brit.
Tunesien
Tripolitanien
ital.
Cyr

Die Krise der Demokratie (1922-1938)

Parlamentarische Demokratie

Kommunistisch-sozialistische Diktatur

Nach der Oktoberrevolution (24./25. 10.–6./7. 11. 1917) und der gewaltsamen Auflösung der Verfassunggebenden Versammlung (6.1.–19.1.1918) wurde die »Diktatur des Proletariats« errichtet.

Faschistische und nationalsozialistische Diktatur

Die erste rechtsextreme »Gegenrevolution« als Antwort auf die Oktoberrevolution war die faschistische in Italien. Nach dem »Marsch auf Rom« (28.10.1922) errang der Faschismus in vier Jahren die Macht. Nach der Berufung Hitlers zum Reichskanzler (30.1.1933) wurde in Deutschland der »Führerstaat« errichtet.
Der Ausbau der kommunistisch-sozialistischen sowie der faschistischen und nationalsozialistischen Diktatur geschah mit den Mitteln des Terrors, der Kontrolle, des Zwangs und der Propaganda.

Autoritäre Regime, nationalistische Diktaturen, Militärdiktaturen

Diese Regime und Diktaturen entstanden aufgrund von sozioökonomischen Schwierigkeiten, mangelnder parlamentarischer Erfahrung, schwierigen Strukturproblemen, Agrarkonflikten und aus Furcht vor einer Revolution und dem Kommunismus. Sie waren gekennzeichnet durch ihren bürgerlich-konservativen Charakter.

Errichtung einer Diktatur, eines autoritären Regimes

1929 **vor 1933**

1934 **nach 1933**

V **Volksfrontregierung**

Der VII. Kongreß der Kommunistischen Internationale (1935) empfahl zur wirksamen Bekämpfung des Faschismus den Kommunistischen Parteien das Bündnis mit Sozialisten und die Zusammenarbeit mit bürgerlichen Parteien (»Volksfront«).

Die Krise der demokratischen Staatenordnung

Mit Ausnahme von Rußland, das nach der Oktoberrevolution (1917) seinen eigenen Weg beschritt, hatte sich in allen Ländern Europas der liberal-demokratische Verfassungsstaat durchgesetzt. Konstitutionelle Monarchien gab es noch in Großbritannien, Norwegen, Schweden, Dänemark, den Niederlanden, Belgien und Luxemburg, mit Unterbrechungen in Spanien und Griechenland. Größere Einflußmöglichkeiten besaßen die Monarchien in Bulgarien, Jugoslawien und Rumänien, während Ungarn einen »Reichsverweser« als Staatsoberhaupt hatte und an der Fortdauer der Krone festhielt (»Vakanter Thron«). Bestimmend für die Zeit zwischen den Kriegen wurde aber der Gegensatz und die Auseinandersetzung zwischen der demokratisch-parlamentarischen Staatenordnung auf der einen Seite und den autoritären und totalitären Regimes und Systemen auf der anderen Seite. Während die west- und nordeuropäischen Staaten – mit Ausnahme der iberischen Halbinsel – aufgrund ihrer Tradition den liberal-demokratischen Verfassungsstaat fortentwickelten, glaubten besiegte Staaten, Staaten, die sich um den Sieg betrogen fühlten und neue Staaten – mit Ausnahme Finnlands und der Tschechoslowakei –, die politischen, wirtschaftlichen und sozialen Schwierigkeiten am besten mit Hilfe einer straffen Führung unter einem »starken Mann« überwinden zu können. Die Krise der demokratischen Staatenordnung wurde hervorgerufen durch

1. die Verwirklichung des nationalen Selbstbestimmungsrechts (Minderheiten- und Grenzprobleme),
2. die Angst vor einem Übergreifen der russischen Revolution in Verbindung mit Kommunistenfurcht und mit antimarxistischen Ideologien,
3. das Scheitern der parlamentarischen Demokratie in der Praxis bei den an parlamentarische Spielregeln nicht gewöhnten Völkern, am Verhältniswahlrecht (Verhinderung klarer parlamentarischer Mehrheiten) und am Fehlen einer die Demokratie tragenden und bejahenden Schicht,
4. wirtschaftliche Schwierigkeiten, hervorgerufen durch Reparationen, Inflation, Zersplitterung und Aufteilung gewachsener Industrieräume, Belastung durch den Staatshaushalt, Strukturkrisen und die Weltwirtschaftskrise,
5. Unzufriedenheit breiter Bevölkerungsschichten, z. B. der Bauern, denen die Agrarreformen nicht geholfen hatten, und bürgerlicher, durch Krieg und Inflation verarmter und verbitterter Mittelschichten, die zudem noch – in Verbindung mit konservativen Kräften – in den besiegten Staaten auf eine Revision der Friedensverträge hinarbeiteten,
6. eine in vielen Ländern durch den Krieg und die Wirren der Nachkriegszeit hervorgerufene Existenzangst, die die betroffenen Personen bzw. sozialen Schichten in einer von ihnen als unsicher empfundenen Umwelt an Autoritäten und Leitbildern Halt suchen ließ.

Viele der Demokratie ablehnend bzw. feindlich gegenüberstehende Kräfte waren nur zu schnell bereit, diese Staatsform für alle Fehlschläge verantwortlich zu machen. Durch den Krieg in dem Glauben an die Gewalt bestärkt, suchten sie auch im Frieden eine Lösung der politischen und wirtschaftlichen Schwierigkeiten durch ein kraftvolles, auf Befehl und Gehorsam basierendes und hierarchisch aufgebautes Regime, das zu schnellen Entscheidungen imstande war. In vielen Ländern Europas bildeten sich nach der faschistischen Machtergreifung in Italien (1922) antiparlamentarische und antiliberale Bewegungen, die mit nationalistischen, antimarxistischen und oportunistischen Programmen die Massen für sich zu gewinnen wußten.

In Ungarn errichtete der Reichsverweser Admiral Horthy ein sich auf den Adel stützendes Regime (1. 3. 1920), in Spanien Miguel Primo de Rivera eine Militärdiktatur (13. 9. 1923–28. 1. 1930), in Polen Marschall J. Pilsudski eine Militärdiktatur, den »Neuen Staat« (12. 5. 1926), in Litauen Präsident Smetona als »Führer der Nation«

eine Alleinherrschaft (12.4. 1927), in Portugal nach dem Militärputsch (18.4. 1925) Salazar den »Neuen Staat« (27.4. 1928), in Albanien Präsident, später König, Ahmed Zogu eine Diktatur (31.1. 1925) und in Jugoslawien König Alexander I. nach Suspendierung der Verfassung eine Königsdiktatur (6.1. 1929).
Nach der Machtübernahme durch Hitler in Deutschland (30.1. 1933) wandten sich weitere Staaten vom liberal-demokratischen Verfassungsstaat ab. Österreich wurde unter Bundeskanzler Dollfuß in einen »Christlichen Ständestaat« (11.9. 1933), Bulgarien durch Georgiew in eine Diktatur (29.5. 1934) und nach seinem Sturz (22.1. 1935) durch Zar Boris III. in eine Königsdiktatur umgewandelt. In Estland regierte Staatspräsident Konstantin Päts ab 12.3. 1934 durch Dekretrecht, in Lettland machte sich Ministerpräsident Karlis Ulmanis zum »Volksführer« (15.5. 1934). Am 8.8. 1936 errichtete General Metaxas in Griechenland eine Militärdiktatur mit faschistischen Zügen, in Rumänien König Carol II. eine Königsdiktatur (Februar 1938) und in Spanien Franco nach Beendigung des Bürgerkriegs eine Diktatur (1939).
Die verschiedenen autoritären und halbautoritären Regime und Diktaturen wurden in den betreffenden Ländern unter Ausnutzung bestimmter Krisensituationen von »starken Männern« als eine Form des Führungsstaates zwischen Demokratie und totalitärem Machtstaat errichtet und ausgebaut. Die Anhängerschaft dieser »Führer« bestand zumeist aus konservativen Schichten, die den Verlust ihrer Macht und ihrer Einflußmöglichkeiten befürchteten (Adel, Militär, Kirche, Großbürgertum, z.B. in Spanien und Ungarn) und aus sich diskriminiert fühlenden deklassierten Mittelschichten (z.B. in Deutschland). Neben der kommunistisch-sozialistischen Diktatur in Rußland, die unter Stalin ausgebaut wurde, entstanden nach dem »Marsch auf Rom« (28.10. 1922) die faschistische Diktatur in Italien unter dem »Duce« Benito Mussolini und nach der Machtübernahme (30.1. 1933) der »NS-Staat« in Deutschland unter dem »Führer« Adolf Hitler. Alle 3 Staaten verkörperten mit graduellen Unterschieden den totalitären Machtstaat mit seinen typischen Kennzeichen: umfassende Staatsideologie (»Weltanschauung«), durchorganisierte, uniformierte Staatspartei mit Gliederungen für eine »lebenslange« Erfassung des Menschen (»Bewegung unter einem Führer«), bürokratische Kontrolle der gesamten Wirtschaft, Geheimpolizei, Nachrichtenmonopol und Waffenmonopol.
Von Bedeutung wurden bis in die Zeit des 2. Weltkrieges der italienische Faschismus und der deutsche Nationalsozialismus, weil sie als Vertreter eines militanten Antimarxismus und eines hypertrophen Nationalismus zu Vorbildern vieler rechtsgerichteter Bewegungen wurden. Während sich aber die totalitäre Macht, die der Faschismus anstrebte, in Italien wegen des Widerstands der Kirche, der Monarchie und von Teilen der Armeeführung nicht voll entfalten konnte, gelang es der NS-Diktatur in Deutschland, wegen des religiösen Gehalts der NS-Bewegung, die eine »Glaubensbewegung« unter einem »von der Vorsehung berufenen Führer« war, und wegen der rigorosen unmenschlichen Durchführung einer von der »Rasselehre« bestimmten Innen- und Außenpolitik die totalitäre Macht zu errichten. Viele Anhänger Hitlers, die sich von christlichen Glaubensvorstellungen gelöst hatten, sahen in Hitler einen neuen Heilsbringer, wenn nicht gar einen Heiland, der ausersehen war, sein Volk aus der Tiefe (nach dem verlorenen Krieg), der Verzweiflung (über die Revolution) und dem Unglück (durch das »Diktat von Versailles«) zu führen, die Urheber, die Verschwörer des Bösen zu vernichten (Juden, Marxisten) – nicht nur im eigenen Volk, sondern auf der ganzen Welt – und ein »Tausendjähriges Reich« zu errichten.

SCHWEDEN
DÄNEMARK
Ribnitz
Gnoien
Schle
Harburg
Altdamm
Papenburg
Kallie
Lüneburg
Greifenhagen
Schneidemühl
Cloppenburg
NIEDER-
LANDE
DEUTSCHES REICH
Grothe
Hannover
Braunschweig
Köpenick
Ibbenbüren
Gestorf
Lüdinghausen
Gladbeck
Beverungen
Sandersleben
Moers
Rhoden
Bovenden
Köthen
Forst
Essen
Krefeld
Hemer
Düsseldorf
Hagen
Göttingen
Leipzig
Fritsch
Kerpen
Köln
Wolfhagen
Löwenberg
Bre
Richelsdorf
Eilendorf
Flamersheim
Hersfeld
Erfurt
Kirchheim
BELG.
Gräfenroda-Dörrberg
Fulda
Dinter
Kleinbardorf
Plauen
Hillesheim
Frankfurt
Gleicher-
wiesen
Biebrich
Hof
LUX.
Bingen
Gerolzhofen
Memmelsdorf
Kaisers-
lautern
Pretzfeld
Rimbach
Ermetzhofen
Saargebiet
Nürnberg
Zweibrücken
Hockenheim
Streicher
Rülzheim
TSCHEC
Fischbach
Karlsruhe
Gunzenhausen
Pflaumloch
Regensburg
Kuppenheim
FRANK-
REICH
Aufhausen
Binswangen
München
Worblingen
Ludendorff
Hitler
ÖSTERREICH
L.
SCHWEIZ
ITALIEN
JUG

Synagogen- und Friedhofsschändungen (1923–1932)

Synagogenschändungen

Die Synagoge, das »Versammlungshaus« der jüdischen Gemeinde für den Gottesdienst, für dessen Durchführung mindestens 10 über 13 Jahre alte männliche Gläubige erforderlich sind, war in der Zeit nach dem 1. Weltkrieg oft Schändungen ausgesetzt.

Friedhofsschändungen

Hitler **Antisemiten**

Die Hauptwortführer, deren Hetzprogramme und -schriften schon in der Weimarer Republik viel Unheil anrichteten, waren deshalb so gefährlich, weil sie sich auf pseudowissenschaftliche »Erkenntnisse der Rassenkunde« beriefen und für radikale Lösungen der »Judenfrage« eintraten.

Anmerkung:
Orte, in denen mehrmals eine Synagoge oder ein Friedhof geschändet wurde, wurden nur einmal aufgeführt.

Der Antisemitismus nach dem 1. Weltkrieg

In der Zeit von 1918 bis zum Jahr 1924 und während der Wirtschaftskrise war ein starker Antisemitismus festzustellen. Auf der Suche nach »Sündenböcken«, die unter anderem Schuld an der Niederlage, der Revolution und der Inflation trugen, erwiesen sich die Juden als eine vielfach privilegierte, beneidete Minderheit besonders geeignet, zumal viele Juden an den politischen Umwälzungen (Russische Revolution, Novemberrevolution) beteiligt und in linksgerichteten Parteien tätig waren. Nicht umsonst hatte im Oktober 1918 Heinrich Claß, der Vorsitzende des Alldeutschen Verbandes, seinen Anhängern empfohlen, »die Juden als Blitzableiter für alles Unrecht zu benutzen«. Antijüdische Affekte entstanden auch durch die nach 1918 verstärkt einsetzende Einwanderung der Ostjuden und eine angebliche jüdische Vorherrschaft in der Wirtschaft und im kulturellen Leben. Unter den 564000 Glaubensjuden befanden sich 1925 108000 Ostjuden. Da von diesen schon 80000 vor dem Krieg in Deutschland gelebt hatten, 35000 während des Krieges interniert (Kriegsgefangene, Ausländer u. a.) und weitere 35000 – z.T. zwangsweise – als Rüstungsarbeiter aus den besetzten Gebieten Russisch-Polens verpflichtet worden waren, befanden sich bei Kriegsende ungefähr 150000 Ostjuden in Deutschland, von denen bis 1925 – trotz Zuzug aus dem Osten – fast ein Drittel nach den USA auswanderte. Ihr fremdartiges Aussehen und ihre Zugehörigkeit zu sozial niedrigeren Schichten verstärkte die Abneigung gegenüber den Juden. Die Konzentration der jüdischen Bevölkerung in den Großstädten vermittelte den Eindruck einer angeblichen jüdischen Vorherrschaft im Bank- und Börsengeschäft, in Textil-, Rohstoff- und Getreidegroßhandel, im Zeitungswesen und Theater. Der Anteil der Juden in den »freien Berufen« (Ärzte, Rechtsanwälte, Redakteure, Regisseure, Makler) war verhältnismäßig groß. Hier waren sie nicht Diskriminierungen durch Vorgesetzte ausgesetzt. Im öffentlichen Dienst konnten Juden kaum eine Anstellung finden.

Den durch Krieg und Inflation verarmten und vom sozialen Abstieg bedrohten Schichten (Angestellte, Beamte, Kaufleute, Handwerker, Kleinunternehmer, Bauern) – jedoch nicht Arbeitern – war leicht einzureden, daß nicht nur der internationale Marxismus, sondern auch Kapitalismus und Pazifismus Bewegungen waren, die von den Juden zur Unterwanderung benutzt wurden, um die »arischen Völker« zu zersetzen. Als Beweis dafür dienten die um die Jahrhundertwende gefälschten »Protokolle der Weisen von Zion«, denen zufolge eine weltumspannende jüdische Führung durch Hetze der christlichen Staaten in den Krieg und Zerstörung der politischen, wirtschaftlichen und sittlichen Fundamente dieser Staaten eine jüdische Weltherrschaft errichten wollte.

Die Antisemiten fanden ihre politische Heimat in der am 22.11. 1918 gegründeten Deutschnationalen Volkspartei, im Deutschvölkischen Schutz- und Trutzbund und in der Deutschvölkischen Freiheitspartei. Nach Überwindung der politischen und sozialen Krise ebbte der radikale Antisemitismus 1924 ab. Hatte in den Wahlen zum Reichstag am 4.5. 1924 die Deutschvölkische Freiheitspartei noch 6,4% der Stimmen und 32 Sitze erhalten, so fiel die NSDAP in den Wahlen vom 7.12. 1924 auf 3% der Stimmen und 14 Mandate, am 20.5. 1928 auf 2,6% der Stimmen und 12 Mandate zurück.

Der Beginn der Wirtschaftskrise löste eine neue antisemitische Welle aus. Der antijüdische Haß auf rassischer Grundlage bildete der Kern der nationalsozialistischen Weltanschauung. Der rassische Antisemitismus stützte sich auf die »Überlegenheit der arischen Rasse«, die der französische Graf J.A. de Gobineau in seinem Werk »Essai sur l'inégalité des races humaines« (1853/55) verkündet hatte. Gefährlich wurde der rassische Antisemitismus aber durch die Popularisierung seiner deutschen Epigonen und Vereinfacher, Eugen

)ühring (»Die Judenfrage als Rasse-, Sit-ən- und Kulturfrage«, 1881) und Theodor ritsch (»Antisemitischer Katechismus«, 887, als »Handbuch der Judenfrage« 1936 ı 40. Auflage erschienen). Die Lehre von er primär biologisch aufzufassenden lasse und die aus der pervertierten Lehre arwins hervorgegangenen Vorstellungen es Sozialdarwinismus bildeten die Grund-ıge für die antisemitischen Hetzkampa-nen Dr. Arthur Dinters (1925–27 Gauleiter Thüringen), Julius Streichers, des anti-emitischen Agitators in Franken und Her-usgebers des »Stürmer«, eines antise-ıitischen Hetzblattes, Alfred Rosenbergs ›Die Protokolle der Weisen von Zion und ie jüdische Weltpolitik«, 1923) und Adolf litlers, der in »Mein Kampf« die Juden mit us der Zoologie entlehnten Ausdrücken Parasiten, Ungeziefer) bezeichnete. Sie chufen das Bild »des Juden«, der als »Art-emder« das »arteigene deutsche Wesen« ersetzte und das »deutsche Blut« ver-arb. Bei dem latent vorhandenen Antise-ıitismus stimmten viele Deutsche schon or 1933 dem Punkt aus Hitlers Parteipro-ramm zu, dem zufolge nur derjenige Volksgenosse« sein könne, der »deut-chen Blutes« sei. Aus verhetzten eutschvölkischen, mit Haß gegenüber en Juden erfüllten nationalsozialistischen reisen stammten die Täter, die bei Unter-uchungen über die Schändungen jüdi-cher Friedhöfe und Synagogen ermittelt urden und in den meisten Fällen »ver-tändnisvolle« Richter fanden, zumal oft uch die Zeugen schwiegen. Diese Schän-ungen und ihre Ermittlungen veranlaßten eo Baeck zu den prophetischen Worten: n jedem Volk sind Unrecht und Sünde; ie kommen und gehen, und das Volk leibt. Aber wenn das Volk als solches, als anzes mitschuldig wird durch Schweigen, urch Dulden, durch Zuschauen, dann zer-tört die Untat den Boden, auf dem allein in Volk besteht; er bricht unter ihm zu-ammen.«

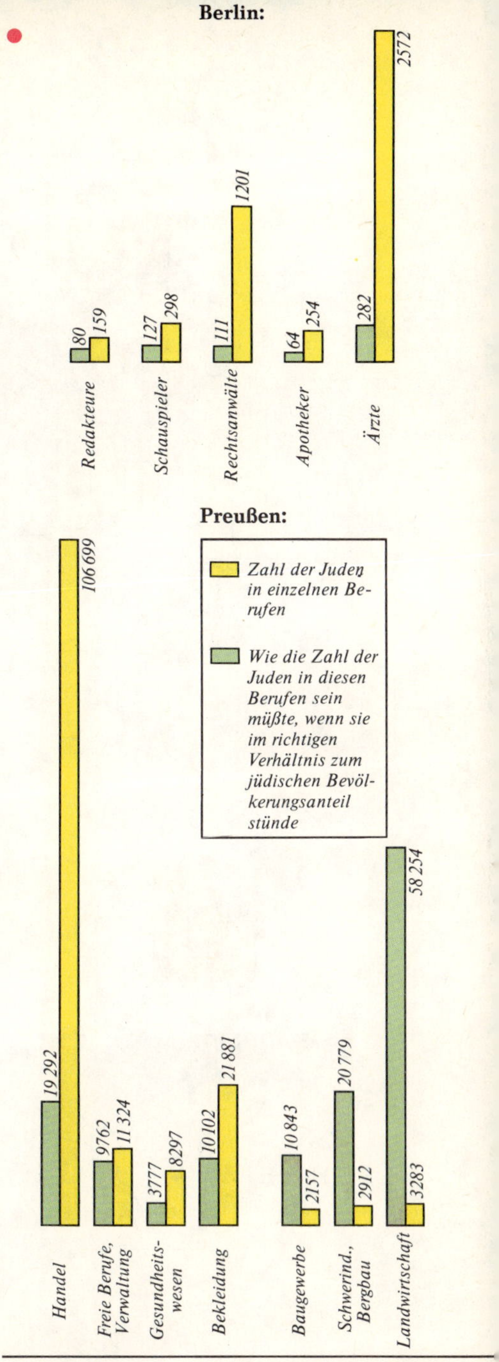

Das Judentum in Deutschland (1925)

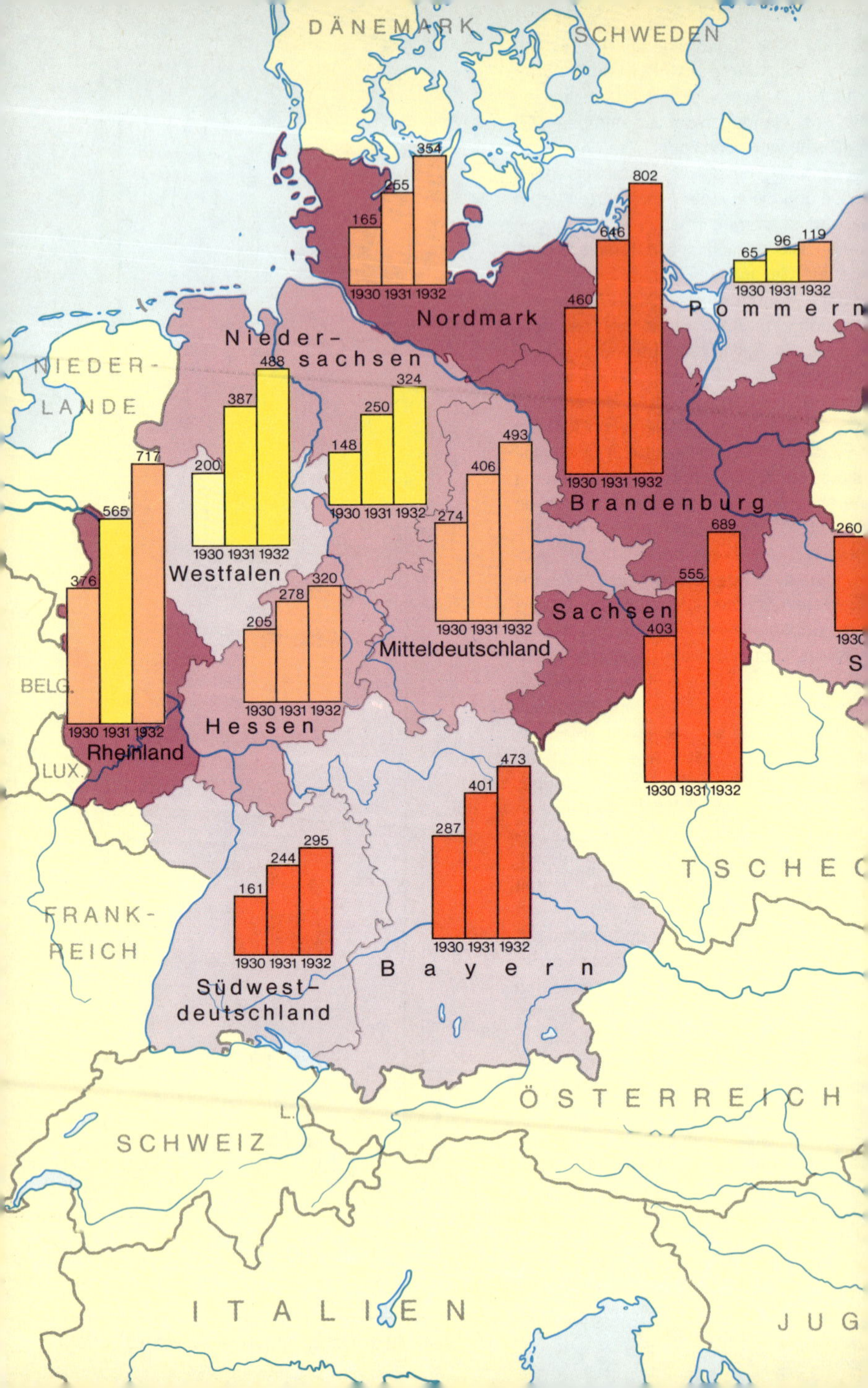
DÄNEMARK
SCHWEDEN
354
255
165
1930 1931 1932
Nordmark
802
646
460
1930 1931 1932
Brandenburg
65
96
119
1930 1931 1932
Pommern
NIEDERLANDE
Nieder-sachsen
488
387
200
1930 1931 1932
Westfalen
324
250
148
1930 1931 1932
493
406
274
1930 1931 1932
Mitteldeutschland
717
565
376
1930 1931 1932
Rheinland
320
278
205
1930 1931 1932
Hessen
Sachsen
689
555
403
1930 1931 1932
260
1930
BELG.
LUX.
473
401
287
1930 1931 1932
Bayern
295
244
161
1930 1931 1932
Südwest-deutschland
FRANKREICH
TSCHEC
ÖSTERREICH
SCHWEIZ
L.
ITALIEN
JUG

Die Arbeitslosigkeit (1930-1932)

Hessen **Landesarbeitsamtsbezirk**

Landesarbeitsamtsbezirksgrenze

65 / 1930 **Anzahl der Arbeitslosen im Durchschnitt der Jahre 1930-1932 in Tausend (1 cm = 200.000 Personen)**

Anteil der arbeitslosen weiblichen Personen im Durchschnitt der Jahre 1930-1932

- **bis 10%**
- **10%-15%**
- **15%-20%**
- **über 20%**

Anteil der Arbeitslosen an der Gesamtzahl der Erwerbstätigen im Jahre 1932

- **bis 10%**
- **10%-15%**
- **15%-20%**
- **über 20%**

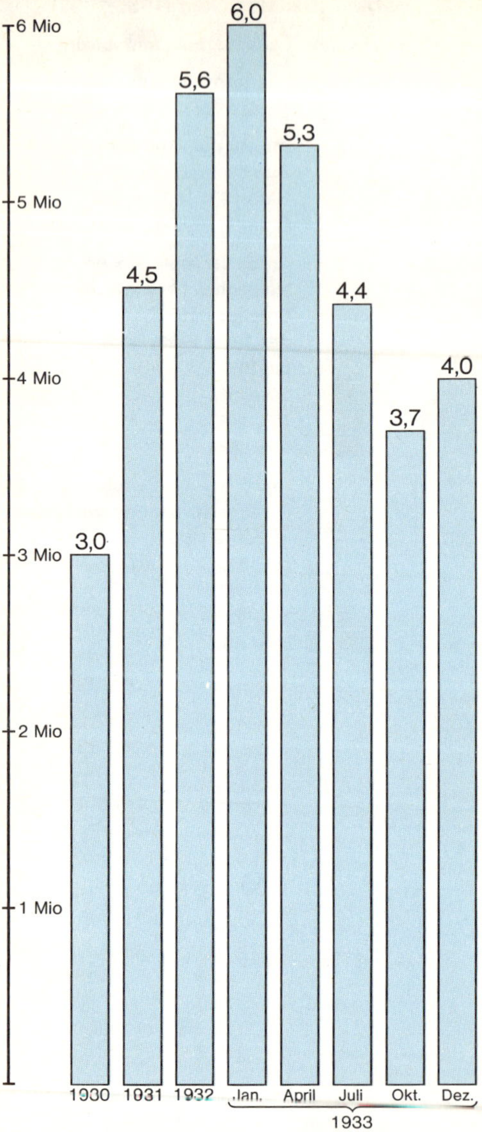

Die Arbeitslosigkeit (1930-1933)

Bei den Angaben über die Zahl der Arbeitslosen wurden die im Arbeitsdienst beschäftigten Arbeitssuchenden ab 31. 7. 1933 nicht mehr berücksichtigt.

Die große Wirtschaftskrise (1929–1932)

Nach dem 1. Weltkrieg war die wirtschaft
che Ordnung durch die Unterbrechung d
internationalen Handelsbeziehungen (Fre
handel) und den Verfall des internationale
Währungssystems (Goldstandard) g
stört. Europa litt unter dem Rückgang de
europäischen Anteils am internationale
Handel, der Verlagerung des Welthande
nach den USA, dem Sinken des Hande
der europäischen Mächte untereinande
der in bezug auf Reparationen, Krieg
schulden und Währungsstabilität nicht a
gemessenen Politik, der Erhöhung d
Zollschranken, der Rückkehr der Währu
gen zum Goldstandard und der Entst
hung neuer Industriezentren außerhalb E
ropas. Die Wiederherstellung eines wi
schaftlichen Gleichgewichts zwischen E
ropa und den USA scheiterte an der wi
schaftlichen Unabhängigkeit der USA, c
zudem vom Netto-Schuldner (1913) zu
größten Netto-Gläubiger (1919) geword
war.

Der allgemein 1920, in Deutschland a
1924 einsetzende Konjunkturaufschwu
wurde durch große Investitionsmöglichke
ten (Wohnungen, langlebige Konsumg
ter), Steigerung der industriellen Produ
tion durch Anwendung technologisch
Neuerungen, die während des Krieges er
wickelt worden waren, und die US-Au
landsanleihen erreicht. Das sich im Sor
mer 1929 ankündigende Ende des U
Booms und der Börsenkrach im Oktob
1929, der durch die aufgrund hektisch
Spekulationen und zu großen Kreditvol
mens überhöhten Kurse ausgelöst wurc
mußte bei der Abhängigkeit des europ
schen Kapitalmarktes von den USA au
Europa in die Krise einbeziehen. Die We
wirtschaftskrise umfaßte alle wirtschaft
chen Bereiche. Sie war Agrarkrise (Pre
verfall, ansteigende Lagerbestände), ind
strielles Konjunkturtief (Überproduktic
Fallen der Rohstoffpreise), Finanzkri
(Zusammenbruch von Banken) und Wä
rungskrise (Aufgabe des Goldstandard
Die von den einzelnen Ländern aus nat
nalen Interessen ergriffenen Maßnahm

(Drosselung der Auslandskredite, Abberufung der kurzfristigen Kredite, vor allem der US-Anleihen, Einführung von Schutzzöllen) ließen den Welthandel immer mehr schrumpfen.

Nach der Dawes-Anleihe in Höhe von 800 Mio. Goldmark und der Einführung der neuen Reichsmark-Währung als Gold-Devisen-Währung (1924) wurde Deutschland größter Kreditnehmer und hatte Auslandsverpflichtungen zwischen 26 und 28 Mrd. RM, darunter über die Hälfte als kurzfristige Kredite. Diese Kreditaufnahme in dreifacher Höhe der Reparationsforderungen diente nicht nur zur Zahlung der Reparationen (10,3 Mrd. RM), sondern auch zum Ausgleich des ständigen Defizits in der Handelsbilanz (über 6 Mrd. RM) und zum Ansammeln von Auslandsguthaben (fast 10 Mrd. RM). Die industrielle Produktion sank in Deutschland zwischen 1929 und 1932 um 42%. Die Zahl der Arbeitslosen, die sich mit Schwankungen bis 1926 auf 2 Mio. gesteigert hatte, stieg Ende 1929 weiter auf 2,851 Mio., 1930 im Durchschnitt auf 3 Mio., 1931 auf 4,5 Mio. und 1932 auf 5,6 Mio. (Februar 1932: 6128429). Durch die Arbeitslosigkeit, die zu einer Dauerarbeitslosigkeit zu werden drohte, bemächtigte sich weiter Bevölkerungsschichten eine tiefe Hoffnungslosigkeit. Die Gesamtzahl der Arbeitslosen in Europa betrug ungefähr 15 Mio., in den USA über 12 Mio. Die Finanzkrise erreichte im Sommer 1931 ihren Höhepunkt. Der Bestand an Gold und Devisen ging in Deutschland in diesem Jahr um über 2 Mrd. RM zurück. Nach der Liquidierung der Danat-Bank (12.7. 1931), die von dem Zusammenbruch der österreichischen Credit-Anstalt (11.5. 1931) am stärksten betroffen worden war, wurden durch Notverordnungen alle Banken und Sparkassen am 14.7. 1931 geschlossen.

Die Auslandsschulden betrugen ungefähr 30 Mrd. RM. Das Reich war gezwungen, nicht nur die Großbanken zu stützen, sondern auch für die Liquidität von ungefähr 100 Gemeinschaftsbanken zu sorgen. Am 19.8. 1931 stellte der Layton-Bericht der Bank für Internationalen Zahlungsausgleich die augenblickliche Zahlungsunfähigkeit des Deutschen Reiches fest. Reichskanzler Dr. Brüning schlug mit Hilfe von Notverordnungen zur Sicherung von Wirtschaft und Finanzen und zum Schutze des inneren Friedens sowie durch Reduzierung und Ausgleich des Staatshaushalts eine Deflationspolitik ein, die in der damaligen Zeit von vielen Fachleuten für richtig gehalten wurde. Hinzu trat die Furcht vor einer öffentlichen Reaktion auf eine neue Inflation, da man die Folgen der alten noch nicht überwunden hatte. Die Zahlungsverpflichtungen aus dem Young-Plan, der am 1.1. 1929 in Kraft getreten war, zwangen Deutschland zur Währungsstabilität. Die Hoffnung auf Wiederherstellung der wirtschaftlichen Rentabilität durch Angleichung der Löhne, die bis 1932 um 20% bis 27% gekürzt wurden, an die Preise ging nicht in Erfüllung, da die landwirtschaftlichen Preise nicht schnell genug sanken.

Politisch wirkte sich die Krise in Deutschland verheerend aus. Nachdem das letzte, auf parlamentarischer Basis gebildete Kabinett der Großen Koalition unter Reichskanzler Müller (SPD) an der Uneinigkeit über die Regelung der Arbeitslosenversicherung zerbrochen war (27.3. 1930), begann die Ära der Präsidialkabinette. Die innenpolitische Radikalisierung und die Ablehnung des parlamentarischen Systems durch eine immer größer werdende »negative Mehrheit«, die durch NSDAP und KPD gebildet wurde, erschütterte das Vertrauen des Auslands in die deutsche Politik. Irritiert wurde das Ausland auch durch eine immer nationalistischer werdende Politik: Aufrüstung der Marine, Kampf gegen den Young-Plan, der als »Verrat an der deutschen Freiheit« beschimpft wurde, Beseitigung der Reparationen und der Plan einer deutsch-österreichischen Zollunion. Auf Unverständnis stieß angesichts der deutschen Zahlungsschwierigkeiten auch die Bereitstellung von über 1 Mrd. RM zur »Entschuldung« landwirtschaftlicher Betriebe östlich der Oder (1931).

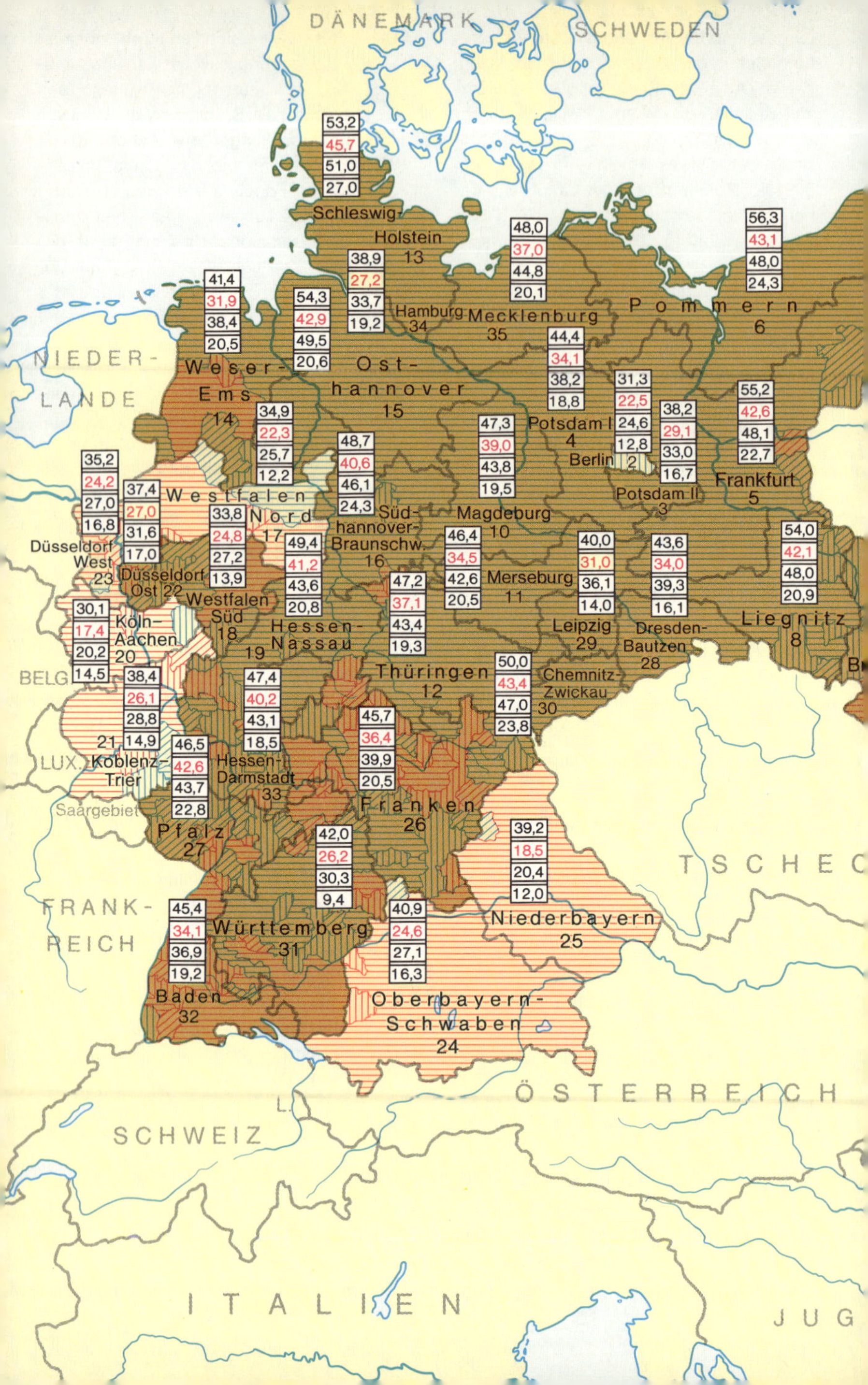

DÄNEMARK
SCHWEDEN
NIEDER-LANDE
BELGI
LUX.
FRANK-REICH
SCHWEIZ
ITALIEN
ÖSTERREICH
TSCHEC
JUG
Saargebiet
53,2 45,7 51,0 27,0
Schleswig-Holstein 13
38,9 27,2 33,7 19,2
Hamburg 34
48,0 37,0 44,8 20,1
Mecklenburg 35
56,3 43,1 48,0 24,3
Pommern 6
41,4 31,9 38,4 20,5
Weser-Ems 14
54,3 42,9 49,5 20,6
Ost-hannover 15
44,4 34,1 38,2 18,8
Potsdam I 4
31,3 22,5 24,6 12,8
Berlin 2
38,2 29,1 33,0 16,7
Potsdam II 3
55,2 42,6 48,1 22,7
Frankfurt 5
34,9 22,3 25,7 12,2
48,7 40,6 46,1 24,3
Süd-hannover-Braunschw. 16
47,3 39,0 43,8 19,5
Magdeburg 10
35,2 24,2 27,0 16,8
Düsseldorf West 23
37,4 27,0 31,6 17,0
Düsseldorf Ost 22
Westfalen Nord 17
33,8 24,8 27,2 13,9
Westfalen Süd 18
49,4 41,2 43,6 20,8
Hessen-Nassau 19
46,4 34,5 42,6 20,5
Merseburg 11
47,2 37,1 43,4 19,3
Thüringen 12
40,0 31,0 36,1 14,0
Leipzig 29
43,6 34,0 39,3 16,1
Dresden-Bautzen 28
54,0 42,1 48,0 20,9
Liegnitz 8
B
30,1 17,4 20,2 14,5
Köln-Aachen 20
38,4 26,1 28,8 14,9
21 Koblenz-Trier
47,4 40,2 43,1 18,5
Hessen-Darmstadt 33
50,0 43,4 47,0 23,8
Chemnitz-Zwickau 30
45,7 36,4 39,9 20,5
Franken 26
46,5 42,6 43,7 22,8
Pfalz 27
42,0 26,2 30,3 9,4
39,2 18,5 20,4 12,0
Niederbayern 25
45,4 34,1 36,9 19,2
Württemberg 31
Baden 32
40,9 24,6 27,1 16,3
Oberbayern-Schwaben 24
L.

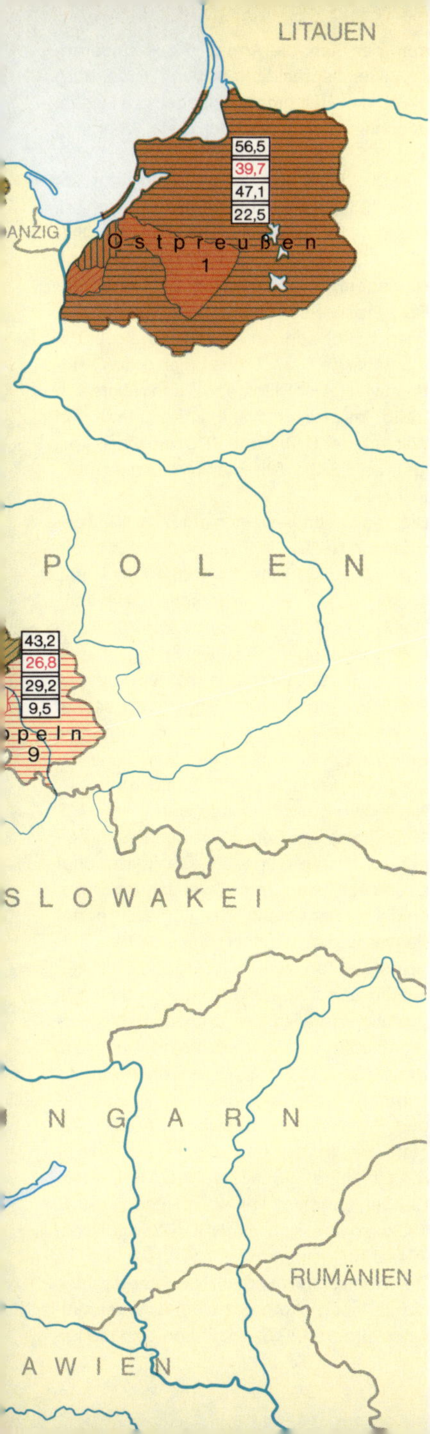

Das Anwachsen der NSDAP (1930-1933)

Evangelischer Bevölkerungsanteil:
- 80% und mehr
- 60%-80%
- bis 60%

Katholischer Bevölkerungsanteil:
- 80% und mehr
- 60%-80%
- bis 60%

12 **Wahlkreis**

Von der NSDAP mit relativer bzw. absoluter Mehrheit gewonnener Wahlkreis bei den Wahlen am:
- 14.9.1930
- 31.7.1932
- 6.11.1932
- 5.3.1933

Von der NSDAP nicht gewonnener Wahlkreis

37,0 **Stimmverlust der NSDAP am 6.11.1932**

27,0 **Verlust der relativen bzw. absoluten Mehrheit der NSDAP in einem Wahlkreis**

Für die NSDAP abgegebene gültige Stimmen (in von Hundert) am:
- 56,5 — 5.3.1933
- 39,7 — 6.11.1932
- 47,1 — 31.7.1932
- 22,5 — 14.9.1930

Das Anwachsen des Nationalsozialismus (1930/1933)

Der Bruch der Großen Koalition (28.6. 1929), von Teilen der SPD, der Gewerkschaften, des Zentrums und der DVP verschuldet, bedeutete die Ausschaltung des Reichstags und das Ende der parlamentarischen Demokratie. Auf Vorschlag des Generals von Schleicher wurde Dr. Heinrich Brüning mit der Bildung eines Kabinetts beauftragt (28.3. 1930), das er am 30.3. 1930 als ein vom Vertrauen des Reichspräsidenten abhängiges Minderheitskabinett bildete. Nachdem das Finanzprogramm Brünings (stärkere Besteuerung der Einkommen über 8000 RM, Kürzung der Löhne und Gehälter im Öffentlichen Dienst) am 16.7. 1930 von KPD, SPD, NSDAP und dem größten Teil der DNVP abgelehnt und auch als Notverordnung vom Reichstag aufgehoben worden war, verkündete Brüning die Auflösung des Reichstags und Neuwahlen. Der Ausgang der Wahlen vom 14.9. 1930 bei hoher Wahlbeteiligung brachte eine nicht vorhergesehene parteipolitische Machtverschiebung und machte die Hoffnung auf einen arbeits- und beschlußfähigen Reichstag zunichte. Die KPD wuchs gegenüber 1929 von 34 auf 77 Mandate, die NSDAP von 12 auf 102. Die SPD sank von 153 auf 143, die DNVP von 73 auf 41. Der katholische Block aus Zentrum und BVP stieg von 62 und 16 auf 68 und 19 Mandate. Eindeutige Verlierer waren die Parteien der bürgerlichen Mitte und die DNVP, eine Folge der Spannungen und Gegensätze im zerstrittenen demokratischen Lager. Die Gewinne der NSDAP stammten vor allem aus den bäuerlichen, protestantischen Wahlkreisen, von abgewanderten DNVP-Wählern, die in Hitler – nicht in Hugenberg – den Führer der »Nationalen Opposition« sahen, und von bisherigen Nichtwählern und Neuwählern. Da sich keine gemäßigte Rechtsmehrheit aus den Wahlen ergab und in den Parteien der alten Koalition die sozialpolitischen Spannungen nicht zu überwinden waren, regierte Brüning mit einem von der SPD tolerierten Präsidialkabinett. Nachdem der Plan, die Amtszeit des amtierenden Reichspräsidenten von Hindenburg durch den Reichstag verlängern zu lassen, gescheitert war, fand der erste Wahlgang am 13.3. 1932 statt, brachte jedoch keine Entscheidung. Im zweiten Wahlgang am 10.4. 1932, in dem Duesterberg ausschied, erhielt Hindenburg 19,4 Mio., Hitler 13,4 Mio. und Thälmann 3,7 Mio. Stimmen. Hindenburg wurde nicht mit Hilfe der Rechten, wie es seinem Wunsche entsprochen hätte, sondern durch die die parlamentarische Demokratie bejahenden Kräfte gewählt. Der Stimmengewinn Hitlers von 2 Mio. im zweiten Wahlgang stammte von Wählern der DNVP und KPD, die einen Verlust von 1,3 Mio. Stimmen hinnehmen mußte.

Bei den Landtagswahlen am 24.4. 1932 gewann die NSDAP in Preußen 36,2%, in Bayern 32,5%, in Württemberg 26,4%, in Anhalt 40,8% und bei den Bürgerschaftswahlen in Hamburg 31,3%. Während Zentrum und BVP gegenüber den Reichstagswahlen vom 14.9. 1930 ihren Stimmanteil halten, in Preußen und Bayern sogar verbessern konnten und die Linke nur geringfügige Einbußen erlitt, verlor das bürgerliche Lager über die Hälfte seiner Stimmen.

Nach dem Sturz Brünings wurde am 31.5. 1932 Franz von Papen mit der Bildung einer Reichsregierung auf überparteilicher Grundlage beauftragt. Zwei Jahre vor Beendigung der eigentlichen Legislaturperiode wurde der Reichstag am 4.6. 1932 aufgelöst, da er nach den Ergebnissen der letzten Landtagswahlen »nicht mehr den politischen Willen des deutschen Volkes« repräsentierte. Vor dem Wahltermin zum Reichstag (31.7. 1932) fanden noch die Landtagswahlen in Oldenburg (29.5. 1932) und Mecklenburg-Schwerin (5.6. 1932) statt, die in beiden Ländern zur Regierungsbildung durch die NSDAP führten. Bei den Landtagswahlen in Hessen (19.6. 1932) konnte sich die NSDAP von 32 auf 70 Mandate steigern.

Der Wahlkampf vor den Reichstagswahlen wurde nach Aufhebung des Versammlungsverbots (29.6. 1932) von den radikalen Parteien mit brutaler Härte und Terror geführt. Vom 1.6. bis zum 20.7. 1932 fanden 322 Terroranschläge statt; im Juli gab es 99 Tote und 125 Verletzte. Der blutigste Zusammenstoß war der »Altonaer Blutsonntag«, an dem 17 Menschen getötet und 68 verletzt wurden (17.7. 1932). Am 15.7. 1932 startete Hitler zu seiner erfolgreichsten Wahlpropagandareise (3. Deutschlandflug), auf der er bis zum 30.7. in 53 Städten sprach. Bei gesteigerter Wahlbeteiligung konnte die NSDAP ihre Mandate mehr als verdoppeln (230), doch wuchs sie nur gering über ihren Stimmenanteil beim 2. Wahlgang zur Reichspräsidentenwahl. Die Verluste der DNVP blieben gering, sie erhielt 37 Mandate. Die SPD fiel um 10 Mandate auf 133 zurück, während die KPD ihre Mandate um 12 auf 89 erhöhte. Die bürgerliche Mitte wurde völlig zerschlagen. Zentrum und BVP zeigten sich nicht nur widerstandsfähig, sondern konnten sich sogar noch verbessern, das Zentrum um 7 auf 75, die BVP um 3 auf 22 Mandate. Die Wahl brachte keine mehrheitsfähigen Koalitionsmöglichkeiten, wohl aber eine negative Sperrmehrheit von NSDAP und KPD: 319 zu 299 Mandate (51,9%), wie schon am 24.4. 1932 bei der Wahl zum preußischen Landtag: 219 zu 204 Mandate.

Da eine Zusammenarbeit Papens mit Hitler nach der Wahl gescheitert war, ergriff Papen am 12.9. 1932 die Gelegenheit, den Reichstag mit einer verfassungsmäßig nicht haltbaren Begründung (Gefahr einer Aufhebung der Notverordnung vom 4.9. 1932: Lohnkürzungen zur Belebung der Wirtschaft) aufzulösen. Am 6.11. 1932 erhielt die NSDAP bei den Reichstagswahlen nur 196 Mandate (−34). Der Glaube an den unaufhaltsamen Aufstieg dieser Partei wurde bei vielen Anhängern und Wählern erschüttert. Die DNVP konnte sich um 15 auf 52 Mandate verbessern und rückte damit in eine Schlüsselstellung. Zentrum und BVP fielen geringfügig um 5 bzw. 2 auf 70 bzw. 20 Mandate zurück. Die SPD konnte nur 121 Mandate behaupten. Ihre Verluste kamen der KPD zugute, die um 12 auf 100 Mandate anstieg, ein Ergebnis, das in der Folgezeit von der NS-Propaganda geschickt dazu benutzt wurde, das Bürgertum vor der roten Gefahr zu warnen. Das Wahlergebnis trug nicht zur Klärung der politischen Situation bei und bot keine Möglichkeit zu neuen Koalitionen, zumal die beiden totalitären Parteien wieder eine negative Sperrmehrheit von 296 Mandaten bilden konnten.

Mit Spannung sah man den Landtagswahlen von Lippe am 15.1. 1933 entgegen. Zwar war dieser Kleinstaat mit ungefähr 100 000 Wählern von seiner konfessionellen, wirtschaftlichen und sozialen Struktur keineswegs repräsentativ genug, um auf das Schicksal eines 68-Millionen-Volkes Einfluß ausüben zu können. Von der NSDAP, die ihre erste Rednergarnitur, ihre letzten verfügbaren Geldmittel und riesige Mengen von Propagandamaterial eingesetzt hatte, wurde das Ergebnis geschickt in einen großen »Sieg« umfunktioniert, der angeblich eine NS-Machtergreifung in naher Zukunft erwarten ließ. Ihr Stimmanteil betrug 39,5%, aber auf Kosten der DNVP (6%). Die SPD konnte sich gut halten (30,2%), während die KPD nur 11,2% erhielt.

In den letzten einigermaßen freien Reichstagswahlen am 5.3. 1933 nach der Bildung des Präsidialkabinetts Hitler am 30.1. 1933 verfehlte die NSDAP das Ziel einer absoluten Mehrheit. Trotz Verhaftung linker Abgeordneter, Verfügung über den Propagandaapparat des Staates, Terror, Einschüchterungen und Einschränkung der Presse- und Redefreiheit erhielt die NSDAP nur 43,9% der Stimmen, 6 Mio. mehr als im November 1932. Mit Hilfe der 8% der »Kampffront Schwarz-Weiß-Rot«, der früheren DNVP, gewann das Kabinett Hitler aber die absolute Mehrheit. Der katholische Block (Zentrum und BVP) konnte sich halten (11,2 und 2,7%). Die SPD konnte sich immerhin behaupten (18,3%), während die KPD auf 12,3% zurückfiel. Der kleinere Teil ihrer 1,132 Mio. verlorenen Stimmen war an die SPD gefallen, der größere zur NSDAP übergelaufen.

DÄNEMARK
SCHWEDEN
Kiel
Neumünster 1929
„Landvolkbewegung"
Lübeck
Mecklenburg-
Schwerin
13. 7. 1932
Mecklenburg-
Strelitz
8. 4. 1932
Hamburg
Oldenburg
16. 6. 1932
Bremen
NIEDER-
LANDE
P r e u ß e n
Schaumburg-
Lippe
Braun-
schweig
1. 10. 1930
Potsdam
„Reichsjugendtag der HJ"
1./2. 10. 1932
Berlin
„Kommunistische
Unruhen"
1. 5. 1929
Lippe
Bad Harzburg
Hamm
„Harzburger Front"
10./11. 10. 1931
A n h a l t
21. 5. 1932
Düsseldorf
Merseburg
Leipzig
2. Reichsparteitag der NSDAP
Weimar 3. - 4. 7. 1926
S a c h s e n
T h ü r i n g e n
21 8. 1932
23. 1. 1930 -
1. 4. 1931
Chemnitz
Zwickau
BELG.
Hessen
LUX.
Saargebiet
Pfalz
Nürnberg
3. Reichsparteitag der NSDAP
19. - 21. 8. 1927
4. Reichsparteitag der NSDAP
1. - 4. 8. 1929
B a d e n
Stuttgart
Kehl
Württemberg
TSCHEC
FRANK-
REICH
B a y e r n
L.
ÖSTERREICH
SCHWEIZ
ITALIEN
JUG

Die Weimarer Republik (1924-1933)

Grenze des Deutschen Reiches

Grenzen der Bundesländer

Sachsen — Bundesland des Deutschen Reiches

Ostgrenze der entmilitarisierten Zone

Sanktionen (bis 1925)

Besetzung des Ruhrgebiets (bis 20.7.1925)

Besetzte Gebiete:
1. Zone (bis 1926)
2. Zone (bis 1929)
3. Zone (bis 1930)

Treffen der NSDAP

Regierungsbildung in einem Bundesland unter Beteiligung der NSDAP vor dem 30.1.1933

Regierungsbildung in einem Bundesland durch die NSDAP vor dem 30.1.1933

Die NSDAP als stärkste Fraktion in einem Bundesland (1932)

Staatsgerichtshof

Sondergericht

Bastion der KPD

Die Weimarer Republik (1924–1933)

Der Regierung Stresemann war es gelungen, die gefährlichen Krisen im Herbst 1923 zu bewältigen und das Ende der Inflation herbeizuführen. Unter den Regierungen des Zentrumspolitikers Wilhelm Marx und des parteilosen Hans Luther fand eine innen- und außenpolitische Stabilisierung statt. Die innenpolitische Beruhigung führte auch zur Aufhebung des Staatsgerichtshofes zum Schutz der Republik (31.3. 1926, 2.6. 1927). Der wirtschaftliche Aufschwung war aber zu sehr abhängig von den Auslandskrediten. Selbst in der konjunkturellen Phase 1925/1926 betrug die Zahl der Arbeitslosen bis 2 Mio. Die allmähliche Konsolidierung fand auch in den Wahlergebnissen zum Reichstag ihren Niederschlag. Konnten am 5.4. 1924 noch die Kommunisten, die Deutschvölkische Freiheitspartei und die DNVP auf Kosten der SPD, DDP und DVP Gewinne erzielen, wobei die Auseinandersetzung um den Dawes-Plan eine Rolle spielte, so brachten die Reichstagswahlen vom 7.12. 1924 nach der Abstimmung über den Dawes-Plan (29.8. 1924) Verluste der äußersten Rechten und Linken. Während der Koalitionsregierung Hans Luther (ab 15.1. 1925) starb am 28.2. 1925 der erste deutsche Reichspräsident Friedrich Ebert, an dessen Stelle am 26.4. 1925 im zweiten Wahlgang Generalfeldmarschall von Hindenburg gewählt wurde. Nach dem Ausscheiden der Minister der DNVP, die unter dem Einfluß Hugenbergs gegen die Verträge von Locarno war, aus der Reichsregierung und nach der Unterzeichnung der Verträge durch Luther und Stresemann in London (1.12. 1925) trat die Reichsregierung am 5.12. 1925 zurück. Die am 20.1. 1926 gebildete 2. Regierung unter Luther mußte wegen der Flaggenverordnung des Reichspräsidenten (5.5. 1926), die das Hissen der Handelsflagge (schwarz-weiß-rot) neben der Reichsflagge (schwarz-rot-gold) an deutschen Auslandsvertretungen bestimmte, zurücktreten. Dem 3. Kabinett Wilhelm Marx, in dessen Regierungszeit (16.5.–17.12. 1926) durch Volksentscheid die entschädigungslose Enteignung der Fürstenvermögen abgelehnt wurde (20.6. 1926) und der Chef der Heeresleitung, von Seeckt, zurücktreten mußte (6.10. 1926), wurde nach dem Angriff Scheidemanns gegen die Zusammenarbeit zwischen Roter Armee und Reichswehr (16.10. 1926) das Vertrauen entzogen. Die Bildung des 4. Kabinetts Marx beendete die »stille Koalition« zwischen der Mitte und der tolerierenden SPD, weil die DDP aus der Regierung ausschied und die DNVP an ihre Stelle trat. Nach den Reichstagswahlen am 20.5. 1928, die Verluste für die Regierungsparteien, aber Gewinne für SPD und KPD brachten, bildete Hermann Müller (SPD) am 28.6. 1928 eine neue Regierung der großen Koalition (SPD, Zentrum, DDP, DVP und BVP). Unter der Regierung Müller kam es zu kommunistischen Unruhen in Berlin und zu Bombenattentaten der Landvolkbewegung in Schleswig-Holstein. Nach der Kritik Schachts am Young-Plan (6.12. 1929) erfolgte am 21.12. 1929 der Rücktritt des Reichsfinanzministers Rudolf Hilferding (SPD) auf Drängen Schachts, doch wurde der Young-Plan in Den Haag unterzeichnet (30.1. 1930) und vom Reichstag angenommen (13.3. 1930). Am 8.3. 1930 trat Schacht selbst zurück und begründete diesen Schritt mit seiner »Auffassung vom Haager Schlußprotokoll«. Der Sturz der Regierung Müller über die Frage einer Beitragserhöhung zur Arbeitslosenversicherung am 27.3. 1930 markierte das Ende der parlamentarischen Regierung.

Kennzeichnend für die Rechtswendung des Bürgertums waren die Wahl Hindenburgs, eines überzeugten Monarchisten, zum Reichspräsidenten (26.4. 1925), die Wahl Hugenbergs zum Vorsitzenden der DNVP (22.10. 1928), die Wahl des Prälaten Kaas zum Vorsitzenden des Zentrums (8.12. 1928) und die Bildung des Reichsausschusses für das deutsche Volksbegehren gegen den Young-Plan durch die Führer der »Nationalen Opposition«, Alfred Hugenberg, Adolf Hitler, Franz Seldte und

Heinrich Claß (9.7. 1929). Der Volksentscheid scheiterte aber am 22.12. 1929. Gustav Stresemann, der Leiter des Auswärtigen Amtes (13.8. 1923–3.10. 1929), strebte nicht eine Revision des Vertrages von Versailles an, sondern war bemüht, das Sicherheitsbedürfnis Frankreichs durch die Unterzeichnung der Locarno-Verträge (s. S.102), der am 10.10. 1926 die Aufnahme Deutschlands in den Völkerbund folgte, zu befriedigen. Mit dem Abschluß des deutsch-russischen Neutralitätsvertrages (24.4. 1926) vermied er aber auch eine einseitige Bindung an den Westen. Durch Entgegenkommen in der Reparationsfrage hoffte Stresemann, der nach der Annahme des Dawes-Plans die Räumung des Ruhrgebiets (14.7.–1.8. 1925) erreicht hatte, die vorzeitige Räumung des besetzten Rheinlandes einzuhandeln. Diese Politik wurde belohnt nach der Annahme des Young-Plans, der die Reparationsfrage regelte, die internationale Finanzkontrolle beendete und Zahlungsraten und Laufzeit (bis 1988) festlegte, durch die Räumung der zweiten Zone des Rheinlandes (30.1. 1929). Am 30.6. 1930 war das ganze Rheinland geräumt. Am 29.3. 1930 bildete Brüning eine Minderheitsregierung ohne SPD, die aber seine Präsidialregierung tolerierte. Er stützte sich auf das Vertrauen des Reichspräsidenten und erließ aufgrund des Art.48 die Gesetze in Form von Notverordnungen. Seine deflationistische Wirtschaftspolitik scheiterte. Seine Agrarpolitik verschlang große Summen (»Osthilfe«-Programm) und führte keineswegs zur Verbilligung der Grundnahrungsmittel. Das Anwachsen der NSDAP in den Reichstagswahlen (14.9. 1930), die Verschärfung der Wirtschaftskrise, die Bildung der »Harzburger-Front« durch NSDAP (Hitler), DNVP (Hugenberg) und Stahlhelm (Seldte) am 11.10. 1931 und die Wiederwahl Hindenburgs zum Reichspräsidenten (20.4. 1932) zeigten deutlich einen Rechtsruck breiter Volksschichten an. Nach dem Verbot der SA und SS (13.4. 1932) erfolgte der Sturz Brünings am 30.5. 1932 durch die Großagrarier und durch die persönlichen Vertrauten Hindenburgs, die – wie General von Schleicher – eine Wende nach rechts vollziehen wollten.

Der NSDAP war es aufgrund der Wahlergebnisse 1932 gelungen, in einigen kleinen Ländern die Regierung zu bilden (Anhalt, Oldenburg, Mecklenburg-Schwerin und Thüringen) bzw. an der Regierungsbildung beteiligt zu werden (Braunschweig, Mecklenburg-Strelitz). In den Landtagen von Württemberg und Preußen sowie in der Bürgerschaft von Hamburg stellte sie die stärkste Fraktion. Preußen, Bayern und Württemberg besaßen in der zweiten Hälfte des Jahres 1932 nur noch geschäftsführende Regierungen ohne parlamentarische Basis. Die Regierung von Papen, das »Kabinett der nationalen Konzentration« (1.6.–17.11. 1932), das auf der Konferenz von Lausanne die endgültige Regelung der Reparationsfrage erreichte (9.7. 1932), hob das Verbot von SA und SS auf. Wegen der darauf einsetzenden bürgerkriegsähnlichen Unruhen erließen der Reichspräsident nach den Reichstagswahlen (31.7. 1932) am 9.8. 1932 die Verordnung gegen politischen Terror und die Reichsregierung die Verordnung über die Bildung von Sondergerichten, die am 19.12. 1932 wieder aufgehoben wurden. Am 20.7. 1932 wurde die geschäftsführende Regierung in Preußen ihres Amtes enthoben und von Papen als Reichskommissar für Preußen eingesetzt. Nach dem Rücktritt von Papens mißlang der Versuch seines Reichswehrministers von Schleicher, der am 3.12. 1932 ein Kabinett bildete, eine parlamentarische Lösung der Krise durch sozialpolitische Zugeständnisse an die Gewerkschaften und den sozialistischen Flügel der NSDAP um Gregor Strasser zu erreichen. Als Schleicher nach dem Scheitern seiner Pläne zur reinen Diktatur übergehen wollte – wie von Papen vor ihm –, ließ Hindenburg ihn fallen (28.1. 1933). Von Papen hatte ihm eine Koalitionsregierung aus NSDAP und DNVP unter Hitler als Kanzler vorgeschlagen. Am 30.1. 1933 wurde Hitler zum Reichskanzler ernannt.

DÄNEMARK
SCHWEDEN
Schleswig-
Holstein
Gauleiter Hinrich Lohse
Nordmark
Kiel
Helgoland
Rügen
Ahrensbök
Pommern
Gauleiter Wilhelm Karpenstein,
ab 1934 Gauleiter Franz Schwede-Coburg
Hammerste
Fuhlsbüttel
Altona
Wittmoor
Bremerhaven
(Langlütjen)
Hansa
Hamburg
Findorf (Missler)
Gauleiter Karl Kaufmann
Mecklenburg-
Schwerin
Gauleiter
1934 vereinigt
Friedrich Hildebrandt
Bredow
Gollnow
Pommern
Stettin
»Ochtumsand«
Nordsee
Bremen
Gauleiter Karl Röver
Mecklenburg-
Strelitz
Oldenburg
Preußen
NIEDER-
LANDE
Hannover
SA-Obergruppenführer Viktor Lutze
Provinz
Oranienburg
Berlin-
„Röhm-Putsch"
Brandenburg
Berlin
Sonnenburg
Niedersachsen
Hannover
Schaumburg-
Lippe
Brandenburg
Braunschweig
Ostmark
Frankfurt
Columbia-Haus
Westfalen
Lippe
Mitte
Magdeburg
Brandenburg
Ferdinand von Lüninck
Detmold
Braun-
schweig
Gauleiter Wilhelm Kube (bis 1936)
Rosslau
Gauleiter
Gauleiter Dr. Alfred Meyer
Dessau
Friedrich Wilhelm Loeper (†1935)
Werden
Benninghausen
Moringen
Anhalt
Lichtenburg
Niederrhein
Duisburg
Westfalen
Dortmund
Sachsen
Kemna
Kassel
SA-Obergruppenführer
Kurt von Ulrich
Schles
Sachsenburg
Halle
Gauleiter Helmuth Brückner, ab 19
Düsseldorf
Sachsen
Breitenau
Gauleiter
Fritz Sauckel
Gauleiter
Martin Mutschmann
Bad Sulza
Schles
Bres
Brauweiler
Colditz
Hohnstein
Köln
Hessen-
Prinz Philipp von Hessen
Weimar
Thüringen
Hainichen
Sachsen
Dresden
Rhein-
BELG.
Thüringen
Freiberg
Hessen
Zwickau
Westmark
Koblenz
Nassau
provinz
Hessen
Frankfurt
LUX.
Hermann von Lüninck,
ab 1935 Gauleiter Josef Terboven
Gauleiter Jakob Sprenger
Darmstadt
Bamberg
Bayreuth
Bayer. Ostmark
Osthofen
Frankenthal
Saargebiet
Saarbrücken
Mannheim
Pfalz
Fürth
Franken
Nürnberg
Kislau
Karlsruhe
Gauleiter
Robert Wagner
Baden
Bayern
TSCHEC
Südwest
Stuttgart
Gauleiter Wilhelm Murr
FRANK-
REICH
Württemberg
Dachau
Ulm-Kuhberg
Hochland
München
Ankenbuck
Heuberg
Reichsleiter der
NSDAP Franz von Epp
„Röhm-Putsch"
ÖSTERREICH
L.
SCHWEIZ
ITALIEN
JUG

Das »Dritte Reich« (1933–1935)

Hansa **Sitz einer SA-Gruppe**

Die SA (Sturmabteilung) bestand 1933 aus 20 Gruppen und einer Gruppe in Österreich.

Strafgefangenenlager im Emsland

Die Strafgefangenenlager wurden 1934 dem Reichsminister für Justiz unterstellt.

Frühe Konzentrationslager

Wegen der hohen Zahl der Schutzhäftlinge wurden neben den Haftanstalten der Justiz Konzentrationslager errichtet.

Sondergericht

Am 21.3.1933 erfolgte die Bildung von Sondergerichten, die zuständig für Verbrechen und Vergehen gegen die Verordnung des Reichspräsidenten zum Schutz von Volk und Staat (28.2.1933) waren.

Volksgerichtshof

Durch Gesetz vom 24.4.1934 wurde der Volksgerichtshof in Berlin zur Aburteilung von Hochverrats- und Landesverratssachen gebildet.

Saarland

Nach der Wahl über die Rückkehr des Saargebiets zum Deutschen Reich am 13.1.1935, in der sich 90,76% der abgegebenen gültigen Stimmen für die Rückkehr entschieden, wurde das Saargebiet ab 1.3.1935 mit dem Deutschen Reich vereinigt.

Ostpreußen Gauleiter Koch **Oberpräsident in Preußen**

Im Frühjahr 1933 ernannte Göring als preußischer Innenminister Gauleiter, SA-Führer und Männer der »Nationalen Opposition« zu Oberpräsidenten.

Reichsstatthalter

Aufgrund des zweiten Gesetzes zur Gleichschaltung der Länder mit dem Reich vom 7.4.1933 (Reichsstatthaltergesetz) wurden in den Ländern im April/Mai 1933 Reichsstatthalter eingesetzt. Die Ausübung der Reichsstatthalterbefugnisse in Preußen oblag dem Reichskanzler, der sie dem preußischen Ministerpräsidenten übertrug.

Das »Dritte Reich« (1933–1935)

Am 30.1. 1933 wurde Adolf Hitler durch den Reichspräsidenten von Hindenburg zum Reichskanzler ernannt. Hitler trat an die Spitze einer Koalitionsregierung der »Nationalen Konzentration«, der von der NSDAP noch Wilhelm Frick als Reichsminister des Innern und Hermann Göring als Minister ohne Geschäftsbereich und zugleich kommissarischer Preußischer Minister des Innern angehörten. Am 13.4. 1933 trat Joseph Goebbels an die Spitze des neugeschaffenen Ministeriums für Volksaufklärung und Propaganda. In der Hoffnung, durch Neuwahlen in den Besitz einer Regierungsmehrheit zu gelangen, wurde am 1.2. 1933 der Reichstag aufgelöst. Der Aufbau der totalen Macht der NSDAP (»Machtergreifung«) und die Ausschaltung der politischen Gegner, vor allem der Kommunisten und Sozialdemokraten, geschah aufgrund der vom Reichspräsidenten erlassenen Notverordnung und durch Terror. Nach der »Verordnung zum Schutz des Deutschen Volkes« (4.2. 1933), benutzte Hitler den Reichstagsbrand (27.2. 1933) zum ersten Schritt auf dem Weg zur uneingeschränkten Macht. Durch die Notverordnung zum Schutz von Volk und Staat (28.2. 1933) wurden die politischen Grundrechte, vor allem die Unverletzlichkeit der persönlichen Freiheit, beseitigt und die Grundlage zur polizeilichen Verhaftung der politischen Gegner geschaffen (»Schutzhaft«).

Am 12./26.4.1934 regelte ein Erlaß des Reichsministers des Innern Schutzhaftbefehl, Zulässigkeit, Vollstreckung und Dauer der Schutzhaft. Am 22.2.1933 ordnete Göring die Bildung einer »Hilfspolizei« zur Unterstützung der Schutzpolizei »im Kampf gegen den bolschewistischen Terror« an (aufgelöst zum 15.8. 1933). Aufgrund ihrer polizeilichen Befugnisse erhielten 40000 SA- und SS-Männer die Gelegenheit, mit ihren politischen Gegnern, die eingeschüchtert, zusammengeschlagen und verhaftet wurden, abzurechnen. Die hohe Zahl der verhafteten politischen Gegner – allein in Preußen rund 25000 im März/April 1933 – machte die Unterbringung in Haftanstalten unmöglich. Für die »Schutzhäftlinge« wurden staatliche Konzentrationslager errichtet und von örtlichen Stellen »wilde« Konzentrationslager zur Abrechnung mit den meist bekannten Gegnern, die jeder Willkür ausgesetzt waren, eingerichtet. Nach den Neuwahlen am 5.3. 1933, in denen die Koalitionsregierung (NSDAP und Kampffront Schwarz-Weiß-Rot) 51,9 Prozent der Stimmen erhielt, wurden mit der »Verordnung zur Abwehr heimtückischer Angriffe gegen die Regierung der Nationalen Erhebung« (21.3. 1933) Sondergerichte gebildet, die für die in der Verordnung zum Schutz von Volk und Staat bezeichneten Verbrechen und Vergehen zuständig waren. Am 14.7. 1934 wurde der berüchtigte Volksgerichtshof zur Aburteilung von Hoch- und Landesverratsverbrechen errichtet.

Der feierlich inszenierte Festakt in der Potsdamer Garnisonskirche am 21.3. 1933 (»Tag von Potsdam«), der die Versöhnung und Einheit zwischen der jungen »Bewegung« und dem alten Preußen, verkörpert durch den »Führer« und den »greisen Generalfeldmarschall«, zu bestätigen schien, zerstreute die Bedenken des bürgerlichen und konservativen Lagers gegenüber Hitler und der »Revolution«. Am 23.3. 1933 wurde das »Gesetz zur Behebung der Not von Volk und Staat« (»Ermächtigungsgesetz«), das der Regierung vier Jahre lang die Gesetzgebung ohne Mitwirkung des Reichstages und Reichsrates zugestand, mit der nötigen Zweidrittel-Mehrheit (444 Ja-Stimmen zu 94 Nein-Stimmen der SPD) angenommen. Der Aufbau des »Führerstaates« erfolgte nun durch die »Gleichschaltung«.

Die »Gleichschaltung« der Länder geschah durch das »Vorläufige Gesetz zur Gleichschaltung der Länder mit dem Reich« (31.3. 1933), durch das die Länderparlamente entsprechend den Ergebnissen der Reichstagswahlen umgebildet wurden, und das »Gesetz zur Gleichschaltung der Länder mit dem Reich« (7.4. 1933), durch das Reichsstatthalter eingesetzt wurden, die die Länderregierungen ernannten. Den Abschluß der »Gleichschaltungs«-Aktion bildeten das »Gesetz über den Neuaufbau des Reiches« (30. 1. 1934), das die Länderparlamente beseitigte und die Hoheitsrechte der Länder auf das Reich übertrug, die Aufhebung des Reichsrates am 14.2. 1934 und die neue Gemeindeordnung (30. 1. 1935), die das Ende der kommunalen Selbstverwaltung bedeutete. Nach dem Beispiel Görings, der in Preußen sämtliche Oberpräsidenten ausgewechselt und durch Gauleiter der NSDAP, SA-Führer und der NS-Bewegung nahestehende Personen ersetzt hatte, wurde auch in den anderen Ländern verfahren. Im Mai 1933 wurden zehn Gauleiter der NSDAP als Reichsstatthalter eingesetzt. 1935 waren von 35 Gauleitern der NSDAP 10 zugleich auch Reichsstatthalter, 6 Oberpräsidenten, 3 Reichs- bzw. Länderminister, 2 Leiter eines Regierungsbezirks in Bayern und 1 Gauleiter Reichskommissar. Durch das »Gesetz zur Wiederherstellung des Berufsbeamtentums« (7.4. 1933) konnten die Beamten, die nicht die notwendige »Eignung« besaßen, »nicht arischer Abstammung« waren oder nicht »jederzeit rückhaltlos für den nationalen Staat eintreten würden«, entlassen werden.

Nach den im März 1933 durchgeführten Betriebsratswahlen, deren Ergebnisse für die NSDAP enttäuschend waren, wurden »aus Gründen der öffentlichen Sicherheit und Ordnung« (4.4. 1933) weitere Betriebsratswahlen untersagt. Da die Gewerkschaften hofften, durch Anpassung und Loyalität gegenüber dem NS-Regime überleben und eine Einheitsgewerkschaft bilden zu können (28.4. 1933 Bildung des »Führerkreises der vereinigten Gewerkschaften«), waren sie bereit, am 1. Mai 1933, der am 24.4. 1933 zum »Feiertag der nationalen Arbeit« erklärt worden war und alle »deutschen Schaffenden der Stirn und der Faust« vereinigen sollte, an den Massenveranstaltungen teilzunehmen. Trotz ihrer Anpassungstaktik wurden am 2.5. 1933 von dem »Aktionsausschuß zum Schutz der deutschen Arbeit« unter Führung Dr. Robert Leys alle Gewerkschaftshäuser besetzt und die Funktionäre in Schutzhaft genommen. An demselben Tag verkündete Ley die Bildung der »Deutschen Arbeitsfront« (DAF), die am 10.5. 1933 in Berlin gegründet wurde. Dr. Robert Ley, der Stabsleiter der politischen Organisation der NSDAP, trat an ihre Spitze. Am 19.5. 1933 wurde die Tarifautonomie durch die Einsetzung von staatlichen »Treuhändern der Arbeit«, die die Bedingungen für den Abschluß von Arbeitsverträgen regelten, beseitigt. Da Arbeitnehmer- und Arbeitgeberorganisationen überflüssig geworden waren, wurden nach Umorganisation Arbeiter, Angestellte und Unternehmer, alle »im Arbeitsleben stehenden Menschen ohne Unterschied ihrer wirtschaftlichen und sozialen Stellung in der DAF erfaßt« (November 1933). Der Beitritt war offiziell freiwillig, doch durch den indirekt ausgeübten Druck (»freiwilliger Zwang«) hatte die DAF, die ein der NSDAP angeschlossener Verband war und unter Führung der NSDAP stand, schon 1936 rund 20 Mio. Mitglieder. Durch die Einsetzung der »Treuhänder der Arbeit«, den bezahlten Urlaub, die Gewährung von Kündigungsschutz, die den Betrieben auferlegte Pflicht zu vermehrten sozialen Leistungen, nicht zuletzt durch die Urlaubsgestaltung im Rahmen der am 27.11. 1933 gegründeten Freizeitorganisation »Kraft durch Freude« (KdF), die die Aufgabe hatte, »alle Vorrechte des Besitzes auf die Kulturgüter der Nation und die Schönheiten der Welt zu brechen«, sowie die KdF-Aktion für den Volkswagen wurden viele Arbeiter – trotz der Einfrierung der Löhne – für das Regime gewonnen. Das »Gesetz zur Ordnung der nationalen Arbeit« (20.1. 1934) veränderte die arbeitsrechtlichen Verhältnisse durch die Schaffung der »Betriebsgemeinschaft«. An die Stelle des Mitbestimmungsrechts trat ein Fürsorge- und Treueverhältnis zwischen »Führer« und »Gefolgschaft«. Der Betriebsrat wurde durch den »Vertrauensrat« ersetzt, der nur beraten durfte, sich aber gegen Entscheidungen des Betriebsführers an den zuständigen »Treuhänder der Arbeit« wenden konnte, der für die »Erhaltung des Arbeitsfriedens« verantwortlich war. Das Ergebnis der Vertrauensratswahl (12./13.4. 1935) wurde zwar von Ley öffentlich als Erfolg verkündet, doch hütete man sich vor einer Bekanntgabe der Einzelergebnisse. Die Gleichschaltung der Bauern erfolgte im »Reichsnährstand« (S. 155). Weitgehend selbständig und von Eingriffen des Regimes verschont blieb die Großindustrie, weil man auf ihre Mitarbeit wegen des Aufbaus der Kriegsindustrie angewiesen war. Am 19.6. 1933 wurde der Reichsverband der deutschen Industrie in den »Reichsstand der deutschen Industrie« umbenannt, doch blieb die Leitung unter Krupp von Bohlen und Halbach selbständig. Auch das »Gesetz zur Vorbereitung des organischen Aufbaus der deutschen Wirtschaft« und die Zusammenfassung der industriellen Verbände in der »Reichsgruppe Industrie« beließ der Industrie ihre Autonomie. Schlecht erging es dem Mittelstand, der am 3. und 4.5. 1933 im »Reichsstand des deutschen Handels« und im »Reichsstand des deutschen Handwerks« zusammengefaßt, aber nicht gefördert wurde, da die großen Warenhäuser und die sich nun im Besitz der DAF befindlichen Konsumvereine mehr berücksichtigt wurden. Die Verordnung über den »Vorläufigen Aufbau des deutschen Handwerks« (15.6. 1934) diente durch die Zwangsmitgliedschaft einer Kontrolle und Lenkung. Bis 1939 mußten rund 10% der Handwerksbetriebe schließen.

Die Kommunistische Partei, deren Mitglieder nach dem Reichstagsbrand Verfolgungen und Terror ausgesetzt waren, wurden durch die Verordnung zum Schutz von Volk und Staat und die Einziehung ihres Vermögens (26.5. 1933) zerschlagen und in die Illegalität gedrängt. Am 22.6. 1933 wurde die SPD verboten. Die übrigen Parteien lösten sich unter stärkstem Druck der Nationalsozialisten selber auf: die »Deutschnationale Front« (die ehemalige DNVP) am 27.6., die Deutsche Staatspartei am 28.6., die Deutsche Volkspartei und die Bayerische Volkspartei am 4.7. und als letzte das Zentrum am 5.7. 1933. Anpassungsversuche an die nationale Erhebung hatten den Parteien nicht zum Überleben verholfen. Das »Gesetz gegen die Neubildung von Parteien« (14.7. 1933) ließ als einzige Partei die NSDAP zu. Durch das »Gesetz zur Sicherung der Einheit von Partei und Staat« (1.12. 1933) wurde die NSDAP »Trägerin des deutschen Staatsgedankens und mit dem Staat unlöslich verbunden«. Die Partei erhielt den Status einer Körperschaft öffentlichen Rechts mit eigener Disziplinargerichtsbarkeit. Rudolf Heß, der »Stellvertreter des Führers« und Ernst Röhm, der Chef des Stabes der SA, wurden als Reichsminister ohne Geschäftsbereich »zur Gewährleistung engster Zusammenarbeit der Dienststellen der Partei und der SA mit den öffentlichen Behörden« Mitglieder der Reichsregierung. Die NSDAP, »erfaßte« alle Deutschen in ihren Gliederungen (HJ, SA, SS) und den angeschlossenen Organisationen (NS-Frauenschaft, NS-Deutscher Studentenbund, NS-Lehrerbund, NS-Ärzteschaft u.a.) und strebte eine gesamte Kontrolle der deutschen Bevölkerung an.

Nachdem Hitler am 6.7. 1933 vor den Reichsstatthaltern den Abschluß der nationalsozialistischen Revolution verkündet hatte, forderte die SA, die dem »Führer« als Schlägertruppe den Weg zur Macht durch Bekämpfung der politischen Gegner und »Eroberung der Straße« geebnet hatte, eine »zweite (soziale) Revolution«. Führer der SA und ihr Stabschef Röhm strebten den Oberbefehl über eine Volksmiliz an, die aus der Verschmelzung des Heeres mit den revolutionären SA-Banden entstehen sollte. Doch Hitler hatte sich für die Zusammenarbeit mit der Wehrmacht entschlossen. Angebliche Putschpläne der SA benutzte Hitler am 30.6. 1934, in München und Berlin Röhm, andere hohe SA-Führer, alte politische Gegner und mißliebige Regimekritiker, die Generale a.D. von Schleicher und von Bredow unter Mithilfe der Reichswehr durch die SS erschießen

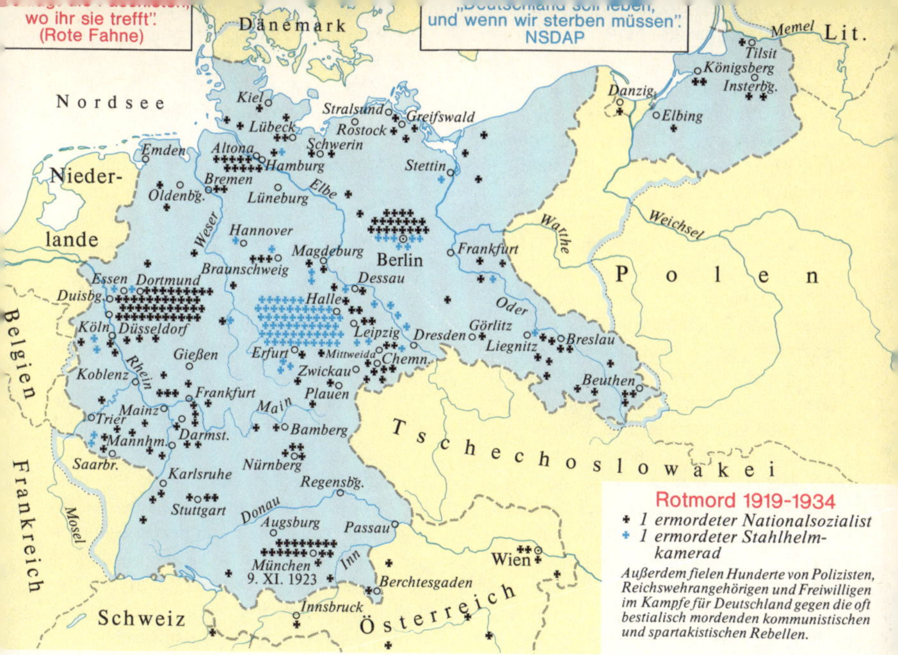

Deutschlands Erweckung

Hitlers Deutschlandflug vom 15.-30. Juli 1932

…itag	15. Juli:	Abflug von München über Berlin und Königsberg nach Tilsit-Gumbinnen
…nnabend	16. Juli:	Lötzen-Ortelsburg-Osterode-Riesenburg
…ntag	17. Juli:	Königsberg
Montag	18. Juli:	Ruhetag
Dienstag	19. Juli:	Schneidemühl-Cottbus (Stettin, Zwischenlandung) Stralsund
Mittwoch	20. Juli:	Kiel-Hamburg-Lüneburg-Bremen
Donnerstag	21. Juli:	Hannover-Braunschweig-Göttingen
Freitag	22. Juli:	Liegnitz-Waldenburg-Neisse-Gleiwitz (Breslau, Zwischenlandung)
Sonnabend	23. Juli:	Zittau-Bautzen-Dresden-Leipzig-Dessau
Sonntag	24. Juli:	Elberfeld-Duisburg-Gladbeck-Bochum-Osnabrück
Montag	25. Juli:	Ruhetag
Dienstag	26. Juli:	Sondershausen-Erfurt-Gera-Hildburghausen
Mittwoch	27. Juli:	Eberswalde-Brandenburg-Berlin
Donnerstag	28. Juli:	Aachen-Köln-Frankfurt a.M.-Wiesbaden
Freitag	29. Juli:	Reutlingen-Neustadt a.H.-Freiburg-Rudolfzell
Sonnabend	30. Juli:	Kempten-Nürnberg-Bayreuth-München
Sonntag	31. Juli:	Reichstagswahl

Die liegenden Zahlen unter den Ortsnamen geben die Zahl der Hörer an.
Die stehenden Zahlen *an den Fluglinien geben den Tag des Fluges an.*

zu lassen. Die Ermordung von Ernst Röhm war dem konservativen Lager nicht unwillkommen, weil nun die Revolution abgeschlossen schien, und von der Wehrmacht wurde sie wegen der Beseitigung eines lästigen Konkurrenten bejaht. Sie bereitete aber den Aufstieg der SS (»Schutzstaffel«) vor, die am 20.7. 1934 zu einer selbständigen Organisation ernannt wurde. Nach dem Dank an den »Führer« beschloß die Reichsregierung das »Gesetz über Maßnahmen der Staatsnotwehr« (3.7. 1934), dessen einziger Artikel lautete: »Die zur Niederschlagung der hoch- und landesverräterischen Angriffe am 30. Juni, 1. und 2. Juli 1934 vollzogenen Maßnahmen sind als Staatsnotwehr rechtens.«

Die »Machtergreifung« fand ihren Abschluß nach dem Tod des Reichspräsidenten von Hindenburg (2.8. 1934) durch die Vereinigung des Amtes des Reichspräsidenten mit dem des Reichskanzlers in der Person des »Führers und Reichskanzlers« Adolf Hitler, auf dessen Person, nicht auf das Vaterland oder die Verfassung, die Wehrmacht noch am selben Tage vereidigt wurde.

Nachdem freiwillig viele Schriftsteller und Künstler Deutschland verlassen hatten, setzte eine gezielte Hetze gegen mißliebige und kritisch eingestellte Schriftsteller und Künstler ein. »Artfremde« Kultur (Jazz u.a.) wurde vom Reichsministerium für Volksaufklärung und Propaganda verboten. Am 10.5. 1933 organisierte Goebbels mit Hilfe des NS-Studentenbundes die öffentliche »Verbrennung undeutschen Schrifttums«. Am 22.9. 1933 wurde die Reichskulturkammer als berufsständische Zusammenfassung aller »Kulturschaffenden« mit sechs Kammern (Schrifttum, Theater, Film, Musik, Bildende Kunst, Presse) gegründet, durch die das kulturelle Leben gleichgeschaltet und überwacht wurde.

Während das Verhältnis des neuen Regimes zur katholischen Kirche durch das Konkordat (20.7. 1933) geregelt wurde, wurde gegenüber der evangelischen Kirche eine »Gleichschaltungspolitik« durch Unterstützung der »Deutschen Christen« und Ernennung des Königsberger Wehrkreis-Pfarrers L. Müller zum »Bevollmächtigten für die Angelegenheiten der evangelischen Kirche« durch Hitler eingeschlagen. Nachdem in dem Konflikt über die Wahl eines »Reichsbischofs« einer zu schaffenden evangelischen »Reichskirche« die »Deutschen Christen« nach den Kirchenwahlen (23.7. 1933) auf der von ihnen majorisierten Nationalsynode in Wittenberg (27.9. 1933) die Wahl Müllers gegen von Bodelschwingh durchsetzen konnten, begann der Kirchenkampf. Im September 1933 wurde durch M. Niemöller der Pfarrernotbund gegründet, aus dem sich die Bekennende Kirche entwickelte. Im März 1934 schlossen sich die territorialen Gruppen zur »Bekenntnisgemeinschaft der DEK« zusammen und beauftragten einen Reichsbruderrat mit ihrer Leitung. In Ulm (22.4. 1934) verstand sich die Bekenntnisgemeinschaft als »rechtmäßige evangelische Kirche Deutschlands«. Auf der ersten Bekenntnissynode in Barmen (29.–31.5. 1934) wurde durch die »Theologische Erklärung« die Grundlage der Bekennenden Kirche geschaffen.

Nachdem Hitler am 31.1. 1933 in seiner Regierungserklärung als ein wichtiges Ziel die Beseitigung der Arbeitslosigkeit verkündet hatte, gelang es, durch Anknüpfung an die Arbeitsprogramme früherer Regierungen und neue Maßnahmen die Arbeitslosigkeit zu verringern. Projekte der Reichsbahn, private und öffentliche Bauvorhaben, Straßenbau, Beschäftigung weiblicher Arbeitskräfte im Haushalt und Zahlung von Ehestandsdarlehen an Frauen, die ihre Arbeit aufgaben, sowie Steuererleichterungen gehörten zur Beschäftigungspolitik der Regierung. Nach Einführung der Wehrpflicht, der Arbeitsdienstpflicht und dem Beginn der Aufrüstung fiel die Zahl der Arbeitslosen im Herbst 1936 auf 1 Mio.

Schaubilder: →
Rückgang der Arbeitslosigkeit (oben)
Fürsorgekosten und Anzahl der »Erbminderwertigen« (unten)

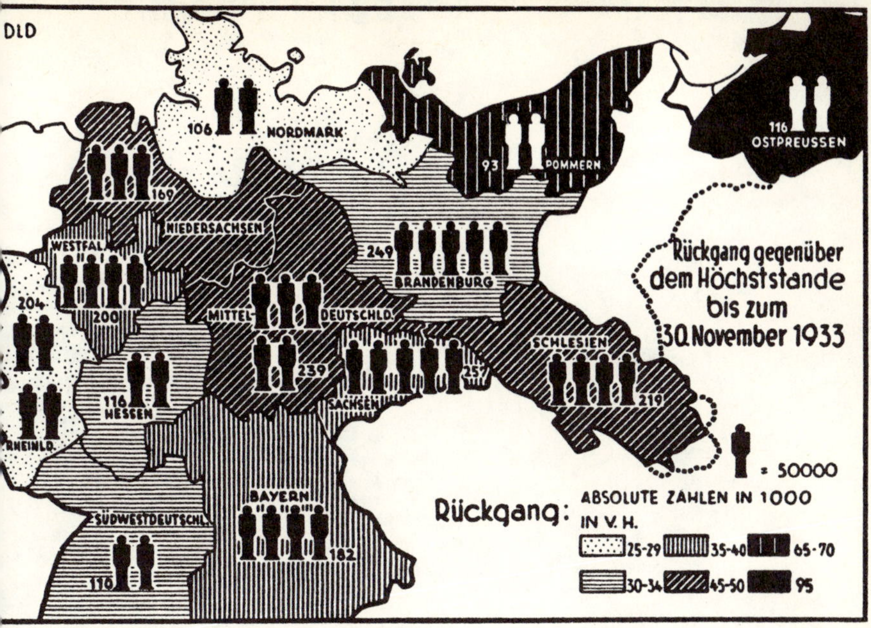
DLD
106 NORDMARK
116 OSTPREUSSEN
93 POMMERN
169
NIEDERSACHSEN
WESTFAL.
200
204
RHEINLD.
249
BRANDENBURG
MITTEL DEUTSCHLD.
239
257
SACHSEN
SCHLESIEN
219
116 HESSEN
SÜDWESTDEUTSCHL.
110
BAYERN
182
Rückgang gegenüber dem Höchststande bis zum 30. November 1933
= 50000
Rückgang: ABSOLUTE ZAHLEN IN 1000
IN V. H.
25-29
35-40
65-70
30-34
45-50
95

kosten täglich:
Ein Krüppel od. Blinder 5-6 RM
ein Geisteskranker 4 RM
ein Verbrecher 3,50 RM
DLD
Arbeiter hat täglich
t seiner Familie 3-4 RM auszugeben.

250 Taus. Geisteskranke
150 Taus. Schwachsinnige
60 bis 100 Taus. Epileptiker
25 bis 80 Taus. Idioten
13 Taus. angebor. Blinde
15 Taus. angebor. Taubstum.
Millionen „Psychopathen"
Von 150 Mill. Pflegetagen in deutschen Krankenhäusern werden
für 300000 Geisteskranke und Epileptiker über 50 Mill. Pflegetage verbraucht
Dagegen von vorübergehenden Kranken aller Art nur rd. 100 Millionen Pflegetage
DLD

DANEMARK
SCHWEDEN
NIEDERLANDE
BELG.
LUX.
FRANKREICH
SCHWEIZ
ITALIEN
ÖSTERREICH
TSCHEC
JUG
II
III
IV
V
VI
VII
IX
Flensburg 26
Rendsburg 20
Neumünster 46
Lübeck 6
Hamburg
Schwerin 12 12
Rostock 27
Kolberg 4
Neustettin
Pasewalk 12
Stettin 5 2 2 12 A 2 2
Stargard 25
Deutsc
Oldenburg 16
Munsterlager 2
Wustrow 11
Döberitz 48 3 9
Berlin 3
Potsdam 3 1
Küstrin 3
Frankfurt 8 3
Osnabrück 37
Minden 6 6
Hannover 19 19 6
Braunschweig 17
Brandenburg 9
Münster 39 16 A 16
Bielefeld
Holzminden 19
Wolfenbüttel 6
Sperenberg 12
Zossen 1
Magdeburg 4 4 13 13
Wünsdorf A
Höxter 16
Hamm 16
Paderborn 18
Halberstadt 12 13
Jüterbog 3
Göttingen 38
Hofgeismar 9
Düsseldorf
Münden 9
Kassel 15 9
Leipzig 11 A
Wurzen 10
Königsbrück 53 N
Neuhammer 8
Liegnitz 18
Glo 54
Köln
Erfurt 16
Naumburg
Riesa 13 14
Görlitz 30
Weimar 3
Dresden 10 4 3 4 4
Schweidnitz 7 8
Ohrdruf 2
Gera 11
Crossen 29
Gießen 36
Fulda 9
Meiningen
Plauen 31
Mainz
Bayreuth 42
Würzburg 15 17
Bamberg
Fürth 7
Amberg 41 10
Nürnberg 21 7
Heilbronn 34
Ludwigsburg 13 15 5
Cannstatt
Stuttgart A 5
Regensburg 20
Ingolstadt 10 17
Straubing 10
Tübingen 35
Ulm 5 5 15
Augsburg 40
München 19 17 7 7 A 7 17
Landsberg 5
Konstanz 14
L.

Die geheime Aufrüstung I: Das Heer (bis 1935)

- Deutsches Reich (1935)
- Entmilitarisierte Zone

Die höheren Stäbe:

- Gruppenkommando
- Generalkommando
- V Wehrkreis
- Divisionskommando
- Brigadekommando bzw. -stab:
  - Reiterbrigade
  - Stab für motorisierte Truppe
  - Grenzabschnittkommando
- Befestigung im Ausbau

Die Truppen:

- 3 Infanterieregiment
- 6 Artillerieregiment
- 7 Beobachtungs-Abteilung
- N Nebelabteilung
- 2 Pionier-Bataillon
- Festungsinspektion
- 4 Kampfwagen-Abwehrabteilung (Panzer-Abwehrabteilung)
- A Aufklärungsabteilung
- 11 Stamm der Schützenregimenter und Kradschützenbataillone
- 2 Panzerregiment
- 14 Nachrichtenabteilung
- 2 Kavallerie-Nachrichten-abteilung
- 5 Flak-Abteilung, getarnt als Fahr-Abteilung

Die geheime Aufrüstung I: Das Heer (bis 1935)

Die gute Zusammenarbeit zwischen dem Reichskanzler des »Kabinetts der nationalen Konzentration« Adolf Hitler als dem Repräsentanten des nationalsozialistischen Regimes und dem Reichswehrminister Werner v. Blomberg, der am 30.1. 1933 vor dem Gesamtkabinett vereidigt worden war, beruhte auf dem Verzicht der Reichswehr auf ihre innenpolitische Ordnungsfunktion und der Anerkennung der Reichswehr als »wichtigste Einrichtung des Staates« durch Hitler. Schon am 3.2. 1933 referierte Hitler vor führenden Generälen und Admirälen zweieinhalb Stunden lang über die politische Lage und seine politischen Ziele. Neben alten revisionistischen Zielen (Beseitigung des Vertrags von Versailles und der Deutschland darin auferlegten militärischen Beschränkung) trat Hitler für die »Wiederwehrhaftmachung« des deutschen Volkes durch Beseitigung des »Pazifismus« und »Stärkung des Wehrwillens mit allen Mitteln« ein. Auch versprach er, die Reichswehr werde der einzige Waffenträger im Reich sein, lehnte eine »Verquikkung von Heer und SA« ab und forderte die Reichswehr auf, »unpolitisch und überparteilich« zu bleiben. Am 8.2. 1933 bekräftigte Hitler in der Ministerbesprechung seine Absicht, die deutsche Aufrüstung zu forcieren und alle Arbeitsbeschaffungsmaßnahmen unter dem Gesichtspunkt der »Wiederwehrhaftmachung des deutschen Volkes« zu prüfen. Der am 4.4. 1933 gebildete Reichsverteidigungsrat bestand aus dem Reichskanzler, der den Vorsitz führte, dem Reichswehrminister mit den Chefs der Heeres- und Marineleitung, den Reichsministern des Äußeren, des Inneren, der Finanzen, der Luftfahrt, für Volksaufklärung und Propaganda und hatte die politischen, militärischen, wirtschaftlichen und finanziellen Maßnahmen für den Aufbau der Streitkräfte zu beschließen.

Nach dem Plan für »den Umbau des Friedensheeres« vom November 1932 war bis Frühjahr 1933 das Personal der Reichswehr nur geringfügig überschritten worden, doch waren die finanziellen, organisatorischen und technischen Voraussetzungen für das zweite Rüstungsprogramm geschaffen worden. Nach dem zweiten Rüstungsprogramm sollten vor allem die Beschränkungen, die die Bestimmungen des Vertrages von Versailles dem Reichsheer auferlegten, beseitigt werden und das 100000-Mann-Heer bis 1938 auf ein Heer erweitert werden, das 21 Divisionen und 3 bis 4 Kavalleriedivisionen mit verbesserter Ausrüstung umfassen sollte. Außerdem waren höhere Führungsstäbe, eine Fliegertruppe (150 Flugzeuge) und ein Grenzschutz vorgesehen. Unzulänglich blieb die Munitionsbevorratung, da sie neben einer ersten Ausstattung an Waffen, Gerät und Munition nur für sechs Wochen sichergestellt werden konnte. Am 29.3. 1933 teilte der Reichswehrminister in einer Ministerbesprechung den beabsichtigten Umbau der Wehrmacht mit. Gemäß dem Umbauplan, nach dem schon zum 1.10. 1932 eine größere Anzahl von Offiziersanwärtern angenommen worden war, wuchs durch Neuaufstellung von Artillerie-, Flak- und Nachrichteneinheiten die Personalstärke des Heeres 1933 auf 144000 Mann. Die Grenzschutzformationen wurden intensiver ausgebildet. Die Freiwilligen des Einstellungsjahrganges 1933, die sich zuerst auf 12 Jahre verpflichten mußten, mußten im Herbst 1933 eine Zusatzverpflichtung über eine frühere Entlassung nach kürzerer Dienstzeit unterzeichnen. Die zweiwöchige Ausbildung von Freiwilligen im Rahmen des Grenzschutzes erfolgte in neugebildeten Grenzschutz-Ausbildungs-Bataillonen. Am 12.7. 1933 forderte Hitler, 250000 SA-Führer und -Männer in Wehrlagern so auszubilden, daß sie der Reichswehr im Bedarfsfall zur Verfügung stehen konnten. Am 7.9. 1933 wurde aus den kasernierten Hundertschaften der Schutzpolizei die Landespolizei gebildet. Eine Abteilung der Landespolizei entsprach in Gliederung und Bewaffnung einem Infanterie-Bataillon. Diese Maßnahmen setzten Bestimmungen des Vertrages von Versailles außer Kraft. Unterstützt wurde die »Wiederwehrhaftmachung« des Volkes durch die unter Kontrolle der NSDAP stehenden Medien. Zum Selbstbewußtsein der Wehrmacht trugen die Wiedereinführung der schwarz-weiß-roten Farben und Kokarden (14.3. 1933), die interne Ernennung von Blombergs zum »Reichsverteidigungsminister und Befehlshaber der gesamten Wehrmacht« (27.4. 1933) und die Wiedereinführung der Militärgerichtsbarkeit (12.5. 1933) bei. Die am 28.6. 1933 gegründete »Deutsche Gesellschaft für Wehrpolitik und Wehrwissenschaften« hatte sich zum Ziel gesetzt, »das Verständnis für die Notwendigkeit einer ausreichenden Wehrmacht in weiten Kreisen unseres Volkes zu verbreiten«.

Das Verlassen der Abrüstungskonferenz in Genf am 14.10. 1933, die Ankündigung des Austritts aus dem Völkerbund und der Bruch der militärischen Vereinbarungen, den Frankreich und Großbritannien, denen Hitler bilaterale Verhandlungen über ein 300000-Mann-Heer mit einjähriger Dienstzeit anbot, hinnahmen, beschleunigten die Aufrüstung. Das »Dezemberprogramm« (1933) der Reichswehrführung sah die Aufstellung eines Friedensheeres von 21 Divisionen im Laufe von vier Jahren, die Einführung einer einjährigen Dienstzeit und eine Verdreifachung des Heeres vor. Voraussetzung für die Durchführung des neuen Programms bildete nach Blombergs Worten (2.2. 1934): »Die Sicherung des Friedens für eine Reihe von Jahren, damit der Umbau des Reiches, Umbau und Aufbau der Wehrmacht durchgeführt werden« können. Hitler wünschte die Aufstellung des 300000-Mann-Heeres bis zum 1.4. 1935, das Allgemeine Heeresamt sogar bis zum 1.10. 1934. Schwierigkeiten bei der Durchführung des Programms bereiteten die Unterbringung der Mannschaften und der Mangel an Offizieren. Um dem Mangel an Ausbildungsoffizieren zu begegnen, wurden die Ausbildung von Freiwilligen innerhalb des Grenzschutzes zum 31.3. 1934 beendet und die Ausbildungsbataillone in das Friedensheer eingegliedert. Das nicht veröffentlichte Gesetz vom 21.12. 1933 über die Dauer der Dienstverpflichtung schuf die Voraussetzung für eine personelle Erweiterung. Im selben Monat wurden auch die Ausbildungs-Offiziere aus den SA-Wehrlagern zurückberufen. Die materielle Ausstattung des 21-Divisionen-Friedensheeres war durch das zweite Rüstungsprogramm gesichert, keineswegs jedoch die Ausstattung und der Nachschub für ein 63-Divisionen-Kriegsheer. Durch die im Jahre 1933 errichteten Wehrgaue und die Reichswehrwerbestellen waren die organisatorischen Voraussetzungen für die Erweiterung des Reichsheeres (1.4. und 1.10. 1934) geschaffen. Grundlage für Musterung- und Mobilmachungsplanung bildete die nach dem Gesetz vom 12.4. 1933 durchgeführte Volks-, Berufs- und Betriebszählung, mit der »produktionsstatistische Erhebungen« verbunden waren. Ab März 1934 setzte die Zusammenarbeit zwischen der militärischen Führung, die Transportraum, Munition, Waffen u.a. zur Verfügung stellte, mit den »politischen Bereitschaften« der SS ein, um auf eine gewaltsame Auseinandersetzung mit der SA, die als zahlenmäßig stärkste und straff gegliederte Organisation die nationalsozialistische Revolution erst vollenden wollte, vorbereitet zu sein. Die Ermordung Röhms befreite die Reichswehr zwar von einem gefährlichen Konkurrenten, festigte aber nicht ihre Stellung, sondern die der SS. Im Herbst 1934 betrug die Stärke des Reichsheeres rund 250000 Mann, doch war das 21-Divisionen-Kriegsheer nur mit der notwendigsten ersten Ausstattung und einem 6-Wochen-Nachschub versehen. In einer Denkschrift des Truppenamtes der Heeresleitung forderte General Beck für die »Sicherheit unseres Lebensraumes« (6.3. 1935) ein Kriegsheer von 63 Infanterie-, 3 Kavallerie- und 3 Panzerdivisionen, für dessen Aufstellung das im Dezember 1933 geplante 21 Divisionen-Friedensheer nicht ausreichte. Der Chef der Heeresleitung, General Freiherr von Fritsch, forderte deshalb ein Friedensheer von 30–36 Divisionen.

DÄNEMARK
SCHWEDEN
List
1./286
Flensburg-Mürwik
Bug
Rügen
Rendsburg
FA
Holtenau
1./136
Kiel
1./116
VI
(See)
Warnemünde
Nest
Ernst Heinkel
Arado
Travemünde
Norderney
Lübeck
FA
Swinemünde
Tutow
Wilhelmshaven
252
Neubrandenburg
Pasewalk
Stettin
FA
Rechlin
Bremen
IV
Prenzlau
Weser-Flugzeugwerke
154
F
1./222
Focke-Wulf
Faßberg
Neuruppin
NIEDER-
LANDE
Celle
II
Stendal
Berlin
L
Wunstorf
Staaken
Henschel
Braunschweig
Döberitz
Werder
Argus
Münster
L
132
L
Siemens & Halske
Hildesheim
L
Dessau
Jüterbog
Cottbus
Junkers
Junkers
L
N
1./113
F
1./324
Göttingen
Siebel
Halle
Düsseldorf
Großenhain
Weißenfels
Brandis
Liegnitz
Köln
Gotha
Erfurt
III
Dresden
N
1./114
L
BELG.
Mainz
LUX.
Kitzingen
V
Ansbach
TSCHEC
Schwäbisch Hall
FRANK-
REICH
Gablingen
Lechfeld
Schleißheim
München
Bayrische Motorenwerke
L
ÖSTERREICH
L.
SCHWEIZ
ITALIEN
JUG

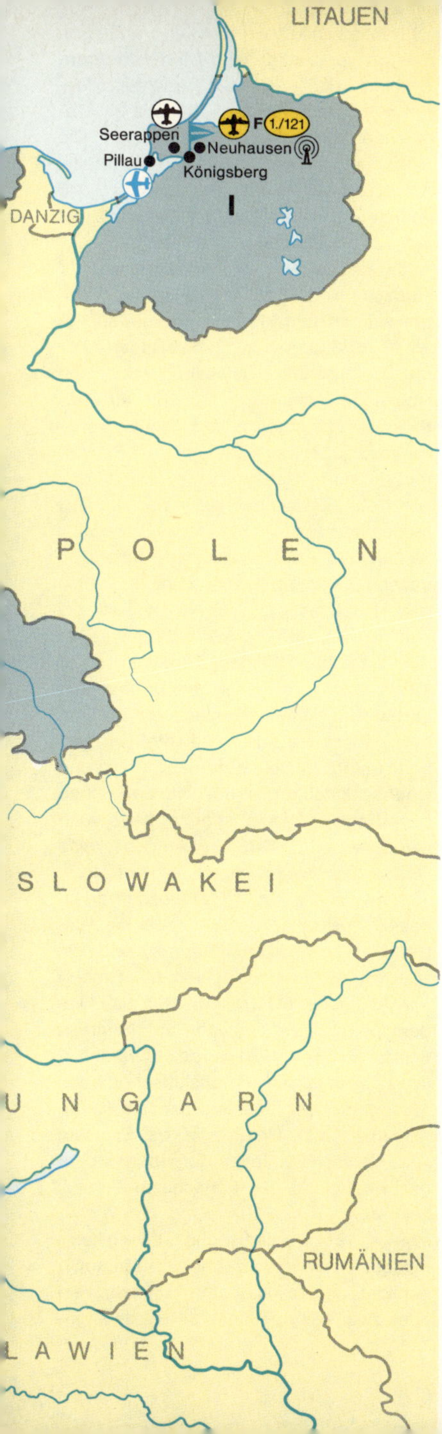

Die geheime Aufrüstung II:
Die Luftwaffe (bis 1935)

- Deutsches Reich (1935)
- Entmilitarisierte Zone
- Sitz eines Luftkreis-kommandos
- Luftkreisgrenze
- 132 Jagdgeschwader
- 252 Kampfgeschwader
- F 1./222 Fern (F)-Aufklärungsstaffel
- N 1./113 Nah (N)-Aufklärungsstaffel
- Landfliegerschule bzw. -lehrgang
- Landflugplatz mit betriebsbereiter Einrichtung
- Landflugplatz im Ausbau
- 1./136 Seestaffel
- Seefliegerschule bzw. -lehrgang
- Seefliegerhorst mit betriebsbereiter Einrichtung
- Seefliegerhorst im Ausbau
- Luftmunitionsanstalt (Luftmuna)
- Flugabwehrschule
- L Luftnachrichtenkompanie
- Luftnachrichtenbetriebseinrichtung auf einem Fliegerhorst
- Kriegsschule der Luftwaffe
- FA Fliegerersatzabteilung
- Junkers Firma für Flugzeugbau
- Argus Firma für Flugmotoren

Die geheime Aufrüstung II: Die Luftwaffe (bis 1935)

Am 2.2. 1933 wurde Hermann Göring, der dem am 30.1. 1933 gebildeten Reichskabinett als Reichsminister ohne Geschäftsbereich angehörte, zum »Reichskommissar für die Luftfahrt« ernannt. Mit Wirkung vom 30.1. 1933 übernahm die neue oberste Reichsbehörde Aufgaben des Reichsverkehrsministeriums, soweit es die Luftfahrt, und des Reichsinnenministeriums, soweit es den Luftschutz betraf. Görings Stellvertreter wurde der Direktor der Deutschen Lufthansa AG, E. Milch (ab 22.2. 1933 Staatssekretär). Nach der Errichtung des Reichsluftfahrtministeriums (5.5. 1933) wurde am 15.5. 1933 das Luftschutzamt, das dem Reichswehrminister unterstellt war und in dem am 1.4. 1933 die auf Heeres- und Marineleitung verteilten Fliegerstäbe zusammengefaßt worden waren, dem Reichsluftwaffenministerium unterstellt. Nach dem Aufbau einer – getarnten – militärischen und zivilen Ministerialbehörde (bis zum 31.8. 1933) wurde am 1.9. 1933 das Luftschutzamt in das Luftkommandoamt, den getarnten Luftwaffengeneralstab, eingegliedert. Daneben entstand das Technische Amt, das Personalamt und das Verwaltungsamt. Ende 1933 bildeten diese Ämter mit dem Allgemeinen Luftamt, der Zentralabteilung und der Inspektion der Schulen (1.11. 1933) das Ministerium. Zur selben Zeit verfügte die neue Luftwaffe über rund 550 ausgebildete Fliegeroffiziere des Reichsheeres und der Reichsmarine, ein Behelfsbombengeschwader, das aus Flugzeugen und Angehörigen der Lufthansa bestand, Aufklärungsverbände aus den 1930 aufgestellten »Reklame-Staffeln« sowie Land- und Seeflughäfen, die zum Aufbau einer Fliegerbodenorganisation dienten und ausgebaut werden konnten. Flugzeugführer konnten auf den durch die Reichsbahn eröffneten Fluglinien (Reichsbahnstrecken) auf mehrmotorigen Flugzeugen ausgebildet werden. In Rendsburg wurde aus zwei Schwadronen einer Heeres-Fahrabteilung der Personalkader (Bordmechaniker, Bordfunker u.a.) für die Fliegertruppe aufgebaut. Die Kraftwagen-Batterien der Artillerie-Regimenter bildeten den Stamm für die sieben als Fahrabteilungen getarnten Flakabteilungen. Die deutsche Luftfahrtindustrie erhielt Kapital zur Vergrößerung ihrer Kapazität, so daß im Jahre 1933 die Zahl der Beschäftigten von 3500 auf 20000 wuchs.

Außer den schon bestehenden Firmen für Flugzeugproduktion und Flugzeugmotoren wurden neue Firmen gegründet. Am 15.12. 1933 gingen durch das Gesetz über die Reichsluftfahrtverwaltung staatliche Hoheitsbefugnisse der Länder auf das Reich über. Luftpolizei und alle Flugsicherungsaufgaben unterstanden dem Reichsminister für Luftfahrt.

Am 15.3. 1933 wurden alle in der Luftfahrt tätigen Verbände im Deutschen Luftsportverband e.V. in Berlin zusammengefaßt, zu dessen Präsidenten Göring am 28.3. 1933 den Hauptmann a.D. Bruno Loertzer ernannte. Um eine Konkurrenz von seiten der Partei zu beseitigen, wurden am 21.6. 1933 die SA- und SS-Fliegerstürme in den Verband überführt, der auch zur Tarnung gegenüber dem Ausland diente. Der Verband unterhielt nicht nur Ausbildungs- und Übungseinrichtungen für die im Aufbau befindliche Luftwaffe, sondern hatte auch seit dem 22.1. 1935 die Aufgabe, eine »Luftwaffenreserve« zu bilden. Am 15.9. 1933 wurde das deutsche Flugzentrum Lipezk in der UdSSR aufgelöst. Für die Ausbildung von Flugzeugführern stand die »Deutsche Verkehrsfliegerschule GmbH« zur Verfügung, die am 1.4. 1935 als »Fliegerschule« in die Luftwaffe übernommen wurde. Am 29.4. 1933 wurde auf Veranlassung Görings der »Reichsluftschutzbund e.V.« gegründet, dessen Präsident Generalleutnant a.D. Grimme wurde. Er sollte »das deutsche Volk von der lebenswichtigen Bedeutung des Luftschutzes« überzeugen.

Am 1.4. 1934 wurden sechs Luftkreiskommandos (Tarnname »Gehobenes Luftamt«) gebildet. Jedes »Luftamt« umfaßte ein oder zwei Wehrkreise. 1934 wurden (geheim) das Kommando der ersten Fliegerdivision in Berlin und der Stab des Kommandeurs der Heeresflieger (alle Landfliegerverbände) sowie ein Kommandostab für die Marineflieger in Kiel unter dem »Führer der Marineluftstreitkräfte« aufgestellt. Die Marineluftstreitkräfte standen im Frieden der Flotte nur zu bestimmten Zeiten zur Verfügung, wurden im Krieg aber dem Flottenchef unterstellt. Am 1.10. 1934 wurde als letzte Dienststelle der Stab des Luftflugzeugmeisters (Nachschubwesen) gebildet. Das Führerkorps der Luftwaffe setzte sich zusammen aus Personen, die ihre Ränge aufgrund politischer Entscheidungen erhalten hatten, aus Generalen und Generalstabsoffizieren des Heeres sowie Heeres- und Marinefliegeroffizieren, die aus der geheimen Militärluftfahrt der Reichswehr kamen.

An fliegenden Verbänden wurden 1934 aufgestellt: das Jagdgeschwader 132 in Döberitz (3 Jagdstaffeln), die Kampfgeschwader 154 in Faßberg (3 Kampfstaffeln) und 252 in Tutow (2 Kampfstaffeln), 3 Fern-(F)-Aufklärungsstaffeln in Neuhausen bei Königsberg (1./121), Prenzlau (1./222) und Großenhain (1./324) sowie die Nahaufklärungsstaffeln (H-Staffeln) in Cottbus (1./113) und Gotha (2./114). Vor der Enttarnung begann man noch mit der Aufstellung eines dritten Kampfgeschwaders und einer dritten und vierten Nahaufklärungsstaffel. 1934 wurde auf dem Flugplatz in Staaken bei Berlin die Flugbereitschaft des Reichsluftfahrtministeriums aufgestellt, zu der auch eine kleine Staffel von Aufklärungsflugzeugen gehörte. Die Seefliegertruppen bestanden aus der Seejagdstaffel 1/136 in Kiel-Holtenau (ab 15.7. 1934), der Seefliegermehrzweckstaffel (1/286) in List auf Sylt (ab 1.8. 1934) und der Seeaufklärungsstaffel 1/115 in Holtenau (ab 1.9. 1934). Eine vierte Staffel wurde Anfang 1935 auf der Insel Norderney aufgestellt. Außerdem wurde aus Flugzeugen und Personal der Firma Severa eine Luftdienstschleppstaffel gebildet. Neben 20 Land- und Seefliegerstaffeln standen im März 1935 20 Land- oder Seefliegerschulen bzw. Lehrgänge zur Verfügung, in denen der Ausbildungsbetrieb der Luftwaffe stattfand. 18 Landflugplätze und 5 Seefliegerhorste waren betriebsfertig, während sich 9 Landflugplätze und 5 Seefliegerhorste im Ausbau befanden. Die 11 Flak-Abteilungen waren den Luftkreiskommandos unterstellt. Außer den Luftnachrichten-Betriebseinrichtungen auf den Fliegerhorsten existierten 1934 1 Luftnachrichtenersatzkompanie, 2 Luftfunklehrkompanien, 1 Luftfernsprechkompanie und je 1 Nachrichtenkompanie bei den Luftkreiskommandos II–V. 1935 wurde die Luftnachrichtenkompanie des Reichsluftfahrtministeriums aufgestellt.

Nach dem Flugzeug-Beschaffungsprogramm (1.7. 1934) sollten bis zum 30.9. 1935 4021 Flugzeuge geliefert werden, von denen eine Hälfte aus Schulflugzeugen, Kurier- und Reisemaschinen, die andere Hälfte aus Einsatzflugzeugen bestehen sollten. Bis zum 31.12. 1934 waren den fliegenden Verbänden und Schulen 1959 Flugzeuge überwiesen worden. Der Bestand an Kampfflugzeugen hatte sich innerhalb eines Jahres verzehnfacht. Bei der Enttarnung verfügte die Luftwaffe über rund 2500 Flugzeuge, darunter 800 Einsatzmaschinen.

Da die Existenz der Luftstreitkräfte nicht mehr zu verheimlichen war und das Ausland von der Stärke der deutschen Luftwaffe beeindruckt werden sollte, wurde durch Erlaß des Führers und Reichskanzlers über die Reichsluftwaffe vom 26.2. 1935 die Tarnung aufgehoben: »Am 1. März 1935 tritt die Reichsluftwaffe als dritter Wehrmachtteil neben das Reichsheer und die Reichsmarine« und: »An der Spitze der Reichsluftwaffe steht der Reichsminister der Luftfahrt.« Nachdem Hitler die ausländischen Regierungen offiziell von der Errichtung einer deutschen Luftwaffe am 9.3. 1935 unterrichtet hatte, erfolgte die offizielle Bekanntgabe durch Göring am 10.3. 1935 in einem Interview mit dem Sonderberichterstatter der »Daily Mail«, Ward Price.

DANEMARK
SCHWEDEN
XX Kiel
Fuhlsbüttel
I Wismar
XV Nordwest Hamburg
XXXIII Schwerin
„Germania" II I
Veddel
XIII Nord Stettin
„Ostfriesland"
Esterwegen
XIV Bremen
III Wolterdingen
„Brandenburg" Oranienburg „SS-Stadt"
SS-Nachrichtensturmbann Berlin-Adlershof
Totenkopfsanitätsabteilung Berlin
III
XXIII Ost Berlin
„Adolf Hitler" Lichterfelde
Columbia-Haus
Frankfurt XII
NIEDERLANDE
Hannover IV
Mitte Braunschweig
XVI Magdeburg
XVII Münster
„Elbe" Lichtenburg
V XXV Essen Bochum
I Unna
II
Rhein Arolsen
XXX Kassel
West Düsseldorf
„Sachsen" Sachsenburg
X Malsen-Ponikau
Leisnig Pioniersturmbann
XXI Görlitz
XXVII Gotha
XVIII Weimar
Elbe Dresden
II
BELG.
Wiesbaden XI
LUX.
XXVIII Bayreuth
IX Main Nürnberg
TSCHE
Karlsruhe XIX
III Ellwangen
Südwest Stuttgart
FRANK-REICH
Augsburg XXXII
„Oberbayern" Dachau II
„Deutschland" I
Süd München
I
I
Tölz
XXIX Konstanz
ÖSTERREICH
L.
SCHWEIZ
ITALIEN
JUG

Die SS (1933–1937)

Deutsches Reich (1935)

Allgemeine SS:

Ost SS-Oberabschnitt

V SS-Abschnitt

SS-Totenkopf- (bzw. Wach-)Verbände:

SS-Totenkopfsturmbann

SS-Totenkopfhundertschaft

Konzentrationslager

SS-Verfügungstruppen:

SS-Standarte

III Standort eines Sturmbanns

SS-Junkerschule

Die SS (1933–1937)

Nachdem Hitler schon 1923 zu seinem persönlichen Schutz einen »Stoßtrupp Hitler« hatte aufstellen lassen, wurden nach der Neugründung der NSDAP und SA wieder eine Stabswache in München und ihr ähnliche Formationen in den Ortsgruppen gebildet, die »als eine Auslese besonders treuer und zuverlässiger Parteigenossen« zum Schutz des »Führers«, der Unterführer und Versammlungen die Bezeichnung »Schutzstaffeln« erhielten (9. 11. 1925). Auf dem 2. Parteitag in Weimar (3./4.7. 1926) übergab Hitler den Schutzstaffeln als Auszeichnung die »Blutfahne« vom 9. 11. 1923. Die Schutzstaffeln wurden 1926 der Obersten SA-Führung unterstellt. Am 6. 1. 1929 wurde Heinrich Himmler von Hitler zum Reichsführer-SS ernannt. In Anerkennung der »Verdienste der SS um die Wiederherstellung der Ordnung und Disziplin in Berlin«, wo sie den »Stennes-Putsch« erstickte, erhielt sie von Hitler ihre Losung: »SS-Mann, deine Ehre heißt Treue!« Am 31. 12. 1931 wurde ein Rasse- und Siedlungsamt gebildet und ein Verlobungs- und Heiratsbefehl für SS-Männer erlassen, nach dem eine Heiratsgenehmigung »einzig und allein nach rassischen und erbgesundheitlichen Gesichtspunkten erteilt und verweigert« wurde. Ab Herbst 1931 organisierte der Marineoberleutnant a. D. Reinhard Heydrich für die Erfüllung von Sicherungsaufgaben den Nachrichtendienst der SS, den späteren SD (= Sicherheitsdienst). Der SD wurde von den übrigen Verbänden der SS getrennt und dem Reichsführer-SS direkt unterstellt. Am 9.6. 1934 wurden die noch innerhalb der NSDAP bestehenden Nachrichten- und abwehrdienstlichen Einrichtungen in den Sicherheitsdienst überführt. Die Allgemeine SS, die bei der Machtübernahme 50000 Mitglieder zählte, war keineswegs mehr eine ausgesuchte Kadertruppe. Viele ihrer Mitglieder gehörten aber der am 22.2. 1933 in Preußen zur Unterstützung der Schutzpolizei »im Kampf gegen den bolschewistischen Terror« gebildeten Hilfspolizei an.

Nach der Entmachtung der SA am 30.6. 1934 durch die Ermordung Röhms und hoher SA-Führer wurde die SS von Hitler am 13.7. 1934 öffentlich vor dem Reichstag wegen ihrer Treue und ihres rücksichtslosen Einsatzes gelobt. Am 20.7. 1934 wurde die »Schutzstaffel der NSDAP« »im Hinblick auf die großen Verdienste der SS besonders im Zusammenhang mit den Ereignissen des 30.6. 1934« von Hitler zu einer selbständigen Organisation erhoben.

Am 17.3. 1933 wurde unter dem Kommando Sepp Dietrichs eine »SS-Stabswache« aus 120 ausgewählten SS-Männern und Führern für Hitler als Führer der NSDAP und Reichskanzler gebildet. Auf dem Reichsparteitag im September 1933 wurde die »Stabswache« zur »Leibstandarte-SS Adolf Hitler« erhoben und am 9. 11. 1933 vor der Feldherrnhalle in München auf Hitler vereidigt. Neben der Stabswache wurden auch in anderen Städten »SS-Sonderkommandos« gebildet, die als »Kasernierte Hundertschaften«, dann als »Politische Bereitschaften« mit der »Stabswache« Vorläufer der »Verfügungstruppe« wurden. Am 15.5. 1934 wurden die »Leibstandarte« und die »Politischen Bereitschaften«, die bis dahin ihren SS-Oberabschnitten unterstanden, dem SS-Verwaltungsamt unmittelbar unterstellt. Nach Übernahme der Verfügungstruppe auf den Etat des Innenministeriums (1.4. 1936) wurde am 1.10. 1936 im SS-Hauptamt eine Inspektion-Verfügungstruppe eingerichtet. Die verstreuten Sturmbanne wurden neben der schon bestehenden »Leibstandarte« in zwei weiteren SS-Standarten »Deutschland« (München) mit je einem Sturmbann in München (I), Dachau (II) und Ellwangen (III) und »Germania« (Hamburg) mit je einem Sturmbann in Hamburg-Veddel, Wismar und Unna (I) sowie in Arolsen (II) und Wolterdingen bei Soltau (III) zusammengefaßt. Ein SS-Nachrichtensturmbann befand sich in Berlin-Adlershof, ein SS-Pioniersturmbann in Leisnig in Sachsen. In Braunschweig und Tölz wurden SS-Junkerschulen für die Ausbildung eines SS-Offizierskorps gebildet. Unter den deutschen Truppen, die im März 1936 in die entmilitarisierten Gebiete einmarschierten, befanden sich auch Angehörige der »Leibstandarte Adolf Hitler«.

Heinrich Himmler wurde 1933/1934 in allen Ländern Chef der Politischen Polizei. Stellvertreter Himmlers in allen Ämtern wurde Heydrich. Nach seiner Ernennung zum stellvertretenden Chef und Inspekteur der Preußischen Geheimen Staatspolizei (20.4.1934) und der Ernennung R. Heydrichs zum Chef des Preußischen Geheimen Staatspolizeiamtes (22.4.1934) wurden die politischen Polizeien der Länder immer mehr vereinheitlicht durch Abschaffung der Polizeihoheit der Länder nach dem 30.1.1934, die Schaffung eines »Zentralbüros des politischen Polizeikommandeurs der Länder« (seit 1934) und das preußische Gestapo-Gesetz (10.2.1936). Die Zentralisierung (»Verreichlichung«) der deutschen Polizei und die Verklammerung der Polizei mit der SS geschah durch die Ernennung Himmlers zum „Reichsführer-SS und Chef der Deutschen Polizei« (17.6.1936), wodurch ein Parteiamt mit einem staatlichen Amt verbunden wurde. Am 26.6.1936 wurden Kurt Daluege, seit dem 13.9.1933 General der Landespolizei und Befehlshaber der Polizei in Preußen, seit dem 11.5.1934 Leiter der Polizeiabteilung im Reichsministerium des Innern, zum Chef der Ordnungspolizei und Reinhard Heydrich zum Chef der Sicherheitspolizei (Politische Polizei, Kriminalpolizei) ernannt.

Nach der Auflösung der »wilden« Konzentrationslager (ab 30.6. 1934), die meist von der SA eingerichtet worden waren, wurden die noch verbliebenen Konzentrationslager dem Kommandanten des KL Dachau, SS-Oberführer Theodor Eicke, der am 4.7. 1934 zum »Inspekteur der Konzentrationslager und SS-Wachverbände (SS-Totenkopfverbände)« ernannt und am 11.7. 1934 zum SS-Gruppenführer befördert wurde, unterstellt. Im Mai 1934 wurde Theodor Eicke von Himmler mit der Neuorganisation und Vereinheitlichung aller Konzentrationslager beauftragt. Eicke übertrug das von ihm und seinem Vorgänger A. Wäckerle in Dachau entwickelte Modell (Einteilung der Gefangenen in Klassen, Disziplinar- und Strafordnung für das Gefangenenlager u.a.) auf die übrigen ihm jetzt unterstellten Konzentrationslager. Nach Auflösung kleinerer örtlicher Lager unterstanden Eicke 1935 noch die sieben Konzentrationslager Dachau, Esterwegen, Lichtenberg, Sachsenburg, Columbia-Haus, Oranienburg und Fuhlsbüttel bei Hamburg. Die Zahl der Häftlinge erreichte im Winter 1936/1937 mit 7500 ihren niedrigsten Stand. Nachdem das KL Esterwegen wieder den Justizbehörden unterstellt und das Columbia-Haus aufgelöst worden war, wurden die Häftlinge in das neu errichtete Lager Sachsenhausen bei Oranienburg überführt. 1937 trat an die Stelle des aufgelösten KL Sachsenburg das Lager Buchenwald bei Weimar. Es bestanden im Sommer 1937 die vier Konzentrationslager Dachau, Sachsenhausen und Buchenwald sowie das Frauenkonzentrationslager Lichtenberg.

Die von Eicke in Dachau übernommene Wachtruppe aus SS-Angehörigen (»SS-Sturmbann Dachau«, »Wachtruppe Oberbayern der Allgemeinen SS«), die er selbst als »korrupt« bezeichnete und die dem SS-Oberabschnitt Süd unterstand, war in besonderen Baracken außerhalb des Lagers untergebracht. Herbst 1934 wurde diese Wachtruppe Eicke persönlich unterstellt. Die 1935 bestehenden sieben Lager erhielten durch Eicke eine einheitliche Leitung und Bewachung aus SS-Führern und -Mannschaften, die als »SS-Wachverbände« bzw. »SS-Totenkopfverbände« (nach dem Totenkopf auf dem Kragenspiegel) kaserniert wurden. März 1935 bestanden sechs Totenkopfeinheiten: »Oberbayern« (KL Dachau), »Ostfriesland« (KL Esterwegen), »Elbe« (KL Lichtenberg), »Sachsen« (KL Sachsenburg), »Brandenburg« (KL Oranienburg und Columbia-Haus) und »Hansa« (KL Hamburg-Fuhlsbüttel), die einen selbständigen Teil der SS neben der Allgemeinen SS und der SS-Verfügungstruppe bildeten.

SCHWEDEN
DÄNEMARK
NIEDER-
LANDE
BELG.
LUX.
FRANK-
REICH
SCHWEIZ
ITALIEN
JUG
Protektorat
Böhmen und M
Putbus
1941
Kös
193
Heiligendamm
Plön
1933
Altona
Nordmark
Hamburg
Hamburg
Bad Kleinen
Mecklenburg
Schwerin
Pommern
Stettin
Crössinsee
Nordsee
Oldenburg
Haselünne
1942-1944
Braunschweig
Reichsakademie für
Jugendführung
Berlin-Spandau
1934
Berlin
Berlin
Niedersachsen
Hannover
Potsdam
1933
Kurmark
Frankfurt
Westfalen
Münster
Mittelelbe
Magdeburg
Reichsjugend-
führerschule
Neuzelle
1935
Wollstein
1942-194
Ballenstedt
1935
Köthen
1935
Heijthuijsen
Essen
Essen
Düsseldorf
Ruhr-Niederrhein
Ilfeld
1934
Kurhessen
Kassel
Mittelland
Halle
Mittelrhein
Köln
Bensberg
1935
Waldbröl
Valkenburg
Naumburg
1934
Schulpforta
1935
Wartha
Thüringen
Weimar
Klotzsche
1935
Sachsen
Dresden
Schles
Bre
Vogelsang
Sudetenland
Reichenberg
Oranienstein
1934
Westmark
Koblenz
Wiesbaden
Hessen-Nassau
Plauen
Ploschkowitz
1942-1944
Raudnitz
1942-1944
Colmar-Berg
1942-1944
Kuttenberg
1942-1944
Bayrische Ostmark
Bayreuth
Landstuhl
Marnheim
1942-1944
St. Wendel
1941
Saar-Pfalz
Neustadt
Franken
Nürnberg
Iglau
Karlsruhe
Baden
Backnang
1935
Hesselberg
Achern
1941
Württemberg
Stuttgart
Krems
Niederdonau
Linz
Oberdonau
Göttweig
1942-1944
Rottweil
1935
I/19 München-Oberbayern
II/19 Schwaben
19 Hochland
München
Lambach
1942-1944
Hubertendorf
1942-1944
Rufach
1941
Trais
194
Chiemsee
Salzburg
Salzburg
Türnitz
1942-1944
Hegne
1941
Feldafing
Reichsschule der NSDAP
Burg-Strechau
1942-1944
Sonthofen
Mittenwald
Vor
194
Seckau
1941
Tirol
Innsbruck
Steierm
Graz
St. Veit
1942-1944
Klagenfurt
Kärnten
St. Paul
1942-1944
(Spanheim)
1941-1944
Mokr
1942-

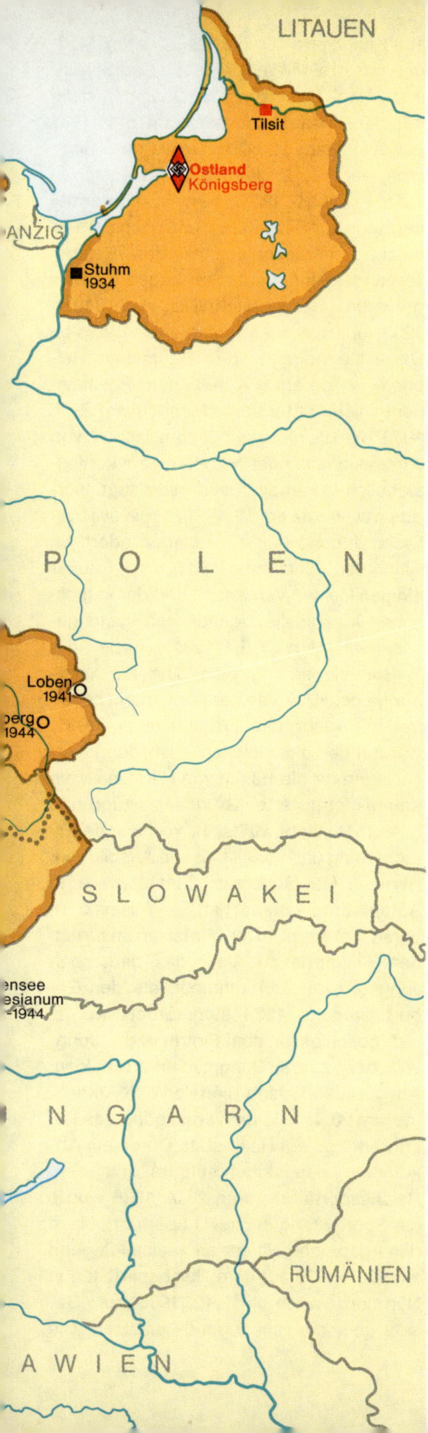

Hitlerjugend und Erziehung

- Deutsches Reich (1935)
- »Großdeutsches Reich« (1939)
- Nordsee — Gebiet bzw. Obergau
- Sitz der Reichsjugendführung
- Sitz einer Gebiets- bzw. Obergauführung
- Geplante Adolf-Hitler-Schule
- Nationalpolitische Erziehungsanstalt (mit Gründungsjahr)
- Nationalpolitische Erziehungsanstalt im Aufbau (mit Gründungsjahr)
- Nach 1941 im »Großdeutschen Reich«, in den besetzten, ein- und angeliederten Gebieten gegründete Nationalpolitische Erziehungsanstalt (mit Gründungsjahr)
- Nach 1941 im »Großdeutschen Reich«, in den besetzten, ein- und angegliederten Gebieten gegründete Nationalpolitische Erziehungsanstalt im Aufbau (mit Gründungsjahr)
- Reichsschule
- »Reichsschule der NSDAP«
- Ordensburg

Hitlerjugend und Erziehung

Am 30.10. 1931 wurde Baldur v. Schirach zum Reichsjugendführer der NSDAP ernannt und dem Chef des Stabes der SA unterstellt. Zu seinem Arbeitsbereich gehörten der Nationalsozialistische Studentenbund, die Hitlerjugend (HJ) und der Nationalsozialistische Schülerbund. Nicht erwähnt wurde der »Bund Deutscher Mädel«. Am 15.6. 1932 wurde v. Schirach Amtsleiter der NSDAP (ab 2.6. 1933 Reichsleiter), und die Unterstellung der HJ unter die Oberste SA-Führung wurde aufgehoben. Die Haupttätigkeit der HJ bestand unter Ausnutzung der Begeisterungsfähigkeit der Jugendlichen in Hilfsdiensten für die Parteiorganisation (Teilnahme an Kundgebungen und Aufmärschen, Klebeeinsätze für Wahlplakate u.a.). Am 6.10. 1932 gelang es dem »Deutschen Jugendwerk«, das am 11.7. 1932 als Zusammenschluß aller nationalsozialistischen Jugendorganisationen gegründet worden war, in den »Reichsausschuß der Deutschen Jugendverbände« aufgenommen zu werden. Trotz des mit großem Propagandaaufwand inszenierten »Reichsjugendtages der HJ« in Potsdam (1./2.10. 1932), an dem rund 70000 Hitlerjungen und -mädel teilnahmen, blieb der Einfluß der HJ gegenüber den anderen Jugendverbänden gering, da sie nur 1% der organisierten Jugendlichen stellte. Nach der »Machtübernahme« lehnte die HJ jeglichen Kompromiß mit anderen Jugendverbänden ab und erhob für sich den Anspruch auf die Führung. Am 1.4. 1933 wurde das nationalsozialistische »Deutsche Jugendwerk« aufgelöst, der NS-Schülerbund in die HJ überführt und die Einteilung in Gebiete und Obergebiete vorgenommen. Am 1.7. 1933 wurde die HJ gegliedert in das »Deutsche Jungvolk« der HJ (»Pimpfe«) für Jungen von 10–14 Jahren, die »Hitlerjugend« für Jungen von 14–18 Jahren, den »Jungmädelbund in der HJ« (JM) für Mädchen von 10–14 Jahren und den »Bund Deutscher Mädel« für Mädchen von 14–18 Jahren (BDM). Seit Januar 1938 existierte für die 18–21 alten Mädchen das BDM-Werk »Glaube und Schönheit«. Nach Besetzung der Geschäftsstelle des »Reichsausschusses« am 5.4. 1933 (aufgelöst am 22.6. 1933) wurde v. Schirach der »Jugendführer des Deutschen Reiches« (17.6. 1933), dem ein »Führerrat« beratend zur Seite stand, und nach der Besetzung der Geschäftsstelle des »Reichsverbandes für deutsche Jugendherbergen« in Hilchenbach/Westfalen (10.4. 1933) übernahm er auch hier den Vorsitz. Der »Jugendführer des Deutschen Reiches« wurde am 8.7. 1933 dem Reichsinnenminister unterstellt. Nachdem am 29.7. 1933 die gleichzeitige Mitgliedschaft von Jugendlichen in der HJ und einem konfessionellen Jugendverband untersagt worden war, wurde am 19.12. 1933 die evangelische Jugend in die HJ eingegliedert. Im »Jahr der Schulung« (1934) waren außer einigen kleinen Verbänden und der katholischen Jugend alle Jugendlichen »gleichgeschaltet«. Am 7.6. 1934 wurde der 1. »Staatsjugendtag« eingeführt. Für Angehörige der HJ wurde der Sonnabend schulfrei. Im »Jahr der Ertüchtigung« (1935) wurden den einheitlichen Ausbildungsvorschlägen für die HJ die von Hitler in »Mein Kampf« formulierten Grundsätze zugrunde gelegt (Rassebewußtsein, körperliche Ertüchtigung und vormilitärische Ausbildung, Härte, Treue, Gehorsam, Einsatzwille und Aufopferungsbereitschaft, Willenskraft, Verantwortung). Der Totalitätsanspruch der HJ wurde im »Jahr des deutschen Jungvolks« (1936) offenbar, als der Geburtsjahrgang 1926 aufgefordert wurde, sich geschlossen zum Eintritt in das Jungvolk bzw. zu den Jungmädeln zu melden. Am 19.4. 1936 fand die feierliche Aufnahme, am 20.4. 1936 die Vereidigung des HJ-Führerkorps auf Hitler statt. Durch ein Abkommen des Jugendführers mit dem Reichssportführer vom 28.7. 1936 wurde die Sportjugend in die HJ überführt. Nach der Ansprache Hitlers an »seine« Jugend am 12.9. 1936 auf dem Reichsparteitag in Nürnberg wurde am 1.12. 1936 das »Gesetz über die Hitlerjugend« erlassen. Die

Hitlerjugend war nun Staatsjugend und als 3. Erziehungsfaktor neben Schule und Elternhaus anerkannt. »Die Aufgabe der Erziehung der gesamten deutschen Jugend« wurde dem »Reichsjugendführer der NSDAP« übertragen, der die Stellung einer Obersten Reichsbehörde erhielt und dem »Führer« unmittelbar unterstellt war. Seine Arbeit umriß der 29 Jahre alte Jugendführer des Deutschen Reiches: »Meine Tätigkeit in der Zukunft wird nun ganz der Führung und Ausrichtung meiner Millionengefolgschaft gewidmet sein.« Die Staatsjugend wurde auf den Dienst am Reich und seinem Führer verpflichtet, auf die künftigen Einsätze (1942 »Osteinsatz und Landdienst«, 1943 Kriegseinsatz der deutschen Jugend, 1944 »Jahr der Kriegsfreiwilligen«) vorbereitet und zur Opfer- und Todesbereitschaft aufgerufen. Durch zwei Durchführungsverordnungen vom 25.3. 1939 zum HJ-Gesetz wurde die »Stamm-Hitlerjugend in der HJ« als eine Gliederung der NSDAP geschaffen und die Jugenddienstpflicht als »Ehrendienst am Deutschen Volke« vom 10.–18. Lebensjahr verpflichtend. Die Zusammenarbeit mit der SS erfolgte durch den Aufbau eines HJ-Streifendienstes (21.7. 1934), der die Millionenorganisation in Zusammenarbeit mit der Polizei und dem SD überwachen sollte. Am 7.10. 1938 wurde er Nachwuchsorganisation der SS. Nach der Überführung des »Bundes der Artamanen« als »Landdienst« in die HJ (Herbst 1934) wurden am 20.2. und 9.3. 1935 Aufrufe an die deutsche Jugend erlassen, sich zum Landdienst in der HJ zu melden, um an der »Erzeugungsschlacht« teilzunehmen. Am 14.1. 1939 wurde auch der Landdienst als Nachwuchsorganisation der SS anerkannt. Die ehemaligen Landdienstangehörigen sollten nach Ableistung ihrer Dienstzeit in der SS eine Bauernstelle als »Wehrbauer« erhalten.

Die vormilitärische Ausbildung fand in Zusammenarbeit mit der Wehrmacht statt, die in Wochenendkursen und kurzen Führerlehrgängen die gesamte Führerschaft der HJ ausbildete. Am 11.8. 1939 regelte eine Vereinbarung zwischen Reichsjugendführer und Wehrmacht die Mithilfe der Wehrmacht bei der Wehrerziehung.

Auf Anregung Dr. Leys und v. Schirachs wurden durch die Verfügung Hitlers (15.1. 37) die Adolf-Hitler-Schulen (AHS) als nationalsozialistische Schulen gegründet, die der Partei unterstanden und der Hitlerjugend zugeordnet waren. Nach der Aufnahme mit 12 Jahren erhielt der Schüler nach 6jährigem Schulbesuch ein »Diplom«, das dem Reifezeugnis entsprach. Am 19.4. 1937 wurde in der Ordensburg Crössinsee mit den untersten 10 Klassen für die 10 geplanten AHS der Schulbetrieb aufgenommen, dann wurden die Klassen in die Ordensburg Sonthofen verlegt. 1938 wurden die Grundsteine für die Schulneubauten gelegt, doch wurden die Bauten wegen des Krieges eingestellt.

Nach der Umwandlung von drei staatlichen Bildungsanstalten am 20.4. 1933 in die ersten Nationalpolitischen Erziehungsanstalten (Napola) wurden in den nächsten zwei Jahren weitere 12 Schulen eröffnet. Die Napolas waren staatliche Schulen und unterstanden staatlicher Schulaufsicht. Nach 9jährigem Schulbesuch erhielten die Schüler das Reifezeugnis. Während des Krieges nahm der Einfluß der SS auf die Napolas zu, denn nur sie war in der Lage, Gebäude (Schlösser, Burgen), die beschlagnahmt worden waren, für neu gegründete Schulen zur Verfügung zu stellen. 1941–1944 wurden rund 30 Schulen als »Burgen« des Führers zur Sicherung und Festigung des Reichs gegründet. Den drei Reichsschulen in den Niederlanden und Flandern sollten weitere folgen, die von tschechischen, französischen und polnischen Jungen besucht werden sollten, soweit sie den Rassevorstellungen der SS entsprachen. Beide Schultypen legten verhältnismäßig großen Wert auf weltanschauliche Schulung und körperliche Ertüchtigung, die der Charaktererziehung dienen sollte. Eine große Zahl von Schülern entschied sich nach Empfang des »Diploms« bzw. Reifezeugnisses für eine Karriere in der Wehrmacht, SS oder Polizei.

SCHWEDEN
DÄNEMARK
Nordseeküste zwischen Hindenburgdamm u. Marne
Hof Hammer Kiel
VII Schleswig-Holstein
IV Pomm
Usedom-Wollin
VI Mecklenburg
Schwerin
V Pommern-West
Stettin
XIX Niedersachsen-West
Oldenburg
Bremen
XVII Niedersachsen-Mitte
Emsland
Ostenholzer Moor
Havel- und Rhin-Luch
IX Brandenburg
NIEDERLANDE
XXXI Emsland
Osnabrück
Drömling
Potsdam Reichsschule
Berlin
Frankfurt
VIII Ostmark
XVIII Niedersachsen-Ost
Hannover
Magdeburg
Münster
Weißes Venn
Emsregulierung
XVI Westfalen-Nord
Salzgitter Reichswerke „Hermann Göring"
XIII Magdeburg-Anhalt
Berlin-Lankwitz
Spreewald
Niersausbau
XXI Niederrhein
Düsseldorf
Dortmund
XX Westfalen-Süd
XIV Halle-Merseburg
Halle
Weiße-Elster-Regulierung
Elster-Luppe-Aue-Flutrinne
Sprottebruch
X Niederschlesien
Kassel
Köln
Liegnitz
XV Sachsen
Dresden
Westerwald
XXII Hessen-Nord
Weimar
XXIII Thüringen
BELG
Eifel
Koblenz-Karthause
XXV Hessen-Süd
Rhön
Riesen- und Isergebirge
Teplitz-Schönau
XXXVII Sudetenland-West
Wiesbaden
XXIV Mittelrhein
LUX
Hunsrück Längsbedämmung der Nahe
Bad Münster am Stein
Hessisches Ried
XXVIII Franken
Würzburg
Fränkische Alb
Prag
XXXIX Abschnitt Böhmen und Mäh
XXXII Saarpfalz
XXIX Bayern-Ostmark
Pfinz-Saalbach-Korrektion
Karlsruhe
Sandbach-Sulzbach-Niederungen
XXVII Baden
Stuttgart
XXVI Württemberg
Regensburg
Straubing-Pleintinger Becken
Ilmgau
FRANKREICH
Linz
XXXIV Oberdonau-Oberösterreich
XXXV Wien-Niederdona
München
XXX Bayern-Hochland
Innsbruck
XXXIII Alpenland
XXXVI Südmark
Graz
SCHWEIZ
ITALIEN
JUG

Der Reichsarbeitsdienst (RAD)

- **Deutsches Reich (1936)**
- **»Großdeutsches Reich« 1939)**
- **Sitz der Reichsleitung**
- **Sitz einer Arbeitsgauleitung**
- XXVIII Franken — **Arbeitsgau**

Propagandistisch herausgestellte Großarbeiten (1935-1939):

- **Moorkultivierung**
- **Entwässerung**
- **Flußregulierung und Hochwasserschutz**
- **Ödlandkultivierung, Bodenverbesserung und Neulandgewinnung**
- **Erschließung und Aufforstung**
- **Grenzbefestigung**
- **Westwall**
- **Ab 1938 für Befestigungsarbeiten am Westwall eingesetzter Arbeitsgau**
- **Reichsschule**

Anmerkung: Der Arbeitsgau Emsland (XXXI) wurde nach Köln zur Arbeit am Westwall verlegt (W).

Der Reichsarbeitsdienst (RAD)

Als Mittel zur Bekämpfung der Jugendarbeitslosigkeit konnte nach der Zweiten Verordnung des Reichspräsidenten zur Sicherung von Wirtschaft und Finanzen (5.6. 1931) die Reichsanstalt für Arbeitsvermittlung und Arbeitslosenversicherung (RAfAA) gemeinnützige Arbeiten (Bodenverbesserung, Siedlung, Kleingartenland u.a.) fördern. Körperschaften öffentlichen Rechts, gemeinnützige Vereinigungen und Stiftungen durften als Dienstträger auftreten. Nach Bereitstellung weiterer Mittel zur Förderung des freiwilligen Arbeitsdienstes (FAD) am 14.6 1932 wurde am 16.7. 1932 die Verordnung zum Ausbau des FAD erlassen und am 18.7. 1932 der Präsident der RAfAA, Dr. F. Syrup, durch den Reichskanzler von Papen zum »Reichskommissar für den Freiwilligen Arbeitsdienst« ernannt. Durch die staatliche Förderung konnten die verschiedenen Arbeitslagerbewegungen ihre Ziele verwirklichen. Die Zahl der FAD-Teilnehmer wuchs von 97000 Freiwilligen im Juli 1932 auf 254000 im Oktober 1932. Am 7.1. 1933 schlossen sich alle Dienstträger-Verbände des FAD zur »Reichsgemeinschaft der Dienstträger-Verbände« zusammen.
Oberst a.D. Konstantin Hierl, der am 20.4. 1929 in die NSDAP eingetreten war und Reichsorganisationsleiter II (Staatsaufbauaufgaben) geworden war, widmete sich nach einem Gespräch mit Hitler vornehmlich einem von ihm aufzubauenden Arbeitsdienst, der nicht nur zur Überwindung der Arbeitslosigkeit sondern als »Erziehungsanstalt« dienen sollte. Neben die allgemeine Schulpflicht und die allgemeine Wehrpflicht sollte gleichberechtigt eine zweijährige Arbeitsdienstpflicht treten. Am 9.6. 1932 ernannte Hitler Hierl zu seinem »Beauftragten für den Arbeitsdienst« und bestimmte am 1.2. 1933, daß ausschließlich Hierl für die Bearbeitung aller Arbeitsdienstfragen der NSDAP zuständig sei.
Nach der Machtübernahme wurde der Bundesführer des »Stahlhelm«, Franz Seldte, Arbeitsminister im Kabinett Hitler und am 13.3. 1933 »Reichskommissar für den Freiwilligen Arbeitsdienst«. Nach der Ernennung Hierls zum Staatssekretär für den Freiwilligen Arbeitsdienst im Reichsarbeitsministerium (1.4. 1933) durften nur noch Stahlhelm und NSDAP Dienstträger sein, denen sich die übrigen Arbeitsdienste anschließen mußten. Nach der Überführung der Arbeitsdienstorganisation des Stahlhelm (24.7. 1933) in den »NS-Reichsverband deutscher Arbeitsdienste« wurde dieser alleiniger Träger des Dienstes. Der Aufbau einer straffen, zentral gelenkten Organisation erfolgte durch die Ernennung Hierls zum Reichsarbeitsführer (1.8. 1933), die Errichtung einer Reichsleitung, von Arbeitsgauleitungen unter Arbeitsgauführern und von Hauptmeldeämtern und Meldeämtern. An die Stelle des »Reichsverbandes« trat am 15.4. 1934 der Nationalsozialistische Arbeitsdienst (NSAD) unter dem Reichsarbeitsführer Hierl. Durch Verordnung vom 3.7. 1934 ging der Freiwillige Arbeitsdienst am 6.8. 1934 auf das Reichsinnenministerium über, in dem – nach Entbindung Seldtes vom Amt des Reichskommissars durch Hitler – Hierl als Staatssekretär und Reichsarbeitsführer zum neuen »Reichskommissar für den FAD« mit weitgehenden Vollmachten ernannt wurde. Zwar setzte sich der NS-Arbeitsdienst weiterhin aus Freiwilligen zusammen, doch wurde die Arbeitsdienstpflicht für die Angehörigen einiger Berufsgruppen (Studenten, Führernachwuchs der Parteiorganisationen der NSDAP und der Deutschen Arbeitsfront, Angehörige des Reichsnährstandes) verbindlich.
Nach der Wiedereinführung der allgemeinen Wehrpflicht (16.3. 1935) und der Verkündung des Wehrgesetzes (21.5. 1935), in dem ausdrücklich festgelegt wurde: »Die Erfüllung der Arbeitsdienstpflicht ist eine Voraussetzung für den aktiven Wehrdienst«, bestimmte das Reichsarbeitsdienstgesetz vom 26.6. 1935 (RAD-Gesetz) den Arbeitsdienst zum »Ehrendienst am Deutschen Volke«. »Alle jungen Deutschen beiderlei Geschlechts« waren verpflichtet, »ihrem Volke im Reichsar-

beitsdienst zu dienen«. Er sollte »die deutsche Jugend im Geiste des Nationalsozialismus zur Volksgemeinschaft und zur wahren Arbeitsauffassung, vor allem zur gebührenden Achtung der Handarbeit erziehen«. Die enge Verbindung zur NSDAP kam durch die Ernennung Hierls zum Reichsleiter der NSDAP am 10.9. 1936 »in Würdigung seiner einmaligen Verdienste um den Aufbau des deutschen Reichsarbeitsdienstes« zum Ausdruck.

Die Dienstpflicht betrug ein halbes Jahr. Mit der Einstellung des 1. Dienstpflichtjahrgangs 1915 begann am 1.10. 1935 die allgemeine Arbeitsdienstpflicht. Die Stärke wurde von Hitler auf durchschnittlich 200000 Mann (1.10. 1935), dann auf 230000 (Okt. 1936), auf 275000 (Okt. 1937) und 300000 Mann (Okt. 1938) festgelegt. Dem Reichsarbeitsdienstführer waren die Reichsleitung des Reichsarbeitsdienstes mit insgesamt 9 Hauptämtern und die 37 Arbeitsgaue I–XXXIX unterstellt (die Gaue II und III wurden nach dem Polenfeldzug gebildet). Ein Arbeitsgau war in 4–8 Arbeitsdienstgruppen gegliedert. Jede Gruppe bestand aus 4–8 RAD-Abteilungen. Die RAD-Abteilung von 3 bzw. 4 Zügen war im Lager zusammengefaßt und bildete die Grundeinheit.

Nach den ersten mit viel Propagandaaufwand verkündeten Einsätzen, die der »Ernährungsfreiheit des deutschen Volkes« dienen sollten (Moor- und Ödlandkultivierung, Entwässerung, Flußregulierung und Hochwasserschutz u.ä.), wurde im Frühjahr 1937 der »Reichsnährstand« durch den »Ernteeinsatz« des RAD wegen des Mangels an Arbeitskräften auf dem Land unterstützt. Der große »Ernteeinsatz Tannenberg« diente im Jahr 1939 in Ostpreußen zur Verschleierung des deutschen Aufmarsches. Wehrwirtschaftliche Gründe bestimmten den Einsatz des RAD in den »Reichswerken Hermann Göring«. Ab 1938 wurde der RAD mit fast 100000 Dienstpflichtigen beim Bau des »Westwalls« eingesetzt, darunter die Arbeitsgaue XXI, XXVII, XXXII und XXXI, der vom Emsland an den Westwall verlegt wurde. Seit Beginn des Krieges wurde der RAD in starkem Maße für Arbeiten im Interesse der Kriegführung eingesetzt (Wiederherstellung zerstörter Straßen und Brükken, Bau von Feldflughäfen u.a.). Auf Befehl Hitlers (10.9. 1938) wurde die gesamte RAD-Organisation ab 15.9. 1938 dem Befehl des Oberkommandos der Wehrmacht unterstellt. Der RAD litt unter einem zu schnellen Aufbau, einem auf seine Aufgaben schlecht vorbereiteten, oft korrupten Führerkorps und vielen vorbestraften Unterführern. Die vom RAD geleistete Arbeit war zu teuer. Die Einführung der Arbeitsdienstpflicht hatte sich bei ihrer Einführung schon durch die Einführung der allgemeinen Wehrpflicht und die Überwindung der Wirtschaftskrise durch die forcierte Aufrüstung überlebt. Der viel beschworene »Geist«, der durch die »Erziehungsarbeit« vermittelt werden sollte, bestand in NS-Propaganda.

Der »Deutsche Frauenarbeitsdienst«, der die Mädchen zu Hausfrauen und Müttern durch Einsatz in den Familien von Bauern und Siedlern mit hilfsbedürftigen, kinderreichen und werdenden Müttern erziehen sollte, wurde am 1.4. 1936 als »Arbeitsdienst für die weibliche Jugend« dem Reichsarbeitsführer unterstellt. Abiturientinnen, die ein Studium aufnehmen wollten, mußten vor dem Studium ihrer Arbeitsdienstpflicht genügen (12.1. 1937). Der Arbeitsdienst für die weibliche Jugend trat in Konkurrenz zum »Landjahr« (ab 29.3. 1934) und »Pflichtjahr« (ab 15.2. 1938), die wegen der forcierten Rüstungskonjunktur den Mangel an Arbeitskräften ausgleichen sollten. Nach Einführung der Arbeitsdienstpflicht für die weibliche Jugend (4.9. 1939) wurde die Stärke des RADwJ auf 100000 Arbeitsmaiden festgelegt, die erst in der Landwirtschaft beschäftigt, ab 29.7. 1941 nach ihrer Zeit im Arbeitsdienst für weitere 6 Monate zum »Kriegshilfsdienst«, vor allen Dingen in der Rüstungsindustrie, und ab Herbst 1943 zum »Luftwaffendienst« verpflichtet wurden.

SCHWEDEN
DÄNEMARK
Schleswig-
Kiel
Holstein
44,9
Rostock
21,7
Pommern
35,6
Hamburg
12,6
Mecklenburg
Stettin
Oldenburg
Bremen
26,8
Preußen
Hannover
27,3
22,9
Oldenburg
33,8
NIEDERLANDE
Provinz
Celle
Berlin
3,8
Schaumburg-Lippe
17,0
Braunschweig
18,3
Hannover
Braunschweig
Brandenburg
25,3
Münster
Lippe
14,2
Bückeberg
„Erntedanktag"
Goslar
„Reichsbauernstadt"
Anhalt
19,2
Westfalen
22,1
Sachsen
Halle
20,7
Kassel
Sachsen
Breslau
Rhein-
Bonn
Hessen-
Weimar
Jena
Dresden
32,4
BELG.
Thüringen
15,8
Hessen
10,7
Sudetenland
Reichenberg
Leitmeritz
provinz
7,8
Nassau
10,4
Frankfurt
LUX.
Darmstadt
Bamberg
Protektorat
Saarland
1,4
Pfalz
Zweibrücken
Nürnberg
Baden
Karlsruhe
Stuttgart
Bayern
Württemberg
27,9
FRANKREICH
Hohenzollern
12,7
7,6
5,2
Linz
Wien
Donauland
München
Salzburg
Alpenland
Innsbruck
L.
SCHWEIZ
Graz
Südmark
ITALIEN
JUG

»Reichsnährstand« und »Reichserbhofgesetz« (1933–1939)

Deutsches Reich (1935)

»Großdeutsches Reich« (1939)

Grenzen der Länder und der preußischen Provinzen

Sitz des Reichsbauernführers

Sitz eines Landesbauernführers

Reichserbhofgericht

Das Reichserbhofgericht wurde in Berlin beim Reichsministerium für Ernährung und Landwirtschaft gebildet. Der Reichsminister für Ernährung und Landwirtschaft war Präsident des Gerichts.

Landeserbhofgericht

Durch Ausführungsgesetz vom 26.10.1933 hatte Preußen das Landeserbhofgericht in Celle als einziges Erbhofgericht gebildet. Das Landeserbhofgericht war nicht wie in den anderen Ländern beim Oberlandesgericht gebildet, sondern eine selbständige Behörde.

Erbhofgericht

Für jedes Land wurde durch die (Landes-) Justizverwaltung an einem Oberlandesgericht ein Erbhofgericht als Rechtsmittelgericht (Einlegung von Beschwerden gegen die Entscheidungen der Anerbengerichte) gebildet. Es war möglich, auch mehrere Erbhofgerichte in einem Lande bzw. ein gemeinschaftliches Erbhofgericht für mehrere Länder zu bilden.

Fläche der Erbhöfe in % aller land- und forstwirtschaftlichen Betriebe über 0,5 ha (1939):

5 – 10 %
10 – 20 %
20 – 30 %
30 – 40 %
40 – 50 %
50 – 65 %

35,6 **Zahl der Erbhöfe in % aller land- und forstwirtschaftlichen Betriebe über 0,5 ha (1939).**

Reichsnährstand und Reichserbhofgesetz (1933–1939)

Nach der Zusammenfassung der Arbeiter in der »Deutschen Arbeitsfront« (DAF) wurden die Bauern, in deren Verbänden im April/Mai 1933 Walter Darré, der Agrarpolitiker der NSDAP, seit 29.6. 1933 Reichs- und Preußischer Minister für Ernährung und Landwirtschaft, die führende Stellung übernommen hatte, im »Reichsnährstand«, einer sog. »ständischen Gliederung«, durch Zwangsmitgliedschaft organisiert. Mit seiner Reichsorganisation, den drei Reichshauptabteilungen (»Der Mensch«, »Der Hof«, Der Markt«) und seiner regionalen Gliederung in Landes-, Kreis- und Ortsbauernschaften diente der »Reichsnährstand« der »totalen Erfassung« des bäuerlichen Lebens. Mit Hilfe der so organisierten Landwirtschaft konnte durch regelnde und planende Eingriffe, durch Aufrufung zur »Erzeugungsschlacht« und die 1934/1935 geschaffene Marktordnung, eine Vorstufe der späteren Kriegsernährungsordnung, die gesamte Ernährungswirtschaft kontrolliert und die Ernährungsgrundlage für den Krieg vorbereitet werden. Nach einem Preisanstieg für landwirtschaftliche Erzeugnisse (1933/1934) mußten die Landwirte ab 1935 im Zuge der Aufrüstung Preiseinbußen hinnehmen, um die Löhne – vor allem für die in der Rüstungsindustrie beschäftigte Arbeiterschaft – stabilisieren zu können. Dafür wurde das Bauerntum auf dem Erntedankfest auf dem Bückeberg, den Bauerntagen in der »Reichsbauernstadt« Goslar, durch die »Blut- und Boden«-Ideologie als »Lebensquell der nordischen Rasse« romantisch verherrlicht, und der an seine »Scholle« gebundene Erbhofbauer erhielt eine völkisch verklärte, elitäre Stellung in der Gesellschaft zugewiesen.

Nach der Verabschiedung des preußischen »Bäuerlichen Erbhofrechtes« (15.5. 1933), durch das der Hofeigentümer noch durch ein öffentliches Testament nach eigenem Ermessen Erbregelungen treffen konnte, wurde am 29.9. 1933 das »Reichserbhofgesetz« erlassen. In der Einleitung wurden die Ziele des Gesetzes formuliert: Erhaltung des »Bauerntums als Blutquelle des deutschen Volkes«, Schutz des Bauernhofes vor »Überschuldung und Zersplitterung im Erbgang«, die »Sippe« (nicht die Familie) als Eigentümer des Erbhofes. Bauernhöfe von mindestens einer Ackernahrung (im Durchschnitt etwa 7,5 ha) und von höchstens 125 ha konnten unter der Voraussetzung, daß der Besitzer seine »Blutreinheit« bis zurück zum 1.1. 1800 nachweisen konnte, in die Erbhöferolle der zuständigen Anerbengerichte eingetragen werden. Eigentümer eines Erbhofes war der Bauer, der »deutscher Staatsangehöriger, deutschen oder stammesgleichen Blutes und ehrbar« sein mußte. »Bauernfähigkeit« und »Ehrbarkeit« wurden von den Anerbengerichten und dem »Reichsnährstand« überwacht. Entscheidend wurde aber das im Gesetz festgelegte Zwangsanerbenrecht, die Bestimmung des Alleineigentums, die starre Erbfolgeordnung sowie die Unveräußerlichkeit und Unbelastbarkeit des Erbhofes. Die Zahl der Erbhöfe blieb in den Realteilungsgebieten geringer als in den Gebieten der geschlossenen Vererbung. Negative Folgen des Gesetzes waren außer der gescheiterten Erbhofentschuldung die Diskriminierung der Frau und Töchter durch Vererbung des Erbhofes im Mannesstamm, das Veräußerungsverbot, das den Bauern an den Boden band, das Verbot der Kreditaufnahme – abgesehen von beschränkten mittelfristigen Krediten und geringen staatlichen Zuschüssen und Darlehen – für notwendige Investitionen, das Vollstreckungsverbot, die Zerstörung des Familienbetriebs und die Beschränkung der Kinderzahl durch das Abfindungsverbot. Auch konnten einer weiteren Entagrarisierung kein Einhalt geboten, die bäuerliche Wirtschafts- und Lebensform nicht erhalten, die Abwanderung aus der Landwirtschaft nicht beendet und die Kinderzahl, wie man erhoffte, nicht erhöht werden.

Das Ziel der nationalsozialistischen Agrarpolitik.

SCHWEDEN
DÄNEMARK
Saßnitz
Schulungsburg der DAF
Hermann-Göring-Koog
Adolf-Hitler-Koog
Henkenhage
Pommersche Bauer
Demmin
Hamburg
Cröss
Jagdhaus Döllensee
Berlin
Leegebruch
Reichsluftfahrtministerium
Olympia-Stadion
Neue Reichskanzlei
Haus des Deutschen Sports
Fremdenverkehrs
Versuchsanstalt für Luftfahrt
Heinckelwerke (Oranienburg)
bei Rüdersdorf
über den Dehmsee
Reichsleitung des RAD
Auslandshaus der HJ
NIEDER-LANDE
»Stadt des KdF-Wagens«
Wolfsburg
Melle
Salzgitter
»Stadt der Hermann-Göring-Werke«
Niemegk
Erwitte
Schulungsburg der DAF
Dessau
Elbebrücke
über den Rhein-Hernekanal
»Schaffendes Volk«
Düsseldorf
Langenhorst-Velbert
Burg
Hierlsha
Sprotteb
Weimar
Haus Elefant
Göltschtalbrücke
Dresden
Eisenberg
Haus des NSDStB
Freiberger Mulde
Walden
Vogelsang
über die Sieg
über die Wied
über die Ilm
Saalebrücke
Teufelstalbrücke
BELG.
Kronenburg
Hermann-Göring-Meisterschule
Saalebrücke
Triebtalbrücke
LUX.
Bayreuth
Haus der Deutschen Erziehung
Protektorat Böhmen und M
Waschmühltalbrücke
Saarbrücken
Nürnberg
Zeppelinfeld
Luitpoldarena
FRANK-REICH
Neckarbrücke
Drackensteiner Hang
Tübingen
München
Ehrentempel
»Braunes Haus«
Führerbau
Haus der Deutschen Kunst
Haus des Deutschen Rechts
Haus der Deutschen Ärzte
Linz
Feldafing
Hohe Schule der NSDAP
Titisee
Saalachbrücke
Berchtesgaden
»Berghof«
Sonthofen
Urfeld
SCHWEIZ
ITALIEN
JUG

Reichsautobahn und Baukunst

- Deutsches Reich (1937)
- »Großdeutsches Reich« (1939)
- Reichsautobahn
- Reichsautobahn (in Planung)
- Repräsentative Reichsautobahnbrücke
- »Führerstadt«
- Ordensburg
- Repräsentativer Parteibau
- Bau einer Parteiorganisation
- Repräsentativer Staatsbau
- Neue Stadt
- Neusiedlung
- Fabrik
- Theater
- Heldengedenkstätte
- Jugendherberge
- Anderer Bau

Reichsautobahnen und Baukunst

Nachdem Hitler die »Rettung des deutschen Arbeiters durch einen gewaltigen und umfassenden Angriff gegen die Arbeitslosigkeit« versprochen hatte (1.2. 1933), ordnete er einige Tage später die Überprüfung aller geförderten Arbeitsmaßnahmen unter dem Gesichtspunkt der »Wiederwehrhaftmachung des deutschen Volkes« an. Hitler erkannte, daß die Arbeitsbeschaffung nicht nur die Wirtschaft, sondern das eigene Herrschaftssystem konsolidieren würde, denn die »Beseitigung der Arbeitslosigkeit wird das Werk von uns Nationalsozialisten sein«. Aus der Erkenntnis heraus, daß der Autobahnbau nicht nur der Arbeitsbeschaffung und der Verbesserung der strategischen Lage dienen, sondern mit seinen vielen Baustellen auch ein sichtbares Symbol für die Überwindung der Arbeitslosigkeit durch das Regime sein würde, wurde am 27.6. 1933 das Gesetz über die Errichtung eines Unternehmens »Reichsautobahnen« (RAB) erlassen. Die deutsche Reichsbahn, wegen der Konkurrenz bis dahin entschiedenster Gegner des Baus von Autobahnen, wurde ermächtigt, ein Zweigunternehmen »Reichsautobahnen« zu errichten. Als ausführende Organe wurden die Direktion der RAB, 15 »Oberste Bauleitungen Kraftfahrbahnen« (OBK) und die »Bauabteilung Kraftfahrbahnen« gebildet. Am 5.7. 1933 wurde Dr. Todt zum Generalinspekteur berufen, seit dem 30.11. 1933 wurde er als Generalinspekteur für das deutsche Straßenwesen zum Leiter der neuen Reichsbehörde ernannt, die für die Linienführung und Ausgestaltung der RAB verantwortlich war. Zur schnellen Planung und Durchführung konnte Todt sich auf die Vorarbeiten des »Vereins zur Vorbereitung der Autostraße Hamburg–Frankfurt–Basel« (HAFRABA) stützen, die 1933 in der »Gesellschaft zur Vorbereitung der Reichsautobahnen« (GEZUVOR) aufging. Nach Beginn der Bauarbeiten am 23.9. 1933 konnte am 15.5. 1935 die erste Teilstrecke Frankfurt am Main–Darmstadt in Betrieb genommen werden. Das 1934 geplante Grundnetz umfaßte 6900 km. Die Zusammenarbeit von Architekten, Ingenieuren, Landschaftsgärtnern und Fachleuten des Tiefbaus schuf Autobahnen von hervorragender technischer und ästhetischer Ausführung. Vor allem erregte die Einbettung der Straße in die Landschaft und die Rücksichtnahme auf die natürlichen Verhältnisse sowie die Gestaltung der Brücken die Bewunderung. Das Dritte Reich sah in den »Straßen des Führers« den »Reichsgedanken« verwirklicht. Im März 1934, als die Arbeitslosenzahl sich um über 3 Millionen verringert hatte, waren nur 46000 Arbeiter bei der Autobahn beschäftigt, im Dezember 84000. Auch unter Berücksichtigung einer gleich hohen Anzahl von Arbeitern aus den Zulieferungsbetrieben blieb die Zahl der durch die Autobahn Beschäftigten gering. Bedeutsamer war der Bau der Autobahnen und anderer Straßenbauprojekte sowie die Aufhebung der KFZ-Steuer (10.4. 1933) für die von der Regierung gewünschte Wirtschaftsmotorisierung (Bau des Volkswagens, damals »KdF-Wagen«) als Voraussetzung für die notwendige Heeresmotorisierung. Die Wehrmacht wünschte eine große Zahl von im zivilen Kraftverkehr eingesetzten Fahrzeugen, die bei Kriegsausbruch zur Bereitstellung motorisierter Truppenteile dienen konnten. Der Autobahnbau wurde von der Wehrmacht, die an seinen Planungen beteiligt war, oft wegen des zu aufwendigen Baus kritisiert. Als Arbeitsbeschaffungsmaßnahme spielte er für den Arbeitsmarkt und die Konjunkturbelebung eine geringe Rolle.

Im Mittelpunkt der NS-Staatsarchitektur stand der Platz, das »Forum der Bewegung«, auf dem sich »Führer« und »Gefolgschaft« bei den Feiern, öffentlichen Kundgebungen und politischen Massenaufmärschen begegneten. Aus dem Gegenüber von »Führer« und der Parteihierarchie (auf der Führertribüne) und Gefolgschaft ergab sich die Axialität der Anlage, denn »die Hervorhebung des Führerplatzes ergibt sich aus der Haltung des Mannes, der sich mit allen Taten und Handlungen als Beauftragter seines Volkes verantwortlich fühlt«. Begrenzt und umschlossen wurde der offene Raum durch die Partei- und Staatsbauten, die durch eine an Größenwahnsinn grenzende Monumentalität einem Ausländer die künftige Größe des Reiches vor Augen führen sollten, dem einzelnen der »Gefolgschaft« seine Unbedeutendheit und Nichtigkeit zum Bewußtsein bringen, ihn in die Gemeinschaft fliehen und in ihr Schutz suchen lassen sollte (»Du bist nichts, dein Volk ist alles«). Nach dem Königsplatz in München mit den Bauten für die oberste Leitung der Partei und den »Ehrentempeln« für die »Toten der Bewegung«, bei dessen Umgestaltung noch Rücksicht auf vorhandene Bauten genommen werden mußte, konnte die Idee des offenen Raumes beim Zeppelin-Feld in Nürnberg, das innen 290 × 312 m und außen 363 × 378 m maß und dessen Führertribüne 16000 Sitzplätze hatte, zum ersten Mal verwirklicht werden. Der Raum wurde nach außen geschlossen durch die Strahlen der Flakscheinwerfer (»Lichtdom«). Diese »Aufmarschplatzgestaltung« sollte auf Hitlers Anweisung hin in allen größeren deutschen Städten durch die Anlage des »Forums«, das aus einer 500 m breiten Aufmarschstraße, einer Versammlungshalle für 50000 bis 100000 Menschen, einem Appellplatz für die gleiche Zahl, einem Glockenturm und den Verwaltungsbauten für die Partei bestehen sollte, verwirklicht werden. An die Stelle des »offenen Raumes« konnte auch die alle Dimensionen sprengende Halle treten (Kongreßhalle in Nürnberg, die Soldatenhalle in der Neuplanung für das Oberkommando der Wehrmacht u. a.). Eine Nation wurde zum Appell aufgerufen. Bei allen Neuanlagen achtete man auf den Platz, »um für Kundgebungen und Feierstunden jene Räume der Gemeinschaft und der Führung zu schaffen, in denen auch wirklich deutscher Glaube, deutscher Idealismus, deutsche Schaffenskraft sich wohl und heimisch fühlen, sich entfalten und immer neue Kraft schöpfen« konnten. Im Mittelpunkt der Schulneubauten, der HJ-Heime, der Jugendherbergen und der Kasernen stand der Platz für die Gemeinschaft, in seiner pervertiertesten Form als Appellplatz im Konzentrationslager. Nur Platz war die »Thingstätte«. Neben den gigantischen und monumentalen Bauten des Staates und der Partei in einem neoklassizistischen Stil und Naturstein, vor allem Granit, damit diese Bauten 4000 Jahre hielten und 10000 Jahre überdauern konnten, entstanden für den Totenkult (Heldenverehrung), der mit den Ehrentempeln in München begonnen hatte, die Totenburgen, Ehrenmale, Soldatenburgen, Mahnmale und Heldengräber.

Hatte Gottfried Feder noch »jedem deutschen Menschen sein Häuschen im Grünen« versprochen, so enttäuschte der Nationalsozialismus diese Hoffnungen. Die Errichtung von 21254 Neubauernstellen und 71343 Anliegersiedlungen zwischen 1933 und 1939 blieb hinter den Erwartungen der Agrarideologen zurück, da Hitler wohl kein Interesse an Binnenkolonisation hatte. Auch entstanden nur wenige geschlossene Siedlungen. Nach dem Erlaß Hitlers im November 1941 zur Vorbereitung des deutschen Wohnungsbaus nach dem Krieg waren Wohnungen von 62 qm (Wohnküche,, Elternschlafzimmer, ein zweites Schlafzimmer, ein Duschraum mit getrenntem Abort, ein Flur und ein Balkon), von 74 qm (2 qm größere Wohnküche, ein Schlafzimmer zu 10 qm mehr) und 86 qm (4 qm größere Wohnküche und zwei Schlafzimmer zu 10 qm mehr) für die Familie vorgesehen, die hier essen und schlafen konnte, nach der Arbeit entweder dem »Appell« nachkommen mußte oder den Abend in einem der geplanten Gemeinschaftshäuser der NSDAP verbringen durfte. Von den gewaltigen Neuplanungen der Städte, vor allem der ab 1937 immer mehr in den Vordergrund tretenden »Führerstädte«, wurden nur Teile der Ost-West-Achse in Berlin und des Parteitagsgeländes in Nürnberg fertiggestellt.

ISLAND
NORWEGEN
SCHWEDEN
FINNL
ESTLAND
LETTLAN
LITAUEN
DANZIG
GROSS-
BRITANNIEN
M
London
IRLAND
(Eire)
DÄNEMARK
NIEDER-
LANDE
BELGIEN
Brüssel
LUX.
AK
Berlin
DEUTSCHES
REICH
Warschau
POLEN
Prag
TSCHECHO-
SLOWAKEI
München
M
Wien
ÖSTERREICH
L.
SCHWEIZ
AK
UNGARN
RÜ
Paris
FRANKREICH
M
AK
M
ITALIEN
MONACO
S. MARINO
Zara
ital.
Belgrad
JUGOSLAWIEN
Vatikan
Rom
ALBANIEN
GRIE
LA
PORTUGAL
AK
SPANIEN
ANDORRA
Tanger
Gibraltar
brit.
Er-Rif
Algerien
Marokko
Tunesien
Malta
brit.
Libyen

Die Bündnisse Hitlers (1933-1939) und die Reaktion der Westmächte (1939)

Konkordat zwischen dem Deutschen Reich und der Kurie (20.7.1933)

Nichtangriffs- und Verständigungsabkommen zwischen dem Deutschen Reich und Polen (26.1.1934)

Deutsch-britisches Flottenabkommen (18.6.1935)

Deutsch-italienische Übereinkunft (25.10.1936) Freundschafts- und Bündnispakt (»Stahlpakt«) zwischen dem Deutschen Reich und Italien (22.5.1939)

AK **Antikominternpakt zwischen dem Deutschen Reich und Japan (25.11.1936) sowie spätere Beitritte**

M **Teilnehmer der Konferenz von München (29.9.1938)**

Deutschland, Großbritannien, Frankreich und Italien.

Deutsch-sowjetischer Nichtangriffspakt (23.8.1939)

Deutsch-sowjetische Interessengrenze

In einem geheimen Zusatzprotokoll zum deutsch-sowjetischen Nichtangriffspakt wurde die Abgrenzung der beiderseitigen Interessensphären in Osteuropa vorgenommen.

Von den Westmächten mit Garantien versehene Staaten (1939)

Vertrag über gegenseitigen Beistand zwischen Großbritannien und Polen (25.8.1939)

Am 4.9.1939 schloß Frankreich einen ähnlichen Vertrag mit Polen.

Eingliederungen in das Deutsche Reich (1938–39)

Die Außenpolitik Hitlers

Dem deutschen Volk und dem Ausland blieben in der ersten Zeit die eigentlichen Ziele der nationalsozialistischen Expansionspolitik, die Hitler in »Mein Kampf« und im (unveröffentlichten) »Zweiten Buch« als außen- und rassepolitisches Programm entworfen hatte, verborgen. Ideologische Basis dieser Politik waren ein Antibolschewismus, ein universaler Antisemitismus und die Eroberung »neuen Lebensraums«. Das »die Welt in den Dienst einer höheren Kultur nehmende Herrenvolk« konnte sich nicht damit begnügen, nur wieder Großmacht zu werden. Dem deutschen Volk stand als einer »hochgezüchteten Herrenrasse« die Weltherrschaft zu, die Hitler in mehreren Phasen zu erreichen hoffte:

1. Revision des Vertrags von Versailles, Schaffung von Voraussetzungen für die »Reinerhaltung des Blutes«, Aufstieg zur Großmacht in Mitteleuropa;
2. Schaffung eines »Großdeutschen Reiches« als Vormacht in Mittel- und Osteuropa;
3. »Eroberung neuen Lebensraums im Osten und dessen rücksichtslose Germanisierung« durch Zerschlagung der Sowjetunion und totale Neugestaltung Europas unter der Herrschaft des »Großgermanischen Reiches«;
4. eine später eingeplante Auseinandersetzung dieses kontinentaleuropäischen Imperiums mit den Vereinigten Staaten – nicht um die Gleichberechtigung, sondern um die Weltherrschaft.

Als Idealpartner für die ersten beiden Phasen sah Hitler für seine Pläne Großbritannien, das bei einer vorgesehenen Teilung der Einflußsphären sich seinem Überseeweltreich zuwenden sollte, während Hitler »freie Hand« im Osten behalten wollte. Als Ersatz für das Bündnis mit Großbritannien, falls dieses sich seinen Plänen verschließen sollte, konnten dann Bündnisse mit Italien und Japan sowie anderen faschistischen Staaten treten. Frankreich spielte bei den Überlegungen Hitlers eine untergeordnete Rolle.

Während der Empörung des Auslands über die Verfolgung der politischen Gegner bedeutete die Verlängerung des »Berliner Vertrages« von 1926 mit der Sowjetunion (5.5. 1933) und das Reichskonkordat zwischen dem Deutschen Reich und dem Vatikan (20.7. 1933) einen internationalen Prestigegewinn für Hitler. Zwar räumte das Konkordat der Kirche bestimmte Rechte ein (kirchliche Selbstverwaltung, Zusicherungen im Schulwesen und für kirchliche Vereine u. a.), doch wurde der politische Katholizismus (Zentrumspartei) fallengelassen.

Obwohl Deutschland von der im Februar 1932 in Genf zusammengetretenen Abrüstungskonferenz am 12.12. 1932 in der Fünf-Mächte-Erklärung Gleichberechtigung und Anspruch auf Sicherheit zugestanden waren, verlangte Deutschland, das erst nach einer Übergangsphase volle Rüstungsgleichberechtigung erhalten sollte, die Abrüstung der anderen Mächte und verließ am 14.10. 1933 die Abrüstungskonferenz in Genf. Gleichzeitig kündigte das Deutsche Reich seinen Austritt aus dem Völkerbund an, den es am 20.10. 1933 offiziell vollzog. Während Hitler von Gleichberechtigung und Friedenswillen sprach, erreichte er die Loslösung aus den internationalen Bindungen des kollektiven Sicherheitssystems, um ohne Kontrolle seine forcierte Aufrüstung als Vorbereitung für eine Expansionspolitik vorantreiben zu können. Ein erster Erfolg des nun von Hitler konsequent eingeschlagenen Kurses bilateraler Abmachungen war in einer Zeit drohender außenpolitischer Isolierung durch die europäischen Mächte der Abschluß eines deutsch-polnischen Nichtangriffs- und Freundschaftspaktes am 16.1. 1934. Der Pakt bedeutete für Frankreich eine Erschütterung seines Bündnissystems, das sich im Osten auf Polen stützte, für Deutschland die Aufgabe der Rapallo-Politik, die im Bündnis mit der UdSSR gegen Polen gerichtet war, und für Polen die Garantie seiner Westgrenze, zu der sich die Weimarer Republik nicht bereitgefunden hatte. Die UdSSR näherte sich daraufhin den Westmächten durch ihren Beitritt zum Völkerbund (18.9. 1934) und die Beistandspakte mit Frankreich (2.5. 1935) und der Tschechoslowakei (16.5. 1935) an. Die Unterhöhlung – wenn nicht gar Zerstörung – der Versailler Nachkriegsordnung in Osteuropa beantworteten die Kleine Entente (Tschechoslowakei, Rumänien, Jugoslawien) mit der Bildung eines Ständigen Rates, die baltischen Staaten mit der Baltischen Entente und die Balkanstaaten (Griechenland, Jugoslawien, Rumänien, Türkei) auf Betreiben Frankreichs mit dem Balkan-Verständigungspakt (4.2. 1934).

Unter Ausnutzung der nationalen Begeisterung über die Rückgewinnung der Saar (1.3. 1935) verkündete Hitler am 16.3. 1935 die Wiedereinführung der allgemeinen Wehrpflicht.

Gegenüber Hitlers Alleingang, der eine Verletzung der militärischen Bestimmungen des Vertrags von Versailles bedeutete, bekundeten Großbritannien, Frankreich und Italien auf der Stresa-Konferenz (11.4. bis 14.4. 1935) ihren Willen, »sich mit allen geeigneten Mitteln jeder einseitigen Aufkündigung von Verträgen zu widersetzen«. Am 17.4. 1935 verurteilte auch der Völkerbund die einseitige Aufkündigung von internationalen Verpflichtungen durch Deutschland.

Am 18.6. 1935 wurde das deutsch-englische Flottenabkommen, das Hitler als Beginn eines Interessenausgleichs mit Großbritannien ansah, abgeschlossen. Der deutsche Flottenbestand wurde auf 35%, die Stärke der U-Boote vorerst auf 45% des englischen Flottenbestandes festgelegt. Durch das Abkommen wurde von Großbritannien die deutsche Wiederbewaffnung sanktioniert und eine stillschweigende Revision des Vertrages von Versailles zugestanden. Einem von Großbritannien auch gewünschten Abkommen über die Aufrüstung der beiden Luftwaffen wich Hitler aus.

Im Jahr 1936 erhielt die deutsche Außenpolitik eine stark antisowjetische Ausrichtung durch die Entscheidung Hitlers für ein Eingreifen in den spanischen Bürgerkrieg (25.7.), die deutsch-italienische Übereinkunft (25.10.) und den Antikominternpakt mit Japan (25.11.). Nachdem Hitler ein Bündnis mit Großbritannien nicht gelungen war, wandte er sich Italien und Japan als Ersatzpartnern zu. Während des Besuchs von Ciano auf dem Obersalzberg erfolgte die Abgrenzung des italienischen Einflußgebiets (Mittelmeer, Balkan, Naher Osten). Der deutsch-italienische Vertrag legte die politische Zusammenarbeit fest und erkannte die Annexion Abessiniens an. In seiner Mailänder Rede (1.11.) sprach Mussolini erstmals von der »Achse Berlin-Rom«. Der mit Japan geschlossene »Antikominternpakt« bezweckte die Abwehr gegen die kommunistische Zersetzung. Entscheidend für die weitere politische Zusammenarbeit wurde das geheime Zusatzabkommen, in dem sich die Vertragspartner zu wohlwollender Neutralität verpflichteten, falls ein Vertragspartner in einen Krieg mit der UdSSR verwickelt werden sollte. Ohne gegenseitige Zustimmung sollte auch kein Vertragspartner mit der UdSSR einen Vertrag schließen. Dem Abkommen traten Italien, die Mandschurei, Ungarn und Spanien bei.

War es 1938 noch durch Mussolinis Vermittlung gelungen, wegen der Eingliederung der Sudetengebiete zu einem Abkommen zu gelangen (29.9.), so war Großbritannien nach dem »Griff nach Prag« (15.3. 1939) nicht gewillt, weitere einseitige Gewaltlösungen Hitlers hinzunehmen. Am 31.3. 1939 gab es eine Garantieerklärung für Polen – nicht für die polnischen Grenzen – ab, um Hitler zu Verhandlungen zu zwingen. Frankreich schloß sich dem Vorgehen an. Weitere Garantieerklärungen durch die Westmächte folgten. Nachdem Hitler am 28.4. 1939 den deutsch-polnischen Nichtangriffspakt und das deutsch-britische Flottenabkommen gekündigt hatte, schloß er am 22.5. 1939 den »Stahlpakt« mit Italien, der nicht allzuviel wert war, da Italien erklärte, erst ab 1942 kriegsbereit zu sein, und am 23.8. 1939 den Nichtangriffspakt mit der Sowjetunion (S. 203).

ISLAND
NORWEGEN
SCHWEDEN
Eisenerze
DÄNEMARK
Butter
IRLAND
GROSS-
BRITANNIEN
LITAUEN
Kalbfelle, Flachs
Futtermittel,
Butter
DANZIG
Pölitz
NIEDER-
LANDE
»Reichswerke
Hermann-Göring«
Salzgitter
Magdeburg
Aken
Bitterfeld
Ruhland
Marl-Hüls
Leverkusen
Staßfurth
Mansfeld
Schkopau
BELGIEN
Gelsenberg
Merseburg
Böhlen
Wesseling
Zeitz
Brüx
Holz, Wolfram,
Uran, Braunkohle
Blechhammer
LUX.
Oppau
Ludwigshafen
militärisches Beutegut,
Getreide, Zucker, Fleisch,
tierische Fette
SLOWAKEI
Holz, Eisenerz, Manganerz,
Antimonerz, Kupfererz, Edelmetall
Töging
Milch, Butter, Käse,
Blei, Zinkerz, Erdöl, Elektrizität
Holz, Eisenerze
Bauxit, Schwefelkies
UNGARN
Fett, Weizen, Futtermittel
FRANKREICH
L.
SCHWEIZ
Erdöl,
JUGOSLAWIEN
Bauxit, Kupfererz, Pyrit,
Bleierz, Zinkerz
MONACO
S. MARINO
ITALIEN
ANDORRA
PORTUGAL
SPANIEN
Öl, Südfrüchte, Fischkonserven, Blei,
Quecksilber, Eisenerze, Schwefelkies
Kupfer, Zinkerz
ALBANIEN
Bauxit,
Sulfiderze,
Pyrit, Zinkerz,
Bleierz
Gibraltar
brit.
Er-Rif
Malta
brit.
Marokko
Algerien
Tunesien
Libyen

Autarkiebestrebungen und NS-Großraumwirtschaft (bis 1939)

- Deutsches Reich (1937)
- »Anschluß« Österreichs (1938)
- Annexion des Sudetenlandes (1938)
- Protektorat Böhmen und Mähren (1939)
- Eingliederung des Memelgebiets (1939)

Werk zur Herstellung von:

- ● Buna
- ○ Hydrier- und Synthesebenzin
- ■ Eisen und Stahl
- ◆ Leichtmetall
- ◇ Kupfer

- Politisch und ökonomisch stark abhängiger Staat
- Ökonomisch stark abhängiger Staat
- Ökonomisch weniger stark abhängiger Staat
- Zeitweise politisch und ökonomisch stark abhängiger Staat
- Phosphorit – Lieferung
- Eisenerze – Wichtige Lieferung eines anderen Staates

Autarkiebestrebungen und NS-Großraumwirtschaft (bis 1939)

Die von Hitler versprochene »Rettung des deutschen Arbeiters« durch einen »gewaltigen und umfassenden Angriff gegen die Arbeitslosigkeit« geschah durch Arbeitsbeschaffungsmaßnahmen, die der »Wiederwehrhaftmachung des deutschen Volkes« zu dienen hatten. Die Wirtschaftspolitik wurde zu einem Werkzeug der Rüstungspolitik und diente zur Deckung des Bedarfs nicht nur der Zivilbevölkerung, sondern auch der Wehrmacht. Die Maßnahmen des Staates, die Reinhardt-Programme (1.6. und 29.9. 1933), vor allem die direkte und indirekte Rüstung, belebten die Binnenkonjunktur, so daß die Zahl der Arbeitslosen von 6013618 (Jan. 1933) auf 2798342 (März 1934) sank, doch machte sich ab Mitte 1934 ein Mangel an Rohstoffen, ein Rückgang des Exports und eine verstärkte Nachfrage nach Importen bemerkbar. Dieser ökonomischen Krise suchte Dr. Hjalmar Schacht mit dem sogenannten »Neuen Plan« vom September 1934 zu begegnen, durch den der gesamte Außenhandel durch eine zentrale Devisen- und Rohstoffbewirtschaftung gesteuert wurde. Der Import beschränkte sich nur auf Güter, die im Inland nicht oder in nicht genügendem Maße zur Durchführung der Aufrüstung und zur Sicherung der Ernährung zur Verfügung standen. Eine Hebung des Lebensstandards war nicht vorgesehen. Als Rohstoffe liefernde und Agrarüberschüsse erzielende Länder, die auch an deutschen Exportgütern (Fertigwaren, Produktionsgüter) interessiert waren, boten sich die südosteuropäischen Länder an, mit denen man wegen des Devisenmangels bilaterale wirtschaftliche Abkommen schloß und die Ein- und Ausfuhr wertmäßig verrechnete (Clearing). Durch das Anwachsen des Imports von 19,66% (1934) auf 50,61% (1939) und des Exports von 22,72% auf 46,08% gerieten die südosteuropäischen Staaten in immer größer werdende Abhängigkeit von Deutschland. Die Errichtung eines geschlossenen Großwirtschaftsraumes bahnte sich an. Auch mit Schweden, der Schweiz und den Niederlanden wurden Clearing-Verträge geschlossen. Trotz der Lenkung des Außenhandels war Ende 1935 ein bedenklicher Rückgang der Vorräte zu beobachten, da die rüstungswirtschaftlichen Anstrengungen die deutsche Wirtschaft überforderten. Da man den Export nicht steigern konnte und keine Devisen besaß, mußte man »das große Gebiet der Ersatz- und Neustoffe erschließen«. Die Wehrwirtschaft mußte sich wegen der begrenzten Ressourcen an den Bedürfnissen des Blitzkrieges ausrichten. Durch den am 9.9. 1936 auf dem »Parteitag der Ehre« verkündeten »Vierjahresplan« sollte die deutsche Wirtschaft in vier Jahren kriegsfähig sein. Unter Lohn- und Konsumverzicht der Bevölkerung sollte ohne Rücksicht auf Rentabilität die Mineralölproduktion (synthetisches Benzin) gesteigert, synthetischer Kautschuk (»Buna«) hergestellt, Zellwolle (»Deutsche Faserstoffe«) gewonnen, der Bedarf an industriellen Fetten durch Kohleverarbeitung gedeckt und die Eisenerzförderung ohne Rücksicht auf den Ferro-Gehalt des Gesteins gesteigert werden. Aufgrund der wirtschaftlichen Mobilisierung versuchte man, innerhalb von vier Jahren mit Hilfe gewaltiger Investitionen – allein für den Zeitraum vom 25.10. 1936 bis 20.5. 1937 959 Mio. RM für 377 Projekte – die Autarkie zu erreichen. So wurden für den Aufbau einer deutschen Treibstoffindustrie neben Merseburg weitere Werke in Böhlen, Scholven, Oppau, Magdeburg und Ruhland errichtet. Für die Bunagewinnung wurde das Werk in Schkopau ausgebaut und 1938 mit dem Bau eines zweiten Werkes in Marl begonnen. Zur Erhöhung der Zellwollkapazität wurden verschiedene Zellwolle-Aktiengesellschaften als Pflichtgemeinschaften gegründet. Am 23.7. 1937 wurde durch Göring die Gründung der »A. G. für Erzbergbau und Eisenhütten Hermann Göring« bekanntgegeben, um in Salzgitter Erz zu fördern. Weitere Erzförderstätten waren in Baden und der Oberpfalz vorgesehen.

Neue Werke für die Leichtmetallproduktion entstanden in Bitterfeld, Staßfurt und Aken bei Dessau. Ende 1937 wurde allgemein die Ansicht vertreten, daß der deutsche Binnenwirtschaftsraum erweitert werden müsse. Die territorialen Erwerbungen (1938/1939) dienten deshalb zur schrittweisen Erweiterung der ökonomischen Basis.

Für die deutsche Unterstützung im Bürgerkrieg mußte Franco-Spanien Öl, Südfrüchte, Fischkonserven, Kupfer, Eisen und Schwefelkies liefern. Nach Beendigung des Bürgerkrieges gelang es Spanien, den wirtschaftspolitischen Einfluß Deutschlands zurückzudrängen. Der »Anschluß« Österreichs, das über Holz, Erdöl, Eisen-, Blei- und Zinkerze sowie Wasserkräfte zur Energiegewinnung verfügte, bedeutete den ersten Schritt zur »Errichtung eines verteidigungsfähigen, großeuropäischen Wirtschaftsraumes«. Wichtig wurden auch die vorgefundenen Gold- und Devisenbestände. Auch gewann Deutschland einen direkten Zugang zum südosteuropäischen Raum. Durch die Eingliederung der sudetendeutschen Gebiete gelangte man in den Besitz von Holz, Wolfram- und Uranerzlagerstätten sowie Braunkohle zum Ausbau der chemischen Produktion (Mineralöl, Buna). Nach dem Einmarsch in die Rest-Tschechoslowakei fielen neben den Armeebeständen, die zur Ausrüstung von zwanzig Divisionen reichten, 809984 Unzen Gold, das die tschechoslowakische Nationalbank von London nach Prag transferieren lassen mußte, in deutsche Hand. Die nicht ausgelasteten Kapazitäten der Produktionsanlagen, darunter der Skoda-Werke und der tschechoslowakischen Waffen-Werke AG und die vorgefundenen Vorräte an Metallen dienten zur Erweiterung der deutschen Rüstungsproduktion. Durch die deutsche Kontrolle über die slowakische Wirtschaft kam es nicht nur zu umfangreichen Lieferungen, sondern auch zu einer Umstellung der slowakischen Wirtschaft auf den deutschen Bedarf.

Als Folge der Annexionspolitik begann seit 1938 die wirtschaftliche und politische Vorherrschaft des »Großdeutschen Reiches« im südosteuropäischen Raum durch die Rüstungslieferungen, die Zunahme des Außenhandels und durch die Verträge mit Ungarn (2.3. 1939), Bulgarien (12.3. 1938), Rumänien (23.3. 1939) und Jugoslawien (5.7. 1939). Außer dem dringend benötigten Brot- und Futtergetreide sowie Fleisch lieferten diese Länder wertvolle Nichteisenerze (Bauxit, Kupfererze, Schwefelkiese, Schwefelerze, Blei- und Zinkerze, Chromerz u.a.). Mit Hilfe deutscher Technik und deutschen Kapitals wurde die agrarische Produktion vergrößert und die Rohstoffgewinnung vorangetrieben. Der »Großwirtschaftsraum« war geschaffen worden, doch konnte die erstrebte »Blockadesicherheit« trotz der agrarischen Produkte aus den baltischen Ländern nicht erreicht werden. So schloß Deutschland Handelsabkommen mit Lettland (15.12. 1939), Estland (6.3. 1940) und Litauen (17.4. 1940), durch die ungefähr 70% des Exports der baltischen Staaten nach Deutschland flossen. Die baltischen Staaten glaubten, durch diese Handelsabkommen, die von kriegswirtschaftlicher Bedeutung für Deutschland waren, auch ihre Unabhängigkeit zu erhalten. Die Einfuhrabhängigkeit war 1939 bei Nichteisen-Metallen (Blei 50%, Kupfer 70%, Zinn 90%, Nickel 95% u.a.), Mineralölen (65%) und Kautschuk (rund 90%) groß. Die Gold- und Devisenreserven waren verbraucht, die Lebensmittelversorgung war nur zu 87% gesichert. Hinzu kam das Fehlen von Arbeitskräften (rund 1 Million) und von Landarbeitern (1939: rund 150000 Ausländer), das Nachlassen der Arbeitsleistung durch Dienstverpflichtung und zu lange Arbeitszeiten sowie die Überbeanspruchung der Industrie, die wegen des Rohstoffmangels ihre Kapazitäten nicht erweitern und den Maschinenpark wegen der dauernden Produktion nicht austauschen, erneuern und reparieren konnte.

SCHWEDEN
DÄNEMARK
Schleswig-Holstein
Kiel
Hamburg
Schwerin
Mecklenburg
Pommern
Stettin
Crössinsee
Oldenburg
Lüneburg
Weser-Ems
Ost-Hannover
NIEDERLANDE
1936
Berlin
Frankfurt
Kurmark
Hannover
Magdeburg-Anhalt
Münster
Südhannover-Braunschweig
Westfalen-Nord
Essen
Bochum
Dessau
Halle-Merseburg
Düsseldorf
Westfalen-Süd
Kassel
Halle
Schlesien
Köln
Kurhessen
Sachsen
Breslau
Köln-Aachen
Weimar
Dresden
BELG.
Vogelsang
Thüringen
Koblenz
Hessen-Nassau
Koblenz-Trier
Frankfurt
Main-Franken
LUX.
Würzburg
Bayreuth
Saarpfalz
Neustadt
Nürnberg
Franken
Bayerische Ostmark
Baden
Karlsruhe
TSCHECHOSLOWAKEI
Stuttgart
FRANKREICH
Württemberg-Hohenzollern
Augsburg
München
Wien
Schwaben
Oberbayern
1936
Sonthofen
Garmisch Partenkirchen
L.
ÖSTERREICH
SCHWEIZ
ITALIEN

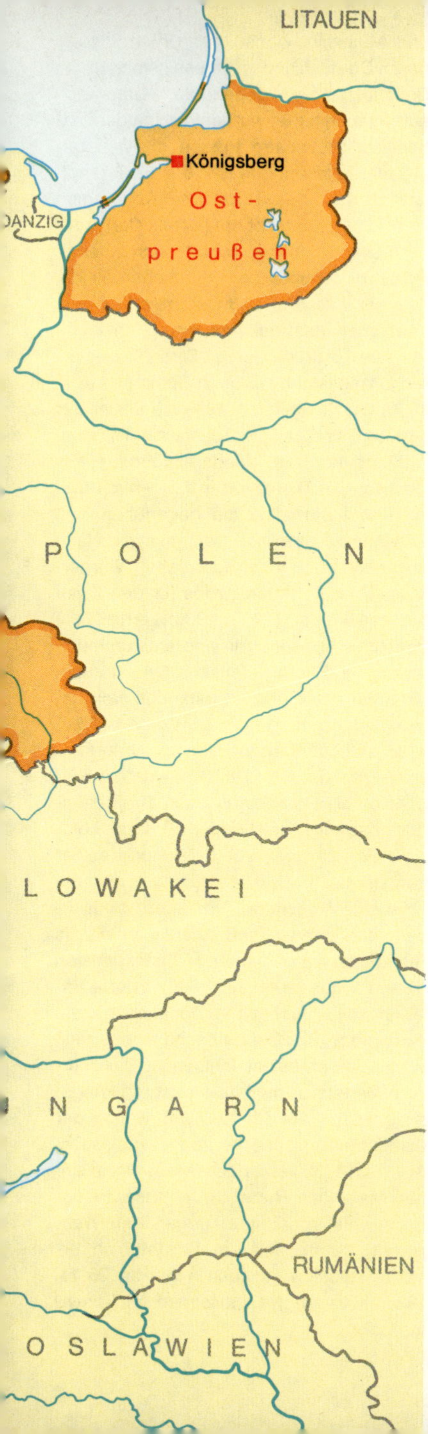

Das »Dritte Reich« (1935–1936)

Deutsches Reich (1937)
Das Deutsche Reich umfaßte das durch den Vertrag von Versailles geschaffene Gebiet der Weimarer Republik einschließlich des Saargebietes, das nach der unter internationaler Kontrolle stattgefundenen Abstimmung (13. 1. 1935) wiedereingegliedert wurde (1. 3. 1935).

Baden **Gau**
Die Gaue der NSDAP (seit 1928) waren die nach Bevölkerung und Struktur sehr unterschiedlichen Gebiete, in die die NSDAP verwaltungsmäßig eingeteilt war. Ein Gau bestand aus mehreren Kreisen (seit 1931/32), deren Grenzen mit den staatl. Verwaltungsbezirken zusammenfielen, diese wiederum aus Ortsgruppen (seit 1932), die je nach Größe eine oder mehrere Gemeinden zusammenfaßten. Eine Ortsgruppe setzte sich aus mehreren Zellen zusammen, von denen jede wieder in 4–8 Blocks (Block = 40–80 Haushaltungen) untergliedert wurde. An der Spitze eines Gaues stand der vom »Führer« ernannte Gauleiter.

Sitz der Gauleitung
Die Stadt, in der sich die Gaudienststelle befand, wurde als Gauhauptstadt bezeichnet.

Sitz der Reichsleitung
Die Reichsleitung bestand aus den Reichsdienststellen der NSDAP unter Reichsleitern, die vom »Führer als dem obersten Hoheitsträger der Bewegung« ernannt und mit der Durchführung von Parteiaufgaben betraut waren, sowie nach seinen Weisungen zu handeln hatten.

Besetzung der entmilitarisierten Zone

Verständigungsabkommen mit Österreich

Ordensburg
Die neu geschaffenen Schulungsburgen der NSDAP wurden für den Führernachwuchs der Partei errichtet.

Das »Dritte Reich« (1935–1936)

Nach der Festigung seiner Herrschaft im Innern (»Gleichschaltung«) schien Hitler in den Jahren 1935/1936 eine konservative Revisionspolitik zu verfolgen. Den außenpolitischen Prestigegewinn und die Hochstimmung der deutschen Bevölkerung über die Rückgewinnung des Saargebiets nach der Volksabstimmung (13.1. 1935) benutzte Hitler am 16.3. 1935 zur Wiedereinführung der allgemeine Wehrpflicht, die von der Wehrmacht als Voraussetzung für ein starkes Reich, von der Wirtschaft durch die mit ihr verbundene Aufrüstung als ein Mittel zur Überwindung der Krise und von großen Teilen der Bevölkerung als Befreiung von den »Ketten von Versailles« begrüßt wurde. Auf die offizielle Verletzung der militärischen Bestimmungen des Vertrags von Versailles reagierten Frankreich, Großbritannien und Italien auf der Konferenz von Stresa (11.–14.4. 1935) mit einer Verurteilung des deutschen Vorgehens und dem Beschluß, sich »jeder einseitigen Aufkündigung von Verträgen zu widersetzen«. Durch das bilaterale deutsch-britische Flottenabkommen (18.6. 1935), das nach britischer Meinung die Gefahr eines Wettrüstens vermeiden sollte, wurde die deutsche Wiederbewaffnung und die deutschen Revisionsforderungen aber als berechtigt anerkannt. Hitler wurde zwar in seinem Glauben bestärkt, zu einem Interessenausgleich mit Großbritannien gelangen zu können, lehnte jedoch den Vorschlag Großbritanniens zur Rüstungsbeschränkung und zu einem Luftpakt ab. Nach dem Krieg Italiens gegen Abessinien (ab 3.5. 1935), der zum Zerfall der »Stresa-Front« führte, ließ Hitler am 7.3. 1936 deutsche Truppen in das entmilitarisierte Rheinland einmarschieren. Großbritannien, das britische Interessen nicht berührt sah, und Frankreich, das allein nicht handeln konnte, blieben untätig. Nachdem der brit. Außenminister Sir J. Simon anläßlich seines Besuchs in Berlin (25./26.3. 1935) das größere Interesse Großbritanniens an der belgischen Küste als an Österreich betont und Mussolini wegen der Unterstützung durch Deutschland im Abessinienkrieg die Beschützerrolle gegenüber Österreich aufgegeben hatte, wurden die seit dem nationalsozialistischen Putsch in Wien gestörten Beziehungen (27.5. 1934) durch das deutsch-österreichische Abkommen vom 11.7. 1936 nicht nur normalisiert, sondern Österreich verpflichtete sich zu einer Politik gegenüber dem deutschen Reich, »die der Tatsache, daß Österreich sich als deutscher Staat bekennt, entspricht«. Unter dem Eindruck der großartig inszenierten Olympischen Spiele in Berlin (1.–16.8. 1936) wurde am 24.8. 1936 die Dauer der aktiven Dienstzeit auf 2 Jahre als deutsche Antwort auf die Wiedereinführung der zweijährigen Dienstzeit in Frankreich und als »Notwehrmaßnahme gegenüber dem Sowjetimperialismus« festgesetzt. Nach dem Ausbruch des Spanischen Bürgerkrieges, »der Generalprobe für den Zweiten Weltkrieg« (18.7. 1936), erhielt die deutsche Außenpolitik eine antikommunistische und antisowjetische Orientierung, die in Großbritannien verstanden, von Italien und Japan geteilt wurde. Am 25.7. 1936 entschloß sich Hitler zur Unterstützung Francos. Am 11.8. 1936 wurde v. Ribbentrop als Botschafter nach Großbritannien, das Hitler seit März 1936 durch koloniale Forderungen zur Erreichung seiner kontinentalen Ziele gefügig zu machen versuchte, gesandt, um eine britisch-deutsche Übereinkunft zu erzielen, die als Rückendeckung für eine Ostexpansion dienen sollte. Im August 1936 forderte Hitler in seiner geheimen Denkschrift zum Vierjahresplan: »Die deutsche Armee muß in vier Jahren einsatzfähig sein. Die deutsche Wirtschaft muß in vier Jahren kriegsfähig sein.« Am 25.10. 1936 wurde der deutsch-italienische Vertrag geschlossen. Am 1.11. 1936 verkündete Mussolini in seiner Mailänder Rede die »Achse Berlin-Rom«. Als Vorkämpfer gegen den Weltkommunismus und die Sowjetunion erschien Deutschland auch in dem am 25.11. 1936 mit Japan geschlossenen Antikominternpakt.

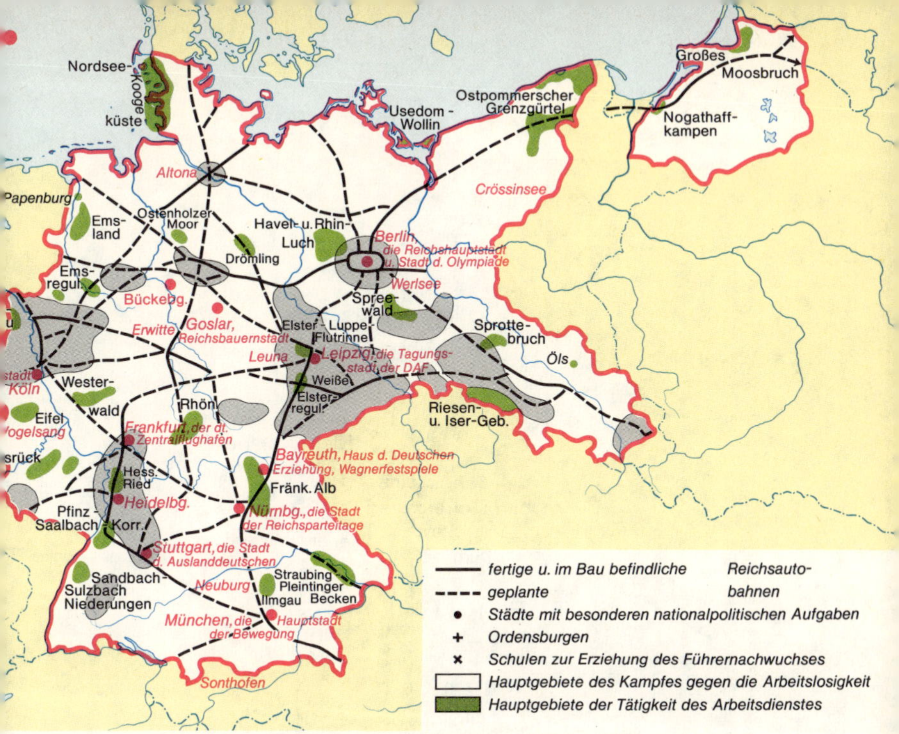

Das »Dritte Reich«, das Reich der deutschen Volksgemeinschaft und des Führergedankens: Die innerpolitischen Leistungen Adolf Hitlers.

Die innerpolitischen Leistungen:

1. Steigerung der Inlanderzeugung von Nahrungs- und Futtermitteln
2. Neugewinnung und Besserung von Fruchtboden
3. Rassenhygienische Maßnahmen zur Sicherung des arteigenen Volkstums
4. Sozialismus der Tat; Kraft durch Freude, Winterhilfswerk
5. Erbhofgründungen zur Förderung eines kräftigen und kinderreichen Bauerntums (Gesetz vom 29. 9. 33)
6. Rohstoffeigenversorgung zwecks wirtschaftlicher Verselbständigung (Vierjahresplan vom Oktober 1936)
7. Überwindung der Arbeitslosigkeit, vor allem auch in Gebieten der Heimarbeit und Kleinindustrie
8. Nationalpolitische Erziehung in den Parteigliederungen (Drei Ordensburgen, Schulungsburgen)
9. Feierstätten als Mittelpunkte deutscher Volkstumspflege
10. Künstlerische und technische Bauten als Ausdruckswille heroischer Sachlichkeit (z. B. Berlin: Luftfahrtministerium, Deutschlandhalle, Olympiadebauten, Flughafen Tempelhof; Köln: Haus der Deutschen Arbeit; Nürnberg: Bauten für die Reichsparteitage; München: Ehrentempel, Führergebäude, Frankfurt a. M.: Zentralflughafen und dergleichen
11. Autostraßen als Grundlage des modernen Verkehrswesens

Österreich (1918–1938)

Zum Anschluß an »Deutsch-Österreich« entschlossene Gebiete
Die deutschen Abgeordneten aus dem Sudetenland, Nordmähren und Schlesien erklärten ihre Gebiete zu österreichischen Provinzen (29.10.–3.11.1918). Deutsch-Südmähren und Böhmerwaldgau konstituierten sich als Teile Nieder- bzw. Oberösterreichs.

Abstimmungsgebiete
Nach dem Einfall südslawischer Truppen in die Steiermark und Kärnten fand am 10.10.1920 eine Abstimmung statt, nach der das Gebiet bei Österreich verblieb. Das Gebiet von Ödenburg, dessen Herausgabe Ungarn verweigerte, fiel nach der Abstimmung vom 14.12.1921 an Ungarn.

Grenze Österreichs 1922

Grenzen der Bundesländer

Die »Ostmark« (1938–1945)

»Anschluß« Österreichs
Nach dem Einmarsch deutscher Truppen (12.3.1938) wurde am 13.3.1938 die »Wiedervereinigung« mit dem Deutschen Reich verkündet.

Salzburg **Reichsgau**
Nach der Volksabstimmung über den »Anschluß« Österreichs am 10.4.1938 wurde Gauleiter Bürckel am 25.4.1938 zum »Reichskommissar für die Wiedervereinigung Österreichs mit dem Reich« ernannt. Die Errichtung von Reichsgauen in der »Ostmark« erfolgte am 1.5.1939.

»Sudetendeutsche Gebiete«
Die südwestlichen Gebiete (Deutsch-Südmähren und Böhmerwaldgau) fielen bei der Aufteilung an die Bundesländer, bzw. späteren Reichsgaue Ober- und Niederösterreich.

Angegliederte Gebiete
Am 14.4.1941 wurden die Untersteiermark und die ehemals österreichischen Gebiete Kärntens und Krains dem »Großdeutschen Reich« angegliedert.

Grenzen 1938-1945

Der »Anschluß« Österreichs (1938)

Durch die Bildung der »Achse Berlin-Rom«, das Mißtrauen der Kleinen Entente und das Desinteresse Großbritanniens war Österreich außenpolitisch isoliert. Innenpolitisch war es Bundeskanzler Kurt von Schuschnigg nicht gelungen, die »nationale Opposition« in die »Vaterländische Front« einzugliedern. Dagegen war die Zusammenarbeit zwischen Arthur Seyß-Inquart, der von Schuschnigg zum Staatsrat berufen worden war, und Wilhelm Keppler, der von Hitler »mit der zusammenfassenden Bearbeitung der österreichischen Frage innerhalb der NSDAP im Reich« betraut war, durchaus »vielversprechend«. Die Provokationen der Nationalsozialisten und die Reaktionen der österreichischen Regierung boten Hitler Gelegenheit zur Einmischung. Zur Beseitigung der deutsch-österreichischen »Spannungen« trafen sich Hitler und Schuschnigg am 12.2. 1938 in Berchtesgaden. Statt die nationale Souveränität zu retten, mußte Schuschnigg die Zustimmung zu einem Abkommen geben, dessen Vereinbarungen vom »Führer« einseitig oktroyiert wurden und mit dem die »legale Machtergreifung« der Nationalsozialisten in Österreich begann: Amnestie und Wiedergutmachung für alle Nationalsozialisten, Koordinierung der Außenpolitik der beiden Länder, Übernahme des Innenministeriums – und damit des Sicherheitswesens – durch Seyß-Inquart, Intensivierung des gegenseitigen Wirtschaftsverkehrs, regelmäßige Konsultationen der Generalstäbe und legale Betätigung der österreichischen Nationalsozialisten. Wegen des provozierenden Auftretens der Nationalsozialisten in Österreich, der Warnung Hitlers in der Reichstagsrede vom 20.2. 1938, die Unterdrückung von 10 Mio. Deutschen nicht länger zu dulden, und der weiteren Forderungen Kepplers am 4./5.3. 1938 entschloß sich Schuschnigg am 9.3. 1938, eine Volksbefragung am 13.3. 1938 mit der Parole: »Für ein freies und deutsches, unabhängiges und soziales, für ein christliches und einiges Österreich!« abzuhalten. Die mangelhaften und übereilten Vorbereitungen gaben Hitler den Vorwand zur ultimativen Forderung nach Absetzung der Befragung (11.3. 1938). Nach Absage des Plebiszits wurde der Rücktritt Schuschniggs und die Betrauung Seyß-Inquarts mit der Regierungsbildung gefordert. Das passive Verhalten des Auslands gegenüber Schuschniggs Hilferufen und die Aussichtslosigkeit eines Widerstandes gegen einen Einmarsch der deutschen Wehrmacht zwang Schuschnigg zu der Rundfunkerklärung, daß man der Gewalt weichen und keinen Widerstand leisten wolle. Die Weigerung des österreichischen Bundespräsidenten Wilhelm Miklas, Seyß-Inquart zum Bundeskanzler zu ernennen, beantwortete Hitler am 11.3. 1938 mit dem Befehl zum Einmarsch deutscher Truppen in Österreich, der in den Morgenstunden des 12.3. 1938 begann. Auf den Rat von Schuschnigg betraute Miklas Seyß-Inquart mit der Regierungsbildung. Nachdem durch den Rücktritt des Bundespräsidenten Miklas die Befugnisse des Staatsoberhaupts auf den Bundeskanzler übergegangen waren, beschloß das Bundeskabinett am 13.3. 1938 das »Bundesverfassungsgesetz über die Wiedervereinigung Österreichs mit dem Deutschen Reich«, das am selben Tage als Artikel I in das von Hitler in Linz unterzeichnete Reichsgesetz über die Wiedervereinigung Österreichs mit dem Deutschen Reich übernommen wurde, und die Abhaltung einer Volksabstimmung über den bereits vollzogenen »Anschluß« am 10.4. 1938. Die Volksabstimmung erbrachte 99,6% Ja-Stimmen bei einer Wahlbeteiligung von 99,7%. Am 30.5. 1938 wurde das Land Österreich in sieben Gaue gegliedert. Die Gauleiter wurden gleichzeitig mit der Führung der Landsmannschaft beauftragt.

Die begeisterten Reaktionen in Deutschland und Österreich auf den »Anschluß«, der sich nach außen hin legal und auf dem Verhandlungswege vollzogen hatte, verfehlten ihren Eindruck auf das Ausland nicht.

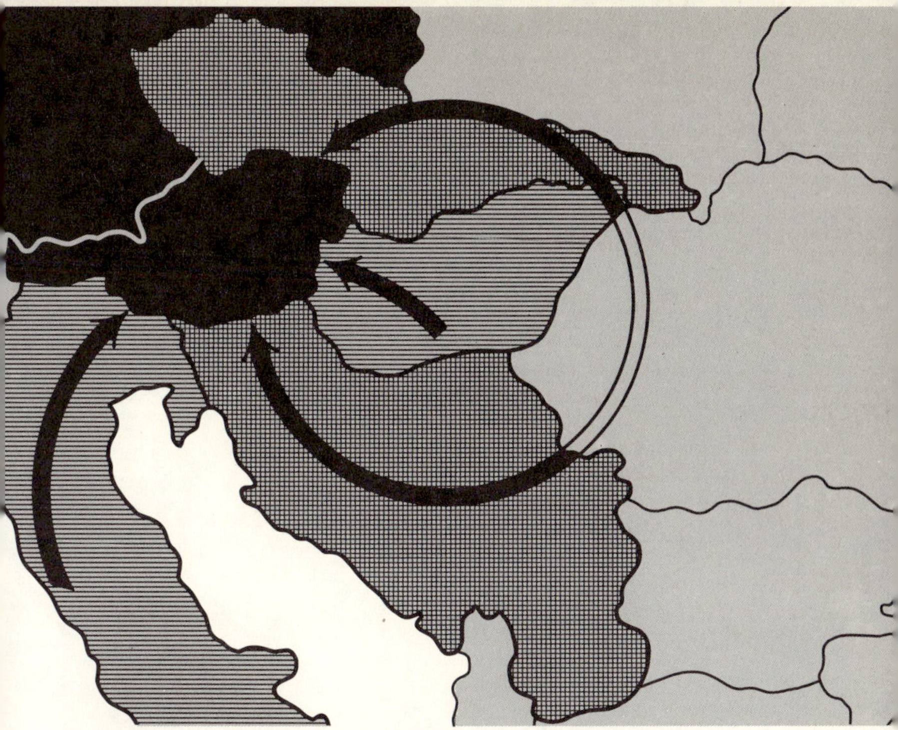

Schwarz Österreich und das Deutsche Reich. Doppelt schraffiert die tschechisch-südslawische, einfach die italienisch-ungarische Machtgruppe.

Nach dem furchtbaren Erlebnis des Zusammenbruches forderte Österreich einmütig den Anschluß an das Deutsche Reich. Die Nationalversammlung erklärte Österreich zum Bestandteil der deutschen Republik. Diesem klaren Volkswillen stand die Gewalt der Feinde gegenüber.

Der »Anschluß«

Die Erkenntnis, daß Österreichs politische Stellung unlösbar mit dem Schicksal des ganzen deutschen Volkes verbunden ist, war in den schweren Jahren des Weltkrieges erhärtet worden; sie wurde zu einem alle Schichten des Volkes erschütternden Erlebnis, als die Gegner in beiden deutschen Staaten unter Nichtachtung aller Volksrechte darangingen, ihren Machtwillen durchzusetzen. Dem stellte Deutschösterreich eine mutige Tat entgegen: Es wollte den Weg in die ungewisse Zukunft gemeinsam mit dem Reiche gehen. Am 12. Nov. 1918 erklärte die provisorische Nationalversammlung Deutschösterreich zu einem Bestandteil der Deutschen Republik. Es war ein Bekenntnis auf Leben und Tod; denn unbestimmt und verworren war die Lage des Reiches. Trotzdem beschritten die Deutschen des Südostens den Weg zur Einheit der ganzen Nation, entschlossen, ihr Recht auf Selbstbestimmung durchzusetzen. Doch die Gegner wußten die Durchführung dieses Beschlusses zu verhindern und den Staat unter Androhung von Gewalt zu einem Verzicht auf den Anschluß zu zwingen. Doch das Volk kämpfte weiter.

Die Vorschläge für die Abtretung der »Sudetendeutschen Gebiete«

Die englisch-französischen Vorschläge

Die Vorschläge sahen die Abtretung der Gebiete mit mehr als 50% deutscher Bevölkerung durch die Tschechoslowakei vor und wurden von der Prager Regierung unter Druck angenommen (21.9.1938).

Die deutschen Vorschläge

Hitler überreichte dem britischen Premierminister Chamberlain während der Konferenz in Godesberg ein Memorandum, in dem er die »anerkannte Abtretung des Sudetenlandes nunmehr ohne jede Verzögerung« forderte (23.9.1938).

Gebietsteile, in denen nach dem deutschen Memorandum später eine Volksabstimmung stattfinden sollte.

Es handelte sich hier um Gebietsteile, die auch von Deutschland beansprucht wurden, aber vorerst von tschechoslowakischen Truppen besetzt werden sollten. Eine Volksabstimmung sollte später über die endgültige Zugehörigkeit entscheiden.

Das Münchener Viermächte-Abkommen (29. 9. 1938)

»Sudetendeutsche Gebiete«
Die am 1.10.–20.11.1938 von deutschen Truppen besetzten Gebiete wurden in das Deutsche Reich eingegliedert. Am 15.4.1939 wurden sie auf den Reichsgau Sudetenland, die Länder Bayern und Preußen und die Bundesländer, bzw. späteren Reichsgaue Ober- und Niederösterreich aufgeteilt.

Deutsch-tschechoslowakische Grenze (21.11.1938)
Die Grenzziehung des internationalen Ausschusses war ethnographisch oft völlig unmöglich und geschah überwiegend aus strategischen Gründen.

Anmerkung: Die Diskrepanz zwischen den englisch-französischen und den deutschen Vorschlägen entstand durch die Berechnungsgrundlage für die Bevölkerung. Die englisch-französischen Vorschläge berücksichtigten die Bezirke, die deutschen die Gemeinden.

Die Sudetenkrise (1938)

Da Hitler plante, die Tschechoslowakei unter Benutzung der Unzufriedenheit der sudetendeutschen Minderheit zu beseitigen, erteilte er am 20.3. 1938 Konrad Henlein, dem Führer der Sudetendeutschen Partei, den Rat, bei Verhandlungen mit der tschechoslowakischen Regierung überhöhte und unannehmbare Forderungen zu stellen. Dementsprechend forderte die Sudetendeutsche Partei am 24.4. 1938 im »Karlsbader Programm« Autonomie, Agitationsmöglichkeit für die »deutsche Weltanschauung« und Wiedergutmachung für die den Sudetendeutschen seit 1919 zugefügten Schäden. Auf Grund der zunehmenden Spannungen und der unzutreffenden Annahme, daß ein deutscher Angriff bevorstehe, erfolgte am 20.5. 1938 eine tschechoslowakische Mobilmachung (»Wochenendkrise«). Großbritannien betonte, daß es auf seiten Frankreichs stehe, falls Frankreich seinem Bündnispartner helfen wolle; gleichzeitig bewog es aber Frankreich, Zurückhaltung zu üben. Im Gegensatz zur öffentlichen Meinung in Europa, Hitler sei diesmal zurückgewichen, erging am 30.5. 1938 seine endgültige Weisung an die Wehrmacht (»Fall Grün«), nachdem er am 28.5. 1938 in einer Unterredung mit hohen Offizieren und Beamten verkündet hatte: »Es ist mein unabänderlicher Entschluß, die Tschechoslowakei in absehbarer Zeit durch eine militärische Aktion zu zerschlagen.« Am 1.10. 1938 sollte die Wehrmacht in Bereitschaft gesetzt sein. Der Generalstabschef des Heeres, Generaloberst Ludwig Beck, der die Gefahr eines europäischen Krieges sah, trat am 18.8. 1938 von seinem Amt zurück. Der britische Premierminister Neville Chamberlain flog am 15.9. 1938 zu Hitler auf den Obersalzberg. Die Krise hatte sich mittlerweile verschärft, zumal Hitler auf dem Reichsparteitag in Nürnberg (9.9. 1938) mit einer Intervention in der Tschechoslowakei gedroht hatte. Um zu verhindern, daß der gesamte tschechoslowakische Staat von Hitler einverleibt wurde, bot Chamberlain die Übergabe der sudetendeutschen Territorien an. Die französische Regierung schloß sich dem Vorschlag an, verlangte aber eine internationale Garantie für den tschechoslowakischen Reststaat und die Abtretung der sudetendeutschen Gebiete auf Grund eines Vertrages und nicht durch eine Volksabstimmung. Nach Beratungen mit seinem Kabinett und Annahme der britisch-französischen Vorschläge durch die tschechoslowakische Regierung fand die Konferenz von Godesberg statt (22.–24.9. 1938), auf der Hitler den Einmarsch der Wehrmacht und die Abstimmung in noch zu bestimmenden Territorien forderte. Auch Polen und Ungarn stellten, von Hitler hierzu ermuntert, territoriale Forderungen an die Tschechoslowakei. Nachdem die Tschechoslowakei die deutschen Forderungen abgelehnt hatte, stellte Hitler ein auf den 28.9. 1938 befristetes Ultimatum. Die Westmächte trafen daraufhin Kriegsvorbereitungen, die Tschechoslowakei machte mobil. Auf Vermittlung Mussolinis fand am 29.9. 1938 die Münchener Konferenz statt, an der die Regierungschefs von Deutschland, Italien, Großbritannien und Frankreich teilnahmen. Ein von Staatssekretär von Weizsäcker vorbereiteter Vorschlag, den der »Duce« vorlegte, wurde von Chamberlain, Daladier, Mussolini und Hitler angenommen. Danach sollte der deutsche Einmarsch am 1.10. 1938 beginnen und bis zum 10.10. in Etappen durchgeführt werden. In einem noch näher zu bezeichnenden Gebiet sollte eine Volksabstimmung stattfinden, die aber unterblieb. Großbritannien und Frankreich gaben eine Garantieerklärung für die Rest-Tschechoslowakei ab, der das Deutsche Reich und Italien nach Regelung der Frage der ungarischen und polnischen Minderheiten beizutreten versprachen. Am 30.9. 1938 wurde eine deutsch-britische Nichtangriffs- und Konsultationserklärung unterzeichnet, die Hitler außenpolitisch an den erreichten Status quo binden sollte. Mit Frankreich wurde am 6.12. 1938 ein ähnliches Abkommen geschlossen.

Das Jahr 1938 – das Großdeutsche Reich

Die Heimkehr Österreichs und der Sudetenländer in das gemeinsame Reich ist nicht so sehr deshalb von Bedeutung geworden, weil diese Gaue dem Reich Menschen-, Raum- und Wirtschaftsgewinne zubrachten. Geschichtliche Vorgänge von solcher Größe reichen in tiefere Zonen hinab.

Das heilige Reich der Deutschen war im Lauf der Geschichte nicht immer lebendige Wirklichkeit. Doch immer, selbst in den dunklen Stunden unseres völkischen Daseins, war das heilige Reich für die Besten unter den Deutschen die Sehnsucht der Herzen und das fordernde Ziel der Wünsche.

Als der Führer dies Ziel wieder ins Licht der Geschichte hob, begann sich das Reich als ein Gebilde der Macht, der Einheit und Ordnung erneut zu verwirklichen. Und sofort erweckte es unter den Deutschen, die sich dem Reich durch Blut und Schicksal verbunden fühlten, erneuernde Kräfte. Die Vermessenheit des Versailler Diktats, eine Regelung für die Ewigkeit schaffen zu wollen, zerstob wie Spreu, als der Atem des Volkes wieder die echte Kraft gewann. Österreich und das Sudetenland vollzogen nur den gebietenden Spruch des tausendjährigen Schicksals, als sie sich mit dem Reiche des Führers vereinten ...

Nirgendwo ist ein Reich so gesammelte Kraft und dichte Bewußtheit wie an der Grenze. Aber nirgendwo waren die Marken so sinnlos und scheinbar für immer abgesprengt wie gerade im deutschen Südosten, der wie vielleicht kein anderes Grenzland trächtig ist mit Sinnbildern besten Erbes und bleibender deutscher Aufgaben. Das Reich steht seit seiner frühesten Stunde unter dem Auftrag, die ordnende Macht des Erdteils zu sein. Dies hat noch immer bedeutet, daß es damit die führende Macht in der Abwehr des feindlichen Ostens sein muß.

DEUTSCHES
Prag
(Praha)
Pilsen
(Plzeň)
TSCHECHO-
Olsa-
gebiet
Brünn
(Brno)
Sillein
(Žilina)
SLOWAKE
Rozsny
Losonc
Preßburg
Léva
Grosse
Schütt-Insel
Komárom
REICH
UNGARN

DEUTSCHES
Reichenberg
(Liberec)
1.10./20.11.1938
Prag
(Praha)
Pilsen
(Plzeň)
Protektorat
Böhmen und Mähren
1.10./20.11.1938
1.11.1938
Brünn
(Brno)
Sillein
(Žilina)
SLOWAKE
1.10. – 10.10.1938
Preßburg
(Bratislava)
2.11.1938
REICH
UNGAR

Die polnischen und ungarischen Forderungen (1938)

Olsagebiet

Nach einem Ultimatum der polnischen Regierung, das von der tschechoslowakischen Regierung angenommen wurde (1.10.1938), besetzten polnische Truppen das Olsagebiet (2.10.1938).

Die tschechoslowakischen Angebote

Am 9.10.1938 erklärte sich die tschechoslowakische Delegation bei den Verhandlungen in Komárom bereit, die Große Schütt-Insel und Komárom an Ungarn abzutreten (1838 qkm, 105418 Einwohner).

Ungarische Forderungen

Auf derselben Konferenz forderte Ungarn dagegen ein Gebiet von 12940 qkm mit 1034714 Einwohnern.

Die Aufteilung der Tschechoslowakei (1938–1939)

»Sudetendeutsche Gebiete« an das Deutsche Reich

Olsagebiet an Polen

Südslowakei und südliches Karpatorußland an Ungarn

Wiener Schiedsspruch vom 2.11.1938.

Slowakische Republik

Die Slowakei wurde am 6.10.1937 autonom, am 14.3.1939 »selbständiger« Staat.

Nördliches Karpatorußland

Das Gebiet wurde am 8.10.1938 autonom, am 14.3.1939 selbständig, ab 23.3.1939 von Ungarn besetzt und fiel zusammen mit dem ostslowakischen Gebiet an Ungarn.

Protektorat Böhmen und Mähren

Als autonomes Gebiet mit beschränkter Souveränität wurde das Restgebiet der Tschechoslowakei in das »Großdeutsche Reich« eingegliedert.

Die Zerschlagung der Tschechoslowakei (1938/1939)

Die Eingliederung des Sudetenlandes erfolgte durch den Erlaß des »Führers und Reichskanzlers« vom 1.10. 1938, durch den auch Konrad Henlein zum »Reichskommissar der sudetendeutschen Gebiete« ernannt wurde. Die Besetzung der sudetendeutschen Gebiete war bis zum 8.10. 1938 abgeschlossen. Eine internationale Kommission stellte die überwiegend deutsch besiedelten Gebiete fest, in die die Wehrmacht bis zum 10.10. 1938 einrückte. Am 30.10. 1938 wurde der Gau »Sudetenland« mit Reichenberg als Sitz des Gaues unter dem Gauleiter Konrad Henlein gebildet. Das südmährische Gebiet fiel an die österreichischen Gaue Ober- und Niederdonau, das südböhmische Gebiet an den Gau Bayerische Ostmark und das Hultschiner Ländchen an den Gau Schlesien. Am 5.11. 1938 wurde die Sudetendeutsche Partei in die NSDAP übernommen. Die Vereinbarung über die endgültige Festlegung der deutsch-tschechoslowakischen Grenze, die nicht nach ethnographischen, sondern – unter deutschem Druck – wirtschaftlichen und militärischen Gesichtspunkten vorgenommen wurde, wurde am 21.11. 1938 geschlossen.

Die polnischen und ungarischen Forderungen

Auf Grund eines polnischen Ultimatums trat die Tschechoslowakei am 1.10. 1938 das Gebiet von Teschen an Polen ab, das bis Dezember 1938 noch einige Gemeinden im Arwa-Gebiet und in der Zips erhielt. Die am 9.10. 1938 begonnenen ungarisch-tschechoslowakischen Verhandlungen in Komárom scheiterten am 14.10. 1938, weil die tschechoslowakische Delegation nur die Abtretung der Großen Schütt-Insel und der Stadt Komárom anbot, während die ungarische Delegation alle Gebiete verlangte, die nach der Volkszählung von 1910 mehr als 50% ungarische Bevölkerung aufwiesen. Mit dem von Ungarn vorgeschlagenen Schiedsgerichtsverfahren erklärte sich die Tschechoslowakei einverstanden. Im »Wiener Schiedsspruch« durch Deutschland und Italien (2.11. 1938) mußte die Tschechoslowakei auf die südlichen Randgebiete der Slowakei und Karpato-Rußlands verzichten.

Die Rest-Tschechoslowakei

Nach dem Münchener Abkommen trat am 5.10. 1938 Staatspräsident Dr. Eduard Beneš zurück. Bis zur Neuwahl eines Präsidenten wurde mit seiner Vertretung Ministerpräsident General J. Syrový betraut, in dessen Kabinett Dr. F. Chvalkovský als Außenminister eingetreten war. Die »Regierung der Nationalen Konzentration« versuchte, die Abtretungen gegenüber Deutschland in vertretbarem Rahmen zu halten, den Abspaltungstendenzen der Slowaken und Karpato-Russen entgegenzuwirken und weitere Einmischungen des Deutschen Reiches zu verhindern. Am 6.10. 1938 vereinigten sich die slowakischen Parteien (Slowakische Volkspartei, Slowakische Nationalpartei und der slowakische Flügel der Tschechoslowakischen Agrarpartei) zur »Slowakischen Front«. Nach dem Abkommen über die slowakische Autonomie bildete J. Tiso, der gleichzeitig als Minister für die Slowakei in die Regierung Syrový eintrat, eine Regierung. In der Karpato-Ukraine wurde eine Landesregierung unter A. Brody gebildet, der allerdings am 26.10. 1938 wegen separatistischer Bestrebungen verhaftet wurde. Die neugebildete Landesregierung unter Msgr. A. Vološin (6.11. 1938) hatte ihren Sitz in der neuen Hauptstadt Chust. Durch die Annahme der Autonomiegesetze für die Slowakei und die Karpato-Ukraine am 19.11. 1938 wurde die Tschechoslowakei auch de jure in eine föderative Tschecho-Slowakei umgewandelt. Am 30.11. 1938 wurde Dr. E. Hacha, der Präsident des Obersten Verwaltungsgerichtshofes in Prag, zum Präsidenten der Republik gewählt. Die Regierung unter R. Beran, dem Vorsitzenden der Agrarier, deren Außenminister wieder Chvalkovský wurde, verfolgte in der Außenpolitik eine enge Zusammenarbeit mit Deutschland und paßte sich in der Innenpolitik dem deutschen Vorbild durch Annahme eines Ermächtigungsgesetzes (14.12. 1938), Auflösung der kommunistischen Partei und ihrer Organisationen (23.12. 1938) und offenen Antisemitismus an. Die Slowakei und die Karpato-Ukraine hatten nach deutschem Muster eine Einheitspartei (»Slowakische Front«, »Ukrainische Nationale Vereinigung«). Am 18.12. 1938 und 12.2. 1939 wurden nach plebiszitären Befragungen in der Slowakei und der Karpato-Ukraine uniforme Landesregierungen durch die Einheitslisten gebildet. In Böhmen und Mähren bildeten sich zwei Parteien, die »Partei der Nationalen Einheit« und die »Nationale Partei der Arbeit«. Zur Verwirklichung der zugesagten internationalen Garantie gemäß Art. 8 des Münchener Abkommens kam es nicht, da Frankreich und Großbritannien sie nicht mit Nachdruck forderten. Die Konsultationsgespräche über einen »Freundschaftsvertrag« mit der Tschechoslowakei schob Hitler hinaus. Er war nicht an einer Konsolidierung der innen- und außenpolitischen Verhältnisse der Tschechoslowakei interessiert und unterstützte offen die slowakischen Separatisten (12.2. 1939 Empfang von Ministerpräsident V. Tuka)

Der »Griff nach Prag«

Am 21.10. 1938 hatte Hitler die Weisung zur »Zerschlagung der Rest-Tschechei« gegeben. Nach dem Konflikt zwischen Prag und der Slowakei, der zur Absetzung von Tiso und drei anderen Ministern, der Entwaffnung der Hlinka-Garde und zur Einsetzung einer neuen Regierung unter K. Sidor am 9.3. 1939 durch Präsident Dr. Hacha, führte, konnte Sidor die Lage in der Slowakei konsolidieren. Nach von Berlin in Böhmen und Mähren angezettelten Provokationen lud Hitler Tiso am 13.3. 1939 nach Berlin ein und forderte ihn auf, die Unabhängigkeit der Slowakei zu proklamieren, was am 14.4. 1939 geschah. Vološin erklärte gleichzeitig die Unabhängigkeit der Karpato-Ukraine und bat um den Schutz des Deutschen Reiches. Da das Deutsche Reich schon am 12.3. 1939 der ungarischen Regierung die Besetzung der Karpato-Ukraine gestattet hatte, rückten am 15.3. 1939 ungarische Truppen in sie ein. Ungarn erhielt die langersehnte gemeinsame Grenze mit dem befreundeten Polen. Am 14.3. 1939 wurde der herzkranke Präsident Dr. Hacha nach Berlin gerufen und mußte eine Erklärung unterschreiben, in der er »das Schicksal des tschechischen Volkes und Landes vertrauensvoll in die Hände des Führers des Deutschen Reiches« legte (15.3. 1939). Am selben Tag marschierten deutsche Truppen in das tschechische Staatsgebiet ein. Am 16.3. 1939 unterzeichnete Hitler, der noch vor Präsident Dr. Hacha in Prag eintraf, auf der Prager Burg den »Erlaß über das Protektorat Böhmen und Mähren«. Am 18.3. 1939 wurde Konstantin Freiherr von Neurath als »Wahrer der Reichsinteressen« zum »Reichsprotektor in Böhmen und Mähren« ernannt. Dem Land blieben Präsident Dr. Emil Hacha und die am 27.4. 1939 eingesetzte Protektoratsregierung unter Ministerpräsident General A. Eliáš erhalten, die aber immer mehr den Weisungen des Reichsprotektors, vor allem seiner Verwaltung, die dem skrupellosen K. H. Frank unterstand, zu folgen hatte. Am 18.3. 1939 schloß die Slowakei, die »Vasallenstaat« wurde, einen »Schutzvertrag« mit dem Deutschen Reich. Eine »Schutzzone« in der Westslowakei wurde von deutschen Truppen besetzt. Ende März mußte die Slowakei einen Gebietsstreifen von rund 1000 km^2 mit 30000–40000 meist ukrainischen Einwohnern längs der bisherigen Grenze zwischen der Slowakei und der Karpato-Ukraine an Ungarn abtreten.

Hitler hatte durch die »Zerschlagung der Rest-Tschechei« nicht nur sein feierlich gegebenes Versprechen, keine weiteren territorialen Forderungen mehr zu stellen, sondern auch einen Vertrag, nämlich das Münchener Abkommen, gebrochen. An die Stelle einer Revisionspolitik mit nationalstaatlich-großdeutschen Zielen trat eine unverhüllte Expansions- und Machtpolitik, die auf Erwerb neuen »Lebensraums« gerichtet war.

SCHWEDEN
DÄNEMARK
NIEDERLANDE
BELG.
LUX.
FRANKREICH
SCHWEIZ
ITALIEN
JUG
Hamburg
»Stadt des Handels«
»Stadt des KdF-Wagens«
Wolfsburg
Salzgitter »Stadt der Hermann Göring-Werke«
Goslar
»Reichsbauernstadt«
Berlin
»Reichshauptstadt«
Leipzig
»Reichsmessestadt«
Frankfurt
»Stadt d. dtsch. Handwerks«
Bayreuth
»Stadt der Erziehung«
Nürnberg
»Stadt der Reichsparteitage«
Stuttgart
»Stadt der Auslandsdeutschen«
München
»Hauptstadt der Bewegung«
»Stadt der deutschen Kunst«
Innsbruck
»Stadt der Bergsteiger«
Reichenberg
Sudetenland
Protektorat Böhmen und Mähre
Prag
Nieder-
Krems
Wien
Donau
Ober-
Linz
Donau
Salzburg
»Berghof«
Ostmark
Tirol
Salzburg
Steiermark
Kärnten
Graz
»Stadt der Volkserhebu
Klagenfurt

Das »Dritte Reich« (1937–1939)

Deutsches Reich 1937

»Anschluß« Österreichs

Nach der Volksabstimmung über den Anschluß Österreichs am 10.4.1938, die mit den Wahlen zum »Großdeutschen Reichstag« verbunden war, wurde Gauleiter Bürckel am 25.4.1938 zum »Reichskommissar für die Wiedervereinigung Österreichs mit dem Reich« eingesetzt.

Eingliederung des Sudetenlandes

Die sudetendeutschen Gebiete wurden von deutschen Truppen besetzt und an das Deutsche Reich abgetreten (1.10.–20.11.1938). Durch die vom internationalen Ausschuß festgesetzte Grenze (21.11.1938) wurden auch tschechisch besiedelte Gebiete abgetreten. Konrad Henlein wurde zum »Reichskommissar für die sudetendeutschen Gebiete« ernannt.

Protektorat Böhmen und Mähren

Am 16.3.1939 wurde der Erlaß über das »Protektorat Böhmen und Mähren« verkündet, das autonomer Teil des »Großdeutschen Reiches« mit beschränkter Souveränität wurde.

Großdeutsches Reich

Ab 16.3.1939 wurde das Deutsche Reich als »Großdeutsches Reich« bezeichnet.

Eingliederung des Memellandes

Nach einem deutschen Ultimatum an das hilflose Litauen wurde durch den deutsch-litauischen Staatsvertrag die Wiedervereinigung des Memellandes mit dem Deutschen Reich geregelt (23.3.1939).

Salzburg **Reichsgau**

Am 15.4.1939 wurden die sudetendeutschen Gebiete auf den Reichsgau Sudetenland, die Länder Bayern, Preußen, Ober- und Niederösterreich aufgeteilt. Die Aufteilung der »Ostmark« in Reichsgaue erfolgte am 1.5.1939. An der Spitze der Reichgaue standen Gauleiter, die gleichzeitig Reichsstatthalter waren.

Die Vorbereitung des Krieges (1937–1939)

Trotz seiner feierlichen Erklärung vor dem Reichstag (30. 1. 1937), daß mit der Wiederherstellung der deutschen Gleichberechtigung die Zeit der sogenannten Überraschungen abgeschlossen sei, verfolgte Hitler weiterhin sein ideologisches und machtpolitisches Hauptziel. Er hoffte, die Hegemonie in Europa und die Gewinnung neuen »Lebensraums« im Osten entweder im Bündnis mit Großbritannien oder mit Italien und Japan erreichen zu können. Mit seiner Appeasement-Politik glaubte Neville Chamberlain, seit 28.5. 1937 britischer Premierminister, durch territoriale Zugeständnisse Deutschland in eine multilaterale Friedensordnung einbetten zu können (»European Settlement«). Da Hitler spürte, daß Großbritannien und Frankreich sich seinen Plänen widersetzten, verstärkte er seine Beziehungen zu Italien (Besuch Mussolinis in Berlin, 25.–28.9. 1937) und Japan (Einstellung der deutschen Hilfe für China, 18.10. 37). Am 6.11. 37 erfolgte dann der Beitritt Italiens zum Komintern-Pakt. Im Blick auf die Zusammenarbeit der drei Mächte warnte der amerikanische Präsident Roosevelt in seiner »Quarantäne«-Rede in Chicago (5.10. 1937) die revisionistischen Mächte vor weiterer Expansion und forderte den Zusammenschluß aller friedliebenden Völker.
Am 5.11. 1937 formulierte Hitler vor dem Reichsaußenminister von Neurath, dem Reichskriegsminister von Blomberg und den Oberbefehlshabern der drei Wehrmachtteile, von Fritsch, Raeder und Göring, in der Reichskanzlei die in der sogenannten »Hoßbach-Niederschrift« festgehaltenen Ziele seiner Expansionspolitik im Osten: Nach Verbesserung der außenpolitischen Lage in Mitteleuropa durch Niederwerfung Österreichs und der Tschechoslowakei (möglichst im Sommer 1938) sollte die »Lösung der Raumnot« durch Gewinnung von Siedlungsraum und Rohstoffen »in unmittelbarem Anschluß an das Reich« in Europa »bis spätestens 1943–45« erfolgen, weil bis zu diesem Zeitpunkt Deutschland einen Rüstungsvorsprung besäße. Um den Expansionskurs in Osteuropa ohne Widerstände einschlagen zu können, wurde Dr. Hjalmar Schacht als Reichswirtschaftsminister entlassen und durch Walter Funk ersetzt (26.11. 1937). Nach der Entlassung des Reichskriegsministers von Blomberg – vorgeblich wegen einer nicht standesgemäßen Heirat – und des Oberbefehlshabers des Heeres, Generaloberst von Fritsch, aufgrund einer Intrige Himmlers und Görings übernahm Hitler den Oberbefehl über die Wehrmacht (4.2. 1938). Von Brauchitsch wurde Oberbefehlshaber des Heeres und General Wilhelm Keitel Chef des Oberkommandos der Wehrmacht, des früheren Wehrmachtsamtes. Im Auswärtigen Amt wurde von Neurath durch den Hitler völlig ergebenen Joachim von Ribbentrop ersetzt.
Der »Anschluß« Österreichs konnte in Europa als berechtigter Revisionswunsch des Deutschen Reiches verstanden werden. Doch die »Einverleibung« des Sudetenlandes geschah schon aus ethnographischen Gründen (»Vergrößerung des Rassekerns«), hinter der im Hintergrund Hitlers »unabänderlicher Entschluß« stand (30.5. 1938), »die Tschechoslowakei in absehbarer Zeit durch eine militärische Aktion zu zerschlagen«. Spätestens seit dem »Griff nach Prag« wurde den Westmächten klar, daß dieses Vorgehen den Beginn einer Expansion bedeutete. Großbritannien wurde, was Hitler nicht erkannte, der unbeugsame und zähe Gegner dieser Expansionspolitik. Am 22.3. 1939 gab Litauen unter deutschem Druck und unter dem Eindruck der Geschehnisse in der Tschechoslowakei das Memelland an das Deutsche Reich zurück. Der Öffentlichkeit gegenüber wurde diese Expansionspolitik in Mitteleuropa propagandistisch und taktisch verschleiert. Immer wieder erhobene Kolonialforderungen, die Deutschlands Recht auf koloniales Eigentum betonten, richteten sich an die Westmächte, die dadurch in Unruhe versetzt und von Hitlers wahren Zielen abgelenkt wurden. Dem

Der Deutsche Raum

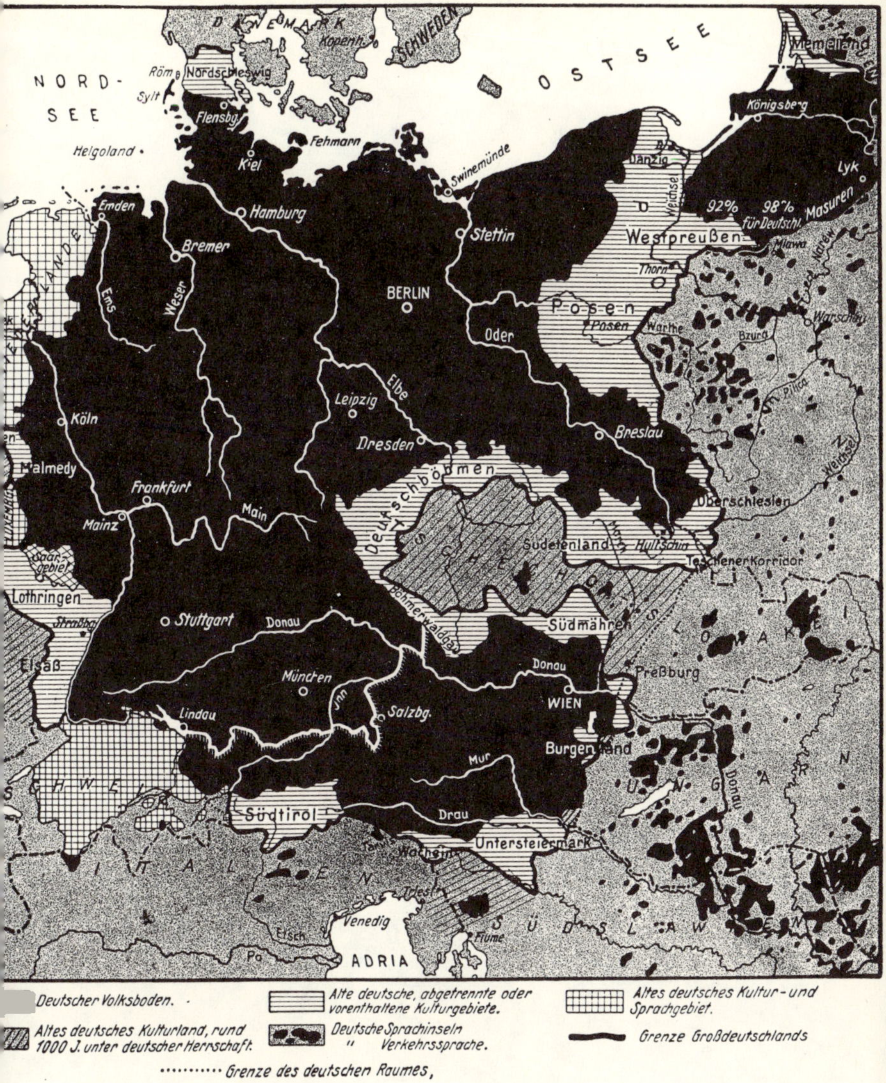

deutschen Volke gegenüber wurde eine Revision des Vertrages von Versailles in Aussicht gestellt, die von diesem – nach dem Verbot des Anschlusses Österreichs durch die Verträge von Versailles und dem Scheitern der Zoll-Union – nur zu gern gesehen und weitgehend unterstützt wurde. Dies traf auch auf einen großen Teil der Bevölkerung Österreichs zu.

SCHWEDEN
DÄNEMARK
Haithabu
„Germania"
I. Btl.
Nordwest
Hamburg
Lübeck
Glandorphaus
Neuengamme
Ravensbrück
Rohrmattenflechterei
Nord
Stettin
Sachsenhain
Sachsenhausen
II
„Brandenburg"
Brotfabrik
Oranienburg
„SS-Stadt"
Ost
Berlin
Sanitätsabteilung
„Adolf Hitler"
NIEDER-
LANDE
Mitte
Braunschweig
Magdeburg
Nordland-Verlag
GmbH
Horn
Externsteine-Stiftung
Nachrichten-
sturmbann
Unna
Wewelsburg
König Heinrich I.- Gedächtnis-
Stiftung
Quedlinburg
West
Düsseldorf
Rhein
Arolsen
II. Btl.
Fulda-Werra
Kassel
Buchenwald
Heilkräutergarten
Oberschloß
Kranichfeld
III
„Thüringen"
Berlstedt
Pionier-Sturmbann
Elbe
Dresden
Versuchsbäckerei
Cölbe
BELG.
LUX.
Protektorat
Böhmen und
Mähr
Grün
Neudorf
Flossenbürg
Heilkräutergarten
Heppenheim
Main
Nürnberg
II. Btl.
zbV
Ellwangen
Südwest
Stuttgart
FRANK-
REICH
Prittlbach
Gewürzmühle
Schwertschmiede
Heilkräutergarten
I. Btl.
zbV
Dachau
I
„Oberbayern"
Gemeinnützige Wohnungs-
und Heimstätten GmbH
Porzellan-Manufaktur
Allach-München GmbH
Süd
München
„Deutschland"
IV
„Ostmark"
Linz
Mauthausen
I. Btl.
Radolfzell
III. Btl.
Tölz
SS-Berghaus
Bayrischzell
SCHWEIZ
II. Btl.
Graz
Klagenfurt
III. Btl.
ITALIEN
JUG

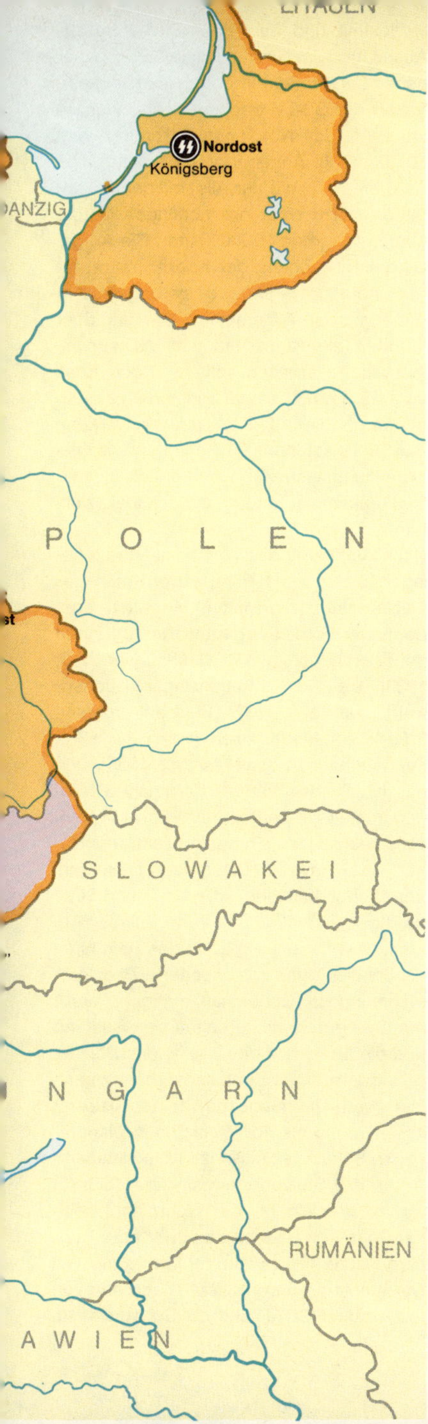

Die SS (1939)

»Großdeutsches Reich« (1939)

Allgemeine SS:

Ost SS-Oberabschnitt

Weihestätte der SS

SS-Totenkopfverbände:

SS-Totenkopfstandarte

SS-E-Sturmbann

Konzentrationslager

SS-Verfügungstruppen:

SS-Standarte

II. Btl. Standort eines Bataillons einer Standarte bzw. eines Sturmbannes

SS-Junkerschule

SS-Unternehmen:

Aus weltanschaulichen Gründen von der SS betreute Stätte

Deutsche Erd- und Steinwerke GmbH (DEST):

Steinbruch- oder Granitwerk

Ziegelwerk

Unternehmen der Deutschen Ausrüstungswerke GmbH (DAW)

Einrichtungen der Deutschen Versuchsanstalt für Ernährung und Verpflegung GmbH

Unternehmen verschiedener Art

Sudetenquell GmbH

Die SS (1939)

Während der Sudetenkrise erfolgte am 17.8. 1938 die Anordnung Hitlers, die die Aufgaben der SS und Polizei und die Abgrenzung der gemeinsamen Aufgaben der SS und der Wehrmacht regelte. Die »Allgemeine SS« war eine politische Organisation der NSDAP. Sie hatte politische Aufgaben zu erfüllen und bedurfte deshalb »keiner militärischen Gliederung und Ausbildung«. Die SS-Männer gehörten keiner Sonderformation an. Gegliedert war die Allgemeine SS, die 1939 eine Stärke von rund 225000 Mann besaß, in vierzehn SS-Oberabschnitte. Jeder SS-Oberabschnitt war in zwei bis drei SS-Abschnitte untergliedert. Jeder SS-Abschnitt bestand aus zwei bis drei Standarten.

Die SS-Totenkopfverbände (SS-TV), die »weder ein Teil der Wehrmacht noch der Polizei« waren, bildeten eine bewaffnete Truppe »zur Lösung von Sonderaufgaben polizeilicher Natur« (= Bewachung der Konzentrationslager). Sie unterstanden dem »Reichsführer-SS und Chef der deutschen Polizei« H. Himmler, der für die Organisation, Ausbildung, Bewaffnung und volle Einsatzfähigkeit zuständig war. Im Einvernehmen mit dem Oberkommando der Wehrmacht hatte er Hitler Bewaffnung und Ausrüstung vorzuschlagen. Die Stärke der SS-TV richtete sich nach dem Umfang ihrer Aufgaben. Theodor Eicke war der »Führer der SS-Totenkopfverbände und Konzentrationslager«, der mit seinem Führungsstab ab 2.8. 1938 seinen Dienstsitz in der »SS-Stadt« Oranienburg hatte. Die SS-TV waren 1939 in die I. Totenkopfstandarte »Oberbayern« (Dachau), die II. Totenkopfstandarte »Brandenburg« (Oranienburg), die III. Totenkopfstandarte »Thüringen« (Buchenwald) und die IV. Totenkopfstandarte »Ostmark« (Linz) sowie zwei Ersatz-Sturmbanne (Breslau) gegliedert. Am 17.8. 1938 wurde auch durch die Anordnung Hitlers eine Verstärkung der SS-TV als »Polizeiverstärkung« vorgenommen, die »im Bedarfsfall auf meinen Befehl, im Mobilisierungsfall jedoch grundsätzlich aufgestellt und bewaffnet wird«. Da die Ausbildung der für den Kriegsfall vorgesehenen Verstärkung in den Ergänzungseinheiten der SS-TV erfolgen sollte, wurden aufgrund der Notdienstverordnung vom 15.10. 1938 Angehörige der Jahrgänge 1903 bis 1913, die der Allgemeinen SS angehörten, zu einer dreimonatigen Übung einberufen (rund 10000 Mann). Die Aufgabe der Bewachung der Konzentrationslager übernahmen im Mobilisierungsfall Angehörige der Allgemeinen SS, die über 45 Jahre alt waren und eine militärische Ausbildung erhalten sollten. Durch Erlaß vom 18.5. 1939 setzte Hitler die Höchststärke für die aufzustellende Verstärkung der SS-TV auf 25000 Mann fest, die in zwei Ergänzungseinheiten für ihre Polizei- und Straßenkampfaufgaben ausgebildet wurden.

Nach Auflösung der alten Konzentrationslager bestanden 1937/1938 im Reichsgebiet Konzentrationslager, die nach dem Dachauer Vorbild gebaut waren. Zu ihnen gehörten neben dem KL Dachau (seit 22.3. 1933) die Konzentrationslager Buchenwald (seit 15.7. 1937), Flossenbürg (seit 3.5. 1938), Mauthausen (seit 8.8. 1938), Sachsenhausen (seit August 1936) und das KL Sachsenhausen/Kommando Neuengamme (seit September 1938). Am 15.5. 1939 wurde das Frauenkonzentrationslager (FKL) Ravensbrück errichtet. Die Zahl der »Schutzhäftlinge«, die 1937 rund 8000 betrug, stieg 1939 auf rund 21400. Am 25.1.1938 regelte ein Erlaß des Reichsministers des Innern die erweiterte Zweckbestimmung der Schutzhaft (»gegen Personen, die durch ihr Verhalten den Bestand und die Sicherheit des Volkes und Staates gefährden«), die Schutzhaftverhängung allein durch das Geheime Staatspolizeiamt in Berlin und die Vollstreckung der langfristigen Schutzhaft in Konzentrationslagern.

Auch die SS-Verfügungstruppe (SS-VT) war »weder ein Teil der Wehrmacht noch der Polizei« und stand als bewaffnete Truppe ausschließlich Hitler zur Verfügung. Sie war auf Anordnung Hitlers »nach den von mir für die NSDAP und die Schutzstaffeln

gegebenen Richtlinien durch den Reichsführer-SS auszuwählen, zu erziehen und durch Einstellung von Freiwilligen, die ihrer Arbeitsdienstpflicht genügt haben, aus der Zahl der Wehrpflichtigen zu ergänzen.« Im Mobilisierungsfall fand sie durch den Oberbefehlshaber des Heeres im Rahmen des Kriegsheeres und im Bedarfsfall im Innern durch die Weisungen Hitlers Verwendung. Wie die SS-Totenkopfverbände sollte auch die SS-Verfügungstruppe im Innern gegen Unruhen eingesetzt werden. Im Juli 1939 bestand die SS-VT – außer der Inspektion der SS-VT und der SS-Sanitätsabteilung VT in Berlin – aus der Leibstandarte SS »Adolf Hitler« (Berlin), der SS-Standarte »Deutschland« (München), der SS-Standarte »Germania« (Hamburg) mit je einem Bataillon in Hamburg, Arolsen und Radolfzell sowie der SS-Standarte »Der Führer« (Wien) mit je einem Bataillon in Wien, Graz und Klagenfurt. Außerdem befanden sich noch SS-zbV I. Bataillon in Ellwangen, II. Bataillon in Dachau, ein SS-Pionier-Sturmbann in Dresden und ein SS-Nachrichten-Sturmbann in Unna. Durch Erlaß vom 18.5. 1939 ordnete Hitler nach Abschluß des Aufbaus der SS-VT die Zusammenfassung aller Verbände der SS-VT zu einer SS-Division an, deren Gliederung und Bewaffnung einer Infanterie-Division (mot.) des Heeres – allerdings mit zusätzlichen Einheiten – entsprach. Die Ausbildung des Führernachwuchses für die SS-VT, SS-TV und die Polizei erfolgte auf den SS-Junkerschulen in Tölz und Braunschweig. Am 19.8. 1939 wurden durch Befehl Hitlers die Truppenteile der SS-VT mit sofortiger Wirkung dem Oberbefehlshaber des Heeres unterstellt.
Schon in den dreißiger Jahren wurden aus einem persönlichen Interesse Himmlers oder aus weltanschaulichen Gründen Unternehmen des »Persönlichen Stabes des Reichsführers-SS« gegründet, unter ihnen die Nordland-Verlag GmbH für stark politisch-ideologisch gefärbte Literatur, die Porzellan-Manufaktur Allach-München GmbH für NS-Kleinplastik in Porzellan und die Gemeinnützige Wohnungs- und Heimstätten-GmbH für den Bau und Kauf von Häusern für SS-Angehörige. Aus besonderem Interesse an der deutschen Geschichte wurde die »Gesellschaft zur Förderung und Pflege deutscher Kulturdenkmäler e.V.« gegründet, die historische Bauwerke, an deren Pflege der SS aus weltanschaulichen Gründen gelegen war, betreute. Dies traf auch auf die Gründung der »Externsteine-Stiftung« zur Erhaltung dieser »Kultstätte« und auf die »König Heinrich I.-Stiftung« zur Erhaltung des Quedlinburger Doms zu. Seine Krypta mit dem Grab Heinrichs I. und der Braunschweiger Dom mit dem Grab Heinrichs des Löwen wurden sogar »Weihestätten der SS«.
Die Ausweitung des Konzentrationslagersystems ab 1938 und der zunehmende Arbeitermangel führten zu Überlegungen, in SS-eigenen Unternehmen »brachliegende«, in der freien Wirtschaft aus den verschiedensten Gründen nicht zu verwendende Arbeitskräfte (Häftlinge der Konzentrationslager) mit Arbeiten für die öffentliche Hand »zu beschäftigen und »dem Volksganzen nutzbar zu machen«. So wurde die »Deutsche Erd- und Steinwerke GmbH« (DEST), die einen Steinbruch (Flossenbürg), ein Granitwerk (Mauthausen) und Ziegelwerke (Oranienburg, Berlstedt, Neuengamme) betrieb, gegründet. 1939 waren fast 4000 Häftlinge in diesen Werken beschäftigt. Der Jahresumsatz belief sich auf 1589000 RM. Der Wunsch der SS – vor allem Himmlers – nach »deutschen« Kräutern und Gewürzen ließ die »Deutsche Versuchsanstalt für Ernährung und Verpflegung GmbH« mit drei Heilkräutergärten und einer Gewürzmühle für einen Pfefferersatz entstehen. Die »Deutschen Ausrüstungswerke GmbH« (DAW) besaßen vor dem Kriege erst vier kleinere Betriebe. Nach der Eingliederung der sudetendeutschen Gebiete begann die SS durch Erwerbung des Mineralwasserbrunnens in Grün und die Pachtung eines weiteren Brunnens in Neudorf mit dem Aufbau einer Mineralwasserfirma, der »Sudetenquell GmbH«.

SCHWEDEN
DÄNEMARK
NIEDER-
LANDE
BELG.
LUX.
FRANK-
REICH
SCHWEIZ
ITALIEN
JUG
Protektorat
Lübeck 30
Schwerin 12
Hamburg mot. 20 X
Stettin mot. 2 II
Kös 32
Bremen 22
Berlin III 3
Potsdam 23
Frankfurt 3
Hannover XI 19
Braunschweig 31
Magdeburg mot. 13
Münster 16 VI
Bielefeld 6
Paderborn 6
Cottbus le. 3
Sagan 8
Liegnitz 18
Wuppertal le. 1
Kassel IX
Leipzig 14
Dresden IV
Köln 26
Aachen
Bonn
G
Erfurt mot. 29
Weimar 1
Jena
Gera le. 2
Chemnitz 24
Reichenberg 4
Gießen 9
Koblenz 34
Wiesbaden XII
Frankfurt 15
Karlsbad 46
Trier
St. Wendel
Kaiserslautern 36
Würzburg 4
Mannheim 33
Nürnberg 17 XIII
Karlsruhe 35
Baden-Baden
Ludwigsburg 25
Stuttgart 4 V
Regensburg 10
Ulm 5
Augsburg 27
München VII 7
Linz 45
Wien XVII 44 2
Salzburg XVIII
Garmisch-Partenkirchen Geb. 1
Innsbruck Geb. 2
Graz Geb. 3
L.

Das Heer (1939)

- »Großdeutsches Reich«
- Befestigung
- Heeresgruppenkommando
- Generalkommando
- Stettin II — Wehrkreiskommando
- G — Generalkommando der Grenztruppen
- G — Grenzkommandantur
- 10 — Infanteriedivision
- mot. 20 — Infanteriedivision (mot.)
- le. 2 — Leichte Infanteriedivision
- 5 — Panzerdivision
- Geb. 2 — Gebirgsdivision
- 1 — Kavallerie-Brigade
- 3 — Panzer-Brigade

Anmerkung: Eine Infanteriedivision bzw. Infanteriedivision (mot.) bestand – mit Ausnahme der 46. Division – aus 3 Infanterieregimentern, eine Gebirgsdivision aus 2–3 Gebirgsjäger-Regimentern, eine Panzerdivision aus 3 Schützen-Brigade-Regimentern – mit Ausnahme der 4. und 5. Panzerdivision – und 3 Panzer-Brigade-Regimentern, die Panzer-Brigade aus 3 Panzer-Brigade-Regimentern, die leichte Division aus 1–2 Kavallerie-Schützen-Regimentern und einem Aufklärungs-Regiment. Außerdem führten alle Divisionen ein Artillerieregiment – die 33., 34. und 44. Infanteriedivision und die 13. Infanteriedivision (mot.) sogar noch ein zweites – ein Pionierbataillon, eine Panzerabwehr-, eine Nachrichten- und eine Sanitätsabteilung, die leichte Division nur eine Nachrichtenkompanie. Den meisten Infanteriedivisionen war zusätzlich noch ein M.G.-Bataillon, eine Aufklärungs-, Beobachtungs-, Fahr- oder Kraftfahrabteilung unterstellt. Die Kavallerie-Brigade bestand aus 2 Reiter-Regimentern und einem Kavallerie-Regiment, einer Radfahr-, einer Aufklärungs- und einer reit.-Artillerie-Abteilung.

Das Heer (1935–1939)

Nach der Rückgabe des Saargebiets an das Deutsche Reich (1.3. 1935) wurde am 16.3. 1935 durch das »Gesetz über den Aufbau der Wehrmacht« die allgemeine Wehrpflicht wieder eingeführt und die Gliederung des Friedensheeres in zwölf Korpskommandos und 36 Divisionen festgelegt. Luftwaffe und Marine wurden nicht erwähnt. Weitere gesetzliche Grundlagen für die neue Wehrmacht bildeten das Wehrgesetz und das Reichsverteidigungsgesetz, dessen Veröffentlichung aber ausgesetzt blieb, vom 21.5. 1935. Das Wehrgesetz betonte sehr stark den wehrrechtlichen Gedanken und den Einsatz aller Kräfte als militärisches Potential. § 1, 3 bestimmte: »Im Kriege ist über die Wehrpflicht hinaus jeder deutsche Mann und jede deutsche Frau zur Dienstleistung für das Vaterland verpflichtet.« Nach dem Reichsverteidigungsgesetz hatte der »Führer und Reichskanzler« das Recht, den »Verteidigungszustand« auszurufen, die Mobilmachung anzuordnen und den Krieg zu erklären. Die Leitung der gesamten Kriegswirtschaft lag in den Händen eines »Generalbevollmächtigten für die Kriegswirtschaft« (Dr. Schacht), der mit seiner Arbeit bereits im Frieden beginnen sollte. Im Paragraphen 8 des Wehrgesetzes vom 21.5. 1935 wurde am 22.5. 1935 die Dauer der aktiven Dienstpflicht auf ein Jahr festgesetzt. Das Heer bestand im Frühjahr 1935 aus 21 Divisionen, die aber weder personell noch materiell ihre volle Stärke erreicht hatten. 280000 Mann standen unter Waffen, doch mußten zu den vorhandenen 109 Infanteriebataillonen noch weitere 80 aufgestellt werden. Am 2.4. 1935 fiel die Entscheidung, zum Herbstaufstellungstermin 1935 ein 24-Divisionen-Heer zu bilden. Die Erweiterung wurde ermöglicht durch die Eingliederung der kasernierten Landespolizei (rund 56000 Mann) in die Wehrmacht, die gemäß dem Gesetz vom 3.7. 1935 zum 1.8. 1935 durchgeführt wurde. Herbst 1935 betrug die Heeresstärke rund 400000 Mann. Das Friedensheer gliederte sich in 24 Infanterie-, 3 Panzer- und 2 Kavalleriedivisionen sowie 1 Gebirgs- und eine Kavalleriebrigade. In zweieinhalb Jahren hatte sich die personelle Stärke des Heeres vervierfacht. Unter dieser schnellen Erweiterung mußte die Solidität und Stetigkeit des Aufbaus verlorengehen. Für das Offizierskorps, dessen untere Dienstgrade überbeansprucht wurden und dessen Offiziersausbildung litt, bedeutete der forcierte Aufbau einen Verlust an Homogenität und Qualität. Die Zahl der Offiziere erhöhte sich von 3800 (1933) auf 6553 (15.10. 1935) und um 3073 Ergänzungsoffiziere (1.11. 1935). Am 19.7. 1935 machte der Generalstab den Vorschlag zum Aufbau des von Hitler verkündeten 36-Divisionen-Heeres (rund 700000 Mann) zum 1.10. 1939. Der schnelle Aufbau sollte es einem aus dem Friedensheer zu mobilisierenden Kriegsheer ermöglichen, »einen Mehrfrontenkrieg mit einiger Aussicht auf Erfolg« führen zu können. Aus diesem Grund trat Ludwig Beck, der Chef des Generalstabes, für eine möglichst ununterbrochene und kurz befristete Durchführung des Heeresaufbaus ein. Zur »Wiedergewinnung der politischen Macht« marschierten am 7.3. 1936 deutsche Truppen in die entmilitarisierte Zone des Rheinlands ein. Der größte Teil der Truppen zog in rechtsrheinische Garnisonen ein, während nur drei Bataillone auf die Städte Aachen, Trier und Saarbrücken marschierten. Mit der Besetzung der Rheinlande war nicht nur die letzte, durch den Vertrag von Versailles auferlegte Beschränkung der Wehrhoheit beseitigt, sondern die Wehrmacht hatte auch eine günstige Verteidigungslinie (Roer-Rhein-Schwarzwald-Linie) und ein weiteres Potential von Wehrpflichtigen aus den besetzten Gebieten erhalten. Verbesserung der militärischen Handlungsfähigkeit und die militärischen Erwägungen über die künftige Verwendung der am 15.10. 1935 aufgestellten 3 Panzer-Divisionen, die eine »offensive Abwehr« durch »bewegliche Kampfführung« zuließen, waren die Gründe für Erörterungen

über die »Erhöhung der Angriffskraft des Heeres«.
Der 1. Aufstellungsbefehl vom 12. 1. 1936 sah für den Herbsttermin die Aufstellung von 32 Infanteriedivisionen vor, der 2. Befehl vom 1.4. 1936 nach der Rheinlandbesetzung schon 41 Divisionsverbände, darunter 36 Infanteriedivisionen, 3 Panzerdivisionen, 1 Gebirgs- und 1 Kavalleriebrigade. Im Herbst 1936 erreichte das Heer eine Stärke von rund 520000 Mann. Außerdem standen 21 Landwehrdivisionen und vier Reservedivisionen zur Verfügung, insgesamt also im Kriegsfall 66 Divisionsverbände. Der Rüstungsplan des Chefs des Allgemeinen Heeresamtes (AHA), Generalmajor Fromm, vom 1.8. 1936, der den Finanzbedarf für die Haushaltsjahre 1937 bis 1945 enthielt, war von einer Größenordnung, die nur zwei Folgerungen zuließ: den baldigen Einsatz der Wehrmacht oder Senkung der Forderungen an die Höhe der Kriegsbereitschaft. Die militärische Aggression wurde auf jeden Fall von der Rüstungsplanung einkalkuliert. Nachdem der Oberkommandierende des Heeres, von Fritsch, am 12.10. 1936 Reichskriegsminister Blomberg den Aufmarschplan des Heeres, der mit den Worten begann: »Nach den Worten des Führers soll ein schlagkräftiges Heer in möglichst kurzer Zeit geschaffen werden«, vorgelegt und betont hatte, daß »das OKH diese Aufgabe in der Hauptsache bis zum 1.10. 1939 lösen« könne, wurde am 6.12. 1936 der Rüstungsplan in Kraft gesetzt.
Am 24.8. 1936 wurde die Dauer der aktiven Dienstpflicht auf zwei Jahre festgesetzt. Neben die militärische Aufrüstung trat die wirtschaftliche durch Verkündung des »Vierjahresplans« am 9.9. 1936, dem nach der Denkschrift Hitlers die Aufgabe zufiel, Armee und Heer in vier Jahren einsatz- und kriegsfähig zu machen. 1937 wurde für das Heer ein Jahr der Konsolidierung. Das Heer vergrößerte sich um eine leichte Brigade (mot.), die Aufgaben der Kavallerie übernahm (Aufklärung über große Räume, Schutz von Flanken, Decken breiter Frontlücken u. a.). Außerdem wurden vier Infanteriedivisionen motorisiert. Es war aber immer noch ein personeller und materieller Fehlbestand vorhanden. Mit vier weiteren Reservedivisionen wuchs das Kriegsheer auf 71 Divisionen. 1938 wurden nach dem Anschluß Österreichs 2 Infanterie-, 2 Gebirgs- und 1 Panzerdivision sowie 1 leichte Division neu gebildet.
Am 13.3. 1938 wurde durch Erlaß Hitlers das österreichische Bundesheer in die deutsche Wehrmacht eingegliedert. Am 1.4. 1938 wurde in Wien das Heeresgruppenkommando 5 mit dem XVII. und XVIII. Armeekorps in Wien und Salzburg aufgestellt. Rund 1600 österreichische Offiziere und rund 60000 österreichische Soldaten wurden in die Wehrmacht übernommen. Nach der »Zerschlagung« der Rest-Tschechoslowakei diente die Beute (Waffen, Munition und Gerät) zur vorsorglichen Lagerung für 15 Infanteriedivisionen und im Westfeldzug zur Ausrüstung von 3 Panzer-Divisionen mit tschechoslowakischen Kampfwagen.
Obwohl im Herbst 1939 das deutsche Heer zu den am modernsten ausgerüsteten Armeen der Welt zählte, litt es unter Offiziersmangel und unter seinem »mobilmachungsmäßigen Aufbau«, der durch das Fehlen der »Tiefenrüstung« die Führung eines längeren Krieges unmöglich machte, vielmehr durch seine »Breitenrüstung« zur Führung von »Blitzkriegen« zwang. Die Knappheit an Rohstoffen (Nichteisenmetalle, Eisen und Stabstahl) machte eine planmäßige Ausstattung des Heeres mit Munition, Waffen und Gerät unmöglich. Am 1.9. 1939 überschritt der personelle Bestand 2,758 Mio. Mann. Das Heer bestand aus 35 Infanterie-, 3 Gebirgs-, 6 Panzer-Divisionen, 4 leichten Divisionen, 4 motorisierten Infanteriedivisionen und 1 Kavalleriebrigade. Die Ausstattung und Ausrüstung des Heeres war unbefriedigend, da dem Feldheer jeglicher Vorrat an Waffen und Gerät fehlte und der Munitionsvorrat für höchstens 15 Kampftage reichte. Die Vernachlässigung der rüstungswirtschaftlichen Überlegungen machte sich jetzt bemerkbar.

SCHWEDEN
DÄNEMARK
Kiel
Rostock
Kolberg
Norderney
Lübeck
Hamburg
Neubrandenburg
Emden
Stettin
Oldenburg
Bremen
Arnswalde
NIEDER-
LANDE
Lingen
Berlin
Küstrin
Osnabrück
Hannover
Münster
Magdeburg
Kleve
Halle
Glogau
Mönchen-
gladbach
Kassel
Wuppertal
Leipzig
Köln
Siegen
Erfurt
Dresden
Hirschberg
Aachen
BELG.
Gießen
Fulda
Aussig
Coburg
Karlsbad
LUX.
Marienbad
TSCHEC
Ludwigs-
hfn.
Fürth
Nürnberg
Saarbrücken
Karlsruhe
Heilbronn
Regensburg
Budweis
Stuttgart
FRANK-
REICH
Ulm
Hollabrunn
Augsburg
Krems
Linz
St. Pölten
Freiburg
München
Neuleng-
bach
Salzburg
Konstanz
Neunkirchen
Leoben
L.
SCHWEIZ
Graz
Klagenfurt
ITALIEN
JUG

Die zerstörten Synagogen und Bethäuser in der Nacht vom 9.11.1938 (»Reichskristallnacht«)

Deutsches Reich

Die am 1.10./20.11.1938 von deutschen Truppen besetzten »Sudetendeutschen Gebiete«

Verbrannte und zerstörte Synagogen und Bethäuser

Zwischen Synagoge, Bethaus und Betsaal, der sich in einem Haus befinden kann, bestehen nur quantitative, nicht qualitative Unterschiede. Sie dienen der jüdischen Gemeinde als »Versammlungshaus« für den Gottesdienst. Allerdings müssen im Raum für den Gottesdienst, dem Betsaal, in einer Nische in der auf Jerusalem ausgerichteten Wand die Thorarollen aufbewahrt werden, da im Mittelpunkt des Gottesdienstes die Lesung des Thora-Textes steht.

Demolierte und beschädigte Synagogen und Bethäuser

Diese Gebäude wurden später meist verkauft, zweckentfremdet oder abgerissen.

Mehrere verbrannte, zerstörte, demolierte und beschädigte Synagogen und Bethäuser an einem Ort.

Die Ausschaltung der Juden (1933–1939)

Voraussetzung für die »Judenpolitik« des »3. Reiches« war die antisemitische Weltanschauung Hitlers, nach der »der Jude« als »Ungeziefer« aus dem »deutschen Volkskörper ausgeschieden« werden müßte, und ein »Sündenbockantisemitismus«, der »den Juden« z. B. als »jüdisch-marxistischen Novemberverbrecher« für die Niederlage von 1918 verantwortlich machte und ihn als Gegner und »Staatsfeind«, der sogar »Weltfeind Nr. 1« wurde, in der totalitären Staatspraxis herausstellte, um die »völkische Kampfbereitschaft« immer wach zu halten. In der rassistischen Hetze überboten sich J. Goebbels mit seinen verabscheuungswürdigen Formulierungen und J. Streicher in seinem antisemitischen Hetzblatt »Der Stürmer«. Nach der Machtübernahme begannen die zügellosen Ausschreitungen, willkürlichen Verhaftungen und Überfälle. Der »Boykott-Tag« am 1.4. 1933 richtete sich gegen jüdische Geschäfte, Ärzte, Rechtsanwälte und Professoren. In den darauffolgenden Monaten folgten einschneidende berufliche Beschränkungen für Juden. Jüdische Beamte wurden entlassen, falls sie nicht Weltkriegsteilnehmer waren (7.4.). Rechtsanwälten (17.4.) und Patentanwälten (22.4.) wurde die Zulassung versagt bzw. entzogen. Ärzte (22.4.) sowie Zahnärzte und Dentisten (2.6) mußten ihre Tätigkeit bei den Krankenkassen beenden. Auch wurde ihnen die Neuzulassung verweigert. Für jüdische Schüler und Studenten wurden Zulassungsbeschränkungen eingeführt (25.4.). Mit der Bücherverbrennung am 10.5. 1933 und der Entfernung jüdischen Schrifttums aus den öffentlichen Bibliotheken begann die »Ausschaltung« des jüdischen Geistes. Das Schriftleitergesetz (16.10. 1933) und der »große Abstammungsnachweis von Vorfahren deutschen oder artverwandten Blutes bis zum Jahre 1800 zurück« (24.4. 1935) beendeten die Beschäftigung von Juden im Zeitungswesen. Die menschliche Ächtung der Juden vollzog sich durch Aufhetzung der deutschen Bevölkerung, die in Städten, Dörfern und Gemeinden wetteiferte, ihren Ort als »judenrein« deklarieren und durch Schilder wie »Juden unerwünscht« auch weiterhin »rein« halten zu können.

Am 15.9. 1935 wurden auf dem Reichsparteitag die »Nürnberger Gesetze« verkündet. Durch das »Reichsbürgergesetz«, das die Trennung der Bevölkerung in bloße »Staatsangehörige« und »Staats- und Reichsbürger« vornahm, wurden den Juden alle politischen Rechte genommen. Das »Gesetz zum Schutz des deutschen Blutes und der deutschen Ehre« verbot die Eheschließung zwischen Juden und Nichtjuden, den »außerehelichen Verkehr zwischen Juden und Staatsangehörigen deutschen oder artverwandten Blutes«, das Hissen der Reichsflagge und die Beschäftigung nichtjüdischer weiblicher Angestellter unter 45 Jahren in jüdischen Haushalten. Die 1. Durchführungsverordnung zum »Reichsbürgergesetz« (14.11. 1935) legte fest, wer als Jude (drei oder vier jüdische Großeltern), als »Mischling 1. Grades« (2 jüdische Großeltern) und »Mischling 2. Grades« (1 jüdischer Großelternteil) zu gelten hatte. Die »Nürnberger Gesetze« wurden als »Verfassungsgesetze« durch Durchführungsverordnungen ergänzt, die mit anderen Erlassen und Anordnungen die Stellung der Juden in allen Lebensbereichen weiter einengten. Die Diffamierung und Deklassierung der deutschen Juden erreichte 1938 ihren Höhepunkt durch die Berufsverbote für Versteigerer (5.2.), Ärzte durch Entziehung der Approbation (25.7.), Rechtsanwälte (27.9.) und Patentanwälte (31.10.) durch Einziehung der Zulassung sowie durch die öffentliche Kennzeichnung der Juden, die in ihrer Kennkarte (22.7.) und – nach Ablieferung der Pässe – in ihrem neuen Paß (5.10.) einen Vermerk »Jude« haben mußten und nur bestimmte vorgeschriebene Vornamen führen durften. Trugen sie nichtjüdische Vornamen, mußten die Namen »Sara« bzw. »Israel« hinzugefügt werden (17.8.). Die jüdischen Kultusvereinigungen wurden nicht mehr als Körperschaften öffentlichen

Rechts anerkannt, sondern wurden eingetragene Vereine (28.3.). Um einen genauen Überblick über die finanziellen und wirtschaftlichen Möglichkeiten der Juden zu gewinnen, erfolgten das Verbot des Billigkeitserlasses bei der Grundsteuer (19.4.), das Verbot der Mitwirkung deutscher Staatsangehöriger an der Tarnung jüdischer Geschäftsbetriebe (22.4.), die Anmeldung jeden Vermögens über 5000 RM, die Genehmigungspflicht für Rechtsgeschäfte mit Juden und für die Neueröffnung jüdischer Gewerbebetriebe (26.4.), die Anmeldung und Kennzeichnung jüdischer Gewerbebetriebe (14.6.) und Gewerbeverbote (6.7.). Am 27./28.10. wurden ungefähr 15000 in Deutschland lebende polnische Juden, unter denen sich auch die Eltern Herschel Grynszpans befanden, abgeschoben. Er verübte am 7.11. 1938 als Demonstration gegen das seinen Eltern zugefügte Unrecht das tödliche Attentat auf den deutschen Legationssekretär vom Rath in Paris.

In der daraufhin ausgelösten »Reichskristallnacht« (9.11. 1938) wurden über 1000 jüdische Synagogen und Bethäuser niedergebrannt, zerstört, demoliert oder beschädigt, ungefähr 7500 Geschäfte zerstört und geplündert und fast 100 jüdische Menschen getötet. Der Sachschaden belief sich auf mehrere hundert Millionen Reichsmark. Außerdem verhaftete die SS zwischen 30000 und 35000 begüterte Juden (»Aktionsjuden«), die durch die Einlieferung in Konzentrationslager zur Auswanderung gezwungen werden sollten. Am 12.11. 1938 wurden drei von Hermann Göring unterzeichnete Verordnungen erlassen. Die »Verordnung zur Ausschaltung der Juden aus dem deutschen Wirtschaftsleben« untersagte Juden die Betätigung in der Wirtschaft nach dem 1.1. 1939; die »Verordnung zur Wiederherstellung des Straßenbildes bei jüdischen Gewerbetreibenden« machte die Inhaber der in der »Reichskristallnacht« zerstörten Geschäfte für die Beseitigung der Schäden verantwortlich, da die Versicherungsansprüche zugunsten des Reiches beschlagnahmt wurden; die »Verordnung über eine Sühneleistung der Juden deutscher Staatsangehörigkeit« legte den Juden die »Zahlung einer Kontribution« von über einer Milliarde Reichsmark auf. Durch die nun folgenden Gesetze, Verordnungen, Verfügungen, Erlasse und Anordnungen wurden die Juden ihrer letzten Existenzbasis beraubt und recht- und ehrlos gemacht. Den Juden wurde der Besuch deutscher Schulen (15.11.), das Recht zum Tragen der Uniform (16.11.) und die Inanspruchnahme öffentlicher Wohlfahrtspflege (19.11.) untersagt. Beim Auftreten in der Öffentlichkeit wurden sie zeitlichen und räumlichen Beschränkungen ausgesetzt (28.11.). Zahnärzten, Tierärzten und Apothekern wurde zum 31.1. 1939 die Approbation entzogen. Nach einer Verordnung des Reichswirtschaftsministers vom 31.12. 1938 mußte ein Jude zwangsweise den Betrieb, das land- und forstwirtschaftliche Vermögen und das Grundeigentum veräußern, sowie seine Wertpapiere in einem Depot hinterlegen. Er durfte Gold, Platin, Silber, Perlen und Edelsteine nicht erwerben, verpfänden und veräußern; am 21.2. 1939 mußte er diese sogar zwangsweise abliefern. Die »Ghettoisierung« begann mit der Zwangseinweisung jüdischer Familien in »Judenhäuser«, d.h. Häuser, die im Besitz von Juden waren (4.5. 1939). Von den 500000 Juden, die 1933 in Deutschland lebten und zu denen 1938 noch 185000 aus Österreich kamen, wanderten 1933–1937 ungefähr 130000 aus, die zudem noch 25% ihres erfaßbaren Vermögens als »Reichsfluchtsteuer« abgeben mußten. Bis zum Auswanderungsverbot (23.10. 1941) konnten weitere 170000 Juden emigrieren. Die 1933 aus den jüdischen Gemeinden und Verbänden gebildete »Reichsvertretung deutscher Juden« unter Vorsitz des Rabbiners Leo Baeck (1873–1956), die am 4.7. 1939 als »Reichsvereinigung der Juden in Deutschland« der Gestapo unterstellt wurde, half bei der Auswanderung, der Ausbildung und dem Unterhalt jüdischer Schulen.

O S T S E E
LI
Danzig
Königsberg
Kreis Sudau
Reichsgau
Danzig-
Westpreußen
Stettin
Soldau
Bialystok
Reg. Bezirk
Zichenau
Reichsgau
Frankfurt
Posen
Warschau
Wartheland
Lodz
(Litzmannstadt)
P O L E
Breslau
General-
gouvernemen
Kattowitz
Prag
Krakau
Protektorat
Olsa-
gebiet
Arva-Zips
Böhmen und Mähren
S L O W A K E I
16.10.1938 autonom, 14.3.1939 „unabhängig"
Wien
Pressburg
U N G A R N

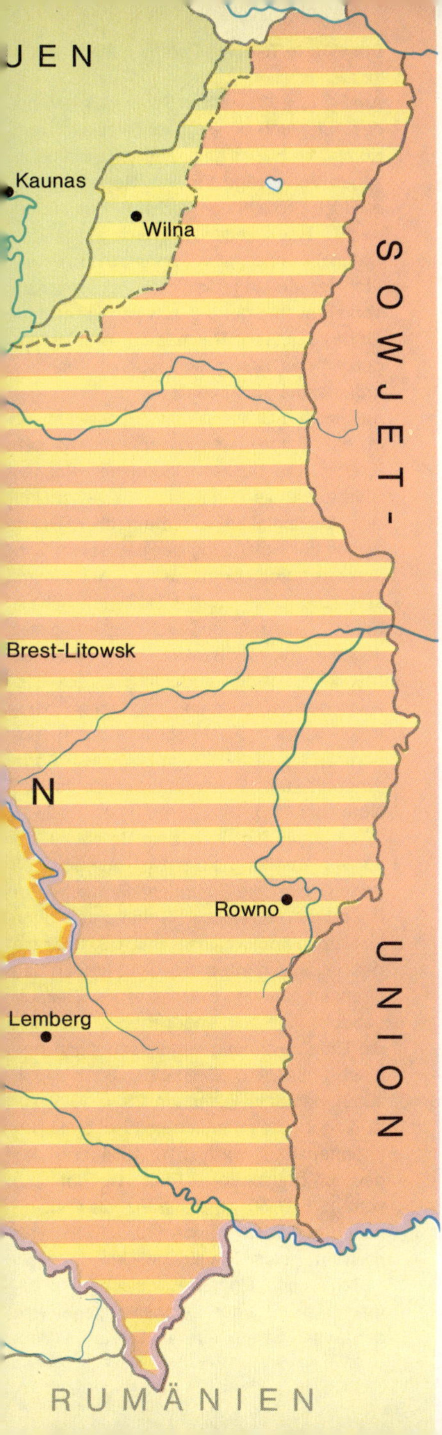

Die Teilung Polens (1939)

Deutsch-sowjetische Interessengrenze

Nach der Besetzung der polnischen Westgebiete durch deutsche Truppen (ab 1.9. 1939) und der Ostgebiete durch sowjetische Truppen (ab 17.9. 1939) wurden die Interessengebiete festgelegt (28.9. 1939).

Freie Stadt Danzig

Am 1.9.1939 wurde Danzig in das Großdeutsche Reich eingegliedert und gehörte seit dem 26.10.1939 mit dem westlichen Teil Ostpreußens zum Reichsgau Danzig-Westpreußen.

In das Großdeutsche Reich eingegliederte Gebiete

Am 26.10.1939 wurden der Reichsgau Danzig-Westpreußen und der Reichsgau Wartheland gebildet. Ost-Oberschlesien fiel mit Randgebieten und dem Olsagebiet an die preußische Provinz Schlesien, der Regierungsbezirk Zichenau, das Gebiet von Soldau und der Kreis Sudauen an die preußische Provinz Ostpreußen.

Wilna-Gebiet

Am 10.10.1939 wurde das Gebiet von der UdSSR der Republik Litauen übergeben und eingegliedert.

In die UdSSR eingegliederte Gebiete

Ostgalizien östlich des San und Wolhynien wurden am 1.11.1939 in die Ukrainische Sozialistische Sowjetrepublik, der nördliche Teil am 2.11.1939 in die Weißrussische Sozialistische Sowjetrepublik eingegliedert.

Grenzgebiete von Arva und Zips

Nach dem deutsch-slowakischen Vertrag vom 21.11.1939 fielen diese Gebiete an die Slowakische Republik.

Generalgouvernement

Das übriggebliebene polnische Gebiet westlich der deutsch-sowjetischen Interessengrenze wurde seit dem 26.10.1939 deutscher Zivilverwaltung unterstellt.

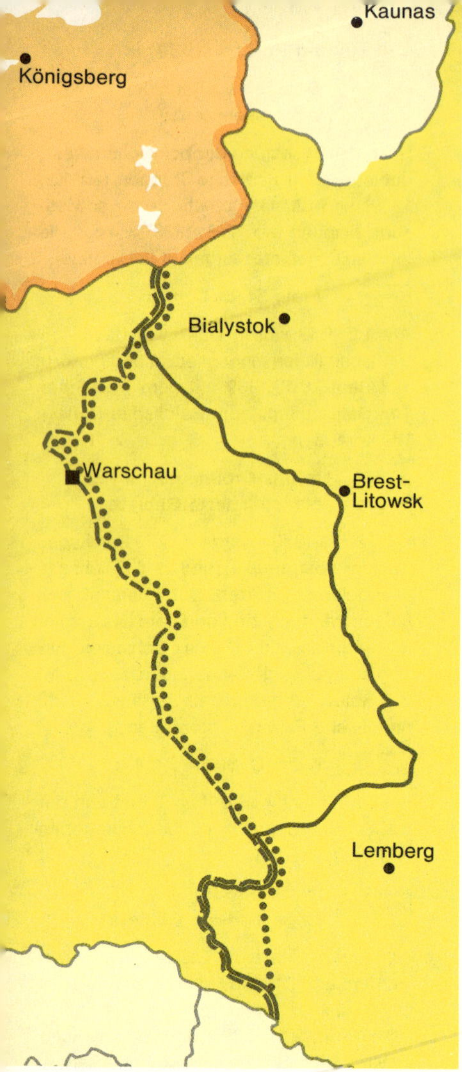

Die neue deutsch-sowjetische Grenze (1939)

Deutsches Reich

Polen

Grenze der deutsch-sowjetischen Interessensphäre (23. 8. 1939)

Militärische Demarkationslinie (20. 9. 1939)

Deutsch-sowjetische Grenze (28. 9. 1939)

Die »Vierte Teilung« Polens (1939)

Am 24. 10. 1938 wurden Polen, das sich bei der Aufteilung der Tschechoslowakei zum Komplizen Hitlers gemacht hatte, die deutschen Vorschläge für eine Regelung des deutsch-polnischen Verhältnisses überreicht: Rückgliederung Danzigs in das Deutsche Reich, aber Freihafen und exterritorialer Zugang für Polen, exterritoriale Verkehrsverbindung durch den »Korridor« für das Deutsche Reich, dafür eine Verlängerung des 1934 geschlossenen Nichtangriffspaktes um 25 Jahre, Garantie der gemeinsamen Grenzen und Zugeständnisse in der Frage der polnisch-ungarischen Grenze. Die Überschätzung der eigenen Stärke und die Furcht vor einer wachsenden Abhängigkeit vom Deutschen Reich trugen zur Ablehnung der deutschen Vorschläge durch den polnischen Außenminister Józef Beck bei (19. 11. 1938), der sie bei dem Besuch von Reichsaußenminister Joachim v. Ribbentrop in Warschau (25.–27. 1. 1939) endgültig zurückwies. Nach der Zerschlagung der Tschechoslowakei wurden die Vorschläge durch Ribbentrop am 21. 3. 1939 in ultimativer Form erneuert. Die Ablehnung der deutschen Note vom 21. 3. 1939 durch Polen am 26. 3. 1939, einen Tag nach dem Befehl Hitlers zur Ausarbeitung eines Operationsplanes gegen Polen, die Garantieerklärung für Polen durch die britische Regierung – auch im Namen Frankreichs – am 31. 3. 1939, die der nationalen Integrität, nicht jedoch den Grenzen galt, von Hitler aber als »Blankoscheck« für Polen angesehen wurde, und die Unterzeichnung eines vorläufigen polnisch-britischen Beistandspaktes (6. 4. 1939) benutzte Hitler am 28. 4. 1939 zur Kündigung des deutsch-polnischen Nichtangriffspaktes vom 26. 1. 1934 und des deutsch-britischen Flottenabkommens vom 18. 6. 1935. In der französisch-polnischen Militärkonvention (19. 5. 1939) verpflichtete sich Frankreich, im Kriegsfall 15 Tage nach einer französischen Mobilmachung zu einer Offensive gegen die deutschen Streitkräfte anzutreten. Dieser

englisch-französisch-polnischen Allianz standen die Antikominternmächte gegenüber, doch waren Japan und Italien nicht gewillt, sich in eine Auseinandersetzung gegen Polen hineinziehen zu lassen.
Die Sowjetunion schlug der britischen Regierung eine Konferenz der von der Okkupation am meisten betroffenen Länder vor (UdSSR, Polen, Rumänien, Großbritannien, Frankreich, Türkei). Nach Gesprächen über Abwehrmaßnahmen gegen weitere Aggressionen Hitlers (seit dem 23.3. 1939) machte sie Frankreich und Großbritannien den Vorschlag, einen dreiseitigen Vertrag über gegenseitige Hilfeleistung im Fall eines deutschen Angriffs abzuschließen. Am 24.7. 1939 erzielten die 3 Staaten eine Übereinkunft über gegenseitigen Beistand, doch scheiterte die Ausarbeitung einer Militärkonvention in Moskau an der Weigerung Polens, im Kriegsfall sowjetischen Truppen das Durchmarschrecht zu gewähren.
Nachdem die Sowjetunion am 3.5. 1939 durch die Ablösung des westlich orientierten Außenkommissars M.M. Litwinow durch V.M. Molotow ihre Verhandlungsbereitschaft mit dem Deutschen Reich signalisiert hatte, begannen bald Verhandlungen zwischen beiden Ländern, die dann am 23.8. 1939 zur Unterzeichnung des deutsch-sowjetischen Nichtangriffspaktes (»Hitler-Stalin-Pakt«) führten. In einem »Geheimen Zusatzprotokoll« erfolgte die Abgrenzung der gegenseitigen Interessensphären. Finnland, Estland, Lettland, Ostpolen bis zur »Linie der Flüsse Narew, Weichsel und San« sowie Bessarabien fielen in den sowjetischen, die westpolnischen Gebiete und Litauen in den deutschen Machtbereich.
Die Unterzeichnung des britisch-polnischen Beistandspaktes (25.8. 1939) bewog Hitler, den Befehl zum Angriff auf Polen für den 26.8. 1939 zurückzunehmen und Großbritannien ein »großzügiges« Angebot zur Zusammenarbeit für die Zeit nach Beilegung der Auseinandersetzung mit Polen zu machen, doch begann nach einem deutschen ultimativ formulierten Vermittlungsangebot und dem angeblichen polnischen Überfall auf den Gleiwitzer Sender am 1.9. 1939 der deutsche Angriff auf Polen. Nach einem vergeblichen Vermittlungsversuch Italiens (2.9.), das sich danach als »nichtkriegführend« erklärte, erklärten Großbritannien und Frankreich Deutschland den Krieg.
Nachdem am 17.9. zwei sowjetische Armeegruppen in Ostpolen einmarschiert waren, zogen sich die deutschen Truppen auf die Demarkationslinie zurück (21.–23.9.). Durch den deutsch-sowjetischen Grenz- und Freundschaftsvertrag (23.9.) wurde die Demarkationslinie von der Weichsel an den Bug verlegt; Litauen fiel in die sowjetische Interessensphäre.
Nach Ablehnung des »Friedensangebots« Hitlers (6.10.) durch Frankreich (10.10.) und Großbritannien (12.10.) wurde am 25.10. das »Generalgouvernement Polen« (»Nebenland« des Deutschen Reiches) gebildet. Durch den Erlaß Hitlers vom 8.10. 1939 wurden die westpolnischen Gebiete in das »Generalgouvernement für die besetzten polnischen Gebiete« und die »Eingegliederten Ostgebiete« aufgeteilt. Von den »Eingegliederten Ostgebieten« fiel der nördliche Teil (Kreis Suwalki, der Norden Masowiens, »Regierungsbezirk Ziechenau«) an Ostpreußen, im Süden Oberschlesien und Teile des Industriereviers von Dąbrowa an Schlesien, während aus der vergrößerten Wojwodschaft Pomerellen, Danzig und Teilen der alten Provinz Westpreußen der Reichsgau »Danzig-Westpreußen« und aus dem restlichen, fast rein polnischen Staatsgebiet mit Lodz (»Litzmannstadt«) der Reichsgau »Posen« (ab 1940 »Wartheland«) gebildet wurde. Am 21.11. überließ die Reichsregierung kleinere Gebietsstreifen der Slowakei. Am 10.10. 1939 übergab die Sowjetunion das Wilna-Gebiet an Litauen. Nach Zustimmung des Obersten Sowjet wurden die Westukraine (1.11. 1939) und Westweißrußland (2.11. 1939) in die Ukrainische SSR und die Weißrussische SSR eingegliedert.

Gebietsgewinn der UdSSR (1939)

- UdSSR
- Deutsch-sowjetische Interessengrenze (28.9.1939)
- Sowjetischer Gebietsgewinn
- Sowjetisches Interessengebiet nach dem Vertrag vom 28.9.1939
- Wilnagebiet, am 28.10.1939 von der UdSSR an Litauen abgetreten.
- Stützpunkt der UdSSR, durch Vertrag mit Estland und Lettland der UdSSR überlassen.
- Sowjetische Küstenbefestigung, durch Vertrag mit Lettland der UdSSR gestattet.
- Unterhalt von militärischen Stützpunkten, durch Vertrag mit Litauen der UdSSR eingeräumt.
- Deutsches Reich
- Deutscher Gebietsgewinn (1939)

Gebietsgewinn der UdSSR (1940)

- UdSSR
- Deutsch-sowjetische Interessengrenze
- Sowjetischer Gebietsgewinn (1939)
- Sowjetischer Gebietsgewinn (1940)
- Deutsches Reich
- Deutscher Gebietsgewinn (1939)
- Von deutschen Truppen militärisch besetzte und eroberte Gebiete (1940)

Die sowjetischen Gebietsgewinne

Am 28.9. 1939 wurde durch den sowjetischen Außenkommissar Molotow und den deutschen Reichsaußenminister von Ribbentrop in Moskau der deutsch-sowjetische Grenz- und Freundschaftsvertrag unterzeichnet. In einem geheimen Zusatzprotokoll verzichtete die Sowjetunion auf die polnischen Gebiete, die westlich der »Curzon-Linie« von 1919 lagen, zugunsten Deutschlands; dafür fiel Litauen – bis auf einige Kreise um die Stadt Mariampol, die zur Abrundung des Suwalki-Zipfels dienen sollten – in die sowjetische Machtsphäre. Das Schicksal der drei baltischen Staaten lag nun in den Händen der Sowjetunion. Die deutschen Gesandten in diesen Staaten wurden durch Ribbentrop erst am 7.10. 1939 – drei Tage nach dem Zusatzprotokoll über den genauen Grenzverlauf – über die Aufteilung des baltischen Raumes unterrichtet. Stalin begann sofort, die alte strategische Position Rußlands an der Ostsee durch Einbeziehung der baltischen Staaten in den sowjetischen Machtbereich wieder zurückzugewinnen. Einen Zwischenfall vom 18.9. 1939 – die Flucht des polnischen U-Bootes »Orzel« in den Hafen von Reval, seine Internierung und die anschließende Flucht nach England – benutzte Molotow, um die estnische Regierung zu Verhandlungen zu zwingen. Estland mußte auf Grund eines Ultimatums am 28.9. 1939 ein Beistandsabkommen mit der Sowjetunion abschließen. Sowjetische Truppen wurden in Estland stationiert, das die Inseln Ösel, Dagö, Paldiski (Baltischport) der Sowjetunion als Militärstützpunkte – offiziell als Verpachtungen deklariert – überlassen mußte. Am 5.10. 1939 wurde Lettland, das die Häfen Libau und Windau der Sowjetunion als Stützpunkte und die Küste zwischen den beiden Häfen für die sowjetische Küstenartillerie zur Verteidigung des Rigaer Meerbusens abtreten mußte, gezwungen, einen »Beistandspakt« mit der Sowjetunion abzuschließen. Genauso erging es am 10.10. 1939 Litauen, das von der Sowjetunion die Stadt Wilna und ein Territorium von 6665 km^2 zurückerhielt, aber durch die Stationierung sowjetischer Truppen »zur Verteidigung der Grenze Litauens« in den sowjetischen »Sicherheitsbereich« einbezogen wurde. Bis zum 4.11. 1939 hatte die Rote Armee die vertraglich vereinbarten Stützpunkte in Lettland und Estland bezogen. Die Umsiedlung der Deutschbalten ließ viele Politiker der drei baltischen Staaten noch Schlimmeres befürchten, doch hoffte man, durch Intensivierung des Handels mit Deutschland (Handelsabkommen mit Lettland am 15.12. 1939, mit Estland am 6.3. 1940 und mit Litauen am 17.4. 1940) die Unabhängigkeit zu erhalten. Die Eingliederung der an die UdSSR gefallenen ostpolnischen Gebiete von fast 200000 km^2 mit rund 13 Mio. Einwohnern, hauptsächlich Ukrainern und Weißruthenen, geschah in der Westukraine durch eine gewählte Nationalversammlung (26.10. 1939), die die Errichtung der Sowjetmacht verkündete und die Angliederung der Westukraine an die Ukrainische SSR proklamierte. Dasselbe geschah am 28.10. 1939 im Norden in Bialystok. Am 1./2.11. 1939 beschloß der Oberste Sowjet die Eingliederung der Westukraine und Westweißrußlands, die am 12.11. und 14.11. 1939 vollzogen wurde. Nach den erfolgreichen Verhandlungen mit den baltischen Staaten begannen die sowjetisch-finnischen Besprechungen in Moskau, die an den sowjetischen Forderungen scheiterten. Die Finnen befürchteten eine Gefährdung ihrer Unabhängigkeit durch die Anwesenheit sowjetischer Truppen. Nach dem Mainila-Zwischenfall (26.11. 1939), bei dem angeblich durch finnischen Artillerie-Beschuß vier sowjetische Soldaten getötet und neun verwundet wurden, kündigte die Sowjetunion am 27.11. 1939 den Nichtangriffspakt mit Finnland vom 21.1. 1923, brach am 28.11. 1939 die diplomatischen Beziehungen ab und begann ohne Kriegserklärung die Kampfhandlungen. Die »Finnische Volksregierung«, die unter O. Kuusinen in der Grenzstadt Terijoki am 30.11. 1939 gebildet wurde und mit der die Sowjetunion am 2.12.

1939 einen »Beistands- und Freundschaftspakt« abschloß, erlangte keine Bedeutung. Die Verstimmung der UdSSR über die Ausdehnung des Kampfgebiets für die Handelskriegführung durch die deutsche Kriegsmarine am 25.12. 1939 bis zu den Ålands-Inseln und Reval wurde beseitigt durch eine Interessengrenze in der Ostsee, die von der deutsch-litauischen Grenze nach Norden verlängert wurde (Längengrad 20°30′ Ost). Der Durchbruch der Roten Armee durch die »Mannerheim-Linie« und eine drohende Intervention der Westmächte führten zur Unterzeichnung des Friedensvertrages (12.3. 1940), in dem Finnland die karelische Landenge, Teile Ostkareliens und einige Inseln im finnischen Meerbusen abtreten, Hangö für 30 Jahre an die UdSSR verpachten und ihr für das Petsamo-Gebiet Transitrechte einräumen mußte. Am 30.3. 1940 wurde die Karelische ASSR in eine Karelisch-Finnische Sozialistische Sowjetrepublik umgewandelt.

Die deutschen militärischen Erfolge in Nord- und Westeuropa und die deutschen Wirtschaftsinteressen im Baltikum veranlaßten die Sowjetunion, die völlige Eingliederung des baltischen Raums schnell voranzutreiben. Nach Ultimaten, in denen die Sowjetunion am 14.6. 1940 von Litauen sowie am 16.6. 1940 von Estland und Lettland die Einräumung weiterer Stützpunkte und eine Umbildung der Regierungen nach sowjetischen Wünschen forderte, marschierten ab 17.6. 1940 sowjetische Truppen in die baltischen Staaten ein. Unter dem Druck kommunistischer Demonstrationen und sowjetischer Besatzungstruppen wurden sowjetfreundliche Regierungen gebildet, die den lettisch-estnischen Bündnisvertrag von 1923 und die Baltische Entente von 1934 aufhoben, da die staatliche Unabhängigkeit durch die Sowjetunion gesichert sein würde. Bei den »Wahlen« zu den Parlamenten in den baltischen Staaten (14./15.7. 1939) stimmten 92,9% der Wähler in Estland, 97,6% in Lettland und 99,2% in Litauen für die kommunistische Einheitsliste. Die neuen Volksvertretungen erklärten ihre Länder zu sozialistischen Sowjetrepubliken (21./22.7. 1940) und beschlossen die Aufnahme in die Sowjetunion. Der Oberste Sowjet billigte die Eingliederung der neugebildeten baltischen Sowjetrepubliken in die UdSSR (3.8. bis 6.8. 1940). Am 14.8. 1940 wurde Wilna die Hauptstadt der Litauischen Sozialistischen Sowjetrepublik. Neben dem wiedergewonnenen breiten Zugang zur Ostsee brachte die Annexion der baltischen Staaten der UdSSR einen Bevölkerungszuwachs von ungefähr 6 Mio. Menschen. Für den Verzicht auf Mariampol zahlte die UdSSR an Deutschland 7,5 Mio. Golddollar Entschädigung.

Am 26.6. 1940 überreichte Molotow dem rumänischen Gesandten in Moskau ein Ultimatum, in dem die Sowjetunion die Abtretung Bessarabiens, der nördlichen Bukowina und eines Zipfels der Moldau mit der Stadt Herta forderte. Auf den Verhandlungsvorschlag König Carols II., dem vom Deutschen Reich zur Nachgiebigkeit gegenüber der UdSSR geraten wurde, erklärte Molotow, daß nur eine sofort beginnende Räumung dieser Gebiete in Frage käme. Nach einem zweiten Ultimatum am 28.6. 1940 überschritt die sowjetische Armee die sowjetisch-rumänische Grenze. Am 1.7. 1940 war die kampflose Besetzung abgeschlossen. Der größte Teil Bessarabiens wurde am 2.8. 1940 in die Moldauische ASSR, die zur Moldauischen SSR wurde, Südbessarabien und die Nordbukowina in die Ukrainische SSR eingegliedert. Am 2.7. 1940 bat Carol II. das Deutsche Reich um Garantie der rumänischen Grenzen, da die Sowjetunion die Revisionsforderungen von Ungarn und Bulgarien unterstützte. Nach dem 2. Wiener Schiedsspruch gab Hitler Rest-Rumänien eine deutsche Garantie, gegen die die Sowjetregierung protestierte. Am 26.10. 1940 besetzten Einheiten der Roten Armee Inseln im Donaudelta. Die Sowjetunion begründete ihr Vorgehen mit der Zugehörigkeit dieser Inseln zu Bessarabien.

ISLAND
10.5.40 brit. besetzt
ab Sept. 1941
von den USA besetzt
16.4.40
NORWEGEN
SCHWEDEN
FINNL
26.6.4
10.6.40
(ESTLAN
(LETTLA
(LITAUEN
„Fall Weserübung"
DÄNEMARK
9.4.40
ab 9. April
besetzt
GROSS-
BRITANNIEN
IRLAND
3.9.39
15.9.40
„Battle of Britain"
London
„Adlertag"
8.40-6.41
„Seelöwe"
1940
NIEDERLD.
15.5.40
9.4.40
DANZIG
Berlin
„Fall
Weiß"
1.9.39
Warschau
(POLE
7.10.39
Dün-
kirchen
28.5.40
BELG.
„Fall
Gelb"
10.5.40-4.6.40
DEUTSCHES
1.9.39
REICH
Protek-
torat
LUX.
5.6.-24.6.
Paris
FRANKREICH
„Fall Rot"
11.11.42
3.9.39
22.6.40
„Anton"
Vichy
SLOWAKEI
1.9.39
UNGARN
6.4.41
27.6.41
RU
USA
11.12.41
L.
SCHWEIZ
10.6.40
6.4.41
„Operation 25"
(JUGOSLAWIEN)
17.4.41
PORTUGAL
1940
„Felix"
ANDORRA
SPANIEN
„nicht kriegführend"
MONACO
S. MARINO
Zara
ital.
ITALIEN
Rom
Neapel
11.2.41
ALBANIEN
GRIEC
„Sonnenblume"
1942
„Herkules"
Malta
brit.
„Torch"
Gibraltar brit.
Span.-
Marokko
Oran
Algier
7./8.11.42
Casablanca
Marokko
Tunesien
Algerien
Tripolis
Libyen

Die deutschen Operationen (1939 – 1942)

»Großdeutsches Reich« und Slowakei (1. 9. 1939)

Spätere Verbündete des »Großdeutschen Reiches«

Italien (1940), Ungarn, Bulgarien, Rumänien, Finnland (1941).

Westmächte und Polen

Neutrale Staaten

Spätere Verbündete der Westmächte

Norwegen, Belgien, Niederlande, Jugoslawien und Griechenland. Nach dem Überfall auf die Sowjetunion (22.6. 1941) bildete sich durch den britisch-sowjetischen Vertrag (12.7. 1941) und die amerikanischen Materiallieferungen ab 2.8. 1941 die »Anti-Hitler-Koalition«.

Weitester militärischer Machtbereich des »Großdeutschen Reiches« und seiner Verbündeten (1942)

Deutsche Operationen

Nicht durchgeführte deutsche Operationen

3.9.39 **Kriegserklärung**

Waffenstillstand

Operationen der »Anti-Hitler-Koalition«

Im Okt./Nov. 1942 fanden die großen Gegenoffensiven der Amerikaner und Briten in Nordafrika, der sowjetischen Armeen bei Stalingrad statt.

Von den Westmächten besetzte Gebiete

(LITAUEN) **Verschwundene souveräne Staaten**

Polen, Estland, Lettland, Litauen, Jugoslawien.

Sowjetische Grenze (1941)

Die deutschen Operationen (1939–1942)

Der Krieg gegen Polen (»Fall Weiß«)
Mit dem deutschen Angriff auf Polen ohne Kriegserklärung begann am 1.9. 1939 der Zweite Weltkrieg. Nach dem Scheitern seines Vermittlungsversuchs erklärte sich Italien als »nicht kriegführend«. Da Hitler auf das von Großbritannien und Frankreich gestellte Ultimatum, sich aus Polen zurückzuziehen, nicht reagierte, erklärten beide Mächte aufgrund ihrer Verpflichtungen gegenüber Polen Deutschland den Krieg (3.9.). Die durch ihre Panzerverbände und Luftwaffe weit überlegene deutsche Wehrmacht zerschlug die polnische Armee. Nach Abschluß der Kämpfe um Warschau (27.9.) und Modlin (28.9.) kapitulierten die letzten polnischen Verbände am 6.10. 1939. Durch die »vierte Teilung« Polens (23.9. 1939) erhielten Deutschland rund 180000 qkm und die Sowjetunion rund 200000 qkm zugesprochen (S. 205).
Hitler, der entschlossen war, den Einfluß Großbritanniens auf die europäische Politik durch einen schnellen Feldzug gegen Frankreich zu beseitigen, forderte beide Mächte am 6.10. auf, den neuen Status anzuerkennen und Frieden zu schließen. Das »Friedensangebot« wurde von Frankreich (10.10.) und Großbritannien (12.10.) abgelehnt.

Besetzung Dänemarks und Norwegens (»Weserübung«)
Um ein Eingreifen der Westmächte in Finnland und die Besetzung von Stützpunkten in Norwegen zu verhindern sowie die lebenswichtige Erzzufuhr von Schweden über Narvik zu sichern, ließ Hitler am 9.4. 1940 Dänemark, das sich kampflos ergab, und Norwegen, wo der britisch-norwegische Widerstand bis zum 10.6. andauerte, besetzen. Die Nordflanke war dadurch gesichert, und das Operationsgebiet der deutschen Seestreitkräfte erheblich erweitert.

Der Westfeldzug (»Fall Gelb, »Fall Rot«)
Der ohne Kriegserklärung am 10.5. 1940 beginnende Einfall deutscher Truppen in die Niederlande, Belgien und Luxemburg endete am 15.5. mit der Kapitulation der holländischen und am 28.5. mit der der belgischen Armee. Schnellen Panzerverbänden gelang mit Unterstützung der Luftwaffe der Durchbruch durch die Ardennen zur Kanalküste bis Dünkirchen (»Sichelschnitt«), doch konnten rund 340000 britische, französische und belgische Soldaten nach Großbritannien entkommen, da Hitler die Panzerverbände zwei Tage hatte anhalten lassen. Die Schlacht um Frankreich (zweite Phase: »Fall Rot«) endete nach dem Vormarsch deutscher Verbände an die nord- und westfranzösische Küste mit dem Waffenstillstand Frankreichs in Compiègne (22.6. 1940). Frankreich mußte auch mit Italien, das den Westmächten am 10.6. den Krieg erklärt hatte, am 24.6. einen Waffenstillstand schließen. Das Ansehen Hitlers wuchs ungeheuer. Die Kritiker – auch in der Wehrmacht – verstummten wegen der »Blitzsiege«. Hitler schien »unfehlbar« und der »größte Feldherr aller Zeiten« zu sein. Seine Popularität erreichte in Deutschland ihren Höhepunkt. W. Churchill, der am 10.5. 1940 Chamberlain abgelöst und ein Allparteienkabinett gebildet hatte, lehnte am 22.7. Hitlers »Appell an die Vernunft auch in England«, den dieser in der Reichstagsrede vom 19.7. gemacht hatte, ebenso ab wie das Angebot, den britischen Besitzstand in der Welt zu garantieren, wenn Großbritannien bereit sei, Deutschland die Vormachtstellung in Europa einzuräumen.
Die von Hitler am 16.7. angeordnete Landung in England (Unternehmen »Seelöwe«), die Luftüberlegenheit und Transportkapazitäten voraussetzte, scheiterte, da es nicht gelang, die gewünschte Luftüberlegenheit zu gewinnen (13.8. 1940 »Adlertag«) und die Bevölkerung Großbritanniens durch die Bombardierung der Städte zu demoralisieren. Der Plan, Gibraltar zu erobern (Unternehmen »Felix«), mußte wegen der unerfüllbaren Forderungen des spanischen Staatschefs Franco aufgegeben werden (11.12. 1940). Nachdem Hitler am 31.7. 1940 der Heeresführung eröffnet hatte, das »russische Problem in Angriff zu

nehmen«, begannen die Vorbereitungen für eine Offensive gegen die Sowjetunion (»Blitzkrieg«), um die »Vernichtung der Lebenskraft Rußlands« zu erreichen. Der ergebnislose Besuch Molotows in Berlin (12./13. 11. 1940) und die politischen Aktivitäten Großbritanniens und der Sowjetunion auf dem Balkan, vor allem in Jugoslawien, bewogen Hitler am 18. 12. 1940 zur »Weisung Nr. 21« für den »Fall Barbarossa« (Abschluß der Vorbereitungen: 15. 5. 1941).

Der Krieg gegen Jugoslawien und Griechenland (»Marita«, »Operation Nr. 25«)

Der von Italien begonnene »Parallelkrieg« zum Ausbau seiner Machtstellung im Mittelmeer endete mit einem Fiasko, da die Offensiven in Libyen (ab 13. 9. 1940) und der Angriff auf Griechenland (28. 10. 1940) erfolglos verliefen, so daß Hitler Italien Hilfe zusagte. (»Marita») Nach Landung des deutschen »Afrikakorps« begann am 31. 3. 1941 die deutsch-italienische Gegenoffensive, die zur Rückeroberung der Cyrenaika führte (bis 13. 4.) bis auf Tobruk, das am 21. 6. 1942 erobert wurde. Am 30. 6. erreichten die deutsch-italienischen Verbände die El-Alamein-Stellung. Der nach dem Beitritt zum Drei-Mächte-Pakt erfolgte Staatsstreich in Jugoslawien (27. 3. 1941) zwang Hitler zum Eingreifen in Jugoslawien (»Operation Nr. 25«). Am 6. 4. begann der Balkan-Feldzug. Nach dem Luftangriff auf Belgrad (6. 4.) kapitulierten am 17. 4. die jugoslawische Armee und nach dem Vorstoß über das Pindos-Gebirge am 21. 4. die griechische Armee. Durch die Luftlandung (»Unternehmen Merkur«) wurde Kreta unter hohen deutschen Verlusten besetzt (20. 5.–1. 6. 1941).

Der Überfall auf die Sowjetunion (»Fall Barbarossa«)

Am 22. 6. 1941 begann ohne Kriegserklärung die deutsche Offensive gegen die Sowjetunion. Rumänien, Ungarn, die Slowakei und Italien schlossen sich dem Angriff an, während Finnland als »Waffengefährte« einen »Rückeroberungskrieg« führte. Die Hoffnung, diesen Feldzug innerhalb von 14 Tagen zu gewinnen und sich dann England zuwenden zu können, trog. Trotz des raschen deutschen Vordringens in drei Heeresgruppen bis Leningrad (13. 7.), Smolensk (5. 8.), und Kiew (27. 9.) wurde eine Entscheidung nicht erreicht, zumal Hitler im August den Angriff auf Moskau als zentralen Verkehrsmittelpunkt, den das Oberkommando des Heeres wünschte, untersagte und aus politischen und wirtschaftlichen Gründen die Eroberung von Leningrad, die nicht gelang, und der Ukraine befahl. Der am 2. 10. begonnene Angriff auf Moskau scheiterte am Einbruch des Winters, der völligen Erschöpfung der deutschen Truppen und der am 5. 12. beginnenden sowjetischen Gegenoffensive. Nach dem Befehl Hitlers vom 11. 12., jede Stellung zu halten, übernahm Hitler nach der Entlassung von Brauchitschs, der für einen Rückzug in günstigere Winterstellungen eingetreten war, selbst den Oberbefehl über das Heer (19. 12. 1941).

Am 12.7. 1941 schlossen Großbritannien und die Sowjetunion ein Übereinkommen, das gegenseitige Hilfe, ein gemeinsames Vorgehen gegen Deutschland und den Verzicht auf einen Separatfrieden zum Inhalt hatte. Nach dem Beginn der Materiallieferungen der USA an die UdSSR (2. 8. 1941) wurde am 7. 11. 1941 das Leih- und Pachtgesetz auch auf die UdSSR ausgedehnt. Im Jahr 1942 gelang dem deutschen Ostheer noch die Eroberung der Halbinsel Kertsch (15. 5.) und der Krim (4. 7.), doch wurde das Angriffsziel, der Kaukasus und die russische Südgrenze, nicht erreicht. Die 6. Armee und die 4. Panzerarmee drangen in die Vororte Stalingrads ein (1.–15. 9.) und eroberten 90% der Stadt (16. 9.–18. 11.). Die britische Offensive am 23. 10. 1942 (»Lightfoot«), durch die die deutsch-italienischen Verbände zum Rückzug gezwungen wurden, die Landung amerikanisch-britischer Streitkräfte in Marokko und Algerien am 7./8. 11. 1942 (»Torch«) und die sowjetische Großoffensive am 19. 11. 1942 (»Südwestfront«), die zur Kapitulation Stalingrads führte (30. 1. und 2. 2. 1943), leiteten die Wende des Krieges ein.

ISLAND
NORWEGEN
SCHWEDEN
FINNLAN
„Drontheim"
„Stalheim"
„Hurdalsverk"
Hop
„Bergen"
„Geilo"
„Klekken"
Oslo
„Godthaab"
„Nordland"
GROSS-
BRITANNIEN
IRLAND
DÄNEMARK
Stettin
Kriegsmütter-
heim
Bad Polzin
„Pommern"
Gut Hohehorst
„Friesland"
NIEDERLD.
Nijmegen
„Gelderland"
Klosterheide
„Kurmark"
Berlin
Bromberg
Blütenau
NSV-Kinderheim
Warschau
Lebensbor
„Heimstätt"
Wernigerode
„Harz"
Schloß Wegimont
„Ardennen"
BELG.
Kohren-Sahlis
„Sonnenwiese"
bzw. „Frohburg"
General-
gouvernement
Wiesbaden
„Taunus"
Bofferdingen
„Mosselland"
Marienbad
SS-Lazarett
Krakau
Haus Wartenberg
Lamorlaye
„Westwald"
LUX.
Schloß
Langenzell
VOMI-Lager
Bocksberg
„Franken"
Protek-
torat
NSV-Heimschule
Achern
SLOWAKEI
Nordrach
„Schwarzwald"
Steinhöring
„Hochland"
Feichtenbach
„Wienerwald"
früher „Ostmark"
München
Hauptamt
Lebensbornzentrale
Oberweis
„Alpenland"
UNGARN
FRANKREICH
SCHWEIZ
RUM
KROATIEN
SERBIEN
MONACO
S. MARINO
MONTE-
NEGRO
BU
ANDORRA
ITALIEN
ALBANIEN
PORTUGAL
SPANIEN
GRIEC
Gibraltar
brit.
Span.-
Marokko
LA
Malta
brit.
Marokko
Algerien
Tunesien
Libyen

»Lebensborn« e.V.

- **»Großdeutsches Reich« und angegliederte Gebiete**
- **Generalgouvernement**
- **Verbündete des »Großdeutschen Reiches«**
- **Besetzte und eroberte Gebiete**
- **Weitester militärischer Machtbereich des »Großdeutschen Reiches« und seiner Verbündeten**
- **»Anti-Hitler-Koalition«**
- **Von den Westmächten besetzte Gebiete**

»Lebensborn«-Zentrale

Das Hauptamt bzw. die Zentrale des »Lebensborn« e.V., der am 12. 12. 1935 in Berlin auf Veranlassung des Reichsführers-SS Heinrich Himmler gegründet worden war, befand sich in München und wurde später nach Steinhöring verlegt.

»Lebensborn«-Außenstelle bzw. -Dienststelle

Während des Krieges wurden diese in Krakau und Bromberg errichtet.

»Lebensborn«-Heim

Die Heime dienten als Entbindungsheime, Kinderheime, Säuglings- und Kinderpflegestätten, Kindergärten und Mütterwohnstättenheime. Sie wurden auch als SS-Mütterheime, SS-Mütter- und Kinderheime, SS-Kinderheime, SS-Heime oder Heim »....« (nach dem Ort bzw. mit dem Namen) bezeichnet.

Andere Einrichtungen

Verschiedene Einrichtungen wurden vom »Lebensborn« e.V. benutzt, u.a. die NSV-Schule in Achern, das NSV-Kinderheim in Blütenau, das VOMI-Lager in Schloß Langenzell und das Kriegsmütterheim in Stettin. Für die im SS-Lazarett Marienbad geborenen Kinder von belgischen, holländischen, norwegischen und deutschen RK-Schwesternhelferinnen übernahm der »Lebensborn« e.V. die Vormundschaft.

»Lebensborn« e.V.

Am 12.12. 1935 wurde der »Lebensborn« e.V. gegründet, der dem SS-Hauptamt (vorher »Persönlicher Stab Reichsführer-SS«) unterstellt war, weil Himmler ein besonderes persönliches Interesse an ihm nahm. Voraussetzungen für die Gründung dieses Vereins waren die Stellung der Frau in der NS-Ideologie, die Zahl der illegalen Schwangerschaftsabbrüche und die Fürsorge für die Frauen von SS-Angehörigen. Die Frau, die im Berufsleben kaum Aufstiegschancen hatte und schlechter bezahlt wurde, erhielt in der NS-Ideologie eine mythisch-verklärte Stellung als Frau und Mutter zugewiesen. Ihre Aufgabe bestand im Gebären möglichst vieler Kinder, um die Zukunft des »ewigen Deutschland« zu sichern. Sichtbarer Ausdruck des Dankes des Staates an kinderreiche Mütter wurde das Weihnachten 1938 zum ersten Mal verliehene Ehrenkreuz der Deutschen Mutter, das die Inschrift »Das Kind adelt die Mutter« trug, in Bronze für Mütter mit vier oder fünf Kindern, in Silber für Mütter mit sechs oder sieben Kindern und in Gold für Mütter mit acht Kindern und mehr. Die Zahl der illegalen Abtreibungen war trotz der Propagierung der kinderreichen Familie verhältnismäßig hoch. Sogar von der SS wurde sie auf jährlich mindestens 600000 geschätzt. Wirtschaftliche Gründe spielten bei Schwangerschaftsunterbrechungen eine geringere Rolle, es waren vielmehr soziale Probleme. Die ledige Mutter war in den meisten Fällen schwerer Diffamierung und unter Umständen großen Schwierigkeiten im Berufsleben ausgesetzt. So war Himmler – immer auf der Suche nach »wertvollem deutschen Blut« – daran gelegen, nicht nur kinderreichen Müttern aus SS-Familien, die mindestens vier Kinder haben sollten, bestmögliche Entbindungen zu geben, sondern auch ledigen, »gutrassigen« Frauen und Mädchen zu einer »unbedrückten Entbindung« zu verhelfen. Neben der Möglichkeit, die Jungen dieser Mütter für die SS, ihre Mädchen als Frauen für SS-Angehörige zu gewinnen, bedeutete – nach Berechnung des Vorstandes des »Lebensborn« e.V. – jedes geborene Kind durch seine spätere Arbeitskraft einen Gewinn von 100000,– Reichsmark für die deutsche Volkswirtschaft. So erhielten die Heime die Aufgabe, »den Kinderreichtum in der SS zu unterstützen, jede Mutter guten deutschen Blutes zu schützen und zu betreuen und für hilfsbedürftige Mütter und Kinder guten Blutes zu sorgen« (1938). Der Zweck des »Lebensborn« e.V., der nach Aufstellung der Satzung am 29.4. 1936 in das Vereinsregister eingetragen wurde, wurde wie folgt festgelegt: Unterstützung von rassisch und erbbiologisch wertvollen kinderreichen Familien, Betreuung von rassisch und erbbiologisch wertvollen Müttern, »bei denen nach sorgfältiger Prüfung der eigenen Familie und der Familie des Erzeugers anzunehmen ist, daß gleich wertvolle Kinder zur Welt kommen«, Übernahme der Sorge für diese Kinder und die Mütter dieser Kinder, Übernahme der Vereinsvormundschaft jeweils nach eigenem Ermessen und Übernahme von Vormundschaften für unehelich geborene Kinder und Beistandschaften für ehelich geborene SS-Kriegerwaisen. Ende 1939 verfügte der Verein über 7 Heime: »Hochland« (1936), »Harz« (1937), »Kurmark« (1937), »Pommern« (1938), »Friesland« (1938), »Ostmark« (1938) und »Taunus« (1939). Zu den Aufgaben der Geschäftsführung zählte u.a. die rassische und erbbiologische Überprüfung, die Geheimhaltung der Schwangerschaft und der Entbindung auf besonderen Wunsch einer Mutter oder des Kindesvaters, die Überwachung der weltanschaulichen und hauswirtschaftlichen Schulung, die Unterstützung kinderreicher NS-Familien, die Bearbeitung aller das uneheliche Kind betreffenden Gesetzesvorlagen und die Vermittlung von Arbeitsplätzen für heimentlassene Mütter. Die Aufnahme in ein Heim konnte nur nach Überprüfung der arischen Abstammung, der Erbgesundheit und des Gesundheitszustandes der werdenden Mutter und des Kindesvaters erfolgen. Die einwandfreie Klärung der Vaterschaft des zu erwartenden Kindes war eine weitere Vorbedingung. Bis Ende 1939 wurden 56% der Mütter abgewiesen, aber dem Hilfswerk »Mutter und Kind« überwiesen. Von den aufgenommenen »Lebensborn«-Müttern waren 613 verheiratet und 832 ledig (1936–1939). Unter den »Lebensborn«-Müttern waren nach dem ersten Jahresbericht des geschäftsführenden Vorstands des »Lebensborn« e.V., der die Jahre 1936 bis 1939 umfaßte, die Arbeiterinnen mit 2,9%, die Handarbeiterinnen (Schneiderin, Näherin, Friseuse u.a.) mit 6,7%, die Hausangestellten (Hausmädchen, Kinderfräulein, landwirtschaftliche Gehilfin u.a.) mit 11,6%, die kaufmännischen Angestellten (Sekretärin, Verkäuferin u.a.) mit 30,1%, Frauen mit abgeschlossenem Examen (Lehrerin, Kindergärtnerin, Apothekerin, Ärztin, Zahnärztin u.a.) mit 22,1%, sonstige Berufe (Sprechstundenhilfe, Sippenforscherin, BDM-Führerin, Künstlerin u.a.) mit 8,8% und ohne Beruf (Schülerin, Studentin u.a.) mit 26,5% vertreten. Die Kindesväter übten folgende Berufe aus: 1,3% Arbeiter, 6,5% selbständige Handwerker, 11,4% Wehrmachtsangehörige, 17,8% SS-Angehörige, 15,3% Selbständige (Handel und Gewerbe), 16,1% kaufmännische und technische Angestellte, 3,9% hauptamtliche Parteiführer und 27,7% akademische Berufe, von denen 3,6% auf Studenten, 5,3% auf höhere Staatsbeamte, 4,8% auf Dipl. Landwirte und 14% auf Ärzte und Professoren entfielen. Um den Namen der Mutter und des Kindes zu schützen, besaß jedes Heim eine eigene polizeiliche Meldestelle zur An- und Abmeldung der Mutter und ein Standesamt zur Beurkundung der Geburt. Auf Antrag der Mutter konnte sich das Heim nach der Entbindung um eine Arbeitsstelle bemühen. Auch waren die Heime mit der Aufgabe betraut, zwischen den Eltern der unehelich geborenen Kinder eine Eheschließung herbeizuführen. Nach Kriegsbeginn veränderten sich die Verhältnisse in den Heimen. Ab 1939 nahm die Zahl der ledigen Mütter, die Schwangerschaft und Entbindung geheimzuhalten wünschten, zu. Ein besonderes Problem bildeten in den besetzten Gebieten die Mädchen, die von Soldaten der Wehrmacht oder von SS-Angehörigen ein Kind erwarteten. Sie hatten nicht nur die übliche Diffamierung zu ertragen, sondern waren auch der Verachtung, oft dem Haß ihrer Landsleute ausgesetzt. So wurden in den besetzten Ländern (Norwegen, Niederlande, Frankreich, Belgien) »Lebensborn«-Heime errichtet. In Norwegen, einem Land »germanischen Blutes«, bestanden acht Heime, allerdings auch für deutsche Helferinnen in der Wehrmacht. Ungefähr 11000 bis 12000 Kinder wurden in diesen Heimen geboren. Nach Kriegsbeginn übertrug Himmler dem »Lebensborn« e.V. noch weitere Aufgaben: Betreuung der Witwen und Kinder ermordeter Volksdeutscher in Polen sowie der Witwen, Bräute und Kinder gefallener SS-Männer und den Schutz werdender Mütter von im Felde stehenden SS-Männern. Neben der »Eindeutschung« verwaister, »rassisch wertvoller« Kinder entrissen – gemäß dem Wort Himmlers »Ich habe wirklich die Absicht, germanisches Blut zu stehlen und zu rauben, wo ich kann« – Mitarbeiter der volksdeutschen Mittelstelle (Vomi) u.a., der die Rücksiedlung der umgesiedelten Deutschen ins Reich oblag, Eltern in besetzten Ländern ihre Kinder, soweit sie ein »germanisches« Aussehen (blond, blauäugig) besaßen. Dem »Lebensborn« e.V. konnte eine Beteiligung an diesen Kindesentführungen und »Verschleppungen« nicht nachgewiesen werden. Ein geringer Prozentsatz dieser Kinder wurde aber an den »Lebensborn« weitergeleitet, um – bis zur Adoption durch deutsche Eltern – in den Heimen dieses Vereins untergebracht zu werden.

SCHWEDEN
DÄNEMARK
NIEDER-LANDE
BELG.
LUX.
FRANKREICH
SCHWEIZ
ITALIEN
Protektorat
Ravensbrück
Sulfonamide, Knochentransplantation, Massensterilisation
Sachsenhausen
Lost, Phosgen
Lobetal
Pastor Braune
Charlottenburg
Berlin
Bischof Graf von Preysing
Uchtspringe
9772 Brandenburg/Görden
Menninghüffen
Hilfsprediger Dähne
Pastor Wilm
Bischof Graf von Galen
Münster
Pastor D. von Bodelschwingh
Bethel
Blankenburg
8601
Bernburg
Landesheil- und Pflegeanstalt Leipzig-Dösen
Waldniel
Buchenwald
Fleckfieber-Impfstoff
Sonnenstein
13720
Hadamar
10072
Fulda
Bischofskonferenz (Kardinal Bertram)
Bischof Hilfrich
Limburg
Kalmenhof/Idstein
Mainz
Bischof Dr. Stohr
Trier
Bischof Bornewasser
„Jüdische Skelettsammlung"
„Reichsuniversität"
Straßburg
Schirmeck
Fleckfieber-Impfstoff
Natzweiler
Phosgen, Fleckfieber-Impfstoff, Lost
Landesbischof Wurm
Oberkirchenrat Sautter
Stuttgart
Dr. Kottmann
Rottenburg
Grafeneck
9839
Dachau
Unterdruck, Unterkühlung, Malaria, Phlegmone
Eglfing
18269
Hartheim
Wien
Freiburg
Erzbischof Gröber
Stetten
Pastor Schlaich
Dr. Gmelin
München
Landesbischof D. Meiser
Kardinal Faulhaber
L.
K

Die Vernichtung »lebensunwerten Lebens« und »medizinische Versuche« an Menschen (1939–1945)

»Großdeutsches Reich«

Grenze des »Großdeutschen Reiches«

Generalgouvernement

Angegliederte Gebiete

Besetzte Gebiete

Verbündete des »Großdeutschen Reiches«

Konzentrationslager

Staatsmedizinische Akademie

»Kinderfachabteilung«

In bestimmten Pflege- bzw. Heilanstalten wurden »Kinderfachabteilungen« errichtet, die die vom im 1. Halbjahr 1939 gebildeten »Reichsausschuß zur wissenschaftlichen Erfassung erb- und anlagebedingter schwerer Leiden« eingewiesenen Kinder aufnahmen, um ihnen »Sterbehilfe« zu gewähren.

»Mischlingsabteilung«

Ab 1943 wurden Zigeuner- und Judenkinder in der Anstalt Hadamar getötet.

»Euthanasie«-Anstalt

Jede Tötungsanstalt besaß einen als Duschraum getarnten Vergasungsraum und ein Krematorium zum Verbrennen der Leichen.

9839 **Zahl der während der Aktion »T 4« in einer »Euthanasie«-Anstalt getöteten Personen (1940–1941)**

Widerstand gegen die »Aktion Gnadentod«:

Evangelische Kirche

Katholische Kirche

»Medizinischer Versuch« an Menschen

Die Vernichtung »lebensunwerten Lebens« und »medizinische Versuche« an Menschen (1939–1945)

Die NS-Rassenideologie vertrat das Dogma vom Primat der nordischen Rasse und der Inferiorität der nichtnordischen Rasse (»Untermenschen«). Aufgabe einer verantwortungsvollen »Erb- und Rassenpflege« war die Förderung der nordischen Rasse, deren Erbgut durch »eugenische Maßnahmen« zu reinigen, zu mehren und zu erhalten war. Durch das Gesetz »zur Verhütung erbkranken Nachwuchses« (14.7. 1933), aufgrund dessen 200000 bis 350000 Personen sterilisiert wurden, wurden die zur Unfruchtbarkeit bestimmten Menschen völlig der Willkür des Staates ausgeliefert, da der zuständige beamtete Arzt oder Anstaltsleiter als gesetzlicher Vertreter die Sterilisierung beantragen konnte. Ein weiteres Gesetz »gegen gefährliche Gewohnheitsverbrecher« (24.11. 1933) sollte das deutsche Volk durch die Sterilisierung von Verbrechern vor der Vererbung von kriminellen Anlagen schützen.

Die Kinder-»Aktion«

Anfang 1939 richteten die Angehörigen eines Kindes, das nur zwei Extremitäten hatte, blind und möglicherweise auch geistig behindert war, ein Gesuch an Hitler, in dem sie um Tötung des Kindes baten. Nach Begutachtung durch Hitlers Leibarzt Dr. Karl Brandt wurde der Bitte entsprochen. Dieser Fall soll der Anlaß gewesen sein, daß Hitler Brandt und den Reichsleiter Philipp Bouhler mündlich ermächtigte, in ähnlichen Fällen analog zu verfahren. Zur Erfassung mißgebildeter Kleinkinder und Neugeborener wurde im 1. Halbjahr 1939 ein »Reichsausschuß zur wissenschaftlichen Erfassung von erb- und anlagebedingten schweren Leiden« gegründet. Durch einen geheimen Runderlaß des Reichsinnenministeriums (18.8. 1939) mußten Ärzte und Hebammen neugeborene Mißgeburten (Idiotie, Mongolismus, Mikro- und Hydrozephalus, Mißbildungen der Extremitäten, Lähmungen) und Kinder bis zu drei Jahren mit diesen Leiden melden. Die Meldebögen wurden über die Leiter der Gesundheitsämter an den »Reichsausschuß« in Berlin geschickt, der sie an drei Gutachter (Prof. Catel, Prof. Heinze, Dr. Wentzler) sandte, die ohne Untersuchung oder Beobachtung der Kinder ihre Entscheidung über Leben (» – «) oder Tod (» + «, deshalb »Kreuzelschreiber«) trafen bzw. eine Untersuchung oder Beobachtung empfahlen. Stimmte die Entscheidung der drei Gutachter auf Tod überein, wurde eine »Ermächtigungsurkunde« ausgestellt. Der Reichsausschuß teilte dann dem Leiter des zuständigen Gesundheitsamts mit, daß das Kind in eine »Kinderfachabteilung« aufgenommen würde. Der Leiter einer Kinderfachabteilung (insgesamt 21) ließ die Opfer durch Morphium-Hydrochloral, Luminal oder Nahrungsmittelentzug sterben. Ende August 1941 wurde die Altersgrenze auf 8, später auf 12 und 17 Jahre heraufgesetzt. Ab 1943 wurden Zigeuner- und Judenkinder in der »Mischlingsabteilung« der Anstalt Hadamar getötet. Ungefähr 5000 Kinder wurden Opfer der »begrenzten Euthanasie«.

Die Aktion »T4«

Ende Oktober 1939 wurden Reichsleiter Bouhler und Brandt in einem auf den 1.9. 1939 zurückdatierten, von Hitler unterzeichneten Geheim-Schreiben »unter Verantwortung beauftragt, die Befugnisse namentlich zu bestimmender Ärzte so zu erweitern, daß nach menschlichem Ermessen unheilbar Kranken bei kritischster Beurteilung ihres Krankheitszustandes der Gnadentod gewährt werden kann«. Der Geheim-Befehl, auf Hitlers privatem Briefpapier geschrieben, konnte keine Rechtsgrundlage für die Tötungsaktionen bilden. Der Versuch, eine gesetzliche Grundlage zu schaffen, scheiterte an der Weigerung Hitlers. Der Reichsjustizminister Dr. Gürtner forderte deshalb am 24.7. 1940 vom Staatssekretär Dr. H.-M. Lammers, »die heimliche Tötung von Geisteskranken sofort einzustellen«. Die Organisation unter Bouhler und seinem Stellvertreter V. Brack sowie den von K. Brandt eingesetzten Stellvertretern W. Heyde und P. Nitsche verfügte zur Tarnung ihrer Tötungsaktionen über eigenes Personal und gliederte sich in die »Reichsarbeitsgemeinschaft für Heil- und Pflegeanstalten«, die »Gemeinnützige Stiftung für Anstaltspflege« und die »Gemeinnützige Kranken-Transport GmbH«, die die Kranken aus den Stammanstalten in die Beobachtungs- bzw. Tötungsanstalten überführte. Die Zentrale befand sich seit Frühjahr 1940 in Berlin-Charlottenburg, Tiergartenstr. 4, deshalb die Tarnbezeichnung »T4«. Die Erfassung der erwachsenen Geisteskranken geschah durch Meldebögen zum Runderlaß vom 9.10. 1939. Zur »planwirtschaftlichen Erfassung der Heil- und Pflegeanstalten« sollten alle Patienten, die an Schizophrenie, Epilepsie, senilen Erkrankungen, Therapie-refraktärer Paralyse, Lues-Erkrankungen u.a. litten und sich seit mindestens 5 Jahren in Anstalten befanden oder als kriminelle Geisteskranke verwahrt wurden, gemeldet werden. Die ausgefüllten Fragebögen wurden drei Untergutachtern und einem Obergutachter (Heyde, Nitsche) zugestellt. Der Obergutachter war in seiner Entscheidung nicht an die der drei Untergutachter gebunden. 10 bis 15 Ärzte bildeten den Mitarbeiterstab. War die Entscheidung über den Patienten gefallen (»+«=zu töten), veranlaßten der Ministerialdirigent im Reichsinnenministerium H. Linden oder die Innenminister der einzelnen Länder eine Verlegung mit dem Hinweis auf die gegenwärtige Kriegslage. Die Patienten wurden in die »Euthanasie«-Anstalten überführt, später aus Tarnungsgründen erst in sog. Beobachtungsanstalten. Dort wurden sie in als Duschräume getarnten Gaskammern durch Kohlenmonoxid vergast und anschließend verbrannt. Nach dem 24.8. 1941 tötete man durch Luminal, Veronal und Morphium-Skopolamin. Neben »unheilbar Kranken« wurden rund 5000 Juden, viele Nichtkranke, politisch Unliebsame, kranke Ostarbeiter und Altersschwache u.a. getötet. Scheinstandesämter in den Tötungsanstalten sorgten für Totenschein, Trostbrief und Übersendung der Urne an die Angehörigen. Die strenge Geheimhaltung der Mordaktion wurde gewährleistet durch den kleinen Kreis der Eingeweihten, die zum Schweigen verpflichtet wurden. Die grauen Omnibusse, die falschen Angaben über die Todesursache, die seltsamen Todesanzeigen in den Tageszeitungen machten die Bevölkerung auf die Mordaktion aufmerksam, der 70273 Menschen zum Opfer fielen.

Die Unruhe in der Bevölkerung, die auch von führenden Parteikreisen wahrgenommen wurde, die Proteste vieler Anstaltsleiter, Ärzte, Krankenpfleger und Fürsorgeverbände, vor allem aber die Protestschreiben, Eingaben und Verhandlungen der beiden Kirchen bewogen Hitler am 24.8. 1941 zur mündlichen Anweisung an Brandt, die Aktion einzustellen. Nach dem »Endsieg« sollte eine endgültige Regelung durch Gesetz erfolgen. Auf der Arbeitstagung der Oberlandesgerichtspräsidenten und Generalstaatsanwälte am 23./24.4. 1941 nahm das »Führerkorps der beamteten Justiz« die Ausführungen des damals amtierenden Reichsjustizministers Schlegelberger über »unglaubliche im Volk umherschwirrende Gerüchte« und der Referenten Brack und Heyde kommentar- und widerspruchslos hin.

Nach Einstellung der Euthanasie-Aktion (24.8. 1941) begannen in den Konzentrationslagern unter dem geheimen Kennzeichen »14f13« bis 1943 Selektionen von Häftlingen, die nicht nur nach gesundheitlichen, sondern auch nach rassischen und politischen Gesichtspunkten durchgeführt wurden. Die Ausgemusterten, über 10000, wurden in eine Euthanasie-Anstalt überführt und dort getötet. Eine sog. »wilde Euthanasie« fand weiterhin noch durch langsames Verhungernlassen der Geisteskranken statt, auch wurden in manchen staatlichen Anstalten die Kranken noch getötet.

In der 2. Kriegshälfte ließ Himmler »medizinische« Reihenversuche, die Tausenden von Häftlingen das Leben kosteten oder sie zu Krüppeln machten, mit Hilfe ehrgeiziger, oft unqualifizierter Ärzte in Konzentrationslagern durchführen.

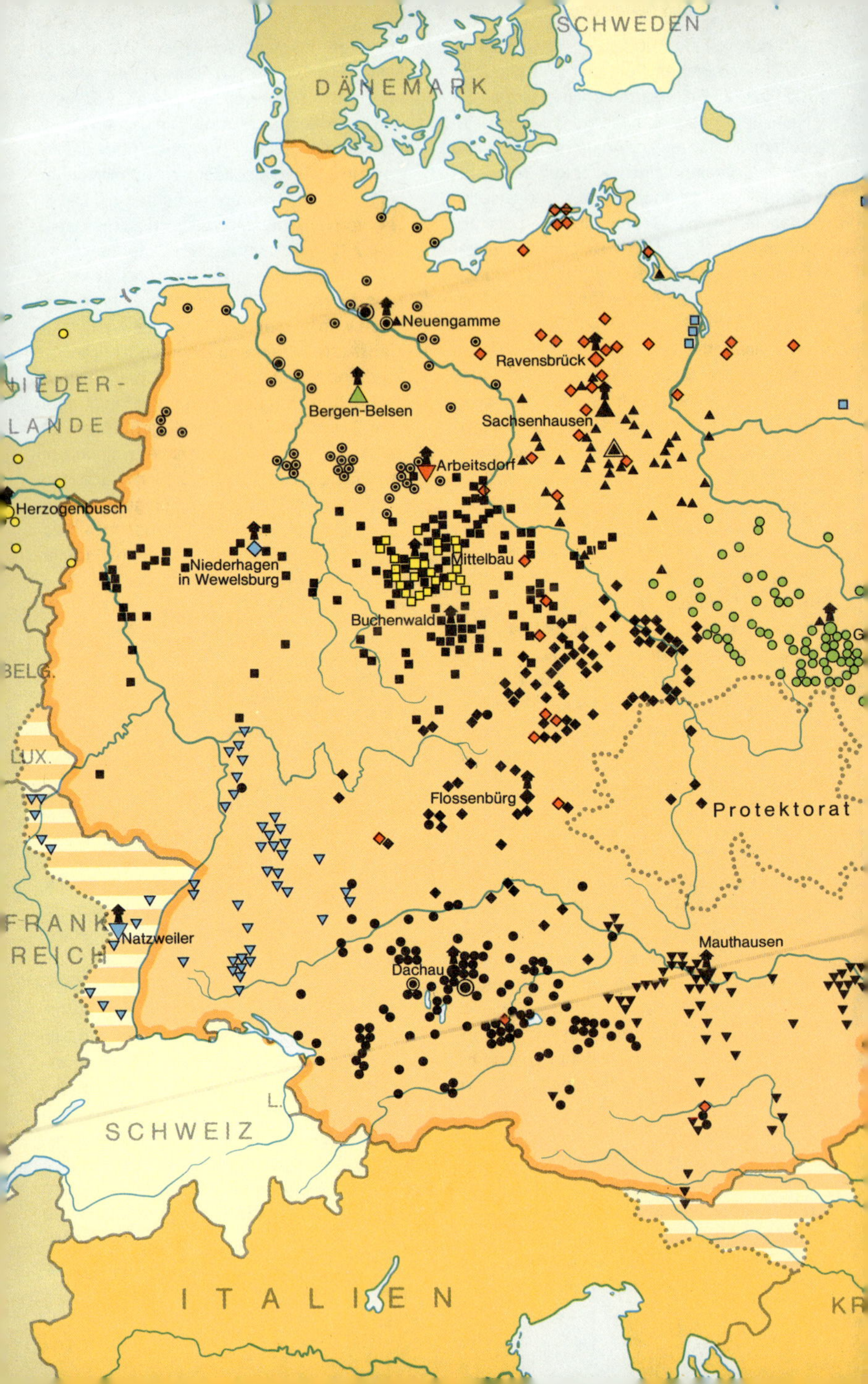

SCHWEDEN
DÄNEMARK
NIEDER-
LANDE
Neuengamme
Ravensbrück
Bergen-Belsen
Sachsenhausen
Arbeitsdorf
Herzogenbusch
Niederhagen
in Wewelsburg
Mittelbau
Buchenwald
BELG.
LUX.
Flossenbürg
Protektorat
FRANK
REICH
Natzweiler
Mauthausen
Dachau
SCHWEIZ
L.
ITALIEN

Die Konzentrationslager und ihre Außenkommandos (1939-1945)

- »Großdeutsches Reich«
- Grenze des »Großdeutschen Reiches«
- Generalgouvernement
- Angegliederte Gebiete
- Besetzte Gebiete
- Verbündete des »Großdeutschen Reiches«
- Dachau – Hauptlager
- Außenkommando
- Ort mit mehreren Außenkommandos

Anmerkung: Jedes der 23 Konzentrationshauptlager hat eine eigene Signatur. Durch dieselbe Signatur – etwas verkleinert – werden die jeweiligen den Hauptlagern unterstellten Außenkommandos kenntlich gemacht.

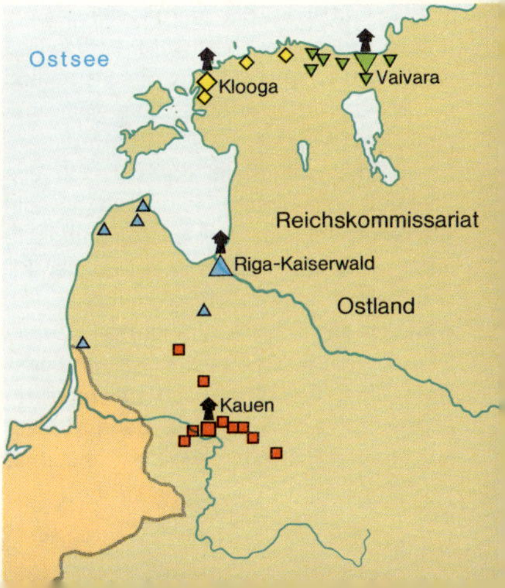

Die Konzentrationslager und ihre Außenkommandos (1939–1945)

Zu Beginn des Krieges bestanden die Konzentrationslager Buchenwald, Dachau, das vom 27.9. 1939 bis 18.2. 1940 vorübergehend geschlossen wurde, Flossenbürg, Mauthausen, Sachsenhausen und das Frauenkonzentrationslager Ravensbrück mit zusammen rd. 20000–25000 Schutzhäftlingen. Neben Gegnern des Nationalsozialismus befanden sich »Asoziale«, »Arbeitsscheue«, Kriminelle, Berufsverbrecher, Sicherungsverwahrte, Vorbeugungshäftlinge, Bibelforscher und Juden in den Lagern. Durch den Anschluß Österreichs, die Eingliederung des Sudetenlandes und die Zerschlagung der Tschechoslowakei hatte die Zahl der Häftlinge zugenommen. Die Farben der Stoffdreiecke, die auf der Häftlingskleidung aufgenäht waren, zeigten an, welcher Kategorie der Häftling angehörte: Politische Häftlinge (rot), Bibelforscher (lila), Asoziale (schwarz), Kriminelle (grün), Homosexuelle (rosa) und Emigranten (blau). Jüdische Häftlinge trugen zusätzlich noch ein gelbes Dreieck, das so aufgenäht wurde, daß es mit dem Farbdreieck einen sechseckigen Zionsstern bildete. Die Lager unterstanden dem »Führer der SS-Totenkopfverbände und Konzentrationslager«. Die Inspektion der Konzentrationslager wurde am 1.6.1940 in das SS-Hauptamt/Kommandoamt der Waffen-SS eingegliedert, das am 15.8. 1940 in Amt VI des SS-Führungshauptamts umgewandelt wurde. Am 16.3. 1942 wurde auf Anordnung Himmlers die Inspektion der KL dem SS-Wirtschafts-Verwaltungshauptamt (WVHA) unter SS-Obergruppenführer Pohl unterstellt, doch behielt das SS-Führungshauptamt in bezug auf die Wachmannschaften seine Zuständigkeit, auch verhandelte der Inspekteur der KL unmittelbar mit dem Reichsführer SS. Während des Krieges veränderten sich die Struktur und Funktion der Konzentrationslager. Die Entlassung eines Häftlings bildete praktisch eine Ausnahme, denn »Entlassungen von Häftlingen aus der Schutzhaft finden während der Kriegszeit nicht statt«. Das Haftprüfungsverfahren, das bis dahin alle 3 Monate stattfand, diente einer automatischen Verlängerung um jeweils weitere 3 Monate (24.10. 1939). Die Übermittlung der Schutzhaftanträge durch die Staatspolizeileitstellen und die Anordnung der Schutzhaft durch das Reichssicherheitshauptamt (RSHA) trugen nicht nur zur »Vereinfachung«, sondern auch zur »großzügigeren« Handhabung bei (ab 16.5. 1940). Die ins Konzentrationslager überstellten sowjetischen Ostarbeiter wurden »lediglich zahlenmäßig« erfaßt. Die Ostarbeiter wurden in der ersten Zeit noch für eine befristete Zeit zur Zwangserziehung und zur Arbeit in Konzentrationslager eingewiesen. Am 26.2. 1943 wurde angeordnet, sie nicht mehr aus den Lagern zu entlassen. Ab Frühjahr 1944 wurden Sammeltransporte von »Ostvolksangehörigen« geschlossen in die Konzentrationslager überstellt.

Durch Erlaß des Chefs der Sicherheitspolizei und des SD vom 2.4. 1941 wurde zur »Einteilung der Konzentrationslager in verschiedene Stufen, die der Persönlichkeit des Häftlings und dem Grad der Gefährdung für den Staat Rechnung tragen«, eine Unterscheidung der Häftlinge in vier Stufen vorgenommen. »Alle wenig belasteten und unbedingt besserungsfähigen Schutzhäftlinge, außerdem für Sonderfälle und Einzelhaft« (Stufe I) kamen in die Lager Dachau, Sachsenhausen und Auschwitz I, das zum Teil auch für Häftlinge der Stufe II in Betracht kam. Häftlinge der Stufe Ia (»alte und bedingt arbeitsfähige Schutzhäftlinge«) wurden in das Lager Dachau überwiesen, Häftlinge der Stufe II (»schwerer belastete, jedoch noch erziehungs- und besserungsfähige Häftlinge«) in die Lager Buchenwald, Flossenbürg, Neuengamme und Auschwitz II. »Schwer belastete, insbesondere auch gleichzeitig kriminell vorbestrafte und asoziale, d.h. kaum noch erziehbare Schutzhäftlinge« (Stufe III) wurden in das Lager Mauthausen überstellt. Bei Kriegsbeginn wurden Kommunisten und Sozialdemokraten, die schon einmal in

Haft gewesen waren, in »Schutzhaft« genommen. Es folgten die Personen, die sich gegen die nach Kriegsbeginn erlassenen neuen Kriegsstrafverordnungen vergangen hatten (»Wehrunwürdigkeit«).

Durch den Runderlaß über die »Grundsätze der inneren Staatssicherung während des Krieges« vom 3.9. 1939 wurden die SS-Polizei-Dienststellen ermächtigt, rücksichtslos jeden Versuch, »die Geschlossenheit und den Kampfwillen des deutschen Volkes zu zersetzen«, zu unterdrükken. Das galt für jede Person, »die in ihren Äußerungen am Sieg des deutschen Volkes zweifelt oder das Recht des Krieges in Frage stellt«. Für besondere Fälle, zu denen Sabotageversuche, Aufwiegelung von Heeresangehörigen oder eines größeren Personenkreises, Hamsterei in großen Mengen, aktive kommunistische oder marxistische Betätigung usw. rechneten, sollte auf »höhere Weisung brutale Liquidierung« erfolgen, die in den Konzentrationslagern auf Befehl des Reichsführers SS oder Hitlers durchgeführt wurde, »weil die Gerichte den besonderen Verhältnissen des Krieges sich nicht gewachsen zeigten«.

Während des Krieges vergrößerte sich der Kreis der Festgenommenen durch Polen mit deutscher Staatsangehörigkeit, Juden, vorbestrafte »Arbeitsbummler« und polnische Staatsangehörige, »die sich in irgendeiner Form ungebührlich verhalten hatten«. 1941 sollten auch »sämtliche ketzerische Pfaffen, deutschfeindliche Tschechen und Polen sowie Kommunisten und ähnliches Gesindel grundsätzlich auf längere Zeit einem Konzentrationslager zugeführt werden« (27.8. 1941). So fanden allein im Oktober 1941 über 15000 Verhaftungen statt. Hinzu kamen die Menschen, die sich des Widerstands verdächtig gemacht hatten, politisch verdächtige Personen aus den besetzten Ländern und Personen, die aufgrund des »Nacht- und Nebel«-Befehls Hitlers (7.12. 1941) in Konzentrationslager deportiert wurden, sowie Juden, Zigeuner und sowjetische Kriegsgefangene, die in besondere, den Konzentrationslagern eingegliederte »SS-Kriegsgefangenenlager« eingewiesen wurden. So entstanden während des Krieges neue Konzentrationslager mit zahlreichen Außenkommandos: Stutthoff (1939), Neuengamme (1940), Groß-Rosen und Natzweiler (1941), während Niederhagen (1940–1943) für Häftlinge errichtet wurde, die beim Ausbau der Wewelsburg beschäftigt waren. Die größte Anlage bildete das Konzentrationslager Auschwitz (1940) für 100000 Personen.

Nach der Unterstellung der Lager unter das SS-Wirtschafts-Verwaltungshauptamt wurden die Häftlinge verstärkt zum Arbeitseinsatz herangezogen, vor allem in der Rüstungsindustrie, bei kriegswichtigen Vorhaben, in den SS-Wirtschaftsbetrieben und auf den SS-Baustellen, auf denen allein am Ende des Krieges 50000 Häftlinge tätig waren. Aus diesem Grund hieß es in einem Erlaß des Chefs der Sicherheitspolizei und des SD (17.12. 1942): »Aus kriegswichtigen, hier nicht näher zu erörternden Gründen, hat der RFSS und der Chef der Deutschen Polizei am 14.12. 1942 befohlen, daß bis Ende Januar 1943 spätestens mindestens 35000 arbeitsfähige Häftlinge in Konzentrationslager einzuweisen sind.« Da immer mehr Ausländer eingewiesen wurden – sie stellten bei Kriegsende über 90% der Häftlinge –, entstanden 1943/1944 weitere Lager in den besetzten Gebieten. 23 Konzentrationslager mit über 1000 Außen- bzw. Unterkommandos wurden auf dem Reichsgebiet und in den besetzten Gebieten errichtet. Am 15.1. 1945 betrug der Häftlingsstand in den Konzentrationslagern 511537 männliche und 202674 weibliche Insassen. Die lange Arbeitszeit, die schwere Arbeit, die langen Anmarschwege, die unzureichende Verpflegung und ärztliche Versorgung führten zu Entkräftung und hoher Sterblichkeit bei den Häftlingen. Entkräftete Häftlinge wurden durch die Lagerärzte getötet. Die Überführung der Häftlinge bei Feindannäherung in rückwärtige Lager trug zum Tod eines Drittels der im Januar 1945 registrierten Gefangenen bei.

SCHWEDEN
DÄNEMARK
Kommando Nord
Kommando X
Frankreich
Papenburg
Uthlede
Brual-Rhede
Walchum
Börgermoor
Neusustrum
Esterwegen
Aschendorfermoor
Fullen
Oberlangen
Versen
Bathorn
Groß Hesepe
NIEDER-
LANDE
Strang
Volpriehausen
Moringen
Lendringsen
Uckermark
3
1
Berlin-Weißensee
Dallgow/Döberitz
Brandenburg
25
Sachsen
1
Vicht
BELG.
Merzhausen
Wächtersbach
Wittlich
Wiesbaden
Gelnhausen
LUX.
Trier
Finthen
Langendiebach
Mainz-Weisenau
Farschweiler
Hermeskeil
Hinzert
Neubrücke
Michelbach
Frankenthal-
Mörsch
Mannheim-Sandhofen
Homburg-
Nord
Kirrberg
Protektorat
Rheinzabern
Rastatt
Gaggenau
Weisenbach
FRANK-
Schirmeck-
Vorbruck
Haslach
222 Lager
Reichsgau
Oberdonau
Wien
Villingendorf
1
REICH
L.
SCHWEIZ
ITALIEN

Strafgefangenenlager im Emsland, SS-Sonderlager Hinzert, Sicherungslager Schirmeck-Vorbruck, Jugendschutzlager, Zwangsarbeitslager für Juden und Lager für ungarische Juden (1938-1945)

- »Großdeutsches Reich« (1942)
- Grenze des »Großdeutschen Reiches«
- Generalgouvernement
- Angegliederte Gebiete
- Besetzte Gebiete
- Verbündete des »Großdeutschen Reiches«
- Zentralverwaltung der Strafgefangenenlager im Emsland
- Strafgefangenenlager im Emsland
- SS-Sonderlager Hinzert
- Außenkommando
- Polizeihaftlager
- Sicherungslager Schirmeck-Vorbruck
- Außenkommando
- Jugendschutzlager
- Außenkommando
- 17 Zwangsarbeitslager für Juden
- Lager für ungarische Juden

Strafgefangenenlager im Emsland, SS-Sonderlager Hinzert, Sicherungslager Schirmeck-Vorbruck, Jugendschutzlager, Zwangsarbeitslager für Juden und Lager für ungarische Juden (1938–1945)

Die Strafgefangenenlager im Emsland
Die Emslandlager, die zum Teil schon 1923 zur Urbarmachung der emsländischen Moore durch Strafgefangene eingerichtet worden waren, waren nicht dem Reichsführer-SS und Chef der Deutschen Polizei unterstellt, sondern dem zuständigen Staatsanwalt, ab 1934 direkt dem Reichsminister für Justiz. Bewachung und Verwaltung übernahm ab 1934 die SA-Standarte Emsland, deren Führer auch Kommandeur der Strafgefangenenlager wurde. Allerdings wurden einige Lager als Konzentrationslager verwandt. Die Häftlinge wurden Methoden der Gefangenenbehandlung ausgesetzt, die in anderen Strafvollzugsanstalten nicht üblich waren. Die Insassen des Lagers bestanden aus »moorfähigen« Strafgefangenen, Sicherungsverwahrten, Gefangenen, für die nach der Entlassung Schutzhaft angeordnet war, jüdischen Häftlingen, »Aktionsjuden« (verhaftet am 10.11. 1938 nach der »Kristallnacht«), »Nacht- und Nebelgefangenen« (im März 1944), nach 1939 auch aus Ausländern, darunter Polen, die als Volksdeutsche aus der Wehrmacht desertiert waren, Belgiern, Franzosen und Niederländern, die gegen Verordnungen der Besatzungsmacht verstoßen hatten, und Wehrmachtshäftlingen, die meist auch für wehrunwürdig erklärt worden waren. Zum Arbeitseinsatz durch die Organisation Todt wurde 1942 ein Kommando Nord in Nordnorwegen, ab Oktober 1943 ein Kommando X in Frankreich und auf den britischen Kanalinseln eingesetzt.

SS-Sonderlager Hinzert
Das Lager, das im Herbst 1939 gegründet wurde, diente ursprünglich zum Vollzug der Polizeihaft für Arbeitskräfte der Organisation Todt, die beim Bau des Westwalls und der Autobahnen eingesetzt waren, und für die Gefolgschaftsmitglieder der Pionierstäbe. Für kleinere Vergehen konnten von den »Sicherungsstäben«, die den Oberbauleitungen am Westwall beigegeben waren, bis zu 21 Tage Haft – allerdings im Einvernehmen mit den örtlichen Gestapostellen – verhängt werden, während schwerere Vergehen oder Verbrechen durch Kriegs- bzw. Feldgerichte geahndet wurden. Da die Gefängnisse überfüllt waren und die meist jugendlichen Arbeiter während der Haft »dem Arbeitsprozeß wieder zugeführt werden sollten«, wurden das SS-Sonderlager Hinzert, das ab 1.7. 1940 dem Inspekteur der Konzentrationslager unterstellt wurde und im Januar 1945 ein Außenkommando des Konzentrationslagers Buchenwald wurde, und die Polizeihaftlager eröffnet. Die Einweisung in die Lager wurde bis auf die Dauer von 21 Tagen verfügt, ab Juli 1940 wurde die Dauer der Unterbringung auf mindestens 3 Monate festgelegt, vor allem für die durch Feld- und Kriegsgerichte zu längeren Freiheitsstrafen Verurteilten. Nach Verlegung der Oberbauleitung der Organisation Todt nach Frankreich wurden die Polizeihaftlager überflüssig und aufgelöst. In der Folgezeit wurden Schutzhäftlinge der Stapo Trier (Italiener, Luxemburger) eingewiesen. Das Lager diente auch als Arbeitserziehungslager. Vorübergehend wurden auch »Nacht- und Nebelhäftlinge« und wiederaufgegriffene Arbeitsvertragsbrüchige aus Frankreich inhaftiert, ferner Fremdenlegionäre deutscher Staatsangehörigkeit, bevor sie in die Strafanstalten der Justiz überführt wurden, und »Eindeutschungsfähige«, d.h. polnische Zivilarbeiter, die wegen sexueller Kontakte mit deutschen Frauen »zur Überprüfung« für mindestens 6 Monate in das Lager überstellt wurden.

Sicherungslager Schirmeck-Vorbruck
Am 15.7. 1940 wurde das Sicherungslager errichtet, das dem Befehlshaber der Sicherheitspolizei und SD in Straßburg unterstand und bis Kriegsende bestand. In das Lager eingewiesen wurden »Grenzgänger«, d.h. jugendliche Elsässer, die sich in das unbesetzte Frankreich absetzen wollten, »Schulungshäftlinge« (für

6 Wochen), d.h. Elsässer, die sich öffentlich gegen Deutschland betätigt hatten oder als Deserteure vom 1. Weltkrieg her bekannt waren, jugendliche Häftlinge, Zigeuner und alle nach Zigeunerart herumstreichende Personen sowie weibliche Häftlinge.

Jugendschutzlager

Diese Lager dienten zur vorbeugenden Verbrechensbekämpfung unter besonderer Berücksichtigung der Jugendkriminalität, die nach Kriegsausbruch bei Minderjährigen erheblich zunahm. Das Jugendschutzlager Moringen am Solling wurde am 15. 8. 1940 auf Anordnung des Reichsverteidigungsrats zur Unterbringung für »asozial und kriminell schwerstens belastete« Menschen errichtet. Die Einweisung der »Zöglinge« erfolgte durch das Reichskriminalamt auf Antrag der Kriminalpolizeistellen. Die Verwahrungsdauer war unbestimmt, doch wurde nach 1½ Jahren die Frage der Entlassung der Zöglinge geprüft. Bei der Auswahl der Lagerführer und der Erzieherschaft wirkten Sicherheitspolizei und SD mit. Ab Mitte 1943 gab es auch politische Lagerzöglinge (Stapo-Zöglinge). Das Jugendschutzlager Uckermark für weibliche Minderjährige, die durch die geheime Staatspolizei wegen Geschlechtsverkehrs mit »fremdvölkischen« Arbeitern verurteilt worden waren, nahm ab 1. 6. 1942 Mädchen auf, die durch Erziehung zur Arbeit, Disziplin und Ordnung Gelegenheit zur »Bewährung« erhielten.

Das »Polenjugendverwahrlager Litzmannstadt« wurde am 1. 12. 1942 »zur polizeilichen Unterbringung von Kindern und Jugendlichen polnischen Volkstums« eröffnet. Kriminelle oder sonst »verwahrloste« minderjährige Polen wurden von Fürsorgeerziehungsbehörden den zuständigen Kriminalpolizeileitstellen zur Einweisung gemeldet, um eine Entlastung der Fürsorgeeinrichtungen im Reich zu erreichen. Ab 1943 wurden viele Polenkinder »nach Prüfung der Eindeutschungsfähigkeit« als »rassisch geeignet« von den Rasseämtern untergebracht, während die im Lager Verbliebenen »nach den Prinzipien der Nazipolitik und den Richtlinien des Reichsführers-SS selbst« erzogen wurden.

Zwangsarbeitslager für Juden

Diese Lager wurden auf Grund der Verordnungen über die Einführung des Arbeitszwangs für die jüdische Bevölkerung im Generalgouvernement (12. 10. 1939), in Oberschlesien (31. 10. 1940), in den Reichskommissariaten Ostland und Ukraine (16. 8. 1941) und im Reichsgau Wartheland errichtet. In den angrenzenden Gebieten befanden sich auch noch einige Lager. Die »Verwertung und Ausnutzung der jüdischen Arbeitskraft« sollte kriegswirtschaftlichen Belangen dienen. In Schlesien wurden Juden vor allem für Bauvorhaben des Reichsministers für Bewaffnung und Munition eingesetzt. Die Arbeitszeit betrug 12 Stunden täglich; Nacht- und Sonntagsarbeit waren grundsätzlich zulässig. Die Lebensbedingungen der jüdischen Zwangsarbeiter glichen denen der Konzentrationshäftlinge. Die Lager hatten eine hohe Sterblichkeitsziffer und kaum ärztliche Versorgung. Bis Mitte 1944 wurden die Lager aufgelöst und die Insassen nach Auschwitz deportiert.

Lager für ungarische Juden

Nach der Besetzung Ungarns durch deutsche Truppen (19.3. 1944) begannen im Mai 1944 die Transporte von Juden nach Auschwitz. Wegen der Verhandlungen des SS-Sonder-Einsatzkommandos (Eichmann) mit westlichen jüdischen Hilfsorganisationen über den Tausch ungarischer Juden gegen kriegswichtige Güter (Lastwagen) wurden 6 Transporte ungarischer Juden Ende Juni 1944 in das Vorzugslager Straßhof bei Wien gebracht. Im Oktober 1944 gelangte eine 2. Gruppe ungarischer Juden von Budapest an die österreichische Grenze. Wegen der veränderten Kriegslage und der noch fortlaufenden Verhandlungen über Austausch bzw. Bezahlung unterblieb der Weitertransport nach Auschwitz. Die Juden wurden größtenteils in 222 Lagern in den Reichsgauen Wien, Niederdonau, Oberdonau und Steiermark zum Arbeitseinsatz eingewiesen, ein Teil von ihnen wurde in Konzentrationslager im Reichsgebiet gebracht.

SCHWEDEN
DÄNEMARK
Kiel-Hassee
Hamburg-Wilhelmsburg
Hägerwelle
93000
227000
Holländer
NIEDER-LANDE
Zwolle
Oldenburg
Bremen-Farge
Bremen-Sebaldsbrück
Unterlüss
Dreetz
Fehrbellin
Liebenau
Langenhagen
Hennigsdorf
Frohnau
Berlin
Falkensee-Finkenkrug
Bentheim
Ohrbeck
Lahde
Hannover
Genthin
Altbuchhorst
Ahaus
Georgsmarienhütte
Bad Eilsen
Steinbergen
Hildesheim
Magdeburg
Gross Beeren
Gosen
Fürstenwalde
Schwetig
Brätz
Beelen
Hessen
Leitzkau
Dorsten
Marl
Hönnetal
Blankenburg
Halberstadt
Piesteritz
Oberhausen
Duisburg
Dortmund
Unna
Raguhn
Christianstadt
Venlo
Wetter
Meschede
Eichenberg
Schkopau
Böhlitz-Ehrenberg
Wildfelde
Amern
Düsseldorf
Kassel
Leipzig
Rothenburg
122000
Solingen
Hunswinkel
Breitenau
Spergau
Kulkwitz
Peres-Böhlen
Radeberg
Leverkusen
Lippendorf
Löbau
Alsdorf
Köln-Deutz
Affoldern
Cossebaude
Dresden
Aachen-Burtscheid
Köln-Müngersdorf
Kranichfeld
Oederan
Weissig
Kleinschönau
Bonn
Freiberg
Zittau
Bad Godesberg
Ettingshausen
Chemnitz
Morchenstern
254000
Neuwied
Zwickau
Bodenbach
Tetschen
Hundstadt
Römhild
Plauen
Falkenstein
Czalositz
Belgier
Frankfurt-Heddernheim
Johanngeorgenstadt
Ober Leutensdorf-Maltheuern
Hradischko
LUX.
Bacharach
Rieneck
Bukowan
15000
Luxemburger
190000 Andere
Krehanitz
Pardubitz
St. Wendel
Pilsen-Karlow
Jirowitz
140000
Miroschau
Tworschowitz
Etzenhofen
Tschechen
Janowitz Markt
50000 Andere
Ödheim
Plan
140 0
Karlsruhe
Heilbronn
Rudersberg
Niederbühl
Fellbach
Rotenbach
Wasseralfingen
1525000
Leonberg
Neckarhausen
Franzosen
Kniebis-Ruhestein
Heidenheim-Mergelstetten
Siebenhirten
Neckartenzlingen
Offingen
Oberlanzendorf
Ehingen
Oberndorf-Aistaig
Augsburg
München-Berg
Moosbier
59000
München-Moosach
St. Valentin
FRANKREICH
Frauenberg
St. Dionysen
Innsbruck-Reichenau
Niklasdorf
L.
SCHWEIZ
Kraut
Gr
627000
Italiener
230000
Jugoslawen
272000
ITALIEN
KF

Fremdarbeiter und Arbeitserziehungslager (1939–1945)

»Großdeutsches Reich«

Grenze des »Großdeutschen Reiches«

Generalgouvernement

Angegliederte Gebiete

Besetzte Gebiete

Verbündete des »Großdeutschen Reiches«

Fremdarbeiter
Ausländische Zivilarbeiter und Zivilarbeiterinnen wurden im Verlauf des Krieges für die Arbeit – vor allem in den Fabriken des »Großdeutschen Reiches« – angeworben. Nachdem die freiwillige Werbung nicht den gewünschten Erfolg hatte, fanden Zwangsrekrutierungen und Razzien – vor allem in den besetzten Ostgebieten – statt. Die ergriffenen Personen wurden nach Deutschland als Zwangsarbeiter verschleppt.

● **Arbeitserziehungslager**
Arbeitserziehungshaft (AE-Haft) war für ausländische Arbeitskräfte vorgesehen, die als Arbeitsverweigerer und arbeitsunlustige Menschen, deren Verhalten einer Arbeitssabotage gleichkam, eingestuft wurden. Die Haft wurde von den Stapoleitstellen bzw. Stapostellen, denen auch die Lager in ihrem jeweiligen Gebiet unterstanden, verhängt und betrug bis zu 56 Tagen.

○ **Erziehungslager bei Firmen**
Die Erziehungslager bei Firmen entstanden aufgrund eines Runderlasses des Reichsführers-SS und Chefs der deutschen Polizei vom 15.12.1942 und dienten zur »Bekämpfung des Arbeitsvertragsbruchs ausländischer Arbeitskräfte.«

◯ **Mehrere Erziehungslager bei Firmen in einem Ort**

109 000 **Freiwillige zivile Arbeitskräfte**
Die Zahlen beruhen auf deutschen statistischen Angaben für Ende September 1941.

Fremdarbeiter und Arbeitserziehungslager (1939–1945)

Die ausländischen Arbeitskräfte

Durch den großen Bedarf an Arbeitskräften für die Rüstungs- und Bauindustrie sowie für die Landwirtschaft konnte in Deutschland vor Beginn des 2. Weltkrieges nicht nur Vollbeschäftigung erzielt, sondern auch auf Grund von Staatsverträgen des Deutschen Reiches mit anderen europäischen Staaten die Beschäftigung von rund 650000 Ausländern als unselbständige Arbeitskräfte in Deutschland erreicht werden. Während des Krieges wurden noch mit befreundeten und neutralen Staaten Vereinbarungen über die Anwerbung von Arbeitskräften geschlossen. Nachdem der Beginn der Kampfhandlungen den Zuzug weiterer ausländischer Arbeitskräfte hatte versiegen lassen, nahmen unter dem Eindruck der »Blitzsiege« Deutschlands in Polen, Nord- und Westeuropa, wegen der Arbeitslosigkeit in den besiegten Staaten und aus einer gewissen Kollaborationsbereitschaft Fremdarbeiter aus den besetzten Gebieten in Deutschland freiwillig Arbeit an. Von einem Widerstand der Arbeiter gegen die Besatzungsmacht war in der ersten Zeit wenig zu spüren. Nach dem Angriff auf die Sowjetunion erfolgte wegen des nun beginnenden, nicht vorhergesehenen Abnutzungskrieges eine Umstellung der deutschen Wirtschaft. Die Verluste der Wehrmacht und der zunehmende Bedarf an Soldaten verringerte die Zahl der deutschen Arbeitskräfte. Schon Ende 1941 wurde klar, daß weder der freiwillige Einsatz von Fremdarbeitern noch die Verwendung von Kriegsgefangenen genügend Ersatz für die Einberufenen bot.

Am 21.3. 1942 ernannte Hitler den Gauleiter von Thüringen, Fritz Sauckel, zum »Generalbevollmächtigten für den Arbeitseinsatz« und ermächtigte ihn am 30.9. 1942, »nach seinem Ermessen im Großdeutschen Reich, einschließlich des Protektorats sowie im Generalgouvernement und in den besetzten Gebieten alle Maßnahmen zu treffen, die den geordneten Arbeitseinsatz für die deutsche Kriegswirtschaft unter allen Umständen gewährleisten«. Für die Anwerbung von Arbeitskräften in den besetzten Gebieten waren nur die Arbeitseinsatzstellen der eingesetzten deutschen Militär- bzw. Zivilverwaltungen zuständig. Sauckel wurden die zuständigen Abteilungen des Reichsarbeitsministeriums und die nachgeordneten Dienststellen unterstellt. Betrug die Zahl der im Deutschen Reich tätigen ausländischen Arbeitskräfte am 25.4. 1941 noch 1,620 Mio., so am 25.9. 1941 2,140 Mio. und am 2.1. 1942 2,138 Mio., am 20.5. 1942 aber 2,606 Mio. und am 10.7. 1942 bereits 3,159 Mio. »Ostarbeiter« und Polen stellten 63% der Arbeitskräfte. Je mehr sich die militärische Situation zuungunsten Deutschlands veränderte, um so weniger ausländische Arbeitskräfte fanden sich freiwillig zur Arbeit in Deutschland bereit. 1942 mußte man schon Zwangsmaßnahmen ergreifen (Verweigerung der Lebensmittelkarte an Arbeitsverweigerer und Verfolgungen ihrer Familie).

Im Jahre 1943, vor allem in der 2. Hälfte des Jahres, nahm der Zustrom von Arbeitskräften nach Deutschland ab wegen des Mangels an freien unbeschäftigten Arbeitsreserven, der militärischen Ereignisse (Stalingrad, Afrika), der Gegenpropaganda in den besetzten Gebieten (Vorwurf der Kollaboration), der Partisanentätigkeit im Osten, die es nicht zuließ, große Gebiete nach Arbeitskräften zu »durchkämmen«, und der Unzufriedenheit ausländischer Arbeitskräfte in Deutschland (Klagen über Ernährung, Arbeitsplatz, ärztliche Betreuung u.a.), deren politische Einstellung zunehmend deutschfeindlicher wurde.

In den Staaten West- und Nordeuropas führte man zur zwangsweisen Rekrutierung die Arbeitsdienstpflicht ein, so z.B. in Frankreich am 16.2. 1943 für alle zwischen dem 1.1. 1920 und 31.12. 1922 Geborenen, im Osten wurden Razzien und Zwangsverschleppungen durchgeführt (ab 1942), die die Betroffenen oft bei den Partisanen Zuflucht suchen ließen. Selbst durch die Wegführung von Vieh oder die

Androhung der Erschießung konnte die Erfüllung des Aufbringungssolls nicht erreicht werden. »Ostarbeiter«, derer man habhaft werden konnte, wurden oft gefesselt zu den Bestimmungsbahnhöfen gebracht. Durch den Einsatz von fast 7,5 Mio. Ausländern (Fremdarbeiter und Kriegsgefangene) gelang es, zwischen Mai 1940 und Mai 1944 die deutschen Abgänge zur Wehrmacht auszugleichen. Der Einsatz von Fremd- bzw. Zwangsarbeitern und Kriegsgefangenen betrug Ende Mai 1941 3,0 Mio., ein Jahr später 4,2 Mio., Ende Mai 1943 6,3 Mio. und im Mai 1944 7,1 Mio. Am 1.3. 1944 gab Sauckel auf der Konferenz der zentralen Planung an: »Von den fünf Millionen ausländischen Arbeitskräften, die nach Deutschland gekommen sind, sind keine 200000 freiwillig gekommen.«

Die Arbeitserziehungslager (AEL)

Nachdem der Reichsführer-SS und Chef der deutschen Polizei Heinrich Himmler schon am 8.3. 1940 in einem Schnellbrief an die Stapo-(leit)stellen in Fällen von Ungehorsam und Arbeitsunlust polnischer Zivilarbeiter und -arbeiterinnen befohlen hatte, die »unverzügliche Überführung der betreffenden Arbeitskraft polnischen Volkstums in ein Arbeitserziehungslager auf mehrere Jahre zu veranlassen«, und für »hartnäckige Arbeitsunlustige« die »Beschäftigung in den Steinbrüchen des Lagers Mauthausen« für angebracht gehalten hatte, wurden ungefähr 3 Monate später die ersten Arbeitserziehungslager (AEL) errichtet. Nach dem Runderlaß vom 28.5. 1941, der eine Arbeitserziehungs-Haft bis zu 56 Tagen (=21 Tage Schutzhaft) für zulässig erklärte, folgte am 12.12. 1941 eine Neufassung über die »Errichtung von Arbeitserziehungslagern«, in der es einleitend hieß: »Die Arbeitserziehungslager sind ausschließlich zur Aufnahme von Arbeitsverweigerern und arbeitsunlustigen Elementen, deren Verhalten einer Arbeitssabotage gleichkommt, bestimmt. Die Einweisung verfolgt einen Erziehungszweck, sie gilt nicht als Strafmaßnahme.« Die Lager unterstanden direkt den für das Gebiet zuständigen Staatspolizei(leit)stellen. Die Arbeitsbedingungen und Lebensverhältnisse waren härter als in einem Konzentrationslager. Die Häftlinge waren »im Rahmen der Beschäftigungsmöglichkeit zu besonders anstrengenden Arbeiten zu verwenden«. Als sich die zunehmende Anzahl von Arbeitsvertragsbrüchen ausländischer Arbeitskräfte ab 1942 sehr nachhaltig auswirkte (Verlassen des Arbeitsplatzes ohne Zustimmung des Arbeitsamtes, pflichtwidrige Arbeitsverweigerung durch unbegründete Nichtaufnahme der Arbeit, durch unbegründetes Fehlen und durch pflichtwidriges Zurückhalten mit der Arbeit), hielt Himmler am 15.12. 1942 die Einweisung vertragsbrüchiger ausländischer Arbeitskräfte für unerläßlich, »um eine abschreckende Wirkung zu erzielen und die Arbeitskräfte baldmöglichst wieder der Arbeit zuzuführen«. Auch setzte er sich für die Errichtung einer noch größeren Zahl von Arbeitserziehungslagern ein. Einige Stapo(leit)stellen, die nicht über ein eigenes Arbeitserziehungslager verfügten und auch kein Lager errichten wollten, wiesen die Häftlinge zur Verbüßung ihrer zeitlich beschränkten Arbeitserziehungshaft in das nächstgelegene Konzentrationslager ein (Auschwitz, Buchenwald, Dachau, Groß-Rosen, Stutthoff).

Die Erziehungslager bei Firmen

Diese Lager wurden vor allem in den Industriegebieten an Rhein und Ruhr sowie in Sachsen auf Grund eines Runderlasses Himmlers vom 15.12. 1942 an alle Stapo-(leit)stellen errichtet. Der Erlaß behandelte die »Bekämpfung des Arbeitsvertragsbruches ausländischer Arbeitskräfte«. Die Einweisung der Arbeitsvertragsbrüchigen erfolgte durch die Gestapo, die auch die Oberaufsicht über die Lager führte. Die Haftdauer betrug im Durchschnitt 6 Monate. Die Träger der Lager waren Firmen, das »Gauarbeitsamt«, die »Deutsche Arbeitsfront« oder die Reichsbahn.

ISLAND
NORWEGEN
SCHWEDEN
FINNLA
Finnen
1
Esten
4
Lett
2
Litauer
3 6
IRLAND
GROSS-
BRITANNIEN
DÄNEMARK
NIEDERLD.
DEUTSCHES
REICH
Volksdeutsche
77.861
der „Liste III"
Eupen-
Malmedy
1.944
Luxemburger
2.212
LUX.
Lothringer
3.986
Elsässer
14.937
Sonstige
5.891
Protektorat
General-
gouvernemen
SLOWAKEI
UNGARN
FRANKREICH
Vichy
Legion Trikolore
L.
SCHWEIZ
Kärntner
Krainer
5.345
Untersteirer
9.840
RU
396. Inf. Rgt.
369. Inf. Div.
KROATIEN
373. Inf. Div.
392. Inf. Div.
S. M.
SERBIEN
MONTE-
NEGRO
B
ALBANIEN
ITALIEN
MONACO
ANDORRA
PORTUGAL
SPANIEN
250. Inf. Div.
GRIE
LA
Griech
1
Gibraltar
brit.
Span.-
Marokko
Malta
brit.
Marokko
Tunesien
Algerien
Libyen

Fremdländische Verbände in der Wehrmacht (1941–1945)

- **»Großdeutsches Reich«**
- **Generalgouvernement**
- **Angegliederte Gebiete**
- **Besetzte Gebiete**
- **Verbündete des »Großdeutschen Reiches«**
- **Machtbereich des »Großdeutschen Reiches« und seiner Verbündeten**
- **»Anti-Hitler-Koalition«**
- **Von den Westmächten besetzte Gebiete**

392. Inf. Div. **Verband eines befreundeten Staates**

Unter der Parole des Kampfes »Europas« gegen den Bolschewismus nahmen innerhalb der Wehrmacht Verbände Spaniens, Vichy-Frankreichs und Kroatiens am Ostfeldzug teil.

Armenier **Unter den Osttruppen vertretenes Volk:**

11 **Infanterie-, Kavallerie- oder Artillerieverband in Bataillonsstärke (1943)**

2 **Arbeits-, Wach- oder Ausbildungseinheit in Kompaniestärke (1943)**

Die Osttruppen, die Anfang 1943 zwischen 130.000 und 150.000 Mann stark waren, stiegen bis Juni 1943 auf 220.000 bis 320.000 Mann an.

5.345 **Zahl der Soldaten aus den dem »Großdeutschen Reich« angegliederten und den aus Polen eingegliederten Gebieten (1944)**

Fremdländische Verbände in der Wehrmacht

Der Überfall auf die Sowjetunion am 22.6. 1941 wurde von der nationalsozialistischen Propaganda als »Kreuzzug Europas gegen den Bolschewismus« herausgestellt. Alle europäischen Staaten konnten sich an dem als Präventivkrieg hingestellten »gesamteuropäischen Freiheitskrieg«, der in Wahrheit ein brutaler Eroberungs- und Vernichtungskrieg zur Gewinnung neuen »Lebensraums im Osten« war, beteiligen. Wenn Hitler auch erklärte, daß der »Kampf gegen den Bolschewismus« ein Kreuzzug sei, »wie es ihn bisher nur gegen die Hunnen und gegen die Türken gegeben habe«, so ließ er doch keinen Zweifel, daß die Nutznießer des Krieges »allein die Deutschen« sein sollten. Die Formel vom Kampf gegen die »jüdisch-bolschewistische Sowjetregierung mit ihren Funktionären« konnte zwar die deutschen Machtziele tarnen, wurde aber sogar von den Verbündeten durchschaut. Sie wirkte aber auf die antikommunistischen Gruppierungen in Europa.

Nach den ersten Meldungen von Freiwilligen fand am 30.6. 1941 eine Besprechung zwischen Vertretern des Auswärtigen Amtes, des Oberkommandos der Wehrmacht (Abteilung Ausland), des SS-Hauptamtes und des Außenpolitischen Amtes der NSDAP statt, in der die »Freiwilligen-Meldungen in fremden Ländern für den Kampf gegen die Sowjetunion« behandelt und vorläufige Richtlinien ausgearbeitet wurden. Am 6.7. 1941 erließ das Oberkommando der Wehrmacht »Richtlinien für den Einsatz ausländischer Freiwilliger im Kampf gegen die Sowjetunion«, nach denen diese auf Adolf Hitler für den »Kampf gegen den Bolschewismus« vereidigt werden sollten. Aus rasseideologischen Gründen erfolgte eine Einteilung der Freiwilligen in »Germanen« (Dänen, Flamen, Holländer, Norweger, Schweden – aber auch Finnen), die in die SS, und »Nichtgermanen« (Spanier, Franzosen, Kroaten u.a.), die in die Wehrmacht eingereiht werden sollten.

Nach dem Angebot Ramón Serrano Suners (12.6. 1941) wurde eine spanische Freiwilligendivision (Division Española de Voluntarios = DEV, auch »Blaue Division« genannt) unter General Augustín Muñoz Grandes in Stärke von 640 Offizieren, 2272 Unteroffizieren und 14780 Mannschaften nach Deutschland geschickt, wo sie am 31.7. 1941 vereidigt, als 250. Infanterie-Division im Nordabschnitt der Ostfront eingesetzt wurde und sich durch Härte und Tapferkeit auszeichnete. Am 8.10. 1943 kehrte die Division nach Spanien zurück, da Franco die Rückkehr forderte, doch blieb bis zum 10.2. 1944 eine spanische Freiwilligen-Legion an der Ostfront.

Nach dem Ablauf zur Aufstellung einer »Légion des Volontaires Français contre le Bolchewisme« (LVF, »Trikolore«) durch die pro-deutschen französischen Parteien begann am 18.7. 1941 die Anwerbung, der wegen der Zerstrittenheit der Parteien, der Nichtzulassung von Kriegsgefangenen und der Drohungen der Résistance geringer Erfolg beschieden war. Die Beschränkung auf 10000 Freiwillige erwies sich als überflüssig, da im September/Oktober 1941 nur 190 Offiziere und 2902 Unteroffiziere und Mannschaften im Ausbildungslager Deba in Polen eintrafen, die als (franz.) Infanterieregiment 638 der 7. Infanteriedivision zugeteilt wurden. Nach kurzem Einsatz wurde das Regiment wegen ungenügender Ausbildung der Mannschaften und der Unfähigkeit seiner Offiziere aus der Front gezogen, in Radom in Polen reorganisiert und später als Infanteriebataillon 638 im Osten wieder eingesetzt. Aus Belgien kamen 860 wallonische Freiwillige, aus denen das wallonische Infanteriebataillon 373 gebildet wurde, das der 97. leichten Infanteriedivision unterstellt und am Südflügel der Ostfront im rückwärtigen Heeresgebiet eingesetzt wurde. Das Bataillon mußte wegen politischer Richtungskämpfe 1942 reorganisiert werden. Die wallonischen Freiwilligen wurden 1943 in die Waffen-SS eingereiht.

Aus den von der kroatischen Staatsführung zur Verfügung gestellten Freiwilligenverbänden wurde auf dem Truppenübungsplatz Döllersheim in Niederösterreich das Verstärkte Kroatische Infanterieregiment Nr.369 gebildet und am 31.7. 1941 auf Hitler vereidigt. Das Regiment gehörte mit der Leichten Artillerieabteilung 369 zur 100. Leichten Infanteriedivision und bewährte sich an der Ostfront, so daß Hitler im August 1942 die Erweiterung zu einer selbständigen Division anordnete. Das Regiment wurde bei Stalingrad vernichtet. 1942 wurden die 369. und 373. (kroat.) Infanteriedivision und 1943 die 392. (kroat.) Infanteriedivision aufgestellt, die auf dem Balkan eingesetzt wurden, jedoch nur bedingten Kampfwert besaßen. Ende 1942 kämpften 24000 Franzosen, Spanier, Kroaten und Wallonen in der Wehrmacht. Die weitere Anwerbung von Freiwilligen in West- und Osteuropa scheiterte aber an der Konkurrenz durch die SS, die die rassischen Voraussetzungen für eine Einstellung in die SS seit 1943 aufgegeben hatte und von Hitler mehr bevorzugt wurde. Nach dem schnellen Vormarsch 1941 in die Sowjetunion, in der die Wehrmacht zu Beginn von der Bevölkerung, vor allem der der baltischen Länder und der Ukraine, als Befreier begrüßt worden war, waren viele Menschen bereit, an der Seite der deutschen Truppen für die Befreiung und die Unabhängigkeit ihres Landes gegen den Bolschewismus zu kämpfen. Dasselbe traf auch für einen Teil der russischen Kriegsgefangenen zu. So wurden von den deutschen Verbänden schon bald Freiwillige für Hilfsdienste in bewaffneten Einheiten (Züge, Kompanien) zusammengefaßt, die im rückwärtigen Gebiet gegen Partisanen und versprengte sowjetische Soldaten eingesetzt wurden. Hitler, der sich gegen die Einstellung »slawischer Untermenschen« sträubte, stimmte im Februar 1942 der Einstellung von Freiwilligen, die oft schon vollzogen war, zu und gestattete die Vergrößerung der Hundertschaften in Bataillone. Im Mai 1942 wurde der Stab der 162. Infanteriedivision mit der Aufstellung und Ausbildung von Freiwilligen aus den Turkvölkern und den Kosaken beauftragt. Die »Osttruppen«, die aus Angehörigen der Turkmenen, Nordkaukasier, Wolgatataren, Kalmücken, Armenier, Aserbeidschaner und Georgier bestanden, wurden in Infanterie-, Kavallerie- und Artillerie-Verbänden in Bataillonstärke zusammengefaßt. Neben den Hilfswilligen (Hiwis) und den »Osttruppen« gab es noch Truppenteile, in denen Griechen, Litauer, Letten, Esten, Finnen, Fernöstliche in Bataillonstärke – zum Teil von einzelnen deutschen Truppenteilen aufgestellt – Dienst verrichteten. Wie bei der SS stellten die baltischen Verbände auch hier die verläßlichsten Verbände. Aus vielen Angehörigen dieser Völker wurden auch Arbeits-, Wach- und Ausbildungseinheiten in Kompaniestärke gebildet. 1943 nahm die Zahl der »Hiwis«, die innerhalb der Truppe ihren Dienst taten, weiter zu. Im Sommer 1944 wurde die höchste Zahl an Freiwilligen erreicht (rund eine halbe Million Hilfswilliger und Osttruppen). Die deutsche Niederlage bei Stalingrad, der sich daran anschließende Rückzug, die Politik der Reichskommissare in »Ostland« und »Ukraine«, die vergebliche Hoffnung auf Befreiung ihrer Heimat, Hitlers Weigerung, die früheren Nationalstaaten auf dem Boden der UdSSR wiederherzustellen, die russische Propaganda und die zunehmende Partisanentätigkeit verringerten den Kampfwert der östlichen Freiwilligen. Die »Osttruppen« wurden im Westen, im Mittelmeerraum und auf dem Balkan eingesetzt, doch wurden sie zunehmend unzuverlässiger, und angesicht der sich abzeichnenden deutschen Niederlage ließ die Einsatzbereitschaft der Hilfswilligen und der Osttruppen nach. Sie liefen zum Feind über, desertierten oder meuterten und erschossen sogar – wie bei der Invasion in Frankreich – ihr deutsches Rahmenpersonal. 1945 wurden nach langem Zögern Hitlers aus russischen Kriegsgefangenen zwei Divisionen aufgestellt (»Wlassow-Armee«), von denen noch eine zum Einsatz kam.

ISLAND
NORWEGEN
SCHWEDEN
FINNLA
1.200
1.218
6.000
Esten
20.000
Lette
31.45
1.164
6.000
300
DÄNEMARK
V 1.292
IRLAND
GROSS-
BRITANNIEN
2.559
Holländer
ca. 55.000
23.000
875
Flamen
20.000
Wallonen
DEUTSCHES
REICH
Protek-
torat
General-
gouvernemen
20.000
FRANKREICH
Liechtensteiner
80
SCHWEIZ
800
SLOWAKEI
V 5.390
UNGARN
V 22.125
RU
KROATIEN
V 17.538
SERBIEN
V 21.516
MONACO
S. M.
ITALIEN
MONTE-
NEGRO
ALBANIEN
GRIE
LA
PORTUGAL
SPANIEN
ANDORRA
Gibraltar
brit.
Span.-
Marokko
Marokko
Algerien
Tunesien
Malta
brit.
Libyen

Fremdländische Verbände in der Waffen-SS (1941–1945)

- **»Großdeutsches Reich«**
- **Generalgouvernement**
- **Angegliederte Gebiete**
- **Besetzte Gebiete**
- **Verbündete des »Großdeutschen Reiches«**
- **Machtbereich des »Großdeutschen Reiches« und seiner Verbündeten**
- **»Anti-Hitler-Koalition«**
- **Von den Westmächten besetzte Gebiete**
- 875 **Germanische Legion bzw. Freikorps der Waffen-SS (1941)**
- V 22.125 **Zahl der Volksdeutschen in der Waffen-SS (1943)**
- 6.000 **Zahl der fremdländischen SS-Freiwilligen.**

Nach der nur geringen Erfolg zeigenden Werbung »nordischer« Freiwilliger aus Norwegen, Dänemark, den Niederlanden und Belgien (Flamen) für die »germanischen« Legionen (1941) warb die SS unter der Parole des Kampfes Europas gegen den »asiatischen Bolschewismus« in den besetzten Ländern Europas Freiwillige. Ab 1940 begannen die Werbung unter den »Volksdeutschen«, ab 1942 die Aufstellung der »baltischen Legionen« und ab 1943 die Bildung von SS-Divisionen aus den östlichen Völkern. Kamen die westeuropäischen Freiwilligen aus Abenteuerlust und wegen des persönlichen Gewinns, so kämpften die osteuropäischen Freiwilligen für den nationalen Fortbestand ihrer Heimat gegen die Sowjetunion oder für die Freiheit und Selbständigkeit ihrer Heimatländer, für die sie von den Deutschen wenigstens einen Autonomie-Status erhofften.

Fremdländische Verbände in der Waffen-SS (1941–1945)

Die Werbung »germanischer« Freiwilliger mit Unterstützung einheimischer, mit der deutschen Besatzungsmacht kollaborierender politischer Gruppen zeigte keinen großen Erfolg. Ende 1941 kämpften nur ein paar tausend Niederländer, Norweger, Dänen und Flamen in den »germanischen Legionen«. Die »germanischen Freiwilligen nichtdeutschen Volkstums« leisteten einen persönlichen Eid auf Adolf Hitler. Schlecht ausgebildet und unter unzureichender, oft politisch zerstrittener Führung erlitten die Legionen im Winter 1941/1942 große Verluste an der Ostfront, so daß im Sommer 1942 nur noch 5000 Mann eingesetzt werden konnten. Die Freiwilligenverbände aus den westeuropäischen Ländern setzten sich in der Folgezeit aus unzufriedenen und das Abenteuer suchenden Jugendlichen, die keineswegs »dem Befehl des Gewissens« folgten, und ab 1943 vorwiegend aus Kollaborateuren, die in ihrer Heimat die Vergeltung und Rache ihrer Landsleute fürchteten, zusammen. Wegen der Wende des Krieges zum Jahresende 1941 und wegen der großen Verluste durch die russische Winteroffensive 1941/1942 zeigte man großes Interesse an der Werbung »Volksdeutscher«, mit der man 1942 in Nordschleswig begann. Auch auf dem Balkan rekrutierte man durch Anwerbung, ungesetzliche Zwangsverpflichtungen, Einführung der allgemeinen Wehrpflicht (Serbien) und Abkommen mit den Regierungen von Rumänien, Ungarn, Kroatien und der Slowakei »Volksdeutsche« für die Verbände der SS. 1944 wurden »Volksdeutsche«, die in der slowakischen und ungarischen Armee dienten, in die SS überwiesen. Nach der Aufstellung einer lettischen Division mit Zustimmung Himmlers (1942) wurden fremdländische Verbände im Baltikum und auf dem Balkan ohne Rücksicht auf Rassenzugehörigkeit aufgestellt. Die aus Mohammedanern gebildeten SS-Divisionen »Handschar«, »Skanderbeg« und »Kama« erwiesen sich aber als völlig unzuverlässig. Da die SS ab 1943 nicht gewillt war, auf das osteuropäische »Menschenmaterial« zu verzichten, wurde nicht mehr von »asiatischen Horden« und »slawischen Untermenschen« gesprochen. So wurden in der zweiten Hälfte des Jahres 1944 neun neue Divisionen und Verbände aus Kosaken, Kaukasiern, Osttürken u. a., die vor der Roten Armee in den Westen – vor allem auf den Balkan – geflohen waren, aufgestellt. Sieben dieser Divisionen wurden nicht mehr eingesetzt. Ihr Kampfwert war auch gering, da ein Teil der »Freiwilligen« dieser »nicht germanischen« Divisionen mit Waffengewalt zum Dienst gepreßt worden war. Die Bildung einer Indischen Freiwilligen Legion und des British Free-Corps diente vor allem zu Propagandazwecken. Ungefähr 500000 Ausländer dienten während des Krieges in der Waffen-SS. Die Westeuropäer stellten 120000 bis 130000 Freiwillige, von denen sich rund 60000 meldeten, als der Krieg schon verloren war. Die nächstgrößere Gruppe bildeten die »Volksdeutschen«. Die größte Anzahl an Freiwilligen aber stellten die Osteuropäer, die oft auch für die Freiheit und Selbständigkeit bzw. Autonomie ihrer Länder zu kämpfen glaubten (Ukrainer, Letten, Esten u. a.).

Der Kampfwert der SS-Divisionen, die aus »Freiwilligen« bestanden, war unterschiedlich, zumal einige Divisionen nur Regimentsstärke besaßen. Auf die Freiwilligen aus Nord- und West-Europa, aber auch auf die baltischen Divisionen konnte man sich verlassen. Die »Volksdeutschen« und die »Ost-SS« waren für die Kriegführung kaum von Nutzen, so daß einige Divisionen schon vor ihrem ersten Einsatz wieder aufgelöst wurden.

Insgesamt wurden 11 »Freiwilligen«-Divisionen aus Freiwilligen der »germanischen« Völker und 11 »Waffen«-Divisionen aus Angehörigen der »nichtgermanischen« Völker aufgestellt. Von den ersteren kam eine überhaupt nicht und vier weitere erstmals im März 1945, von den letzteren sieben nicht zum Einsatz.

Europas Kampf gegen den Bolschewismus und den englischen Imperialismus

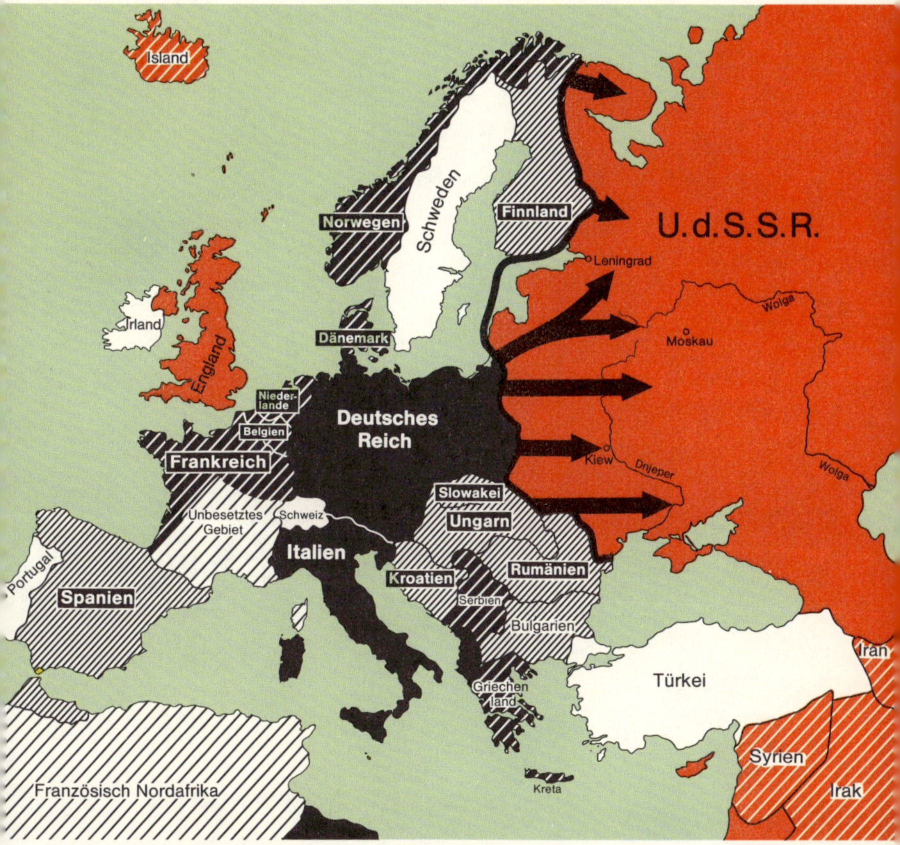

Nach dem Stand vom September 1941

= Von Deutschland oder Italien besetzte Gebiete

= Mit Deutschland befreundete Staaten

= Vom Feind besetzte Gebiete

= Neutrale Staaten

Spanien = Staaten, deren Heere oder Freiwilligenverbände gegen den Bolschewismus kämpfen

nter Deutschlands Führung, das alle Ketten des Versailler Diktats von sich geworfen hat, kämpft Europa fast ›schlossen für eine neue gerechte Ordnung gegen jene Feinde, die bisher unsern Kontinent als den ıstragungsort ihrer ehrgeizigen, selbstsüchtigen und zerstörenden Pläne mißbraucht haben.

SCHWEDEN
DÄNEMARK
NIEDERLANDE
Stralsund
Neuengamme
Ravensbrück
Comthurey
Brückentin
Sachsenhausen
Oranienburg
Gilde
Berlin
Fürstenwalde
Pos
315 Zie
Wartheland, Zich
Essen
Düsseldorf
Berlstedt
Cölbe
Buchenwald
Groß-Rosen
BELG.
Bad Neuenahr
Apollinaris Betriebe
GmbH
Niederselters
Sudetenquell GmbH
Oberliebich
Ramschen
Krondorf
Sudetenquell GmbH
Neurohlau
Rothau
Gießhübel-
Sauerbrunn
Sudetenquell
GmbH
Elbogen
Neudorf
Sudetenquell GmbH
Grün
Sudetenquell GmbH
Prag
LUX.
Heppenheim
Heidelberg
Flossenbürg
Beneschau
Protektorat
8 Betriebe
Wolfram
Lorch
Natzweiler
Prittlbach
Gewürzmühle
Dachau
Schwertschmiede
Heilkräutergarten
Brambachkirchen
Mauthausen
Bachmanning
FRANK-
REICH
Authal
Bretsteintal
SCHWEIZ
Marburg
ITALIEN

Die großen Wirtschaftsunternehmen der SS (1943)

»Großdeutsches Reich«
Generalgouvernement
Angegliederte Gebiete
Besetzte Gebiete
Verbündete des »Großdeutschen Reiches«
Konzentrationslager

Baustoff-Industrie:

Deutsche Erd- und Steinwerke GmbH (DEST)
- Steinbruch oder Kieswerk
- Ziegelwerk
- Schuttverwertungsanlage

Bohemia Keramische Werke AG
Porag Porz.-Radiatoren GmbH
Ostdeutsche Baustoffwerke GmbH
Klinker-Zement GmbH
Golleschauer Portland Zementfabrik AG
Vereinigte Prager Baumaterialien-Fabriken AG

Ernährungsbetriebe:

Mineralwasser-Firma
Lesnoplod Orava Sojka a spol OHG
Deutsche Lebensmittel GmbH
Selchwaren- und Konservenfabrik AG

Holzbearbeitungsbetriebe:

Deutsche Ausrüstungswerke GmbH
Möbel-Werk
Forst- und Sägebetrieb GmbH

Weitere Unternehmen:

Deutsche Versuchsanstalt für Ernährung und Verpflegung GmbH
Gesellschaft für Textil- und Lederverwertung mbH
Deutsche Heilmittel GmbH
Ostindustrie GmbH (Osti)
Sitz eines Unternehmens

Die großen Wirtschaftsunternehmen der SS (1943)

Der organisatorische Ausbau der SS-Wirtschaftsunternehmen fand während des Krieges statt durch
1. die Gründung der »Deutschen Wirtschaftsbetriebe GmbH (DWB)«, einer Holding-Gesellschaft, in der die SS-Unternehmen zusammengefaßt wurden und die in ihrer Satzung als Zweck den »Erwerb gewerblicher, landwirtschaftlicher und forstwirtschaftlicher Unternehmungen und Beteiligungen an solchen Unternehmungen« angab, sowie
2. die Zusammenfassung der SS-Hauptämter »Haushalt und Banken« und »Verwaltung und Wirtschaft« am 1.2.1942 in einem »SS-Wirtschafts- und Verwaltungshauptamt« (SS-WVHA), dessen Chef am 20.4. 1942 der »SS-Obergruppenführer und General der Waffen-SS« Oskar Pohl wurde, der auch die Leitung der Amtsgruppe W (Wirtschaftliche Unternehmungen) übernahm. Die Identität zwischen der Holding-Gesellschaft (DWB) und dem WVHA, Amtsgruppe W, kam zum Ausdruck in der Stellung Pohls, der Hauptamtschef des WVHA und Amtschef der Abteilung W sowie alleiniger (treuhänderischer) Gesellschafter, alleinvertretungsberechtigter 1. Geschäftsführer und alleinvertretungsberechtigter Betriebsführer der DWB und ihrer Tochtergesellschaften war, sowie in der Tatsache, daß Wirtschaftsfachleute der SS als Amtschefs der Abteilung W im WVHA auch leitende Stellungen in den DWB bekleideten.
Die Zahl der Konzentrationslager, von denen es vor dem Krieg sechs Hauptlager mit sieben Kommandos und 21400 Häftlingen gab, stieg im Laufe des Krieges auf 23 Konzentrationslager mit über 1000 Außen- bzw. Unterkommandos und 524208 (1.8. 1944) und 714211 (15.1. 1945) Häftlingen. Obwohl die Häftlingsstruktur der Kommandos mindestens 500 Mann betragen sollte, schwankte die tatsächliche Zahl von nur einem Häftling bis zu mehreren Tausend Häftlingen. Nach der Eingliederung der Inspektion der Konzentrationslager in das WHVA (Amtsgruppe D) am 3.3. 1942 verlagerte sich das Schwergewicht der Aufgaben von der politischen (Strafe, »Umerziehung«, Vernichtung) nach der wirtschaftlichen Seite. Der Einsatz der Häftlinge erfolgte durch das Amt D II, die Auswahl der Häftlinge für die Arbeit durch den Lagerleiter und die Bewachung der Häftlinge durch SS-Wachmannschaften. Wegen der Intensivierung des Arbeitseinsatzes der Häftlinge in der Kriegsindustrie unterblieben ab 1942 die Mißhandlungen; die Erhaltung der Arbeitsfähigkeit der Häftlinge wurde eine der Hauptaufgaben der Lagerärzte. Trotzdem waren die Häftlinge bewußten Schikanen durch die Kommandoführer, Wachposten und Häftlings-Kapos ausgesetzt, gegen die die Werksleitungen oft vorstellig wurden und in vielen Fällen auch Erfolg hatten. Die lange Arbeitszeit (11 Stunden täglich), die oft langen Anmarschwege, die Lagerappelle, die Essensausgabe sowie die schlechte Verpflegung und körperliche Verfassung waren für die hohen Sterblichkeitsziffern der Häftlinge und ihre niedrige Arbeitsleistung, die im Durchschnitt ungefähr 20 Prozent der Normalleistung ziviler Facharbeiter entsprach, verantwortlich. Auch trug die jahrelange Diskriminierung der Häftlinge nicht zu einer Hebung der Arbeitsmoral bei. Während die freie Wirtschaft 1942 als Tagesentgelt für einen Häftling 3 bis 6 RM zu zahlen hatte, wurde in SS-Betrieben am 1.1. 1943 das Entgelt für einen Facharbeiter auf 1,50 RM, für Hilfsarbeiter und Frauen auf 0,50 RM festgesetzt, mußte aber erhöht werden und »in Einklang mit den in der freien Wirtschaft gezahlten Löhnen geregelt werden, um der Argumentation der freien Wirtschaft die Spitze zu brechen, daß die W-Betriebe ihre Wettbewerbsfähigkeit der Ausnutzung der billigen oder gar kostenlosen Arbeitskraft der Häftlinge verdanken« (Himmler).
Die »Deutsche Erd- und Steinwerke GmbH« (DEST) erweiterte ihre Produktionskapazität durch Erwerbung weiterer Granitwerke bei Groß-Rosen und Natzwei-

ler – ein Grund für die Errichtung der Konzentrationslager an diesen Orten – und der Pacht weiterer Granitwerke bei Blyzin, Marburg a.d. Drau und Beneschau. In der Nähe des KL Stutthof wurde ein weiteres Ziegelwerk, zu dem noch die Ziegeleien Hopehill und Reimannsfelde gehörten, in Betrieb genommen. Zwei Werke zur Klinkerherstellung nahmen bei Auschwitz und Treblinka den Betrieb auf. Zur Baustoffgewinnung aus Trümmern dienten die Schuttverwertungsanlagen in Düsseldorf und Essen. In den letzten Kriegsjahren arbeitete die DEST zusammen mit Messerschmitt, den Steyr-Werken, der Heinkel-AG und den Bayerischen Motorenwerken (BMW) für die Rüstungsproduktion. 1943 betrug der Gesamtumsatz 14828000 RM, die Höchstzahl der beschäftigten Häftlinge rund 14500.

Die »Deutsche Versuchsanstalt für Ernährung und Verpflegung GmbH« vergrößerte sich durch den Erwerb von 22 landwirtschaftlichen Betrieben und Fischzuchtanlagen, die treuhänderische Verwaltung von Gütern im Generalgouvernement und in den besetzten sowjetischen Gebieten, Forsten und Teichwirtschaften im Generalgouvernement wie die Errichtung landwirtschaftlicher Betriebe bei Auschwitz.

Die »Deutsche Ausrüstungswerke GmbH« (DAW) konzentrierte sich während des Krieges auf holz- und eisenverarbeitende Betriebe, die in den Konzentrationslagern oder in ihrer Nähe lagen. Ab 1942 arbeitete sie vornehmlich für die Rüstung. 1943 betrug der Gesamtumsatz rund 23 Mio. RM, die Häftlingsstärke rund 15000.

Die »Gesellschaft für Textil- und Lederverwertung GmbH« (Texled) unterhielt im KL Ravensbrück Betriebe (Kürschnerei, Schneiderei, u.a.), in denen 1943 rund 3400 Häftlinge beschäftigt waren. Der Gesamtumsatz betrug 1943 8818550 RM.

In der Mineralwasserbranche gelang es der SS, durch Ausbau der »Sudetenquell GmbH«, die Überlassung der Freudenthaler Getränke GmbH durch »Schenkung« und die Pacht der Brunnen Niederselters und Apollinaris rund 75 Prozent des deutschen Mineralwassermarktes zu kontrollieren.

Die Porzellan- und Keramikherstellung wurde durch Erwerb der Aktienmehrheit der »Bohemia-Keramische Werke AG« (89 Prozent) und der »Porzellan-Radiatoren GmbH« (53 Prozent) erweitert.

In der Möbelbranche versuchte die SS durch Übernahme jüdischer Möbelfabriken (»Arisierung«), der Firma Gerstel in Prag (»Deutsche Meisterwerkstätten GmbH«), der Firma D. Drucker AG in Butschowitz (»Deutsche Edelmöbel AG«), der Sperrholzfabrik J. Richard in Prag-Wissotschan (»Deutsche Sperrholz- und Furnierwerk GmbH«) und die Übernahme der Forst- und Sägebetriebs-GmbH in Bachmanning Fuß zu fassen. Außerdem gelangte die SS im Protektorat Böhmen und Mähren noch in den Besitz der Arzneimittelfabrik Medica AG in Prag (»Deutsche Heilmittel GmbH«) und der »Selchwaren- und Konservenfabrik« in Wolframs.

Als »Reichskommissar für die Festigung des deutschen Volkstums« übernahm Himmler in den eingegliederten polnischen Gebieten die Treuhänderschaft über das beschlagnahmte landwirtschaftliche Vermögen von Juden und Polen, darunter 315 Ziegeleien, die 1943 in die »Ostdeutsche Baustoffwerke GmbH« überführt wurden und 1943 einen Jahresumsatz von 10983100 RM erzielten.

Die »Klinker-Zementfabrik GmbH« (Sitz: Bielitz) verwaltete gepachtete Baustoffwerke in Oberschlesien und in dem Generalgouvernement. Über diese Firma kam die SS auch in den Besitz der Golleschauer Portland-Zementfabrik AG. Auch gelang der SS der Erwerb der Aktienmehrheit der »Vereinigte Prager Baumaterialien-Fabriken GmbH« mit 8 Betrieben. Zur »Verwertung der jüdischen Arbeitskraft« wurde die »Ostindustrie GmbH« gegründet, die rund 16000 Juden in Arbeitslagern (8 Werke) beschäftigte. Ende 1943 fielen die in den Betrieben beschäftigten Juden der Vernichtungsaktion zum Opfer.

SCHWEDEN
FINNLAND
Helsinki
Leningrad
Krasnogwardeisk
Tosno
Reval
Narwa
Kikerino
Meshno
Pesje
Ahrensburg
Pernau
Dorpat
Staraja Russa
Pleskau
(Pskow)
Nowoselje
Ostrow
† 248.468
Libau
Mitau
Riga
Rossitten
Opotschka
Schaulen
Dünaburg
Kalinin
Rshew
Sytschewka
Welish
Wjasma
Kaunas
Wilna
Witebsk
Smolensk
Megyn
Malcja
Danzig
Orscha
Orefino
Varena
Minsk
Mogilew
Roslawl
Posen
Bialystok
Baranowicze
† 71.555
Brjansk
Warschau
Mglin
Orel
Klinzy
Gomel
Generalgouvernement
Repki
Kursk
Tschernigow
Kattowitz
Rowno
Zwiahel
Kiew
† 105.988
Lemberg
Shitomir
Perejaslaw
Charkow
Tarnopol
Skwira
Poltawa
SLOWAKEI
Proskurow
Bojuslaw
Winniza
Krementschug
Kramatorska
Mogilew
Nowo-Ukrainka
Budapest
Czernowitz
Pestschanka
Dnjepropetrowsk
UNGARN
Belzy
Balta
Perwomaisk
Jassy
Ananjew
Christoforowka
Mihailowka
Piatra-Neamt
Kishinew
Nikolajew
Fedorowka
Tighina
Tiraspol
Cherson
Odessa
B Majatschka
Shadowsk
RUMÄNIEN
Simferopol
Bachtschissarai
Kokkosy
Jalta
Sudak
SERBIEN
Bukarest
BULGARIEN
ALBANIEN
GRIECHEN-
LAND
TÜRKEI

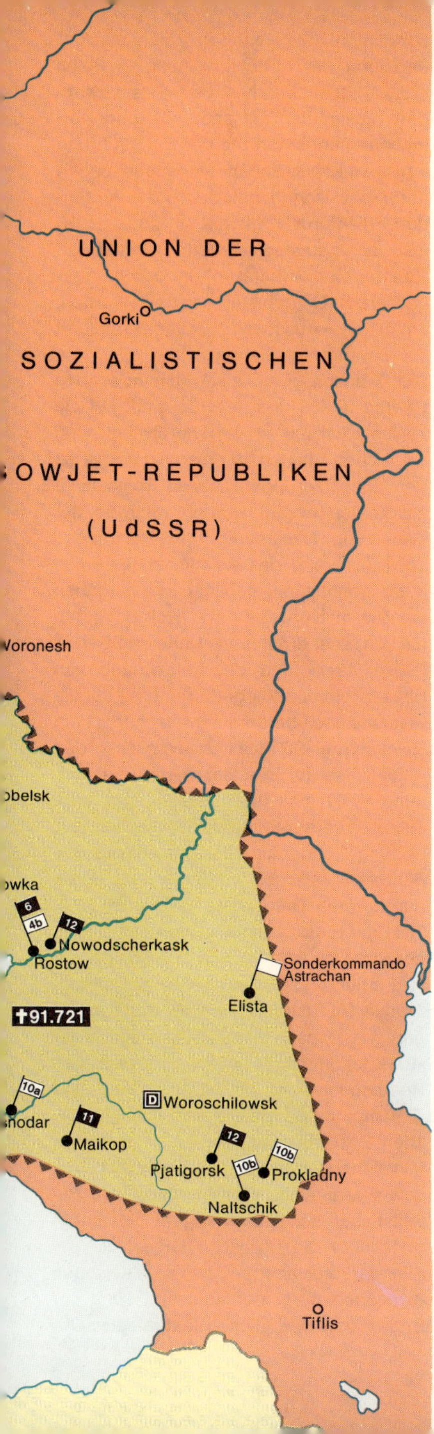

Die Einsatzgruppen in der UdSSR (1941/42)

- »Großdeutsches Reich« (1941)
- Generalgouvernement
- Verbündete des »Großdeutschen Reiches«
- Besetzte Gebiete
- UdSSR (1941)
- Weitestes Vordringen der Wehrmacht und ihrer Verbündeten (Spätherbst 1942)
- Frontlinie 1941
- Ⓐ Sammelraum einer Einsatzgruppe
- B Standort einer Einsatzgruppe
- 9 Standort eines Einsatzkommandos
- 7b Standort eines Sonderkommandos
- Standort des Vorkommandos Moskau
- ✝71.555 Zahl der getöteten Personen im Gesamt-Berichtszeitraum der Ereignismeldungen (Frühjahr 1942)

Die Einsatzgruppen in der UdSSR (1941/1942)

Mobile Einsatzkommandos hatten schon beim Einmarsch in Österreich, in die sudetendeutschen Gebiete und in die Tschechoslowakei (1938/1939) die Aufgabe, »vorbeugende Maßnahmen« gegen sog. Staats- und Volksfeinde zu ergreifen, um »politisch-weltanschaulich die Sicherung dieser Räume« zu gewährleisten. Während des Feldzugs in Polen wurde jeder der fünf Armeen eine »Einsatzgruppe« zugeteilt (I–V), während eine VI. für die »Provinz Posen« gebildet wurde. Ihr Einsatz lief unter dem Decknamen »Tannenberg«. Die »Einsatzgruppen« (»Exekutionsorgane«) wurden im Operationsgebiet dem Heer unterstellt, doch war eine Kontrolle ihrer »vorbeugenden Maßnahmen« durch das Heer nicht möglich. So fanden Verhaftungen »deutschfeindlicher Elemente«, Durchsuchungen, Geiselerschießungen (Tschenstochau, Bromberg u.a.), Beseitigung von »Freischärlern«, Niederwerfung von »aufflackernden Polenaufständen« und »Verhinderung« von Sabotageakten durch die »Einsatzgruppen« statt. Die Maßnahmen gegenüber den Juden (Konzentrierung in den Städten, Deportation) und der polnischen Führungsschicht (Liquidierung, Verhaftung) gehörten ebenfalls zu den Aufgaben der »Einsatzgruppen«. Um die Vollstrecker der befohlenen »Säuberungsmaßnahmen«, an denen sich oft auch Angehörige der Wehrmacht freiwillig beteiligten, vor Strafverfolgung zu schützen, erließ Hitler am 4.10. 1939 »aus Anlaß der siegreichen Beendigung des uns aufgezwungenen Feldzuges in Polen« einen (geheimen) Amnestie-Erlaß für Taten, die »aus Erbitterung wegen der von den Polen verübten Greuel begangen worden« waren, und am 17.10. 1939 wurde eine Sondergerichtsbarkeit in Strafsachen für hauptamtliche Angehörige der Reichsführung-SS, Angehörige der SS-Verfügungstruppe, der SS-Totenkopfverbände und der Polizeiverbände »bei besonderem Einsatz« eingerichtet, die damit der Wehrmachtgerichtsbarkeit entzogen wurden. Nach der Beendigung der Militärverwaltung in Polen (25.10. 1939) konnten die »Einsatzgruppen« zusammen mit anderen Sonderformationen ungestört mit der Durchführung ihrer »volkspolitischen« Aufgaben beginnen (»physische Liquidierung des führenden Polentums«), bis sie am 20.11. 1939 auf die neugeschaffenen Dienststellen (Staatspolizei(leit)stellen) in den »eingegliederten Ostgebieten« verteilt wurden, um mit der »Ausschaltung« von Juden und Polen weiter fortzufahren.

Auf Wunsch des Oberkommandos des Heeres (OKH) und mit Rücksicht auf die Zivilbevölkerung in den nordischen und westlichen Staaten, der man ein Vorgehen der »Einsatzgruppen« wie in Polen nicht zuzumuten wagte, wurden während der Besetzung Dänemarks und Norwegens sowie während des Westfeldzuges keine »Sondereinheiten« gebildet. Ihre Aufgaben wurden in Norwegen und Holland durch die von Hitler ernannten »Höheren SS- und Polizeiführer« und die Entsendung von Einsatzkommandos bei Errichtung der Zivilverwaltung übernommen. Nachdem dem Reichsführer-SS Heinrich Himmler in den »Richtlinien auf Sondergebieten zur Weisung Nr.21 (Fall Barbarossa)« vom 13.3. 1941 zur Vorbereitung der politischen Verwaltung Sonderaufgaben im Auftrag des Führers übertragen worden waren, wurde durch einen Befehl des OKH vom 28.4. 1941 der Einsatz von »Sonderkommandos der Sicherheitspolizei und des SD« bei der »Durchführung besonderer sicherheitspolitischer Aufgaben außerhalb der Truppe« geregelt. Danach bestand die Aufgabe der »Einsatzkommandos« im »rückwärtigen Heeresgebiet« in der »Erforschung und Bekämpfung der staats- und reichsfeindlichen Bestrebungen, soweit sie nicht der feindlichen Wehrmacht eingegliedert sind, sowie allgemeine Unterrichtung der Befehlshaber der rück(wärtigen) Heeresgebiete über die politische Lage«, die der »Sonderkommandos« im »rückwärtigen Armeegebiet« in der »Sicherstellung vor Beginn von Operationen festgelegter Objekte (Material, Archive, Karteien von reichs- oder staatsfeindlichen Organisationen, Verbänden, Gruppen usw.) sowie besonders wichtiger Einzelpersonen (führende Emigranten, Saboteure, Terroristen usw.)«. Beide Sondereinheiten waren berechtigt, »im Rahmen ihres Auftrages in eigener Verantwortung Exekutivmaßnahmen gegenüber der Zivilbevölkerung zu treffen«. Zwar wurde die beabsichtigte Tötung der Juden und anderer »Unerwünschter« in dem Befehl nicht erwähnt, doch war die Übertragung von Aufgaben an den Reichsführer-SS (in den »Richtlinien«), »die sich aus dem endgültig auszutragenden Kampf zweier entgegengesetzter Systeme ergeben«, sehr vielsagend und interpretationsfähig. Durch die Absprache vom 28.4. 1941 erhielten die Sonderformationen Himmlers die nötige Handlungsfreiheit, während der Wehrmacht die aktive Teilnahme an den Mordaktionen erspart blieb. Im Mai 1941 wurden die Einsatzgruppen für den Rußlandfeldzug in der Grenzpolizeischule Pretzsch und in Quartieren in Düben sowie Bad Schmiedeberg aus Angehörigen der Sicherheitspolizei und des SD, Beamten und Beamtenanwärtern der Gestapo, der Kriminalpolizei sowie der Hilfspolizei (Dolmetscher, Fernschreiber u.a.) zusammengestellt. Die Stärke der Einsatzgruppen schwankte zwischen rund 600 bis 1000 Mann und erfolgte entsprechend der Aufstellung der 3 Heeresgruppen (Nord, Mitte, Süd), eine 4. wurde der 11. Armee, die zusammen mit zwei rumänischen Armeen Marschall Antonescu unterstellt war, zugeteilt. Die Einsatzgruppe A (Baltikum) mit ihren Sonderkommandos 1a und 1b sowie den Einsatzkommandos 2 und 3 hatte sich in Danzig zu sammeln. Posen war der Bereitstellungsraum für die Einsatzgruppe B (Weißrußland) mit den Sonderkommandos 7a und 7b, den Einsatzkommandos 8 und 9 sowie dem »Vorkommando Moskau«, das 1942 in Sonderkommando 7c umbenannt wurde. Die Einsatzgruppe C (nördliche und mittlere Ukraine) mit den Sonderkommandos 4a und 4b sowie den Einsatzkommandos 5 und 6 sammelte sich in der Gegend von Kattowitz. Stichtag war jeweils der 25. Juni 1941. Die Einsatzgruppe D – für Bessarabien, die Südukraine, die Krim und Kaukasien – machte sich auf den Marsch in das rumänisch-sowjetische Grenzgebiet.

Die Aufgabe der Einsatzgruppen bestand in der politischen und wirtschaftlichen Befriedung des Okkupationsraums, der »rücksichtslosen Ausmerzung« der erfaßten Gegner, aller »Elemente, die im Rücken der deutschen Armee eine Gefahr bildeten,« Verhinderung jeglicher Autonomiebestrebungen, ersten verwaltungsmäßigen Anordnungen in den vom Heer eingenommenen Orten und Städten und Anstiftung der einheimischen Bevölkerung zu »spontanen« Judenpogromen. Neun Zehntel der von den Einsatzgruppen getöteten »Sonderbehandelten« waren Juden. Nach Heydrichs Anweisung vom 2.7. 1941 waren »alle Funktionäre der Komintern, die höheren, mittleren und radikalen unteren Funktionäre der Partei, der Zentralkomitees, der Gau- und Gebietskomitees, Volkskommissare, Juden in Partei- und Staatsstellungen, sonstige radikale Elemente (Saboteure, Propagandeure, Heckenschützen, Attentäter, Hetzer, usw.)« zu exekutieren. Die im Heer weit verbreitete antijüdische und antibolschewistische Einstellung trug nicht nur zur Billigung der Tätigkeit der Einsatzgruppen bei, sondern führte oft auch zur Kooperation, deren Basis das Sicherheitsbedürfnis des Ostheeres und die Partisanengefahr bildeten. Zwar wurde die »Erschießung der Juden, der Gefangenen und der Kommissare fast allgemein im Offizierkorps abgelehnt«, doch stellte am 10.10. 1941 der Oberbefehlshaber der 6. Armee, Generalfeldmarschall von Reichenau, fest: »Deshalb muß der Soldat für die Notwendigkeit der harten, aber gerechten Sühne am jüdischen Untermenschentum volles Verständnis haben. Sie hat den weiteren Zweck, Erhebungen im Rücken der Wehrmacht, die erfahrungsgemäß stets von Juden angezettelt wurden, im Keime zu ersticken.«

Vom europäischen und ostasiatischen Kriegsschauplatz zum 2. Weltkrieg (1941-1945)

Die Mächtegruppierungen zu Beginn des 2. Weltkrieges:

- **Die »Achse Berlin-Rom«**
- **Das Dreieck der »Antikomintern«-Mächte**
- **Die westeuropäische demokratische Achse**
- **Das demokratische Dreieck**
- **»Großdeutschland«, Italien, Japan**
- **Verbündete der »Achsenmächte« und Japans**
- **Kolonialgebiet Italiens und Japans**
- **Staat im Kriegszustand mit den »Achsenmächten« (1939 – Juni 1941) und Japan (1937 – Nov.**

1941)

Kolonie oder abhängiges Gebiet eines sich im Kriegszustand mit den »Achsenmächten« befindlichen Staates

Machtbereich der »Achsenmächte« (Mai 1941) und Japans (Nov. 1941)

Angriffsziel »Großdeutschlands« und Japans (Juni und Dez. 1941)

Größter Machtbereich der »Achsenmächte« und Japans (1942)

Staat im Kriegszustand mit den »Achsenmächten« und Japan bis zum Kriegsende (1945)

Neutrale Staaten, sowie Kolonien und abhängige Gebiete neutraler Staaten bis zum Kriegsende (1945)

Grenzen (1939)

Vom europäischen und ostasiatischen Kriegsschauplatz zum Zweiten Weltkrieg

Zwei Jahre vor dem Beginn des europäischen Krieges hatte am 7.7. 1937 der ostasiatische Krieg nach dem Feuerwechsel zwischen chinesischen und japanischen Soldaten auf der Marco-Polo-Brücke in Peking begonnen. Nach der Besetzung der fünf nördlichsten Provinzen Chinas, der Haupthäfen entlang der chinesischen Küste und dem Vormarsch bis nach Hankao in Zentralchina bis Mitte März 1939 begann der Stellungskrieg.
Nach dem deutschen Angriff auf Polen am 1.9. 1939 erklärten am 3.9.1939 Großbritannien und Frankreich den Krieg an Deutschland. Italien trat am 10.6. 1940 als »Achsenpartner« in den Krieg ein. Nachdem die Niederlande und Frankreich kapituliert hatten (1940), entstand wegen des europäischen Kolonialbesitzes die Verbindung zum ostasiatischen Kriegsschauplatz. Japan bestand wegen der Rohstoffe auf dem Status quo Niederländisch-Indiens, stationierte durch das Abkommen mit Frankreich Kontrolleure an der Grenze zwischen Indochina und China und erreichte durch seine Aufforderung an Großbritannien am 24.6. 1940 die Sperrung der Burma-Straße vom 18.7. bis 18.10. 1940.
Die USA, die am 5.9. 1939 ihre Neutralität erklärt hatten, umgaben den amerikanischen Kontinent auf der Zehnten Panamerikanischen Konferenz in Panama mit einer zwischen 300 und 1000 Kilometer breiten Sicherheitszone und änderten das Neutralitätsgesetz zugunsten der Westmächte am 4.11. 1939 durch die »cash and carry«-Klausel ab (Aufhebung des Waffenembargos, Lieferung von Kriegsmaterial). Nach dem Zerstörer-Stützpunkt-Tausch am 3.9. 1940 schlossen Deutschland, Italien und Japan am 27.9. 1940 den »Drei-Mächte-Pakt«, um einen Kriegseintritt der USA durch Drohung mit dem Zwei-Ozean-Krieg zu verhindern. Das bündnisähnliche Verhältnis zwischen Großbritannien und der USA, die nach Roosevelt das »Arsenal der Demokratie« waren (29.12. 1940), wurde enger durch die geheimen britisch-amerikanischen Generalstabsbesprechungen in Washington (27.1. bis 29.3. 1941: »Germany first«) und das Leih- und Pacht-Gesetz vom 11.3. 1941, nach dem jedes für die Verteidigung der USA wichtige Land Waffen und Ausrüstung erhalten konnte. Am 9.4. 1941 erhielten die USA Stützpunkte auf Grönland, am 7.8. 1941 landete US-Marineinfanterie auf Island.
Hitler, der am 31.7. 1940 die »Vernichtung der Lebenskraft Rußlands« beschlossen und am 17.9. 1940 die geplante Landung in England verschoben hatte, gab nach dem Scheitern der Verhandlungen mit Molotow in Berlin (12./13.11. 1940) am 18.12. 1940 die Weisung für den »Fall Barbarossa« und griff am 22.6. 1941 die UdSSR an. Am 24.6. 1941 versprach Roosevelt der Sowjetunion die Hilfe der Vereinigten Staaten. Am 12.7. 1941 wurde ein britisch-sowjetisches Abkommen zur gegenseitigen Hilfeleistung und gegen einen Separatfrieden geschlossen.
Die Verhandlung zwischen Japan, das nach dem Abschluß des Nichtangriffspaktes mit der Sowjetunion (23.4. 1941) am 24.7. Süd-Indochina besetzt hatte, und den USA, die auf die Besetzung mit dem Einfrieren der japanischen Guthaben, der Errichtung eines Oberkommandos im Fernen Osten geantwortet (26.7. 1941) und am 1.8. 1941 die Ausfuhr von Flugbenzin nach Japan eingestellt hatten, scheiterten an den Forderungen der USA (Verzicht Japans auf China, Anerkennung der Offenen Tür). Als die USA am 26.11. 1941 das letzte Angebot Japans, gegen Gewährung freier Hand in China und Wiederherstellung normaler Handelsbeziehungen auf weitere Eroberungen verzichten zu wollen, mit zehn unannehmbaren Gegenforderungen, die von Japan die Aufgabe aller Eroberungen verlangten, beantworteten, erfolgte am 7.12. 1941 der japanische Angriff auf Pearl Harbor. Am 8.12. 1941 erklärten die USA Japan, am 11.12. 1941 Deutschland und Italien den USA den Krieg. Der Zweite Weltkrieg hatte begonnen.

m Kriegszustand mit Deutschland befindliche Staaten:

1939	1940	1941	1942	1943	1944	1945
Polen * 1. Sept.	Norwegen * 9. April	Jugoslawien * 6. April	Panama 19. Jan.	Irak 16. Jan.	Liberia 27. Jan.	Ecuador 2. Febr.
Großbritannien 3. Sept.	Dänemark [1] 9. April	Griechenland * 6. April	Mexiko 22. Mai	Bolivien 7. April	San Marino 21. Aug.	Paraguay 8. Febr.
Australien 3. Sept.	Niederlande * 10. Mai	UdSSR 22. Juni	Brasilien 25. Aug.	Iran 9. Sept.	Rumänien 25. Aug.	Peru 12. Febr.
Indien 3. Sept.	Belgien * 10. Mai	China (Chungking-Regierung) 9. Dez.	Äthiopien 1. Dez.	Italien (Badoglio-Regierung) 13. Okt.	Bulgarien 8. Sept.	Uruguay 15. Febr.
Neuseeland 3. Sept.	Luxemburg * 10. Mai	Frankreich * [2] 9. Dez.		Kolumbien 27. Nov.	Ungarn (Gegenregierung 31. Dez.	Venezuela 16. Febr.
Frankreich 3. Sept.		USA 11. Dez.				Ägypten 26. Febr.
Südafrikan. Union 6. Sept.		Kuba 11. Dez.				Syrien 26. Febr.
Kanada 10. Sept.		Dominikan. Republik 11. Dez.				Libanon 27. Febr.
		Guatemala 11. Dez.				Saudiarabien 28. Febr.
		Nicaragua 11. Dez.				Türkei 1. März
		Haiti 11. Dez.				Finnland [4] 3. März
		Honduras 12. Dez.				Argentinien 27. März
		El Salvador 12. Dez.				
		Tschechoslowakei * [3] 17. Dez.				

[1] nur einen Tag lang

[2] Comité National de Gaulle's

[3] Kriegserklärung durch Exilregierung, rückwirkend ab 15. 3. 1939

[4] rückwirkend ab 15. 9. 1944

Eintritt des Kriegszustands durch:

- **Eröffnung der Kampfhandlungen durch Deutschland ohne Kriegserklärung**
- **Kriegserklärung des betreffenden alliierten Staates**
- **Kriegserklärung durch Deutschland**
- **Kriegserklärung eines während des Krieges zur Anti-Hitler-Koalition übergetretenen Verbündeten bzw. »Waffengefährten« Deutschlands**

* **Exilregierung des betr. Staates weiterhin im Kriegszustand mit Deutschland**

SCHWEDEN
DÄNEMARK
Schleswig-Holstein
Kiel
Hamburg
Schwerin
Mecklenburg
Pommern
Stettin
Crössinsee
Oldenburg
Weser-Ems
Lüneburg
Ost-Hannover
NIEDER-LANDE
Hannover
Südhannover-Braunschweig
Magdeburg-Anhalt
Berlin
Mark Brandenburg (Kurmark)
Münster
Westfalen-Nord
Essen
Essen
Bochum
Düsseldorf
Düsseldorf
Westfalen-Süd
Köln-Köln
Aachen
Kassel
Kurhessen
Dessau
Halle-Merseburg
Halle
Niederschle
Bresl
Sachsen
Dresden
Weimar
Thüringen
Reichenberg
BELG.
Vogelsang
Koblenz
Hessen-Nassau
Sudetenland
Protektorat
Prag
Sitz des Reichsprotektors
Böhmen und M
Moselland
1941 (Koblenz-Trier)
LUX.
Frankfurt
Main-Franken
Würzburg
Bayreuth
(Saarpfalz)
Saarbrücken
Westmark
1940
Nürnberg
Franken
Bayreuth (Bayerische Ostmark)
Karlsruhe
2.8.1940
Baden
Stuttgart
Württemberg-Hohenzollern
FRANK-REICH
Elsaß
Schwaben
Augsburg
München-Oberbayern
München
Nieder-
Krems
Wien
Donau
Ober-
Linz
Donau
Salzburg
Sonthofen
Innsbruck
Tirol-Vorarlberg
Salzburg
Ostmark
Steiermark
Graz
SCHWEIZ
L.
Kärnten
Klagenfurt
Südsteiermark
Oberkrain
14.4.1941
ITALIEN

Das »Großdeutsche Reich« (1939–1945)

»Großdeutsches Reich« mit eingegliederten Gebieten

Altreich (1937), »Ostmark«, Sudetenland, Memelgebiet.
Am 26. 10. 1939 wurden der Reichsgau Danzig-Westpreußen (bis 2. 10. 1939 Westpreußen) und der Reichsgau Wartheland (bis 29. 1. 1940 Posen) gebildet. Ost-Oberschlesien fiel mit Randgebieten und dem Olsa-Gebiet an die preußische Provinz Schlesien, der Regierungsbezirk Zichenau, das Gebiet von Soldau und der Kreis Sudauen an die preußische Provinz Ostpreußen. Am 18. 5. 1940 wurden Eupen, Malmedy und Moresnet wieder »Bestandteil des Deutschen Reiches«.

Grenze des »Großdeutschen Reiches« (1940)

Protektorat Böhmen und Mähren

Generalgouvernement

Am 12. 10. 1939 wurde aus dem polnischen Restgebiet westlich der deutsch-sowjetischen Interessengrenze das Generalgouvernement gebildet, an das am 1. 8. 1941 der Distrikt Galizien fiel.

Angegliederte Gebiete (mit Datum)

In den angegliederten Gebieten Luxemburg, Lothringen, Elsaß, Untersteiermark, Kärnten und Krain sowie dem Bezirk Bialystok wurden die Gauleiter der benachbarten Gaue in direkter Unterstellung unter Hitler zu Chefs der Zivilverwaltung ernannt, um die Eingliederung in das Reichsgebiet voranzutreiben.

Franken **Gau im Altreich und Reichsgau in den eingegliederten Gebieten**

Gauhauptstadt

Reichsleitung der NSDAP

Ordensburg

Das »Großdeutsche Reich« (1939–1945)

Das »Großdeutsche Reich« bestand aus dem »Altreich« in den Grenzen von 1937, der »Ostmark«, dem Sudetenland, dem Memelgebiet, der Freien Stadt Danzig, den polnischen Westgebieten, Eupen, Malmedy sowie Moresnet. Zum Staatsgebiet des »Großdeutschen Reiches« gehörte auch das »Protektorat Böhmen und Mähren«. Staats- und völkerrechtlich ungeklärt blieb der Status des Generalgouvernements (»Nebenland« des »Großdeutschen Reiches«).

Durch unveröffentlichten Erlaß vom 26.6. 1943 wurde die Bezeichnung »Großdeutsches Reich«, ab 1938 aus propagandistischen Gründen verwandt, eingeführt. Die Bezeichnung »Der Führer und Reichskanzler« wurde im innerdeutschen Verkehr in »Der Führer« und im amtlichen Verkehr mit dem Ausland in »Der Führer des Großdeutschen Reiches« umgewandelt. Deutsche hatten die Anrede »Mein Führer«, Ausländer »Führer« zu gebrauchen.

CdZ-Gebiete

Während des Krieges wurden bestimmte, an das Deutsche Reich grenzende Gebiete einem »Chef der Zivilverwaltung« unterstellt. Diese Gebiete waren im Westen das Elsaß, Lothringen und Luxemburg, im Südosten Untersteiermark, Kärnten und Krain sowie im Osten der Bezirk Bialystok. Staatsrechtlich wurden sie dem Deutschen Reich angegliedert. Durch unveröffentlichte Erlasse wurden die Gauleiter in den angrenzenden Gauen des Altreiches zum »Chef der Zivilverwaltung« eingesetzt und Hitler unterstellt. Hitler vertraute seinen alten Mitkämpfern und Parteigenossen mehr als Fachleuten der Staatsverwaltung und hielt sie für geeigneter, die politische »Neuordnung« in den ihnen unterstellten Gebieten durchzuführen und die spätere Eingliederung in das »Großdeutsche Reich« auf allen Gebieten des öffentlichen Lebens und in der Verwaltung voranzutreiben. Zum »Chef der Zivilverwaltung« wurden am 2.8. 1940 der Reichsstatthalter und Gauleiter Robert Wagner

(Baden) im Elsaß, Reichskommissar und Gauleiter Josef Bürckel (Saarpfalz) in Lothringen, Gauleiter Gustav Simon (Koblenz-Trier) in Luxemburg ernannt. Am 14.5. 1941 wurden der Reichsstatthalter und Gauleiter Dr. Siegfried Uiberreither (Steiermark) in der Untersteiermark, der stellvertretende Gauleiter Franz Kutschera in den ehemals österreichischen Gebieten Kärntens und Krains und am 15.8. 1941 der Gauleiter und Oberpräsident von Ostpreußen Erich Koch im Bezirk Bialystok als »Chef der Zivilverwaltung« eingesetzt. In

schland als Lebensraum

allen CdZ-Gebieten bestand seitens der Partei die Tendenz, die »Eingliederung« möglichst schnell voranzutreiben. Seit 1941 gebrauchte man die Bezeichnung »Baden-Elsaß«, und Hitler bestimmte Straßburg statt Karlsruhe zur künftigen Gauhauptstadt. Aus dem Gau Saarpfalz und dem CdZ-Gebiet Lothringen wurde der Gau »Westmark« (8.12. 1940). Aus dem Gau Koblenz-Trier und dem CdZ-Gebiet Luxemburg wurde der neue Gau »Moselland« gebildet (9.2. 1941).

Gaue der NSDAP im Altreich

Da der Gau Schlesien durch die »Wiedergewinnung alten schlesischen Gebietes« mit etwa 7½ Mio. Einwohnern größer als alle anderen Gaue der NSDAP geworden war, wurde er in die neuen Gaue Oberschlesien (Kattowitz), der die Regierungsbezirke Oppeln und Kattowitz umfaßte, und Niederschlesien (Breslau), der aus den Regierungsbezirken Breslau und Liegnitz bestand, aufgeteilt. Ab 15.6. 1942 trug der Gau Bayerische Ostmark die Bezeichnung »Gau Bayreuth der NSDAP«.

SCHWEDEN
DÄNEMARK
Flensburg
Kiel
Hamburg
Schwerin
Wilhelmshaven
Stettin
Schneidemühl
Bremen
Lüneburg
NIEDER-
LANDE
Hannover
Braunschweig
RSHA
Potsdam
Berlin
Frankfurt
Münster
Magdeburg
Recklinghausen
Dessau
Essen
Dortmund
Bochum
Kassel
Wuppertal
Halle
Leipzig
Düsseldorf
Köln
Erfurt
Weimar
Chemnitz
Dresden
Aachen
Reichenberg
BELG.
Zwickau
Koblenz
Karlsbad
Frankfurt
Wiesbaden
LUX.
Prag
Darmstadt
Trier
Würzburg
Bayreuth
Protektorat
Ludwigshafen
Saarbrücken
Nürnberg
Karlsruhe
Regensburg
FRANK-
REICH
Stuttgart
Augsburg
Linz
München
Salzburg
L.
Innsbruck
SCHWEIZ
Graz
Klagenfurt
ITALIEN

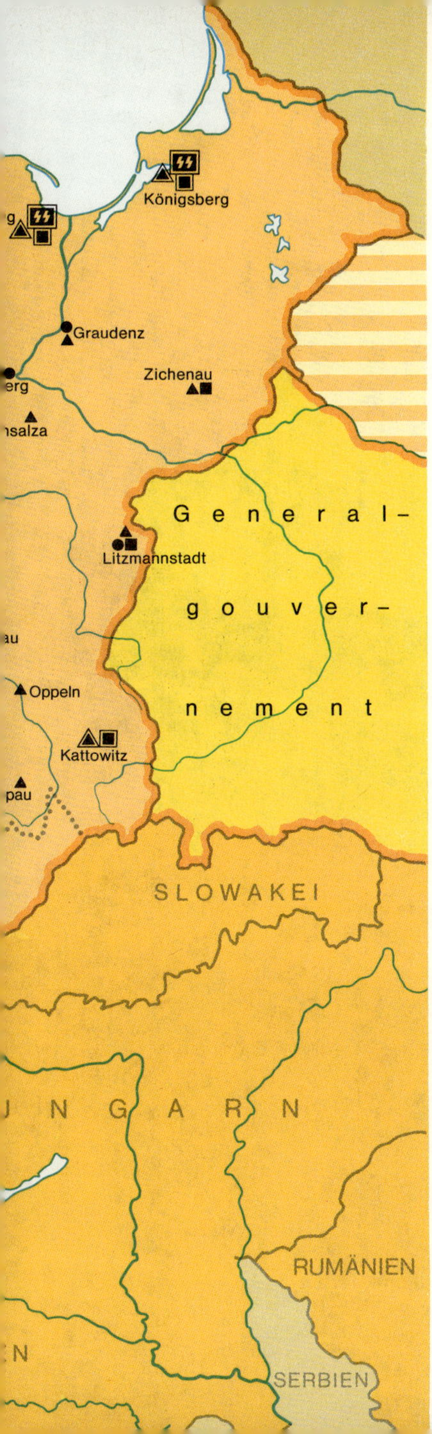

Das Reichssicherheitshauptamt und seine regionale Gliederung im »Großdeutschen Reich« (1943)

»Großdeutsches Reich«

Grenze des »Großdeutschen Reiches«

Generalgouvernement

Angegliederte Gebiete

Besetzte Gebiete

Verbündete des »Großdeutschen Reiches«

RSHA **Reichssicherheitshauptamt**

Am 27.9.1939 wurde die Sicherheitspolizei, eine staatliche Institution, mit dem Sicherheitsdienst (SD), einer selbständigen Formation der Gesamt-SS, im Reichssicherheitshauptamt (RSHA) zusammengefaßt.

SD-Leitabschnitt

SD-Abschnitt

Die SD-Leitabschnitte und -abschnitte waren Dienststellen des Sicherheitsdienstes.

Stapoleitstelle

Stapostelle

Die Stapoleitstellen und Stapostellen waren Dienststellen der »Geheimen Staatspolizei«.

Kriminalpolizeileitstelle

Kriminalpolizeistelle

Die Kriminalpolizeileitstellen und -stellen waren Dienststellen des Reichskriminalamts.

Inspekteur der Sicherheitspolizei und des SD (IdS)

Aufgabe der Inspekteure war es, für eine reibungslose Zusammenarbeit zwischen der Sicherheitspolizei und den Zentralstellen der allgemeinen und inneren Verwaltung, den Dienststellen der Wehrmacht und den Gauleitern der NSDAP zu sorgen. Sie übernahmen während des Krieges Leitaufgaben der Staatspolizeileitstellen und waren bestrebt, die Kriminalpolizei aus der inneren Verwaltung zu lösen.

ISLAND
IRLAND
GROSS-
BRITANNIEN
NORWEGEN
SCHWEDEN
FINNLA
Kirkenes
Tromsdalen
Drontheim
SP
Bergen
Terningmoen
Baerum
Oslo
(Norwegen)
Mysen
Stavern
Stavanger
Reval
DÄNEMARK
Horserod
Kopenhagen
(Dänemark)
Frøslev
Tilsit
Danzig
Königsberg
Bromberg
Bia
Berlin
RSHA
Posen
Warschau
NIEDERLD.
Schoorl
Westerbork
Den Haag
(Niederlande)
Ommen
Barneveld
Amersfoort
Mechelen
Breendonk
Brüssel
(Belgien)
BELG.
Litzmannstadt
Radom
Lubli
Reichenberg
Breslau
Lember
Espenthor
Kattowitz
Krakau
(Generalgouvern
Fünfbrunnen
Luxemburg
(Einsatzkommando)
Prag
(Protektorat)
Stefanau
Drancy
Compiègne
Paris
(Frankreich)
Metz
(Lothringen-
Saarpfalz)
Straßburg
(Elsaß)
Fort de Romainville
Pithiviers
Beaune-
la-Rolande
SLOWAKEI
FRANKREICH
UNGARN
L.
SCHWEIZ
Marburg
Bozen
Čoka
Bačka
Topola
Petrovgrad
Pančevo
Zasavica
Belgrad
(Serbien)
Schabatz
SERBIEN
Triest
Stari
Borgo san Dalmazzo
Fossoli
KROATIEN
Čačak
Krusevac
MONACO
S. MARINO
MONTE-
NEGRO
Trepca
Topolica
ALBANIEN
ITALIEN
Rom
(Italien)
PORTUGAL
SPANIEN
ANDORRA
Saloniki
GRIE
Haid
Gibraltar
brit.
Span.-
Marokko
Malta
brit.
Marokko
Algerien
Tunesien
Libyen

Das Reichssicherheitshauptamt und seine regionale Gliederung in den besetzten Gebieten (1943)

»Großdeutsches Reich«

Generalgouvernement

Angegliederte Gebiete

Besetzte Gebiete

Verbündete des »Großdeutschen Reiches«

Machtbereich des »Großdeutschen Reiches« und seiner Verbündeten

»Anti-Hitler-Koalition«

Von den Westmächten besetzte Gebiete

RSHA **Reichssicherheitshauptamt**

Befehlshaber der Sicherheitspolizei und des SD (BdS)

In jedem besetzten Land sowie in wichtigen, meist an das »Großdeutsche Reich« angrenzenden Gebieten wurde ein BdS ernannt.

Kommandeur der Sicherheitspolizei und des SD (KdS)

Mehrere Kommandeure waren einem BdS unterstellt.

SP **Kommandeur der Sicherheitspolizei**

● **Polizeihaftlager**

Diese Lager, die unter den verschiedensten Bezeichnungen geführt wurden und den BdS unterstanden, dienten als Polizeigefängnisse bzw. -lager, Geisellager, Sammellager für politische Häftlinge, Sühnegefangenenlager u. a. Die Haft wurde nicht nur aufgrund von durch höhere Stellen befohlenen Aktionen durchgeführt, sondern konnte auch von dem BdS verhängt werden.

● **Polizeihaftlager, vornehmlich für Juden**

Viele Polizeihaftlager dienten als Judenlager, Judenauffanglager, Durchgangslager für Juden und Sammellager für Juden, die nach dem Osten in die Vernichtungslager deportiert wurden.

SCHWEDEN
DÄNEMARK
Kiel
Rostock
Hamburg
Schwerin
Stettin
Schneidemühl
NIEDER-
LANDE
Oldenburg
Bremen
Plötzensee
Lingen
Celle
Brandenburg-
Görchen
Berlin
Hannover
Braunschweig
Frankfurt
Bielefeld
Wolfenbüttel
Magdeburg
Essen
Hamm
Duisburg
Dortmund
Hagen
Halle
Düsseldorf
Wuppertal
Kassel
Leipzig
Köln
Dresden
Siegburg
Erfurt
Aachen
Weimar
BELG.
Chemnitz
Leitmeritz
Koblenz
Frankfurt
Eger
LUX.
Darmstadt
Bayreuth
Prag
Kaiserslautern
Würzburg
Bamberg
Protektorat
Mannheim
Fürth
Nürnberg
Saarbrücken
Bruchsal
Znaim
Stuttgart
Straßburg
FRANK-
REICH
Krems
Augsburg
Linz
Freiburg
München
St. Pölten
Salzburg
Leoben
L.
Feldkirch
Innsbruck
SCHWEIZ
Graz
Klagenfurt
ITALIEN
K

Der Volksgerichtshof, die Sondergerichte und Hinrichtungsstätten im »Großdeutschen Reich« (1943)

»Großdeutsches Reich«
Grenze des »Großdeutschen Reiches«
Generalgouvernement
Angegliederte Gebiete
Besetzte Gebiete
Verbündete des »Großdeutschen Reiches«
Volksgerichtshof
Sondergericht
Hinrichtungsstätte der vom Volksgerichtshof oder von den Sondergerichten zum Tode Verurteilten

Anmerkung: Der nationalsozialistischen Terror-Justiz fiel nach Thierack (27.6. 1944) die »volkshygienische Aufgabe« zu, den »gesunden Volkskörper« vor der »Seuchengefahr«, die von kriminellen und oppositionellen »Bazillenträgern« ausgehe, zu schützen.

Die Zahl der mit Todesstrafen bedrohten Tatbestände wurde in 36 Gesetzen und Verordnungen von 3 auf 46 erhöht und am 5.5. 1944 die Todesstrafe ganz allgemein für alle vorsätzlichen und fahrlässigen Tatbestände angedroht, durch die die Kriegsführung und die Sicherheit des Reiches gefährdet würden. Nach vorsichtigen Schätzungen wurden 16560 Angeklagte zum Tode verurteilt, darunter durch den Volksgerichtshof von seinem Bestehen bis zum 31.12. 1944 allein 5214 Menschen. Die Todesstrafe wurde durch Enthauptung vollzogen, konnte ab 29.3. 1933 »wegen eines gegen die öffentliche Sicherheit gerichteten Verbrechens« aber auch durch Erhängen erfolgen. Die bedeutendsten Widerstandskämpfer des 20. Juli 1944 wurden gehängt oder erschossen.

Das Reichssicherheitshauptamt und die NS-Justiz

Am 27.9. 1939 wurde durch die Zusammenfassung der zentralen Ämter der Sicherheitspolizei (staatliches Amt), die dem Chef der Sicherheitspolizei, und des Sicherheitsdienstes (SD, Amt einer Gliederung der NSDAP), der dem Chef des SD-Hauptamtes als Nachrichtendienst der NSDAP unterstand, das Reichssicherheitshauptamt (RSHA) unter dem »Chef der Sicherheitspolizei und des SD« (CSSD) Reinhard Heydrich, der beiden Ämtern schon vorher vorstand, gebildet. SS und Polizei wurden weiter verschmolzen. Trotz der Zusammenfassung im RSHA wurde die Unterscheidung zwischen Hauptamt Sicherheitspolizei, SD-Hauptamt, Staatspolizeiamt und Reichskriminalpolizeiamt beibehalten. »Die äußere Überbrückung der Kluft« trennte »in Wahrheit zwei wesensverschiedene Ordnungen« (E. R. Huber), doch war sie nötig aus Rücksichtnahme auf Dienststellen des Staates, die für Maßnahmen der Sicherheitspolizei herangezogen werden mußten. Die wichtigsten Ämter des RSHA, IV und V als Exekutivinstanzen, waren das »Geheime Staatspolizeiamt« (Gestapo) mit den Stapo-Leitstellen und Stapo-Stellen sowie das Reichskriminalpolizeiamt mit den Kriminalpolizeileitstellen und Kriminalpolizeistellen. Die Dienststellen des SD blieben erhalten. Durch Runderlaß des Preußischen und Reichsministers des Innern vom 20.9. 1936 wurden Inspekteure der Sicherheitspolizei (IdS) eingesetzt, die neben der »vertrauensvollen Zusammenarbeit der Sicherheitspolizei« mit anderen Dienststellen die Durchführung der Erlasse des Chefs der Sicherheitspolizei zu überwachen hatten und die Angleichung der Behörden, der Kripo und Stapo vorantreiben sollten. Am 12.6. 1941 gingen die Leitaufgaben der Staatspolizeileitstellen auf den Inspekteur der Sicherheitspolizei und des SD über, während die Leiter der Sicherheitspolizeileitstellen als politische Referenten der Reichsstatthalter, Oberpräsidenten und der Landesregierung tätig blieben, doch diese Tätigkeit auch als Mitarbeiter des Inspekteurs ausübten. Ab 1944 wurde die Eigenständigkeit der Sicherheitspolizei durch die Umbenennung des Inspekteurs in Befehlshaber der Sicherheitspolizei und SD (BDS) hervorgehoben. Da sich das Recht der Polizei, besonders der Geheimen Staatspolizei, nach Heydrich (15.4. 1940) »nicht aus einzelnen Gesetzen und Verordnungen, sondern aus dem Gesamtauftrag herleitet, der der deutschen Polizei im allgemeinen und der Geheimen Staatspolizei im besonderen im Zuge des Neuaufbaus des nationalsozialistischen Staates erteilt worden ist«, entstand eine Rechtsunsicherheit. Durch ihre Lösung aus der Bindung der Gesetze erhielt die Sicherheitspolizei einen Ermessensspielraum, der es ihr gestattete, schon auf bloßen Verdacht hin Sicherungs- und Vorbeugungsmaßnahmen gegen vermeintliche Gegner zu ergreifen und die totale Verfügungsgewalt über den Menschen auszuüben. Nach Heydrich war »die totale, ständige Erfassung aller Menschen des Reiches und die damit verbundene Möglichkeit einer ständigen Übersicht über die Situation des einzelnen Menschen« (30.10. 1941) die Aufgabe der Sicherheitspolizei.

In jedem besetzten Land wurde durch das RSHA ein Befehlshaber der Sicherheitspolizei und des Sicherheitsdienstes (SD) eingesetzt (BDS), dessen Dienststellen analog zu der Ämterverteilung des RSHA aufgebaut waren. Ihr Einfluß und ihre Stellung hing erheblich von den politischen Bedingungen und der Einstellung der Chefs der Zivilverwaltung, der Militärbefehlshaber, der Reichskommissare und des Reichsprotektors gegenüber dem Reichsführer-SS und seinen Organisationen ab. Die Außendienststellen des BDS unterstanden einem Kommandeur der Sicherheitspolizei und des SD (KDS). Die Zahl der unterstellten Kommandeure richtete sich nach der jeweiligen politischen Situation und den Aufgaben. Die Macht der BDS konnte durch die höheren SS- und Polizeiführer (HSSPF) geschmälert werden, die während des Krieges die politischen Interessen des Reichsführers-SS wahrzunehmen und die regionale Führung der Gesamt-SS innehatten, um der Befehlsgewalt der Zentralämter entgegenzuwirken und den Zusammenhalt aller Teilorganisationen der SS zu gewährleisten. Die Polizeihaftlager in den besetzten Ländern unterstanden dem jeweiligen BDS. Ihre Bezeichnung war nicht einheitlich geregelt, sondern richtete sich nach dem Verwendungszweck: Polizeigefängnisse, (Juden-)Sammellager, (Juden-)Durchgangslager, (Juden-)Auffanglager, Geisellager, Sühnegefangenenlager u. a. Am bekanntesten sind die Lager für Geiseln, die bis zu ihrer Erschießung in Polizeihaftlagern inhaftiert wurden, die Sammellager für Juden vor ihrer Deportation in die Vernichtungslager und für politische Häftlinge vor ihrer Deportation in die Konzentrationslager geworden.

Nach dem Urteil im Reichstagsbrandprozeß (23.12. 1933), das von der NSDAP »nach dem Rechtsempfinden des Volkes« als »glattes Fehlurteil« und von Hitler später als »lächerlich« bezeichnet wurde, wurde am 24.4. 1934 durch das »Gesetz zur Änderung von Vorschriften des Strafrechtes und des Strafverfahrens« zur Aburteilung von Hoch- und Landesverratsachen der Volksgerichtshof gebildet. Entscheidungen traf er in der Hauptverhandlung mit 5, außerhalb der Hauptverhandlung mit 3 Mitgliedern, von denen nur der Vorsitzende und ein weiteres Mitglied die Befähigung zum Richteramt haben mußten. Am 14.7. 1934 trat der Volksgerichtshof zum 1. Mal zusammen. Seine Präsidenten waren ab 1.6. 1936 Dr. Otto Thierack, ab 20.8. 1942 Dr. Roland Freisler und ab März 1945 Dr. Harry Haffner. Ab 21.2. 1940 war der Volksgerichtshof zuständig für Straftaten, die mit Tod oder Zuchthaus geahndet wurden: Hochverrat, Landesverrat, Wehrmittelbeschädigung, Sabotage, Wehrkraftzersetzung, Verfahren gegen Geistliche, »Nacht- und-Nebel-Verfahren«, Verfolgung der Widerstandskämpfer in den eingegliederten und besetzten Gebieten und die Verfolgung der Widerstandskämpfer des 20. Juli 1944 u. a. Der Volksgerichtshof war kein Justizorgan – trotz Gerichtsverfassung und Strafverfahrensordnung –, sondern ein politisches Werkzeug zum Aufbau einer »nationalsozialistischen Rechtspflege«. Die Richter hatten sich nach Thierack daran zu gewöhnen, »die Ideen und Absichten der Staatsführung als das Primäre zu sehen, das Menschenschicksal, das von ihm abhängt, als das Sekundäre« (8.9. 1942).

Die Zahl der aufgrund der Verordnung vom 21.3. 1933 gebildeten 13 Sondergerichte vermehrte sich bis 1945 auf über 70. Die Verfahren in der Besetzung durch einen Vorsitzenden und zwei Beisitzer fanden ohne mündliche Verhandlung über den Haftbefehl und ohne gerichtliche Voruntersuchung statt. Eine Beweiserhebung konnte das Gericht ablehnen. Gegen Entscheidungen der Sondergerichte, die sofort rechtskräftig wurden, gab es keine Rechtsmittel. Eine Wiederaufnahme des Verfahrens war möglich, wurde aber nur selten bewilligt. Ab 1940 brauchte dem Angeklagten kein Verteidiger gestellt zu werden. Die Aburteilung hatte sofort zu erfolgen, so daß der Täter oft schon am selben Tag hingerichtet wurde. Durch Verordnung vom 20.11. 1938 konnte der Staatsanwalt bei Verbrechen, für die Amts- bzw. Landgerichte zuständig waren, vor dem Sondergericht Klage erheben. Die Zuständigkeit der Sondergerichte (schwerer Aufruhr, schwerer Landfriedensbruch, unbefugtes Tragen der Uniform einer NS-Organisation) wurde bis Kriegsbeginn durch 7 verschiedene Gesetze und Verordnungen erweitert. Seit dem 21.2. 1940 waren die Sondergerichte neben Vergehen nach dem »Heimtückegesetz« (20.12. 1934) und dem Gesetz gegen Straßenraub mittels Autofallen (22.6. 1938) für das Kriegsstrafrecht zuständig (Abhören ausländischer Sender, Kriegswirtschaftsverordnung, Volksschädlingsverordnung und Gewaltverbrecherverordnung). Am 25.9. 1940 gab Freisler Anweisung, alle Kriegsverbrechen vor Sondergerichten anzuklagen.

ISLAND
NORWEGEN
SCHWEDEN
AK
25.11.4
FINNLA
Kloog
1943-
Rig
194
Reichs-
kommiss
Ka
194
DÄNEMARK
AK
25.11.41
IRLAND
GROSS-
BRITANNIEN
London
Neuengamme
1938-45
Ravensbrück
1939-45
Sutthof
1942-45
Bergen-Belsen
1943-45
Sachsenhausen
1936-45
NIEDERLD.
Herzogenbusch
1943-44
Arbeitsdorf
1942
Berlin
Warschau
1943-44
BELG.
Niederhagen
i.Wewelsbg.
1941-43
27.9.40
AK
25.11.36
Lublin
1943-
Mittelbau
1943-45
Groß-Rosen
1940-45
Buchenwald
1937-45
Krakau-Plasz
1944-45
Paris
LUX.
Flossenbürg
1938-45
Auschwitz I. 19
II. 19
III. 19
SLOWAKEI
Natzweiler
1941-44
AK
25.11.41
24.11.40
FRANKREICH
Dachau
1933-45
Mauthausen
1938-45
UNGARN
AK
24.2.39
Vichy
SCHWEIZ
20.11.40
AK
25.11.41
RU
29.7.40
AK
6.11.37
KROATIEN
SERBIEN
PORTUGAL
MONACO
ITALIEN
S. MARINO
15.6.41
ANDORRA
MONTE-
NEGRO
1.3.41
SPANIEN
AK
27.3.39
ALBANIEN
GRIEC
LA
Tanger
Gibraltar
brit.
Span.-
Marokko
Algerien
Malta
brit.
Marokko
Tunesien
Libyen

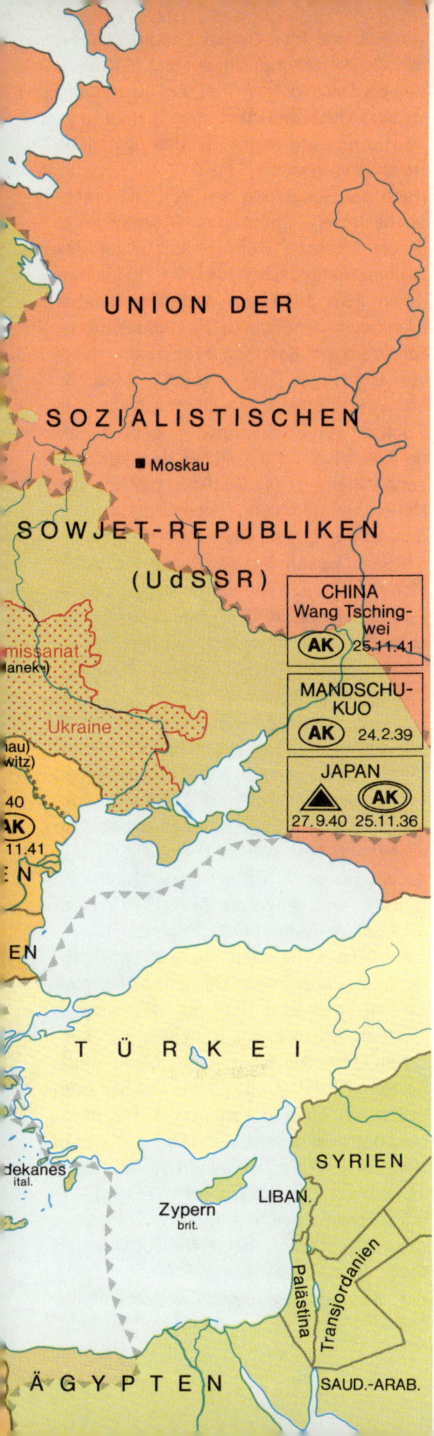

Die »Neuordnung« Europas (1942-1943)

»Großdeutsches Reich«

Angegliederte Gebiete

Generalgouvernement

Besetzte und eroberte Gebiete unter einem »Reichsbevollmächtigten« bzw. »Reichskommissar«

Einem »Reichsbevollmächtigten« unterstand Dänemark, »Reichskommissare« wurden in Norwegen, den Niederlanden, im »Reichskommissariat Ostland« und im »Reichskommissariat Ukraine« ernannt.

Unter Militärverwaltung

Militärbefehlshabern wurden unterstellt: Belgien, Frankreich, das unbesetzte Gebiet erst ab 11. 11. 1942, Alt-Serbien und verschiedene Gebiete in Griechenland. Das übrige Staatsgebiet Jugoslawiens und Griechenlands stand unter italienischer, ungarischer und bulgarischer Besatzung bzw. Verwaltung.

Verbündete des »Großdeutschen Reiches«

Antikominternpakt (25.11.1936) und spätere Beitritte

Dem Pakt zwischen Deutschland und Japan traten Italien, Mandschukuo, Ungarn und Spanien, während des Krieges Bulgarien, Kroatien, Dänemark, Finnland, Nanking-China, Rumänien und die Slowakei bei.

Dreimächtepakt (27.9.1940) und spätere Beitritte

Der zwischen Deutschland, Italien und Japan geschlossene Pakt wurde erweitert durch Ungarn, Rumänien und die Slowakei (1940), Bulgarien und Kroatien (1941).

»Anti-Hitler-Koalition«

Von den westlichen Alliierten besetzte Gebiete

Konzentrationslager

KROATIEN **Neue souveräne Staaten**

Vichy-Frankreich

Nach Zusicherung der politischen Unabhängigkeit und der territorialen Integrität deutscherseits wurden in Dänemark, das als »besetzt«, nicht als »erobert« galt, König und Regierung im Amt belassen. Am 5.11. 1942 löste Dr. Werner Best als »Reichsbevollmächtigter des Deutschen Reiches« den deutschen Gesandten ab. Nach der Weigerung der dänischen Regierung, den Ausnahmezustand zu verhängen, Schnellgerichte zu errichten und die Todesstrafe für Saboteure einzuführen, wurde am 29.8. 1943 der Ausnahmezustand erklärt und die Oberste Gewalt vom deutschen Wehrmachtsbefehlshaber übernommen. In Norwegen wurde durch Erlaß des »Führers« (24.4. 1940) Josef Terboven zum »Reichskommissar für die besetzten norwegischen Gebiete« ernannt, der dem »Befehlshaber der deutschen Truppen in Norwegen« nebengeordnet war. Die am 1.2. 1942 eingesetzte norwegische Regierung unter Ministerpräsident Vidkun Quisling, dem Führer der »Nasjonal Samling«, war ein Werkzeug Terbovens.
In den Niederlanden wurde nach der Kapitulation (15.5. 1940) am 18.5. 1940 Dr. Arthur Seyß-Inquart zum »Reichskommissar für die besetzten niederländischen Gebiete« ernannt. Die »Nationaal-Socialistische Beweging« (NSB) unter Anton Mussert erlangte, nachdem die Bildung einer »Nederlandsche Volksunie« nicht gelungen war, wegen ihrer Kollaboration und geringen Anhängerschaft kaum Bedeutung, doch wurde Mussert am 23.9. 1940 von Hitler als »Repräsentant« der Niederlande anerkannt. Nachdem schon am 18.5. 1940 Eupen-Malmedy und Moresnet in das Deutsche Reich eingegliedert waren, wurde nach der Kapitulation Belgiens (28.5. 1940) am 30.5. 1940 die Militärverwaltung Belgien-Nordfrankreich (mit den französischen Départements Nord und Pas-de-Calais) gebildet. Erst am 18.7. 1944 wurde Gauleiter Josef Grohé zum Chef der Zivilverwaltung in Belgien ernannt. In Luxemburg wurde am 2.8. 1940 der Gauleiter von Koblenz-Trier, Gustav Simon, als Chef der Zivilverwaltung eingesetzt. 1941 wurden der Gau Koblenz-Trier und Luxemburg in Gau »Moselland« umbenannt, doch wurde Luxemburg nicht in das Deutsche Reich eingegliedert.
Nach der Besetzung des Nordens Frankreichs (drei Fünftel des Staatsgebiets) durch deutsche Truppen auf Grund des Waffenstillstandsvertrags (22.6. 1940) wurde am 28.6. 1940 der »Militärbefehlshaber Frankreich« eingesetzt. Die Demarkationslinie zum unbesetzten Frankreich verlief von Genf über Dôle – Tours – Mont de Marsan zur spanischen Grenze. Nach dem Rücktritt von Staatspräsident Lebrun wurde Marschall Pétain »Chef des französischen Staates« (11.7. 1940), der von der Nationalversammlung Vollmachten und den Auftrag erhielt, eine Verfassung ausarbeiten zu lassen. Sitz der Regierung wurde Vichy. Am 2.8. 1940 wurde in Lothringen Gauleiter Josef Bürckel und im Elsaß Gauleiter Robert Wagner als Chef der Zivilverwaltung eingesetzt. Mit dem Gau Saarpfalz bildete Lothringen seit Dezember 1940 den Gau »Westmark«. Seit 1941 wurde von der Partei mit der Bezeichnung Baden-Elsaß die staatsrechtliche Eingliederung vorweggenommen. Am 11.11. 1942 rückten deutsche Truppen in das unbesetzte Frankreich ein. Zwischen Frankreich und Italien, das am 11.6. 1940 in den Krieg eingetreten war, wurde am 24.6. 1940 in Rom ein Waffenstillstand unterzeichnet. Italienische Truppen besetzten eine 832 km^2 große Zone, die aus dem bis zu 15 km breiten Streifen bestand, den die italienischen Truppen westlich der französisch-italienischen Grenze erreicht hatten. Eine entmilitarisierte Zone von 50 Kilometern war dem besetzten Streifen vorgelagert. Die Italiener kontrollierten das Gebiet bis zur Rhone.
Nach dem Waffenstillstand mit dem jugoslawischen Oberkommando (17.4. 1941) und der Unterzeichnung der griechischen Kapitulation (21.4. 1941), die auf Drängen Mussolinis in Saloniki unter Einbeziehung der Italiener wiederholt werden mußte (23.4. 1941), wurde das jugoslawische

Staatsgebiet völlig aufgeteilt. Noch vor dem Waffenstillstand wurde am 10.4. 1941 in Agram der »Unabhängige Staat Kroatien« durch den Generalstabsoberst Havko Kvaternik proklamiert. Dr. Ante Pavelić machte sich zum »Poglavnik« (Führer) des »Königreiches Kroatien«. Am 18.5. 1941 mußte der neue Staat im Grenzvertrag mit Italien zahlreiche dalmatinische Inseln und fast das ganze dalmatinische Küstengebiet an Italien abtreten; diese Gebiete erhielt er aber nach der Kapitulation Italiens zurück (8.9. 1943). Der Hauptteil Sloweniens (Kärnten, Krain, Untersteiermark) wurde Chefs der Zivilverwaltung unterstellt und dem Deutschen Reich angegliedert. Der Rest Sloweniens mit der Hauptstadt Laibach fiel an Italien. Teile des Kosovo-Gebiets und Mazedoniens dienten mit Montenegro, das zuerst selbständiger Staat werden sollte, zur Vergrößerung Albaniens. Der Rest Mazedoniens fiel an Bulgarien, das Übermur- und Zwischenmur-Gebiet sowie die Batschka kamen an Ungarn. Der Nordosten des Staatsgebiets sowie Zagreb und Sarajewo wurde von deutschen Truppen, der Südosten von italienischen Truppen besetzt. In Serbien, das das Gebiet des Königreiches von 1912 umfaßte und unter deutscher Militärverwaltung stand, wurde am 29.8. 1942 eine Landesverwaltung unter General M. Nedić errichtet. Das jugoslawische Banat, von Ungarn und Rumänien beansprucht, blieb unter deutscher Militärverwaltung.

In Griechenland wurde der größte Teil des Landes von den Italienern besetzt. Bulgarische Truppen rückten in Ostmazedonien und Westthrazien ein. Deutsche Truppen besetzten Athen, Saloniki und Umgebung bis zum Strymon, das Grenzgebiet am Ebros, die Ägäischen Inseln sowie Westkreta nach der Eroberung Kretas (20.5.–1.6. 1941).

Während Göring für die wirtschaftliche Ausbeutung (29.6. 1941) und Himmler für die polizeiliche Sicherung der besetzten Gebiete in der Sowjetunion (17.7. 1941) zuständig waren, regelte der »Erlaß über die Verwaltung der neubesetzten Ostgebiete« Hitlers (17.7. 1941) den »Lebensraum« im Osten. Alfred Rosenberg wurde zum »Reichsminister für die besetzten Ostgebiete«, Gauleiter Hinrich Lohse zum Reichskommissar für »Ostland« (Estland, Lettland, Litauen, Weißrußland) und Gauleiter Erich Koch zum Reichskommissar für die Ukraine ernannt. Ostgalizien wurde am 1.8. 1941 in das »Generalgouvernement« eingegliedert. Am 15.8. 1941 wurde Erich Koch auch Chef der Zivilverwaltung im Bezirk Bialystok. Nachdem Rumänien schon Ende Juli 1941 Bessarabien und die Nordbukowina zurückgewonnen und in rumänische Verwaltung übernommen hatte, wurde am 30.8. 1941 auch die »Provinz Transnistrien« in Besitz genommen.

Am 18.9. 1944 wurden die »Zone Voralpenland« und »Adriatisches Küstengebiet« aus den Provinzen Bozen, Trient, Belluno, Görz, Triest, Pola, Fiume und Laibach gebildet, die unter deutsche Verwaltung gestellt wurden.

Während des Krieges traten, am 5. Jahrestag seines Bestehens am 25.11. 1941, Bulgarien, Kroatien, Dänemark, Finnland, Rumänien, die Slowakei und »National-China« dem Antikominternpakt bei. Dem Dreimächtepakt vom 27.9. 1940, schlossen sich Ungarn, die Slowakei, Rumänien, Bulgarien und Kroatien an.

Konnte das Deutsche Reich zu Beginn des Überfalls auf die Sowjetunion Rumänien, Ungarn, die Slowakei und Italien, zu den Verbündeten zählen, so war in Bulgarien bei der tief verwurzelten Sympathie für Rußland ein Krieg gegen die Sowjetunion nicht populär. Finnland, das keine militärische und politische Vertragsbindung mit dem Deutschen Reich eingegangen war, führte ab 27.6. 1941 seinen eigenen Krieg (»Fortsetzungskrieg«, »Verteidigungskrieg«) zur Rückeroberung seiner im Winterkrieg verlorenen Gebiete an der Seite des »Waffengefährten«, nicht »Bundesgenossen« Deutschland. Nach der Eroberung Kareliens (Ende August 1941) befahl Feldmarschall Mannerheim am 6.11. 1941 der karelischen Armee, eine Verteidigungsstellung zu beziehen.

ISLAND
NORWEGEN
SCHWEDEN
FINNLA
Rjukan
»Norsk Hydro«
DÄNEMARK
GROSS-
IRLAND
BRITANNIEN
O.S.S. =
Office of Strategic Services
S.O.E. =
Special Operations Executive
London
»France libre«
NIEDER-
LANDE
Antwerpen
BELG.
Berlin
Warschau
General-
gouvernement
Lidice
Prag
Protek-
torat
SLOWAKEI
Paris
LUX.
Conseil National
de la Resistance
FRANKREICH
UNGAR
SCHWEIZ
Oradour-
sur-Glane
Genf
O.S.S.
Mailand
Comitato di
Liberazione Nazionale
KROATIEN
RU
SERBIEN
MONACO
S. MARINO
MONTE-
NEGRO
B
ANDORRA
ITALIEN
PORTUGAL
SPANIEN
ALBANIEN
GRIE
Gibraltar
brit.
Span.-
Marokko
LA
Malta
brit.
Marokko
Algerien
Tunesien
Libyen

Der Widerstand gegen die »Neuordnung Europas«

»Großdeutsches Reich« und angegliederte Gebiete (1941)

Generalgouvernement

Verbündete des »Großdeutschen Reiches«

Besetzte und eroberte Gebiete

Weitester militärischer Machtbereich des »Großdeutschen Reiches« und seiner Verbündeten

»Anti-Hitler-Koalition«

Von den Westmächten besetzte Gebiete

Organisation zur Unterstützung der Widerstandsbewegungen und der Partisanen

Wichtige Widerstandsorganisation

Aufstand einer nationalen Widerstandsbewegung

Erfolgreiches Unternehmen einer Widerstandsbewegung

Nationaler Widerstand, vor allem gekennzeichnet durch Streiks, Sabotageakte und Generalstreiks

Von Partisanen bzw. Widerstandsbewegungen besetztes und kontrolliertes Gebiet

Kampf gegen die deutsche Besatzungsmacht

Unmenschliche Vergeltungsmaßnahme der deutschen Besatzungsmacht

Der Widerstand in Europa

Nach den Blitzsiegen Hitlers in Nord- und Westeuropa nahm die Bevölkerung der besetzten Staaten eine abwartende Haltung ein und zeigte anfangs eine gewisse Kooperationsbereitschaft. Durch die Maßnahmen der Besatzungsmacht (wirtschaftliche Ausbeutung, Verschickung von zwangsweise rekrutierten Arbeitskräften, Beseitigung der staatlichen Souveränität, Verfolgung der Juden, Terror der Sicherheitspolizei, Zusammenarbeit mit unbedeutenden, verhaßten faschistischen Gruppierungen), die Enttäuschung über die politische »Neuordnung« (keine konstruktive Zusammenarbeit, sondern Herrschaft des deutschen »Herrenvolkes«), den Angriff auf die Sowjetunion, die Rückschläge der deutschen Kriegführung 1941/42 und den Zweifel am deutschen Sieg bildeten sich ab Sommer 1941 Widerstandsgruppen in den einzelnen Ländern, die nicht nur für die Befreiung von der verhaßten Besatzungsmacht, sondern auch für die künftige politische Gestaltung ihres Landes kämpften. Nach dem Angriff auf die Sowjetunion (22.6. 1941) entstanden auch kommunistische Widerstandsgruppen. Der Erfolg der Widerstandsbewegung hing vom Rückhalt in der eigenen Bevölkerung, von geographischen Gegebenheiten, von der Beschaffung und dem Nachschub von Waffen, Munition und Funkgeräten für den Kontakt mit den kriegführenden, freien Staaten sowie einer der illegalen Kampfesweise entsprechenden Organisation ab.
Eine wichtige Rolle spielte die »Special Operation Executive« (SOE) in London, die mit dem Aufbau von Nachrichtendiensten und der Aufstellung von geheimen Streitkräften in den einzelnen Ländern sowie mit der Unterstützung der Widerstandsgruppen beauftragt wurde. Für den Mittelmeer- und Balkanraum war die Abteilung der SOE in Kairo zuständig. Seit 1943 wurde sie durch die Europa-Abteilung des amerikanischen »Office of Strategic Services« (OSS) unterstützt.

Während in Norwegen, den Niederlanden und – mit Einschränkung – auch in Dänemark der Widerstand von demokratischen, dem Königshaus verbundenen Kräften getragen wurde, entstanden in Belgien, Frankreich, Italien, Jugoslawien, Albanien und Griechenland neben bürgerlichen, demokratischen und monarchistischen Gruppen starke kommunistische Bewegungen. In Belgien, Italien und Frankreich kam es zu einer Zusammenarbeit aller Gruppen, in Frankreich im »Nationalrat der Résistance« (ab Mai 1943) und in den »Französischen Streitkräften des Innern« (ab Februar 1944), die 20000 Kämpfer und 30000 Deportierte, die nicht zurückkehrten, verloren. In Italien bildeten sich nach dem Sturz Mussolinis das »Komitee der Nationalen Befreiung« sowie die »Korps der Freiwilligen der Freiheit« unter General Cadorna, die 20000 Tote zu beklagen hatten. Das »Komitee der Nationalen Befreiung in Oberitalien« (Comitato di Liberazione Nazionale di Alta Italia = CLNAI) war ein Zentrum des Widerstands. In Jugoslawien bekämpften sich die Çetniks unter D. Mihajlović und die kommunistische Partisanenbewegung unter Josip Broz Tito, der von den Alliierten 1943 anerkannt und mit Waffen unterstützt wurde, in Albanien das »Nationale Komitee« unter Enver Hodscha, das immer mehr unter kommunistischen Einfluß geriet und die »Albanische Nationale Befreiungsarmee« gründete, und die »Nationale Front«. Tito und Hodscha siegten. Ohne sowjetische Hilfe ging aus ihren Widerstandsbewegungen ein sozialistischer Staat hervor. Die Kämpfe zwischen der republikanischen »Nationalen Demokratischen Griechischen Vereinigung (EDES) und der kommunistisch geführten »Nationalen Befreiungsfront« (EAM) sowie ihrer »Nationalen Befreiungsarmee« (ELAS) konnten erst am 29. 11. 1944 durch einen Waffenstillstand beendet werden, nachdem sich beide Bewegungen am 26.9. 1944 der Regierung unterstellt hatten. In Polen hatte sich schon 1939 der »Verband für den bewaffneten Kampf« (ab 1942 »Heimatarmee«) gebildet, der einen

»Untergrund-Staat« aufbaute. Nach Gefechten mit deutschen Truppen (1944) erklärte sich am 8.2. 1945 die »Heimatarmee« für aufgelöst, da ein nationalpolnischer Widerstand von der UdSSR nicht anerkannt wurde.

In der Sowjetunion wurde am 18.7. 1941 der Beschluß des Zentralkomitees der KPdSU über »Die Organisierung des Kampfes im Hinterland der deutschen Truppen« veröffentlicht. Am 30.5. 1942 wurde der »Zentrale Stab der Partisanenbewegung« in Moskau geschaffen, dem 1 bis 1,5 Mio Partisanen unterstellt gewesen sein sollen.

Während sich der Widerstand in Norwegen, Dänemark, den Niederlanden und Belgien zumeist auf Sabotageakte, Streiks und Generalstreiks beschränkte, konnten in der UdSSR, Polen, den Balkanländern, Italien und Frankreich größere Operationen erfolgreich durchgeführt werden. Erfolgreiche Unternehmen der Widerstandsgruppen waren der Sprengstoffanschlag auf das Norsk-Hydro-Werk bei Rjukan (März 1943), die Besetzung des Hafens von Antwerpen (Herbst 1944) und die Aufstände in Mailand (ab 24.4. 1944) und Prag (5.5. 1945). Die Aufstände in Warschau (1.8.–2.10. 1944) und der Slowakei (28.8.–28.10. 1944) wurden niedergeschlagen. Die Vergeltungsmaßnahmen der Besatzungsmacht bestanden in der Verhängung des Ausnahmezustands, Massenverhaftungen, Deportationen in die Konzentrationslager, Errichtung von Standgerichten und Geiselerschießungen. Unmenschlich waren nach dem Attentat auf Reinhard Heydrich und den Anschlägen französischer Partisanen die Vernichtung der Dörfer Lidice (10.6. 1942) und Oradour-sur-Glane (10.6. 1944). Aufgrund von Hitlers »Nacht-und-Nebel«-Erlaß (7.12. 1941) war für Verhaftete, die die »Sicherheit der Besatzungsmacht« gefährdeten, »grundsätzlich die Todesstrafe angebracht« beziehungsweise die heimliche Deportation in ein Konzentrationslager nach Deutschland vorgesehen, um die Bevölkerung im ungewissen über das Schicksal der Betroffenen zu lassen. Der »Terror-und-Sabotage«-Erlaß (30.7. 1944) sah die Tötung eines Widerstandskämpfers an Ort und Stelle oder seine Übergabe an die Sicherheitspolizei vor.

Zur Beseitigung des Unrechtsstaats, der alle Rechtsnormen zerstört hatte, waren auch in Deutschland konservative, bürgerliche und sozialistische Kreise – nicht aus politischen und militärischen Gründen der Zweckmäßigkeit, sondern aus einem Aufbegehren des Gewissens und der Verpflichtung, für verletzte Menschenwürde eintreten zu müssen – zum Widerstand und zum Staatsstreich entschlossen. Die Kommunisten bezahlten ihren Widerstand gegen das Regime mit rund 20000 Opfern. Viele Mitglieder der linksorientierten Gruppe um Adolf von Harnack und Harro Schulze-Boysen (»Rote Kapelle«) wurden nach der Aufdeckung im August 1942 zum Tode verurteilt wie auch 1943 die Geschwister Hans und Sophie Scholl (»Weiße Rose«). Konservative Kräfte (Carl Goerdeler, Ludwig Beck, Ulrich von Hassel, Johannes Popitz und der »Kreisauer Kreis« um Helmut James Graf von Moltke und Peter Graf Yorck von Wartenburg) waren mit oppositionellen Diplomaten, Sozialisten (Wilhelm Leuschner, Theodor Haubach, Julius Leber, Carlo Mierendorff), die zum Teil beiden Gruppen angehörten, und Offizieren der Wehrmacht zum Staatsstreich entschlossen. Während der Tschechen-Krise (1938), vor dem Angriff auf Polen (Sommer 1939) und auf Frankreich (1940–1941) wollten Kreise der Wehrmacht Hitler verhaften. Nach dem siegreichen Westfeldzug war bei der Popularität Hitlers ein Staatsstreich unmöglich. Voraussetzung für eine Auflehnung gegen den »Führer« bzw. seine Beseitigung wurden die militärischen Rückschläge. Nach mehreren gescheiterten Attentatsversuchen mißglückte am 20.7. 1944 das Bombenattentat des Obersten Claus Graf Schenk von Stauffenberg auf Hitler im Führerhauptquartier »Wolfsschanze«. Der damit verbundene Aufstand in Berlin und Paris brach zusammen.

ISLAND
17.6.44 Republik
NORWEGEN
SCHWEDEN
FINNLA
400
250
46 000
6 500
DÄNEMARK
IRLAND
GROSS-
BRITANNIEN
NIEDER-
LANDE
BELGIEN
LUX.
DEUTSCHES
REICH
Protektorat
General-
gouverneme
1 200 000
100 000
10 600
FRANKREICH
SCHWEIZ
L.
SLOWAKEI
150 000
1 600
UNGARN
220
6 000
30 000
300 000
KROATIEN
SERBIEN
70 000
MONTE-
NEGRO
30 000
B
ALRANIEN
GRIE
LA
ITALIEN
S. MARINO
MONACO
ANDORRA
PORTUGAL
SPANIEN
Tanger
Gibraltar
brit.
Span.-
Marokko
Algerien
Marokko
Tunesien
Malta
brit.
libyen

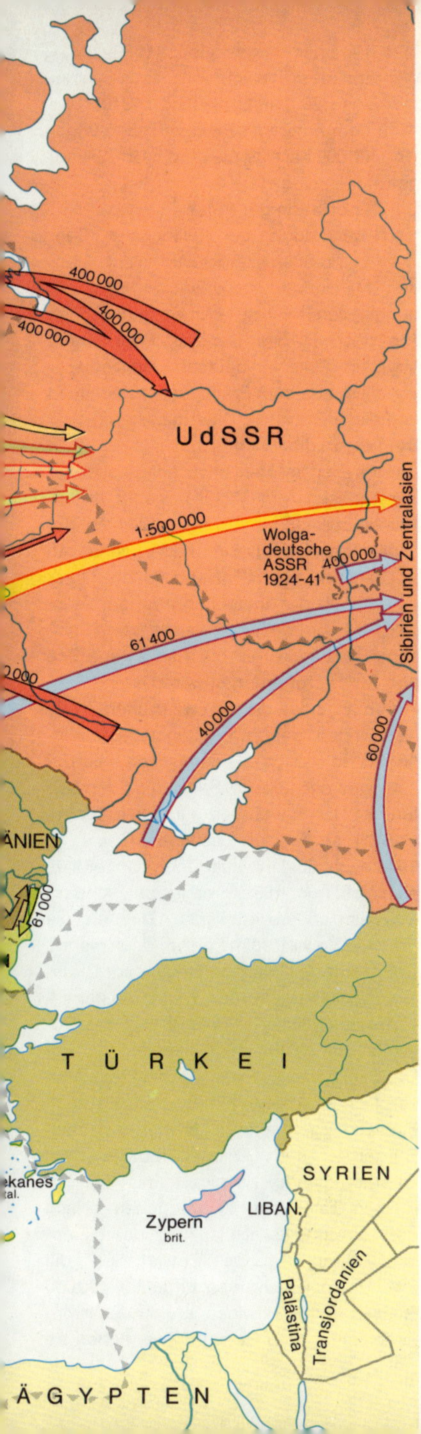

Bevölkerungsverschiebungen (1939–1944)

Zwangsumsiedlungen

Neben den Zwangsumsiedlungen innerhalb der UdSSR, von denen vor allem Deutsche, Esten, Letten und Litauer betroffen wurden, wurden auch Finnen, Polen, Franzosen, Elsässer und Lothringer gewaltsam umgesiedelt.

Gruppenwanderungen

Diese Bewegungen während des 2. Weltkrieges wurden hervorgerufen durch Rückkehr, bzw. Rückführung, Flucht, staatliche Ansiedlung, Austausch und Umsiedlung infolge eines Vertrages.

Grenzen 1942

Grenzen 1939 (Oktober)

Anmerkung:
Die Zwangsumsiedlung der Juden aus dem »Reichsgau Wartheland« in das »Generalgouvernement« wurde nicht aufgenommen.

Weitester Machtbereich des »Großdeutschen Reiches« und seiner Verbündeten (1942)

Die Bevölkerungsverschiebungen (1939–1944)

Das vom Nationalsozialismus propagierte Nationalstaatsprinzip, die »Neuordnung« Osteuropas nach dem Abschluß des deutsch-sowjetischen Grenz- und Freundschaftsvertrags (28.9. 1939) und die Machtpolitik des Deutschen Reiches im Jahre 1941 in Südosteuropa führten nicht nur zur Beseitigung, Zerstückelung und Neubildung von Staaten, sondern auch zu Vertreibungen, Zwangsumsiedlungen, Fluchtbewegungen sowie Aus- und Ansiedlungen von Millionen Menschen.

Die Folgen des »Hitler-Stalin-Paktes«

Nach der »4. Teilung« Polens regelten deutsch-sowjetische Verträge vom 3. und 16.11. 1939 die Umsiedlung Angehöriger der ukrainischen, weißrussischen und russischen Nationalität aus den an das Deutsche Reich gefallenen westpolnischen Gebieten in die UdSSR. Nachdem die baltischen Staaten Estland, Lettland und Litauen in Sowjetrepubliken umgewandelt (21./22.7. 1940) und in die UdSSR eingegliedert worden waren (3.8. bis 6.8. 1940), wurden nicht nur die bisherigen Führungsschichten dieser Länder beseitigt und deportiert, sondern in den Jahren 1940/1941 ungefähr 60000 Esten, 34000 Letten und 38000 Litauer in das Innere der Sowjetunion verschleppt. Ab 1940 erfolgte auch die Flucht bzw. Evakuierung der Estlandschweden von der Küste und den Inseln Estlands, die sich auch nach dem deutschen Überfall auf die Sowjetunion fortsetzte, so daß fast die gesamte Volksgruppe nach Schweden gerettet werden konnte. Auf Grund eines Umsiedlungsvertrages zwischen dem Deutschen Reich und der Litauischen Sozialistischen Sowjetrepublik vom 10.1. 1941 konnten Litauer und Weißrussen auf Wunsch aus dem Memel- und Suwalkigebiet umgesiedelt werden. Über 1,5 Mio. Polen wurden aus den von der UdSSR besetzten ostpolnischen Gebieten nach Sibirien und in die zentralasiatischen Republiken der Sowjetunion deportiert. An ihre Stelle wurden ungefähr 2 Mio. Russen und Ukrainer angesiedelt (1939–1941). Während des finnisch-sowjetischen Winterkriegs (30.11. 1939–13.3. 1940) und nach dem Friedensschluß verließen ungefähr 400000 Karelier die an die UdSSR abgetretenen Gebiete.

Die Deportation der Polen

Nach der Bildung der Reichsgaue »Danzig-Westpreußen« und »Wartheland« fanden Massendeportationen und Austreibungen von Polen aus den westpolnischen Territorien in das Generalgouvernement statt, um Platz für deutsche Umsiedler – vor allem aus dem Baltikum – zu schaffen und diese Gebiete zu »germanisieren«.

Die Folgen des Ostfeldzugs

Die Karelier kehrten nach der Eroberung Kareliens im August 1941 wieder in ihre Heimat zurück, bis sie diese 1944 vor der finnischen Kapitulation wieder verlassen mußten und nach Finnland flohen. Unter dem Schutz der deutschen Truppen, die im Juli 1941 vor Leningrad standen, und finnischer Verbände, die bis zum Onega-See und Swir vorgedrungen waren, wanderten Ingermanländer, die zum westlichen Zweig der Finnen gehören (»Leningrader Finnen«) und südlich des Finnischen Meerbusens und des Ladoga-Sees zu beiden Seiten der Narwa wohnten – in einem für die UdSSR strategisch wichtigen Gebiet –, 1943 nach Finnland aus. Doch handelte es sich nicht nur um Ingermanländer, sondern auch um andere ethnische Gruppen, die mit dem Sowjetregime unzufrieden waren. Der größte Teil von ihnen mußte auf Grund der Bestimmungen des Waffenstillstandsvertrags zwischen Finnland und der Sowjetunion (10.9. 1944) wieder in die UdSSR zurückkehren, da sich Finnland verpflichten mußte, die »gewaltsam nach Finnland gebrachten sowjetrussischen Bürger ... dem Alliierten Sowjetischen Oberkommando zwecks ihrer Rückführung in die Heimat zu übergeben«. Nach der Abtretung Kareliens (1940) durch Finnland veranlaßte die Sowjetunion die Zwangsumsiedlung von ungefähr 400000 Russen und Mordwinen in die neugewonnenen finnischen Gebiete. Zwar flohen sie im August 1941 vor den Finnen, konnten aber 1944/1945 wieder in die ihnen zugewiesenen Gebiete zurückkehren. Nachdem die Sowjetunion schon vor dem Überfall durch das Deutsche Reich Deutschstämmige aus Ostwolhynien, der Krim und dem Kaukasus nach Sibirien und Zentralasien deportiert hatte, erfolgte nach dem deutschen Überfall auf Beschluß des Obersten Sowjet der UdSSR (28.8. 1941) die Zwangsumsiedlung der Wolgadeutschen und die Auflösung der Autonomen Sowjetrepublik der Wolgadeutschen (25.9. 1941).

Die Abtretungen Rumäniens

Aus Nordsiebenbürgen, das durch den 2. Wiener Schiedsspruch (30.8. 1940) von Rumänien an Ungarn übergeben werden mußte, begaben sich über 200000 Rumänen nach Südsiebenbürgen, das von 160000 Ungarn verlassen wurde, die nach Nordsiebenbürgen auswanderten. Nach dem Vertrag von Craiowa (7.9. 1940), durch den Bulgarien die Süddobrudscha erhielt, fand ein Bevölkerungsaustausch statt. 100000 Rumänen verließen die Süddobrudscha, in die über 80000 Bulgaren aus der Norddobrudscha strömten.

Die Folgen des Balkanfeldzuges

Schon vor der Unterzeichnung der Kapitulation der jugoslawischen Wehrmacht am 14.7. 1940, die am 18.7. 1940 in Kraft trat, begann die Auflösung der Vielvölkerstaaten Jugoslawien. Am 10.4. 1940 proklamierte der kroatische Generalstabsoberst Kvaternik den »Unabhängigen Staat Kroatien«, in dessen Staatsgebiet aber auch über 2 Mio. Serben und 800000 Moslems wohnten. In den neuen Staat wurden ungefähr 70000 Kroaten aus Serbien und im Herbst 1943 noch 6000 aus der dem Deutschen Reich angegliederten Untersteiermark umgesiedelt. Vor dem Terror der Kroaten flohen viele Serben, die ebenso wie die Serben aus dem von Bulgarien besetzten Makedonien und aus Slowenien in Rest-Serbien aufgenommen werden mußten. Nutznießer des Balkanfeldzuges waren Ungarn und Bulgarien. Am 24.4. 1941 versprach Hitler dem ungarischen Reichsverweser Nikolaus von Horthy bei dem Zusammentreffen in Mönichkirchen die Batschka, das Baranya-Dreieck und das Mur-Gebiet, doch wies er den Anspruch Ungarns auf das Westbanat zuerst zurück. In diese Gebiete und nach Ungarn strömten fast 30000 Ungarn aus dem ehemaligen jugoslawischen Staatsgebiet. Durch vertragsmäßigen Austausch und Rückführung gelangten 150000 Ungarn aus der Südbukowina und eine kleinere Zahl aus dem Moldau-Gebiet in die neugewonnenen Gebiete. Bulgarien, das sich weder am Krieg gegen Jugoslawien noch an dem gegen Griechenland beteiligt hatte, durfte nach Beendigung des Balkanfeldzuges Ostmazedonien und Westthrazien besetzen. In dem Besatzungsgebiet errichtete es 3 Bezirke: Ägäisches Meer, Skoplje und Bitolj. Wichtig war für Bulgarien vor allem der Gewinn des Zugangs zum Ägäischen Meer. Aus Westthrazien flohen 90000 Griechen in ihr Mutterland. Aus dem Inneren Bulgariens wurden über 120000 Bulgaren in die neugewonnenen Gebiete mit Hilfe des Staates umgesiedelt.

Rumänien und Bulgarien führten noch kleinere Gruppen ihres Volkstums aus dem Schwarzmeergebiet der Sowjetunion in ihr Staatsgebiet zurück.

Frankreich

Nachdem Hitler in Montoire am 24.10. 1940 von Marschall Philippe Pétain eine französische Unterstützung im Falle militärischer Aktionen gegen Großbritannien verweigert worden war, weil Hitler keine Zusagen bezüglich der Entlassung der französischen Kriegsgefangenen und der Friedensbedingungen zu machen bereit war, entschied sich Pétain für eine Politik des »Abwartens« (Attentisme). Eine Folge der nun schärfer werdenden Politik Hitlers gegenüber Frankreich war die Zwangsaussiedlung von ungefähr 100000 Franzosen, Lothringern und Elsässern aus Lothringen in das unbesetzte Frankreich. Die Zwangsumsiedlung von Elsässern und Lothringern in das Reichsgebiet (1940/1941) blieb eine Ausnahme.

ISLAND
NORWEGEN
SCHWEDEN
FINN
GROSS-
BRITANNIEN
IRLAND
DÄNEMARK
NIEDER-
LANDE
BELGIEN
LUX.
DEUTSCHES
REICH
Protektorat
SLOWAKEI
UNGARN
FRANKREICH
SCHWEIZ
L.
Südtirol
Krain
KROATIEN
SERBIEN
MONTE-
NEGRO
ALBANIEN
GRIE
ITALIEN
S. M.
MONACO
ANDORRA
PORTUGAL
SPANIEN
Tanger
Gibraltar
brit.
Span.-
Marokko
Algerien
Marokko
Tunesien
Malta
brit.
Libyen
16 200
61 500
51 000
350 0
32 900
136 500
97
21 300
15 000
80 000
2 000

»Heimholung ins Reich« (1939–1944)

- »Großdeutsches Reich«
- Generalgouvernement
- Angegliederte Gebiete
- Besetzte Gebiete
- Verbündete des »Großdeutschen Reiches«
- »Anti-Hitler-Koalition«
- Von den Westmächten besetzte Gebiete
- Weitester Machtbereich des »Großdeutschen Reiches« und seiner Verbündeten (1942)
- Rückführung und Umsiedlung deutscher Volksgruppen

Nach der Errichtung der »Leitstelle für Ein- und Rückwanderer« für die Umsiedlung der Südtiroler (Juni 1939) wurde am 7.10. 1939 der Reichsführer-SS mit der »Zurückführung der für die endgültige Heimkehr in das Reich in Betracht kommenden Reichs- und Volksdeutschen« beauftragt.

Die Umsiedlung der Volksdeutschen

Nach Beendigung des Polenfeldzuges sprach Hitler am 6.10. 1939 in seiner Reichstagsrede über »die wichtigste Aufgabe«, die sich aus dem »Zerfall des polnischen Staates« ergab, nämlich über »eine neue Ordnung der ethnographischen Verhältnisse, d.h. eine Umsiedlung der Nationalitäten so, daß sich am Abschluß der Entwicklung bessere Trennungslinien ergeben«. In diese Umsiedlung im »Zeitalter des Nationalitätsprinzips und des Rassegedankens« sollten nicht nur die Volksdeutschen des Ostens, sondern auch des Südostens Europas einbezogen werden.

Durch »Erlaß des Führers und Reichskanzlers zur Festigung deutschen Volkstums« vom 7.10. 1939 wurden dem Reichsführer-SS Heinrich Himmler folgende Aufgaben übertragen: Rückführung und Umsiedlung der Reichs- und Volksdeutschen sowie »Ausschaltung des schädigenden Einflusses von solchen Bevölkerungsteilen, die eine Gefahr für das Reich und die deutsche Volksgemeinschaft bedeuten«. Himmler legte sich die Bezeichnung »Reichskommissar zur Festigung deutschen Volkstums« (RKF) zu und konnte in dieser Sonderstellung seinen Machtanspruch – vor allem in den besetzten Ostgebieten – bedeutend erweitern.

Das für diese Aufgaben geschaffene »Reichskommissariat zur Festigung deutschen Volkstums« nahm seinen Ausgang von der für die Umsiedlung der Südtiroler eingerichteten »Leitstelle für Ein- und Rückwanderung« (Juni 1939) unter SS-Oberführer Ulrich Greifelt. Nach Eingliederung des »Zentralbodenamtes«, das 1938 für die Beschlagnahme jüdischen und »staatsfeindlichen« Landbesitzes gegründet worden war, in die Dienststelle des »Reichskommissars zur Festigung deutschen Volkstums« wurde das »Stabshauptamt« (StHA/RKF) gebildet (Juni 1941), ein Hauptamt der SS, dem andere SS-Gesellschaften als Dienststellen für die vermögensrechtliche Betreuung der Umsiedler und die Bereitstellung von Siedlungsland, Vieh und Inventar, das man feindlichen Ausländern beschlagnahmt hatte, angeschlossen wurden. Eine weitere Dienststelle entstand im Juni 1941 aus der »Volksdeutschen Mittelstelle« (VOMI), in der seit 1936 alle auslandsdeutschen Organisationen (VDA, Gustav-Adolf-Verein u.a.) »gleichgeschaltet« waren. Nach Abgrenzung der Aufgaben (9.9. 1942) wurden die »Volksdeutsche Mittelstelle« für Deutschtumserziehung, Sicherung deutschen Volkstums im Reich und in den neuen Ostgebieten, politische Führung deutscher Volksgruppen, Führung der Wirtschaft in den deutschen Volksgruppen und Umsiedlung, das Stabshauptamt für Anlage von Siedlungen, Vermögensausgleich und Siedlungspropaganda zuständig. Die Einbürgerung unter politisch-polizeilichen Gesichtspunkten oblag der »Einwandererzentralstelle« (EWZ) des Reichssicherheitshauptamtes (RSHA). Die Einbürgerung konnte auch abgelehnt werden, dann wurde die Familie wieder zurückgeschickt. Auch entschied die »Einwandererzentralstelle«, wo die Umsiedler angesiedelt wurden (Altreich, Osten oder überhaupt nicht). Die Überprüfung unter rassenbiologischen Aspekten nahm das Rasse- und Siedlungshauptamt (RuSHA) vor.

Die Umsiedlung der Südtiroler erfolgte durch ein Abkommen vom 23.6. 1939, um eine »Verständigung« der Achsenmächte nicht zu stören. Aufgrund eines Abkommens vom 21.10. 1939 konnten sich die Südtiroler bis zum 31.12. 1939 entscheiden, ob sie in Italien bleiben oder »ins Reich heimkehren« wollten. Die Umsiedlung in die angrenzenden Gaue der »Ostmark« wurde bis zum 31.12. 1942 durchgeführt und am 26.9. 1942 bis zum 31.12. 1943 verlängert, weil sie sich durch den Krieg verzögert hatte. Die Umsiedlung der Jahre 1939/40 betraf Volksdeutsche in Gebieten, die aufgrund der Festsetzung der deutsch-sowjetischen Interessengrenze vom 28.9. 1939 in die Sowjetunion eingegliedert worden waren. Auf die ersten Protokolle über die Umsiedlungen von Reichs- und Volksdeutschen mit Estland (15.10. 1939) und Lettland (30.10. 1939) folgten die Abkommen mit der So-

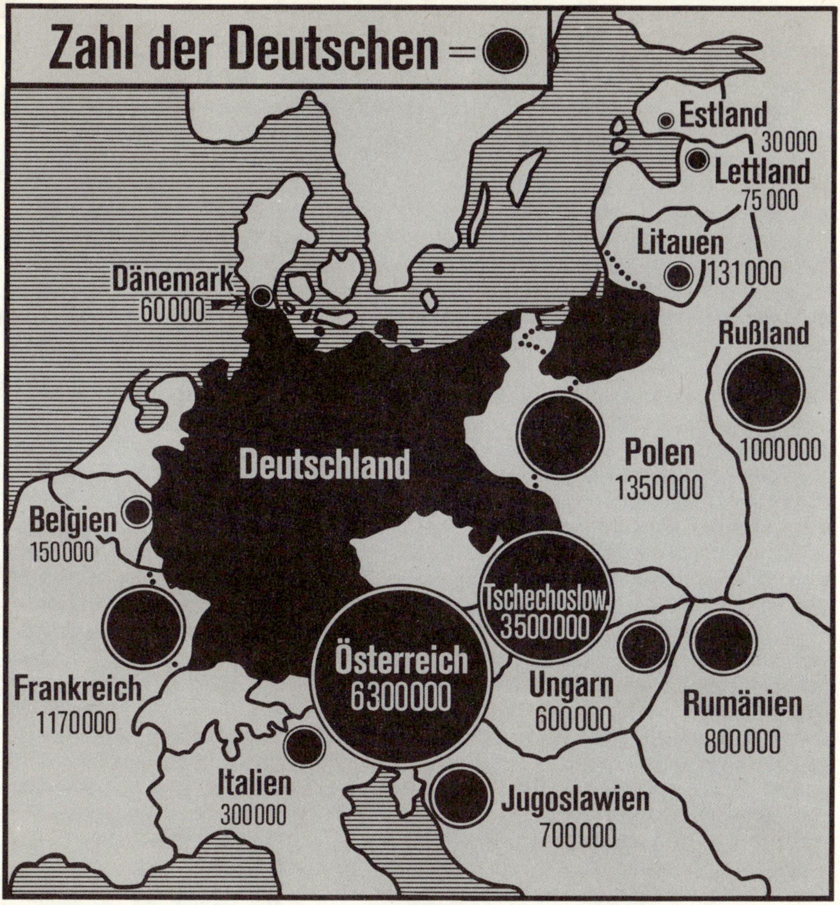

Die Verteilung der Deutschstämmigen in Europa.

wjetunion über die Umsiedlung der wolhynischen und galizischen Deutschen (6.11. 1939), der deutschstämmigen Bevölkerung Bessarabiens und der Nordbukowina (6.9. 1940), nachdem diese Gebiete von der Roten Armee besetzt worden waren (28.8.–1.7. 1940), und der restlichen Volksdeutschen, die in den am 21.7. 1940 in Sozialistische Sowjetrepubliken umgewandelten baltischen Staaten zurückgeblieben waren (10.1. 1941). Weitere Abkommen regelten die Umsiedlung von Reichs- und Volksdeutschen aus der Südbukowina und der Dobrudscha (22.10. 1940), aus der nach Festlegung der deutsch-italienischen Grenze an Italien gefallenen Provinz Laibach (7.11. 1941) sowie aus Kroatien und Bulgarien (1942).

Die Sowjetunion verweigerte eine Umsiedlung der Volksdeutschen aus ihrem Staatsgebiet. Während des Krieges gelang u.a. die Rückführung der in Ostwolhynien, im Schwarzmeergebiet und im Cholmer Land wohnenden Volksdeutschen (1942–1944). Die überwiegende Zahl der umgesiedelten Volksdeutschen wurde in den 1939 eingegliederten polnischen Westgebieten angesiedelt (»Reichsgau Wartheland«).

ISLAND
NORWEGEN
SCHWEDEN
FINNL
Drontheim
»Kriegshafen«
Nord
DÄNEMARK
IRLAND
GROSS-
BRITANNIEN
NIEDER-
LANDE
Nordwest
»Germania«
1200000
Polen
10
Mio.
Polen
General-
gouverneme
BELG.
LUX.
Protek-
torat
3,7
Mio.
Tschechen
SLOWAKEI
100000
Lothringer
FRANKREICH
L.
SCHWEIZ
UNGARN
Belgrad
»Reichsfestung«
KROATIEN
SERBIEN
MONTE-
NEGRO
ALBANIEN
GRIE
MONACO
S. MARINO
ITALIEN
ANDORRA
PORTUGAL
SPANIEN
Gibraltar
brit.
Span.-
Marokko
Malta
brit.
Marokko
Algerien
Tunesien
Libyen

Kriegsziel I: Das »Großgermanische Reich«

- »Großdeutsches Reich« (1940)
- Angegliedertes Gebiet, das eingegliedert werden sollte.
- Staat, bzw. Teil eines Staates, der im »Großgermanischen Reich« aufgehen sollte.
- Staat, dessen Eingliederung langsam vollzogen werden sollte.
- Vom »Großgermanischen Reich« total abhängiger Satellitenstaat
- Vom »Großgermanischen Reich« abhängiger Staat
- Von Deutschen zu besiedelnder »Lebensraum«
- Durchgeführte Vertreibung
- 21 Mio. Ukrainer – Geplante »Aussiedlung« nach Sibirien
- Stützpunkt des »Großgermanischen Reiches«
- Nord – SS-Oberabschnitt außerhalb des »Großdeutschen Reiches« (1943)
- Grenze des »Großgermanischen Reiches«
- Grenzen der Reichskommissariate auf dem Gebiet der UdSSR
- »Lebensraum« im Osten

Kriegsziel I:
Das »Großgermanische Reich«

Das Deutsche Reich umfaßte Ende 1939 eine Fläche von 679691 qkm mit 89963911 Einwohnern, dazu das Protektorat Böhmen und Mähren (48925 qkm mit 7380000 Einwohnern) und das Generalgouvernement, das als »Nebenland« des »Großdeutschen Reiches« galt (93871 qkm mit 12107000 Einwohnern). Nach der Eingliederung Eupen-Malmedys 1940 betrug die Fläche 832543 qkm mit 109517765 Einwohnern. Von Beginn des Krieges bis 1942, als der Machtbereich der »Achsenmächte« seine größte Ausdehnung erreichte, wurden Pläne für eine Neuordnung Europas, dessen Kern das »Großdeutsche Reich« mit seiner neuen Hauptstadt »Germania« bilden und von dem das übrige Europa abhängig sein sollte, entworfen und in Ansätzen verwirklicht. Einige nach der Besetzung der Länder getroffene Entscheidungen und Maßnahmen lassen Umrisse der geplanten Neugestaltung sichtbar werden und geben Hinweise auf die politischen Zielvorstellungen.

1940/1941 wurden Luxemburg, Elsaß, Lothringen, Kärnten, Teile von Krain und der Untersteiermark sowie der Bezirk Bialystok, die an das »großdeutsche Reich« angrenzten, einem Chef der Zivilverwaltung unterstellt, und dem Reich »angegliedert«. Diese Gebiete wären nach einem Sieg mit den benachbarten Gauen zusammengefaßt worden, wie schon aus den von der Partei gebrauchten Namen hervorging (z.B. Baden-Elsaß, Moselland u.a.), und eingegliedert worden. Am 25.9. 1940 legte der Staatssekretär im Reichsinnenministerium, Dr. Stuckart, einen Vermerk über allgemeine Richtlinien des Führers für Elsaß und Lothringen an, in dem es hieß: »Elsaß und Lothringen sollen, obwohl die staatsrechtliche Einverleibung noch nicht stattgefunden hat, so behandelt werden, als ob sie bereits stattgefunden hätte. Die militärischen Stellen sollen Elsaß und Lothringen nicht als besetztes Gebiet, sondern als Heimatgebiet behandeln . . .«

In das »Großgermanische Reich« wären ferner zur Vergrößerung des »germanischen Rassekerns« Norwegen, Dänemark, die Niederlande, Belgien, die östlichen Gebiete Frankreichs sowie die Operationszonen »Alpenvorland« und »Adriatisches Küstenland« in Norditalien eingegliedert worden. Aus Norwegen, Dänemark und den Niederlanden, die einem Reichskommissar bzw. Reichsbevollmächtigten unterstellt waren, wären, weil sie als Länder »germanischen Blutes« galten, wahrscheinlich Reichsgaue geworden. Am 20.10. 1942 zählte der Reichsarbeitsdienstführer K. Hierl in einem Brief an Hitler Norwegen, Dänemark, die Niederlande und Flandern zu »denjenigen Staaten des mittel- und nordeuropäischen germanischen Lebensraums«, die durch den Arbeitsdienst, das »wirksamste Erziehungsmittel zur germanischen Volksgemeinschaft«, für das »Großgermanische Reich« gewonnen werden könnten. Trondheim sollte der größte Kriegshafen mit Werften für die größten Schiffe werden, getrennt von Trondheim sollte »die schönste deutsche Stadt« als »nördlichstes« Kulturzentrum des »Großdeutschen Reiches« gebaut werden. Die SS, die in ihrer Lebensraumpolitik viel revolutionärer als Wehrmacht und Auswärtiges Amt war, hatte in den Niederlanden und Norwegen schon je einen SS-Oberabschnitt gebildet. Die Eingliederung Belgiens wurde vorbereitet durch die Umwandlung der Militärverwaltung, der auch die französisch-flandrischen Départements Nord und Pas de Calais unterstellt worden waren, in eine Zivilverwaltung (18.7. 1944); die Zusammenarbeit mit den Flamen, dann auch mit den Wallonen, deren mit den Deutschen kollaborierende Kreise sich als »romanisierte Dietsche« bezeichneten, ließ darauf schließen, daß anstelle eines erst geplanten »Reichsgaus Flandern« wohl zwei Reichsgaue errichtet worden wären. Der vom Staatssekretär im Innenministerium, Dr. Stuckart, festgelegten neuen deutsch-französischen Grenze, die von der Mündung der Somme ostwärts am Nordrand des Pariser Beckens und der

Champagne entlang bis zu den Argonnen und durch Burgund westlich der Franche Comté bis zum Genfer See verlaufen sollte, entsprach auch die Festlegung der sogenannten »Nordostlinie«, hinter die die vor dem deutschen Vormarsch in das Landesinnere geflohenen französischen Landeseinwohner nicht zurückkehren durften. Nach der Wiedereinsetzung Mussolinis als Chef der faschistischen Gegenregierung (15.9. 1943) wurde der »deutsche Lebensraum« durch die Abtretung der Provinzen Bozen, Trient, Belluno, Udine, Görz, Triest, Pola, Fiume und Laibach über die Alpengrenze nach Süden vorgeschoben. Deutsch wurde als Amts- und Unterrichtssprache eingeführt. Die Annexion Venetiens wurde erörtert. Mussolini hatte 1941 mit seiner Klage gegenüber Ciano recht behalten: »Selbst wenn sie (die Deutschen) morgen Triest für den deutschen Lebensraum beanspruchen wollten, müßten wir nachgeben.« Zwei »germanische« Staaten wären wohl unter Druck dem »Großgermanischen Reich« allmählich eingegliedert worden, die Schweiz und Schweden. Hierfür sprach auch die Forderung Himmlers (1944): »Es ist unverrückbar, daß zu den 90 Millionen die 30 Millionen übrigen Germanen dazukommen werden, so daß wir unsere Blutbasis auf 120 Millionen Germanen vermehren.« Völlig abhängig wären die verbündeten Staaten des »Großgermanischen Reiches« auf dem Balkan und Griechenland geworden, da sie nicht nur durch die »Reichsfestung« Belgrad überwacht, sondern als Satellitenstaaten durch die wirtschaftliche Eingliederung in den vorgesehenen Großwirtschaftsraum an die Hegemonialmacht gebunden worden wären. Rest-Frankreich, dessen Staatsgebiet sich eventuell noch durch die Errichtung eines autonomen burgundischen und bretonischen Staates verringert hätte, Portugal, Spanien, dessen Widerstand gegen die Eroberung Gibraltars (»Unternehmen Felix«) Hitler nicht vergessen hatte, Italien, die Türkei und Finnland sollten abhängige Staaten werden.

Nach »Abschöpfung« von »eindeutschungsfähigen« Tschechen im Protektorat, von Polen im Generalgouvernement und von Esten sollten nach dem von Himmler am 12.6. 1942 gebilligten »Generalplan Ost« 80 bis 85% der Polen, 65% der Ukrainer, 75% der Weißrussen und 50% der Tschechen nach Sibirien abgeschoben werden. An anderer Stelle äußerte Himmler seinen Wunsch, eine totale »Eindeutschung« des Generalgouvernements in 20 Jahren zu erreichen. Durch die Vertreibung sollte Raum für eine »Germanisierung« durch Neubesiedlung mit Deutschen geschaffen werden. Die im Protektorat noch vorhandenen Tschechen sollten durch Verteilung über das Reichsgebiet assimiliert werden. Die Verwaltung des »neuen Lebensraums im Osten« sollte durch Reichskommissare erfolgen, die an der Spitze der vier Reichskommissariate standen. Die zwei an das »Großgermanische Reich« grenzenden Reichskommissariate »Ostland« und »Ukraine« wären nach einer gewissen Zeit wohl auch in das Reich eingegliedert worden. Die Umwandlung des Reichskommissariats »Ostland« zu einem Gebiet des Reiches sollte durch »Eindeutschung rassisch möglicher Elemente«, »Kolonisierung germanischer Völker« und »Aussiedlung nicht erwünschter Elemente« erfolgen. Nach einer Besiedlung großer Teile des Reichskommissariats Ukraine, vor allem auch der Krim, dem künftigen »Gotenland« mit den Städten »Gotenburg« und »Theoderichhafen«, durch Südtiroler wäre die Ukraine auch in das Reich eingegliedert worden. Damit wäre das am 25.11. 1939 vom rassenpolitischen Amt der NSDAP aufgestellte »Ziel der Ostpolitik« verwirklicht worden: »Erstens die vollständige und endgültige Eindeutschung der hierzu geeigneten Schichten, zweitens die Abschiebung aller nicht eindeutschbaren fremdvölkischen Kreise und drittens die Neubesiedlung durch Deutsche«. Die SS, der die politische Gestaltung dieses Raumes anvertraut war, hatte schon in beiden Reichskommissariaten SS-Oberabschnitte – wie in Norwegen und in den Niederlanden – gebildet.

Kriegsziel II: Die »Weltherrschaft« (1942)

- »Großdeutsches Reich«, Italien und Japan
- Verbündete des »Großdeutschen Reiches«, Italiens und Japans
- Kolonie bzw. abhängiges Gebiet Italiens und Japans
- Durch die »Achsenmächte« und Japan eroberte und besetzte Gebiete (1942)
- Weitester militärischer Machtbereich der »Achsenmächte« und Japans (1942)
- Mit den »Achsenmächten« und Japan im Krieg befindlicher Staat
- Kolonie bzw. abhängiges Gebiet eines mit den »Achsenmächten«

und Japan im Krieg befindlichen Staates

Neutraler Staat sowie Kolonie bzw. abhängiges Gebiet eines neutralen Staates

70. Grad östlicher Länge

Geplante Expansion des »Großdeutschen Reiches« und Japans

Der geplante »Koloniale Ergänzungsraum« des »Großdeutschen Reiches«

Geplante Seehäfen des »Großdeutschen Reiches«

Vorgesehener Stützpunkt für einen Angriff auf die USA

Erfolgreiche Operation der Anti-Hitler-Koalition zur Eindämmung der »großdeutschen« und japanischen Expansion (Kriegswende)

Von der »Anti-Hitler-Koalition« besetzte Gebiete

Kriegsziel II: Die »Weltherrschaft«

Am 31.7. 1940 entschloß sich Hitler, im Frühjahr 1941 einen etwa fünf Monate dauernden »Blitzkrieg« zur Vernichtung des sowjetischen Heeres und Erreichung der Linie Archangelsk – Ural – Kaspisches Meer zu führen. Im Besitz des russischen Raumes glaubte Hitler die Ausgangsposition zur Erlangung der Weltherrschaft gewonnen zu haben.

Am 18.12. 1940 erließ er die Weisung Nr. 21 (»Fall Barbarossa«) zur Niederwerfung der Sowjetunion. Japan, dem nach dem »Sieg« sowjetische fernöstliche Territorien überlassen werden sollten, sollte sich daran nicht beteiligen, sondern Großbritannien in Schach halten und die USA vom Krieg in Europa fernhalten. Im Drei-Mächte-Pakt (27.9. 1940) war die Schaffung einer neuen Ordnung in Europa unter Führung Deutschlands und Italiens durch Japan anerkannt worden. Umgekehrt wurde Japan die Hegemonie im großostasiatischen Raum durch die Achsenmächte zugestanden.

Nachdem Hitler am 17.2. 1941 die Absicht geäußert hatte, nach Beendigung des Feldzuges gegen die Sowjetunion einen Aufmarsch in Afghanistan gegen Indien vorzubereiten, enthielt die Weisung Nr. 32 vom 11.6. 1941 die Vorbereitung für die Zeit nach der »Zerschlagung der sowjetrussischen Wehrmacht«, mit der man für Herbst 1941 rechnete. Neben der Sicherung des eroberten Ostraumes durch etwa 60 Divisionen, der Verlagerung des Schwerpunkts der Rüstung auf Marine und Luftwaffe und der »Belagerung Englands« sollte die britische Position im Mittelmeer durch die Eroberung Gibraltars, zwei Vorstöße – von Nordafrika und von Bulgarien durch die Türkei – zum Suezkanal und einen Vorstoß von Transkaukasien gegen den Irak erschüttert, wenn nicht gar zum Einsturz gebracht werden. Fast 50 Divisionen waren für diese »welterobernden Aufgaben« vorgesehen. Schon im Juni 1940 war mit den Planungen für die Aufstellung von Kolonialtruppen (33 Divisionen) begonnen und im Juli 1940 waren die Arbeiten für den Bau einer Flotte von rund 800 Schiffen (»Z-Plan«) wiederaufgenommen worden. Die Weisung Nr. 32b vom 14.7. 1941 sah eine zusätzliche Ausstattung für Expeditionstruppen, darunter vier weitere Tropen-Panzer-Divisionen, vor.

Gestützt auf das große Wirtschafts- und Menschenpotential Europas, Kleinasiens und des »kolonialen Ergänzungsraumes« in Mittelafrika waren Hitler, Offiziere der Wehrmacht – vor allem der Marine –, Diplomaten und Wirtschaftsführer der Überzeugung, von den vorgesehenen Stützpunkten und den ausgebauten Häfen von Norwegen bis Westafrika entweder nach einem Sieg über Großbritannien oder mit Großbritannien als Verbündetem und »Juniorpartner« den Kampf um die Weltherrschaft gegen die USA aufnehmen zu können. Die hybriden politischen Endziele Hitlers scheiterten im Dezember 1941. Am 11.12. 1941 schlossen Deutschland und Italien mit Japan das Abkommen über die gemeinsame Kriegführung, das am 18.1. 1942 durch eine Militärkonvention, in der der 70. Längengrad als Grenze des beiderseitigen Operationsgebiets festgelegt wurde, ergänzt wurde. Doch kam es nie zu koordinierten Operationen zwischen den drei Mächten, sondern zu »Parallelkriegen«. Als 1942 die Achsenmächte und Japan im Zenit ihrer Macht standen, hoffte Hitler noch einmal, eine europäisch-atlantisch-afrikanische Weltmachtstellung zu erreichen. Der Gewinn des Hafens Diego Suarez (5.5. 1942) als Stützpunkt für die »British Eastern Fleet« auf Madagaskar, die Schlachten im Korallenmeer (4.–8.5. 1942) und bei den Midway-Inseln (3.–7.6. 1942) sowie die Landung der Amerikaner auf Guadalcanal (7.8. 1942) leiteten die Kriegswende im Pazifik ein. Durch die britische Offensive bei El Alamein (23.10. 1942), die Landung amerikanisch-britischer Streitkräfte in Nordafrika (7./8.11. 1942) und die sowjetische Gegenoffensive bei Stalingrad (19.11. 1942) ging die Initiative an die »Anti-Hitler-Koalition« über.

Unabhängigkeits- und Befreiungsbewegungen in Afrika und Asien (1940–1945)

Das asiatische Selbstbewußtsein wuchs durch die Verkündigung des Rechts aller Völker auf eigene Regierungsform, Souveränität und Selbstregierung in der »Atlantik-Charta« (14.8. 1941), die Niederlage der Kolonialmächte Niederlande und Frankreich, die Eroberung des Kolonialreiches der Kolonialmacht Italien und die Expansion Japans.
Im japanischen Machtbereich wurde unter dem Schlagwort »Asien den Asiaten« die Schaffung der »Großostasiatischen Wohlstandssphäre« unter Führung Japans verkündet. Nachdem schon am 30.3. 1940 die »Nationalregierung« in Nanking unter Wang Ching-wei eingesetzt worden war, wurden am 1.8. 1941 Burma und am 14.10. 1943 die Philippinen unabhängig. Erst am 11.3. 1945 erhielten Indochina (außer Laos und Kambodscha) und nach dem »Siegestag« der Alliierten am 17.8. 1945 Indonesien die Unabhängigkeit. Sukarno und M. Hatta hatten den Versuch unternommen, mit Hilfe der Besatzungsmacht die Unabhängigkeit zu erreichen. Die falsche Kulturpolitik (Überlegenheit der japanischen Kultur), die wirtschaftliche Einmischung und Ausbeutung, der Terror (Konzentrationslager) ließen in den besetzten Ländern bald Widerstandsbewegungen entstehen, die sich gegen die japanische Besatzungsmacht und auch gegen die europäische Kolonialmacht wandten. Während die freien »Thai« in Thailand, das unabhängig blieb und sein Staatsgebiet auf Kosten des französischen und britischen Kolonialbereiches vergrößern konnte, gegen Japan kämpften, verbanden die Viet Minh unter Ho Chi Minh in Indochina, die Malaiische Volksarmee in Malaya und die Hukbalahap (antijapanische Volksarmee) auf den Philippinen den Kampf gegen die Besatzungsmacht mit einem Vorgehen gegen die Kolonialmacht und einer Agrarreform.
In Kambodscha und Laos kämpfte man für die Unabhängigkeit von der Kolonialmacht.
Nachdem am 8.8. 1942 der »All-India-Congress« den Vorschlag von Sir Stafford Cripps über die Schaffung einer indischen Union als Dominion nach dem Kriege mit dem »quit-India« (»Verlaßt Indien«)-Beschluß beantwortet hatte, gründete Subhas Chandra Bose die indische Unabhängigkeitsliga und eine »Freie indische Regierung« in Singapur (1943).
Aufgrund der Proklamation, in der General Catroux im Auftrage de Gaulles das Ende der Mandatsherrschaft verkündet und die Unabhängigkeit versprochen hatte (8.6. 1941), erklärten Syrien am 27.9. 1941 und Libanon am 7.10. 1943 ihre Unabhängigkeit. Auf Anregung Großbritanniens, das nicht gewillt war, seinen Einfluß im Vorderen Orient aufzugeben, fand in Alexandria eine vorbereitende Konferenz (25.9.–5.10. 1944) statt, auf der die Schaffung einer arabischen Liga vereinbart wurde, aus der ein arabischer Staat hervorgehen sollte. Am 22.3. 1945 wurde in Kairo von den Vertretern Ägyptens, Syriens, Jordaniens, Saudi-Arabiens, des Irak, des Libanon und des Jemen der Vertrag über die Schaffung der Liga der Arabischen Staaten unterzeichnet.
In Nordafrika versuchten die Nationalparteien die französische Schwäche für ihre Ziele auszunutzen. In Marokko wurde im Dezember 1943 die Unabhängigkeitspartei (ISTIQLAL) gegründet, die am 11.1. 1944 ihr Manifest verkündete. In Algerien veröffentlichte Ferhat Abbas am 10.2. 1943 mit 28 anderen Repräsentanten der islamischen Bevölkerung das »Manifest des Algerischen Volkes«, in dem die koloniale Ausbeutung verurteilt und Autonomie verlangt wurde. In Tunesien mußte Habib Burgiba (1943 aus Italien zurückgekehrt) nach dem Manifest der Tunesischen Front (22.5. 1945), in dem Autonomie und Reformen gefordert wurden, wieder ins Ausland fliehen. 1945 waren die nordafrikanischen Nationalistenführer vorerst politisch ausgeschaltet.

Unabhängigkeits- und Befreiungsbewegungen in Afrika und Asien (1940-45)

- Staat im Kriegszustand mit den »Achsenmächten« und Japan
- Kolonie oder abhängiges Gebiet eines sich im Kriegszustand mit den »Achsenmächten« und Japan befindlichen Staates
- »Großdeutschland«, Italien, Japan
- Kolonie oder abhängiges Gebiet Italiens und Japans
- Verbündete der »Achsenmächte« und Japans
- Weitester Machtbereich der »Achsenmächte« und Japans (1942)
- Neutraler Staat
- Kolonie oder abhängiges Ge-

biet eines neutralen Staates

Unabhängigkeitserklärung mit Billigung Japans

»Freies Indien« Von Japan eingesetzte Regierung

Unabhängigkeitserklärung als Folge der japanischen Besetzung

Einheimischer Verband im Kampf gegen die japanische Besatzungsmacht

Unabhängigkeitserklärung

Kampf gegen die Kolonialmacht

Forderung nach Autonomie

Gründung einer Kommunistischen Partei

Mitglied der arabischen Liga

Zu Alliierten übergetretene Achsenmächte

Von den Westmächten besetzte Gebiete

ISLAND
NORWEGEN
SCHWEDEN
1.300
0,7
8.000
IRLAND
4.000
GROSS-
BRITANNIEN
330.000
DÄNEMARK
5.600
104
NIEDERLD.
160.800
1.6.42
25
28
BELG
43.000
7.6.42
LUX.
3
165.000
1.6.42
19.9.41
FRANKREICH
60
65
700.000
18.000
SCHWEIZ
DEUTSCHES
REICH
160
180
131.800
19.9.41
Theresienstadt
74.200
19.9.41
58
60
43.700
Treblinka II
420.000
14.11.39
Kulmhof
Litzmannstadt
Auschwitz II
(Birkenau)
2350
2600
2.284.000
23.11.39
233
243
SLOWAKEI
22.9.41
UNGARN
742.800
180
200
8,5
9,5
58.000
MONACO
S.M
ITALIEN
KROATIEN
40.000
30.4.41
55
58
SERBIEN
10.000
30.5.41
MONTE-
NEGRO
200
ALBANIEN
57
60
3.000
PORTUGAL
6.000
SPANIEN
ANDORRA
Tanger
Gibraltar
brit.
Span.-
Marokko
Algerien
Marokko
Tunesien
Malta
brit.
Libyen

Die Vernichtung der Juden (Holocaust)

»Großdeutsches Reich« und angegliederte Gebiete

Generalgouvernement

Verbündete des »Großdeutschen Reiches«

Besetzte und eroberte Gebiete

Weitester militärischer Machtbereich des »Großdeutschen Reiches« und seiner Verbündeten

»Anti-Hitler-Koalition«

Von den Westmächten besetzte Gebiete

10.000 **Zahl der für die »Endlösung« vorgesehenen Juden**

Auf der Wannsee-Konferenz in Berlin am 20. 1. 1942 wurde festgestellt, daß ungefähr 11 Mio Juden für die »Endlösung der Judenfrage in Europa« in Betracht kämen.

Vernichtungslager

Diese Lager wurden im Generalgouvernement, im Gau Wartheland, bei Riga und Minsk errichtet, um die aus bestimmten Gebieten deportierten Juden zu vernichten.

55/58 **Zahlen über die Vernichtung (in Tausend)**

Die Zahlenangaben schwanken zwischen einer Mindestzahl von 55 000 und einer Höchstzahl von 58 000 Juden.

5.4.44 **Einführung des Judenkennzeichens**

Die Kennzeichnung für Juden wurde zuerst in Wloclawek eingeführt (25. 10. 1939), dann in weiteren Gebieten und Ländern.

»Sonderghetto«

Widerstand gegen die Verfolgung von Juden

Widerstand fand in Dänemark, Finnland, Italien und Bulgarien statt.

Die Vernichtung der Juden

Als Hitler am 30.1. 1939 im Reichstag »prophezeite«: »Wenn es dem internationalen Finanzjudentum in und außerhalb Europas gelingen sollte, die Völker noch einmal in einen Weltkrieg zu stürzen, dann wird das Ergebnis nicht die Bolschewisierung der Erde und damit der Sieg des Judentums sein, sondern die Vernichtung der jüdischen Rasse in Europa«, waren die deutschen Juden bereits rechtlich schrittweise diskriminiert, wirtschaftlich enteignet und persönlichen Beschränkungen unterworfen worden. Rund 72% der erwerbstätigen Juden durften keinen Beruf ausüben und lebten von den Resten des eigenen Vermögens oder von den Unterstützungen der jüdischen Wohlfahrtsorganisationen. Durch die von der SS durchgeführte Politik der forcierten Auswanderung (1939–1940) konnten noch rund 160000 Juden bis zum Auswanderungsverbot (1.10. 1941) emigrieren, doch wurde die Auswanderung durch die antisemitische Einstellung oder Gleichgültigkeit vieler Länder sowie die Verarmung der Auswanderungswilligen sehr erschwert. Schon vor dem Krieg gab es Überlegungen, eine territoriale »Endlösung der Judenfrage« durch Anlage von »jüdischen Reservaten« durchzuführen. Guyana und Madagaskar waren im Gespräch. 1937 hatte schon eine polnische Kommission im Auftrag ihrer Regierung Madagaskar besucht, um die Möglichkeit für eine Ansiedlung der Juden zu prüfen. Nach der Niederlage Frankreichs lag es im Bereich der Möglichkeit, die Insel als »Reservat« für deportierte Juden unter SS-Bewachung zu erhalten. So wurden bereits im Herbst 1940 Juden aus Elsaß-Lothringen, der Pfalz, dem Saarland und Baden als Vorhut für Madagaskar in das unbesetzte Frankreich deportiert. Nach dem Überfall auf die Sowjetunion wurde sogar von einer »Sibirien-Lösung« gesprochen. Am 10.2. 1942 wurde der Entschluß des »Führers« mitgeteilt, »daß die Juden nicht nach Madagaskar, sondern nach dem Osten abgeschoben werden sollen«.

Für die Juden in den an Deutschland gefallenen polnischen Gebieten wurde am 26.10. 1939 der Arbeitszwang eingeführt, die Kennzeichnungspflicht (Armbinde mit Zionstern) – zuerst am 12.11. 1939 im Reichsgau Wartheland – angeordnet und das Wohnen in Ghettos bzw. »Judenwohnbezirken« befohlen. Für die Durchführung der von den deutschen Dienststellen erteilten Anordnungen waren Juden- bzw. Ältestenräte, die eingesetzt werden mußten (28.11. 1939), verantwortlich.

Nach dem Überfall auf die Sowjetunion (22.6. 1941) begann die physische Liquidierung des europäischen Judentums im Machtbereich der »Achsenmächte«. Die vier Einsatzgruppen (S.249) und ihre stationären Nachfolger ermordeten in Massenerschießungen über 590000 Menschen, darunter rund 544000 Juden (90%). In die Vernichtungsaktion wurden auch die sogenannten »Reichsjuden«, die in 25 Transporten (25103 Menschen) aus 21 Bereichen der Geheimen Staatspolizei (17.11. 1941–6.2. 1942) nach Riga evakuiert und dort in Lagern oder Ghettos untergebracht wurden, einbezogen. Im Juni 1941 gab Himmler unter Berufung auf Hitler den Befehl, im Lager Auschwitz-Birkenau Massenvergasungsanlagen zu bauen, in denen ab April 1942 Millionen von Juden durch das Gift Zyklon B umgebracht wurden. Am 31.7. 1941 wurde Heydrich durch Göring beauftragt, »alle erforderlichen Vorbereitungen in organisatorischer, sachlicher und materieller Hinsicht zu treffen für eine Gesamtlösung der Judenfrage im deutschen Einflußgebiet in Europa« und »in Bälde einen Gesamtentwurf ... zur Durchführung der angestrebten Endlösung der Judenfrage vorzulegen«. Nach dem Scheitern des Blitzkrieges und damit des gesamten Krieges gab Hitler wahrscheinlich die nirgendwo schriftlich niedergelegte Weisung zur »Endlösung« (Nov./Dez. 1941), die seit Sommer 1941 vorbereitet worden war. An die Stelle der Massenerschießungen trat ab 1941 der Tod durch Dieselauspuffgase im Omnibus oder in der Gaskammer. Das im »Euthanasie«-Programm »geschulte« Personal konnte in den ersten Vernichtungslagern Chelmno (Dezember 1941), Belzec und Sobibor (März 1942) und Treblinka (Juni 1942) im Zuge der »Aktion Reinhard« den Mord im großen Stil betreiben. Auf der »Wannsee«-Konferenz am 20.1.1942 gab Heydrich den Staatssekretären der wichtigsten deutschen Ministerien, Vertretern der Partei- und Reichskanzlei und SS-Führern die »Evakuierung« der europäischen Juden in den Osten bekannt. Im »Zuge der Endlösung« würde der größte Teil der Juden bei der Schwere der Arbeit »durch natürliche Verminderung« ausfallen, während der »widerstandsfähigste Teil entsprechend behandelt werden müsse«. Für die Endlösung kamen in Europa allein 11 Millionen Glaubensjuden in Betracht. Ausgenommen von der »Evakuierung« waren die noch arbeitsfähigen Juden in den Rüstungsbetrieben, so lange noch kein Ersatz zur Verfügung stand, Juden im Alter von über 65 Jahren, schwerkriegsbeschädigte Juden, Juden mit Kriegsauszeichnungen sowie Juden mit Beziehungen zum Ausland und mit international bekannten Namen, die in das Ghetto Theresienstadt überstellt werden sollten. Ab 1942 begann der Abtransport der Juden aus den west- und mitteleuropäischen Ländern (»Umsiedlung nach Osten«) von den Polizeihaftlagern aus, in denen die Juden in den einzelnen Ländern gesammelt wurden, um in die Vernichtungslager Osteuropas deportiert zu werden. Da alle Ghettos im Osten vor ihrer Liquidierung in schlagartig durchgeführten Aktionen geschlossen worden waren, d.h. ihre Bewohner durften sie nicht mehr verlassen, war es leicht, die Insassen in die Vernichtungslager zu deportieren. Nach dem Abtransport von 310000 Menschen in das Vernichtungslager Treblinka (ab 21./22.7. 1942) brach im Warschauer Ghetto ein Aufstand aus (19.4.–19.5. 1943), der mit der völligen Zerstörung des Ghettos endete. Ingesamt fielen der »Endlösung« zwischen vier und fünf Millionen Juden zum Opfer.

In Finnland, Dänemark, Italien und Bulgarien wurden die Juden durch den Mut der Regierungen, die sich nicht dem deutschen Druck beugten, gerettet. Finnland, nur Waffengefährte, kein Verbündeter, verweigerte die Auslieferung. In Dänemark, wo König und Regierung hinter den Juden standen, konnten diese vor ihrer Festnahme in das neutrale Schweden fliehen. In Italien, das antijüdische Gesetze erlassen hatte, verweigerten Regierung und König die Auslieferung. Am Widerstand eines großen Teils der Bevölkerung, der Regierung und des Zaren scheiterte der Abtransport der Juden in Bulgarien. In vielen westeuropäischen Ländern konnten Juden durch die Sympathie der Bevölkerung gerettet werden. Das Vorgehen gegen das Judenviertel in Amsterdam beantworteten die Holländer mit einem Generalstreik. Die christlichen Kirchen in Deutschland, durch deren Einspruch das »Euthanasie«-Programm eingestellt wurde, schwiegen gegenüber den Morden an den jüdischen Mitbürgern – abgesehen von einem Appell des württembergischen Landesbischofs Theophil Wurm am 16.7. 1943, der von der Reichskanzlei einen Verweis erhielt. Es kam wohl zu Rettungsaktionen einzelner Geistlicher. Obwohl die Alliierten seit Herbst 1942 sichere Informationen über die Vernichtungslager in Polen besaßen, wurden mit Rücksicht auf den latent vorhandenen Antisemitismus in den westlichen Demokratien die Verbrechen an den Juden für eine antideutsche Kriegspropaganda nicht benutzt. Außer der Warnung, daß »die für diese Verbrechen Verantwortlichen der Vergeltung nicht entgehen werden« (17.12. 1942), unternahmen die Alliierten nichts. Hitler behielt mit einer weiteren »Prophezeiung« recht: »Für die Juden rührt sich keine Hand.«

ISLAND
NORWEGEN
SCHWEDEN
FINNLA
DÄNEMARK
IRLAND
GROSS-
BRITANNIEN
500
500
Westerbork
Ommen
NIEDERLD.
Mechelen
600
BELG.
500
Barenton
Compiègne
LUX.
200
200
Rennes
Montsûrs
Mulsanne
Pithiviers
Montreuil-Bellay
Jargeau
Saint Fargeau
Poitiers
Arc et Senans
Angoulème
FRANKREICH
40.000
15.000
St. Jean Pied de Port
ANDORRA
PORTUGAL
SPANIEN
Gibraltar brit.
Span.-Marokko
Oran
Mostaganem
Maison Carrée
Marokko
Algerien
Tunesien
Libyen
Malta brit.
Ravensbrück
Rechlin
Sachsenhausen
Berlin
Magdeburg
Niederhagen
20.000
15.000
Buchenwald
Groß-Rosen
Theresienstadt
Prag
13.000
6.500
Flossenburg
6.540
ca.6.000
Natzweiler
Dachau
Mauthausen
Lackenbach
L.
SCHWEIZ
11.200
6.500
Stutthof
50.000
35.0
Treblin
Kulmhof
Lodz
Kielce
Lublin
Belzec
Krakau
Rabka
100.000
1.000
Dubnica
Komarno
Mezökövesd
UNGAR
100.000
28.000
Jasenovac
Zemun
Banjica
SERBIEN
RU
KROATIEN
28.500
28.000
25.000
1.000
MONACO
S. MARINO
von
ITALIEN
Sarajewo
MONTE-NEGRO
60.000
12.000
ALBANIEN
Korsika
Sardinien
Deportation Zigeunern
GRIE
1.000
1.000
5.000
2.500
Vila
1.000
1.000

Das Schicksal der Zigeuner (1939-1945)

»Großdeutsches Reich« und angegliederte Gebiete

Generalgouvernement

Verbündete des »Großdeutschen Reiches«

Besetzte und eroberte Gebiete

Weitester militärischer Machtbereich des »Großdeutschen Reiches« und seiner Verbündeten

»Anti-Hitler-Koalition«

Von den Westmächten besetzte Gebiete

40.000 **Zahl der Zigeuner (1939)**

†28.000 **Zahl der während der NS-Herrschaft getöteten Zigeuner**

Ghetto mit Zigeunerviertel
Verschiedene Ghettos in Polen besaßen besondere, vom übrigen Ghetto abgetrennte Zigeunerviertel.

Vernichtungslager, auch für Zigeuner
Neben den wahllosen Erschießungen durch Einsatzgruppen wurden Zigeuner auch in die berüchtigten Vernichtungslager transportiert und dort umgebracht.

Konzentrationslager mit Zigeunern als Häftlingen (»Asoziale«)

Konzentrationslager, in denen »medizinische Versuche« an Zigeunern durchgeführt wurden

Polizeihaftlager, auch für Zigeuner

Lager für Zigeuner
Unter diese allgemeine Bezeichnung fallen Arbeitslager, Sammellager, Kinder-, Frauen-, Männer- und Familienlager für Zigeuner.

Das Schicksal der Zigeuner

1937 begann der Leidensweg der Zigeuner, die erst als »Asoziale« abgestempelt, ab 1938/1939 – trotz der Bewunderung Alfred Rosenbergs für die Rassereinheit der Zigeuner – als nicht »Artgleiche« rassisch verfolgt und »ausgemerzt« wurden. Am 14. 12. 1937 erschien der »Grundlegende Erlaß über die vorbeugende Verbrechensbekämpfung durch die Polizei«, nach dem in polizeiliche Vorbeugehaft genommen werden konnte, »wer durch sein asoziales Verhalten die Allgemeinheit gefährdet«. In den Richtlinien vom 4. 4. 1938 wurde der betroffene Personenkreis näher definiert: »Als asozial gilt, wer durch gemeinschaftswidriges, wenn auch nicht verbrecherisches Verhalten zeigt, daß er sich nicht in die Gemeinschaft einfügen will.« Zu den »Asozialen« zählten auch die Zigeuner, denn in der von Heydrich am 1.6. 1938 angeordneten Aktion gegen »Asoziale« im gesamten Reichsgebiet (13.6. bis 18.6. 1938) wurden »Zigeuner und nach Zigeunerart umherziehende Personen, wenn sie keinen Willen zur geregelten Arbeit gezeigt haben oder straffällig geworden sind«, festgenommen. Die Verhaftungen dienten zur Ausschaltung von Personen, die »der Gemeinschaft zur Last fallen und sie dadurch schädigen«, sowie zur »Gewinnung von Zwangsarbeitskräften«, denn die »straffe Durchführung des Vierjahresplans erfordert den Einsatz aller arbeitsfähigen Kräfte«. Mit Wirkung vom 16. 5. 1938 wurde die Zigeunerpolizeistelle beim Polizeipräsidenten in München, die seit 1929 eine zentrale Überwachung der Zigeuner für das ganze Reich übernommen hatte, als »Reichszentrale zur Bekämpfung des Zigeunerunwesens« dem Reichskriminalpolizeiamt in Berlin, wo sich auch seit 1936 eine »erbwissenschaftliche Forschungsstelle« befand, angegliedert. Rassebiologische Gesichtspunkte traten eindeutig in den Vordergrund durch den Runderlaß vom 8. 12. 1938 »zur Bekämpfung der Zigeunerplage«, in dessen Einleitung darauf hingewiesen wurde, daß die »Zigeunerfrage« nur »aus dem Wesen der Rasse heraus« zu lösen sei. In der Ausführungsanweisung (1.3. 1939) wurde ausdrücklich als »Ziel der staatlichen Maßnahmen zur Wahrung der Einheit der deutschen Volksgemeinschaft die rassische Absonderung des Zigeunertums vom deutschen Volkstum, sodann die Verhinderung der Rassenmischung und schließlich die Regelung der Lebensverhältnisse der reinrassigen Zigeuner und Zigeunermischlinge« genannt. Am 13. 12. 1938 wies Himmler die Polizeibehörden an, alle seßhaften und nichtseßhaften Zigeuner zu erfassen und der »Reichszentrale zur Bekämpfung des Zigeunerunwesens« zu melden. Zigeuner und Zigeunermischlinge wurden verpflichtet, sich rassebiologischen Untersuchungen zu unterziehen und die notwendigen Angaben über ihre Abstammung beizubringen. Am 17. 10. 1939 begann mit dem »Festsetzungserlaß« die geplante Lösung der Zigeunerfrage. Das Reichskriminalpolizeiamt machte in einem Schnellbrief darauf aufmerksam: »Auf Anordnung des Reichsführers-SS und Chefs der deutschen Polizei wird binnen kurzem im gesamten Reichsgebiet die Zigeunerfrage im Reichsmaßstab grundsätzlich geregelt.« Eine »totale Erfassung« und Zählung aller Zigeuner (25.–27. 10. 1939), ihre Überprüfung durch das Reichskriminalpolizeiamt und das Reichsgesundheitsamt sowie die Errichtung von Sammellagern, in denen die später festzunehmenden Zigeuner bis zu ihrem Abtransport untergebracht werden sollten, fanden statt. Nach Kriegsausbruch wurden die Zigeuner sehr oft in Sammel- und Arbeitslager eingewiesen und zur Arbeit eingesetzt. Am 27.4. 1940 wurde die erste Deportation von Zigeunern aus den westlichen und nordwestlichen Grenzgebieten Deutschlands in das Generalgouvernement durchgeführt (ca. 25000 Personen). Obwohl Heydrich am 21.9. 1939 die Deportation der restlichen 30000 Zigeuner nach Polen angeordnet hatte, wurde die im Winter 1939/1940 vorbereitete Zigeuneraktion unterbrochen. Ab Herbst 1941 wurden die Deportationen wieder aufgenommen.

In fünf Transporten wurden 5007 Zigeuner aus der »Ostmark« (5.–9.11. 1941) in ein hermetisch vom übrigen Ghetto Lodz abgesondertes Zigeunerviertel eingewiesen, wo sie durch Typhus umkamen bzw. im Vernichtungslager Chelmno (Kulmhof) umgebracht wurden. Ein Runderlaß vom 7.8. 1941 informierte die Kriminalpolizeileitstellen, daß ihnen die rassebiologischen »Sachverständigen-Gutachten« zugesandt würden. Bis zum 13.3. 1942 wurden von 35000 bis 40000 Zigeunern fast 13000 »begutachtet«; die restlichen Untersuchungen sollten noch ein Jahr in Anspruch nehmen. Maßgebend für die Bestimmungen in den die Zigeuner betreffenden Erlassen zwischen 1940 und 1942 waren weniger die vorbeugende Verbrechensbekämpfung als in zunehmendem Maße Gründe der Rassenverfolgung. Die Zigeuner wurden in zwei Gruppen eingeteilt. Den reinrassigen Sinti- und Lallerizigeunern sollte eine gewisse Bewegungsfreiheit gestattet werden, »so daß sie in einem bestimmten Gebiet wandern, nach ihren Sitten und Gebräuchen leben und einer arteigenen Beschäftigung nachgehen können« (13.10. 1942). In diese Sippen sollten die »Zigeunermischlinge, die in zigeunerischem Sinne gute Mischlinge sind«, aufgenommen werden (11.1. 1943). Alle übrigen Zigeunermischlinge, die Sippen der Rom-Zigeuner und balkanischen Zigeuner wurden auf Grund des »Auschwitz-Erlasses« (16.12. 1942) in Konzentrationslager eingewiesen. Am 18.9. 1942 wurde zwischen dem Chef der deutschen Polizei, Heinrich Himmler, und dem Reichsjustizminister Thierack folgendes vereinbart:

»Asoziale Elemente« werden aus dem Strafvollzug der ordentlichen Justiz an die Gestapo zur »Vernichtung durch Arbeit« überstellt. »Es werden restlos ausgeliefert die Sicherungsverwahrten, Juden, Zigeuner, Russen und Ukrainer, Polen über 3 Jahre Strafe, Tschechen und Deutsche über 8 Jahre Strafe nach Entscheidung des Reichsjustizministers.«

Strafsachen gegen Juden, Polen, Zigeuner, Russen und Ukrainer sollen nicht mehr von den ordentlichen Gerichten abgeurteilt, sondern »durch den Reichsführer-SS erledigt werden«. Es steht bis heute noch nicht fest, inwieweit auch Sinti- bzw. Lallerisippen von diesem Abkommen betroffen wurden. Am 13.10. 1942 schrieb Thierack an Bormann: »... beabsichtige ich, die Strafverfolgung gegen Polen, Russen, Juden und Zigeuner dem Reichsführer-SS zu überlassen. Ich gehe hierbei davon aus, daß die Justiz nur in kleinem Umfang dazu beitragen kann, Angehörige dieses Volkstums auszurotten.« Zwar erschien der vereinbarte Führererlaß nicht, doch teilte das Reichssicherheitshauptamt am 5.11. 1942 mit: »Diese fremdvölkischen Personen sollen zukünftig der Polizei abgegeben werden. Entsprechend sollen Juden und Zigeuner behandelt werden.«

Im Okkupationsraum im Osten wurde neben den Juden auch den Zigeunern von den Einsatzgruppen eine »Sonderbehandlung« zuteil (Zigeuner = Partisan).

Aus 11 besetzten Ländern kamen 20934 Zigeuner – darunter 13080 deutsche und österreichische – nach Auschwitz-Birkenau, von denen 10718 an den Lagerbedingungen starben, 3833 in andere Lager deportiert, 17 erschossen und 6432 Anfang August 1944 vergast wurden. In den besetzten Ländern – vor allem in Frankreich und Jugoslawien – wurden Lager für Zigeuner errichtet, die nach dem Osten abtransportiert wurden. Während diese Lager, die als Arbeitslager, Sammellager, Kinder-, Frauen-, Männer- und Familienlager errichtet wurden, zur regionalen Erfassung der Zigeuner dienten, erfolgte der eigentliche Transport nach Osten in die Vernichtungslager und Zigeunerviertel der Ghettos von den Polizeihaftlagern aus, die den jeweiligen Befehlshabern der Sicherheitspolizei und des Sicherheitsdienstes unterstanden. In einigen Konzentrationslagern wurden an Zigeunern »medizinische Untersuchungen« und »Versuche« vorgenommen.

ISLAND
NORWEGEN
SCHWEDEN
FINNL
19.9.44
3.3.45
IRLAND
GROSS-BRITANNIEN
OB. Eisenhower
London
6.6.44
»Overlord«
6.6.44
DÄNEMARK
Flensburg
2.5.–23.5.45 Reichsregierung Dönitz
9.5.45 Kapitulation Berlin-Karlshorst
Kurland
3. Weißrus
2. We
NIEDERLD.
Berlin
Warschau
1. Weißru
DEUTSCHES REICH
Torgau
Montgomery
BELG.
Bradley
Paris
Reims
LUX.
Protektorat
General-gouverneme
1. Ukrain
4. Ukrai
SLOWAKEI
USA
7.5.45 Kapitulation
FRANKREICH
31.12.4
2. Ukrain. Front
UNGARN
20.1.45
3. Ukrain. Front
Devers
SCHWEIZ
Vichy
Salo
»Faschist. Republik«
RU
KROATIEN
ITALIEN
Partisanen-Armee Tito
SERBIEN
PORTUGAL
SPANIEN
»Dragoon«
15.8.44
Korsika
OB. Alexander
MONTE-NEGRO
Rom
Nettuno
Monte Cassino
13.10.43
ALBAN.
22.1.44
»Shingle«
Sardinien
9.9.43
»Avalanche«
8.9.43
»Slapstick«
9.9.43
GRIEC
Gibraltar brit.
Span.-Marokko
»Husky«
10.7.43
3.9.43
»Baytown«
Tunis
13.5.43 Kapitulation
Pantelleria ital.
Malta brit.
OB. Eisenhower bis 1944
Marokko
Tunesien
Algerien
Tripolis
Libyen
Dez. 42

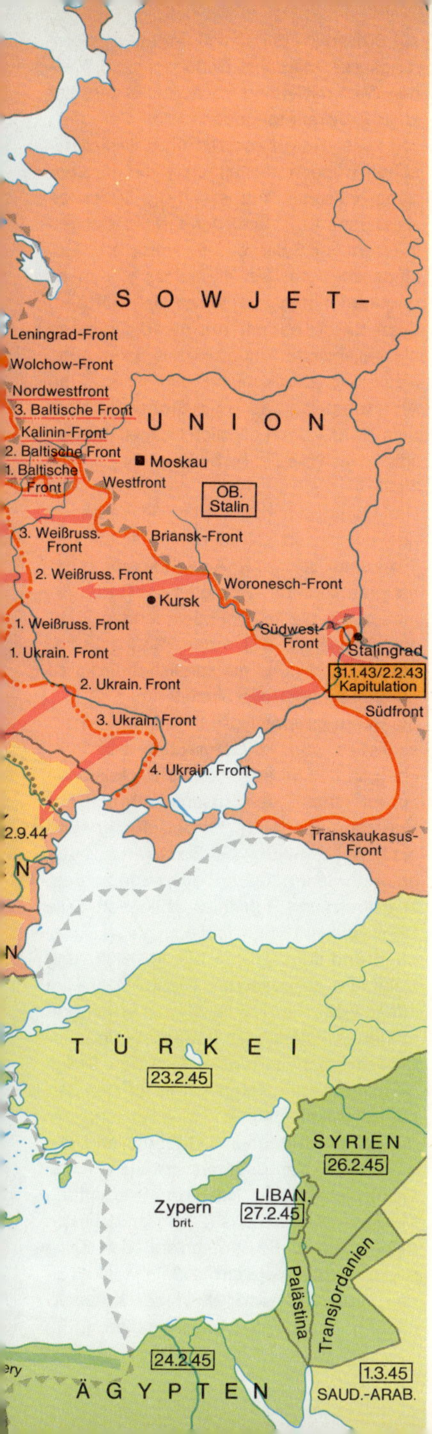

Der Sturm auf die »Festung Europa« (1943–1945)

»Anti-Hitler-Koalition«
Großbritannien, USA und UdSSR

Das Vordringen der »Anti-Hitler-Koalition«:

Front Dezember 1942

Front Dezember 1943

Front Dezember 1944

Front Mai 1945

Von den Westmächten besetzte Gebiete

Verbündete der »Anti-Hitler-Koalition« bis Mai 1945

Zur »Anti-Hitler-Koalition« übergetretene Verbündete des »Großdeutschen Reiches«
Nach dem Waffenstillstand traten Italien, Finnland, Rumänien, Bulgarien und Ungarn in den Krieg gegen das »Großdeutsche Reich« ein.

»Großdeutsches Reich« und Slowakei

Weitester militärischer Machtbereich des »Großdeutschen Reiches« und seiner Verbündeten (1942)

Verbündete des »Großdeutschen Reiches« (1942)

Bei der Kapitulation von deutschen Truppen besetzte Räume

Waffenstillstand

3.3.45 **Kriegserklärung**

Neutrale Staaten

Der Sturm auf die »Festung Europa« (1943–1945)

1943
Der Osten: Durch die Kapitulation der in Stalingrad eingeschlossenen deutschen Verbände (31.1. und 2.2. 1943) mußten sich die deutschen Verbände vom Kaukasus wegen der großen, an der südlichen Ostfront entstandenen Lücke über Rostow in die Ukraine und den Kuban-Brükkenkopf zurückziehen. Die letzte deutsche Offensive im Kursk-Bogen (5.–13.7. 1943) mußte abgebrochen werden, da wegen der Landung der Alliierten in Italien (10.7. 1943) deutsche Verbände von der Ostfront nach Italien verlegt wurden. Durch die Offensive der überlegenen Roten Armee konnten im Norden ein Landzugang nach Leningrad hergestellt (18.1.), in der Mitte Smolensk (24.9.) und Gomel (25.11.) und im Süden der Dnjepr erreicht werden, wodurch die deutschen Kräfte auf der Krim abgeschnitten wurden (am 1.11.). Am 6.11. 1943 fiel Kiew.
Der Süden: Um der Vernichtung zu entgehen, mußte sich Rommel nach Westen zurückziehen. Durch die Landung amerikanisch-britischer Verbände in Nordafrika (7./8.11. 1942) entstand ein Zwei-Fronten-Krieg. Auf Befehl Hitlers wurde ein deutsch-italienischer Brückenkopf in Tunesien errichtet (ab 9.11. 1942). Nach Einstellung des französischen Widerstands (10.11. 1942) gegen die alliierten Landungstruppen in Nordafrika ließ Hitler deutsche Truppen in das unbesetzte Frankreich einmarschieren (11.11. 1942). Die im Raum Tunis kämpfende »Heeresgruppe Afrika« konnte sich noch behaupten, doch wurde sie durch Nachschubschwierigkeiten wegen der alliierten Luftüberlegenheit und die im Mai beginnende britische Großoffensive am 13.5. 1943 zur Kapitulation gezwungen. Nach dem auf der Konferenz von Casablanca gefaßten Beschluß (14.–26.1. 1943) landeten alliierte Verbände am 10.7. 1943 auf Sizilien. Am 25.7. 1943 wurde Mussolini gestürzt und verhaftet. Nach Beendigung der Kämpfe auf Sizilien (17.8.) schloß der neue Regierungschef, Marschall Badoglio, am 3.9. einen Waffenstillstand mit den Alliierten, der am 8.9. bekanntgegeben wurde. Daraufhin ließ Hitler Rom besetzen und die italienischen Truppen entwaffnen. Nach der Landung britischer Truppen an der Südspitze Kalabriens (3.9.) und den Großlandungen in Tarent und Salerno (9.9.) wurde am 12.9. Mussolini durch ein deutsches Kommandounternehmen aus seiner Haft auf dem Gran Sasso befreit. Am 13.10. erklärten der italienische König und die italienische Regierung Deutschland den Krieg. Den Alliierten gelang noch die Eroberung Neapels (1.10.), doch nördlich Neapels konsolidierte sich die deutsche Front.
1944
Der Osten: Nachdem sich die Verbände des deutschen Ostheeres noch bis Mai 1944 unter schweren Abwehrkämpfen behaupten konnten, gelang es der Roten Armee durch die im Juni beginnenden Sommer-Offensiven im Norden Wiborg zu besetzen (20.6.) und die karelische Front zu durchbrechen, Reval einzunehmen (21.9.), die Heeresgruppe Nord (»Kurland«) einzuschließen und in Ostpreußen einzubrechen, in der Mitte 25 deutsche Divisionen zu vernichten, den Zusammenbruch der Heeresgruppe Mitte herbeizuführen und die Linie Narew-Suwalki-Schaulen zu erreichen sowie im Süden die Ukraine zurückzuerobern und Rumänien, Bulgarien, Teile Ungarns (24.12.: Einschließung von Budapest) und Jugoslawien (20.10.: Befreiung Belgrads) zu besetzen. Die im Vertrauen auf sowjetische Hilfe im August unternommenen Aufstände in Warschau und der Slowakei scheiterten im Oktober. Durch den Vorstoß der Roten Armee auf den Balkan befahl Hitler am 28.8. den Rückzug der deutschen Truppen aus Griechenland. Die deutschen Verbündeten nahmen einen Frontwechsel vor. Nach der Verhaftung Marschall Antonescus (23.8.) erklärte Rumänien am 25.8. Deutschland den Krieg und unterzeichnete am 12.9. in Moskau einen Waffenstillstand. Nach der Kriegserklärung der UdSSR an Bulgarien (5.9.)

rückten sowjetische Truppen in Bulgarien ein, das am 8.9. Deutschland den Krieg erklärte und am 28.10. in Moskau einen Waffenstillstand schloß. In Ungarn, das wegen eines befürchteten Frontwechsels am 19.3. 1944 von deutschen Truppen besetzt worden war, setzte Ferenc Szalasi, der Führer der »Pfeilkreuzler«, nachdem Horthy wegen eines Waffenstillstandsangebots zur Abdankung gezwungen war, den Krieg an der Seite Deutschlands fort, während die im sowjetisch besetzten Debrecen gebildete Gegenregierung mit den Alliierten einen Waffenstillstand schloß (20.1. 1945). Finnland unterzeichnete mit der Sowjetunion und Großbritannien am 19.9. einen Waffenstillstand und erklärte am 3.3. 1945 – rückwirkend vom 19.9. 1944 an – Deutschland den Krieg.

Der Süden: Nach der Landung der Alliierten im Rücken der deutschen Front bei Anzio und Nettuno (22.1.) leisteten die deutschen Verbände zähen Widerstand, bei dem das Kloster Monte Cassino zerstört wurde (15.2.). Durch die Großoffensiven der Alliierten an der Südfront (12.5.) und aus dem Landekopf Nettuno heraus (23.5.) zogen sich die Deutschen nach Räumung Roms (4.6.), Pisas (26.7.) und der Preisgabe von Florenz (4.8.) auf die Apenninfront (»Gotenlinie«) zurück, die sie bis zum 9.4. 1945 verteidigten.

Der Westen: Zur Errichtung der von der Sowjetunion geforderten »2. Front« begann am 6.6. die Invasion der westlichen Alliierten in Nordfrankreich (Operation »Overlord«). Bis zum 12.6. waren schon über 326000 Mann in den Landeköpfen, die miteinander verbunden wurden, gesammelt. Nach dem Durchbruch der deutschen Stellung bei Avranches (25.7.) begann in Frankreich der Bewegungskrieg. Am 25.8. zog de Gaulle in Paris ein. Nach der Besetzung Nordfrankreichs und Belgiens mißlang die Luftlandung in Arnheim (17.9.). Die gelandeten Kräfte mußten kapitulieren (26.9.). Am 21.10. wurde Aachen eingenommen, am 9.11. die Schelde-Mündung für den alliierten Nachschub geöffnet, am 23.11. Straßburg besetzt und am 3.2. der Westwall bei Saarlautern durchbrochen. Die am 15.8. westlich von Cannes gelandeten freifranzösischen und amerikanischen Verbände stießen nach Toulon und Marseille (29.8.) und über Grenoble nach der Schweizer Grenze vor. Am 3.9. wurde Lyon genommen. Mit Mühe gelang die Vereinigung der deutschen Verbände aus Südfrankreich mit den sich aus dem Rhone-Tal zurückziehenden deutschen Truppen im Vorfeld der Vogesen.

Die letzte deutsche Entlastungsoffensive in den Ardennen (ab 16.12.) lief sich bald fest und scheiterte.

Dem »Sturm auf die Festung Europa« begegnete Hitler mit dem Erlaß über den »Einsatz der Männer und Frauen für die Reichsverteidigung« (13.1. 1943), der Verkündung des »totalen Krieges« durch Goebbels (18.2. 1943), dem »Erlaß des Führers über den totalen Kriegseinsatz vom 25.7. 1944« und der Ernennung von Goebbels zum »Reichsbevollmächtigten für den totalen Kriegseinsatz« sowie mit der Neuaufstellung von Verbänden (1943: 1,9 Mio., 1944: 2,5 Mio.), die ab Juli 1944 »Volksgrenadierdivisionen« wurden, und des »Volkssturms« (25.9. 1944). Die Partei verstärkte ihren Einfluß auf die Wehrmacht durch die Einführung des »NS-Führungsoffiziers« (22.12. 1943), die Ernennung des Reichsführers-SS H. Himmler zum Oberbefehlshaber des Ersatzheeres (20.7. 1944), die Einführung des »deutschen Grußes« (23.7. 1944) und die Überprüfung der »weltanschaulichen Zuverlässigkeit« bei Stellenbesetzungen (24.7. 1944). Für Familien von Soldaten, die »Verrat an Deutschland verüben«, wurde die Sippenhaftung eingeführt (1.8. 1944).

Die Großoffensive der Roten Armee im Osten (12.–14.1. 1945), der West-Alliierten im Westen (8.2. und 23.2. 1945) sowie der Alliierten im Süden (9.4. 1945) führten zur Einschließung Berlins (24.4.), zum Zusammentreffen der Amerikaner und Russen bei Torgau an der Elbe (25.4.) und zur »bedingungslosen Kapitulation der deutschen Wehrmacht« (8.5. 1945).

DÄNEMARK
seit 1940 von Deutschland besetzt
4.5.45 provis. Regierung
SCHWEDEN
Bornholm
10.5.45–April 4
sowjet. besetz
Flensburg
2.5.–23.5.45
Reichsregierung Dönitz
Rügen
Rostock
Kolberg
Hamburg
Stettin
Bremen
Lüneburg
NIEDERLANDE
23.5.45
Exilkabinett
1. Kanad. Armee
2. Brit. Armee
Hannover
Nauen
Berlin
2.5.45
Kapitulation
Küstrin
9.5.45
Kapitulation
Berlin-Karlshorst
Guben
9. US-Armee
Wesel
H. Gr. Montgomery
Düsseldorf
Ruhrgebiet
18.4.45 Kapitulation
im Ruhrkessel
Kassel
Torgau
25.4.45
Köln
Dresden
8.5.45
BELG.
8.9.44 belg.
Exilregier.
in Brüssel
Remagen
7.3.45
1. US-Armee
H. Gr. Bradley
Koblenz
LUX.
23.9.44 lux.
Exilregier. zurück
3. US-Armee
Karlsbad
Mainz
Prag
25.5.45 Exilkabinett
Pilsen
Protektorat
Mannheim
Nürnberg
7. US-Armee
H. Gr. Devers
Stuttgart
Regensburg
Budweis
Straßburg
1. Franz. Armee
FRANKREICH
OB. Eisenhower
München
Wien
13.4.45
27.4.45
Regier.
Salzburg
Berchtesgaden
Innsbruck
SCHWEIZ
Graz
Brenner
4.5.45
ITALIEN
8. Brit. Armee
Salo
„Faschist. Republik"
Triest
30.4.45
5. US-Armee
OB. Alexander
20.3.45
Offensive
Turin
H. Gr. Mark Clark

Der Sturm auf das »Reich« (1945)

»Anti-Hitler-Koalition«

Das Vordringen der »Anti-Hitler-Koalition«

Fronten:

Dezember 1944/Januar 1945

Februar 1945

März 1945

Mai 1945

Zur »Anti-Hitler-Koalition« übergetretene Verbündete des »Großdeutschen Reiches«

»Großdeutsches Reich« und Slowakei

Angegliederte Gebiete

Bei der Kapitulation noch von deutschen Truppen besetzte Räume

Neutrale Staaten

Anmerkung:

Die Oberbefehlshaber (OB) der verschiedenen Fronten und die Befehlshaber der Heeresgruppen (H.Gr.) der Westmächte wurden eingetragen.

Der Sturm auf das »Reich« (1945)

Der Osten: Zwischen dem 12. und 15.1. 1945 begann die russische Großoffensive zwischen Ostsee und Karpaten, die unterstützt durch die stark gepanzerten und motorisierten Verbände sowie durch die Luftarmeen die schwachen deutschen Abwehrfronten durchstoßen konnte und zu breiten und tiefen Durchbrüchen führte. Anfang März hatten die sowjetischen Truppen fast überall die Oder-Linie erreicht. Die Haltebefehle Hitlers waren für die hohen deutschen Verluste, die Abspaltung von Kräften und die Gefangennahme und Vernichtung vieler Verbände verantwortlich. Neben der seit Oktober 1944 abgetrennten Heeresgruppe im Kurland leisteten eingeschlossene deutsche Verbände noch in einigen »Festungen« (Thorn, Graudenz, Posen, Breslau u.a.) mit unzulänglichen Mitteln verzweifelten Widerstand. Nachdem im Süden der Ostfront am 13.2. 1945 Budapest verlorengegangen war, mußte nach der Mitte März einsetzenden Offensive Ungarn geräumt werden. Am 13.4. 1945 wurde Wien erobert. Am 16.4. 1945 begann die letzte sowjetische Offensive von der Neiße und aus den Oderbrückenköpfen aus. Am 25.4. 1945 wurde der Ring um Berlin geschlossen, dessen Verteidiger am 2.5. 1945 kapitulierten. Durch das Zusammentreffen sowjetischer und amerikanischer Truppen bei Torgau an der Elbe (25.4. 1945) wurde der noch von deutschen Truppen gehaltene Raum in zwei Teile zerschnitten.
Jugoslawien: Am 20.3. 1945 begann die Offensive der Tito-Truppen die am 6.4. 1945 Sarajewo einnehmen konnten. Durch eine weitere Offensive der Partisanen (12.4. 1945) mußte Ostkroatien von deutschen Truppen geräumt werden. Am 30.4. 1945 drangen die Partisanen in die Vororte von Triest ein und besetzten noch vor dem Eintreffen der 8. britischen Armee große Teile von Triest, Görz und die Halbinsel Istrien. Am 8.5. 1945 wurde Agram besetzt. Am Tage der Gesamtkapitulation befanden sich noch rund 150000 deutsche Soldaten auf jugoslawischem Gebiet.
Italien: Durch die Großoffensive der 8. britischen Armee am 9.4. 1945 und der 5. US-Armee, der am 19.4. 1945 der Durchbruch nach Bologna gelang, drangen die Alliierten aus dem Apennin in die Poebene vor, in der für die deutschen Verbände eine Verteidigung unmöglich wurde. Am 25.4. 1945 konnten britische und amerikanische Verbände den Po überschreiten und Mantua und Parma besetzen. Wegen der Aussichtslosigkeit eines weiteren deutschen Widerstands wurde am 29.4. 1945 – noch zu Lebzeiten Hitlers – die Kapitulation in Caserta unterzeichnet, die am 2.5. 1945 bekanntgegeben wurde und in Kraft trat. Am 4.5. 1945 begegneten sich die amerikanischen Truppen aus Süddeutschland und Italien am Brenner.
Der Westen: Nachdem die Stoßkeile der 1. US-Armee von Norden und der 3. US-Armee von Süden bei Houffalice zusammengetroffen waren, begannen am 8.2. 1945 die britisch-kanadische Offensive am Unterrhein, durch die die Kanadier am 3.3. 1945 Xanten erreichten, und die amerikanische Großoffensive am 23.2. 1945 aus den Rurbrückenköpfen. Am 3.3. 1945 trafen sie mit den Kanadiern in Geldern zusammen. Nach Brechung des deutschen Widerstands bei Köln durch die 1. US-Armee konnte am 7.3. 1945 ein Brückenkopf bei Remagen gebildet werden. Am 23./24.3. 1945 begann der Rheinübergang der Briten, der Kanadier und Amerikaner am Niederrhein beiderseits Wesel. Einen Tag später befand sich durch die Eroberung der Pfalz das gesamte linke Rheinufer in der Hand der Alliierten. Durch das Zusammentreffen der 1. US-Armee (von Süden) und der 9. US-Armee (von Norden) im Raum Lippstadt wurde die deutsche Heeresgruppe B im Ruhrkessel eingeschlossen (1.4. 1945), der am 14.4. 1945 in einen kleineren östlichen und größeren westlichen Kessel aufgespalten wurde. Am 8.4. 1945 nahmen die Amerikaner Magdeburg ein und drangen nach West-Böhmen vor. Am 19.4. 1945 erreichten die Briten Lauenburg, am 23.4. 1945 Hamburg-Harburg.

Nach der Eroberung großer Teile der Niederlande und Norddeutschlands ließ Montgomery seine Truppen auf einer nördlich von Hamburg bis Lübeck verlaufenden Linie Halt machen. Am 1.5. 1945 stießen britische Truppen über die Elbe nach Holstein und Mecklenburg vor. Der Vormarsch der amerikanischen Armeen endete im Einverständnis mit den Sowjets an der Elbe-Mulde-Linie und in der Tschechoslowakei an der Linie Karlsbad-Pilsen-Budweis, da der Roten Armee die Besetzung der Städte Wien, Prag und Berlin überlassen worden war.

Letzte Maßnahmen der NS-Führung: Trotz der verzweifelten und aussichtslosen Lage erließ die NS-Führung, die die Niederlagen mit Verrat und Sabotage erklärte, noch Erlasse, die den Widerstand des deutschen Volkes und der Truppen stärken sollten, durch die aber noch – kurz vor dem Ende des Krieges – viele Soldaten ihr Leben verloren. Junge fanatische SS-Offiziere und Hitlerjungen, aber auch Kreis- und Ortsgruppenleiter der Partei beteiligten sich an der Errichtung von Standgerichten (15.2. 1945) und an den nach einem Erlaß Himmlers errichteten »Sonderstandgerichten zur Bekämpfung von Auflösungserscheinungen« (26.2. 1945). Am 5.3. 1945 wurde der Jahrgang 1929 einberufen. Die sinnlose Verteidigung der »Festung Deutschland«, die auf Befehl Hitlers »ohne Rücksicht auf unsere eigene Bevölkerung« durchgeführt werden sollte, zeigte sich im Befehl Hitlers »Verbrannte Erde« (»Nero-Befehl«) vom 19.3. 1945, durch den die Zerstörung sämtlicher Industrie-Betriebe, Versorgungsanlagen und Vernichtung der Lebensmittel befohlen wurde, der aber durch die Ausführungsbestimmungen des OKW (30.3. 1945) und Ergänzungen (4.4. 1945) praktisch aufgehoben wurde, und in dem von Keitel, Himmler und Bormann unterzeichneten Befehl über die Verteidigung der deutschen Städte »bis zum äußersten«. Nach dem Selbstmord Hitlers am 30.4. 1945 im Bunker der Reichskanzlei war es das Bestreben des Großadmirals Karl Dönitz, des von Hitler zum Reichspräsidenten ernannten neuen Staats- und Regierungschefs, die Gesamtkapitulation um 10 Tage hinauszuzögern, um »deutsche Menschenleben vor der Vernichtung durch den vordringenden bolschewistischen Feind zu retten«, und die Westmächte möglichst zu Teilkapitulationen zu bewegen. Am 5.5. 1945 fand die Kapitulation der deutschen Streitkräfte in Nordwesteuropa im Hauptquartier Montgomerys in der Lüneburger Heide statt, um das Ausweichen von Flüchtlingen und deutschen Truppen weiterhin nach Westen zu ermöglichen. Als Eisenhower eine Kapitulation gegenüber den amerikanischen und britischen Truppen angeboten wurde, bestand er auf einer Gesamtkapitulation, da er in dem Angebot einer Teilkapitulation nur gegenüber den westlichen Alliierten einen deutschen Versuch vermutete, das Bündnis der Anti-Hitler-Koalition zu spalten. Die Gesamtkapitulation wurde am 7.5. 1945 in Reims durch Generaloberst Jodl, am 9.5. 1945 in Berlin-Karlshorst durch Generaladmiral v. Friedeburg, Generalfeldmarschall Keitel und Generaloberst Stumpff unterschrieben und trat am 9.5. 1945 00.01 Uhr in Kraft. Von den alliierten Truppen noch unbesetzt waren am Tage der Kapitulation kleinere Gebiete Oberitaliens, Teile Österreichs, Böhmens und Mährens, die »Festung Holland«, Küstenstreifen an der Nordsee sowie Dänemark und Norwegen. Die Heeresgruppe Kurland kapitulierte am 10.5. 1945. Durch die Kapitulationspolitik von Dönitz konnte – abgesehen von einer nicht abzuschätzenden Zahl von Flüchtlingen – über die Hälfte der deutschen Streitkräfte, die an der Ostfront standen, in den Westen gerettet werden. Die im Auftrag von Dönitz durch Graf Schwerin von Krosigk gebildete letzte »Geschäftsführende Reichsregierung« (5.5. 1945) wurde am 23.5. 1945 in Mürwik bei Flensburg zusammen mit Dönitz und dem Oberkommando der Wehrmacht verhaftet und in Gefangenschaft geführt.

SCHWEDEN
DÄNEMARK
Helgoland
brit. Militärgebiet
Kiel
Schleswig-Holstein
23.8.1946
Bremerhaven (zu Bremen)
Hamburg
Mecklenburg
15.1.1947
Schwerin
Fünfeichen
Stettin
Pommern
Hammerstein
unter polnischer Verwaltung
Bremen
1.1.1947
1945 US-Militärverwaltung
1947 zur US-Zone
Dannenberg
Branden-
burg
24.7.1947
Niedersachsen
1.11.1946
Fassberg
Dedelstorf
Sachsenhausen
Weesow
Landsberg
NIEDER-LANDE
Wunstorf
Hannover
Braunschweig
Berlin
Hohenschönhausen
Karlshorst seit 9.6.1945 SMAD
Potsdam
17.7.-2.8.1945
Potsdamer Konferenzen
Frankfurt
Ketschendorf
Schwiebus
Bad Oeynhausen
Lippe
21.1.1947
(zu Nordrh.-Westf.)
Sachsen-Anhalt
21.7.1947
Jamlitz
Torgau
Sagan
Nordrhein-Westfalen
23.8.1946
Düsseldorf
Halle
Mühlberg
Schlesien
Liegnitz
Hoyerswerda
Fritzlar
Buchenwald
Sachsen
28.2.1947
Bautzen
Fünfeichen
Hessen
(„Großhessen")
16.10.1945
Erfurt
Dresden
Bonn
1.9.1948-23.5.1949
Parlam. Rat
Thüringen
20.12.1946
Pirna
Bodenbach
BELG.
Fulda
Koblenz
Teplitz-Schönau
Rheinland-Pfalz
18.5.1947
Frankfurt
6.1947 Bizonaler Wirtschaftsrat
7.1948 „Frankfurter Dokumente"
Wiesbaden
Mainz
Darmstadt
LUX.
Saarland
12.2.1946
Anschluß an das französische Zoll- und Währungssystem
Saarbrücken
Nürnberg
11.1945-10.1946/50
Kriegsverbrecherprozesse
Württemberg-Baden
19.9.1945
Stuttgart
TSCHECHOSLOWAKEI
Bayern
19.9.1945
Baden-Baden
Kehl
ab Frühjahr 1946
zu Frankreich
Tübingen
Gröpfritz
FRANKREICH
Württemberg-Hohenzollern
18.5.1947
6./7.6.1948 Treffen der deutschen Ministerpräsidenten
München
Freiburg
Baden
18.5.1947
Herrenchiemsee
10.-23.8.1948 Verfass.-Konvent
ÖSTERREICH
L.
SCHWEIZ
Graz
ITALIEN
JUG

Deutschland unter den Besatzungsmächten (1945-1949)

Demarkationslinie am 9.5.1945 zwischen sowjetischen und westalliierten Truppen

Von Briten und Amerikanern Anfang Juli 1945 geräumte Gebiete in der sowjetischen Besatzungszone

Amerikanische Besatzungszone

Britische Besatzungszone

Französische Besatzungszone

Sowjetische Besatzungszone

Saargebiet

Gebiete unter polnischer bzw. sowjetischer Verwaltung

Viersektorenstadt Berlin

Sitz der Oberbefehlshaber der Besatzungsmächte

-Bremen 1. 1. 1947 — Neugegründete Länder (mit Gründungsdatum)

Internierungslager der NKWD/MWD

Sammellager für in die Sowjetunion verschleppte deutsche Zivilisten

Luftkorridore während der Berlin-Blockade (1948/49 »Luftbrücke«)

Amerikanische Flugroute

Britische Flugroute

Flughafen

Zonenkontrollstelle

Bizone

Kontrollgebiet der Internationalen Ruhrbehörde (1948-1952)

Grenze des Deutschen Reiches (1937)

Grenze der Zonen

Grenze der Länder

Deutschland unter den Besatzungsmächten (1945–1949)

Im Londoner Protokoll vom 12.9. 1944 hatten die Alliierten (Großbritannien, UdSSR, USA) beschlossen, daß Deutschland innerhalb der Grenzen vom 31.12. 1937 in drei Zonen und ein besonderes Berliner Gebiet geteilt werden sollte. Je eine Zone sollte jeder der drei Mächte zugeteilt werden, während Berlin gemeinsam besetzt und gemäß Art. 7 des Abkommens über die Kontrolleinrichtungen in Deutschland vom 14.11. 1944 von einer Kommandantur bestehend aus den drei Stadtkommandanten verwaltet werden sollte. Nach der Einbeziehung Frankreichs (Ergänzungsabkommen vom 26.7. 1945), die schon auf der Konferenz von Yalta (4.–11.2. 1945) beschlossen worden war, erhöhte sich die Zahl der Zonen in Deutschland und die der Sektoren in Berlin auf je vier.

Nach der Auflösung der von Hitler eingesetzten Reichsregierung unter der Leitung des Großadmirals Dönitz und der Gefangennahme ihrer Mitglieder am 23.5. 1945 übernahmen am 5.6. 1945 in einer in Berlin veröffentlichten Erklärung die vier alliierten Regierungen in allen Deutschland betreffenden Angelegenheiten die oberste Gewalt, da die Wehrmacht geschlagen war und bedingungslos kapituliert hatte, Deutschland keinen Widerstand mehr leisten konnte und keine Regierung besaß, die imstande war, die »Verantwortung für die Aufrechterhaltung der Ordnung, für die Verwaltung des Landes und für die Ausführung der Forderungen der Siegermächte zu übernehmen«. Drei ergänzende Feststellungen betrafen die Konsultierung der übrigen alliierten Nationen »hinsichtlich der Ausübung dieser Autorität«, die Zoneneinteilung und das Kontrollverfahren. Deutschland wurde innerhalb seiner Grenzen vom 31.12. 1937 in vier Zonen und das Gebiet von Groß-Berlin aufgeteilt. Die oberste Gewalt in Deutschland übten nach den Weisungen ihrer Regierungen die Oberkommandierenden in jeder Besatzungszone selbständig und für alle Angelegenheiten, die Deutschland als Ganzes betrafen, gemeinsam aus. Die Oberkommandierenden bildeten den Kontrollrat, der am 30.7. 1945 zum erstenmal zusammentrat und dessen Aufstellung dem deutschen Volke durch die Proklamation Nr. 1 vom 30.8. 1945 zur Kenntnis gebracht wurde. Der Kontrollrat mußte seine Beschlüsse einstimmig fassen.

Die Sitze der Militärgouverneure und Besatzungsbehörden befanden sich für die russische Zone in Berlin-Karlshorst, für die amerikanische Zone in Frankfurt, für die britische Zone in Bad Oeynhausen und für die französische Zone in Baden-Baden. Die sowjetische Besatzungszone bestand aus Mecklenburg mit Vorpommern, den Provinzen Halle-Merseburg und Magdeburg, Teilen von Braunschweig und dem Land Anhalt, Sachsen mit Teilen Niederschlesiens, Thüringen und Brandenburg, den späteren Ländern Mecklenburg, Sachsen-Anhalt, Sachsen, Thüringen und Brandenburg. Die amerikanische Zone setzte sich aus den Provinzen Kurhessen und Nassau, dem Volksstaat Hessen, Bayern, Nordbaden und Nordwürttemberg, den späteren Ländern Hessen, Bayern und Württemberg-Baden, zusammen. Bremen wurde amerikanische Enklave (12.12. 1945, ab 1.1. 1947 Land der amerikanischen Zone). Die britische Besatzungszone umfaßte Schleswig-Holstein, Hamburg, die Provinz Hannover, Braunschweig, Oldenburg, die Provinz Westfalen, die nördliche Rheinprovinz und Lippe, die späteren Länder Schleswig-Holstein, Hamburg, Niedersachsen, Nordrhein-Westfalen (ab 1947 mit Lippe-Detmold). Die französische Besatzungszone wurde aus der Pfalz, dem südlichen Teil der Rheinprovinz, Südbaden und Südwürttemberg, den späteren Ländern Rheinland-Pfalz, Baden und Württemberg-Hohenzollern, gebildet. Das Saargebiet erhielt am 7.7. 1945 eine eigene Verwaltung unter französischem Protektorat und nach Zustimmung durch Großbritannien und die USA (11.4. 1947) aufgrund der am 8.11. 1947 verabschiedeten Verfassung, die am 17.12. 1947 in Kraft trat, die politische Autonomie mit wirtschaftlichem und zollpolitischem Anschluß an Frankreich. Nachdem amerikanische und britische Truppen die von ihnen eroberten Gebiete der sowjetischen Besatzungszone bis zum 1.7. 1945 geräumt hatten – gegen den Willen Churchills, der sie als Faustpfand für Verhandlungen benutzen wollte –, rückten amerikanische und britische Truppen bis zum 4.7. 1945 in die ihnen zugewiesenen Sektoren von Berlin ein; am 12.8. 1945 folgten französische Besatzungstruppen. Am 11.7. 1945 nahm die Alliierte Kommandantur ihre Arbeit auf (S. 320).

Im Schlußkommuniqué der »Potsdamer Konferenz« (17.7.–2.8. 1945, Stalin, Truman, Churchill, ab 29.7. Attlee) wurde festgelegt: Bildung eines Rates der Außenminister zur Vorbereitung der Friedensverträge mit den ehemaligen Verbündeten Deutschlands, die weitere Behandlung Deutschlands (als »wirtschaftliche Einheit«), Einrichtung des »Alliierten Kontrollrats« in Berlin, Reparationen, Demontagen, Übergabe Königsbergs und des nördlichen Ostpreußens zur Verwaltung an die Sowjetunion, der Freien Stadt Danzig, des südlichen Ostpreußens und der deutschen Ostgebiete östlich der Oder-Neiße-Linie zur Verwaltung an Polen bis zur endgültigen Regelung durch eine Friedenskonferenz, Zurückstellung eines Friedensvertrags mit Deutschland bis zur Bildung einer deutschen Zentralregierung und die Aussiedlung deutscher Bevölkerungsteile aus Polen, der Tschechoslowakei und Ungarn in »ordnungsgemäßer und humaner Weise«. Am 7.8. 1945 gab die französische Regierung ihre Zustimmung zu diesen Ergebnissen, wandte sich aber gegen die Wiederherstellung einer Zentralgewalt durch Einsetzung von »Staatssekretären« unter dem Kontrollrat.

Die Kriegsverbrecherprozesse

Gemäß den Vereinbarungen der Potsdamer Konferenz und dem Londoner Abkommen »Über die Verfolgung und Bestrafung der Hauptkriegsverbrecher der Europäischen Achse« (8.8. 1945) wurde am 20.11. 1945 der Prozeß gegen die »Hauptkriegsverbrecher« vor dem »Internationalen Militärtribunal« in Nürnberg eröffnet. Die Anklage lautete auf Verbrechen gegen den Frieden, Kriegsverbrechen und »Verbrechen gegen die Menschlichkeit«. Am 1.10. 1946 wurde das Urteil verkündet: 12 Todesurteile durch den Strang: Göring, der nach der Urteilsverkündung Selbstmord verübte, Ribbentrop, Keitel, Kaltenbrunner, Rosenberg, Frank, Frick, Streicher, Sauckel, Jodl, Bormann (in absentia), Seyß-Inquart; lebenslängliches Zuchthaus: Heß, Funk, Raeder; Gefängnis: von Schirach (20 Jahre), Speer (20 Jahre), von Neurath (15 Jahre), Dönitz (10 Jahre); 3 Freisprüche: Schacht, von Papen, Fritzsche, Ley hatte schon vor Prozeßbeginn am 26.10. 1945 Selbstmord begangen. Bis 1950 wurden von den Amerikanern noch 12 weitere Prozesse in Nürnberg und Dachau, von den Franzosen einige in Baden-Baden, Rastatt und Tübingen durchgeführt. In der britischen Zone fanden die Prozesse vor britischen Militärgerichten statt. In der sowjetischen Zone wurden Kriegsverbrecher und aktive Nationalsozialisten durch Enteignung, Deportation und Internierung bestraft. Der »Kalte Krieg« und die geplante westdeutsche Wiederbewaffnung führten ab 1950 zu umstrittenen Gnadenakten der Amerikaner.

Die 3 westlichen Zonen

Die getrennten Entwicklungsprozesse in den einzelnen Zonen waren bedingt durch die verschiedenen politischen Ziele der vier Besatzungsmächte. Während die Sowjetunion eine Viermächtekontrolle des Ruhrgebiets sowie eine deutsche Zentralregierung befürwortete und Reparationen aus der laufenden Produktion der Sowjetzone entnahm, lehnte Frankreich die Errichtung von deutschen zentralen Verwaltungsstellen ab und erstrebte eine Loslösung des Rheinlandes, des Ruhrgebiets und des Saarlandes von Deutschland. Auf der Londoner Außenministerkonferenz (10.9. bis 2.10. 1945) lehnten die USA, Großbritannien und die Sowjetunion Frankreichs Antrag auf Abtrennung des »rheinisch-westfälischen Gebiets« ab. Die

USA und Großbritannien waren aus finanziellen Erwägungen an der wirtschaftlichen Einheit Deutschlands interessiert, um die Kosten für die Besatzungstruppen zu verringern.

In der amerikanischen Zone wurde am 19.9. 1945 durch die Bildung von 3 Ländern der Demokratisierungsprozeß schnell vorangetrieben, während die Bildung der Länder in der britischen Zone sich erst nach Aufbau der örtlichen Selbstverwaltungen im Jahre 1947 vollzog. Nach den Landtagswahlen in der amerikanischen und britischen Zone (1946/47) wurden die von den Besatzungsmächten eingesetzten Allparteienregierungen durch Regierungen abgelöst, die aus den Parlamenten hervorgingen. In beiden Zonen wurden gesamtzonale Einrichtungen als beratende Organe der Besatzungsmacht geschaffen, in der amerikanischen Zone am 6.11. 1945 der Länderrat in Stuttgart, dem im März 1947 noch ein parlamentarischer Rat an die Seite gestellt wurde, in der britischen Zone die Zonenzentralämter, ab 15.2. 1946 der Zonenbeirat in Hamburg. Ein ähnlicher Prozeß spielte sich in der französischen Zone ab, in der die Aufsicht der Militärregierung sehr stark war. Wegen ihrer politischen Ziele erschwerte die französische Besatzungsmacht die Kommunikation ihrer Länder untereinander und war gegen die Errichtung gesamtzonaler Institutionen. Bis Ende 1945 wurden in allen 3 Westzonen die Parteien SPD, CDU/CSU, FDP und KPD zugelassen, allerdings nur regional, nicht zonenübergreifend.

Die Bizone

Nachdem der amerikanische Außenminister Byrnes in Paris die Bereitschaft der Amerikaner erklärt hatte (12.7. 1946), ihre Zone mit denen anderer Besatzungsmächte zu verschmelzen, und seine Stuttgarter Rede gehalten hatte (6.9. 1946), begann eine neue Phase der amerikanischen Deutschlandpolitik. Am 23.8. 1946 wurde das Land Nordrhein-Westfalen gebildet, da die britische Regierung einer Internationalisierung des Ruhrgebiets nicht zustimmte. Am 2.12. 1946 unterzeichneten der britische und amerikanische Militärgouverneur ein Abkommen über die Zusammenlegung und wirtschaftliche Integration der beiden Zonen, das am 1.1. 1947 in Kraft trat (Doppelzonenabkommen). In der Bizone wurden deutsche Zweizonenverwaltungen (Wirtschaft, Ernährung und Landwirtschaft, Finanzen, Arbeit und Verkehr, Post) errichtet. Am 29.5. 1947 wurde ein weiteres Abkommen unterzeichnet, durch das die Zweizonenverwaltung des Vereinigten Wirtschaftsgebiets durch den Wirtschaftsrat in Frankfurt, der durch Delegierte der Länderparlamente gebildet wurde, eine parlamentarische Basis erhielt. Am 9.2. 1948 traten neben den vergrößerten Wirtschaftsrat als zweite gesetzgebende Körperschaft der Länderrat – an die Stelle des Exekutivrates – und ein Verwaltungsrat. Wirtschaftsrat und Verwaltungsrat unterstanden der Aufsicht des amerikanisch-britischen Bipartite Control Office, dem auch die vom Wirtschaftsrat beschlossenen Gesetze zur Genehmigung vorgelegt werden mußten. 1948 gab Frankreich seine Zustimmung zum Anschluß seiner Zone an die Bizone (»Trizonesien«).

Die Entstehung der Bundesrepublik Deutschland

Nach der Londoner Außenministerkonferenz (25.11.–12.12. 1947), die an der Frage der Reparationen und der Forderung Marshalls nach einer Revision der Oder-Neiße-Grenze zu deutschen Gunsten sowie dem Beharren Molotows auf einer deutschen Einheitsstaatslösung scheiterte, strebten die westlichen Siegermächte eine »Weststaat«-Lösung im Rahmen einer »Westunion« an. Auf der Londoner Sechsmächtekonferenz (23.2. bis 6.3., 20.4. bis 2.6. 1948), während der der kommunistische Staatsstreich in der Tschechoslowakei stattfand, einigten sich die USA, Großbritannien, Frankreich und die 3 Beneluxstaaten auf eine gemeinsame Deutschlandpolitik, die Beteiligung der 3 Westzonen am europäischen Wiederaufbauprogramm, eine internationale Kontrolle des Ruhrgebiets und die Errichtung eines westdeutschen föderativen Staates.

Die Sowjetunion beantwortete diese Beschlüsse mit dem Auszug aus dem Alliierten Kontrollrat (20.3. 1948). Die Konsolidierung der deutschen Währung erfolgte durch die Währungsreform in den 3 Westzonen (20.6. 1948), die in Verbindung mit der »sozialen Marktwirtschaft« und den Marshallplan-Geldern das »Wirtschaftswunder« einleitete. Daraufhin zog die Sowjetunion aus der Alliierten Kommandantur aus (16.6. 1948), führte eine Währungsreform in ihrer Zone und in Ost-Berlin durch (23.6. 1948) und unterbrach jeglichen Verkehr zwischen Berlin-West und Westdeutschland (24.6. 1948). Die »Blokkade« wurde durch die »Luftbrücke« überwunden. West-Berlin wurde in die westdeutsche Währungsreform einbezogen. Die Blockade wurde am 12.5. 1949 nach amerikanisch-sowjetischen Geheimverhandlungen aufgehoben (»Jessup-Malik-Abkommen«). Am 1.7. 1948 übergaben die Militärgouverneure der 3 Westzonen den Ministerpräsidenten und Länderchefs in Frankfurt die »Frankfurter Dokumente«, in denen diese aufgefordert wurden, bis spätestens zum 1.9. 1948 eine Versammlung zur Ausarbeitung einer demokratischen, föderativen Verfassung einzuberufen, die bestehenden Ländergrenzen zu überprüfen und die Richtlinien für ein Besatzungsstatut zur Kenntnis zu nehmen. Unter dem Druck der Blockade und dem Eindruck der Argumente des gewählten Berliner Oberbürgermeisters Ernst Reuter entschlossen sich die Länderchefs, ein »Provisorium« – keinen Staat – zu schaffen und ein »Grundgesetz« – keine Verfassung – auszuarbeiten. Auch war den Ministerpräsidenten der vier Besatzungszonen auf ihrer Konferenz in München (5. bis 8. Juni 1947) der Versuch, gesamtdeutsche Fragen und Interessen zu beraten, mißlungen, da Amerikaner und Franzosen Verhandlungen über eine politische Einheit Deutschlands, wie sie die Länderchefs der sowjetischen Zone wünschten, untersagt hatten. Nach dem vorbereitenden »Verfassungskonvent« in Herrenchiemsee (10. bis 23.8. 1948), der seine Überlegungen in der »Denkschrift an die Ministerpräsidenten« – darunter den Entwurf eines Grundgesetzes – niedergelegt hatte, trat am 1.9. 1948 der Parlamentarische Rat in Bonn zusammen, der am 8.5. 1949 – vier Jahre nach der Kapitulation – mit 53 gegen 12 Stimmen das Grundgesetz verabschiedete. Zum Art. 23 des Grundgesetzes machten die drei westlichen Militärgouverneure im Genehmigungsschreiben zum Grundgesetz vom 12.5. 1949 den berühmten Vorbehalt, nach dem Berlin »auch nicht durch den Bund regiert werden wird«. Völkerrechtlich besteht der Viermächte-Status für Groß-Berlin fort. Nach der Ratifizierung durch die Länderparlamente (Bayern lehnte eine Ratifizierung ab, erkannte aber die Rechtsgültigkeit des Grundgesetzes an) trat das Grundgesetz am 23.5. 1949 in Kraft. Zum Sitz des Bundes hatte der Parlamentarische Rat mit 33 gegen 29 Stimmen am 12.5. 1949 Bonn bestimmt. Noch während der Beratungen über das Grundgesetz hatten die Außenminister der Westmächte in Washington (5. bis 8.4. 1949) ein Besatzungsstatut, in dem sich die drei westlichen Besatzungsmächte neben Kontrollen (Abrüstung, Entmilitarisierung, Außenhandel u. a.) die auswärtigen Angelegenheiten, die Zustimmung zu Änderungen des Grundgesetzes und der Länderverfassungen sowie die Wiederaufnahme der Regierungsgewalt, wenn dieses für die Sicherheit und Erhaltung der demokratischen Regierung notwendig ist, vorbehielten, ein Abkommen über die Dreimächtekontrolle, ein Ruhrstatut und einen Industrieplan für die 3 Westzonen beschlossen. Nach den Wahlen zum 1. Deutschen Bundestag (14.8. 1949) wurden am 12.9. 1949 Theodor Heuss durch die Bundesversammlung zum ersten Bundespräsidenten und am 15.9. 1949 Konrad Adenauer zum ersten Bundeskanzler gewählt.

Die sowjetische Besatzungszone

Am 9.6. 1945 wurden in Berlin-Karlshorst die »Sowjetische Militäradministration in Deutschland« (SMAD) und am 9.7. 1945 5 Landesverwaltungen in Schwerin, Potsdam, Halle (Saale), Weimar (später Erfurt) und Dresden gebildet, die den Aufbau der deutschen Verwaltungen beaufsichtigten. Zwischen dem 14.7. und 16.7. 1946 wurden deutsche Verwaltungen eingesetzt (Brandenburg, Mecklenburg-Vorpommern, Sachsen, Sachsen-Anhalt, Thüringen). Die Präsidenten dieser Landes- bzw. Provinzialverwaltungen waren zwar Nichtkommunisten, doch jeweils der 1. Vizepräsident, der für Verwaltung und Personal zuständig war und dem ab 20.10. 1946 auch die Polizei unterstand, war Kommunist. Am 27.7. 1945 wurde der Aufbau von 11 deutschen Zentralverwaltungen bis zum 10.8. 1945 als beratende Organe der SMAD angeordnet. Sie wurden – bis 1947 auf 16 erweitert – allmählich zentrale Exekutivorgane. Am 10.6. 1945 wurde die Bildung und Tätigkeit antifaschistischer Parteien gestattet (KPD, SPD, LDPD, CDU) und der Freie Deutsche Gewerkschaftsbund gegründet (FDGB), doch mußten sich die Parteien schon am 14.7. 1945 zu einer »Einheitsfront der antifaschistisch-demokratischen Kräfte« zusammenschließen, da durch diese »Blockpolitik« die SPD, CDU und LDPD durch die KPD zu kontrollieren waren. Mit Hilfe der sowjetischen Besatzungsmacht gelang der KPD die Zwangsfusion mit der SPD zur »Sozialistischen Einheitspartei Deutschlands« (SED) auf dem »Vereinigungsparteitag« am 21./22.4. 1946 in Ost-Berlin, doch wurde diese Vereinigung am 31.3. 1946 in den Westsektoren abgelehnt (S. 320). Die Wahlen zu den Landtagen (20.10. 1946) brachten trotz Verhaftung von Kandidaten der CDU und LDPD 249 Abgeordnete für die SED, 133 für die CDU und 122 für die LDPD. In den Landtagen der Mark Brandenburg und der Provinz Sachsen-Anhalt verfügten CDU und LDPD über die absolute Mehrheit, doch war dies nicht entscheidend, da die Beschlüsse im vorparlamentarischen Raum, in den »Ausschüssen der antifaschistisch-demokratischen Parteien«, gefaßt wurden. Am 27.11. 1946 erfolgte auf Befehl der SMAD die Bildung von Landtagen und Regierungen in den Ländern und Provinzen. Nach Auflösung des preußischen Staates durch Gesetz Nr. 46 des Alliierten Kontrollrates (25.2. 1947) erhielten die einzelnen Länder und Provinzen die Bezeichnung »Land«. Die Gewaltenteilung zwischen gesetzgebender, vollziehender und richterlicher Gewalt wurde in den Länderverfassungen aufgehoben. Die Vertretungskörperschaft bildete »das höchste demokratische Organ«. Die Zentralisierung erfolgte durch die großen Kompetenzen, die die deutschen Zentralverwaltungen erhielten. Nachdem schon am 10.2. 1947 eine Vereinbarung zwischen den Landesregierungen und den Zentralverwaltungen zur Koordinierung der Arbeit geschlossen worden war, wurde am 14.6. 1947 die »Ständige Wirtschaftskommission« zur Koordination der Tätigkeiten mehrerer Zentralverwaltungen gebildet. Die »Deutsche Wirtschaftskommission« (seit dem 12.2. 1948) erhielt das Recht, Gesetze, Verordnungen und Anordnungen an alle Verwaltungsorgane der sowjetischen Besatzungszone zu erlassen. Politisch entscheidend wurde die »Deutsche Wirtschaftskommission« durch den »Ausschuß zum Schutz des Volkseigentums« (5.5. 1948) und die »Zentrale Kontrollkommission« (15.6. 1948), die Wirtschaft und Verwaltung überwachten. Die »antifaschistisch-demokratische Umwälzung« erfolgte durch Veränderungen des »politischen Überbaus« und der »sozialökonomischen Basis«: Verstaatlichung der Banken und Versicherungen, Landkonfiskation (»demokratische Bodenreform«), durch die Güter über 100 ha sowie der Großgrundbesitz von aktiven Nationalsozialisten und Kriegsverbrechern entschädigungslos enteignet wurden, Beschlagnahme (»Sequestrierung«) von über 7000 Industriebetrieben, Justizreform (Entlassung von 85% der Richter und Staatsanwälte, die durch »Volksrichter« und »Volksstaatsanwälte« ersetzt wurden) und die politische Gleichschaltung von CDU und LDPD.

Die Rote Armee, die schon während ihres Vormarsches nach Westen in den besetzten Gebieten Sammellager für die arbeitsfähige deutsche Zivilbevölkerung, die für den Wiederaufbau des zerstörten Landes in die UdSSR transportiert wurde, errichtet hatte, baute in ihrer Besatzungszone ein Lagersystem auf. In diesen Lagern wurden Zivilpersonen, ehemalige Wehrmachtsangehörige, politisch Belastete, »gefährliche« Deutsche, Opfer politischer Denunziation, »Klassenfeinde« und eine »bürgerliche Elite« interniert. Die letzten Internierungslager (Bautzen, Buchenwald, Sachsenhausen) wurden am 14.1. 1950 aufgelöst.

Die Entstehung der DDR

Während der Londoner Konferenz lud die SED am 26.11. 1947 alle Massenorganisationen in Deutschland zu einem »Deutschen Volkskongreß« nach Berlin zum 6./7.12. 1947 ein, der sich gegen die Aufteilung Deutschlands und für eine zentrale deutsche Regierung aussprach. Der II. Volkskongreß, der am 17./18.3. 1948 zusammentrat, wählte als ständige Vertretung einen aus 400 Mitgliedern bestehenden parlamentsähnlichen »Volksrat«. Am 22.10. 1948 nahm er einen von der SED ausgearbeiteten Verfassungsentwurf für die »Deutsche Demokratische Republik« an und billigte am 19.3. 1949 die endgültige Form. Nach der plebiszitären »Volksabstimmung über die Verfassung und den III. Deutschen Volkskongreß« (15./16.5. 1949), die 66,1% Ja-Stimmen erbrachte, bestätigte der Deutsche Volkskongreß am 30.5. 1949 die Verfassung der DDR. Der von ihm gewählte neue »Volksrat« erklärte sich zur vorläufigen »Deutschen Volkskammer« und setzte am 7.10. 1949 die Verfassung in Kraft. Damit war die Gründung der DDR vollzogen. Nach der provisorischen Bildung der Regierung und der Länderkammer wurden am 11.10. 1949 Wilhelm Pieck zum Präsidenten und Otto Grotewohl zum Ministerpräsidenten gewählt. Am 10.10. 1949 waren dem neuen Staat die Verwaltungsfunktionen von der »Sowjetischen Militäradministration«, die in eine »Sowjetische Kontrollkommission« umgebildet wurde, übertragen worden. Hatte am 1.10. 1949 die Sowjetregierung gegen die Bildung einer »volksfeindlichen Separatregierung in Bonn« protestiert, so protestierte am 12.10. 1949 die amerikanische Regierung gegen die »sowjetische Staatsschöpfung auf deutschem Boden«. Die Verfassung der Bundesrepbulik Deutschland wurde von den westlichen Besatzungsmächten, die der Deutschen Demokratischen Republik von der sowjetischen Besatzungsmacht genehmigt, doch bestand das Besatzungsverhältnis in beiden deutschen Staatsordnungen fort. Die Bundesrepublik Deutschland vertrat nach ihrer Gründung die Auffassung, mit dem Deutschen Reich – allerdings auf ihr Territorium begrenzt – identisch zu sein. Die drei westlichen Besatzungsmächte erkannten den vorläufigen Charakter der Bundesrepublik Deutschland bis zu einer friedlichen Wiedervereinigung an, betonten aber, daß die Bundesrepublik Deutschland nicht als De jure-Regierung Gesamtdeutschlands anzuerkennen, sondern eine Teilorganisation im Rahmen des fortbestehenden Deutschen Reiches sei.

Die Deutsche Demokratische Republik vertrat bald nach ihrer Gründung die Ansicht, die von der UdSSR geteilt wird, daß nach dem Untergang des Deutschen Reiches (8.5. 1945) auf dem Gebiet des ehemaligen Deutschen Reiches zwei selbständige deutsche Staaten entstanden seien.

DÄNEMARK
SCHWEDEN
Flensburg
Schleswig
Kiel
Rendsburg
Neumünster
Rostock
Cuxhaven
Lübeck
Elmshorn
Bremerhaven
Wilhelmshaven
Emden
Stade
Hamburg
Schwerin
unter polnischer Ver
Oldenburg
Bremen
Delmenhorst
Lüneburg
Uelzen
NIEDER-
LANDE
Celle
Rheine
Osnabrück
Minden
Hannover
Peine
Brandenburg
Berlin
Gronau
Emsdetten
Herford
Hameln
Braunschweig
Potsdam
Frankfurt
Bocholt
Münster
Bielefeld
Helmstedt
Hildesheim
Magdeburg
Salzgitter
Kleve
Marl
Datteln
Ahlen
Gütersloh
Paderborn
Gladbeck
Hamm
Holzminden
Goslar
Dessau
Cottbus
Moers
Soest
Göttingen
Krefeld
Viersen
Neheim-Hüsten
Halle
M.-Gladbach
Iserlohn
Kassel
Nordhausen
Plettenberg
Leipzig
Opladen
Remscheid
Merseburg
Bautzen
Eschweiler
Köln
Bergisch-Gladbach
Eschwege
Erfurt
Aachen
Siegen
Dresden
unter polnis
Düren
Stolberg
Bonn
Beuel
Marburg
Eisenach
Gotha
Jena
Gera
Chemnitz
Bad Godesberg
Neuwied
Gießen
Zwickau
BELG.
Wetzlar
Fulda
Koblenz
Plauen
Frankfurt
Hanau
Hof
Wiesbaden
Schweinfurt
Coburg
Mainz
Offenbach
Kulmbach
LUX.
Trier
Bad
Kreuznach
Aschaffenburg
Bayreuth
Idar-Oberstein
Darmstadt
Worms
Würzburg
Bamberg
Frankenthal
Weinheim
Erlangen
Weiden
Kaiserslautern
Mannheim
Neustadt
Ludwigshafen
Fürth
Zweibrücken
Nürnberg
Amberg
Pirmasens
Speyer
Ansbach
Heilbronn
Karlsruhe
TSCHEC
Regensburg
Pforzheim
Aalen
Ingolstadt
Baden-Baden
Stuttgart
Straubing
FRANK-
REICH
Reutlingen
Ulm
Augsburg
Landshut
Passau
Freising
Schwenningen
Freiburg
München
Memmingen
Rosenheim
Kempten
ÖSTERREICH
L.
SCHWEIZ
ITALIEN
JUG

Die Zerstörung der deutschen Städte

▭ **Deutschland unter den Besatzungsmächten**

Größe der Städte (17. 5. 1939):

- ◻ **über 1 Million Einwohner**
- ▫ **500 000 bis 1 Mill. Einw.**
- ◇ **250 000 bis 500 000 Einw.**
- ◇ **100 000 bis 250 000 Einw.**
- ○ **50 000 bis 100 000 Einw.**
- ○ **unter 50 000 Einwohner**

Grad der Zerstörung:

- **über 90 %**
- **80 % – 90 %**
- **70 % – 80 %**
- **60 % – 70 %**
- **50 % – 60 %**
- **40 % – 50 %**
- **30 % – 40 %**
- **20 % – 30 %**
- **10 % – 20 %**
- **unter 10 %**

Die katastrophalen Zerstörungen der deutschen Städte waren Folgen des Bombenkrieges und der in den letzten Kriegsmonaten auf deutschem Boden stattgefundenen Erdkämpfe (Rheinland, Oberrhein), denen viele Kleinstädte und Dörfer oft völlig zum Opfer fielen. Im Gebiet des ehemaligen Deutschen Reiches wurden die Trümmermengen 1945 auf über 400 Mio. cbm geschätzt, davon in den drei Westzonen einschließlich Westberlins über 310 Mio. cbm. Von dem im Jahre 1939 vorhandenen Wohnungsbestand von ca. 19 Mio. Wohnungen im Gebiet des Deutschen Reiches (1937) befanden sich fast 11 Mio. in den drei westlichen Besatzungszonen, 4,7 Mio. in der sowjetischen Zone, 1,5 Mio. in Berlin, 232 000 im Saargebiet und fast 2,4 Mio. in den deutschen Ostgebieten. Von diesen Wohnungen gingen ungefähr 4 Mio. Wohnungen verloren, nämlich 2,7 Mio. durch Totalzerstörungen. 2,2 Mio. befanden sich in den westlichen Zonen und 433 000 in der sowjetischen Zone.

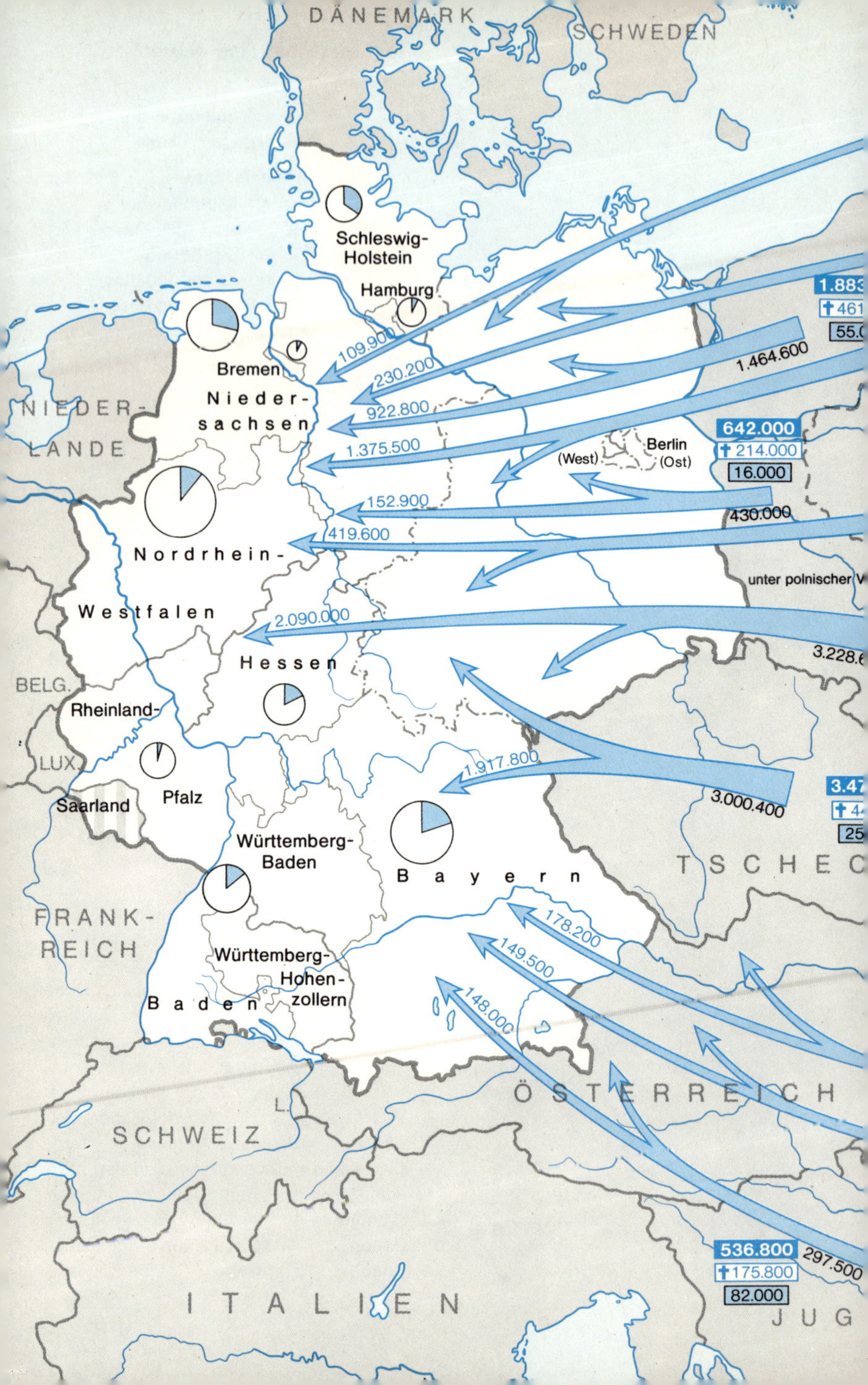
DÄNEMARK
SCHWEDEN
Schleswig-Holstein
Hamburg
Bremen
Niedersachsen
NIEDERLANDE
Nordrhein-Westfalen
Hessen
BELG.
Rheinland-Pfalz
LUX.
Saarland
Württemberg-Baden
Bayern
Württemberg-Hohenzollern
Baden
FRANKREICH
SCHWEIZ
ITALIEN
ÖSTERREICH
TSCHEC
JUG
Berlin
(West)
(Ost)
unter polnischer V
109.900
230.200
922.800
1.375.500
152.900
419.600
2.090.000
1.917.800
178.200
149.500
148.000
1.464.600
430.000
3.228.6
3.000.400
297.500
1.883
461
55.0
642.000
214.000
16.000
3.47
4
25
536.800
175.800
82.000

Das Schicksal der deutschen Bevölkerung in den Ostgebieten des Deutschen Reiches und in den Siedlungsgebieten im Ausland

Deutschland unter den Besatzungsmächten

249.500 **Deutsche Bevölkerung (1939)**

✝ 89.000 **Kriegs- und Nachkriegsverluste der deutschen Bevölkerung (Wehrmachtssterbefälle und Verluste der Zivilbevölkerung)**

169.500 **Vertriebene insgesamt (1950)**

174.200 **Vertriebene in die Bundesrepublik Deutschland (1950, ohne Saarland, aber einschließlich Berlin-West)**

160.000 **Zurückgehaltene bzw. zurückgebliebene deutsche Bevölkerung (1950)**

Verteilung der Heimatvertriebenen auf die Länder der Bundesrepublik Deutschland.

Nach der Flucht vieler Deutscher aus den deutschen Ostgebieten vor der Roten Armee und den »wilden« Vertreibungen aus den von der Roten Armee befreiten Staaten – vor allem aus Polen und aus der Tschechoslowakei – wurde auf der Potsdamer Konferenz eine »geregelte und humane« Umsiedlung der Deutschen aus Polen, der Tschechoslowakei und Ungarn in die vier Besatzungszonen beschlossen. Weitere Ausweisungen sollten aber vorerst unterbleiben, bis die alliierten Mächte Maßnahmen für eine geregelte Aufnahme der Vertriebenen in ihren Zonen getroffen hätten. Bis Ende 1945 wurden aber die nicht organisierten Ausweisungen – auch aus Jugoslawien – trotz der am 20. 11. 1945 vom Alliierten Kontrollrat erlassenen Richtlinien mit großer Schonungslosigkeit fortgesetzt. Erst ab 1946 wurden »organisierte« Transporte zusammengestellt.

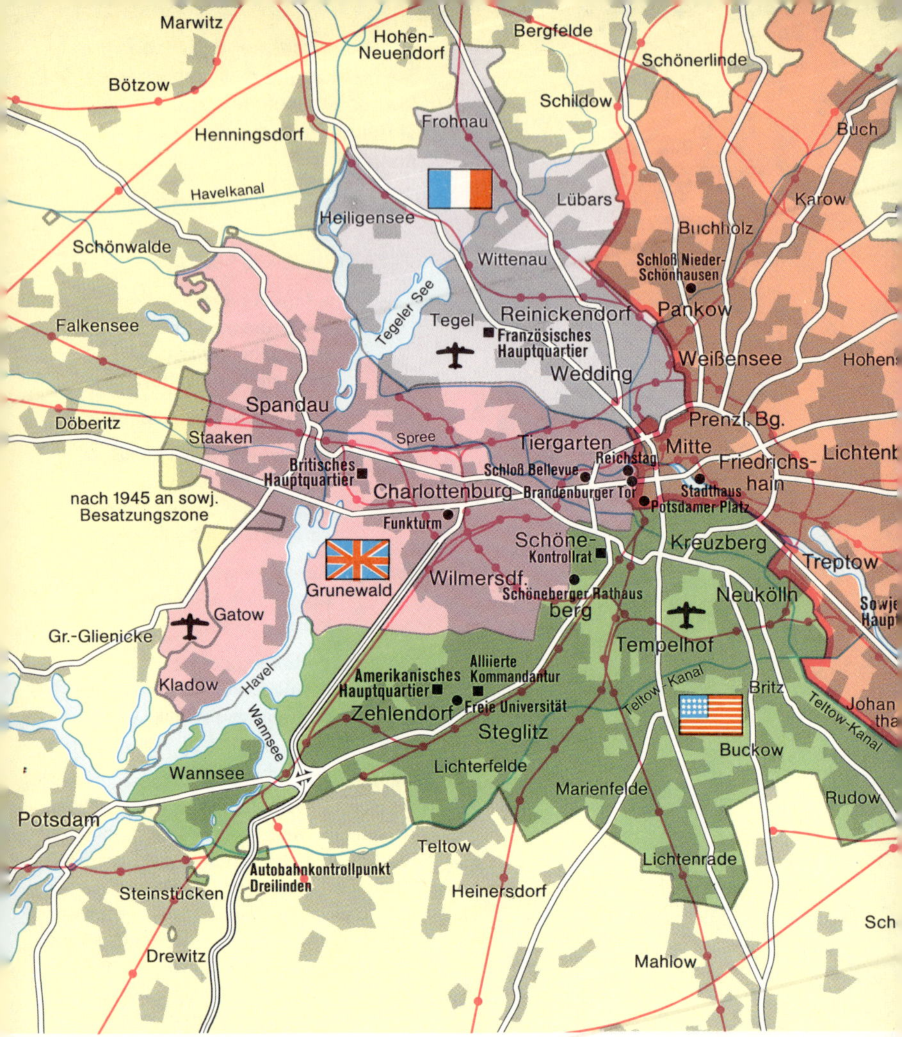

Die Viersektorenstadt Berlin nach dem 2. Weltkrieg

- Grenze von Groß-Berlin
- Sektorengrenzen
- Grenze zwischen den Westsektoren und dem sowjetischen Sektor
- Amerikanischer Sektor
- Britischer Sektor
- Französischer Sektor
- Sowjetischer Sektor
- Fern- und S-Bahn
- Flughafen

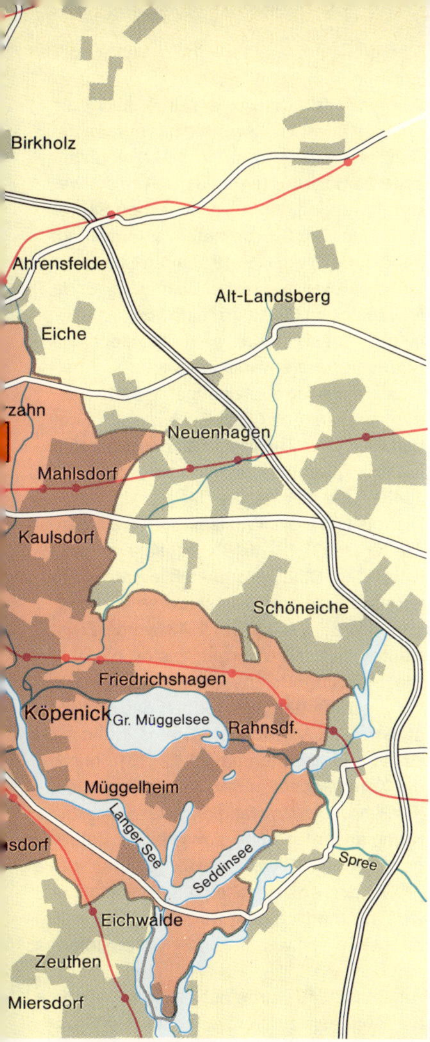

Berlin (1945–1968)

Gemäß dem Londoner Protokoll (12.9. 1944), dem Dreimächte-Abkommen (14.11. 1944) und dem Zusatzabkommen (26.7. 1945) wurde das Berliner Gebiet in vier Sektoren eingeteilt (S. 310). Nach der Kapitulation Berlins (2.5. 1945) wurde das Gebiet von Groß-Berlin sowjetischer Militärverwaltung unterstellt. Nachdem amerikanische und britische Streitkräfte die von ihnen eroberten Gebiete der sowjetischen Besatzungszone bis zum 1.7. 1945 geräumt hatten, rückten bis zum 4.7. 1945 amerikanische und britische Besatzungstruppen in die ihnen zugewiesenen Sektoren von Berlin ein; am 12.8. 1945 folgten französische Besatzungstruppen. Am 11.7. 1945 übernahm die Alliierte Kommandantur die Kontrolle über die Verwaltung der Stadt Berlin.

Im Zuge der sich verstärkenden Spannungen zwischen den Siegermächten zeigten sich jedoch bald Anzeichen für eine Auseinanderentwicklung von Westsektoren und Ostsektor. Im Frühjahr 1946 betrieb die sowjetische Seite mit starkem Druck die Vereinigung von KPD und SPD.

Am 31.3. 1946 wurde diese Vereinigung in einer Urabstimmung der Berliner Sozialdemokraten von 82,3% der abstimmenden Parteimitglieder in den Westsektoren abgelehnt. Im Ostsektor und in der sowjetischen Besatzungszone erfolgte jedoch am 21./22.4. 1946 die Zwangsvereinigung von SPD und KPD zur SED (Sozialistische Einheitspartei Deutschlands). Nach Anerkennung der SPD und SED in allen 4 Sektoren Berlins durch die Alliierte Kommandantur (31.5. 1946) fanden am 20.10. 1946 die ersten und letzten freien Wahlen in Gesamt-Berlin zur Stadtverordnetenversammlung statt, die der SED eine vernichtende Niederlage bescherten. Sie erhielt nur 19,8% der Stimmen gegenüber 48,7% für die SPD, 22,2% für die CDU und 9,3% für die LDP. Das Mißverhältnis zwischen dem Stimmenanteil der Wähler und dem Einfluß der SED in der Zentralverwaltung und den Bezirksverwaltungen Berlins zwang die Kommunisten, mit Hilfe der Sowjetunion wichtige personelle Entscheidungen und Veränderungen durch das »Veto« des sowjetischen Stadtkommandanten in der Alliierten Kommandantur zu blockieren. So verweigerte im Sommer 1947 die Alliierte Kommandantur wegen des sowjetischen Vetos die Anerkennung des gewählten Oberbürgermeisters Ernst Reuter. Um die Voraussetzungen für den Wiederaufbau der deutschen Wirtschaft zu schaffen, wurden von alliierter und deutscher Seite wirtschaftliche Hilfsmaßnahmen (Marshall-Plan) und eine Währungsreform vorbereitet; eine Einigung mit der Sowjetunion erwies sich aber als nicht möglich. Die Währungsreform in den Westzonen (20.6. 1948), von der Berlin zunächst ausgeklammert blieb, benutzte die Sowjetunion zu einem Angriff auf die westliche Position in Berlin. Nachdem sich die sowjetischen Vertreter bereits am 20.3. 1948 aus dem Alliierten Kontrollrat für Deutschland und am 16.6. 1948 aus der Alliierten Kommandantur in Berlin zurückgezogen hatten, ordnete die Sowjetunion am 23.6. 1948 eine separate Währungsreform an, in die neben der sowjetischen Besatzungszone auch ganz Berlin einbezogen sein sollte. Wegen der drohenden finanziellen und wirtschaftlichen Einbeziehung der Westsektoren in die Ostzone wurde am 23.6. 1948 die neue westliche Währung in den Westsektoren eingeführt. Am 24.6. 1948 kam es durch die von der Sowjetunion verhängte Sperrung der Verbindungswege in die Westzonen zu Lande und zu Wasser zur Blockade der Westsektoren Berlins. Die Freiheit der Stadt konnte nur durch die auf Initiative des amerikanischen Militärgouverneurs, General Lucius D. Clay, von den westlichen Alliierten durchgeführte »Luftbrücke« gewahrt werden. Durch deren kaum erwarteten Erfolg und die Auswirkungen der Blockade auf die politische Haltung der Berliner erwies sich die Offensive der Sowjetunion als Fehlschlag. Nach 11 Monaten wurde die Blockade am 12.5. 1949 aufgrund des »Jessup-Malik-Abkommens« vom 4.5. 1949 aufgehoben, doch begingen die Westmächte – wie 1944/1945 – den Fehler, sich ihr Recht auf Zugang zu Lande und zu Wasser nicht bestätigen zu lassen.

Nach dem Rückzug der sowjetischen Vertreter aus der Kommandantur (1.7. 1948) werden die Luftsicherheitszentrale, sowie die Bewachung und Verwaltung des Spandauer Kriegsverbrechergefängnisses von allen vier Mächten weiterhin gemeinsam betrieben. Das Militärpersonal aller vier Mächte kann sich innerhalb von Groß-Berlin frei bewegen.

Während der Blockade wurde auch die deutsche Verwaltung Berlins geteilt. Im Sommer 1948 kam es durch kommunistische Demonstranten wiederholt zu schweren Störungen der im sowjetischen Sektor tagenden Stadtverordnetenversammlung, die daraufhin am 6.9. 1948 ihren Sitz in die Westsektoren verlegte. Nachdem Ende November im Ostsektor eine von Kommunisten beherrschte »außerordentliche Stadtverordnetenversammlung« einen neuen »Magistrat« eingesetzt hatte und dem amtierenden Oberbürgermeister Friedensburg der Zugang zu seinen Amtsräumen versperrt worden war, mußte am 1.12. 1948 auch der legale Magistrat seinen Dienstsitz in die Westsektoren verlegen. Die für den 5.12. 1948 vorgesehene Neuwahl der Stadtverordnetenversammlung konnte nur in den Westsektoren durchgeführt werden. Am 7.12. 1948 wurde Ernst Reuter zum Oberbürgermeister gewählt. Die Spaltung Berlins war vollzogen. Die Westmächte betonten jedoch das Fortbestehen des Vier-Mächte-Status für ganz Berlin und erklärten am 21.12. 1948 durch die Kommandanten der Westsektoren die Fortführung der Tätigkeit der Alliierten Kommandantur ohne sowjetische Beteiligung, »obwohl klar ist, daß es ihnen aufgrund der sowjetischen Obstruktion zur Zeit nur möglich sein wird, ihre Entscheidungen in den westlichen Sektoren durchzuführen«.

Am 23.3. 1949 wurde das Grundgesetz für die Bundesrepublik Deutschland verkündet, am 1.10. 1950 trat die von der Stadtverordnetenversammlung erarbeitete Verfassung von Berlin in Kraft. Nach dem Wortlaut sowohl des Grundgesetzes (Art. 23, 144, Abs. 2) als auch der Verfassung von Berlin (Art. 1, 87) sowie nach der Rechtsprechung des Bundesverfassungsgerichts ist Berlin an sich ein Land der Bundesrepublik Deutschland. Beide Verfassungsnormen wurden aber wegen des Vorbehalts der drei westlichen Militärgouverneure zum Art. 23 des Grundgesetzes

(Genehmigungsschreiben vom 12.5. 1949) und wegen des Art. 87 der Berliner Verfassung nicht voll wirksam (S. 313).

Mit Billigung der westlichen Alliierten wurden die Westsektoren Berlins fast vollständig in das Rechts-, Wirtschafts- und Finanzsystem der Bundesrepublik Deutschland einbezogen. Bundesgesetze werden in einem besonderen Verfahren durch das Berliner Abgeordnetenhaus übernommen, völkerrechtliche Verträge der Bundesrepublik Deutschland auf Berlin ausgedehnt; die vielfältige Präsenz des Bundes in Berlin sowie die Mitwirkung Berlins am politischen Leben des Bundes (Vertreter im Bundestag und Bundesrat, wenn auch mit eingeschränktem Stimmrecht) bekräftigen die engen Bindungen Berlins an den Bund. Nach der »Erklärung über Berlin« vom 5.5. 1955 üben die Alliierten ihre Machtbefugnisse normalerweise nur noch auf wenigen Gebieten (Sicherheit, Interessen und Immunität der alliierten Streitkräfte, Abrüstung und Entmilitarisierung, zivile Luftfahrt, Beziehungen Berlins zu ausländischen Behörden, Besatzungskosten, Befehlsbefugnis über die Berliner Polizei) aus. Ostberlin, das völkerrechtlich nach wie vor den Vier-Mächte-Status ganz Berlins teilt, wurde ab 1949 nach und nach faktisch in die DDR einbezogen. Nach der Verfassung der DDR vom 7.10. 1949 ist Berlin »Hauptstadt der Republik«. Die UdSSR und die DDR betrachten Ostberlin als Bestandteil der DDR. Regierung und Volkskammer der DDR nahmen ihren Sitz in Ostberlin; ab 1956 trat die Nationale Volksarmee der DDR trotz der Proteste der Westmächte auch in Ostberlin auf. Der Verkehr zwischen den Westsektoren und dem Ostsektor bzw. der DDR wurde von östlicher Seite zunehmend eingeschränkt; bereits Anfang 1953 konnte die Demarkationslinie bzw. Sektorengrenze nur noch an etwa 80 Stellen passiert werden.

Berlin blieb auch in den 50er Jahren Brennpunkt der Ost-West-Spannungen. Der Volksaufstand in Ostberlin und der DDR, der sich aus einem Streik Ostberliner Bauarbeiter entwickelt hatte, konnte am 17.6. 1953 nur mit Hilfe sowjetischen Militärs niedergeschlagen werden. Die große Zahl der Flüchtlinge aus Ostberlin und der DDR verschärfte die wirtschaftlichen und politischen Schwierigkeiten der DDR.

In einer Note an die drei Westmächte vom 27.11. 1958 (Berlin-Ultimatum Chruschtschows) machte die sowjetische Regierung die Ungültigkeit der alliierten Berlin-Vereinbarungen von 1944/45 geltend und forderte den Abzug der westlichen Truppen und die Umwandlung der Westsektoren Berlins in eine »entmilitarisierte Freie Stadt Westberlin«. Die Westmächte wiesen dieses Ultimatum jedoch zurück und bekräftigten ihre Rechte und Verantwortlichkeiten. Präsident Kennedy verkündete am 25.7. 1961 die »three essentials« für West-Berlin: Recht der Alliierten auf Anwesenheit in Berlin, Recht auf freien Zugang nach Berlin, Recht der Bevölkerung, über ihre Zukunft selbst zu bestimmen und ihre Lebensweise frei zu wählen.

Unter dem zunehmenden Druck der Fluchtbewegung und angesichts des Umstandes, daß Ostberlin nicht in den Geltungsbereich der westlichen Garantien eingeschlossen worden war, entschlossen sich die Führungen der Warschauer-Pakt-Staaten zu einer völligen Abschnürung von Berlin (West) von seinem Umland: In den frühen Morgenstunden des 13. August 1961 wurde die »Berliner Mauer« errichtet. Für den Westteil der Stadt ist die »Mauer« eine schwere politische, wirtschaftliche und psychologische Belastung. Verstärkt wurde dies durch die Bemühungen der Sowjetunion und der DDR, ihre »Drei-Staaten-Theorie« durchzusetzen, die Bindungen der Westsektoren Berlins an die Bundesrepublik Deutschland und damit die Lebensfähigkeit der Stadt zu schwächen. Besuche von West-Berlinern im Ostsektor waren nur während der kurzen Geltungsdauer einiger zwischen 1963 und 1966 abgeschlossenen Passierscheinabkommen möglich, auf den Verkehrswegen von und nach Westdeutschland häuften sich die Behinderungen.

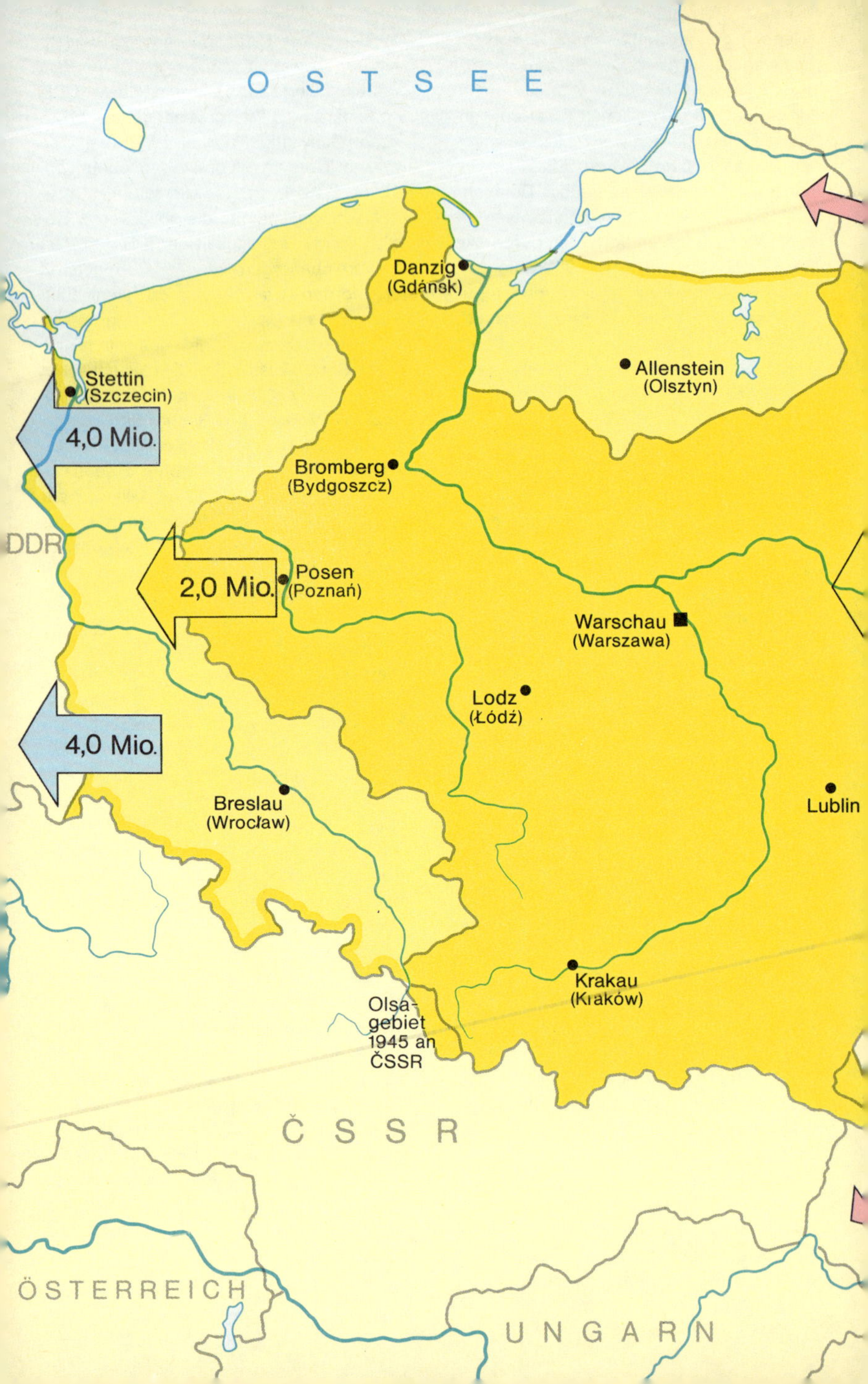
O S T S E E
Danzig
(Gdańsk)
Stettin
(Szczecin)
4,0 Mio.
Allenstein
(Olsztyn)
Bromberg
(Bydgoszcz)
DDR
2,0 Mio.
Posen
(Poznań)
Warschau
(Warszawa)
Lodz
(Łódź)
4,0 Mio.
Breslau
(Wrocław)
Lublin
Krakau
(Kraków)
Olsa-
gebiet
1945 an
ČSSR
Č S S R
ÖSTERREICH
U N G A R N

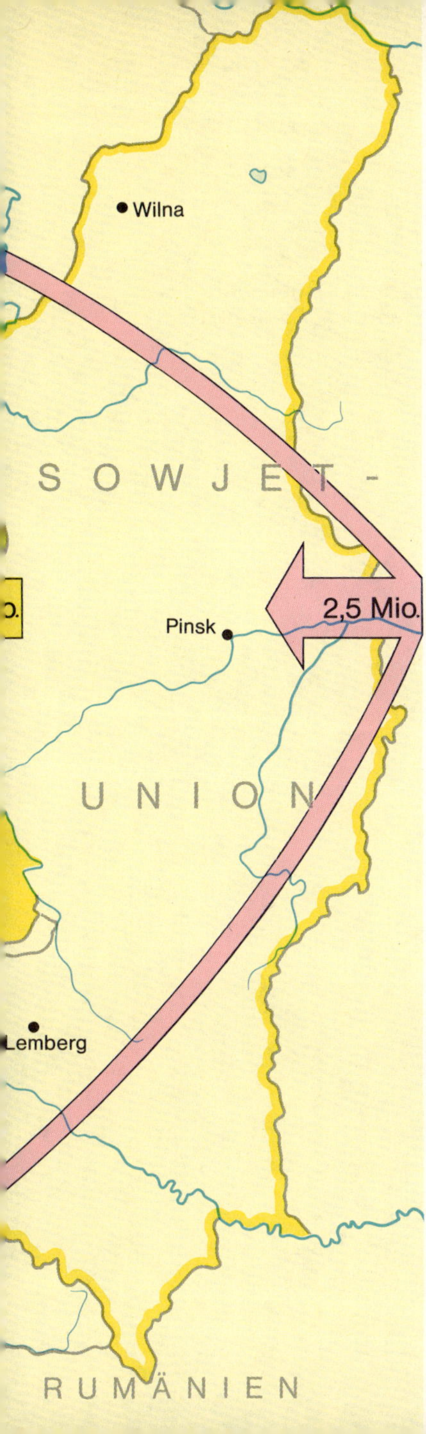

Die Westverschiebung Polens (1945)

Polen (August 1939)

Die Republik Polen besaß eine Fläche von 388390 qkm mit einer Bevölkerung von etwa 36 Mio. (1931: 31,9 Mio.).

Polen (1945)

Die Volksrepublik Polen erhielt durch den zwischen ihr und der UdSSR geschlossenen Grenzvertrag (16.8.1945) eine neue Ostgrenze, die etwa der Curzon-Linie entsprach. Am 26.5.1951 erfolgte ein Gebietsaustausch von 480 qkm zwischen der VR Polen und der Ukrainischen Sozialistischen Sowjetrepublik. Das Gebiet beiderseits der Olsa (Teschen) wurde 1945 erneut geteilt.

Über die Westgrenze Polens wurde im Kommuniqué der Konferenz von Potsdam (17.7.-2.8.1945) festgestellt, »daß bis zur endgültigen Festlegung der Westgrenze Polens die früheren deutschen Gebiete« östlich der Oder-Neiße-Linie, der südliche Teil Ostpreußens und die frühere Freie Stadt Danzig »unter die Verwaltung des polnischen Staates kommen . . . «

Am 19. 11. 1945 erhielt Polen von der sowjetischen Besatzungszone noch Stettin mit 930 qkm und am 10. 4. 1950 weitere westpommersche Gebietsteile. Die Fläche des neuen Staates beträgt 311 730 qkm mit einer Bevölkerung von 23,6 Mio. davon 4,8 Mio. in den Westgebieten (1946).

Russische Umsiedler

2,5 Mio. Russen werden in die neugewonnenen Westgebiete umgesiedelt.

Polnische Umsiedler

Die aus den ostpolnischen Gebieten umgesiedelten Polen werden fast alle in den neugewonnenen Westgebieten angesiedelt, wie auch ein großer Teil der Einwanderer aus westeuropäischen Ländern und Übersee.

Deutsche

Als Flüchtlinge, Vertriebene und Umgesiedelte verließen 8 Mio. Deutsche die ehemals deutschen Ostgebiete.

Sowjetische Besatzungszone
unter polnischer Verwaltung
Prag
(Praha)
T S C H E C H O -
Böhmen
(Země Česká)
Mähren - Schlesien
(Země Moravskoslezská)
Olsa-
gebiet
Brünn
(Brno)
S L O W A
Slowakei
(Krajina Slovenská)
Amerikanische
Besatzungszone
Preßburg
(Bratislava)
ÖSTERREICH
U N G A R

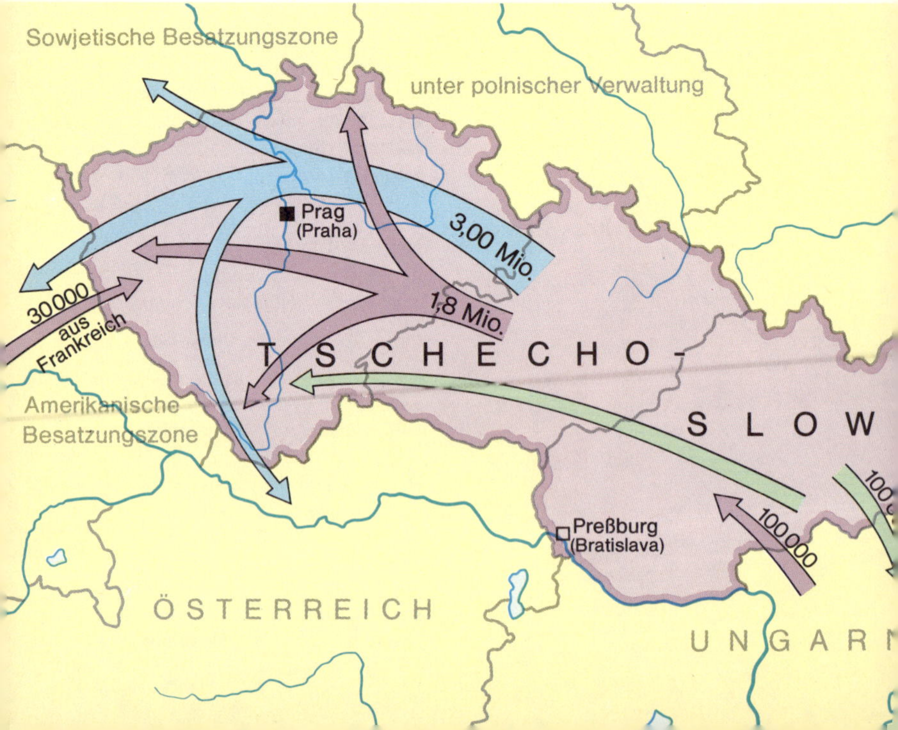

Sowjetische Besatzungszone
unter polnischer Verwaltung
Prag
(Praha)
3,00 Mio.
1,8 Mio.
30 000
aus
Frankreich
T S C H E C H O -
S L O W
Amerikanische
Besatzungszone
100 000
Preßburg
(Bratislava)
ÖSTERREICH
U N G A R

Die Tschechoslowakei (1945)

Tschechoslowakische Republik

Nachdem die tschechoslowakische Exilregierung von der UdSSR (9.7.1941), von Großbritannien (18.7.1941) und in den folgenden Monaten von weiteren westlichen Staaten anerkannt worden war, trat die Tschechoslowakische Republik am 29.8. 1941 der Atlantik-Charta bei. Nach Festlegung der Politik der »Nationalen Front« in Kaschau (5.4.1945) und dem Aufstand in Prag (5.5.1945) nahm die Regierung am 25.5.1945 ihren Sitz in Prag.

Die Tschechoslowakische Republik entstand in den Grenzen von 1937 ohne Karpatorußland, das am 29.6.1945 an die UdSSR abgetreten wurde.

Umsiedlungen und Vertreibungen nach 1945

Deutsche

Die Überführung der deutschen Bevölkerung, die auf der Konferenz von Potsdam (17.7.-2.8.1945) beschlossen war, fand vor allem 1946 statt.

Ungarn

Das tschechoslowakisch-ungarische Abkommen vom 28.2.1946 sah einen teilweisen Bevölkerungsaustausch vor.
Ab November 1946 wurden Ungarn trotz Protesten der ungarischen Regierung und der katholischen Kirche in Ungarn in die sudetendeutschen Gebiete deportiert.

Tschechen

Der Tschechoslowakei gelang es, Tschechen aus dem Ausland zur Umsiedlung zu bewegen.

Reykjavik
ISLAND
NORWEGEN
SCHWEDEN
FINNL
Helsinki
Oslo
Stockholm
DÄNEMARK
Kopenhagen
IRLAND
Dublin
GROSS-
BRITANNIEN
London
NIEDER-
LANDE
Den Haag
BUNDES-
REPUBLIK
DEUTSCHLAND
Bonn
Berlin
(W.) (O.)
DDR
Warschau
POLEN
Brüssel
BELGIEN
LUX.
Paris
Prag
TSCHECHO-
SLOWAKEI
Wien
FRANKREICH
Bern
L.
SCHWEIZ
ÖSTERREICH
Budapest
UNGARN
RUM
Freistaat
TRIEST
JUGOSLAWIEN
Belgrad
MONACO
S. MARINO
ITALIEN
ANDORRA
Madrid
Lissabon
PORTUGAL
SPANIEN
Rom
ALBANIEN
Tirana
GRIE
LA
Gibraltar
brit.
Span.-
Marokko
Algerien
Marokko
Tunesien
Malta
brit.
Libyen

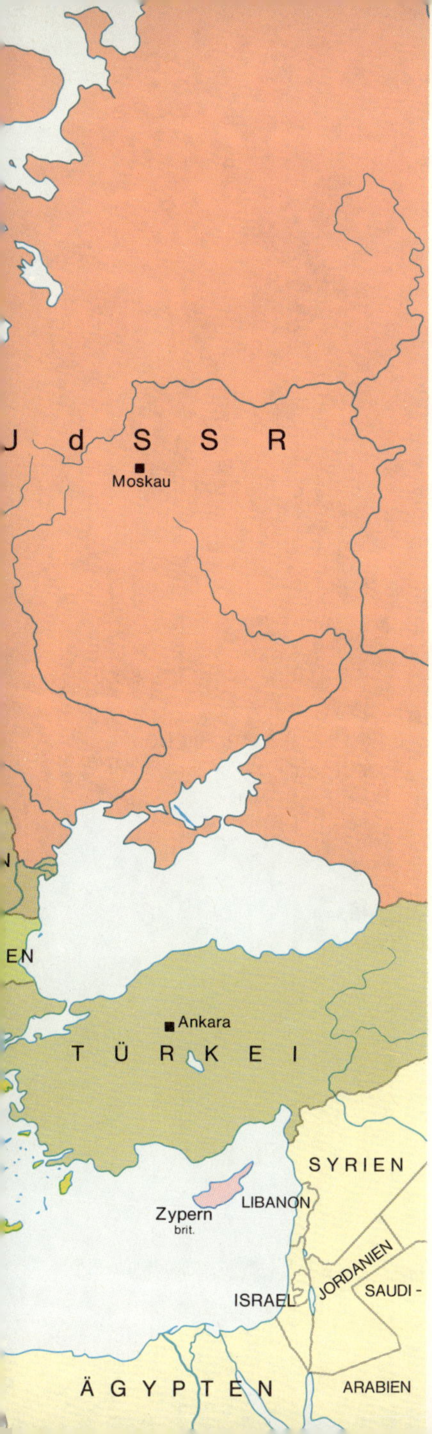

Die Staaten Europas (1949)

Nach 1945 wurden fast alle bis 1938 bestehenden Nationalstaaten Europas wiederhergestellt, so die durch Hitler beseitigten Staaten Österreich, die Tschechoslowakei, Polen und Jugoslawien. Österreich wurde wieder unabhängig, und seine Unabhängigkeit von den Alliierten anerkannt. Die Tschechoslowakei erstand wieder mit dem Teschener Gebiet links der Olsa, aber ohne die Karpato-Ukraine, die am 29.6. 1945 an die Sowjetunion abgetreten wurde. Das Staatsgebiet des neuen polnischen Staates wurde weit nach Westen verschoben. Die polnischen Ostgebiete blieben im Besitz der Sowjetunion (Grenzvertrag vom 16.8.1945). Als »Kompensation« für die Gebiete im Osten wurde Polen mit den ostdeutschen Gebieten bis zur Oder-Neiße-Linie, sowie dem südlichen Teil von Ostpreußen und der Freien Stadt Danzig entschädigt. Der Staat Jugoslawien wurde nach der Besetzung durch die Partisanen Titos wiederhergestellt. Albanien, seit 1939 gewaltsam mit Italien verbunden, wurde 1945 wieder selbständig. Veränderungen ihres Staatsgebietes mußten Rumänien durch die Abtretung der Süddobrudscha an Bulgarien (10.2.1947) und Italien, das Jugoslawien den größten Teil der Venetia Giulia und Inseln in der Adria, Griechenland den Dodekanes überlassen mußte, hinnehmen. Triest wurde Freistaat, sein Hafen Freihafen, das Hinterland in zwei Zonen aufgeteilt.

Auf dem Boden Restdeutschlands entstanden aus den drei westlichen Zonen die Bundesrepublik Deutschland und aus der sowjetischen Zone die Deutsche Demokratische Republik (1949). Das Saarland erhielt eine eigene Verwaltung unter französischem Protektorat.

Berlin, 1945 in vier Sektoren aufgeteilt, wurde eine zweigeteilte Stadt (Berlin-West und Berlin-Ost).

Die Republik Island erklärte am 17.6.1944 ihre Unabhängigkeit.

ISLAND
NORWEGEN
1.000
SCHWEDEN
12.500
1.752
FINNL
IRLAND
5.400
GROSS-
BRITANNIEN
450.000
DÄNEMARK
6.500
NIEDER-
LANDE
25.000
BELGIEN
40.000
1.000
LUX.
Berlin
(W.) (O.)
DDR
BUNDES-
23.000
REPUBLIK
DEUTSCHLAND
POLEN
45.000
17.000
TSCHECHO-
SLOWAKEI
FRANKREICH
300.000
19.048 L.
SCHWEIZ
10.077
ÖSTERREICH
UNGARN
140.000
RUM
2
PORTUGAL
2.000
SPANIEN
3.000
ANDORRA
MONACO
34.400
ITALIEN
S. MARINO
JUGOSLAWIEN
6.500
ALBANIEN
300
GRIE
LA
7.00
Gibraltar
brit.
650
Malta
brit.
MAROKKO
Algerien
TUNESIEN
LIBYEN

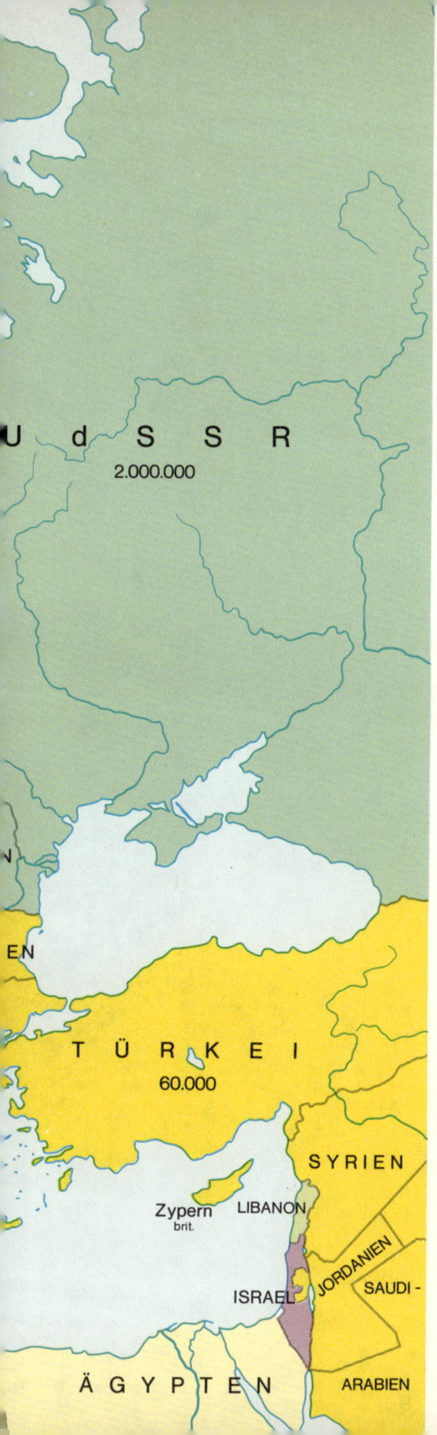

Jüdische Bevölkerung (1950)

Prozentualer Anteil der Juden an der Gesamtbevölkerung in den verschiedenen Ländern:

- **0 – 0,24 %**
- **0,25 – 0,99 %**
- **1,00 – 2,99 %**
- **10 % und mehr**

1.000 **Zahl der Juden**

Anmerkung:
Die Zahl der Juden in der UdSSR bezieht sich auf das gesamte Staatsgebiet der UdSSR.

Der Holocaust während des 2. Weltkrieges vernichtete das europäische Judentum im »Machtbereich der Achsenmächte« fast völlig. Am härtesten wurden die eigentlichen Kerngebiete des Judentums, die osteuropäischen Länder, von der Durchführung der »Endlösung« betroffen. Im Vergleich zum Jahr 1933 blieb der prozentuale Anteil der Juden an der Gesamtbevölkerung in den Ländern erhalten, die Widerstand gegen die Verfolgung der Juden geleistet hatten, in Aufnahmeländern während der Jahre der Bedrohung nahm er zu (Schweiz, Großbritannien, Frankreich). Mit der Vernichtung des Ostjudentums erlosch ein seit Jahrhunderten bestehendes geistiges Zentrum, das sich für die Juden der Diaspora in die Vereinigten Staaten verlagerte.

Viele Juden Westeuropas, die überlebt und vor 1933 der Bewegung des Zionismus skeptisch gegenüber gestanden hatten, zogen es vor, nach der Proklamation des unabhängigen Staates Israel durch den jüdischen Nationalrat am 14.5.1948 nach Israel auszuwandern. Dieser Staat war nicht zuletzt aus dem Entsetzen über das, was der jüdischen Bevölkerung Europas widerfahren war, erstanden. Auch wollte man den dem Holocaust Entkommenen Schutz bieten und ihnen endlich ein Gefühl der Sicherheit vermitteln. Statt eines Lebens in der Diaspora, in der die Erinnerung an Zion nur wachgehalten wurde, folgten viele Juden der Aufforderung des Talmud, in Palästina zu wohnen.

ISLAND
NORWEGEN
SCHWEDEN
FINNLA
GROSS-
BRITANNIEN
IRLAND
DÄNEMARK
200 000
84 000
1 Mio.
2 500
Displaced
Persons
1,7 Mio.
1,9 Mio.
NIEDER-
LANDE
3,3 Mio.
3 Mio.
2,5 Mio
400 000
BELGIEN
3,2 Mio.
33 000
LUX.
200 000
3,05 Mio.
120 000
1,8 Mio.
100 000
100 000
60 000
240 000
30 000
FRANKREICH
L.
SCHWEIZ
50 000
200 000
300 000
297 000
40 000
40 000
Freistaat
TRIEST
Zara
ital.
JUGOSLAWIEN
MONACO
S. MARINO
ITALIEN
ANDORRA
PORTUGAL
SPANIEN
ALBANIEN
GRIEC
LA
Gibraltar
brit.
Span.-
Marokko
Malta
brit.
Marokko
Algerien
Tunesien
Libyen

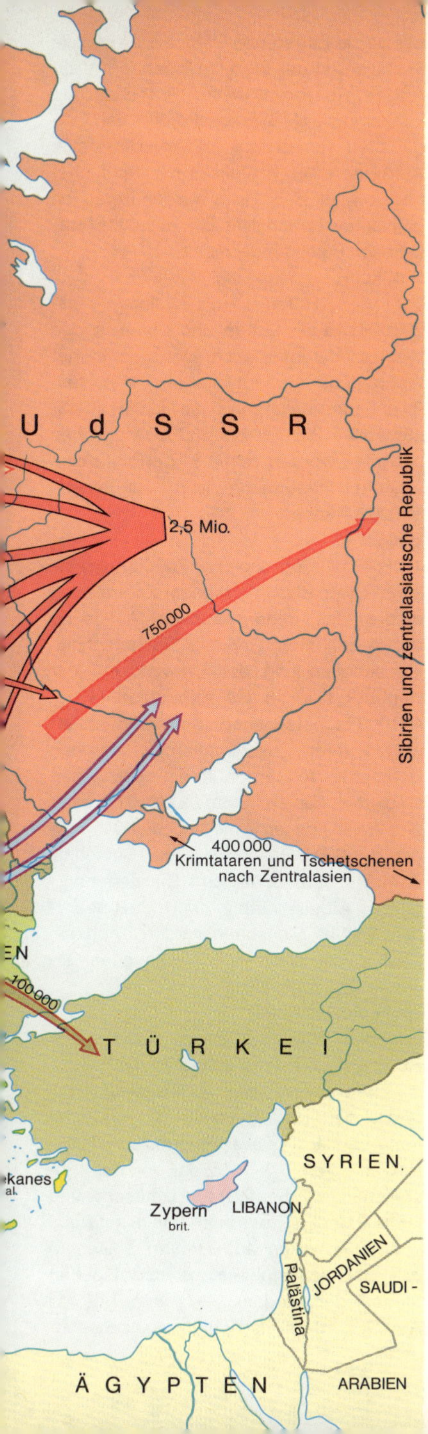

Bevölkerungsverschiebungen nach dem 2. Weltkrieg (1945–1950)

Zwangsumsiedlungen, Zwangsverschickungen, Zwangsaussiedlungen

Durch Zwang wurden Esten, Letten, Litauer, Ukrainer, Krimtataren u. a. in der UdSSR umgesiedelt, Deutsche aus dem südosteuropäischen Raum in die UdSSR verschickt, und die Bewohner der Insel Helgoland nach Holstein ausgesiedelt.

Gruppenwanderungen

Diese Wanderungen fanden statt durch Flucht, Vertreibung, Umsiedlung, Ausweisung, Verdrängung, vertragsmäßigen Austausch und staatliche Aussiedlung.

Grenzen 1947

Grenzen 1937

Anmerkung: Flucht, Vertreibung und Umsiedlung der Deutschen siehe auch Karte Seite 319

Bevölkerungsverschiebungen nach dem 2. Weltkrieg (1945–1950)

Zu den schlimmsten Folgen des Krieges gehörten die Bevölkerungsverschiebungen durch Flucht, Deportation und politische Emigration. Die Schaffung von Staaten ethnischer Homogenität, die nach 1918 nicht gelungen war, konnte nur durch Verdrängungen, Abschiebungen und Vertreibungen der Minderheiten erreicht werden.

Die Vertreibung der Deutschen

Auf der Konferenz von Potsdam (17.7. bis 2.8. 1945) wurden die Gebiete östlich der Oder-Neiße-Linie »bis zur endgültigen Festlegung der Westgrenze« unter die Verwaltung der UdSSR und Polens gestellt. Gemäß Art. XIII des Potsdamer Schlußkommuniqués sollte »die Ausweisung Deutscher aus Polen, der Tschechoslowakei und Ungarn« »in ordnungsgemäßer und humaner Weise« erfolgen (S. 319).

Fast 12 Mio. Menschen wurden aus den Ostgebieten, der Tschechoslowakei, Ungarn, Rumänien und Jugoslawien vertrieben; rund 7,7 Mio. gelangten in die Westzonen. 1945/1946 wurden ungefähr 200000 Deutsche zum Verlassen Elsaß-Lothringens, des Saargebiets und Luxemburgs bewogen.

Polen

Das am 21.7. 1944 in Moskau gebildete »Polnische Komitee für die Nationale Befreiung« schloß schon bei seiner Ankunft in Chelm mit der Sowjetunion einen Vertrag über die neue Ost-Grenze, die im wesentlichen der »Curzon-Linie« von 1920 folgte (26./27.7. 1944). Das Ende Juli nach Lublin übergesiedelte Komitee (»Lubliner Komitee«) unterzeichnete am 6.9. 1944 mit der Ukrainischen und der Weißrussischen Sozialistischen Sowjet-Republik und am 21.9. 1944 mit der Litauischen SSR Abkommen über wechselseitige Umsiedlung der Bevölkerung. Die Abkommen dienten vor allem zur Umsiedlung der Polen aus den an die UdSSR gefallenen Ostgebieten. Am 6.7. 1945 wurde ein Abkommen mit der UdSSR unterzeichnet, das die Umsiedlung und Staatszugehörigkeit der Polen aus den abgetretenen Ostgebieten und die Evakuierung der in Polen lebenden Weißrussen, Russen, Ukrainer, Ruthenen und Litauer in die UdSSR regelte. Aus den Ostgebieten kamen fast 2,5 Mio. Umsiedler. Aufgrund eines Protokolls mit der Tschechoslowakei (6.5. 1949) wurden Personen polnischer Nationalität aus der Ostslowakei nach Polen umgesiedelt.

Baltikum

Vor der Roten Armee flohen fast 200000 Litauer, Letten und Esten in den Westen, darunter auch jene, die in der Wehrmacht gedient hatten. Von den Zwangsumsiedlungen in die UdSSR (1945/46) sollen 250000 bis 300000 Menschen betroffen worden sein. 1949 erfolgte eine erneute Deportation von mindestens 50000 Personen.

UdSSR

1945/46 wurden ungefähr 750000 ukrainische Sympathisanten nach Zentralasien umgesiedelt, denen nach der Auflösung der Autonomen Republik Tschetschnia-Inguschetien und der Umwandlung der Republik Krim in die Krimregion (1946) 400000 Tschetschenen und Krimtataren wegen ihrer Zusammenarbeit mit den Deutschen folgten. Aus den polnischen Gebieten kamen über 500000 Ukrainer und Weißruthenen in die UdSSR. 1945 wurden 175000 Deutsche aus der Batschka, Baranya, dem Banat und Südsiebenbürgen als Arbeitskräfte in die UdSSR deportiert. 2,5 Mio. Menschen wurden durch den Staat in den nach 1939 gewonnenen Gebieten neu angesiedelt.

Tschechoslowakei

Nachdem Präsident Beneš nach seiner Rückkehr nach Prag schon am 16.5. 1945 die Vertreibung der sudetendeutschen und ungarischen Bevölkerung verkündet hatte, erklärte die tschechoslowakische Regierung am 5.7. 1945, daß von der »Abschiebung« 2 bis 2,5 Mio. Deutsche und 600000 Ungarn betroffen sein würden. 350000 Slowaken aus Ungarn sollten in das tschechoslowakische Staatsgebiet umgesiedelt werden.

Am 22.7. 1945 unterbreitete die tschechoslowakische Regierung Großbritannien, der Sowjetunion und den Vereinigten Staaten einen Plan über die geordnete Aussiedlung der deutschen und ungarischen Minderheiten. Am 24.10. 1946 wurde die Umsiedlung der Deutschen für beendet erklärt. Bis zum 1.11. 1946 wurden nach offiziellen Angaben 2170598 Deutsche von den 2,5 Mio., die sich zur Zeit der Potsdamer Konferenz in der Tschechoslowakei aufgehalten hätten, »abgeschoben«; 300000 sollten im Jahr 1947 nachfolgen. Nach der Abtretung der Karpato-Ukraine am 29.6. 1945 erließ die tschechoslowakische Regierung eine Verordnung über die Option für die tschechische Staatsbürgerschaft, von der 120000 Menschen Gebrauch machten. Aufgrund eines Umsiedlungsabkommens mit der Sowjetunion (10.7. 1946) kamen 33000 Tschechen aus Wolhynien. Weitere 60000 Tschechen kehrten aus dem westlichen Ausland zurück. Am 27.2. 1946 wurde zwischen der Tschechoslowakei und Ungarn ein Abkommen über einen teilweisen Bevölkerungsaustausch abgeschlossen, das die Umsiedlung von je 100000 Tschechen und Slowaken aus Ungarn und 100000 Ungarn aus der Tschechoslowakei vorsah, doch wurden aufgrund dieses Vertrages wohl nur 68000 Ungarn und 77000 Slowaken ausgetauscht.

Jugoslawien

Von den 536800 Deutschen, die vor dem Krieg in Jugoslawien lebten, wurden 297500 vertrieben, davon 148000 in die Westzonen. Die Kriegs- und Nachkriegsverluste betrugen über 175000 Menschen. Am 20.9. 1946 wurde zwischen Jugoslawien und Ungarn eine Vereinbarung über die freiwillige Umsiedlung von je 40000 Personen unterzeichnet.

Italien

Ungefähr 300000 Italiener verließen vor und nach dem Friedensschluß (10.2. 1947) die an Jugoslawien abgetretenen Gebiete, die am 15.9. 1947 in die Föderative Volksrepublik Jugoslawien eingegliedert wurden.

Ungarn

Am 29.12. 1945 erließ die ungarische Regierung eine Verordnung über die Umsiedlung der Ungarndeutschen. Die Aussiedlung begann im Januar 1946 und dauerte bis Anfang 1948. 240000 Ungarndeutsche wurden von ihr betroffen, während die gleiche Anzahl im Lande zurückblieb.

Bulgarien

Die jüdische Minderheit wurde nach dem Krieg völlig verdrängt. Bei der Ausweisung der Türken, die vor allem im Nordosten und in der Süddobrudscha als starke Minderheit ansässig waren (700000 Personen = 8 bis 9% der Gesamtbevölkerung), berief sich Bulgarien auf den Vertrag vom 18.10. 1925, durch den eine freiwillige Bevölkerungsabwanderung vereinbart worden war. Am 12.8. 1950 teilte die bulgarische Regierung der Türkei mit, daß im Verlauf von 3 Monaten 256000 Angehörige der türkischen Minderheit Bulgarien verlassen würden. Am 31.8. 1950 erklärte sich die türkische Regierung einverstanden, bat aber um eine längere Frist. Nach Schließung der Grenzen zu Bulgarien durch die Türkei (8.10. 1950) schlossen die beiden Staaten am 2.12. 1950 ein Abkommen, durch das die Türkei verpflichtet wurde, die Grenzsperre aufzuheben, und Bulgarien, nur diejenigen Personen auszuweisen, die ein türkisches Visum besaßen.

»Displaced Persons«

Am Ende des Krieges befanden sich über 8,5 Mio. »Displaced Persons« (Fremdarbeiter, Zwangsarbeiter, entlassene Kriegsgefangene, vor der Roten Armee Geflohene) in Deutschland. Sie wurden zuerst von der UNRRA (United Nations Relief and Rehabilitation Administration), ab 1946 von der IRO (International Refugee Organization) betreut. Viele von ihnen konnten in ihre Heimatländer zurückgeführt werden. Einem Teil – vor allem Menschen aus den osteuropäischen Staaten – wurde die Auswanderung nach Übersee ermöglicht.

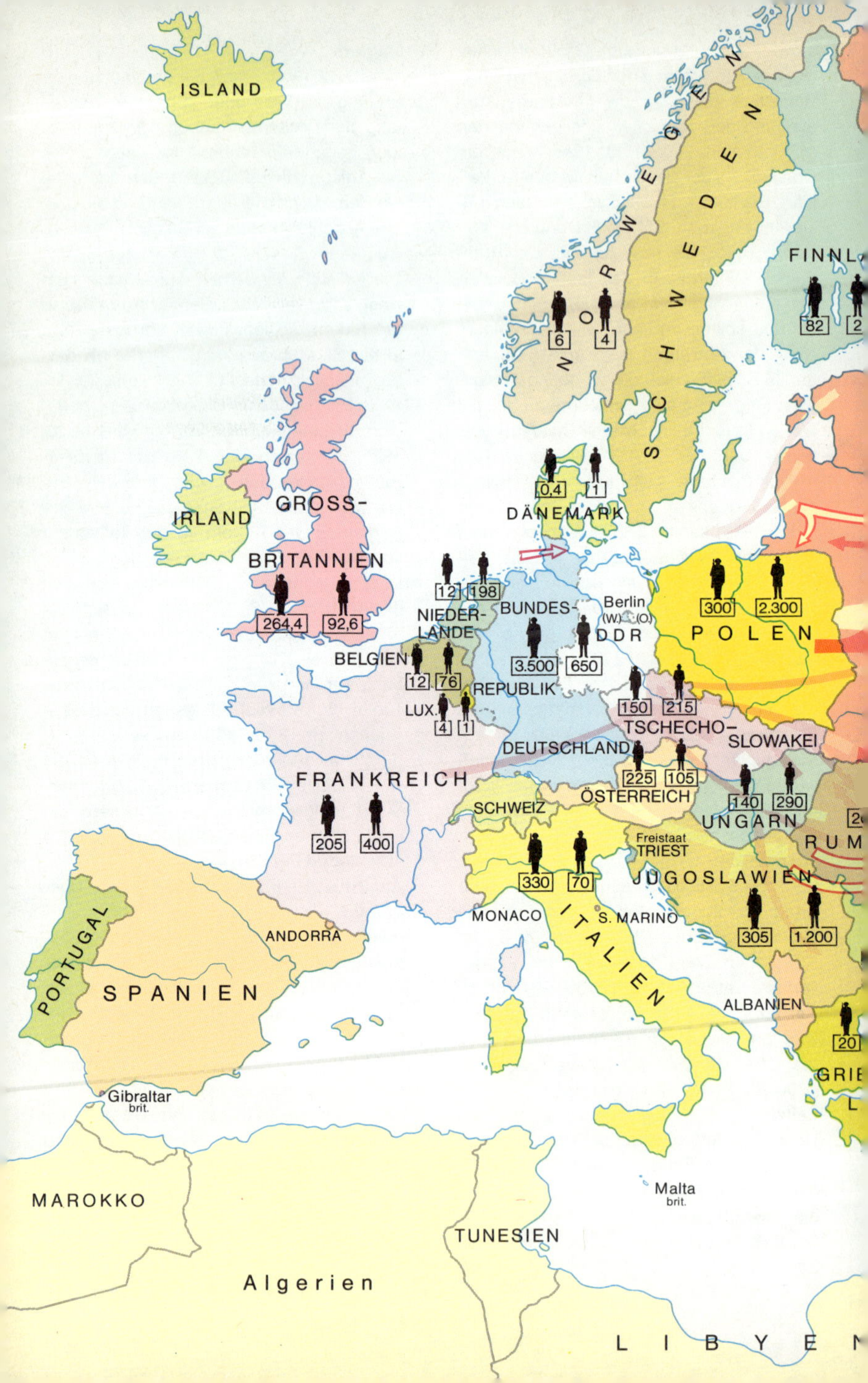
ISLAND
NORWEGEN
SCHWEDEN
FINNL
6
4
82
2
IRLAND
GROSS-
BRITANNIEN
264,4
92,6
0,4
1
DÄNEMARK
12
198
NIEDER-
LANDE
BELGIEN
12
76
LUX.
4
1
BUNDES-
REPUBLIK
DEUTSCHLAND
3.500
Berlin
(W.)
(O.)
DDR
650
POLEN
300
2.300
TSCHECHO-
SLOWAKEI
150
215
FRANKREICH
205
400
225
105
ÖSTERREICH
SCHWEIZ
140
290
UNGARN
RUM
Freistaat
TRIEST
330
70
JUGOSLAWIEN
305
1.200
MONACO
S. MARINO
ITALIEN
ANDORRA
PORTUGAL
SPANIEN
ALBANIEN
20
GRIE
Gibraltar
brit.
MAROKKO
Malta
brit.
TUNESIEN
Algerien
LIBYEN

Die Menschenverluste im 2. Weltkrieg (1939–1945)

215 **Kriegstote (in Tausend)**

305 **Zivilisten, unter ihnen Partisanen und Widerstandskämpfer (in Tausend)**

Es ist schwer, über die Menschenverluste des 2. Weltkrieges genaue statistische Angaben zu erhalten. Auf den beiden Hauptkriegsschauplätzen, Europa und Asien, waren ungefähr 110 Mio. Soldaten mobilisiert worden. Einer quantitativen Bestimmung der Kriegsopfer stehen Schwierigkeiten entgegen, die eine endgültige Klärung unmöglich erscheinen lassen. So fällt es in einem »totalen Krieg« schwer, eine Unterscheidung zwischen Kombattanten und Nichtkombattanten zu treffen, sowie die Zahl der Zivilisten definitiv anzugeben, die dem Luftkrieg zum Opfer fielen, z. B. für Dresden. Großen Schwankungen unterliegen auch die Angaben über Ziviltote, die Repressalien zum Opfer fielen (Geiselerschießungen), sowie über Kriegsgefangene, deren physische Vernichtung durch Aushungerung und katastrophale Unterbringung oft bewußt betrieben wurde. Ebenso ist es unmöglich, – vor allem in den Ländern, in denen ein aktiver Widerstand gegen das Hitlerregime bestand –, eine Trennung zwischen Zivilisten und Widerstandskämpfern, bzw. Partisanen vorzunehmen. Bei den statistischen Angaben, die manche Länder machen, kann man sich oft des Eindrucks nicht erwehren, daß eine Tendenz besteht, aus nationalen Beweggründen höhere bzw. niedrigere Zahlen anzugeben.

Während man in deutschen Quellen die Zahl von 55 Mio. Kriegsopfern findet, so in Frankreich die von 40 Mio., in einigen Quellen 50 Mio. bei 92 Mio. mobilisierten Soldaten. Britische Quellen bevorzugen Angaben über einzelne Staaten. Bei allen Schätzungen über Menschenverluste hält aber die Sowjetunion mit Abstand die Spitze: 10% der Gesamtbevölkerung, eine Höhe, die auch von Jugoslawien und Polen erreicht wird.

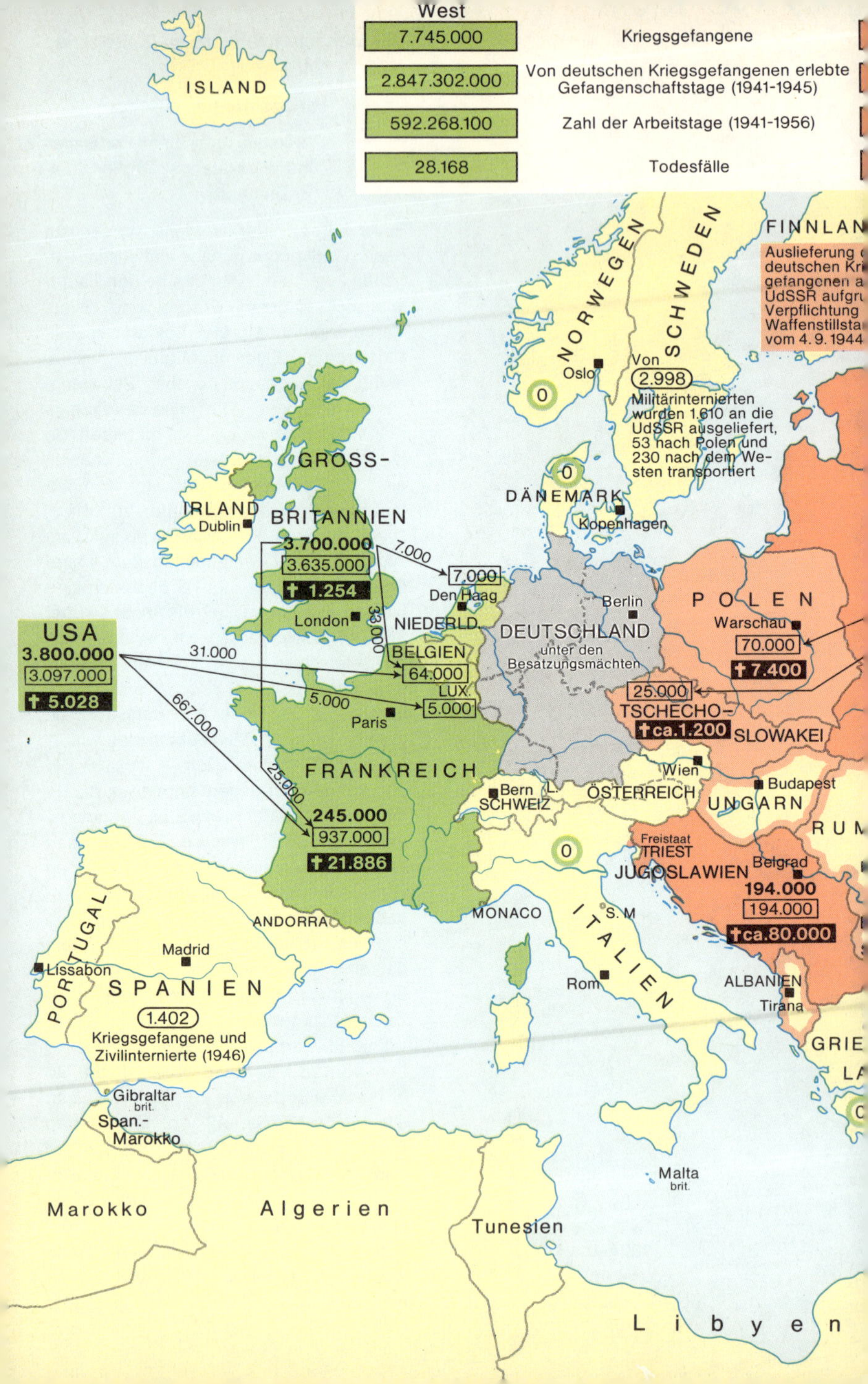
West
7.745.000 Kriegsgefangene
2.847.302.000 Von deutschen Kriegsgefangenen erlebte Gefangenschaftstage (1941-1945)
592.268.100 Zahl der Arbeitstage (1941-1956)
28.168 Todesfälle
ISLAND
NORWEGEN
SCHWEDEN
Oslo
0
Von 2.998 Militärinternierten wurden 1.610 an die UdSSR ausgeliefert, 53 nach Polen und 230 nach dem Westen transportiert
0
DÄNEMARK
Kopenhagen
GROSS-BRITANNIEN
3.700.000
3.635.000
✝ 1.254
IRLAND
Dublin
7.000
7.000
Den Haag
33.000
London
NIEDERLD.
Berlin
DEUTSCHLAND
unter den Besatzungsmächten
POLEN
Warschau
70.000
✝ 7.400
USA
3.800.000
3.097.000
✝ 5.028
31.000
BELGIEN
64.000
LUX.
5.000
5.000
667.000
Paris
25.000
TSCHECHO-SLOWAKEI
✝ca.1.200
FRANKREICH
25.000
Wien
Bern
SCHWEIZ
L.
ÖSTERREICH
Budapest
UNGARN
245.000
937.000
✝ 21.886
0
Freistaat TRIEST
JUGOSLAWIEN
Belgrad
194.000
194.000
✝ca.80.000
MONACO
S.M
ITALIEN
ANDORRA
PORTUGAL
Madrid
Lissabon
SPANIEN
1.402
Kriegsgefangene und Zivilinternierte (1946)
Rom
ALBANIEN
Tirana
Gibraltar brit.
Span.-Marokko
Malta brit.
Marokko
Algerien
Tunesien
Libyen

Die deutschen Kriegsgefangenen (1939-1956)

Siegermächte mit gefangengenommenen deutschen Soldaten

194.000 **Zahl der deutschen Kriegsgefangenen**

Gewahrsamsländer mit übergebenen deutschen Kriegsgefangenen

5.000 **Zahl der übergebenen deutschen Kriegsgefangenen**

25.000 **Zahl der deutschen Kriegsgefangenen in den Gewahrsamsländern nach der Übergabe**

Gewahrsamsländer mit wenigen deutschen Kriegsgefangenen

0 **Siegermächte ohne deutsche Kriegsgefangene**

1.402 **Deutsche Militärinternierte in neutralen Ländern**

† 7.400 **Todesfälle**

Während des 2. Weltkrieges gerieten 11094000 deutsche Soldaten in Kriegsgefangenschaft, unter ihnen 4 Mio. »Kapitulationsgefangene«, die aber ab Sommer 1945 aus den großen Sammellagern in Europa entlassen wurden, da man für den Wiederaufbau Deutschlands Arbeitskräfte benötigte. Aufgrund verschiedener Abmachungen (1945) wurden deutsche Kriegsgefangene von den Siegermächten in den Gewahrsam anderer Mächte übergeben (transfers), von denen sie zu Arbeitsleistungen herangezogen wurden. Auf Beschluß der Moskauer Außenministerkonferenz vom 23.4.1947 sollten die deutschen Kriegsgefangenen bis zum 31.12.1948 entlassen werden, doch kehrten die letzten Kriegsgefangenen aus Polen und der UdSSR erst 1950 zurück. Die UdSSR entließ die ca. 28500 verurteilten deutschen Kriegsgefangenen in den Jahren 1951-1956.

ISLAND
NORWEGEN
SCHWEDEN
FINNLA
Porkkala
seit 1944 sowj.
Stützpunkt
IRLAND
GROSS-
BRITANNIEN
London
DÄNEMARK
Bornholm
bis April 1946
21./22. 4. 1946
NIEDER-
LANDE
Potsdam
17. 7. - 2. 8. 1945
Berlin
POLEN
DEUTSCHLAND
unter den
Besatzungsmächten
USA
Truman-
12. 3. 1947
Doktrin
BELGIEN
Paris
29. 7. 1946 - 10. 2. 1947
LUX.
bis Dez. 1945
TSCHECHO-
SLOWAKEI
(ČSR)
Wien
Budapest
FRANKREICH
L.
SCHWEIZ
ÖSTERREICH
UNGARN
2. 2. 1946
RUM
18. 6. 1946
Freistaat
TRIEST
1947
bis Mai 1945
JUGOSLAWIEN
29. 11. 1945
MONACO
ITALIEN
S. MARINO
ANDORRA
PORTUGAL
SPANIEN
ALBANIEN
10. 1. 1946
MW
GRIECH
LAN
Gibraltar
brit.
span. Prot.
Algerien
Malta
brit.
Marokko
Tunesien
Libyen

Europa nach dem 2. Weltkrieg (Mai 1945-Mai 1947)

- Sowjetunion (1939)
- Gebietsgewinne der Sowjetunion nach 1939
- Von sowjetischen Truppen besetzte Gebiete (seit 1944/45)
- ALBANIEN 10.1.1946 – »Volksdemokratie« bzw. »Volksrepublik« (mit Gründungsdatum)
- 2.2.1946 – Gestürzte Monarchie
- Vereinigung einer kommunistischen mit einer sozialistischen bzw. sozialdemokratischen Partei (mit Datum)
- »Vertrag über Freundschaft, Zusammenarbeit und gegenseitigen Beistand« zwischen der Sowjetunion und einem osteuropäischen Staat

Vertrag zwischen osteuropäischen Staaten über Freundschaft, Zusammenarbeit und gegenseitigen Beistand:

- Jugoslawien mit Polen, der Tschechoslowakei und Albanien
- Polen mit der Tschechoslowakei
- »Eiserner Vorhang« (Churchill am 5.2.1946)
- Viersektorenstadt
- Alliierter Kontrollrat oder Alliierte Kontrollkommission
- Mächte des Vertrags von Dünkirchen
- Krisenherd
- F – Im 2. Weltkrieg besiegte Macht, die einen Friedensvertrag erhielt.
- MW – Beistandserklärung bzw. Militär- und Wirtschaftshilfe der USA
- Grenze des Deutschen Reiches (1937)

Europa nach dem 2. Weltkrieg

Schon während des Krieges konnte Stalin im Einflußbereich der Roten Armee eine politische Umstrukturierung zugunsten der Sowjetunion einleiten. Dies geschah in Polen durch die Anerkennung des »Lubliner Komitees« als Provisorische Regierung Polens (3.1. 1945), mit der die Sowjetunion sodann einen Freundschafts- und Beistandspakt schloß (21.4. 1945), in der Tschechoslowakei durch die sich an die Sowjetunion anlehnende Politik von Staatspräsident Beneš, der bei seinem Besuch in Moskau am 12.12. 1943 einen Freundschafts- und Beistandspakt schloß und mit den Exilkommunisten in Moskau eine Vereinbarung über ihre Beteiligung an der Staatsmacht traf. Die Waffenstillstandsbedingungen mit Rumänien (12.9. 1944), Bulgarien (28.10. 1944) und Ungarn (20.1. 1945) schufen Voraussetzungen für das künftige Verhältnis dieser Staaten zur Sowjetunion. Die sowjetfreundliche Politik in Polen, der Tschechoslowakei, Rumänien, Jugoslawien, das am 1.4. 1945 ebenfalls einen Freundschafts- und Beistandspakt mit der Sowjetunion schloß, und Bulgarien wurde durch die Bildung von Koalitionsregierungen, in denen die Kommunisten wichtige Ministerien besetzen konnten, gewährleistet.

In Westeuropa konnte nur Großbritannien, das »Hauptsiegermacht« und Juniorpartner der USA war, als Großmacht gelten. Die von Charles de Gaulle nach der Befreiung gebildete französische Regierung (10.9. 1944) wurde am 23.10. 1944 von den USA, Großbritannien und der Sowjetunion anerkannt. Am 10.12. 1944 schloß de Gaulle in Moskau einen Bündnisvertrag mit zwanzigjähriger Vertragsdauer, der sich gegen eine nochmalige Bedrohung durch Deutschland richtete – ähnlich dem britisch-sowjetischen Bündnisvertrag (26.5. 1942). Doch wurde Frankreich erst nach der Potsdamer Konferenz als »Siegermacht« zugelassen. Die Spannungen in Europa zwischen den Westmächten und der Sowjetunion wurden hervorgerufen durch

1. den Aufstand der ELAS (3.12. 1944 in Griechenland), der durch das Eingreifen britischer Truppen erfolglos blieb und nach dem Zurückdrängen der ELAS-Verbände nach Nordgriechenland am 11.1. 1945 durch einen Waffenstillstand beendet wurde,
2. das Eindringen jugoslawischer Verbände nach Italien und Österreich, das durch den Rückzug der Jugoslawen aus Kärnten (25.5. 1945) und die zwischen der britisch-amerikanischen Besatzungsmacht und Jugoslawien vereinbarte Demarkationslinie in Venezia-Giulia und Istrien beendet wurde (21.6. 1945),
3. die Bildung von Regierungen in Ungarn (22.12. 1944) und Österreich (24.4. 1945) unter dem Schutz der sowjetischen Besatzungsmacht, die von den Amerikanern erst am 20.10. und 2.11. 1945 anerkannt wurden,
4. die Kündigung des sowjetisch-türkischen Freundschaftsvertrages vom 17.12. 1925 und die Bedingungen der UdSSR für den Abschluß eines neuen Vertrages (Rückgabe von Kars und Ardahan, Stützpunkte an den Meerengen, Revision der Meerengenkonvention von Montreux vom 20.7. 1936).

Mit der Kapitulation Japans (14.8. 1945) war das militärische Kriegsziel der Anti-Hitler-Koalition erreicht. Die durch den »Kampf gegen den Faschismus« vereinten Mächte verloren ihre wichtigste gemeinsame Basis, die die Kooperationspolitik während des Krieges getragen hatte.

In der Politik der »faits accomplis« der Sowjetunion in Ost- und Südosteuropa glaubte George F. Kennan am 22.6. 1946 eine Aggressivität der UdSSR zu erblikken, der die USA nur mit Festigkeit begegnen könnten. Churchill warnte auf seiner Rede in Fulton vor den sowjetischen Expansionsbestrebungen und benutzte das Wort vom »Eisernen Vorhang« (5.3. 1946). Die von den USA eingeschlagene Politik zwang die Sowjetunion zur Aufgabe ihrer Autonomiebestrebungen in Aserbeidschan und zum Rückzug ihrer Truppen aus dem Iran (1946). Nachdem die Sowjetunion am 7.8. 1946 wiederum eine neue Regelung der Dardanellendurchfahrt, über die in Potsdam schon eine Übereinkunft erzielt worden war, und gemeinsame türkisch-sowjetische Befestigungsanlagen gefordert hatte, verlegten die Vereinigten Staaten Flotteneinheiten in das östliche Mittelmeer und forderten die Türkei zur Standhaftigkeit gegenüber der Sowjetunion auf. Auf den die Friedensverträge vorbereitenden Außenministerkonferenzen der 4 Mächte im Jahre 1946 konnte die Sowjetunion nur die Forderungen durchsetzen, die ihren bisherigen Machtbereich betrafen. Am 10.2. 1947 wurden die Friedensverträge mit den ehemaligen Verbündeten Deutschlands – Finnland, Italien, Ungarn, Rumänien und Bulgarien – unterzeichnet. Die wichtigsten territorialen Veränderungen waren für Finnland die Überlassung des Petsamo-Gebiets und die Verpachtung der Halbinsel Porkkala für 50 Jahre an die UdSSR, für Italien die Abtretung des Dodekanes an Griechenland und Istriens an Jugoslawien sowie Grenzkorrekturen gegenüber Frankreich und die Schaffung des Freistaates Triest, für Ungarn der Verzicht auf den »Preßburger Brückenkopf«, für Rumänien die Rückgabe Bessarabiens und der Nordbukowina an die UdSSR, der Gewinn des im 2. Wiener Schiedsspruch abgetretenen Nordsiebenbürgens von Ungarn und die endgültige Abtretung der Süddobrudscha an Bulgarien. 90 Tage nach Inkrafttreten der Friedensverträge sollten sich die Besatzungstruppen zurückziehen. Die sowjetischen Truppenverbände in Ungarn und Rumänien sollten zur Aufrechterhaltung der Verbindungslinien erst 90 Tage nach einem Friedensvertrag mit Österreich den Rückzug antreten. Im Friedensvertrag mit Bulgarien wurde ein Rückzug nicht erwähnt.

Die Konsolidierung der sowjetischen Macht in Osteuropa geschah durch Ausschaltung und Entmachtung der in den Koalitionsregierungen vertretenen nichtkommunistischen Parteien und der auf Druck der USA und Großbritanniens aufgenommenen Politiker der Exilregierungen (Polen, Ungarn, Rumänien). Freundschafts- und Beistandspakte, die Jugoslawien mit Polen (18.3. 1946), mit der Tschechoslowakei (9.5. 1946) und Albanien (9.7. 1946) und Polen mit der Tschechoslowakei (10.3. 1947) schlossen, trugen zur inneren Festigung des »sozialistischen Lagers« bei. Zur Stabilisierung des sowjetischen Einflußbereichs wurden in Jugoslawien, Albanien und Bulgarien Volksrepubliken gebildet und die Monarchien in Jugoslawien (29.11. 1945), Albanien (11.1. 1946), Ungarn (2.2. 1946) und Bulgarien (4.12. 1946) abgeschafft. Die rigorose Durchführung der Bodenreform, Beseitigung bzw. Vertreibung antisowjetischer Führungseliten, forcierte Sozialisierungen und Kollektivierungen, verstärkter Ausbau der unter kommunistischer Führung stehenden Massenorganisationen und Wahlen mit zum Teil gefälschten Wahlergebnissen verschafften den Kommunisten, die in diesen Ländern nie in der Mehrheit gewesen waren, eine absolute und nicht mehr anfechtbare Machtstellung. Am 21.4. 1946 wurde in der sowjetischen Besatzungszone die SED durch Zwangsvereinigung der SPD mit der KPD gebildet.

Deutschland wurde ein Opfer der Konfrontation der beiden Weltmächte, da sowohl die USA als auch die UdSSR bestrebt waren, sein wirtschaftliches Potential nicht in die Hand der jeweils anderen Macht fallen zu lassen. Mit der am 12.3. 1947 verkündeten »Truman-Doktrin«, war der Weg der Konfrontation zwischen den beiden Großmächten beschritten. Die von Kennan 1947 formulierte, später oft mißverstandene und vergröberte Politik der »Eindämmung« (containment) löste die Kooperationspolitik ab.

Der am 4.3. 1947 abgeschlossene englisch-französische Bündnisvertrag von Dünkirchen, der sich gegen ein Wiederaufleben einer deutschen Aggressionspolitik richtete, durfte zur Zeit seines Abschlusses schon als überholt gelten.

ISLAND
Reykjavik
NORWEGEN
SCHWEDEN
FINNLA
ERP
Oslo
Stockholm
GROSS-
BRITANNIEN
IRLAND
Dublin
DÄNEMARK
Kopenhagen
NIEDER-
LANDE
Den Haag
London
USA
Truman-
12.3.1947
Doktrin
Brüssel
BELGIEN
LUX.
BUNDES-
REPUBLIK
DEUTSCHLAND
1949
Paris
FRANKREICH
KP
1953
DDR
1949
12.7.1952
Berlin
(W.)(O.)
1948/51
5.12.1948
POLEN
22.7.1952
Szklarska Poreba
22.-27.9.1947
17.4.1949
1951/52
ČSSR
9.5.1948
Wien
14.6.1948
1949
UNGARN
20.8.1949
Bern
L.
SCHWEIZ
ÖSTERREICH
Freistaat
TRIEST
JUGOSLAWIEN
28.6.1948
Bruch mit UdSSR
S. MARINO
MONACO
ITALIEN
Rom
ALBANIEN
1949
MW
GRIEC
LAN
RU
PORTUGAL
Lissabon
SPANIEN
ANDORRA
Gibraltar
brit.
span. Prot.
Algerien
Marokko
Tunesien
Malta
brit.
LIBYEN

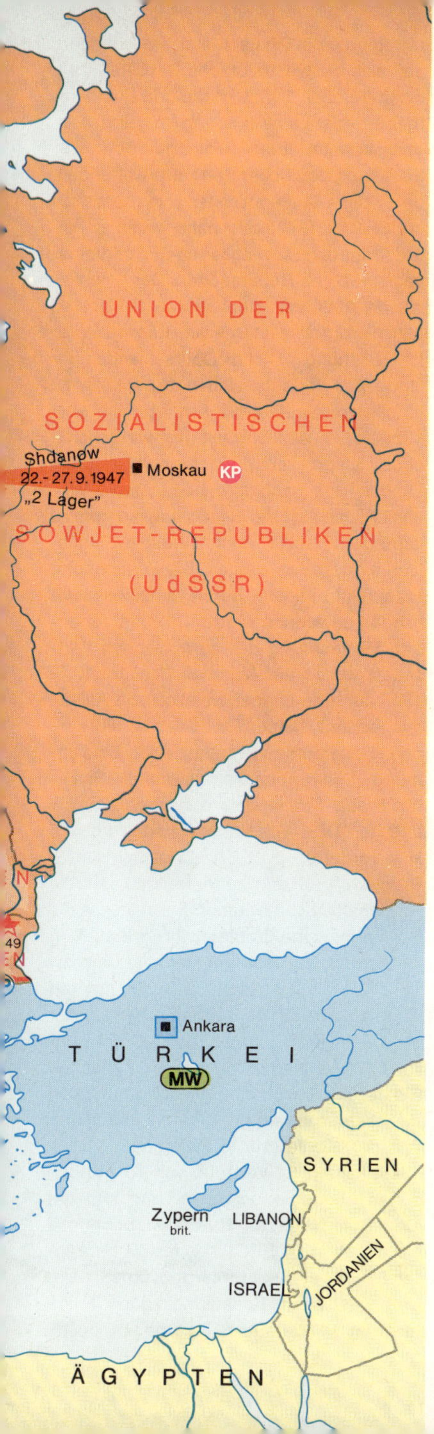

Der Marshall-Plan und die Reaktion der Sowjetunion (1947-1953)

Absage der Einladung zur Beratung des Marshall-Angebots:
ERP mit Rücksicht auf die Sowjetunion
ERP auf Grund sowjetischen Drucks
ERP wegen prosowjetischer Einstellung

Teilnehmer der Konferenz in Paris und Unterzeichner der OEEC-Konvention

Mächte des Brüsseler Paktes

MW Beistandserklärung bzw. Militär- und Wirtschaftshilfe der USA

Sowjetunion

UNGARN 20.8.1949 »Volksdemokratie« bzw. »Volksrepublik« (mit Gründungsdatum)

Gestürzte Monarchie

Vereinigung einer kommunistischen mit einer sozialistischen bzw. sozialdemokratischen Partei (mit Datum)

Säuberung von »Rechts«- bzw. »Links-Abweichlern« (mit Datum)

»Vertrag über Freundschaft, Zusammenarbeit und gegenseitigen Beistand« zwischen der Sowjetunion und einem osteuropäischen Staat (mit Datum)

Vertrag Sowjetunion – Finnland

»Eiserner Vorhang«

KP Gründungsmitglieder des Kominform

Sowjetische Blockade West-Berlins und Alliierte Luftbrücke

Streik gegen den Marshall-Plan

Rat für gegenseitige Wirtschaftshilfe (RGW/COMECON = Council for Mutual Economic Aid)

Späterer Beitritt zum RGW

Grenze des Deutschen Reiches (1937)

Der Marshall-Plan und die Reaktion der Sowjetunion (1947–1953)

Am 21.2. 1947 kündigte die britische Regierung wegen ihrer finanziellen Schwierigkeiten die Einstellung ihrer Unterstützung für die Türkei und Griechenland zum 31.3. 1947 an. Da eine Kontrolle der Meerengen unter Beteiligung der UdSSR und ein Sieg der von Albanien, Jugoslawien und Bulgarien unterstützten kommunistischen »Nationalen Befreiungsbewegung« den Interessen der USA zuwiderliefen, die hinter diesen Bewegungen Expansionsbestrebungen der Sowjetunion vermuteten, forderte US-Präsident Truman am 12.3. 1947 in einer Botschaft an den Kongreß Hilfe für die beiden Staaten in Höhe von 400 Mio. Dollar. Zur Begründung seines Antrags beschrieb er die Ereignisse in der Türkei und Griechenland als Teil einer weltweiten Auseinandersetzung zweier verschiedener Lebensformen: »Die eine Lebensform gründet sich auf den Willen der Mehrheit und ist gekennzeichnet durch freiheitliche Einrichtungen: eine repräsentative Regierung, unbeeinflußte Wahlen, Rechtsgarantien für die persönliche Freiheit, Rede- und Religionsfreiheit und Schutz vor politischer Unterdrückung. Die andere Lebensform gründet sich auf den von einer Minderheit der Mehrheit gewaltsam aufgezwungenen Willen. Sie stützt sich auf Terror und Unterdrückung, auf die Gleichschaltung der Presse und des Rundfunks, auf vorgeschriebene Wahlen und den Entzug der persönlichen Freiheit.« Als Folge der »Truman-Doktrin« wurden Abkommen über militärische Hilfe mit Griechenland (20.6. 1947), der Türkei (12.7. 1947) und dem Iran (6.10. 1947) abgeschlossen.

Der Übergang von einer Politik der Kooperation mit der Sowjetunion in Europa zu einer Politik der Eindämmung des Kommunismus (»containment policy«), für die George F. Kennan unter einem Pseudonym (»Mr. X«) im Juli 1947 in der Zeitschrift »Foreign Affairs« die theoretische Grundlage schuf, war vollzogen.

Die USA, vor allem die amerikanische Militärregierung in Deutschland, befürchteten, daß sich die westdeutsche Bevölkerung – durch Hunger, Verzweiflung und Elend getrieben – dem sowjetischen Modell zuwenden könnte. Eine Einigung über die Schaffung deutscher Zentralverwaltungen, der die Außenminister in Moskau (10.3.–24.4.1947) sehr nahe waren, scheiterte an den sowjetischen Forderungen nach weiteren Reparationen. Der amerikanische Außenminister George C. Marshall sah hierdurch seinen Plan, Europa unter Einbeziehung (West-)Deutschlands für lange Zeit wirtschaftlich und politisch zu stabilisieren, gefährdet. Am 5.6. 1947 verkündete er ein langfristiges wirtschaftliches Hilfsprogramm für die europäischen Länder, den nach ihm benannten »Marshall-Plan«. Um die Besatzungskosten zu verringern, sollte auch (West-)Deutschland einbezogen werden. Die Zustimmung Frankreichs sollte durch amerikanische Kredite gewonnen werden. Wegen der engen Verflechtung der europäischen Wirtschaft wurde der Marshall-Plan am 12.6. 1947 auf »alle Länder westlich von Asien« ausgedehnt. Dieser Plan beabsichtigte einen Wiederaufbau Europas, eine »Eindämmung« des Kommunismus und die Sicherung des Freihandels zwischen Europa und den USA. Als Voraussetzung für ihre Hilfe forderten die USA ein gemeinsames Programm für den Wiederaufbau und die wirtschaftliche Integration Europas. Da die Sowjetunion befürchtete, ihren Einfluß in Osteuropa zu verlieren, lehnte Molotow den Plan als Einmischung in die inneren Angelegenheiten der europäischen Länder ab (2.7. 1947). Unter dem Druck der UdSSR und wegen ihrer prosowjetischen Einstellung wurde die Einladung auch von den osteuropäischen Staaten abgelehnt. Auf der Konferenz in Paris (12.7.–21.9. 1947) kamen die Vertreter von 16 europäischen Ländern zusammen und bildeten ein »Committee for European Economic Cooperation« (CEEC), das für die beteiligten Länder und die Militärgouverneure der drei westlichen Besatzungszonen Pläne für den Wiederaufbau erarbeiten sollte.

Der Bericht des CEEC, der am 22.7. 1947 der amerikanischen Regierung übergeben wurde, bildete die Grundlage für das »Europäische Wiederaufbauprogramm« (European Recovery Program = ERP). Am 16.4. 1948 wurde in Paris die »Konvention für Europäische Wirtschaftliche Zusammenarbeit« mit den Bedingungen für die »Organisation für Europäische Wirtschaftliche Zusammenarbeit (Organization for European Economic Cooperation = OEEC) von den 16 Ländern und den drei Militärgouverneuren der westlichen Besatzungszonen unterzeichnet, an deren Stelle am 31.10. 1949 nach ihrer Gründung die Bundesrepublik als 17. Mitgliedstaat trat. Die USA stellten über 12 Mrd. Dollar zur Verfügung (1949–1951). Der Marshall-Plan bildete den Beginn eines westeuropäischen Blocks.

Der Formierung eines Westblocks begegnete die Sowjetunion mit der Gründung der Kominform, der Sowjetisierung des Ostblocks, und der Gründung des »Rates für gegenseitige Wirtschaftshilfe«. Die Sowjetunion lud die kommunistischen Parteiführungen Jugoslawiens, Bulgariens, Rumäniens, Ungarns, der Tschechoslowakei, Frankreichs und Italiens nach Szlarska Preba (Schreiberhau) im Riesengebirge ein (22.–27.9. 1947), um auf Initiative Titos eine Nachfolgeorganisation für die am 15.3. 1943 aufgelöste »Kommunistische Internationale« zu gründen. Das neu gegründete »Kommunistische Informationsbüro« sollte dem »proletarisch-sozialistischen Internationalismus« dienen und die kommunistischen Parteien stärker an die Sowjetunion binden.

A. Shdanow formulierte auf der Gründungskonferenz die Zweilager-Theorie von dem »imperialistischen und antidemokratischen Lager« (USA und der Westen Europas) und dem »antiimperialistischen und demokratischen Lager« (UdSSR und »neue« Demokratien). Den Marshall-Plan bezeichnete er als einen »Sklavenplan«, der zur Fesselung der Länder Europas durch Dollar-»Hilfe« dienen sollte. Am 28.10. 1947 trat die KP Albaniens der Kominform bei. Die Bindung der ost- und südosteuropäischen Länder an die Sowjetunion geschah durch weitere Freundschafts- und Beistandspakte der Sowjetunion mit Rumänien (4.2. 1948), Ungarn (18.2. 1948) und Bulgarien (18.3. 1948).

Die bilateralen Abkommen der Volksdemokratien untereinander dienten einer weiteren Verklammerung der Staaten im sowjetischen Machtbereich und dem Abbau politischer Spannungen zwischen diesen Ländern (Grenz- und Minderheitenprobleme). In dem Vertrag der Sowjetunion mit Finnland (6.4. 1948) wurde die Neutralität Finnlands anerkannt, das sich jedoch verpflichtete, einem deutschen Angriff mit sowjetischer Hilfe zu begegnen. Die Sowjetisierung der Länder in Osteuropa wurde erreicht durch die Errichtung von Volksrepubliken bzw. Volksdemokratien in der DDR, Polen, Rumänien – verbunden mit der Abdankung König Michaels am 30.12. 1947 – und Ungarns, die Annahme von Verfassungen nach sowjetischem Vorbild, die Schaffung von »Einheitsparteien« und die Säuberungen der kommunistischen Parteien. Einen Höhepunkt bildete der kommunistische Umsturz in der Tschechoslowakei (25.2.–11.3. 1948). Der Bruch mit Jugoslawien, das seinen »eignen Weg« durch Handelsabkommen mit dem Westen, Ausbau der Konsumgüterindustrie und Freundschafts- und Beistandspakte mit den Nachbarstaaten gehen wollte, erfolgte durch den Ausschluß Jugoslawiens aus dem Kominform (28.6. 1948). Gegen den Marshall-Plan richtete sich auch die Gründung des »Rates für gegenseitige Wirtschaftshilfe« (RGW oder COMECON) am 25.1. 1949 (S. 367). Eine Folge der kommunistischen Machtübernahme in der Tschechoslowakei war der Abschluß des Brüsseler Fünfmächtepakts zwischen Großbritannien, Frankreich und den 3 Beneluxstaaten am 17.3. 1948, der sich gegen eine Bedrohung aus dem Osten wandte und in Art. III eine automatische Beistandsverpflichtung enthielt, falls ein Partner »das Ziel eines bewaffneten Angriffs in Europa werden sollte«.

Die Vereinten Nationen (1945–1968)

⊙ **Vorbereitende Konferenzen**

◎ **Gründungskonferenz**

Auf der Konferenz über internationale Zusammenarbeit in San Francisco (25.4.–26.6.1945) trafen Vertreter von 50 Staaten zusammen und unterzeichneten am 26.6.1945 die Charta der Vereinten Nationen. Offizielles Gründungsdatum wurde der 24.10.1945 (Tag der Vereinten Nationen).

Hauptsitz der Vereinten Nationen

• **Sitze von Organisationen und Sonderorganisationen**

Gründernationen

Als Gründungsmitglieder gelten die Nationen, die die »Erklärung Vereinter Nationen« am 1.1.1942 unterzeichnet oder an der Konferenz in San Francisco teilgenommen und am 26.6.1945 die Charta unterzeich-

net und gemäß Artikel 110 ratifiziert haben.

Aufnahmen:

- **1946–1950**
- **14.12.1955**
- **1956–1958**
- **1960 (»Afrikanisches Jahr«)**
- **1961–1968**

V **Ständige Mitglieder des Sicherheitsrates (mit Vetorecht)**

Treuhandgebiete der Vereinten Nationen

Eingreifen der Vereinten Nationen

Ein Eingreifen der Vereinten Nationen kann durch Entsendung militärischer Beobachtergruppen oder durch Friedenstruppen der Vereinten Nationen stattfinden.

Nichtmitglieder

Abhängige Gebiete

Die Vereinten Nationen

Die Gründung der Vereinten Nationen geht auf den Zusammenschluß der Staaten, die während des 2. Weltkrieges gegen die Achsenmächte und deren Verbündete kämpften und nach Beendigung des Krieges eine neue Weltfriedensordnung schaffen wollten, zurück. Nachdem Roosevelt schon am 6.1.1941 die »4 Freiheiten« verkündet hatte – Freiheit der Meinungsäußerung, der Religionsausübung, von Not und von Furcht –, unterzeichneten am 12.6.1941 Vertreter Großbritanniens, Kanadas, Australiens, Neuseelands und der Südafrikanischen Union sowie der europäischen Exilregierungen in London eine Deklaration über eine freiwillige Zusammenarbeit freier Völker als wahre Grundlage für einen dauernden Frieden. Wenige Wochen später, am 14.8.1941, verkündeten Roosevelt und Churchill an Bord der »Prince of Wales« die »Atlantik-Charta«, mit deren Zielen sich im »Pakt von Washington« am 1.1.1942 26 Staaten solidarisch erklärten. Zum ersten Mal wurde das von Roosevelt geprägte Wort »Vereinte Nationen« in der »Erklärung Vereinter Nationen« verwendet. 1943 wurde sowohl auf der Außenministerkonferenz in Moskau als auch auf der Konferenz von Teheran die Forderung bekräftigt, eine neue internationale Organisation zur Erhaltung des Friedens und der Sicherheit sowie der Zusammenarbeit zu schaffen. Auf der Konferenz von Dumbarton Oaks (21.8.–6.9.1945) wurde von den 4 Großmächten USA, UdSSR, China und Großbritannien der Entwurf für die Organisationsform der »Vereinten Nationen« ausgearbeitet. Nach der Konferenz von Jalta (4.–11.2.1945) ergingen von den 4 Großmächten Einladungen an alle Mächte, die vor dem 1.3.1945 Deutschland den Krieg erklärt hatten, zu einer Konferenz in San Francisco.

Ziele der Vereinten Nationen sind Wahrung des Weltfriedens, internationale Sicherheit durch wirksame Kollektivmaßnahmen, Entwicklung freundschaftlicher Beziehungen zwischen den Nationen, internationale Zusammenarbeit zur Lösung wirtschaftlicher, sozialer, kultureller und humanitärer Probleme, Förderung der Achtung vor den Menschenrechten und Grundfreiheiten.

Organe der Vereinten Nationen sind:

1. Die Generalversammlung, die aus allen Mitgliederstaaten besteht. Jedes Mitglied sendet in sie höchstens 5 Vertreter, hat aber nur 1 Stimme. Sie besitzt das Recht auf Diskussion und kann Empfehlungen verabschieden.
2. Der Sicherheitsrat, der sich aus 5 ständigen Mitgliedern (China, Frankreich, Großbritannien, UdSSR, USA) sowie 6, ab 1965 10 nichtständigen, von der Generalversammlung auf 2 Jahre gewählten Mitgliedern zusammensetzt. Er ist für die Erhaltung des Friedens und der internationalen Sicherheit zuständig.
3. Der Wirtschafts- und Sozialrat, dessen wichtigste Untergliederungen die 5 regionalen Wirtschaftskommissionen sind.
4. Der Treuhandrat, der die Treuhandgebiete der Vereinten Nationen kontrolliert.
5. Der internationale Gerichtshof in Den Haag, der sich aus 15 Richtern zusammensetzt, die als »Mitglieder« des Gerichtshofes bezeichnet und von der Generalversammlung und dem Sicherheitsrat in gesonderten Abstimmungen auf 9 Jahre gewählt werden.
6. Der Generalsekretär, der auf Empfehlung des Sicherheitsrates von der Generalversammlung gewählt wird, ist zuständig für die Durchführung der von den Organen der Vereinten Nationen aufgestellten Programme, Beschlüsse und Grundsätze.

Die Vereinten Nationen, die anfangs eine Organisation waren, in der die europäischen Staaten und die Staaten des amerikanischen Kontinents großen Einfluß besaßen, wandelten sich mit der fortschreitenden Entkolonialisierung zu einem Forum für die afrikanischen und asiatischen Staaten.

Internationale Themen, die die Vereinten Nationen beschäftigt haben und noch beschäftigen, sind die Abrüstung, die friedliche Nutzung des Weltraums und des Meeresbodens sowie die Apartheid-Politik.

Die Auflösung der Kolonialreiche (1945-1968)

Eines der wichtigsten Ergebnisse des 2. Weltkrieges war die schon während des Krieges eingeleitete Entkolonialisierung. Die Gründe für diese Entkolonialisierung, d.h. für die Emanzipation aus kolonialer Bevormundung der europäischen Mächte, waren:
1. ein immer stärker werdender Nationalismus – oft gespeist aus religiösen Motiven–, der die Fremdherrschaft ablehnte und Selbstregierung und Unabhängigkeit forderte,
2. der Prestigeverlust des »weißen Mannes«, der schon während des 1. Weltkrieges begonnen hatte und während des 2. Weltkrieges äußerlich sichtbar wurde in dem Zusammenbruch des italienischen und niederländischen Kolonialreiches, wobei den Zusammenbruch des letzteren die »farbige« und »asiatische« Macht Japan herbeigeführt hatte,
3. der Verlust des Selbstvertrauens der weißen Oberschicht und das Aufkommen eines Schuldgefühls wegen der Herrschaft über Völker, deren hochentwickelte Kulturen und Religionen eine starke Anziehung ausübten,
4. die aufgrund ihrer eigenen historischen Vergangenheit antikoloniale Einstellung der Vereinigten Staaten, von denen nach 1945 kein Verständnis für einen Neuaufbau der Kolonialreiche zu erwarten war,
5. die angelsächsische Idee einer Zusammenarbeit aller Völker, wie sie in der Atlantik-Charta proklamiert und in der Organisation der Vereinten Nationen verwirklicht worden war.
Die Schnelligkeit, mit der der Prozeß der Entkolonialisierung stattfand, war zurückzuführen auf:
1. den nicht uneigennützig geförderten Nationalismus durch Japan in Asien, der zur Unabhängigkeitserklärung Burmas (1943), der Philippinen (1943) und Vietnams (1945) führte,
2. die Versprechen der westlichen Alliierten während des 2. Weltkrieges sowie die aus Kriegsgründen erfolgte Proklamation über die Unabhängigkeit des Libanon und Syriens,
3. das Machtvakuum in Asien, das nach der Kapitulation Japans entstanden war,
4. die Rückwirkung der erfolgreichen asiatischen Unabhängigkeitsbestrebungen auf Afrika,
5. das wachsende Verständnis der europäischen Mächte für den Wunsch der Kolonien nach Unabhängigkeit,
6. die Unmöglichkeit der durch 2 Weltkriege geschwächten Kolonialmächte, ihre Herrschaft in den Kolonien gegen den Willen der Bevölkerung durch einen fortgesetzten Kampf aufrecht zu erhalten.
Dank der pragmatischen, wenn auch nicht immer folgerichtigen Politik wurde die Entkolonialisierung für Großbritannien trotz gewisser Rückschläge und Schwierigkeiten (Malaya, Kenia) ein Erfolg und endete mit der am 18.7.1968 verkündeten Räumung der Stützpunkte »östlich von Suez« bis 1971. Der Versuch Frankreichs, sein Kolonialreich in eine Union Française (24.12.1946) umzubauen, scheiterte. Belgien, das als Kolonialmacht versäumt hatte, die Kongovölker auf die politische Unabhängigkeit vorzubereiten, mußte sich 1960 zurückziehen. Der Versuch der Niederlande, die Indonesische Republik im Rahmen einer Union an sich zu ketten, schlug fehl.
Gefahren für die neuen Staaten ergaben sich oft aus der zu schnell gewährten Selbständigkeit, der Instabilität (Gegensätze von Stämmen und Stammesgruppen, farbiger Rassismus, Militärputsche), dem Gegensatz zwischen arm und reich sowie gebildet und ungebildet und dem Fehlen einer wirtschaftlichen Basis. Hinzu trat die Schwierigkeit, daß die jungen Staaten der »3. Welt« sehr oft in die Gegensätze zwischen Ost und West hineingezogen wurden und manchmal ihre Rolle zwischen den Machtblöcken überschätzten. Zu einer Organisation der »3. Welt« kam es trotz der Ansätze auf der Konferenz von Bandung nicht.

Die Entkolonialisierung (1945-1968)

Vor 1945 unabhängige Staaten

Unabhängig gewordene Staaten: 1945-1951

Nachdem aus kriegsbedingten Gründen Syrien, Libanon und Island während des 2. Weltkrieges unabhängig geworden waren, setzte die 1. Phase der Entkolonialisierung in Asien ein (Vorderer Orient, Süd- und Südostasien). 13 ehemalige Kolonien und Mandatsgebiete erlangten ihre Unabhängigkeit.

1956-1960

Die 2. Phase umfaßte 5 Jahre und endete mit dem »Afrikanischen Jahr«. Neben Zypern und Malaysia entstanden 22 souveräne afrikanische Staaten, darunter 11 im Jahr 1960. Franz.-West- und Franz.-Äquatorialafrika verschwanden.

1961-1968

Die 3. Phase begann 1961 und war 1966 fast beendet. 21 abhängige Gebiete in Afrika, Südasien und der Karibik erhielten die Unabhängigkeit. Dieser Prozeß setzte sich langsam fort.

Gebiete mit ungeklärtem Status

Abhängige Gebiete und Überseeterritorien

Aufstand oder Krieg gegen eine europäische Kolonialmacht

Bandung-Staaten

Auf der Konferenz von Bandung (8.–24.4. 1955) wurde ein erster Versuch zu einem Zusammenschluß der farbigen afrikanischen und asiatischen Völker unternommen. Grundsätze über eine freundschaftliche Zusammenarbeit, die eine Erweiterung der 5 Prinzipien der friedlichen Koexistenz (Panch-Shila = 5 Grundsätze) darstellten, wurden proklamiert.

DANEMARK
SCHWEDEN
Helgoland
1952 an Bundesrep. zurück
Kiel
Schleswig-Holstein
zu Bremen
Hamburg
Bremen
gemeinsame Mannschaft bis 1968
Niedersachsen
NIEDERLANDE
BUNDES-
Hannover
Nordrhein-
23.5.1949 Grundgesetz
Essen
Dortmund
Bochum
Düsseldorf
Westfalen
REPUBLIK
Köln
Bonn
Petersberg
22.11.1949 Abkommen
26.5.1952 Deutschlandvertrag
BELG.
Hessen
Fulda
Rheinland-
Frankfurt
26.9.1968 Konstituierung der DKP
Wiesbaden
Mainz
Pfalz
LUX.
Bamberg
Saarland
1957 zur Bundesrep.
Saarbrücken
23.10.55 Volksabstimmung über Saarstatut
DEUTSCHLAND
Württemberg-
Karlsruhe
17.8.1956 Verbot der KPD
Stuttgart
Baden
Bayern
Kehl
1946-52 zu Frankreich
Baden-Württemberg
25.4.1952
Passau
FRANKREICH
Württemberg-Hohenzollern
Baden
München
Rostock
Greifswald
Bützow-Dreibergen
Berndshof
Schwerin
Neubrandenburg
unter polnischer Verw
7.10.1949 DDR-Verfassung
Mildenberg
6.6.1950 »Friedensgrenze« DDR-Polen
Nitzow
Berlin
B.-Hohenschönhausen
Rüdersdorf
Potsdam
B.-Lichtenberg
Brandenburg-Görden
Frankfurt
Magdeburg
Eisenhüttenstadt (Stalinstadt)
Quedlinburg
DDR
9.4.1968
Lübbenau
Luckau
»Roter Ochse«
Cottbus
Volkstedt
Torgau
Schacksdorf
Halle
Roßleben
Leipzig
»Schwarze Pumpe«
Coswig
Bautzen
Waldheim
Erfurt
Naumburg
Görlitz
Gräfentonna
Altenburg
Klotzsche
unter po
Dresden
Ichtershausen
Gera
Karl-Marx-Stadt (Chemnitz)
Unterwellenborn
Zwickau
Hoheneck
Suhl
»Steinkohle«
Falkenbach-Himmelsmühle
Untermaßfeld
Aue
Cranzahl-Sosa
Erlabrunn
TSCHEC
ÖSTERREICH
SCHWEIZ
ITALIEN
JUG

Bundesrepublik Deutschland und Sowjetische Besatzungszone – DDR (1949-1968)

Bundesrepublik Deutschland

Sowjetische Besatzungszone – (DDR)

Gebiete unter polnischer bzw. sowjetischer Verwaltung

Berlin-West und Berlin-Ost

Grenze des Deutschen Reiches 1937

Oder-Neiße-»Friedens-Grenze«

»Berliner Mauer« und Grenzbefestigung (seit 1961)

Ländergrenze

Bezirksgrenze

Durch das »Gesetz über die weitere Demokratisierung des Aufbaus und der Arbeitsweise der staatlichen Organe in den Ländern« vom 23.7.1952 wurden die nach 1945 neu gebildeten Länder aufgelöst. An ihre Stelle traten 14 Bezirke.

Bezirkshauptstadt

Kontrollgebiet der Internationalen Ruhrbehörde (1948-1952)

Luftkorridore nach Berlin

Kontrollstelle

Deutscher Katholikentag

Deutscher Evangelischer Kirchentag

Strafvollzugseinrichtungen der DDR:

Strafvollzugsanstalten (StVA)

Haftarbeitslager (HAL)

Nach Auflösung der letzten sowjetischen Internierungslager (1950) wurden die über 10.000 durch sowjetische Militärtribunale verurteilten Personen den DDR-Behörden zum Strafvollzug überantwortet. Durch Verordnung des Ministerrates vom 16.11. 1950 wurden die Geschäfte des Strafvollzugs dem Ministerium des Innern übertragen. Sämtliche Strafvollzugseinrichtungen wurden durch die Volkspolizei verwaltet.

Bundesrepublik Deutschland und sowjetische Besatzungszone – DDR (1949–1968)

Die verantwortlichen Politiker der Bundesrepublik Deutschland waren sich im Ziel einig, die uneingeschränkte Souveränität und den außenpolitischen Handlungsspielraum wiederzugewinnen, die deutsche Teilung durch Wiedervereinigung zu überwinden und den Frieden durch eine europäische Integration zu sichern. Unter dem Eindruck der sowjetischen Blockade Berlins, der Marshallplan-Hilfe und der sozioökonomischen Umwandlungen in der sowjetischen Besatzungszone entschieden sich die Regierungen unter Konrad Adenauer für eine Einbindung in den Westen. Die Souveränität der Bundesrepublik Deutschland war eingeschränkt durch das Besatzungsstatut (21.9. 1949) und die »Internationale Ruhrbehörde«, die die Kohle- und Stahlindustrie des Ruhrgebiets verwalten sollte und der die Bundesrepublik am 30.11. 1949 beitrat. Für diesen Beitritt erreichte Adenauer im »Petersburger Abkommen« (22.11. 1949) eine Herabsetzung des Demontageprogramms. Am 7.8. 1950 wurde die Bundesrepublik als assoziiertes Mitglied – neben dem Saargebiet – in den Europarat aufgenommen, dem sie seit dem 5.4. 1951 als Vollmitglied angehört. Nach der formellen Anerkennung der deutschen Auslandsschulden fand am 6.3. 1951 eine erste Änderung des Besatzungsstatuts statt. Die Bundesregierung konnte ein Ministerium für auswärtige Angelegenheiten errichten; außerdem wurde ein Programm für eine weitere Lockerung des Besatzungsstatuts entwickelt. Nach der wirtschaftlichen Einbindung der Bundesrepublik in den Westen (Montanunion, Europäische Wirtschaftsgemeinschaft, Europäische Atomgemeinschaft), durch die sich auch das Verhältnis zu Frankreich verbesserte, fand die politische und militärische Integration durch den Beitritt zur WEU und NATO (25.10. 1954) statt. Nach der Ratifizierung der Pariser Verträge trat der »Deutschlandvertrag« in Kraft (23.10. 1954), der das Besatzungsstatut aufhob (Auflösung der Alliierten Hohen Kommission) und der Bundesrepublik Souveränität zusprach. Die drei Mächte behielten sich aber »die bisher von ihnen ausgeübten oder innegehabten Rechte und Verantwortlichkeiten in Bezug auf Berlin und auf Deutschland als Ganzes einschließlich der Wiedervereinigung Deutschlands und einer friedensvertraglichen Regelung« vor. Das in Paris ebenfalls ausgehandelte Saarstatut wurde am 23.10. 1955 von 67,7% der Saarbevölkerung abgelehnt. Am 1.1. 1957 wurde das Saargebiet in die Bundesrepublik rückgegliedert. Nach dem Besuch Adenauers in Moskau (9.–13.9. 1955) wurden diplomatische Beziehungen zur UdSSR aufgenommen. Die Hallstein-Doktrin, nach der keine diplomatischen Beziehungen zu einem Staat aufgenommen wurden (außer der UdSSR), der die DDR anerkannte, sollte diese international isolieren. Die Versöhnung und Verständigung mit Frankreich fand ihren Ausdruck im Abschluß des Deutsch-Französischen Freundschaftsvertrages (22.1. 1963). Die innenpolitische Entwicklung wurde bestimmt durch einen wirtschaftlichen Aufschwung auf Grund der sozialen Marktwirtschaft, die es ermöglichte, die Heimatvertriebenen einzugliedern, das Verbot extremer Parteien wegen Verfassungswidrigkeit und das Verschwinden kleiner Parteien. Konrad Adenauer bestimmte als erster Bundeskanzler von 1949–1963 die Geschicke der Bundesrepublik, doch schwächten die Bundestagswahlen von 1961 und die »Spiegel-Affäre« (1962) seine Position. Unter seinem Nachfolger Ludwig Erhard zeigten sich Verschleißerscheinungen der CDU, doch brachten die Bundestagswahlen 1965 keinen politischen Umschwung. Erst die einsetzende wirtschaftliche Krise führte zur Bildung einer »Großen Koalition« (CDU/CSU, SPD) unter Kurt Georg Kiesinger. Die SPD, die sich nach dem »Godesberger Programm« (15.11. 1955) zur Volkspartei gewandelt und die Sozial- und Wirtschaftspolitik sowie die Einbeziehung der Bundesrepublik in den

Westen anerkannt hatte, war regierungsfähig geworden.
Die Abriegelung der Demarkationslinie (26.5. 1952), der auf der 2. Parteikonferenz der SED verkündete »planmäßige Aufbau des Sozialismus« (9.–12.7. 1952), der zur Errichtung landwirtschaftlicher Produktionsgenossenschaften führte, die Umwandlung der kasernierten Volkspolizei in Heeresgruppen (5.7. 1952) sowie das »Gesetz über die weitere Demokratisierung des Ausbaus und der Arbeitsweise der staatlichen Organe in den Ländern« (23.7. 1952), durch die die Länder beseitigt und 14 Bezirke gebildet wurden, trieben die »Eigenstaatlichkeit« der DDR voran, führten aber auch zusammen mit dem verschärften antikirchlichen Kurs zu einer Fluchtbewegung. Nach der Erhöhung der Arbeitsnormen um mindestens 10% (14.5. 1953), die auch nach Verkündigung des »Neuen Kurses« (11.6. 1953) nicht zurückgenommen wurde, brachen Streiks und Protestdemonstrationen der Arbeiter in Ost-Berlin und in wichtigen Industriezentren der DDR aus (17.6. 1953).
Die Krise wurde überwunden durch die Übernahme des Justizministeriums durch Hilde Benjamin (16.7. 1953) und durch Verhandlungen in Moskau (20.–22.8. 1953), die die Entnahme von Reparationen aus der DDR zum 1.1. 1954 beendeten, die Besatzungskosten auf 5% der Einnahmen des Staatshaushalts begrenzten, die Nachkriegsschulden tilgten, zur Lieferung von Waren an die DDR und zur Übergabe der SAG-Betriebe an die DDR als volkseigene Betriebe führten.
Nach Umwandlung der »Sowjetischen Kontrollkommission« in eine »Hohe Kommission« (27.5. 1953), der Souveränitätserklärung der Regierung der UdSSR für die DDR (25.3. 1954) und der Erklärung über die Beendigung des Kriegszustandes mit Deutschland (25.1. 1955) wurde durch den »Vertrag über die Beziehungen zwischen der Deutschen Demokratischen Republik und der UdSSR« (20.9. 1955) die Souveränität der DDR noch einmal bekräftigt. Chruschtschow erklärte, daß die Wiedervereinigung nun in den Händen der Deutschen liege. Die Fluchtbewegung nach der rigorosen Durchführung der Kollektivierung der Landwirtschaft, die Wirtschaftskrise und die Berlin-Krise führten zum Bau der Berliner Mauer und Schließung der deutsch-deutschen Grenze (13.8. 1961).
Die DDR, Mitglied im »Rat für gegenseitige Wirtschaftshilfe« und im Warschauer Pakt (14.5. 1955), erließ am 24.11. 1962 das Gesetz über die allgemeine Wehrpflicht und schloß am 12.6. 1964 den »Vertrag über Freundschaft, gegenseitigen Beistand und Zusammenarbeit« mit der UdSSR. Die Abgrenzung gegenüber der Bundesrepublik, die Festigung der Macht der SED und das politische Selbstbewußtsein manifestierten sich im »Gesetz über die Staatsbürgerschaft der Deutschen Demokratischen Republik« (20.2. 1967), der 2. Verfassung der DDR (9.4. 1968) und im Paß- und Visumzwang (12.6. 1968). Während die UdSSR ein neutralisiertes Gesamtdeutschland wünschte (Stalinnote vom 10.3. 1952, von Malenkow am 15.8. 1953 wiederholt, TASS-Erklärung vom 15.1. 1955), versuchten die Westmächte und Adenauer eine Wiedervereinigung über freie Wahlen und eine Einbindung Gesamtdeutschlands in den Westen zu erreichen. Ab 1955 stellte die Sowjetunion die Unmöglichkeit einer »mechanischen Verschmelzung« (durch Wahlen) der zwei deutschen Staaten fest und vertrat die »Zweistaaten-These«. Die DDR schlug daraufhin in der Folgezeit mehrere Konföderationspläne vor, in denen die »sozialistischen Errungenschaften« garantiert werden sollten, die aber ab 1966 keine Rolle mehr spielten. Zu den Resten deutscher Einheit gehörten noch die Bildung »gesamtdeutscher« Mannschaften für die Olympischen Spiele 1956, 1960 und 1964 sowie die Abhaltung gemeinsamer deutscher Katholikentage und evangelischer Kirchentage.
Rechtsgrundlage für den innerdeutschen Handel bildete das Frankfurter Abkommen (8.10. 1949), das durch das Berliner Abkommen (20.9. 1951) abgelöst wurde und am 16.9. 1960 eine Neufassung erhielt.

DÄNEMARK
SCHWEDEN
Glowe
Bergen
Warnemünde
Stralsund
Rostock
Wolgast
Wismar
Teterow
Anklam
Schwerin
Güstrow
Neubrandenburg
Crivitz
Boizenburg
Parchim
unter polnischer Ver
Grabow
Wittstock
Wittenberge
Pinnow
Groß-Dölln
NIEDER-
LANDE
BUNDES-
DDR
Velten
Eberswalde
Rathenow
Strausberg
Vieritz
Berlin
West
Ost
Hoppegarten
Tangerhütte
Potsdam
Fürstenwalde
Kirchmöser
Frankfurt
Magdeburg
Möckern
Königswusterhausen
Oschersleben
Belzig
Zossen
Stalinstadt, Eisenhütte
Gommern
Lübben
Coschen
Halberstadt
Rosslau
Drewitz
Wernigerode
Wittenbg.
Sielow
Peitz
Thale
Dessau
Cottbus
Hettstedt
Bitterfeld
Senftenberg
Helbra
Halle
Krauschwitz
Sangershausen
Torgau
Laubusch
REPUBLIK
Leipzig
Gröditz
Gr. Kayna
Riesa
Niesky
Sömmerda
Rötha
Görlitz
Erfurt
Apolda
Dresden
Zeitz
Bautzen
unter polnis
Gotha
Waldheim
Weimar
Jena
Gera
Freiberg
Friedrichroda
Weida
Karl-Marx-Stadt (Chemnitz)
Saalfeld
BELG.
Suhl
Greiz
Oberschlema
Aue
Schwarzenberg
Antonsthal
LUX.
Saarland
DEUTSCHLAND
TSCHE
FRANK-
REICH
ÖSTERREICH
L.
SCHWEIZ
ITALIEN
JUG

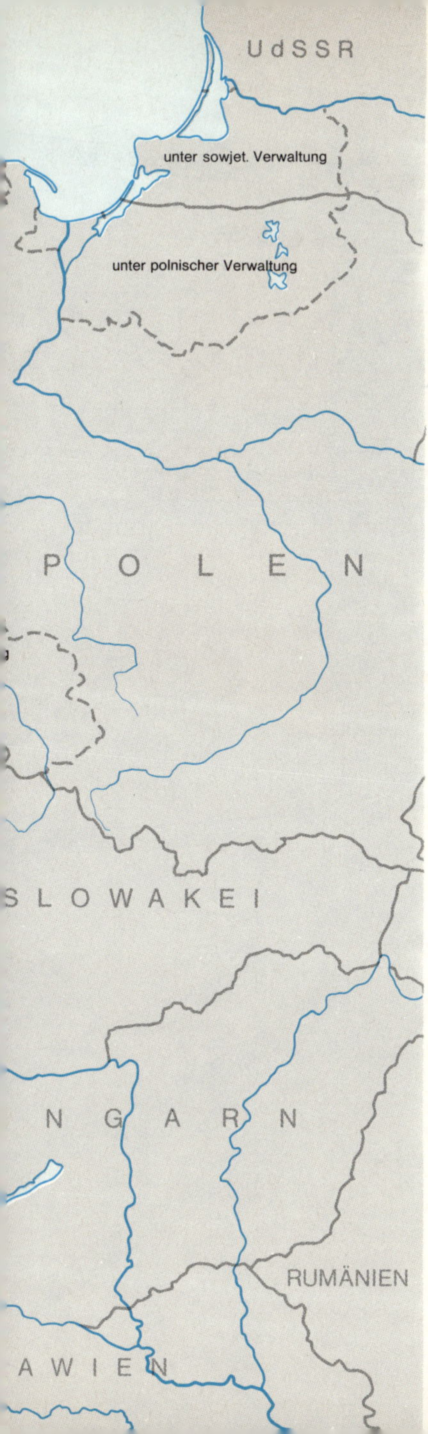

Der Volksaufstand am 17.6.1953

DDR (Sowjetische Besatzungszone)

Bezirksgrenze

Bezirkshauptstadt

Einsatz sowjetischen Militärs

Nachdem die 2. Parteikonferenz der SED (9.–12.7.1952) den planmäßigen »Aufbau des Sozialismus« verkündet hatte, sank ab Sommer 1952 der Lebensstandard der Bevölkerung durch die strukturellen Umstellungen in der Landwirtschaft, der gewerblichen Wirtschaft und der Industrie sowie die verschärfte Sowjetisierung und Militarisierung. Um der Wirtschaftskrise zu begegnen, wurde am 28.5.1953 eine Erhöhung der Arbeitsnormen bei gleichbleibendem Arbeitsentgelt festgelegt. Wegen der in der Bevölkerung entstandenen Unruhe und der Erleichterungen in anderen Ostblockstaaten empfahl das Zentralkomitee der SED am 9.6.1953 der Regierung einen »Neuen Kurs«, der eine Verlangsamung des »Aufbaus des Sozialismus«, Verbesserungen der Lebenshaltung der Bevölkerung und Reiseerleichterungen nach Westdeutschland beinhaltete. Der »Neue Kurs« wurde von dem DDR-Regime am 11.6.1953 bekanntgegeben. Da aber die Erhöhung der Arbeitsnormen nicht zurückgenommen wurde, kam es am 16.6. zu Protestdemonstrationen (Niederlegung der Arbeit in Ost-Berlin), und am 17.6.1953 griff der Aufstand auf einen großen Teil der DDR – vor allem auf die Industriezentren – über. Es ging nicht mehr um arbeitspolitische Forderungen, sondern auch um politische: »Einheit in Freiheit« und freie Wahlen. Am Mittag des 17.6.1953 griff die Rote Armee ein. Sie schlug mit Panzern den Aufstand der unbewaffneten Arbeiter nieder, verhängte in vielen Gebieten den Ausnahmezustand, bildete Standgerichte und rettete das SED-Regime vor dem Zusammenbruch.

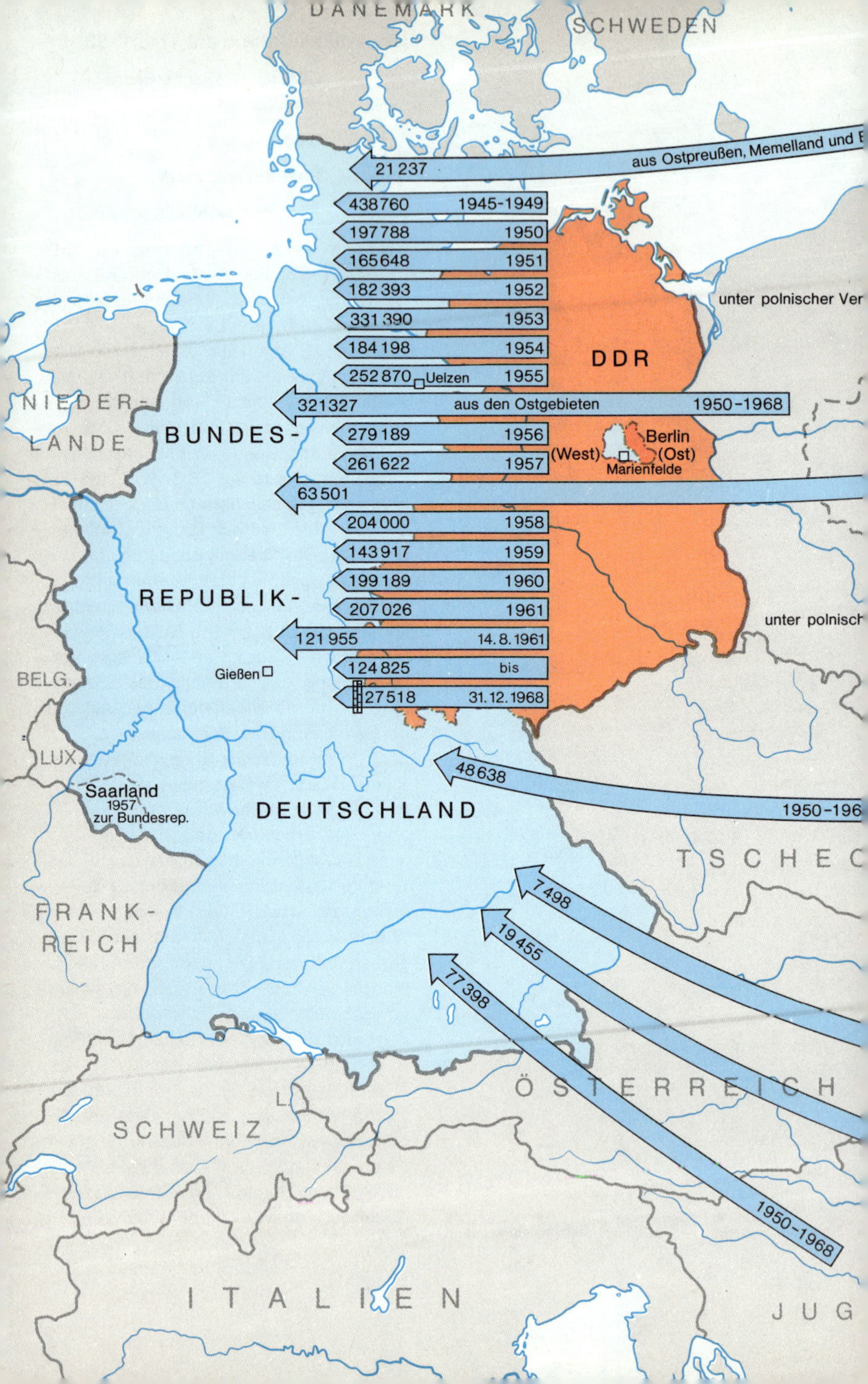
DÄNEMARK
SCHWEDEN
aus Ostpreußen, Memelland und B
21 237
438 760 1945-1949
197 788 1950
165 648 1951
182 393 1952
331 390 1953
184 198 1954
252 870 Uelzen 1955
321 327 aus den Ostgebieten 1950-1968
279 189 1956
261 622 1957
63 501
204 000 1958
143 917 1959
199 189 1960
207 026 1961
121 955 14. 8. 1961
124 825 bis
27 518 31. 12. 1968
unter polnischer Ver
DDR
Berlin
(West)
(Ost)
Marienfelde
unter polnisch
NIEDER-
LANDE
BUNDES-
REPUBLIK-
DEUTSCHLAND
BELG.
LUX.
Gießen
Saarland
1957
zur Bundesrep.
FRANK-
REICH
48 638
1950-196
TSCHEC
7 498
19 455
77 398
1950-1968
ÖSTERREICH
SCHWEIZ
L.
ITALIEN
JUG

Flüchtlinge, Übersiedler und »Sperrbrecher« (1950–1968)

Flüchtlinge

Übersiedler

»Sperrbrecher«

□ **Notaufnahmelager**

Nach der Flucht von ungefähr einer halben Million Menschen aus der sowjetischen Besatzungszone in die westlichen Besatzungszonen (1945–1949), schwoll die Fluchtbewegung nach der Gründung der Bundesrepublik Deutschland (21.9.1949) und der DDR (7. 10. 1949) an. Neben den besseren Lebensbedingungen und dem besseren beruflichen Fortkommen waren die Hauptgründe für die Fluchtbewegung die Maßnahmen des DDR-Regimes: Sowjetisierung der Zone, Kollektivierung, Enteignungen, Einengung der persönlichen Lebenssphäre, Einschränkungen im Reiseverkehr, Schließung der Grenze, Gewissenskonflikte und das Schwinden der Hoffnung auf Wiedervereinigung.

Durch Rückgabe »Deutscher Personalausweise« (25.1. 1951), Abriegelung der Zonengrenze (29.5. 1952), Änderung des Paßgesetzes (Bestrafung der »Republikflucht«, 11.12. 1957), Einziehung zurückgelassenen Vermögens (20.8. 1958), sowie erschwerte Reisebedingungen für bestimmte Personengruppen ab 1957 und Vorgehen gegen »Republikflucht«-Verdächtige versuchte das DDR-Regime die Flucht in den Westen zu unterbinden bzw. einzuschränken. Nach einer Agitation gegen »Grenzgänger« und einer dauernden Propaganda gegen »Menschenhandel« und »Abwerbung« wurden am 13.8. 1961 die Sektorengrenze zwischen West- und Ost-Berlin (»Berliner Mauer«) sowie die deutsch-deutsche Grenze gesperrt. Neben Flüchtlingen und Übersiedlern mit Ausreisegenehmigungen entstand die neue Kategorie der »Sperrbrecher«.

Durch Repatriierungsabkommen mit Ostblockstaaten konnten 1950–1968 über eine halbe Million Deutsche in die Bundesrepublik Deutschland übersiedeln.

ISLAND
1950
NORWEGEN
SCHWEDEN
FINNLA
Porkkala
1944-56 sowjet. Stützpunkt
GROSS-
BRITANNIEN
IRLAND
DÄNEMARK
London
USA
KANADA
NIEDER-
LANDE
BELGIEN
Brüssel
Casteau
LUX.
Paris
Fontainebleau
bis 1967
Straßburg
BUNDES-
REPUBLIK
DEUTSCHLAND
1951
1955
1953
Berlin
(W.) (O.)
DDR
1952
Warschau
POLEN
1952
1968
ČSSR
1948
1956
ÖSTERREICH
1956
UNGARN
1949
FRANKREICH
1963
SCHWEIZ
L.
TRIEST
bis 1954
S. MARINO
JUGOSLAWIEN
1945
MONACO
ITALIEN
ANDORRA
PORTUGAL
SPANIEN
ALBANIEN
1946
1949-62 im
Warsch. Pakt
GRIEC
LAN
195
RU
Gibraltar
brit.
brit.
MALTA
Stützpunkt
1965
MAROKKO
ALGERIEN
TUNESIEN
LIBYE

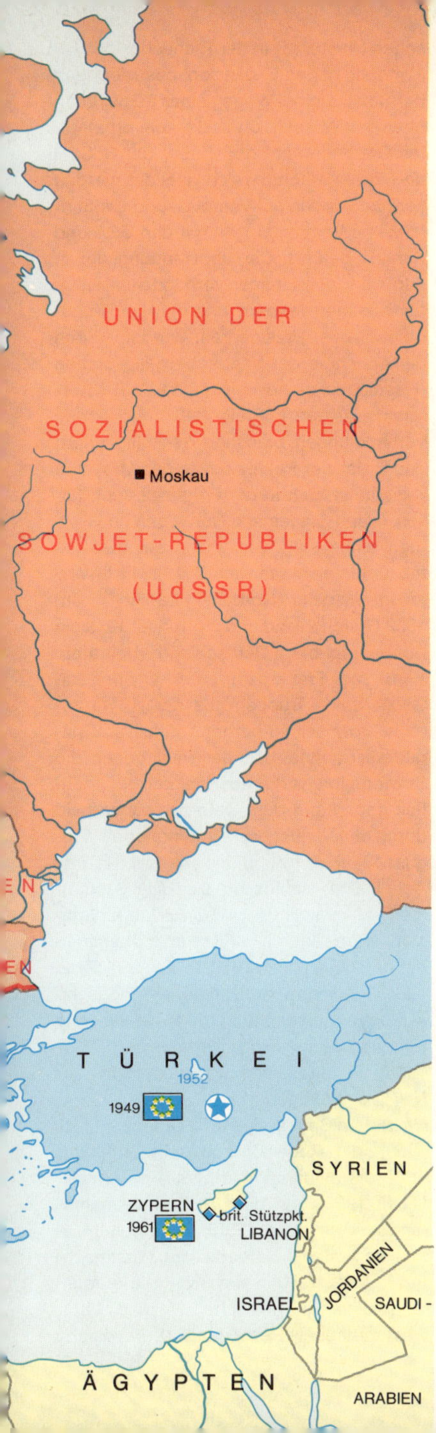

Die Teilung Europas I: Die politischen und militärischen Zusammenschlüsse und Bündnisse (1949-1968)

- Europarat
- Brüsseler Pakt
- Westeuropäische Union (WEU)
- Vereinigte Staaten von Amerika (USA)
- Nordatlantikpakt (North Atlantic Treaty Organization = NATO)
- Aus der militärischen Integration der NATO ausgeschiedener Staat
- Militärabkommen der Vereinigten Staaten
- Sowjetunion (UdSSR)
- UNGARN 1949 — »Volksdemokratie« bzw. »Volksrepublik«
- »Eiserner Vorhang«
- Warschauer Pakt
- »Vertrag über Freundschaft, Zusammenarbeit und gegenseitigen Beistand« zwischen der Sowjetunion und einer »Volksdemokratie« bzw. »Volksrepublik« Osteuropas
- Militärisches Eingreifen der Sowjetunion
- Truppenstationierungsvertrag der Sowjetunion mit einem osteuropäischen Staat
- Vertrag der Sowjetunion mit einem Nachbarstaat

Anmerkung:
Spätere Beitritte zu politischen und militärischen Zusammenschlüssen und Bündnissen mit Jahreszahl

Die politischen und militärischen Zusammenschlüsse und Bündnisse (1949–1968)

Der Europarat

Am 19.9. 1946 forderte Winston Churchill in einer Rede in Zürich eine »Art Vereinigter Staaten von Europa«. In einer Partnerschaft zwischen Frankreich und Deutschland sah er den Beginn einer Wiederherstellung der europäischen Völkerfamilie. Einen Beitritt Großbritanniens, das an das »Commonwealth of Nations« gebunden sei, lehnte er ab, wies Großbritannien aber eine Mittlerrolle zwischen den USA und den »Vereinigten Staaten von Europa« zu. Die in den verschiedenen Ländern existierenden Einzelbewegungen schlossen sich daraufhin ab Sommer 1947 in größeren Organisationen zusammen, die auf dem »Kongreß für Europa« in Den Haag (7.–10.5. 1948) ein »Internationales Komitee der Vereinigungen für die Einheit Europas« bildeten. Dem Wunsch dieser Bewegungen und dem der Amerikaner entgegenkommend, faßten die Außenminister des Brüsseler Paktes am 28.1. 1949 den Beschluß, einen Europarat zu bilden. Nach einer Einigung über seine Zusammensetzung und seine Aufgaben unterzeichneten die Außenminister der Signatarstaaten des Brüsseler Paktes, der nordischen Staaten, Irlands und Italiens in London am 5.5. 1949 das Abkommen über den Europarat, das am 8.3. 1949 in Kraft trat. Der Europarat soll Maßnahmen zum Zweck eines wirtschaftlichen und sozialen Fortschritts und einer politischen und wirtschaftlichen Einheit Europas fördern. Die Bundesrepublik Deutschland und das Saarland wurden 1950 assoziierte Mitglieder, seit 1951 ist die Bundesrepublik Vollmitglied.

Der Nordatlantik-Pakt (NATO)

Der Brüsseler Pakt (17.3. 1948), der durch Erweiterung des Vertrags von Dünkirchen zwischen Frankreich und Großbritannien mit den Benelux-Staaten gebildet worden war, richtete sich nicht gegen eine neuerliche Aggression durch Deutschland, sondern unter dem Eindruck des kommunistischen Umsturzes in der Tschechoslowakei eindeutig gegen Expansionsbestrebungen der Sowjetunion. Wegen einer Ausweitung über den Atlantik, ohne die kein ernsthaftes Gegengewicht gegenüber der UdSSR und ihrem Machtbereich gebildet werden konnte, wurden auf Veranlassung Großbritanniens Verhandlungen mit den USA und Kanada geführt. Die Überwindung der in den USA noch immer vorhandenen isolationistischen Tendenz und die Handlungsfreiheit des Präsidenten wurden durch die Annahme der Vandenberg-Resolution (Resolution of Advice) am 11.6. 1948 erreicht. Zu den im Juli 1948 begonnenen Verhandlungen zwischen den Mitgliedern des Brüsseler Paktes sowie den USA und Kanada wurden in der Folgezeit auch Italien, Island, Dänemark, Norwegen und Portugal eingeladen. Vertreter dieser 12 Staaten unterzeichneten am 4.4. 1949 in Washington den »Nordatlantik-Pakt«, dem 1952 Griechenland und die Türkei, 1955 die Bundesrepublik Deutschland beitraten. 1966 zog Frankreich unter Charles de Gaulle seine Truppen aus der NATO zurück. Trotz seines betont defensiven Charakters richtete sich der Pakt gegen die Sowjetunion, verlor aber seine Überlegenheit gegenüber dem Ostblock schon bald durch den Verlust des Atommonopols (August 1949). Aufgrund des »Mutual Security Act« (1951) schlossen die USA Abkommen mit einzelnen NATO-Partnern. Spanien wurde durch Stützpunktabkommen mit den USA (29.9. 1953, 26.9. 1963, 20.2. 1964) und das dreiseitige US-Iberische Abkommen über Stützpunkte, militärische Hilfe und gegenseitige Verteidigung (26.7. 1956) in das Verteidigungssystem der NATO einbezogen.

Nach dem Beginn des Koreakrieges (25.6. 1950), der Rede Churchills in Straßburg über die Bildung einer »Europa-Armee« (11.8. 1950) und dem Sicherheitsmemorandum Adenauers (29.8. 1950) beschlossen die Außenminister der drei Westmächte am 19.9. 1950 in New York die Aufstellung einer europäischen Armee unter westdeutscher Beteiligung (Europäische

Verteidigungsgemeinschaft = EVG). Der von dem französischen Ministerpräsidenten Pleven ausgearbeitete Plan verband die Integration der deutschen Verbände mit einer wirksamen Kontrolle durch die übrigen Mitglieder. Nachdem die europäische Verteidigungsgemeinschaft am Votum des französischen Parlaments gescheitert war (30.8. 1954), wurde auf der Londoner Neunmächte-Konferenz (28.9.–3.10. 1954) und einer weiteren Konferenz in Paris (19.–23.10. 1954) eine Ersatzlösung für die militärische Beteiligung der Bundesrepublik Deutschland an den Verteidigungsanstrengungen Westeuropas durch Aufnahme der Bundesrepublik in die NATO, Unterstellung der deutschen mobilen Verbände (12 Divisionen) unter NATO-Kommando und Aufnahme der Bundesrepublik Deutschland und Italiens in die durch Satzungsänderung zur »Westeuropäischen Union« (WEU) erweiterte »Westunion« gefunden. Die »Pariser Verträge« wurden am 23.10. 1954 von den neun Regierungen unterzeichnet und traten am 5.5. 1955 in Kraft.

Die Sowjetunion beantwortete die militärische Integration der Bundesrepublik Deutschland in das westliche Europa mit der Kündigung der mit Großbritannien und Frankreich am 10.12. 1944 und 26.2. 1952 geschlossenen Bündnisverträge (7.5. 1955), der Unterzeichnung des Staatsvertrags mit Österreich (15.5. 1955), der die Neutralisierung des Landes festlegte, und der Versöhnung mit Tito während des Besuchs von Bulganin und Chruschtschow in Belgrad (26.5.–2.6. 1955), durch die der Beistandspakt Jugoslawiens mit Griechenland und der Türkei (9.8. 1954) an Bedeutung verlor.

Während der Konferenz der Ostblock-Staaten in Warschau (11. bis 15.5. 1955) wurde am 14.5. 1955 der »Vertrag über Freundschaft, Zusammenarbeit und gegenseitigen Beistand« (Warschauer Pakt) von Albanien, Bulgarien, der Deutschen Demokratischen Republik, Polen, Rumänien, der Sowjetunion, der Tschechoslowakei und Ungarn unterschrieben. Dieser Vertrag trat an die Stelle der bilateralen Verträge der Sowjetunion mit den europäischen Staaten des Ostblocks und dieser Staaten untereinander, hob sie aber nicht auf. Durch die Bildung eines Oberkommandos der »Vereinigten Streitkräfte« wurde nach außen ein Gegengewicht zur NATO, nach innen ein Kontrollinstrument geschaffen. Kein Mitglied durfte sich zudem an anderen Pakten und Bündnissen beteiligen und konnte den Vertrag kündigen. Albanien war seit 1962 nicht mehr eingeladen und trat am 13.9. 1968 nach dem Einmarsch der Warschauer-Pakt-Staaten in die ČSSR einseitig aus dem Pakt aus.

Nach der Unterzeichnung des Warschauer Pakts schloß die Sowjetunion Truppenstationierungsverträge mit Polen (17.12. 1956), der DDR (12.3. 1957) – in der die Rote Armee den Aufstand am 17.6. 1953 noch als Besatzungsmacht niedergeschlagen hatte, die aber seit dem 20.9. 1955 souverän war –, Rumänien (15.4. 1957) und Ungarn (25.5. 1957). Die Gründe für diese Verträge lagen im Abschluß des Staatsvertrags mit Österreich, nach dem sich die sowjetischen Truppen nach spätestens 90 Tagen aus Österreich, aber auch aus Ungarn und Rumänien hätten zurückziehen müssen, und in den Aufständen in Polen und Ungarn (1956). Die »Souveränität« der Satellitenstaaten zwang die Sowjetunion zu größerer Rücksichtnahme. An der zweiten militärischen Intervention der Warschauer-Pakt-Staaten, diesmal in der ČSSR (1968), nahmen Truppen der Sowjetunion, Polens, der DDR, Bulgariens und Ungarns teil. Am 16.10. 1968 wurde ein Truppenstationierungsabkommen zwischen der ČSSR und der UdSSR geschlossen. Die Abhängigkeit der Mitgliedstaaten des Warschauer Paktes von der Sowjetunion kam in der sogenannten »Breschnew-Doktrin« zum Ausdruck (Juli 1968), nach deren Hauptthese die Souveränität eines sozialistischen Staates ihre Grenze an den Interessen der sozialistischen Gemeinschaft findet.

ISLAND
Reykjavik
NORWEGEN
SCHWEDEN
FINNLA
Oslo
Stockholm
brit. EWG-Antrag
1961 und 1964 abgelehnt
DÄNEMARK
Kopenhagen
IRLAND
Dublin
GROSS-
BRITANNIEN
London
NIEDER-
LANDE
Den Haag
Berlin
(W.)(O.)
BUNDES-
REPUBLIK
DEUTSCHLAND
DDR
1950
POLEN
Brüssel
BELGIEN
Bonn
Luxemburg
LUX.
Paris
ČSSR
FRANKREICH
Wien
Bern
L.
SCHWEIZ
ÖSTERREICH
UNGARN
RU
TRIEST
bis 1954
Belgrad
S. MARINO
JUGOSLAWIEN
17. 9. 1964
MONACO
ITALIEN
PORTUGAL
Madrid
ANDORRA
Lissabon
SPANIEN
Rom
ALBANIEN
1949–62
1961/62
GRIEC
LA
Gibraltar
brit.
MALTA
MAROKKO
ALGERIEN
TUNESIEN
LIBYE

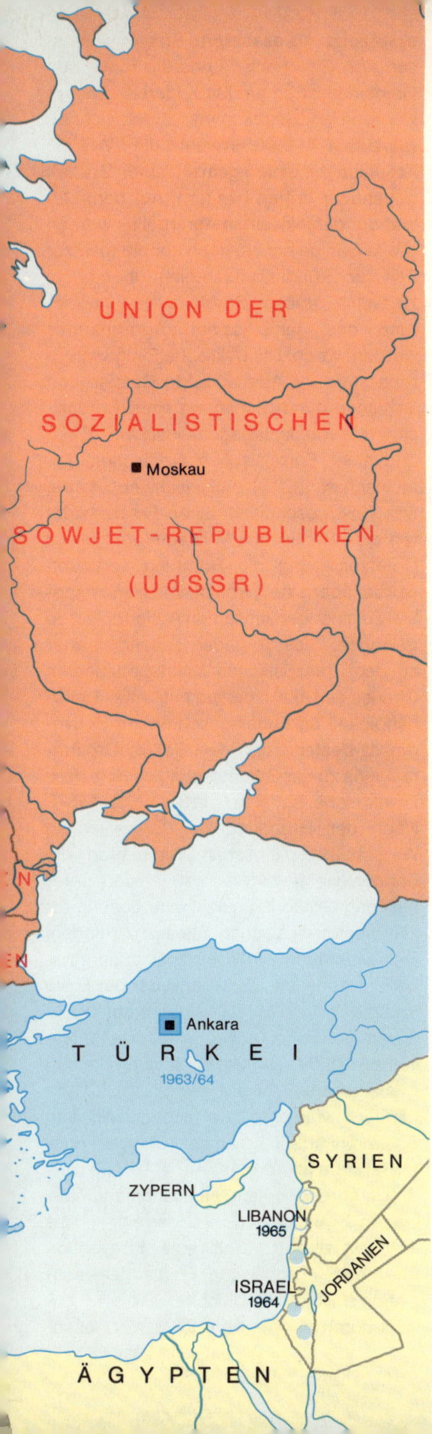

Die Teilung Europas II: Die wirtschaftlichen Zusammenschlüsse (1949-1968)

- **Gemeinschaft der Sechs, seit 1965 Europäische Gemeinschaften**
- **Mit der EWG assoziierter Staat (mit Vertragsdatum)**
- **Handelsabkommen mit der EWG (mit Vertragsdatum)**
- **Europäische Freihandelszone (EFTA)**
- **Mit der EFTA assoziierter Staat (mit Vertragsdatum)**
- **Vollmitglieder der Organisation für wirtschaftliche Zusammenarbeit und Entwicklung (Organization for Economic Cooperation and Development = OECD)**
- **Mitglieder der OECD für Teilbereiche**
- **Rat für gegenseitige Wirtschaftshilfe (RGW/COMECON = Council for Mutual Economic Aid)**
- **Mit dem RGW assoziierter Staat (mit Vertragsdatum)**

Anmerkung:
Spätere Beitritte zu wirtschaftlichen Zusammenschlüssen mit Jahreszahl

Die wirtschaftlichen Zusammenschlüsse (1949–1968)

Im März 1950 regte Adenauer unter Hinweis auf die Saarkonventionen eine Union zwischen Frankreich und Deutschland an und schlug eine allmähliche Verschmelzung der beiden Länder in bezug auf Zölle und Wirtschaft vor, um die deutsch-französischen Beziehungen neu zu gestalten. Am 9.5. 1950 machte der französische Außenminister Robert Schuman den Vorschlag, »die Gesamtheit der französisch-deutschen Produktion von Kohle und Stahl unter eine gemeinsame Autorität innerhalb einer Organisation zu stellen, die der Mitwirkung anderer Staaten Europas offensteht«. Die Schwerindustrie zur Vermeidung künftiger Konflikte und Kriege in Europa zu integrieren, fußte auf einem schon während des 2. Weltkrieges von Jean Monnet entwickelten Plan. Der Wunsch, Europa zu einer »Dritten Kraft« zwischen den Supermächten durch Einigung aller wirtschaftlichen und politischen Kräfte und Überwindung nationalstaatlicher Zersplitterung zu machen, wurde unterstützt durch die Europa-Begeisterung der Zeit. Nachdem die Regierungen der Benelux-Staaten, der Bundesrepublik Deutschland und Italiens der Annahme des französischen Plans und der Einrichtung einer »Hohen Behörde« zugestimmt hatten, wurde am 18.4. 1951 der Vertrag über die Gründung der »Europäischen Gemeinschaft für Kohle und Stahl« (EGKS oder »Montan-Union«) mit einer Vertragsdauer von 50 Jahren unterzeichnet. Nach Übereinkunft der Regierungschefs und Außenminister der Montan-Union in Paris (18.–20. 2. 1957) erfolgte am 25.3. 1957 die Unterzeichnung der »Römischen Verträge« über die »Europäische Wirtschaftsgemeinschaft« (EWG), die »Europäische Atomgemeinschaft« (Euratom) und ein Abkommen über gemeinsame Organe für die europäischen Gemeinschaften. Durch den Vertrag vom 8.4. 1965 wurde ein gemeinsamer Rat und eine gemeinsame Kommission für die drei Gemeinschaften eingesetzt. Als assoziierte Staaten schlossen sich Griechenland und die Türkei den Gemeinschaften an. Mit anderen Ländern wurden Handelsabkommen unterzeichnet. Bis zum 1.7. 1960 erreichte die EWG die Zollunion mit einem gemeinsamen Zolltarif gegenüber dritten Ländern. Auf dem Gebiet der gemeinsamen Agrarpolitik wurden große Erfolge erzielt, doch konnte man zur Zeit der Gründung noch nicht übersehen, zu welch großem Problem die Finanzierung des gemeinsamen Agrarmarktes werden würde. Die politische Einigung Europas, wie sie Adenauer, de Gasperi und Schuman durch Schaffung einer Europäischen Verteidigungsgemeinschaft (EVG) und einer Europäischen Politischen Gemeinschaft (EPG) vorgeschwebt hatte, war 1954 gescheitert. Einen Ersatz bildeten die »Römischen Verträge«, mit deren Unterzeichnung die Hoffnung verknüpft wurde, über eine gemeinsame Handelspolitik zu einer gemeinsamen Außenpolitik zu gelangen. Dies Vorhaben scheiterte aber an dem französischen Staatspräsidenten Charles de Gaulle, der auf nationaler Unabhängigkeit und uneingeschränkter Souveränität bestand und den Beitritt Großbritanniens zu der Gemeinschaft an dem Veto Frankreichs scheitern ließ (1963, 1967). Nach der Gründung der Europäischen Wirtschaftsgemeinschaft versuchten die übrigen westeuropäischen Staaten unter Führung Großbritanniens, eine Lösung für alle westeuropäischen Staaten zu finden. Die Errichtung einer europäischen Freihandelszone, die die 6 Mitglieder der EWG und die übrigen Mitgliedstaaten der OEEC zusammenfassen sollte, scheiterte im November 1958, da Großbritannien keinen gemeinsamen Zolltarif gegenüber dritten Ländern wünschte und nicht gewillt war, Souveränitätsrechte an eine übergeordnete Behörde abzutreten. Am 4.1. 1960 wurde durch Großbritannien, Dänemark, Norwegen, Schweden, Österreich, die Schweiz und Portugal eine Konvention über eine Europäische Freihandelsassoziation (EFTA) unterzeichnet, mit der Finnland durch Vertrag vom 27.3. 1961 assoziiert wurde. Die Unterzeichner der Freihandelszone, die nie die Bedeutung der EWG gewann, wünschten einer wirtschaftlichen Diskriminierung durch die EWG zu begegnen, die europäische Zusammenarbeit weiterzuentwickeln, die Handelsschranken zwischen der EWG und der Freihandelszone abzubauen und eine enge wirtschaftliche Zusammenarbeit mit der EWG zu erreichen.

Eine Reform der OEEC (Organization for European Economic Cooperation) wurde nach dem wirtschaftlichen Wiederaufbau Europas, der Gründung der Europäischen Wirtschaftsgemeinschaft und der Freihandelsassoziation nötig. Nachdem in Paris die Umwandlung der OEEC in eine neue Organisation beschlossen worden war (12./13. 1. 1960), arbeitete das in Paris gegründete Handelskomitee der 18 Vollmitglieder der OEEC, der der OEEC assoziierten Mitglieder, der Vereinigten Staaten, Kanadas und der EWG-Kommission auf mehreren Tagungen eine Konvention aus, die am 30. 9. 1961 in Kraft trat. Am 14. 12. 1961 wurde in Paris die »Konvention über die Errichtung der Organisation für wirtschaftliche Zusammenarbeit und Entwicklung« (Organization for Economic Cooperation and Development = OECD) als Nachfolgeorganisation der OEEC von Belgien, Luxemburg, den Niederlanden, Frankreich, Großbritannien, Spanien, Portugal, Island, Irland, der Bundesrepublik Deutschland, Norwegen, Schweden, Dänemark, Österreich, Italien, Griechenland, der Schweiz, der Türkei, den Vereinigten Staaten und Kanada unterzeichnet. Nachträglich wurden Japan und Finnland als Vollmitglieder und Jugoslawien als Vollmitglied für bestimmte Bereiche aufgenommen. Australien ist aufgrund seiner Mitgliedschaft im Entwicklungsausschuß assoziiert. Die Hauptaufgaben der neuen Organisation sollten sein: Sorge für eine stetige Wirtschaftsentwicklung, Entwicklung der Weltwirtschaft, wirtschaftliche Hilfe und Entwicklung für die unterentwickelten Länder, Ausweitung des Welthandels, Sorge für hohen Beschäftigungsgrad bzw. Vollbeschäftigung, Liberalisierung des Kapitalverkehrs und gemeinsame Entwicklungen auf wissenschaftlichem und technischem Gebiet.

Die wirtschaftliche Offensive der USA beantworteten die Sowjetunion und die volksdemokratischen Länder auf der im Januar 1949 tagenden Wirtschaftskonferenz mit der Gründung des »Rates für gegenseitige Wirtschaftshilfe« (RGW oder – englische Abkürzung – COMECON) am 25. 1. 1949. Die Sowjetunion und die Staaten im sowjetischen Einflußbereich sahen es als erwiesen an, daß die USA, Großbritannien und verschiedene westeuropäische Staaten »im Grunde genommen einen wirtschaftlichen Boykott gegen die volksdemokratischen Länder und die UdSSR verhängt haben, weil es diese Länder als unmöglich erachten, sich dem Diktat des Marshall-Planes zu unterwerfen, und zwar deshalb, weil der Marshall-Plan gleichzeitig ihre Souveränitätsrechte und ihre nationalökonomischen Interessen verletzen würde«. Mitglieder des »Rates für gegenseitige Wirtschaftshilfe« waren Bulgarien, Polen, Rumänien, die Tschechoslowakei und die UdSSR. Albanien trat 1949, die Deutsche Demokratische Republik 1950, die Mongolische Volksrepublik als erstes außereuropäisches Mitglied 1962 dem Rat bei, doch wurde Albanien aufgrund seiner prochinesischen Haltung 1962 die Mitgliedschaft abgesprochen. Der Rat hatte »die weitgehende wirtschaftliche Zusammenarbeit zwischen den volksdemokratischen Ländern und der UdSSR« zum Ziele. Dies sollte durch Austausch wirtschaftlicher Erfahrungen, von Rohstoffen, Nahrungsmitteln, Maschinen und Ausrüstungsgegenständen sowie durch Gewährung technischer Hilfen erreicht werden. Der Rat band die volksdemokratischen Länder, die ihre Wirtschaftsproduktion auf die Bedürfnisse der UdSSR ausrichten mußten, durch Eingriffe der Sowjetunion und Übernahme des sowjetischen Wirtschaftsmodells (Aufbau der Schwerindustrie, Planung, Kollektivierung) an die UdSSR.

Die Teilung der Welt (1949-1968)

Der »Westblock«:

- Vereinigte Staaten von Amerika (USA)
- Nordatlantikpakt (North Atlantic Treaty Organization = NATO)
- Pazifik-Verteidigungspakt (Australia – New-Zealand – United States = ANZUS)
- Südostasien-Pakt (South-East Asia Treaty Organization = SEATO)
- Pakt von Rio (Organization of American States = OAS)
- TÜRKEI Zentrale Pakt-Organisation (Central Treaty Organization = CENTO), vorher Bagdad-Pakt
- Bilaterale Abkommen mit den Vereinigten Staaten im Pazifik
- Stützpunktabkommen mit den Vereinigten Staaten außerhalb

der NATO

Stützpunktabkommen mit Großbritannien außerhalb der NATO

Stützpunktabkommen mit Frankreich außerhalb der NATO

Der »Ostblock«:

Union der sozialistischen Sowjet-Republiken (UdSSR)

RUMÄNIEN »Volksdemokratie« bzw. »Volksrepublik« in Osteuropa

Warschauer Pakt

Bilaterale Verträge der UdSSR mit Nichtmitgliedern des Warschauer Paktes

Kommunistische Staaten außerhalb des Warschauer Paktes

Den »Blöcken« nicht angehörige Staaten

Staaten mit Kernwaffen

Die Teilung der Welt (1949–1968)

Am 30.8. 1947 wurde von 21 amerikanischen Republiken der Pakt von Petropolis geschlossen. Die darauf basierende Organisation der Amerikanischen Staaten (OAS), deren 1. Satzung auf der 9. Panamerikanischen Konferenz in Bogotá verabschiedet worden war (2. Satzung am 27.2. 1967), richtete sich gegen jeden Angreifer, der einen amerikanischen Staat bedrohte, und stand im historischen Zusammenhang mit der »Monroe-Doktrin«. Das wirtschaftliche, politische und militärische Engagement der USA in Europa durch den »Marshall-Plan« (16.4. 1948) und den Nordatlantikpakt (4.4. 1949) gründete sich auf die »Truman-Doktrin« und die »Eindämmungs-Politik« gegenüber dem Kommunismus. Der Bereich der NATO wurde in der Folgezeit durch bilaterale Stützpunktabkommen der NATO-Staaten USA, Großbritannien und Frankreich mit nicht der NATO angehörigen Staaten ausgeweitet. Die Gründung der Volksrepublik China (1.10. 1949), der Ausbruch des Korea-Krieges (24.6. 1950) und der Friedensvertrag mit Japan (8.9. 1951) führten zu Verträgen der USA mit Japan (18.9. 1950, 19.1. 1960), den Philippinen (30.8. 1951) und dem Pazifik-Verteidigungspakt zwischen Australien, Neuseeland und den USA (ANZUS, 1.9. 1951), der gegen eine erneute Aggression Japans gerichtet war. Unter dem Eindruck der französischen Niederlage in Indochina (1954), der Genfer Konferenz (21.7. 1954) und aus Furcht vor einer weiteren Ausbreitung kommunistischer Bewegungen im asiatischen Raum gingen die USA weitere Verpflichtungen gegenüber »National-China« (Taiwan), Südvietnam und Südkorea ein.
Der Südostasienpakt (SEATO), der am 8.9. 1954 in Manila von Australien, Frankreich, Großbritannien, Neuseeland, den Philippinen, Thailand und den USA gegründet worden war und zur Verteidigung des südpazifischen Raumes dienen sollte, richtete sich gegen eine Expansion Chinas. Die im Vertrag festgelegten Schutzverpflichtungen gegenüber Südvietnam, Laos und Kambodscha wurden von Laos 1962, von Kambodscha 1964 abgelehnt. Der Pakt verlor seine Bedeutung, weil die Volksrepublik China nicht die von den USA vermutete aggressive Politik einschlug.
Der Stabilisierung im Nahen Osten sollte auch die aus dem Bagdad-Pakt hervorgegangene Zentrale Pakt-Organisation (CENTO) zwischen Großbritannien, der Türkei, dem Iran und Pakistan dienen (24.3. 1959). Die USA, die am 5.3. 1959 mit der Türkei, dem Iran und Pakistan auch bilaterale Sicherheitsabkommen schlossen, gehörten der Organisation zwar nicht an, arbeiteten aber in verschiedenen ihrer Komitees mit.
Nachdem durch die »Pariser Verträge« die Bundesrepublik Deutschland in die NATO und die Westeuropäische Union aufgenommen worden war, erfolgte als Reaktion des Ostens die Gründung des »Warschauer Paktes«. Dieser »Vertrag über Freundschaft, Zusammenarbeit und gegenseitigen Beistand« wurde am 14.5. 1955 in Warschau unterzeichnet. Damit war neben einem »Westblock« in Europa auch ein »Ostblock« entstanden. Die beiden Militärblöcke stießen in Mitteleuropa an der innerdeutschen Grenze aneinander. Bilaterale Verträge mit asiatischen kommunistischen Staaten schloß die Sowjetunion in Form von Verträgen über Freundschaft und gegenseitigen Beistand mit der Mongolischen Volksrepublik (27.2. 1946), der Volksrepublik China (14.2. 1950), ergänzt durch ein Abkommen über die politische Zusammenarbeit (12.10. 1954), und der Demokratischen Volksrepublik Korea (6.7. 1961). Seit 1965 wurden Hilfsvereinbarungen der UdSSR und der osteuropäischen Staaten des »Warschauer Paktes« mit der Demokratischen Republik Vietnam vereinbart. Der Vertrag über Neutralität und gegenseitigen Beistand zwischen der UdSSR und Afghanistan (24.6. 1931) wurde am 18.12. 1955 und 6.8. 1965 verlängert.

Ein Kartenvergleich: 1934 und 1959
(nächste Doppelseite)

Die Karte »Ostland in Not« stammt aus dem Jahr 1934, die Karte »Deutschland 1945« aus dem Buch »Das ganze Deutschland, ein Deutschlandbuch«, Dortmund, 3. Aufl. 1959. Durch ihre Graphik bestechend versucht die Karte von 1934 die Zerstörung eines vermeintlich organisch gewachsenen Wirtschaftsraums dem Beschauer klar zu machen und ihn auf den unersetzlichen Verlust – eine wirtschaftliche Tragödie – aufmerksam zu machen. Bei der zweiten Karte von 1959, die einfach gestaltet ist, ist der Text interessant. In der Sprache des 3. Reiches abgefaßt, vermeidet er, die Kriegsursache und -schuld zu erwähnen, vergißt aber nicht, auf die Unterbrechung des »natürlichen Blutkreislaufs eines Volkes« nach dem »Orkan des Krieges« hinzuweisen. Auch hier wurde etwas »Organisches« zerstört. Beide Karten dienen dazu, Emotionen wachzurufen.

Ostland in Not

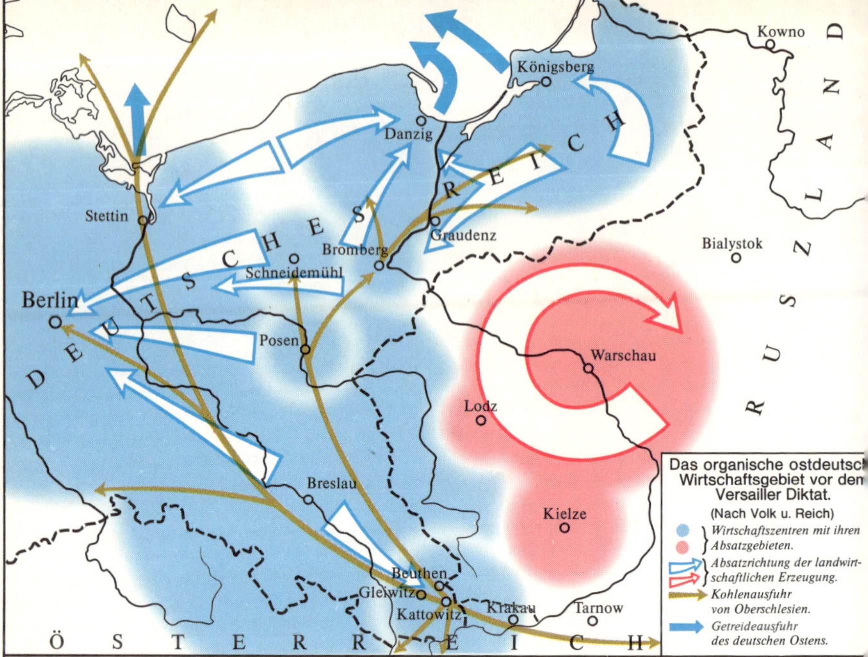

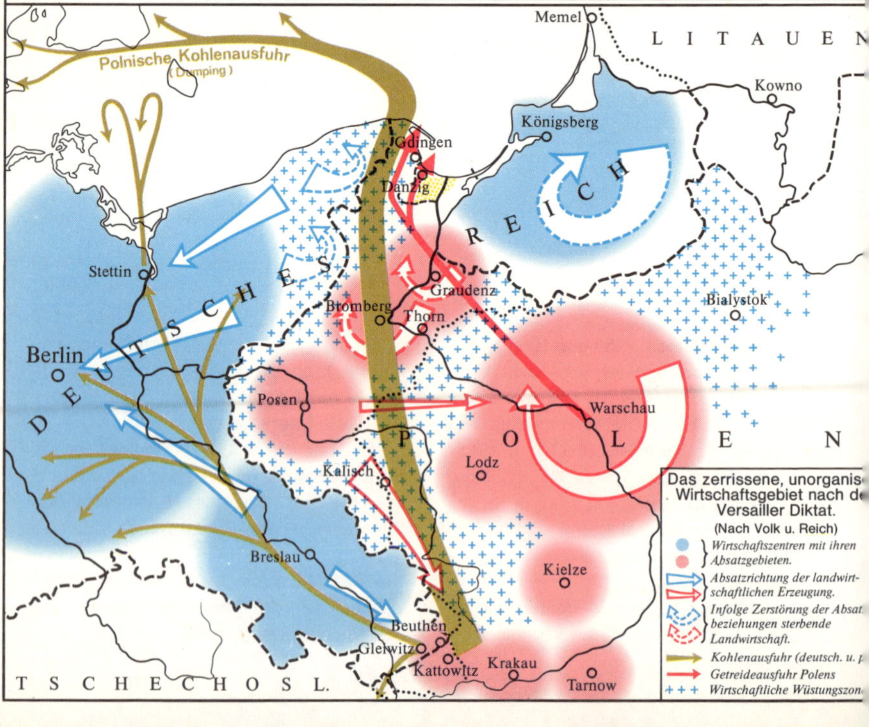

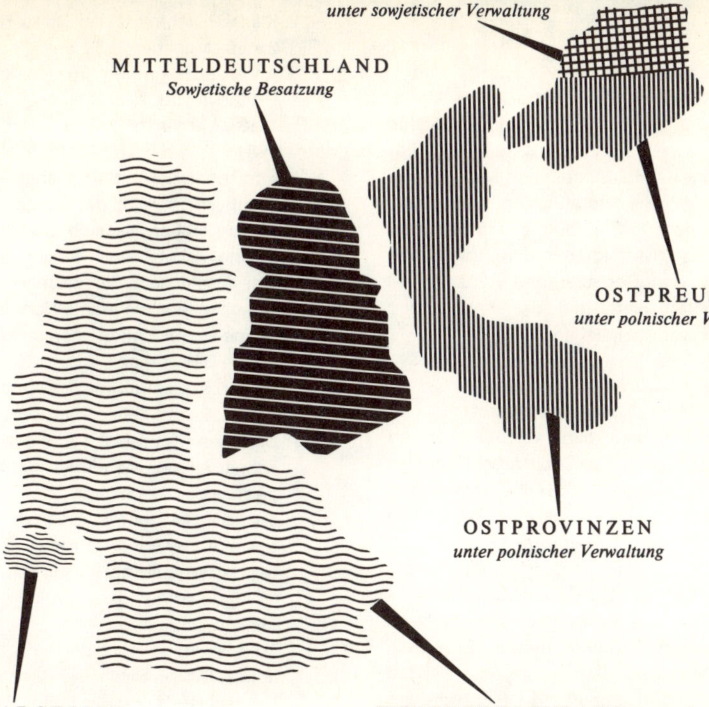

Dein Vaterland ist zerrissen

Nachdem der Orkan des Krieges über Deutschland weggebraust war, wurde es von den Siegermächten in die vier Besatzungszonen, Berlin, das Saargebiet und die unter polnischer und russischer Verwaltung stehenden Ostprovinzen aufgeteilt. Der Riß ging mitten durch Deutschlands Herz und unterbrach den natürlichen Blutkreislauf eines Volkes. Die wirtschaftliche und kulturelle Einheit wurde zerstört. Deutschland sollte nach der bedingungslosen Kapitulation nur noch als zerschlagener Staat weiterleben. Aber das Zerschlagen eines gewachsenen Organismus rächte sich bitter. Ein Krisenherd inmitten Europas stellt eine ständige Gefahr für den Weltfrieden dar. Auch die Politiker der Siegermächte erkannten dies sehr bald. Doch der Eiserne Vorhang hatte sich quer durch Deutschland gesenkt. Er bestand aus Schlagbäumen, Drahtverhauen und Maschinengewehrtürmen. Sein Schatten brachte über Tausende von Deutschen ein namenloses Elend und beraubte sie ihrer Heimat. Deutschland war gespalten, zwei Hälften des Landes mußten auf sich alleine gestellt weiterleben.

Der Eiserne Vorhang brachte Millionen Menschen in Gewissensnöte. Deutsche flüchteten in Deutschland vor Deutschen. Für viele bedeutete dies ein zweites Flüchtlingsschicksal. Neben der damit verbundenen großen materiellen Not waren die seelischen und politischen Nöte nicht minder schmerzlich. Lange noch werden kommende Geschlechter von der deutschen Not nach 1945 lesen und hören.

Hinweise

Literatur:
Der Leser, der sich für die hier behandelte Zeit interessiert und sich weiter mit ihr beschäftigen möchte, sei noch auf folgende weiterführende Literatur hingewiesen. Die Einteilung in Taschenbücher und gebundene Bücher verfolgt nur den praktischen Zweck, den Benutzer des Atlasses auf Preisunterschiede bei der Anschaffung aufmerksam zu machen.

A) Taschenbücher
1. Gebhardt, Handbuch der deutschen Geschichte, darin von Karl Dietrich Erdmann, Die Weimarer Republik, Deutschland unter der Herrschaft des Nationalsozialismus, Der Zweite Weltkrieg, Das Ende des Reiches und Die Entstehung der Republik Österreich, der Bundesrepublik Deutschland und der Deutschen Demokratischen Republik, dtv Nr. 4219–4222, München 1980
2. Gerhard Schulz, Deutschland seit dem Ersten Weltkrieg 1918–1945 in: Deutsche Geschichte, hrsg. von Joachim Leuschner, VR 1419, Göttingen 1982
3. dtv-Weltgeschichte des 20. Jahrhunderts, hrsg. von Martin Broszat und Helmut Heiber, dtv Nr. 4001–4013, München ab 1966
4. Anatomie des SS-Staates, Bd. 1 u. 2, dtv Nr. 2915, 2916, 2. Auflage, München 1979
5. J. P. Stern, Hitler, Der Führer und das Volk, dtv Nr. 1629, München 1981
6. Karl Dietrich Bracher, Die Deutsche Diktatur, Ullstein Nr. 350002, Frankfurt a/M, Berlin, Wien, 1979
7. Fischer Weltgeschichte. Das Zwanzigste Jahrhundert I und II. Bd. 34 u. 35, Frankfurt am Main 1967 und 1983

B) Gebundene Bücher:
1. Eberhard Kolb, Die Weimarer Republik, München 1984
2. Klaus Hildebrand, Das Dritte Reich, 2. Aufl., München 1980
3. Andreas Hillgruber, Europa in der Weltpolitik der Nachkriegszeit 1945–1963, 2. ergänzte Auflage, München 1981

Die drei oben genannten Bücher sind in »Oldenburg-Grundriß der Geschichte«, hrsg. von Jochen Bleicken, Lothar Gall, Hermann Jakobs und Johannes Kunisch, erschienen. Sie zeichnen sich durch eine sehr prägnante Darstellung und eine ausreichende, thematisch gegliederte Bibliographie aus.

4. Wegen seines gut gegliederten Aufbaus und der zahlreichen bibliographischen Hinweise zu jedem Abschnitt sei das Handbuch der europäischen Geschichte, hrsg. von Theodor Schieder, Stuttgart ab 1968, erwähnt. Der Band »Europa im Zeitalter der Weltmächte« (Bd. 7,1 u. 7,2, 1979) behandelt den im Atlas dargestellten Zeitraum.
5. Zum Schluß sei noch der Aufsatz von Jochen Abr. Frowein, Die Rechtslage Deutschlands und der Status Berlins im Handbuch des Verfassungsrechts, hrsg. von Ernst Benda, Werner Maihofer, Hans-Jochen Vogel, S. 29–58, Berlin 1983, erwähnt.

Nützliche Nachschlagewerke sind:
1. Manfred Overesch und Friedrich W. Saal, Chronik deutscher Zeitgeschichte, Bd. 1: Die Weimarer Republik, Bd. 2,1: Das Dritte Reich 1933–1939, Bd. 2,2: Das Dritte Reich 1939–1945, Düsseldorf 1982, 1983.
2. Hans Adolf Jacobsen, Der Weg zur Teilung der Welt, Koblenz/Bonn 1977
3. Andreas Hillgruber und Gerhard Hümmelchen, Chronik des Zweiten Weltkriegs, Düsseldorf 1978

Kartographische Darstellung:
Folgende Aufsätze und Bücher sind für Benutzer des Atlasses, die sich mit der Problematik der Darstellung historischer Karten vertraut machen möchten, von Nutzen:

1. Armin Wolf, Das Bild der europäischen Geschichte in Geschichtsatlanten verschiedener Länder, in: Internationales Jahrbuch für Geschichts- und Geographieunterricht 13, 1970/71, 64–101.
2. Armin Wolf, Europäische Rechtsgeschichte in Geschichtsatlanten, in: Studien zur europäischen Rechtsgeschichte, hrsg. von W. Wilhelm, Frankfurt 1972, 304–315.
3. Armin Wolf, 100 Jahre Putzger – 100 Jahre Geschichtsbild in Deutschland (1877–1977), in: Geschichte in Wissenschaft und Unterricht 29, 1978, 702–718.
4. Werner Witt, Thematische Kartographie, 2. Aufl., Hannover 1970
5. Jacques Bertin, Graphische Semiologie, Berlin-New York, 1974

Quellen:

Die Karten, die zwischen 1933 und 1945 entstanden sind und im Atlas wiedergegeben wurden, sind folgenden Atlanten und Büchern entnommen:

1. Harms, Neuer deutscher Geschichts- und Kulturatlas, hrsg. von Dr. Fr. Eberhardt, Leipzig 1937 (S. 173)
2. Das Werden des Reiches von Karl Richard Ganzer, München-Berlin 1939 (S. 181)
3. Der Donauraum, Österreich im Kraftfeld der Großmächte von Karl Springenschmid, Leipzig 1935 (S. 89, 177)
4. Atlas zur deutschen Geschichte der Jahre 1914 und 1933 von Dr. Johann von Leers und Dr. Konrad Frenzel, Bielefeld und Leipzig 1934 (S. 41, 131, 374). Die Nebenkarten auf den beiden Karten S. 41 (»Französisches Flugblatt« oben und »Berlin 1918/19» unten) in den rechten unteren Kartenecken wurden wegen ihrer geringfügigen Aussage nicht aufgenommen.
5. Werden und Wachsen, Ein Geschichtsatlas auf völkischer Grundlage von Dr. Bernhard Kumsteller, Braunschweig 1938 (S. 85, 113)
6. Deutscher Schulatlas, hrsg. von der Reichsstelle für das Schul- und Unterrichtsschrifttum, 1943 (S. 257)
7. Friedrich Freiherr von der Goltz, Theodor Stiefenhofer, Unsterbliches Deutschland, Braunschweig 1936 (S. 33)
8. Der Weg zum Reich, Erarbeitung u. Herausgabe: Der Reichsführer-SS-SS-Hauptamt, ohne Jahr, wahrscheinlich 1942 (S. 49, 241)
9. Wilhelm von Kloeber, Vom Weltkrieg zur nationalen Revolution, München u. Berlin 1933 (S. 189)
10. Die übrigen Kartenskizzen und Schaubilder wurden dem Buch »Nationalsozialistischer Wirtschaftsaufbau und seine Grundlagen«, ein bildstatistischer Tatsachenbericht von Dr. Paul Blankenburg und Max Dreyer, Berlin 1934, entnommen.

Zeittafel

1918

8.1. Verkündung der »14 Punkte« durch den amerikanischen Präsidenten Wilson als Grundlage von Friedensverhandlungen

9.2. Friede des Deutschen Reiches, Österreich-Ungarns und der Türkei mit der Ukraine

3.3. Friede von Brest-Litowsk zwischen dem Deutschen Reich, Österreich-Ungarn, der Türkei, Bulgarien und Sowjet-Rußland

7.5. Friedensvertrag von Bukarest zwischen den Mittelmächten und Rumänien

15.–17.7. Beginn der Gegenoffensive der Alliierten unter Generalissimus Ferdinand Foch nach 4 deutschen Offensiven

8.–11.8. Schlacht von Amiens (»Schwarzer Tag des deutschen Heeres«)

14.8. Konferenz im Hauptquartier in Spa: Aussichtslosigkeit einer Fortführung des Krieges

Anfang September Rückverlegung der deutschen Front in die »Siegfriedstellung«, dauernde Abwehrschlachten.

29.9. Forderung eines sofortigen Waffenstillstandsangebots durch Hindenburg und Ludendorff

3.10. Ernennung des Prinzen Max von Baden zum Reichskanzler

3/4.10. Waffenstillstandsangebot der neuen deutschen Regierung an Wilson auf der Grundlage der 14 Punkte – nicht an die alliierten Mächte Großbritannien und Frankreich

27.–29.10. Dienstverweigerung auf der deutschen Hochseeflotte in Wilhelmshaven wegen des geplanten Auslaufens

3.11. Aufstand der Matrosen in Kiel und Bildung eines Soldatenrates, Ausbreitung der Revolution und Bildung von Arbeiter- und Soldatenräten in vielen Städten des Reiches

7.11. Revolution in München

8.11. Ausrufung des »Freistaats« Bayern

9.11. Revolution in Berlin, Bekanntgabe der Thronentsagung Kaiser Wilhelms II. durch Prinz Max von Baden und Rücktritt des Reichskanzlers, Übertragung der Geschäfte an Friedrich Ebert, den Vorsitzenden der Sozialdemokratischen Partei Deutschlands, Ausrufung der deutschen Republik durch Philipp Scheidemann vom Reichstagsgebäude, der freien sozialistischen Republik durch Karl Liebknecht vom Berliner Schloß

10.11. Bildung des »Rates der Volksbeauftragten« aus 3 mehrheitssozialistischen und 3 unabhängigen sozialdemokratischen Mitgliedern

11.11. Abschluß des Waffenstillstandsvertrages

20.11. Gründung der Deutschen Demokratischen Partei

22.11. Gründung der Deutschnationalen Volkspartei

Ab November Gründung der ersten Freikorps, bis April 1919 über 400 Verbände

15.12. Gründung der Deutschen Volkspartei

16.–20.12. Reichskonferenz der Arbeiter- und Soldatenräte in Berlin: Ablehnung des Rätesystems und Beschluß für Wahlen zur Nationalversammlung am 19.1.1919

25.12. Gründung des »Stahlhelm«, des »Bundes der Frontsoldaten«, durch Franz Seldte in Magdeburg

30.12. Beginn der Reichskonferenz des Spartakusbundes in Berlin

1919

1.1. Gründung der »Revolutionären Kommunistischen Arbeiterpartei«, der späteren KPD, auf der Reichskonferenz des Spartakusbundes in Berlin

5.1. Gründung der Deutschen Arbeiterpartei (DAP) durch Anton Drexler und Karl Harrer im »Fürstenfelder Hof« in München, Harrer Reichsvorsitzender, Drexler Vorsitzender der Ortsgruppe München

15.1. Ermordung Rosa Luxemburgs und Karl Liebknechts durch Freikorpsangehörige

18.1. Eröffnung der Friedenskonferenz in Versailles, 48 Jahre nach der Proklamation des Deutschen Kaiserreiches

19.1. Wahlen zur verfassunggebenden Nationalversammlung

4.2. Abdankung des Zentralrates der Arbeiter- und Soldatenräte Deutschlands als Reichsinstanz

6.2. Zusammentritt der Nationalversammlung in Weimar, Wahl Friedrich Eberts zum Reichspräsidenten, Bildung einer Reichsregierung aus Mitgliedern der SPD, des Zentrums und der Deutschen Demokratischen Partei unter Philipp Scheidemann (SPD), »Weimarer Koalition«

21.2. Ermordung des bayerischen Ministerpräsidenten Kurt Eisner durch den Grafen Arco-Valley

2.–6.3. Parteitag der Unabhängigen Sozialdemokratischen Partei Deutschlands (USPD) in Berlin: Eintreten für Rätesystem und Diktatur des Proletariats, doch parlamentarische Mitarbeit zur Verwirklichung des Sozialismus

7.4. Proklamierung der Räterepublik in Bayern

1.–3.5. Eroberung und Besetzung Münchens durch preußische, württembergische und bayerische Verbände

7.5. Übergabe der Friedensbedingungen in Versailles an die deutsche Delegation

21.6. Regierung der »Weimarer Koalition« unter Ministerpräsident Bauer (SPD), ab 14.8. Reichskanzler

28.6. Unterzeichnung des Friedensvertrages im Spiegelsaal des Schlosses von Versailles, 5 Jahre nach der Ermordung des Erzherzogs Franz Ferdinand und seiner Gattin in Sarajewo

14.8. Die am 31.7. angenommene Verfassung des Deutschen Reiches tritt in Kraft

16./17.8. Polnischer Aufstand in Oberschlesien

10.9. Unterzeichnung des Friedensvertrages zwischen Österreich und den Siegermächten in Saint-Germain-en-Laye

12.9. Versammlung der Deutschen Arbeiterpartei im »Sternecker« in München, an der Hitler als Beobachter der Reichswehr teilnimmt.

16.9. Eintritt Hitlers in die Deutsche Arbeiterpartei (Mitgliedsnr. 555)

1.10. Bildung einer Gemeinschaft deutschvölkischer Bünde, Anschluß der meisten antisemitischen Organisationen, Veranstaltung der »Deutschen Tage«: Weimar (1920), Detmold (1921), Coburg (1922)

15./16.11. Gründung der Deutschen Nationalsozialistischen Arbeiter Partei (DNSAP) in den Sudetenländern

27.11. Friedensvertrag von Neuilly zwischen Bulgarien und den Ententemächten

1920

5.1. Anton Drexler wird 1. Vorsitzender der Deutschen Arbeiterpartei

10.1. Unterzeichnung des Ratifikationsprotokolls in Paris, der Vertrag von Versailles tritt in Kraft.

24.2. Verkündung des 24 Punkte umfassenden Parteiprogramms auf einer Versammlung der Deutschen Arbeiterpartei im Hofbräuhaus in München durch Adolf Hitler und Umbenennung der Partei in »Nationalsozialistische Deutsche Arbeiterpartei« (NSDAP)

13.–16.3. Kapp-Putsch in Berlin, Flucht der Reichsregierung nach Stuttgart

15.3.–10.5. Kommunistischer Aufstand (»Rote Armee«) im Ruhrgebiet, eine Folge ist die Besetzung Frankfurts, Darmstadts und kleinerer Städte durch französische Truppen.

27.3. Neuer Reichskanzler Hermann Müller (SPD), Umbildung der Reichsregierung, doch weiterhin »Weimarer Koalition«

31.3. Entlassung Adolf Hitlers aus der Reichswehr

18.4. Gründung der Ortsgruppe Rosenheim, der 1. Ortsgruppe der NSDAP außerhalb Münchens

4.6. Unterzeichnung des Friedensvertrages mit Ungarn in Trianon

6.6. Reichstagswahlen: Verluste der »Weimarer Koalition«, Anwachsen der Deutschnationalen Volkspartei, der Deutschen Volkspartei und der USPD (84 Mandate)

21.6. Bürgerliche Koalition unter Reichskanzler Fehrenbach (Zentrum) aus Deutscher Demokratischer Partei, Zentrum und Deutscher Volkspartei (keine parlamentarische Mehrheit)

7./8.8. Tagung der nationalsozialistischen Parteien des gesamten deutschen Sprachgebiets in Salzburg, an der Hitler teilnimmt.

10.8. Unterzeichnung des Friedensvertrages von Sèvres durch die türkische Regierung in Istanbul
17.8.–2.9. Polenaufstand in Oberschlesien
29.9.–11.10. Auftreten Hitlers als Wahlredner in Österreich anläßlich der österreichischen Nationalwahlen
12.–17.10. Parteitag der Unabhängigen Sozialdemokratischen Partei in Halle: Mehrheit der Partei für den Anschluß an die Moskauer III. Internationale, Spaltung der Partei
4.–7.12. Parteitag der KPD (Spartakusbund) in Berlin, Vereinigung der Mehrheit der USPD mit der KPD zur Vereinigten Kommunistischen Partei Deutschlands (VKPD)
17.12. Die NSDAP erwirbt den »Völkischen Beobachter«, der Zentralorgan der Partei wird.

1921
21.1. 1. Generalmitgliederversammlung der NSDAP in München, 1. Vorsitzender Anton Drexler, 2. Vorsitzender Oskar Körner
24.–29.1. Konferenz in Paris: Festsetzung der Zahlungen Deutschlands (Entschädigung von 269 Milliarden Goldmark in 42 Jahresraten)
3.2. Erste große Massenkundgebung der NSDAP im Zirkus Krone, Hitler spricht vor 6500 Menschen über »Zukunft oder Untergang«
21.2.–14.3. Konferenz in London: Ablehnung der deutschen Gegenvorschläge und Abbruch der Verhandlungen
8.3. Französische Sanktionen: Besetzung von Düsseldorf, Duisburg, Ruhrort, später von Mülheim und Oberhausen
26.–28.3. Tagung von Vertretern der völkischen Parteien in Zeitz
27.4. Festsetzung der deutschen Reparationen auf 132 Millarden Goldmark
3.–6.5. Poleneinfall in Oberschlesien durch Wojciech Korfanty
5.5. Londoner Finanzultimatum: Die Alliierten verlangen die Erfüllung der Reparationsforderungen (132 Millarden Goldmark in 37 Jahren), darauf am 10.5. Bildung der neuen Reichsregierung unter Joseph Wirth (Zentrum). Das Schlagwort »Erfüllungspolitik« wird geprägt.
11.5. Annahme des Londoner Ultimatums durch den Reichstag wegen Androhung einer Besetzung des Ruhrgebiets
29.7. Hitlers Wahl zum 1. Vorsitzenden der NSDAP mit besonderen Vollmachten auf einer außerordentlichen Mitgliederversammlung, Oskar Körner 2. Vorsitzender, Anton Drexler lebenslänglicher Ehrenvorsitzender
3.8. Gründung einer Turn- und Sportabteilung der NSDAP durch Marineleutnant Klintzsch, Umbenennung im Oktober in SA = Sturmabteilung
11.8. Übernahme der Schriftleitung des »Völkischen Beobachters« durch Dietrich Eckart
25.8. Friedensvertrag zwischen dem Deutschen Reich und den USA
26.8. Ermordung Matthias Erzbergers im Schwarzwald durch Angehörige der Organisation Consul (OC), die im Juni durch die Kapitänleutnante Hoffmann, von Killinger und Kauter gegründet worden war.
11.9. Rücktritt des bayerischen Ministerpräsidenten von Kahr (MP seit 18.3. 1920)
21.9. Hugo Graf Lerchenfeld neuer bayerischer Ministerpräsident
6./7.10. Wiesbadener Abkommen zwischen dem Deutschen Reich und Frankreich über Reparationszahlungen und Kohlelieferungen
11.10. Gründung der Ortsgruppe Zwickau, der ersten Ortsgruppe der NSDAP außerhalb Bayerns
4.11. Versuch politischer Gegner, eine Versammlung der NSDAP im Hofbräuhaus zu sprengen, scheitert am Saalschutz der Sturm- und Sportabteilung, der Hitler den Namen SA verleiht. (»Die erste Saalschlacht, Geburtstag der SA«)

1922
29./30.1. Generalmitgliederversammlung der NSDAP
10.4.–19.5. Konferenz von Genua über internationale Wirtschafts- und Reparationsprobleme unter Beteiligung von Vertretern aus 28 europäischen Staaten, Japans und

der britischen Dominions, Abbruch der Konferenz ohne Ergebnis wegen der Weigerung Rußlands, die Vorkriegsschulden des Zaren anzuerkennen.
16.4. Unterzeichnung des Vertrages von Rapallo
24.6. Ermordung des Reichsaußenministers Walther Rathenau, daraufhin Verordnung des Reichspräsidenten zum Schutz der Republik
24.6.–27.7. Abbüßung einer Haftstrafe durch Hitler, die am 12.1. 1922 verhängt wurde.
2.7. Verbot des »Stahlhelm«
7.–14.8. Konferenz in London: Frankreich fordert »produktive Pfänder« von Deutschland als Gegenleistung für ein Moratorium
16.8. Protestkundgebung der Vaterländischen Verbände Bayerns und der Nationalsozialisten, deren SA-Verbände mit Hakenkreuzfahnen auftreten, in München gegen das vom Reichstag am 18.7. angenommene Gesetz zum Schutz der Republik
24.9. Wiedervereinigungsparteitag der SPD und USPD in Nürnberg
14./15.10. Deutscher Tag in Coburg, Straßenschlacht der SA-Männer
20.10. Julius Streicher, Führer der in Nürnberg bestehenden »Deutschen Werkgemeinschaft«, unterstellt sich Hitler.
28.10. Mussolinis Marsch auf Rom
2.11. Rücktritt des bayerischen Ministerpräsidenten Lerchenfeld
8.11. Wahl Eugen von Knillings zum neuen bayerischen Ministerpräsidenten durch den Landtag
14.11. Rücktritt des Kabinetts Dr. Wirth im Zusammenhang mit den Reparationsverhandlungen
15.11. Verbot der NSDAP in Preußen, anschließend in Sachsen, Thüringen und Hamburg
22.11. Bildung des Reichskabinetts Dr. Cuno (parteilos) aus bürgerlichen parteilosen Fachministern (»Regierung der Wirtschaft«)
9.–11.12. Zweite erfolglose Londoner Konferenz
13.12. Zehn nationalsozialistische Massenkundgebungen in München
16.12. Gründung der Deutschvölkischen Freiheitspartei unter ihren Führern Theodor Fritsch und Dr. Arthur Dinter u.a.

1923
9.1. Feststellung der Reparationskommission über Verzögerung deutscher Kohlelieferungen
10.1. Einfall der Litauer ins Memelgebiet
11.1. Besetzung des Ruhrgebiets durch französische und belgische Truppen
13.1. Verkündung des »passiven Widerstands« durch Reichskanzler Cuno im Reichstag
20.1. Vereinigung nationaler und völkischer Verbände zu den Vereinigten Vaterländischen Verbänden Deutschlands (VVVD)
27.–29.1. Reichsparteitag der NSDAP in München: »Weihe« und Verleihung der ersten 4 Standarten an die SA
Anfang Februar Zusammenschluß der SA mit bayerischen Wehrverbänden unter der militärischen Führung Hermann Kriebels
8.2. »Völkischer Beobachter« erscheint als Tageszeitung
März Hermann Göring wird Führer der SA.
15.3. Beschwerden der NSDAP gegen die Verbote der NSDAP in Preußen, Sachsen, Baden, Mecklenburg-Schwerin, Hamburg, Bremen und Thüringen werden durch den Staatsgerichtshof verworfen.
März Wegen des Verbots der NSDAP in fast ganz Nord- und Mitteldeutschland Abkommen Hitlers mit der »Deutschvölkischen Freiheitspartei«, der der Norden überlassen wird, während die NSDAP den Süden behält.
1.5. Bewaffneter Aufmarsch der SA und vaterländischer Kampfverbände auf dem Oberwiesenfeld in München
Mai Aufstellung des »Stoßtrupp Hitler«, in den die im März aufgestellte Stabswache überführt wird, durch Joseph Berchtold (Vorläufer der SS).
13.8. Bildung einer Regierung der »Großen Koalition« (SPD, Demokraten, Zentrum, DVP) unter Dr. Gustav Stresemann, Ausscheiden der SPD am 3.11.
1./2.9. Deutscher Tag in Nürnberg in Anwesenheit Ludendorffs: Zusammenschluß der

SA, »Reichsflagge« und »Oberland« zum »Deutschen Kampfbund«

26.9. Ende des passiven Widerstands an der Ruhr.

27.9. Wegen der Krise in Bayern wird der Ausnahmezustand erklärt und von Kahr zum Generalstaatskommissar bestellt. Verbot von 14 nationalsozialistischen Versammlungen, Verhängung des Ausnahmezustands für das Reichsgebiet durch den Reichspräsidenten Friedrich Ebert, Übertragung der vollziehenden Gewalt an Reichswehrminister Otto Geßler

30.9. »Deutscher Tag« in Bayreuth

7.10. Abfall der »Reichsflagge« vom »Deutschen Kampfbund«, darauf Gründung der »Reichskriegsflagge« aus Hitlertreuen Anhängern durch Ernst Röhm am 11.10.

13.10. Annahme des Ermächtigungsgesetzes durch den Reichstag

20.10. Das bayerische Gesamtstaatsministerium unterstellt sich die in Bayern stationierten Reichswehrverbände.

21.10. Ausrufung der »Rheinischen Republik« in Aachen durch deutsche Separatisten

22.–24.10. Kommunistischer Aufstand in Hamburg

24.10. Verkündung eines »Autonomen Pfalzstaates« in Speyer

27.10. Das Ersuchen der Reichsregierung an die bayerische Regierung, den verfassungsmäßigen Zustand wiederherzustellen, wird abgelehnt.

8./9.11. Hitler-Putsch in München: Ausrufung der »Nationalen Revolution« und Diktatur, Demonstrationszug am 9.11. wird vor der Feldherrnhalle mit Waffengewalt aufgelöst. Verbot der NSDAP durch von Kahr

11.11. Verhaftung Hitlers in Uffing

15.11. Ausgabe der Rentenmark, Ende der Inflation

23.11. Verbot der Nationalsozialistischen und Kommunistischen Partei durch den Chef der Heeresleitung, General von Seeckt, dem am 9.11. die vollziehende Gewalt in ganz Deuschland übertragen worden war.

30.11. Bildung einer Regierung (bürgerliche Koalition) ohne parlamentarische Mehrheit unter Dr. Marx (Zentrum)

30.12. Tod Dietrich Eckarts

1924

1.1. Gründung des »Völkischen Blocks« in Bayern und der »Großdeutschen Volksgemeinschaft« (Alfred Rosenberg) als Nachfolgeorganisationen für die verbotene NSDAP

14.1. Internationale Sachverständigenkommission unter Vorsitz des Amerikaners Charles Dawes in Paris

13.2. Ende des Ausnahmezustands

18.2. Rücktritt des Generalstaatskommissars von Kahr und des Generals von Lossow

22.2. Gründung des »Reichsbanners Schwarz-Rot-Gold«

26.2. Beginn des Hitler-Prozesses

1.3. Aufhebung des Verbots der KPD im Reich

März Gründung des kommunistischen »Rot-Frontkämpfer-Bundes« (RFB)

1.4. Verkündung des Urteils im Hitler-Prozeß

16.4. Annahme des Dawes-Planes durch das Deutsche Reich

28.4. Verurteilung von 40 Mitgliedern des »Stoßtrupp Hitler«

4.5. Reichstagswahlen: Gewinne der Kommunisten (62 Mandate), der Deutschnationalen Volkspartei (95 Mandate) und der Deutsch-Völkischen Freiheitspartei (32 Mandate, darunter 10 Nationalsozialisten) auf Kosten der Mitte

5.5. Rücktritt des bayerischen Ministerpräsidenten von Knilling

17./18.5. SA-Führertagung in Salzburg (Einführung des Tragens von Braunhemden)

31.5.–1.6. Gründung des »Frontbann« anstelle der verbotenen SA durch Ernst Röhm

3.6. Neuorganisation der Nationalsozialisten in Mittel- und Norddeutschland, ab 7.9. in Hamburg Nationalsozialistische Arbeitsgemeinschaft

7.7. Niederlegung der Führung der Partei durch Adolf Hitler während der Dauer der Festungshaft

16.7.–16.8. Annahme des Dawes-Plans durch die Londoner Konferenz und Abschluß des Londoner Abkommens mit Reichskanzler Marx, Außenminister Stresemann und Finanzminister Luther
16./17.8. Parteitag der »Nationalsozialistischen Freiheitsbewegung« aus Anhängern Ludendorffs, von Graefes und Gregor Strassers
29.8. Annahme des Dawes-Plans durch den Reichstag
7.12. Reichstagswahlen: 14 völkische Abgeordnete, darunter 4 Nationalsozialisten
20.12. Entlassung Hitlers aus der Festungshaftanstalt Landsberg am Lech

1925
4.1. Aussprache des bayerischen Ministerpräsidenten Held mit Hitler
6.1. Note des Deutschen Reiches wegen Nichträumung der Kölner Zone
15.1. Bildung eines Kabinetts unter Dr. Hans Luther (parteilos) aus Zentrum, DVP und DNVP
13.2. Niederlegung der Führerschaft der »Nationalsozialistischen Freiheitsbewegung« durch Ludendorff, von Graefe und Strasser
26.2. Wiedererscheinen des »Völkischen Beobachters«, Ernst Röhm wird mit der Neuaufstellung der SA beauftragt.
27.2. Neugründung der NSDAP im Bürgerbräukeller in München
28.2. Tod des Reichspräsidenten Ebert
9.3. Redeverbot der bayerischen Regierung gegen Hitler, danach auch in Preußen, Baden, Sachsen, Hamburg, Oldenburg u.a.
11.3. Gregor Strasser wird von Hitler mit dem Aufbau einer Parteiorganisation in Norddeutschland beauftragt.
29.3. 1. Wahlgang der Reichspräsidentenwahl
26.4. 2. Wahlgang der Reichspräsidentenwahl: Generalfeldmarschall von Hindenburg wird Reichspräsident.
27.4. Gesuch Hitlers an den Magistrat der Stadt Linz um Entlassung aus dem österreichischen Staatsverband
30.4. Auswanderungsgenehmigung der Landesregierung Oberösterreichs für Hitler
1.5. Niederlegung der Führung der SA durch Ernst Röhm, Unterstellung der neugebildeten SA-Einheiten unter den jeweiligen Gauleiter
4.6. Note der Botschafterkonferenz an das Deutsche Reich wegen Verletzung der Bestimmungen des Vertrags von Versailles
24.6. Errichtung der Parteigeschäftsstelle der NSDAP in München nach der Neugründung
14.7.–1.8. Räumung des Ruhrgebiets
18.7. Der erste Band »Mein Kampf« von Hitler erscheint im Eher-Verlag
25.8. Räumung der Sanktionsstädte Düsseldorf, Duisburg und Ruhrort durch die Franzosen
10./11.9. Gründung der »Arbeitsgemeinschaft der nordwestdeutschen Gauleiter der NSDAP« in Hagen (Westf.)
16.10. Verträge von Locarno
25.10. Ausscheiden der deutschnationalen Minister wegen des Vertragswerkes von Locarno aus dem Reichskabinett unter dem Einfluß Alfred Hugenbergs
9.11. Gründung von Schutzstaffeln (SS)
5.12. Rücktritt des Reichskanzlers Luther und des Rumpfkabinetts

1926
20.1. Bildung des 2. Kabinetts Dr. Luther, bürgerliche Koalition ohne parlamentarische Mehrheit
24.1. Zusammenkunft von Funktionären der »Arbeitsgemeinschaft der nordwestdeutschen Gaue« in Hannover
26.1. Gründung des »Nationalsozialistischen Deutschen Studentenbundes«
14.2. Nationalsozialistische Führertagung in Bamberg, Verwerfung des Aktionsprogramms über den nationalen Sozialismus von Gregor Strasser, Karl Kaufmann und Dr. Joseph Goebbels durch Hitler, Niederlage der Opposition von Hannover
28.2. Ansprache Hitlers im »Nationalclub von 1919« in Hamburg
12.3. Gründung einer SA-Einheit in Berlin durch Kurt Daluege
24.4. Freundschafts- und Neutralitätsver-

trag zwischen dem Deutschen Reich und der Sowjetunion

5.5. Flaggenverordnung des Reichspräsidenten, Sturz Dr. Luthers wegen scharfer Angriffe der Mitte- und Linksparteien (12.5.)

16.5. 3. Kabinett Dr. Marx (Zentrum) mit den Ministern des vorherigen Kabinetts

22.5. 1. Generalmitgliederversammlung der neugegründeten NSDAP

20.6. Volksentscheid über die Fürstenenteignung, NSDAP im Reichstag am 6.5. gegen Enteignung

3./4.7. 2. Reichsparteitag der NSDAP in Weimar: Übergabe der »Blutfahne« vom 9.11.1923 durch Hitler an die SS, Gründung der Hitler-Jugend unter dem Reichsführer Kurt Gruber, Plauen

8.9. Aufnahme des Deutschen Reiches in den Völkerbund auf einstimmigen Beschluß (ständiger Ratssitz)

6.10. Rücktritt des Chefs der Heeresleitung, des Generalobersten von Seeckt, Nachfolger General Heye

16.10. Scheidemanns Rede vor dem Reichstag: Kritik an Verbindung der Reichswehr zur Roten Armee

17.10. Sturz des Kabinetts Dr. Marx durch Mißtrauensvotum der SPD, Kommunisten, Deutschnationalen und Völkischen

1.11. Errichtung der Obersten SA-Führung in München unter dem Obersten SA-Führer Franz Pfeffer von Salomon, Ernennung von Dr. Joseph Goebbels zum Gauleiter von Berlin

10.12. Der zweite Band »Mein Kampf« von Hitler erscheint im Eher-Verlag.

1927

29.1. Bildung des 4. Kabinetts Dr. Marx (Zentrum)

1.2. Aufhebung des Redeverbots für Hitler in Sachsen

16.2. Ausscheiden der nationalsozialistischen Abgeordneten aus der Völkischen Arbeitsgemeinschaft

5.3. Aufhebung des Redeverbots für Hitler in Bayern

9.3. Erste Rede Hitlers nach dem Putsch in München

1.5. Rede Hitlers auf einer Mitgliederversammlung der NSDAP in Berlin

5.5. Verbot der NSDAP in Berlin

4.7. Erstes Erscheinen von »Der Angriff« in Berlin, von Goebbels herausgegeben

19.–21.8. 3. Reichsparteitag der NSDAP in Nürnberg

1928

2.1. Gregor Strasser übernimmt den Vorsitz des Organisationsausschusses der NSDAP.

31.3. Aufhebung des Verbots der NSDAP in Berlin

20.5. Reichstagswahlen: 809771 Stimmen für die NSDAP und 12 Mandate, Verluste der Regierungsparteien, Gewinne der SPD und KPD

28.6. Bildung einer Regierung der »Großen Koalition« unter Hermann Müller (SPD)

1.7. Einsetzung Reinhold Muchows zum Gauorganisationsleiter in Berlin, Organisation des Gaues in Zellen und Blocks (Vorbild für den Aufbau der Gaue im ganzen Reich)

20.7. Ernennung Baldur von Schirachs zum Reichsführer des NS-Studentenbundes

27.8. Briand-Kellogg-Pakt (»Kriegsächtungspakt«)

28.9. Aufhebung des Redeverbots für Hitler in Preußen

1.10. Neueinteilung der Gaue der NSDAP

25.10. Alfred Hugenberg Vorsitzender der Deutschnationalen Volkspartei (DNVP)

9.12. Prälat Ludwig Kaas Vorsitzender der Deutschen Zentrumspartei

1929

6.1. Ernennung Heinrich Himmlers zum Reichsführer-SS

11.2.–7.6. Konferenz zur Revision des Dawes-Abkommens unter Vorsitz des Amerikaners Owen Young, Ausarbeitung des Young-Plans

23.6. Mehrheit der NSDAP bei den Gemeindewahlen in Coburg

9.7. Bildung des »Reichsausschusses für das deutsche Volksbegehren gegen den Young-Plan«

1.–4.8. 4. Reichsparteitag der NSDAP in Nürnberg
6.–31.8. 1. Haager Konferenz: Beratung über den Young-Plan, für dessen Annahme Deutschland die vorzeitige Räumung des Rheinlands erreicht (2. und 3. Zone bis zum 30.6.1930).
3.10. Tod des Reichsaußenministers Gustav Stresemann
25.10. »Schwarzer Freitag« in New York (Börsenkrach)
27.10. Landtagswahlen in Baden: 6 von 88 Mandaten für die NSDAP
17.11. Ernennung von Adrian von Rentelen zum Reichsführer des Nationalsozialistischen Schülerbundes, 1933 in die Hitler-Jugend (HJ) eingegliedert
25.11. Volksbegehren gegen den Young-Plan: 4135300 Eintragungen (10,02%)
8.12. Landtagswahlen in Thüringen: 6 von 53 Mandaten für die NSDAP
22.12. Scheitern des Volksentscheids gegen den Young-Plan und Ablehnung des von Hitler, Hugenberg, Seldte und Claß vorgelegten »Freiheitsgesetzes«

1930
3.–20.1. 2. Haager Konferenz: Annahme des Young-Plans (Haager Schlußakte)
23.1. Dr. Wilhelm Frick Innen- und Volksbildungsminister in Thüringen (1. NS-Minister in Deutschland)
7.3. Rücktritt des Reichsbankpräsidenten Dr. Schacht
27.3. Rücktritt der Reichsregierung Hermann Müller (SPD) wegen der Frage einer Beitragserhöhung der Arbeitslosenversicherung: Ende der großen Koalition
30.3. Ernennung Dr. Heinrich Brünings (Zentrum) zum Reichskanzler, Bildung einer Regierung aus Angehörigen der bürgerlichen Parteien unter Ausschaltung der Sozialdemokraten
11.5. Zusammenbruch der Österreichischen Credit-Anstalt
20.6. Hoover-Moratorium für alle internationalen Zahlungsverpflichtungen, Verkündung des Hoover-Feierjahrs am 6.7.
30.6. Rheinlandräumung
4.7. Gründung einer Kampfgemeinschaft revolutionärer Nationalsozialisten durch Otto Strasser: »Die Sozialisten verlassen die NSDAP.«
5.7. Erwerb des »Braunen Hauses« der NSDAP in München
16.7. Vorlage der 1. Notverordnung »zur Sicherung von Wirtschaft und Finanzen«, Auflösung des Reichstages (18.7.)
12.8. Rücktritt Pfeffer von Salomons als Oberster SA-Führer
19.8. Sachverständigenausschuß unter Vorsitz des Engländers Layton stellt fest, daß von Deutschland nach Ablauf des Hoover-Feierjahrs keine Reparationszahlungen zu erwarten sind.
2.9. Übernahme der Führung der gesamten SA durch Hitler als Oberster SA-Führer, Stabschef der SA Dr. h. c. Wegener
14.9. Reichstagswahlen: 107 Mandate für die NSDAP von 577 (18,3%)
25.9. Eid Hitlers vor dem Reichsgericht in Leipzig, daß die NSDAP die Macht im Staate auf legalem Wege erstrebt.
1.10. Dr. Franzen (NSDAP) Innenminister in Braunschweig
5.10. Empfang Hitlers durch Brüning
7.11. Trennung der SS von der SA
16.11. Volkstagswahlen in Danzig: 12 von 72 Mandate für die NSDAP
30.11. Bürgerschaftswahlen in Bremen: 32 von 120 Mandaten für die NSDAP
Ende Dezember 4,4 Mio Arbeitslose
1.12. Notverordnung Brünings: Kürzung der Beamtengehälter und Erhöhung der Beiträge zur Arbeitslosenversicherung

1931
5.1. Ernennung Ernst Röhms zum Chef des Stabes der SA
14.1. Der Reichsführer-SS Heinrich Himmler wird dem Chef des Stabes der SA unterstellt.
15.1. Gründung von Betriebszellenabteilungen der NSDAP, ab 8.3. Nationalsozialistische Betriebszellenorganisation (NSBO)
25.2. Übertragung der Führung des Sicherheitsdienstes zum Schutz der Parteiführung an den Reichsführer-SS
20.3. Veröffentlichung des Plans einer deutsch-österreichischen Zollunion

1.4. Erfolglose Rebellion des Obersten SA-Führers Ost, Hauptmann Stennes, gegen Hitler und die Parteileitung

27.4. Die Hitlerjugend wird der Obersten SA-Führung unterstellt. Verlegung der Reichsleitung HJ nach München

1.5. Gründung der Auslandsabteilung der NSDAP in Hamburg, am 17.2. 1934 Umbenennung in Auslandsorganisation der NSDAP (eigener Gau)

5.7. Erlaß des Reichspräsidenten zur Förderung des freiwilligen Arbeitsdienstes

13.7. Zusammenbruch der Darmstädter und Nationalbank (Danatbank)

15.7. Deutscher Studententag in Graz, Wahl eines Nationalsozialisten zum 1. Vorsitzenden

1.8. Ernennung von Dr. Otto Dietrich zum Reichspressechef der NSDAP

5.9. Der Haager Gerichtshof verkündet die Unzulässigkeit einer deutsch-österreichischen Zollunion.

15.9. Dietrich Klagges Innen- und Volksbildungsminister in Braunschweig

27.9. Bürgerschaftswahlen in Hamburg: 43 von 160 Mandaten für die NSDAP

10.10. Empfang Hitlers und Görings durch den Reichspräsidenten von Hindenburg

11.10. Bildung der »Harzburger Front« (Nationalsozialisten, Deutschnationale und »Stahlhelm«)

30.10. Ernennung Baldur von Schirachs zum Reichsjugendführer beim Stabe der Obersten SA-Führung (Nationalsozialistischer Deutscher Studentenbund, Hitler-Jugend, Nationalsozialistischer Schülerbund)

15.11. Landtagswahlen in Hessen: NSDAP wird stärkste Partei.

25.11. Haussuchungen in Hessen wegen der »Boxheimer Dokumente« (Putschpläne Dr. Werner Bests im Fall einer kommunistischen Erhebung)

16.12. Gründung der »Eisernen Front«: SPD, Gewerkschaften, Arbeitersportverbände, Reichsbanner

31.12. SS-Befehl über Verlobungs- und Heiratsgenehmigung des SS-Mannes

Ende Dezember 5,66 Mio. Arbeitslose

1932

27.1. Ansprache Hitlers vor westdeutschen Wirtschaftsführern im Industrie-Club in Düsseldorf

2.2. Eröffnung der Abrüstungskonferenz in Genf (erfolglos)

25.2. Ernennung Hitlers zum Regierungsrat in Braunschweig und Ablegung des Beamteneides bei der Vertretung Braunschweigs in Berlin, Hitler erhält damit die deutsche Staatsangehörigkeit.

27.2. Offizielle Bekanntgabe der Kandidatur Hitlers für das Amt des Reichspräsidenten

15.3. 1. Wahlgang der Reichspräsidentenwahl: Hindenburg 18,65 Mio., Hitler 11,3 Mio., Thälmann 4,8 Mio., Duesterberg 2,55 Mio. Stimmen

13.3. Landtagswahlen in Mecklenburg-Strelitz: 9 von 35 Mandaten für die NSDAP

10.4. 2. Wahlgang der Reichspräsidentenwahl: Hindenburg 19,35 Mio., Hitler 13,41 Mio., Thälmann 3,7 Mio. Stimmen

13.4. Verbot von SA und SS im gesamten Reichsgebiet

24.4. Landtagswahlen in Preußen, Bayern, Württemberg, Anhalt und Hamburg: starkes Anwachsen der NSDAP

29.5. Landtagswahlen in Oldenburg: absolute Mehrheit der NSDAP mit 24 von 46 Mandaten

30.5. Rücktritt des Kabinetts Brüning, dem Hindenburg das Vertrauen entzieht (Vorwurf des »Agrarbolschewismus«).

1.6. Ernennung Franz von Papens zum Reichskanzler, Bildung eines Präsidialkabinetts, vorwiegend aus Angehörigen des konservativen Adels

5.6. Landtagswahlen in Mecklenburg-Schwerin: Mehrheit für die NSDAP

14.6. Aufhebung des Verbots von SA und SS sowie des Uniform- und Demonstrationsverbots durch das Kabinett von Papen

15.6. Übernahme der Führung der HJ durch Baldur von Schirach

16.6. Gauleiter Carl Röver Ministerpräsident in Oldenburg

16.6.–9.7. Konferenz von Lausanne über das Reparationsproblem unter Vorsitz von MacDonald: Ende der deutschen Reparationen durch Zahlung einer einmaligen Abfindungssumme von 3 Milliarden Reichsmark

17.7. »Blutsonntag« in Altona: 18 Tote, 50 Schwerverletzte

20.7. Staatsstreich von Papens gegen Preußen: Absetzung der geschäftsführenden preußischen Regierung Braun/Severing, Reichskanzler von Papen Reichskommissar von Preußen

31.7. Reichstagswahlen: 230 Mandate für die NSDAP (13,7 Mio. Stimmen = 36,9%)

10.8. Ermordung eines Kommunisten durch fünf SA-Männer in Potempa, Sympathietelegramm Hitlers

13.8. Ablehnung des Vizekanzlerpostens durch Hitler

20.8. Errichtung der 1. Stammabteilung und Führerschule des nationalsozialistischen Arbeitsdienstes in Schloß Großhühnau bei Dessau

30.8. Wahl Hermann Görings zum Reichstagspräsidenten

1./2.10. 1. Reichsjugendtag der NSDAP (HJ) in Potsdam

3.–8.11. Verkehrsstreik der Nationalsozialisten und Kommunisten in Berlin

6.11. Reichstagswahlen: 196 Mandate für die NSDAP (11,7 Mio. Stimmen = 33,1%)

17.11. Rücktritt des Reichskanzlers v. Papen

3.12. Ernennung des Generals Kurt v. Schleicher zum Reichskanzler (Präsidialkabinett), Versuch zur Gewinnung einer neuen Mehrheit von den Gewerkschaften bis zum sozialistischen Flügel der NSDAP um Gregor Strasser

8.12. Gregor Strasser, Reichsorganisationsleiter der NSDAP, legt sämtliche Parteiämter nieder. Als Stabsleiter unter der Führung Hitlers wird Dr. Robert Ley Nachfolger, ab 10.12.1934 Reichsorganisationsleiter der NSDAP.

1933

4.1. Vertrauliche Besprechung zwischen Hitler und v. Papen im Hause des Bankiers v. Schröder in Köln über eine gemeinsame Regierungsbildung

15.1. Landtagswahlen in Lippe: Anstieg der Wählerstimmen für die NSDAP

22.1. Übereinkunft bei der Besprechung zwischen v. Papen, Hitler, Oskar v. Hindenburg und Staatssekretär Meißner

28.1. Rücktritt des Kabinetts v. Schleicher

30.1. Machtübertragung an Hitler durch den Reichspräsidenten v. Hindenburg: Ernennung Hitlers zum Reichskanzler, Bildung einer Koalitionsregierung des »Nationalen Zusammenschlusses«

1.2. Auflösung des Reichstags durch den Reichspräsidenten und Ausschreibung von Neuwahlen (5.3.)

3.2. Geheimrede Hitlers vor der Reichswehrführung über sein außenpolitisches Programm (»Lebensraum im Osten« und die innenpolitischen Voraussetzungen)

4.2. Verordnung des Reichspräsidenten zum Schutze des deutschen Volkes: Aufhebung der verfassungsmäßigen Grundrechte

22.2. Verordnung Görings über die Unterstützung der preußischen Polizei durch Hilfspolizei, gebildet aus nationalen Verbänden, vor allem der SA

27.2. Reichstagsbrand

28.2. »Verordnung des Reichspräsidenten zum Schutz von Volk und Staat« (Proklamation des Ausnahmezustandes), Verbot der kommunistischen und sozialdemokratischen Presse, Verhaftung kommunistischer Abgeordneter

5.3. Reichstagswahl: NSDAP 43,9%, DNVP und Stahlhelm 8%, Zentrum 11,2%, SPD 18,3%, KPD 12,3%, absolute Mehrheit der Koalitionspartner auch im preußischen Landtag

9.3. Ernennung Heinrich Himmlers zum kommissarischen Polizeipräsidenten von München

13.3. Ernennung von Dr. Joseph Goebbels zum Reichsminister für Volksaufklärung und Propaganda

16.3. Dr. Hjalmar Schacht neuer Reichsbankpräsident

18.3. Befehl Hitlers zur Aufstellung der »Leibstandarte Adolf Hitler«

21.3. »Tag von Potsdam«

22.3. Errichtung des Konzentrationslagers Dachau

23.3. »Gesetz zur Behebung der Not von Volk und Reich« (»Ermächtigungsgesetz«) gegen die Stimmen der SPD

31.3. 1. Gesetz zur Gleichschaltung der Länder mit dem Reich: Neubildung der Länderparlamente nach dem Ergebnis der Reichstagswahl ohne Berücksichtigung der Kommunisten

1.4. Organisierte Boykottaktion gegen jüdische Geschäfte, Ärzte, Rechtsanwälte und Unternehmer

1.4. Ernennung Himmlers zum »Politischen Polizeikommandeur Bayerns«, bis zum 2.6. 1934 – mit der Ernennung in Schaumburg-Lippe – zum Chef der Polizei in allen deutschen Ländern

7.4. 2. Gesetz zur Gleichschaltung der Länder mit dem Reich (Reichsstatthaltergesetz)

Gesetz zur »Wiederherstellung des Berufsbeamtentums«

10.4. Ernennung Hermann Görings zum Ministerpräsidenten und Innenminister in Preußen

26.4. Errichtung des »Geheimen Staatspolizeiamts« in Berlin

27.4. Ernennung von Rudolf Heß zum Stellvertreter des Führers

27.4. Errichtung des Reichsluftfahrtministeriums (RLM) unter Hermann Göring, der seit dem 2.2. Reichskommissar für die Luftfahrt war, durch Dekret des Reichspräsidenten

1.5. »Tag der nationalen Arbeit«

2.5. Auflösung der Gewerkschaften und Besetzung der Gewerkschaftshäuser

5.5. Verlängerung des Berliner Vertrags mit der UdSSR

10.5. »Verbrennung undeutschen Schrifttums« in Anwesenheit von Goebbels auf dem Opernplatz von Berlin

17.5. Außenpolitische Friedensrede Hitlers vor dem Reichstag, von allen Parteien gebilligt

28.5. Volkstagswahl in Danzig: 39 von 72 Mandaten für die NSDAP, Senatspräsident Dr. Hermann Rauschning

1.6. 1. Gesetz zur Verminderung der Arbeitslosigkeit, 2. Gesetz am 21.9. und Beginn der »Arbeitsschlacht«

12.6.–27.7. Ergebnislose Weltwirtschaftskonferenz in London

17.6. Ernennung Baldur von Schirachs zum Jugendführer des Deutschen Reiches

22.6. Verbot der SPD

24.6. Beschluß der Reichsregierung über die Errichtung des Unternehmens »Reichsautobahnen«

27.6. Selbstauflösung der Deutschnationalen Volkspartei, am 28.6. der Deutschen Staatspartei, am 4.7. der Deutschen und Bayrischen Volkspartei, am 5.7. des Zentrums

29.6. Ernennung von Walter Darré zum Reichsminister für Ernährung und Landwirtschaft

6.7. Rede Hitlers vor den Reichsstatthaltern: Ende der nationalsozialistischen Revolution

14.7. Gesetz gegen die Neubildung von Parteien, Gesetz zur Verhütung erbkranken Nachwuchses

20.7. Konkordat zwischen dem Deutschen Reich und dem Vatikan

31.8.–3.9. 5. Reichsparteitag in Nürnberg (»Parteitag des Sieges«)

13.9. Gründung des Winterhilfswerkes (WHW), Bildung des Reichsnährstandes

21.9. Beginn des Reichstagsbrandprozesses vor dem Reichsgericht in Leipzig

22.9. Errichtung der Reichskulturkammer

29.9. Reichserbhofgesetz

1.10. Erntedankfest auf dem Bückeberg

4.10. Schriftleitergesetz

14.10. Ausscheiden Deutschlands aus der Abrüstungskonferenz und Austritt aus dem Völkerbund (19.10.)

12.11. Sog. Reichstagswahl und Volksabstimmung über Hitlers Innen- und Außenpolitik

27.11. »Kraft durch Freude«

1.12. Gesetz zur Sicherung der Einheit von Partei und Staat: NSDAP wird Staatspartei.

1934

20.1. Gesetz »zur Ordnung der nationalen Arbeit«

26.1. Nichtangriffs- und Freundschaftsvertrag zwischen dem Deutschen Reich und Polen

30.1. Gesetz »über den Neuaufbau des Reiches«

20.4. Ernennung Himmlers zum stellvertretenden Chef und Inspekteur der preußischen Geheimen Staatspolizei und Reinhard Heydrichs zum Chef des preußischen Staatspolizeiamts

24.4. Bildung des »Volksgerichtshofes«

1.5. Errichtung des Reichsministeriums für Wissenschaft, Erziehung und Volksbildung

15.5. Gesetz über die Regelung des Arbeitseinsatzes

29.–31.5. Barmer Bekenntnis-Synode

14./15.6. Treffen Hitlers und Mussolinis in Venedig

17.6. Rede v. Papens in Marburg

30.6.–2.7. Mordaktion Hitlers gegen höhere SA-Führer und politische Gegner (sog. »Röhm-Revolte«)

3.7. Hitlers Maßnahmen werden durch Gesetz als Staatsnotwehr rechtens erklärt.

4.7. Ernennung des SS-Oberführers Theodor Eicke zum »Inspekteur der Konzentrationslager und Führer der SS-Wachverbände«

20.7. SS selbständige Gliederung der NSDAP

25.7. Mißglückter Putschversuch der Nationalsozialisten in Wien, Ermordung des österreichischen Bundeskanzlers Engelbert Dollfuß

30.7. Beauftragung des Reichsbankpräsidenten Dr. Schacht mit der Wahrnehmung der Geschäfte des Reichswirtschaftsministers

2.8. Tod des Reichspräsidenten von Hindenburg, Vereinigung der Ämter des Reichskanzlers und des Reichspräsidenten durch den »Führer und Reichskanzler Adolf Hitler«, Eid der Wehrmacht auf den »Obersten Befehlshaber« Adolf Hitler

19.8. Volksabstimmung über die Zusammenlegung der beiden Ämter: 89,9% Ja-Stimmen

19.9. Eintritt der Sowjetunion in den Völkerbund

19./20.10. Bekenntnis-Synode in Berlin-Dahlem: Berufung auf das kirchliche Notrecht

21.10. Schaffung der deutschen Arbeitsfront als Einheitsorganisation

1935

13.1. Volksabstimmung im Saargebiet: 91% für Rückführung in das Deutsche Reich

17.1. Beschluß des Völkerbundes über Rückgliederung des Saargebietes zum 1.3. 1935

27.–31.1. Besuch Görings in Polen

9.3. Offizielle Bekanntgabe der Reichsregierung über den Wiederaufbau einer deutschen Luftwaffe

16.3. Wiedereinführung der allgemeinen Wehrpflicht, Bruch der militärischen Bestimmungen des Vertrages von Versailles

1.4. Reichsjustizverwaltung

11.–14.4. Konferenz von Stresa (Großbritannien, Frankreich und Italien) gegen einseitige Aufkündigung von Verträgen

2.5. Französisch-sowjetischer Beistandspakt

16.5. Beistandspakt CSR-UdSSR

21.5. Reichstagsrede Hitlers mit dem »Friedensprogramm« der 13 Punkte

18.6. Deutsch-britisches Flottenabkommen

26.6. Einführung der Reichsarbeitsdienstpflicht ab 1.10. 1935

16.7. Reichskirchenministerium

24.7. Gründung des NS-Dozentenbundes

25.7.–20.8. VII. Weltkongreß der Komintern in Moskau: Volksfrontpolitik

10.–16.9. 7. Reichsparteitag in Nürnberg (»Parteitag der Freiheit«), am 15.9. Verkündung der antisemitischen »Nürnberger Gesetze«: »Gesetze zum Schutz des deutschen Blutes und der deutschen Ehre« und »Reichsbürgergesetz«

3.10. Beginn der Eroberung Abessiniens durch Italien, am 9.5. 1936 abgeschlossen

18.10. Gesetz zum Schutz der Erbgesundheit des deutschen Volkes

1936

6.–16.2. Olympische Winterspiele in Garmisch-Partenkirchen

7.3. Einmarsch deutscher Truppen in die entmilitarisierte Zone des Rheinlandes,

Kündigung des Locarno-Vertrags durch das Deutsche Reich

29.3. »Reichstagswahlen«: Billigung der Politik Hitlers mit 99% Ja-Stimmen

18.4. Volksgerichtshof als 2. höchstes Gericht neben dem Reichsgericht

24.4. Einweihung und Übergabe der fertiggestellten Ordensburgen der NSDAP Crössinsee (Pommern), Vogelsang (Eifel) und Sonthofen (Bayern)

5.5. Erklärung Mussolinis über das Ende der militärischen Aktionen gegen Abessinien, Ausrufung König Viktor Emanuels zum »Kaiser von Äthiopien«

17.6. Ernennung des Reichsführers-SS Heinrich Himmler zum Chef der Deutschen Polizei

11.7. Deutsch-österreichische Vereinbarung über die Wiederherstellung normaler und freundschaftlicher Beziehungen

17.7. Beginn des Bürgerkrieges in Spanien

25./26.7. Entscheidung Hitlers für deutsches Eingreifen im Spanischen Bürgerkrieg

1.–16.8. XI. Olympische Spiele in Berlin

24.8. Einführung der zweijährigen Dienstzeit für die deutsche Wehrmacht

8.–14.9. 8. Reichsparteitag der NSDAP in Nürnberg (»Reichsparteitag der Ehre«): Verkündung des »Vierjahresplanes« (9.9.)

30.9. General Franco Vorsitzender der nationalen Gegenregierung und Staatsoberhaupt.

18.10. Göring Beauftragter für die Durchführung des Vierjahresplanes

25.10. Deutsch-italienischer Vertrag: »Achse Berlin-Rom«

3.11. Wiederwahl des amerikanischen Präsidenten F. D. Roosevelt

25.11. Antikominternpakt zwischen Deutschland und Japan

1.12. Hitlerjugend wird durch Gesetz Staatsjugend.

1937

15.1. Bekanntgabe über die Gründung von »Adolf-Hitler-Schulen« durch die Reichsleiter Dr. Robert Ley und Baldur von Schirach

26.1. Neues deutsches Beamtengesetz und Reichsdienststrafordnung

30.1. Verlängerung des »Ermächtigungsgesetzes« bis zum 1.4. 1941 durch den Reichstag.

Deutsche Reichsbahn und Reichsbank wieder unter der Hoheit des Reiches

18.2. Prof. C.J. Burckhardt Völkerbundskommissar für Danzig

14.3. Enzyklika des Papstes Pius XI. »Mit brennender Sorge« gegen die Kirchenfeindschaft und die Irrlehren des Nationalsozialismus

15.7. Gründung der »Reichswerke Hermann Göring«

18.7. Eröffnung des »Hauses der deutschen Kunst« in München

6.–13.9. 9. Reichsparteitag der NSDAP in Nürnberg (»Reichsparteitag der Arbeit«)

25.–28.9. Deutschlandbesuch Benito Mussolinis

5.10. »Quarantäne«-Rede Roosevelts in Chikago

5.11. Hitlers Rede vor den Oberbefehlshabern der drei Wehrmachtsteile und dem Reichsaußenminister über seine außenpolitischen Ziele (»Hoßbach-Niederschrift«)

6.11. Beitritt Italiens zum Antikominternpakt

19.11. Besuch von Lord Halifax bei Hitler auf dem Obersalzberg

26.11. Rücktritt Dr. Schachts (Entlassung)

21.12. Weisung Hitlers für Angriffskrieg gegen die Tschechoslowakei

1938

15.1. Ernennung Walter Funks zum Reichswirtschaftsminister

4.2. Entlassung des Reichskriegsministers, Generalfeldmarschall v. Blomberg, und des Oberbefehlshabers des Heeres, Generaloberst Frhr. v. Fritsch, Hitler »Oberbefehlshaber der Wehrmacht«, General Keitel Chef des neu geschaffenen Oberkommandos der Wehrmacht, Ernennung Joachim von Ribbentrops zum Reichsaußenminister

12.2. Unterredung zwischen Hitler und dem österreichischen Bundeskanzler Kurt von Schuschnigg auf dem Obersalzberg: Amnestie für die österreichischen Nationalsozialisten sowie freie Betätigung und

verstärkter Einfluß auf die Regierung (»Gleichschaltungsabkommen«)
16.2. Umbildung des österreichischen Kabinetts: Übernahme des Ministeriums für Inneres und des Sicherheitswesens durch den Nationalsozialisten Dr. Seyß-Inquart
2.3. Nach milder Verurteilung durch das Gericht Einlieferung von Pastor Martin Niemöller in das KL Sachsenhausen (3.3.)
9.3. Ankündigung einer Volksbefragung durch den österreichischen Bundeskanzler von Schuschnigg
10./11.3. Unruhen in Österreich, Rücktritt Schuschniggs
12.3. Einmarsch deutscher Truppen in Österreich
13.3. Gesetz über die »Wiedervereinigung Österreichs mit dem Deutschen Reich« (»Anschluß«)
10.4. Volksabstimmung über den Anschluß Österreichs an das Deutsche Reich und Wahlen zum »Großdeutschen Reichstag«
15.4. Ernennung des österreichischen Bundeskanzlers Seyß-Inquart zum Reichsstatthalter in Österreich durch Hitler
24.4. »Karlsbader Beschlüsse« der sudetendeutschen Partei unter Konrad Henlein (8 Forderungen, darunter Autonomie für die sudentendeutschen Gebiete)
26.4. Anmeldepflicht für jüdische Vermögen
2.–10.5. Staatsbesuch Hitlers in Italien: Verzicht auf Südtirol
20.5. Außerordentliche Waffenübung von ca. 100000 Mann in der Tschechoslowakei (»Wochenendkrise«)
28.5. Befehl zur Durchführung der deutschen Heeres- und Luftwaffenverstärkungen und zum Bau des »Westwalls« durch Hitler
30.5. Weisung Hitlers an die Wehrmacht zur Zerschlagung der Tschechoslowakei
20.6. Juden wird der Besuch von Börsen und Großmärkten verboten.
21.6. Ankündigung von neuen gesetzlichen Maßnahmen zur Ausschaltung der Juden aus dem deutschen Wirtschaftsleben durch Dr. Joseph Goebbels
23.7. Juden müssen bis zum 31.12. bei der Polizei eine Kennkarte beantragen.
17.8. Zwangsvornamen für Juden ab 1.1. 1939 (»Sara« und »Israel«)
18.8. Rücktritt General Becks, des Generalstabschefs des Heeres, aus Protest gegen Hitlers Kriegspolitik
2.9. Empfang Konrad Henleins, des Führers der sudetendeutschen Partei, durch Hitler
5.–12.9. 10. Reichsparteitag der NSDAP in Nürnberg (»Großdeutschland«): Drohungen gegen England und Frankreich, Bekräftigung zur Lösung der sudetendeutschen Frage
9.9. Erlaß des Reichsführers-SS und Chefs der deutschen Polizei Heinrich Himmler über die Bekämpfung der Zigeunerplage
15.9. Besuch des britischen Premierministers Neville Chamberlain bei Hitler auf dem Obersalzberg (»Sudetenkrise«)
22.–24.9. Besprechungen zwischen Hitler und Chamberlain in Bad Godesberg über Regelung der Sudetenkrise
26.9. Rede Hitlers im Sportpalast: Sudetenland letzte territoriale Revisionsforderung in Europa
29.9. Viermächte-Konferenz in München (Chamberlain für Großbritannien, Daladier für Frankreich, Mussolini für Italien, Hitler): Beschluß über die Abtretung der Sudetendeutschen Gebiete
30.9. Gemeinsame Erklärung Hitlers und Chamberlains, deutsch-britische Nichtangriffserklärung
1.10. Beginn des deutschen Einmarsches in die sudetendeutschen Gebiete
Angliederung der Zigeunerpolizeistelle München als »Reichszentrale zur Bekämpfung des Zigeunerunwesens« an das Reichskriminalpolizeiamt in Berlin
5.10. Ablieferung der Reisepässe von Juden innerhalb von 14 Tagen
21.10. 1. Weisung Hitlers zur »Erledigung der Resttschechei«
24.10. Angebot Ribbentrops an Polen (»Generalbereinigung«): Rückkehr Danzigs zum Reich und exterritoriale Verbindung nach Ostpreußen durch den Korridor, dafür Anerkennung der polnischen Ostgrenze
2.11. Deutsch-italienischer Schiedsspruch

(1. Wiener Schiedsspruch) über die Regelung der ungarischen Revisionswünsche

7.11. Attentat des jüdischen Emigranten Herschel Grynzpan auf den deutschen Legationssekretär vom Rath in Paris

9.11. Zerstörung jüdischer Synagogen, Bethäuser und Geschäfte (»Reichskristallnacht«)

10.11. Hitlers Rede vor der Presse: psychologische Vorbereitung des deutschen Volkes auf den Krieg

12.11. Verordnungen über eine »Sühneleistung« der deutschen Juden von 1 Milliarde Reichsmark und über die Ausschaltung der Juden aus dem deutschen Wirtschaftsleben

30.11. Wahl von Dr. Hacha zum Präsidenten der Republik durch das tschechoslowakische Parlament

6.12. Unterzeichnung einer deutsch-französischen Nichtangriffserklärung in Paris

8.12. Erlaß des Reichsführers-SS und Chefs der Deutschen Polizei Heinrich Himmler zur Lösung der »Zigeunerfrage« (»aus dem Wesen dieser Rasse heraus«)

1939

5.1. Empfang des polnischen Außenministers Beck durch Hitler auf dem Obersalzberg

20.1. Ernennung Funks zum Reichsbankpräsidenten durch Hitler nach der Abberufung Dr. Schachts

24.1. Zentrale für jüdische Auswanderung

30.1. Verlängerung des »Ermächtigungsgesetzes« bis zum 10.5. 1943

30.1. »Prophezeiung« Hitlers vor dem Großdeutschen Reichstag über die »Vernichtung der jüdischen Rasse in Europa« während eines künftigen Weltkrieges

2.3. Wahl des Kardinalstaatssekretärs Eugenio Pacelli zum neuen Papst (Pius XII.)

13.3. Empfang des slowakischen Ministerpräsidenten Dr. Tiso und des slowakischen Verkehrsministers Dr. Durcansky, die von der tschechoslowakischen Zentralregierung in Prag am 10.3. ihrer Ämter enthoben waren, durch Hitler

14.3. Unabhängigkeitserklärung der Slowakei und der Karpatoukraine

15.3. Unterzeichnung eines unter schwerstem deutschen Druck zustande gekommenen Abkommens, in dem das Deutsche Reich den Schutz des tschechischen Volkes übernimmt, durch Dr. Hacha; Einmarsch deutscher Truppen in den tschechischen Reststaat (»Griff nach Prag«), ungarischer Truppen in die Karpatoukraine

16.3. Erlaß über das »Protektorat Böhmen und Mähren« in Prag durch Hitler

17.3. Rede Chamberlains in Birmingham: keine Duldung weiterer deutscher Gewaltaktionen (Ende der »appeasement policy«), Rede F. D. Roosevelts: Ankündigung der Revision der Neutralitätsgesetzgebung

21.3. Hitlers Forderung an Polen: Rückgabe Danzigs, Bau einer exterritorialen Auto- und Eisenbahn durch den Korridor, dafür Garantie der deutsch-polnischen Grenze

22.3. Unterzeichnung eines deutsch-litauischen Staatsvertrages über die Rückgabe des Memelgebiets unter starkem politischen Druck

23.3. Einmarsch deutscher Truppen in das Memelgebiet
Slowakei wird deutscher Schutzstaat.

26.3. Endgültige Ablehnung der deutschen Forderungen durch Polen

27.3. Beitritt Spaniens zum Antikominternpakt

31.3. Britisch-französische Garantieerklärung für die nationale Integrität Polens, nicht für die polnischen Grenzen

1.4. Ende des Bürgerkriegs in Spanien

3.4. Führerweisung zum Angriff gegen Polen (»Fall Weiß«)

6.4. Unterzeichnung eines vorläufigen polnisch-britischen Beistandsvertrags

7.4. Annexion Albaniens durch Italien

13.4. Britisch-französische Garantieerklärungen für Rumänien und Griechenland

14.4. Warnung Roosevelts an Hitler und Mussolini vor der Durchführung weiterer Gewaltakte

28.4. Hitlers Antwort an Roosevelt in der Rede vor dem Reichstag, Kündigung des deutsch-polnischen Nichtangriffspaktes und des deutsch-britischen Flottenabkommens

4.5. Übernahme der Funktionen des Volkskommissars für auswärtige Angelegenheiten durch den Vorsitzenden des Rates der Volkskommissare Molotow

22.5. Unterzeichnung des politischen und militärischen Freundschafts- und Bündnispaktes zwischen Italien und dem Deutschen Reich (»Stahlpakt«)

23.5. Erklärung Hitlers vor den Befehlshabern: ein Angriff gegen Polen finde nicht wegen Danzig statt, sondern diene zur »Gewinnung des Lebensraums im Osten«.

6.7. Gründung der »Reichsvereinigung der Juden in Deutschland« zur Förderung der jüdischen Auswanderung durch Erlaß

23.8. Unterzeichnung des deutsch-sowjetischen Nichtangriffspaktes (sog. »Hitler-Stalin-Pakt«), geheimes Zusatzprotokoll über die Teilung Polens

25.8. Unterzeichnung des polnisch-britischen Beistandspaktes

»Großzügiges« Angebot Hitlers an Großbritannien über eine Zusammenarbeit für die Zeit nach der Auseinandersetzung mit Polen

26.8. Absage des für Anfang September vorbereiteten »Parteitages des Friedens«

27.8. Einführung der Lebensmittelrationierung und des Bezugsscheinsystems in Deutschland

1.9. Deutscher Angriff auf Polen, Wiedervereinigung Danzigs mit dem Deutschen Reich

3.9. Kriegseintritt Großbritanniens und Frankreichs aufgrund ihrer Beistandsverpflichtungen gegenüber Polen

5.9. Proklamation der Neutralität durch die USA

17.9. Einmarsch sowjetischer Truppen in Ostpolen

ab 21.9. Beginn der Gewaltmaßnahmen gegen Juden und Polen (Morde durch Einsatzgruppen und Massenvertreibungen)

27.9. Errichtung des »Reichssicherheitshauptamtes«

Kapitulation Warschaus

28.9. Deutsch-sowjetischer Grenz- und Freundschaftsvertrag, Festlegung der Interessengrenze am Bug

28.9. Sowjetisch-estnischer Beistandspakt (Überlassung von Stützpunkten an die UdSSR)

5.10. Sowjetisch-lettischer Beistandspakt (Überlassung von Stützpunkten an die UdSSR)

6.10. Letzte Gefechte in Polen, Hitlers Rede im Reichstag: sog. »Friedensangebot« an die Westmächte

7.10. Ernennung des RFSS Heinrich Himmler zum »Reichskommissar für die Festigung deutschen Volkstums«

8.10. Bildung der neuen Reichsgaue im westpolnischen Gebiet

im Oktober »Euthanasie«-Schreiben Hitlers an Braack und Bouhler, auf den 1.9. zurückdatiert

9.10. Hitlers Denkschrift an die Oberbefehlshaber der Wehrmachtteile, »durch eine Entscheidungsschlacht im Westen das Deutsche Reich zur Vormacht in Europa zu machen«. (1. Weisung zum Angriff)

10.10. Sowjetisch-litauischer Beistandspakt, Überlassung von Stützpunkten an die UdSSR, Abtretung des Wilna-Gebietes an Litauen.

11.10. Beginn der ergebnislosen sowjetisch-finnischen Verhandlungen über sowjetische Stützpunkte in Finnland

19.10. Britisch-französisch-türkischer Beistandspakt

20.10. Errichtung des »Generalgouvernements« in Polen

26.10. Ernennung Hans Franks zum Generalgouverneur

31.10. »Wachwechsel« in Italien: Kabinett Ciano

3.11. Abänderung des Neutralitätsgesetzes durch Einführung der »cash and carry«-Klausel in den USA

7.11. Belgisch-niederländisches Vermittlungsangebot an die Kriegführenden, das am 7.11. durch Großbritannien und Frankreich, am 14.11. vom Deutschen Reich abgelehnt wird.

8.11. Mißglücktes Attentat auf Hitler im Bürgerbräukeller

30.11. Beginn des sowjetisch-finnischen Winterkrieges

14.12. Der Völkerbund erklärt die Sowjetunion zum Aggressor.

1940

11.2. Deutsch-sowjetisches Wirtschaftsabkommen

1.3. Führerweisung »Fall Weserübung«: Besetzung Dänemarks und Norwegens

12.3. Unterzeichnung des sowjetisch-finnischen Friedensvertrags in Moskau

18.3. Unterredung Hitlers und Mussolinis am Brenner

20.3. Sturz der Regierung Daladier in Frankreich, Paul Reynaud neuer französischer Ministerpräsident (21.3.)

9.4. Besetzung Dänemarks und Invasion in Norwegen durch deutsche Truppen

16.4. Besetzung der dänischen Färöer durch britische Truppen

24.4. Ernennung des Gauleiters und Oberpräsidenten Terboven zum Reichskommissar in Norwegen

5.5. Bildung einer norwegischen Exilregierung in London

10.5. Beginn des deutschen Angriffs gegen die Niederlande, Belgien, Luxemburg und Frankreich ohne Kriegserklärung (»Fall Gelb«), Rücktritt des britischen Premierministers Chamberlains, Bildung eines Koalitionskriegskabinetts durch Winston Churchill

15.5. Kapitulation der niederländischen Streitkräfte, Bildung eines Exilkabinetts durch Königin Wilhelmina und ihre Minister in London

18.5. Ernennung Dr. Seyß-Inquarts zum Reichskommissar für die Niederlande

27.5. Sog. »Öl-Waffen-Pakt« zwischen Rumänien und dem Deutschen Reich

28.5. Kapitulation Belgiens, Bildung einer Exilregierung durch das belgische Kabinett Pierlot

Bis 4.6. Rettung britischer und französischer Truppen aus Dünkirchen

5.6. König Haakon und die norwegische Regierung gehen nach London, Bildung einer Exilregierung

5.6.–24.6. Schlacht um Frankreich (»Fall Rot«)

7.6. Räumung Narviks durch britische Truppen

10.6. Kriegseintritt Italiens
Kapitulation der norwegischen Streitkräfte
Landung britischer Truppen auf Island

12.6. Erklärung Spaniens: »nichtkriegführend«

14.6. Besetzung der internationalen Zone von Tanger durch Spanien

15.6. Besetzung Litauens durch sowjetische Truppen

16.6. Vorschlag zur Bildung einer Union zwischen Großbritannien und Frankreich durch Großbritannien, Ablehnung durch die Mehrheit des französischen Kabinetts, seit dem 14.6. in Bordeaux

17.6. Besetzung Lettlands, Estlands und eines litauischen Grenzstreifens, der lt. Vertrag vom 28.9. 1939 zum deutschen Interessengebiet gehörte, durch sowjetische Truppen

18.6. General de Gaulle erklärt sich zum »Führer der freien Franzosen« in London.

22.6. Deutsch-französischer Waffenstillstand in Compiègne

24.6. Italienisch-französischer Waffenstillstand in Rom

25.6. Waffenruhe im Westen

28.6.–1.7. Besetzung Bessarabiens und der Nordbukowina durch sowjetische Truppen nach einem sowjetischen Ultimatum vom 26.6. an Rumänien, das am 27.6. von Rumänien angenommen wurde.

3.7. Britischer Überfall auf Teile der französischen Flotte in Mers-el-Kebir (Oran), darauf Abbruch der diplomatischen Beziehungen zu Großbritannien durch die französische Regierung

4.7. Bildung eines deutschfreundlichen Kabinetts unter Gigurtu in Bukarest

11.7. Marschall Petain »Chef des französischen Staates«, Regierungssitz Vichy

16.7. Führerweisung Nr. 16 für die Vorbereitung einer Landung in England (Unternehmen »Seelöwe«)

19.7. Reichstagsrede Hitlers: letzter »Friedensappell« an Großbritannien, am 22.7. von der britischen Regierung abgelehnt
Unterzeichnung der »Two · Ocean Navy Expansion Act« durch Roosevelt

21.7. Umwandlung Estlands, Lettlands und Litauens in Sozialistische Sowjetrepubliken

22.7. Bildung einer neuen japanischen Regierung unter dem Fürsten Konoye,

Wiederaufnahme der deutsch-japanischen Verhandlungen über ein Militärbündnis

31.7. Besprechung Hitlers mit Halder, Raeder, v. Brauchitsch auf dem Berghof: Überlegungen für einen Angriff auf die Sowjetunion

2.8. Einsetzung der Gauleiter Robert Wagner, Josef Bürckel und Gustav Simon als Chefs der Zivilverwaltungen im Elsaß, in Lothringen und Luxemburg

Ernennung Baldur von Schirachs zum Reichsstatthalter und Gauleiter von Wien, Arthur Axmanns zum Reichsjugendführer

ab 13.8. Luftschlacht über England

30.8. 2. Wiener Schiedsspruch durch die »Achsenmächte«: Abtretung Nordsiebenbürgens und des Szekler-Zipfels durch Rumänien an Ungarn

2.9. Britisch-amerikanischer Tauschvertrag: 50 US-Zerstörer gegen Einräumung von Stützpunkten in Westindien

7.9. Abtretung der Süddobrudscha durch Rumänien an Bulgarien

16./17.9. Besuch des spanischen Außenministers Serrano Suñer in Berlin: kein Kriegseintritt Spaniens

17.9. Verschiebung der Landung in England

22.9. Gewährung eines Durchmarschrechts in Indochina für Japan durch die Vichy-Regierung unter deutschem Druck

23.9. Deutsch-finnisches Transitabkommen (Nachschub für deutsche Truppen in Norwegen)

25.9. Verbot aller Parteien in Norwegen durch Gauleiter und Reichskommissar Terboven, »Nasjonal Samling« ist die »staatstragende Partei«.

27.9. Unterzeichnung des Dreimächtepaktes zwischen dem Deutschen Reich, Italien und Japan

4.10. Brenner-Treffen Hitlers mit Mussolini: Eingliederung Frankreichs und Spaniens in die Koalition gegen Großbritannien

12.10. Auflösung aller Parteien in Japan, Bildung einer »Nationalen Vereinigung« zum Dienst am Thron

23.10. Zusammentreffen Hitlers mit General Franco in Hendaye

24.10. Zusammentreffen Hitlers mit Marschall Pétain und Pierre Laval in Montoire

28.10. Beginn der italienischen Offensive gegen Griechenland, am 15.10. beschlossen

29.10. Landung britischer Truppen auf Kreta

3.11. Landung britischer Truppen auf dem griechischen Festland

5.11. Wiederwahl Roosevelts zum Präsidenten der USA

11.–21.11. Ausweisung von ca. 100000 Lothringern in das unbesetzte Frankreich

12./13.11. Besuch des sowjetischen Außenministers Molotow in Berlin (ohne Ergebnisse)

14.11. Absperrung des Warschauer Ghettos (350000 Juden)

20.–24.11. Beitritte zum Dreimächtepakt: Ungarn (20.11.), Rumänien (23.11.), Slowakei (24.11.)

5.12. Britisch-französisches Geheimabkommen über den status quo in den Kolonien

13.12. Entlassung Pierre Lavals, Flandin neuer Außenminister

18.12. Hitlers Weisung Nr. 21 (»Barbarossa«) über Vorbereitung des Angriffs gegen die Sowjetunion

25.12. Treffen Hitlers mit Admiral Darlan in Beauvais: kein Entgegenkommen gegenüber der Vichy-Regierung

29.12. Roosevelts Forderung vor dem Kongreß: die USA müssen das »Arsenal der Demokratie« werden.

1941

6.1. Kongreßbotschaft Roosevelts über die »Vier Freiheiten«

14.1. Besuch General Antonescus bei Hitler: Bereitschaft zur Beteiligung am Kampf gegen die UdSSR

19./20.1. Treffen Hitlers mit Mussolini auf dem Berghof

29.1. Beginn geheimer britisch-amerikanischer Generalstabsbesprechungen

11.2. Landung deutscher Truppen in Tripolis nach der Weisung für den Einsatz deutscher Truppen in Nordafrika (»Sonnenblume«) und der Ernennung General Rommels zum »Befehlshaber der deutschen Truppen in Libyen« (6.2.)

12./13.2. Treffen Mussolinis mit Franco in Bordighera

Treffen Franco-Pétain in Montpellier

25./26.2. Streiks in den Niederlanden gegen die Judenverfolgungen

1.3. Beitritt Bulgariens zum Dreimächtepakt

2.3. Einmarsch deutscher Truppen von Rumänien aus in Bulgarien

11.3. Leih- und Pachtgesetz (Lend-Lease-Act) tritt in den USA in Kraft.

25.3. Beitritt Jugoslawiens zum Dreimächtepakt

27.3. Staatsstreich in Belgrad

27.–29.3. Besuch des japanischen Außenministers Matsuoka in Berlin (Vorgehen gegen Singapore)

30.3. Beschlagnahme von deutschen, italienischen und dänischen Handelsschiffen in den USA

Hitlers Ansprache vor über 200 führenden Offizieren über den »Kommissar-Befehl«

Unterzeichnung der Weisung Nr. 25: Angriff auf Jugoslawien

31.3. Beginn der deutsch-italienischen Gegenoffensive in Nordafrika

2.4. Staatsstreich im Irak durch den achsenfreundlichen General Raschid Ali el Ghailani

3.4. Freitod des ungarischen Ministerpräsidenten Graf Teleky

6.4. Unterzeichnung eines sowjetisch-jugoslawischen Freundschaftsvertrages in Moskau

Beginn des deutschen Angriffs gegen Jugoslawien und Griechenland

Einmarsch britischer Truppen in Addis Abeba

10.4. Proklamation des »unabhängigen Staates Kroatien«

13.4. Unterzeichnung eines sowjetisch-japanischen Nichtangriffsabkommens in Moskau

15.4. Anerkennung des Staates Kroatien und seines Staatschefs Ante Pavelić durch Hitler und Mussolini

17.4. Bedingungslose Kapitulation der jugoslawischen Armee

21.4. Kapitulation Griechenlands, auf Drängen Mussolinis unter Einbeziehung der Italiener am 23.4. in Saloniki wiederholt.

27.4. Eröffnung der Reichsuniversität Posen

5.5. Rückkehr Kaiser Haile Selassies nach Äthiopien

10.5. Flug des »Stellvertreters des Führers« Rudolf Heß nach Schottland (sog. »Friedensmission«)

12.5. Martin Bormann als Nachfolger von Heß Leiter der Parteikanzlei

13.5. Erlaß Hitlers über die Ausübung der Gerichtsbarkeit im Gebiet des geplanten Unternehmens »Barbarossa«

Deutsch-kroatischer Grenzvertrag (Südsteiermark)

18.5. Kapitulation der italienischen Truppen in Äthiopien

20.5.–1.6. Unternehmen »Merkur«: Eroberung von Kreta

24.5. König Georg II. und die griechische Regierung gehen ins Exil.

2.6. Zusammentreffen Hitlers und Mussolinis am Brenner

6.6. Erlaß Hitlers über »Richtlinien über die Behandlung (d.h. Liquidierung) politischer Kommissare« in der Roten Armee (»Kommissar-Befehl«)

8.6. Einmarsch britischer und französischer Truppen in Syrien, Abschluß der Kämpfe am 12.7.

12.6. Treffen Hitlers mit Antonescu in München

15.6. Beitritt Kroatiens zum Dreimächtepakt

22.6. Überfall auf die Sowjetunion

Beginn der systematischen Vernichtung von politischen Gegnern, Juden und Zigeunern in den eroberten Territorien des Ostens durch »Einsatzgruppen«

26.6. Kriegserklärung Finnlands an die Sowjetunion

27.6. Kriegserklärung Ungarns an die Sowjetunion

30.6. Abbruch der diplomatischen Beziehungen zur Sowjetunion durch die Vichy-Regierung

im Juni Befehl Himmlers im Auftrag von Hitler an Höß, den Kommandanten von

Auschwitz, Vergasungsanlagen zu schaffen.

3.7. Proklamation Stalins: »Großer Vaterländischer Krieg«, Aufruf zum Partisanenkampf

4.7. Beschluß der KP Jugoslawiens unter Tito für einen bewaffneten Aufstand gegen die Besatzungsmächte

7.7. Landung amerikanischer Truppen auf Island

8.7. Hitlers Entschluß, Moskau und Leningrad »dem Erdboden gleichzumachen«.

12.7. Britisch-sowjetischer Militärpakt über gemeinsames Vorgehen gegen Deutschland

15.7. Vorschlag Hitlers an die japanische Regierung: Offensivbündnis zur gemeinsamen Vernichtung der USA und UdSSR

Vorlage des Entwurfs eines »Generalplans Ost«

16.7. Verkündung der Kriegsziele im Osten durch Hitler: Aufteilung des eroberten Gebiets in 4 Reichskommissariate und Ausbeutung

17.7. Ernennung des Reichsleiters Alfred Rosenberg zum »Reichsminister für die besetzten Ostgebiete«, des Gauleiters Hinrich Lohse zum Reichskommissar für das Ostland, des Gauleiters Erich Koch zum Reichskommissar für die Ukraine

Auftrag an Himmler zur »politischen Sicherung der neu besetzten Ostgebiete«

18.7. Forderung Stalins an Churchill über Errichtung einer 2. Front als Entlastung

28.7. Strafantrag des Bischofs von Münster, Graf Galen, gegen die Tötung von Geisteskranken in Heilanstalten

31.7. Beauftragung Reinhard Heydrichs mit den »Vorbereitungen für eine Gesamtlösung der Judenfrage in Europa« (»Endlösung«)

im August Anhalten des »Euthanasie-Programms«

4.8. Ableistung von weiteren 6 Monaten Kriegshilfsdienst nach der geleisteten Arbeitsdienstpflicht durch Mädchen

7.8. Stalin Oberbefehlshaber der sowjetischen Streitkräfte

9.–12.8. Zusammentreffen des US-Präsidenten Roosevelt und des britischen Premierministers Churchill im Atlantik: Verkündung der »Atlantik-Charta«

8.9.–18.1. 1943 Belagerung von Leningrad

11.9. »Schießbefehl« des US-Präsidenten Roosevelt für die US-Flotte

19.9. Einführung des Judensterns im Deutschen Reich

24.9. Erklärung von 15 alliierten Ländern für die »Atlantik-Charta«

27.9. Beauftragung Reinhard Heydrichs mit der vertretungsweisen Führung der Geschäfte des Reichsprotektors in Böhmen und Mähren

28.9. Verhaftung des Ministerpräsidenten der autonomen Protektoratsregierung Elias, der am 1.10. vom Volksgerichtshof zum Tode verurteilt wird.

29./30.9. Kiewer Judenmassaker

3.10. Verordnung über Zwangsarbeit der jüdischen Bevölkerung im Deutschen Reich

16.10. Judendeportation aus dem Deutschen Reich

18.10. Neues japanisches Kabinett Tojo, Außenminister Togo

2.11. Beginn der Kämpfe zwischen den Partisanen Titos und den Četniks in Jugoslawien

24.11. Ghetto Theresienstadt

25.11. Beitritt Bulgariens, Kroatiens, Dänemarks, Finnlands, Nanking-Chinas, Rumäniens und der Slowakei zum Antikominternpakt

28.11. Kapitulation der letzten italienischen Streitkräfte in Ostafrika

Dezember Beginn der Judenvernichtung durch Vergasung im Vernichtungslager Chelmno

1.12. Deutscher Vormarsch kommt vor Moskau zum Stehen, da »die Kraft der Truppe völlig erschöpft ist«.

5.12. Sowjetische Gegenoffensive bei Moskau

7.12. »Nacht- und Nebelerlaß« Hitlers

Japanischer Überfall auf die amerikanische Flotte in Pearl Harbor

8.12. Kriegserklärung der USA an Japan

11.12. Kriegserklärung des Deutschen Reiches und Italiens an die USA

Abkommen über gemeinsame Kriegführung zwischen Deutschland, Italien und Japan

12.12. Kriegserklärung Ungarns, Rumäniens und Bulgariens an die USA, Bulgariens auch an Großbritannien

16.12. Aufforderung Hitlers zum »fanatischen Widerstand«

19.12. Verabschiedung des Oberbefehlshabers des Heeres, Generalfeldmarschall von Brauchitsch, durch Hitler, Übernahme des Oberbefehls über das Heer durch Hitler

22.12.–14.1. 1942 1. Washingtoner Konferenz zwischen Roosevelt und Churchill (»Arcadia«), Zusammentritt des Vereinigten Kriegsrates: Schwerpunkt der alliierten Kriegführung in Europa gegen Deutschland

1942

1.1. Pakt der »Vereinten Nationen«: kein Sonderfriede mit den Achsenmächten

6.1. Kriegsziel der USA: »Zerschmetterung des deutschen Militarismus«

10.1. Neue Richtlinien Hitlers für die Rüstung: Bevorzugung der Heeresrüstung

18.1. Militärbündnis zwischen dem Deutschen Reich, Italien und Japan: Abgrenzung der »Operationszonen« (70° Längengrad Ost)

20.1. »Wannsee-Konferenz«: »Endlösung der Judenfrage« in Europa durch »Aussiedlung in den Osten« und »andere Maßnahmen«

1.2. Einsetzung einer norwegischen Regierung unter dem Ministerpräsidenten Quisling durch Reichskommissar Terboven

8.2. Albert Speer anstelle des tödlich verunglückten Fritz Todt Reichsminister für Bewaffnung und Munition (ab 2.9. für Rüstung und Kriegsproduktion)

14.2. Bildung der polnischen »Heimatarmee« (Armia Krajowa)

8.3. Kapitulation der niederländischen Truppen auf Java

21.3. Gauleiter Sauckel Generalbevollmächtigter für den deutschen Arbeitseinsatz

26.4. Hitler wird durch den Reichstag als »Oberster Gerichtsherr« bestätigt.

29./30.4. Treffen Hitlers und Mussolinis auf dem Berghof

7.5. »Führererlaß« über einheitliche Steuerung der Wirtschaft

9.5. Sowjetische Großoffensive: Zurückeroberung von Charkow

21.5. Verschiebung des Unternehmens »Herkules« (Eroberung Maltas) auf unbestimmte Zeit durch Hitler

26.5. Beginn der deutsch-italienischen Operation in Nordafrika

27.5. Attentat auf den stellvertretenden Reichsprotektor von Böhmen und Mähren Reinhard Heydrich in Prag

10.6. Vernichtung des tschechischen Dorfes Lidice als »Vergeltung« für den am 4.6. seinen Verletzungen erlegenen Heydrich

12.6. Billigung des »Generalplans Ost« durch Himmler: Aussiedlung von Polen, Tschechen, Ukrainern und Weißrussen nach Sibirien

28.6. Beginn der deutschen Sommeroffensive an der Süd-Ostfront

30.6. Deutsch-italienische Verbände vor El Alamein, 100 km westlich von Alexandria

18.–25.7. Besprechungen in London zwischen Churchill, Hopkins und den Chefs der Generalstäbe: Entscheidung über Landung in Nordafrika (Unternehmen »Torch«)

21.7. Beginn der systematischen Deportation von ca. 350000 Juden des Warschauer Ghettos in das Vernichtungslager Treblinka

6.8. Ernennung des Generals Eisenhower zum Oberbefehlshaber für das Unternehmen »Torch«

12.–15.8. Besprechungen in Moskau zwischen Stalin, Churchill und Harriman über gemeinsame Maßnahmen gegenüber Deutschland und über das Unternehmen »Torch«

20.8. Roland Freisler wird Präsident des Volksgerichtshofes, der bisherige Präsident Otto Thierack wird Reichsjustizminister.

25.8. Befehl Hitlers zum Bau des Atlantikwalles

30.9. Hitlers Rede zur Eröffnung des 4. Kriegswinterhilfswerkes: Stalingrad ist fast vollständig erobert, »daß uns kein Mensch von dieser Stelle mehr wegbringen wird«.

18.10. »Kommando-Befehl« Hitlers

23.10. Britische Offensive in Nordafrika (»Lightfoot«), Beginn des Rückzugs des deutschen »Afrika-Korps«
5.11. Ernennung von Dr. Best zum »Reichsbevollmächtigten« in Dänemark
7./8.11. Landung britischer und amerikanischer Truppen in Marokko und Algerien
11.11. Deutsch-italienische Besetzung des bisher unbesetzten Rest-Frankreichs und Korsikas (Unternehmen »Anton«)
19.11. Sowjetische Gegenoffensive bei Stalingrad (»Südwestfront«)
23.11. Einkesselung der deutschen 6. Armee und von Teilen der 4. Pz. Armee (ca. 300000 Mann) in Stalingrad
27.11. Selbstversenkung der französischen Flotte im Hafen von Toulon
27.12. Gründung des sog. »Smolensker Komitees« unter Führung von General Wlassow

1943
9.1. Kriegserklärung Nanking-Chinas an USA und Großbritannien
13.1. Erlaß Hitlers über den umfassenden Einsatz von Männern und Frauen für die Aufgaben der Reichsverteidigung (»totale Mobilmachung«)
14.–25.1. Casablanca-Konferenz zwischen Roosevelt und Churchill: Verkündung der »bedingungslosen Kapitulation« (unconditional surrender)
27.1. Verordnung des »Generalbevollmächtigten für den Arbeitseinsatz«, Gauleiter Sauckel, zur Führung des totalen Krieges
31.1. Rücktritt des deutschen Oberbefehlshabers der Marine, Großadmiral Raeder, Nachfolger Großadmiral Dönitz
31.1.–2.2. Kapitulation der 6. Armee in Stalingrad
11.2. Beginn der Einberufung von Schülern der höheren Schulen nach vollendetem 15. Lebensjahr zur Dienstleistung als Luftwaffenhelfer
18.2. Verkündung des »totalen Krieges« durch Goebbels im Berliner Sportpalast
Widerstand der Münchener Studentengruppe »Weiße Rose« (Hans und Sophie Scholl)
27.2. Deportation von Juden, die in Berliner Rüstungsfabriken arbeiteten, nach Auschwitz
Aufruf an die estnische, lettische und litauische Bevölkerung zum totalen Kriegseinsatz
1.3. Gründung der »Union polnischer Patrioten« in Moskau
26.3. Goerdeler-Denkschrift für die Generalität: Begründung eines Staatsstreiches
8./9.4. Zusammenkunft Hitlers mit Mussolini in Kleßheim
13.4. Entdeckung der Leichen von über 4000 polnischen Offizieren, im Frühjahr 1940 von der sowjetischen NKWD ermordet, in Massengräbern bei Katyn (in der Nähe von Smolensk)
19.4.–16.5. Aufstand im Warschauer Ghetto
26.4. Abbruch der diplomatischen Beziehungen der polnischen Exilregierung in London zur Sowjetunion
12.–25.5. Konferenz in Washington zwischen Churchill und Roosevelt (»Trident«): Beschluß über Landung in Süditalien und Besetzung der Azoren, Roosevelts Zusage an Benesch: Vertreibung der Sudetendeutschen
13.5. Kapitulation der deutschen und italienischen Verbände in Tunesien
15.5. Auflösung der Komintern
19.5. Berlin »judenfrei«
24.5. Abbruch der Geleitzugbekämpfung durch deutsche U-Boote im Nordatlantik: Wende im U-Boot-Krieg
10.6. Beginn der auf der Konferenz von Casablanca beschlossenen amerikanisch-britischen Bomberoffensive gegen das Deutsche Reich (»Combined Bomber Offensive«)
11.6. Befehl zur Liquidierung der Ghettos in Polen
1.7. Juden im Deutschen Reich unter Polizeiaufsicht
5.7. Beginn der deutschen Offensive gegen den Frontbogen um Kursk (Unternehmen »Zitadelle«), 13.–15.7. eingestellt
10.7. Alliierte Landung auf Sizilien (»Husky«)
12./13.7. Gründung des »Nationalkomitees

Freies Deutschland« in Krasnogorsk bei Moskau
19.7. Letztes Zusammentreffen vor dem Sturz des faschistischen Systems zwischen Hitler und Mussolini in Feltre
24.–30.7. Bombenangriffe auf Hamburg
25.7. Sturz und Verhaftung Mussolinis, Ende des faschistischen Regimes in Italien
1.8. Unabhängigkeitserklärung Burmas
6.8. Ankündigung von Goebbels über Evakuierung der Berliner Bevölkerung
9.8. Letzter Entwurf des »Kreisauer Kreises« für eine Neuordnung
14.–24.8. Konferenz von Quebec (»Quadrant«) zwischen Churchill und Roosevelt: Besprechungen über die Lage in Italien, Burma und die Invasion in Frankreich (»Overlord«)
24.8. Ernennung Himmlers zum Innenminister, des bisherigen Innenministers Dr. Frick zum Reichsprotektor von Böhmen und Mähren anstelle von Neuraths, des Reichsarbeitsführers Konstantin Hierl zum Chef einer obersten Reichsbehörde (Hitler persönlich unterstellt)
2.9. Erlaß Hitlers über die Konzentration der Kriegswirtschaft
3.9. Wiederherstellung des Patriarchats von Moskau
Landung britischer Verbände an der Südspitze Kalabriens
8.9. Verkündung des am 3.9. geschlossenen und noch geheim gehaltenen Waffenstillstands zwischen Italien und den Alliierten, daraufhin deutsche Besetzung Nord- und Mittelitaliens (Fall »Achse«)
9.9. Landung der 5. US-Armee bei Salerno
Beginn der Entwaffnung der italienischen Verbände
Bildung einer faschistischen Gegenregierung
11./12.9. Gründung des »Bundes deutscher Offiziere«
12.9. Befreiung Mussolinis
15.9. Übernahme der Führung der faschistischen Gegenregierung durch Mussolini (»Republik von Salò«)
13.10. Kriegserklärung Italiens an Deutschland
19.–30.10. Konferenz von Moskau zwischen den Außenministern Molotow (UdSSR), Eden (Großbritannien) und Hull (USA): Beschluß über Bildung einer »Europäischen beratenden Kommission« (EAC), Nachkriegsplanungen
18./19.11. 1. von 5 Großangriffen britischer Bomber auf Berlin (bis 2./3.12.)
22.–26.11. 1. Konferenz von Kairo zwischen Roosevelt, Churchill und Tschiang Kai-schek über Nachkriegspläne
28.11.–1.12. Konferenz von Teheran zwischen Roosevelt, Churchill und Stalin (die »Großen Drei«): Einigung über Teilung Deutschlands, Abtretung deutscher Ostgebiete, Westverschiebung Polens, Entindustrialisierung Deutschlands, Landung in Frankreich
12.12. Vertrag zwischen der UdSSR und der Tschechoslowakei (Benesch) über Hilfe und Zusammenarbeit nach dem Kriege
15.12. Aufnahme der Arbeit durch die »Europäische beratende Kommission« in London
22.12. Befehl Hitlers zur Einführung des NS-Führungsoffiziers in der Wehrmacht
24.12. Ernennung von General Eisenhower zum Oberbefehlshaber der alliierten Streitkräfte für die Invasion in Frankreich

1944
14.1. Oder-Neiße-Linie für Churchill endgültige polnische Westgrenze
29.1. Bormann-Denkschrift über Zweit-Ehe nach dem Kriege
19.3. Besetzung Ungarns durch deutsche Truppen
Beginn der Organisation für den Abtransport der ungarischen Juden durch Eichmann
22.3. »Gleichschaltung« Ungarns
15.5.–6.7. Deportation ungarischer Juden
6.6. Alliierte Invasion in Nordfrankreich
10.6. Zerstörung des französischen Dorfes Oradour-sur-Glane und Tötung seiner Einwohner als Vergeltungsmaßnahme für Überfälle französischer Partisanen
12./13.6. Beginn des V-I-Beschusses von London
22.6. Beginn der sowjetischen Großoffen-

sive gegen die deutsche Heeresgruppe Mitte

20.7. Bombenattentat des Obersten Graf Stauffenberg auf Hitler in der »Wolfsschanze«, Scheitern des Staatsstreichs in Berlin und Paris, letztes Treffen Hitlers mit Mussolini, Ernennung Himmlers zum Befehlshaber des deutschen Ersatzheeres

21.7. Bildung des »Polnischen Komitees der Nationalen Befreiung« in Cholm, ab 25.7. in Lublin (»Lubliner Komitee«)

23.7. Einführung des »Deutschen Grußes« in der Wehrmacht durch Göring

25.7. Erlaß Hitlers über den totalen Kriegseinsatz (Goebbels Bevollmächtigter)

28.7. »Hydrier-Denkschrift« Speers an Hitler über katastrophale Lage der synthetischen Treibstoffversorgung als Folge der Bombenangriffe (1. Denkschrift am 30.6.)

bis 29.7. Landung von 1,5 Mio. alliierten Soldaten in Frankreich

1.8. Verfügung Hitlers über Sippenhaftung Beginn des Aufstandes der polnischen Heimatarmee in Warschau

2.8. Anerkennung des polnischen »Lubliner Komitees« durch die UdSSR

15.8. Landung der Alliierten an der Mittelmeerküste (Operation »Dragoon«)

17.8. Abtransport Marschall Pétains und seiner Mitarbeiter nach Belfort auf Befehl Hitlers

23.8. Umsturz in Rumänien, Verhaftung von Marschall Antonescu

25.8. Einzug de Gaulles in Paris Kriegserklärung Rumäniens an Deutschland

ab 29.8. Aufstand in der Slowakei

4.9. Einstellung des Kampfes gegen die Sowjetunion durch Finnland

5.9. Kriegserklärung der UdSSR an Bulgarien

8.9. Kriegserklärung Bulgariens an Deutschland

9.9. Bildung einer provisorischen Regierung in Frankreich unter de Gaulle

11.9. US-Truppen erreichen die Reichsgrenze bei Trier

11.–16.9. 2. Konferenz von Quebec zwischen Roosevelt und Churchill: Paraphierung des »Morgenthau-Plans«, Unterzeichnung des 1. Zonenprotokolls für Deutschland

12.9. Unterzeichnung des rumänisch-sowjetischen Waffenstillstands

19.9. Unterzeichnung des finnisch-sowjetischen Waffenstillstands

25.9. Erlaß Hitlers zur Aufstellung eines »Deutschen Volkssturms«, am 18.10. veröffentlicht

2.10. Ende des Warschauer Aufstands

3.10. Befehl Hitlers zur Räumung Griechenlands, Südalbaniens und Südmakedoniens

15./16.10. Waffenstillstandsangebot Ungarns an die UdSSR, Absetzung Horthys, »Pfeilkreuzler«-Regierung

28.10. Unterzeichnung des bulgarisch-sowjetischen Waffenstillstands

Ende Oktober Einstellung der Vergasungen in Auschwitz

7.11. Wahl Roosevelts zum US-Präsidenten (zum 4. Mal)

26.11. Befehl Himmlers zur Zerstörung der Krematorien in Auschwitz

2.–10.12. Besuch de Gaulles in Moskau: französisch-sowjetisches Bündnis

16.–24.12. Deutsche Ardennen-Offensive auf Befehl Hitlers

1945

1.1. »Das Lubliner Komitee« erklärt sich zur provisorischen Regierung Polens, am 3.1. von der UdSSR anerkannt.

12.1. Sowjetische Offensive an der Weichsel aus dem Brückenkopf Baranow

13.1. Sowjetische Offensive zur Eroberung Ostpreußens

20.1. Bildung einer ungarischen Gegenregierung in Debrecen: Abschluß eines Waffenstillstands mit der UdSSR

23.1. Sowjetische Truppen an der Oder in Niederschlesien

30.1. Letzte Rundfunkrede Hitlers

4.–12.2. Konferenz von Jalta zwischen Roosevelt, Churchill und Stalin: Zukunftsplanungen für Deutschland, Polenfrage, Stimmenverhältnis im Sicherheitsrat u.a.

12.2. Aufruf über den Einsatz von Frauen zum Hilfsdienst für den »Volkssturm«

13.–14.2. Luftangriff auf Dresden

19.2. Friedensfühler Himmlers für Separatfrieden mit den Westmächten über Graf Bernadotte

26.2. Erlaß Himmlers zur Einrichtung von »Sonderstandgerichten zur Bekämpfung von Auflösungserscheinungen«

3.3. Kriegserklärung Finnlands an Deutschland

7.3. Amerikanischer Rheinübergang bei Remagen

14.3. Errichtung von 4 Wojwodschaften durch die polnische Regierung: Masuren, Oberschlesien, Niederschlesien und Pommern

19.3. Hitlers »Nero-Befehl«: Zerstörung sämtlicher Industrie- und Versorgungsanlagen in Deutschland, praktisch aufgehoben durch die Ausführungsbestimmungen der Wehrmacht von 30.3. und 4.4.

2.4. Aufruf zum »Werwolf«

5.4. Kündigung des Nichtangriffsabkommens mit Japan durch die UdSSR

11.4. Freundschafts- und Beistandspakt zwischen der UdSSR und Jugoslawien

12.4. Tod des US-Präsidenten Roosevelt, Nachfolger Harry S. Truman

13.4. Eroberung Wiens durch sowjetische Truppen

23.4. Entlassung Görings aus sämtlichen Ämtern durch Hitler

25.4. Treffen amerikanischer und sowjetischer Truppen bei Torgau an der Elbe

27.4. Bildung einer provisorischen österreichischen Regierung durch Karl Renner

28.4. Erschießung Mussolinis und seiner Geliebten Clara Petacci durch italienische Partisanen

29.4. Ehe Hitlers mit Eva Braun, privates und politisches »Testament« Hitlers, Ernennung von Dönitz zum »Reichspräsidenten«

30.4. Selbstmord Hitlers und Eva Brauns
Ankunft der sog. »Gruppe Ulbricht« in Berlin

2.5. Dönitz verlegt als »Reichspräsident« sein Hauptquartier nach Flensburg

4.5. Kapitulation sämtlicher deutscher Streitkräfte in Holland, Nordwestdeutschland und Dänemark

5.5. Bildung einer »Geschäftsführenden Reichsregierung« unter Graf Schwerin von Krosigk
Aufstand in Prag

7./9.5. Bedingungslose Kapitulation der deutschen Wehrmacht in Reims und Karlshorst

5.6. Proklamationen der 4 Hauptsiegermächte zur Übernahme der obersten Regierungsgewalt in Deutschland

17.7.–2.8. Potsdamer Konferenz der Regierungschefs Stalin, Truman und Churchill, ab 29.7. Attlee

6.8. Abwurf der ersten amerikanischen Atombombe auf Hiroshima, am 9.8. der zweiten auf Nagasaki

8.8. Viermächteabkommen über Verfolgung und Bestrafung der Hauptkriegsverbrecher

30.8. Einsetzung des Alliierten Kontrollrates, der aus den Oberbefehlshabern der vier Zonen besteht.

2.9. Unterzeichnung der bedingungslosen Kapitulation Japans

10.9.–2.10. Konferenz der Außenminister in London

24.10. Die Charta der Vereinten Nationen (UNO) tritt in Kraft

16.–26.12. Außenministerkonferenz in Moskau (USA, Großbritannien, UdSSR)

20.11. Beginn des Nürnberger Prozesses

1946

15.2. Gründung des deutschen Zonenbeirats in der britischen Zone

5.3. Rede Churchills in Fulton (»Eiserner Vorhang«)

18.4. Beschluß des Völkerbundes zur Selbstauflösung und Übertragung seiner Aufgaben an die UNO

22.4. Gründung der »Sozialistischen Einheitspartei Deutschlands »(SED) durch Zwangszusammenschluß von SPD und KPD in der sowjetischen Besatzungszone

25.4.–16.5. 1. Session der Außenministerkonferenz der vier Mächte in Paris

15.6.–12.7. 2. Session der Außenministerkonferenz der vier Mächte in Paris

29.7.–15.10. Pariser Friedenskonferenz

6.9. Rede des US-Außenministers J.F. Byrnes in Stuttgart

19.9. Vorschlag Churchills für einen Zusammenschluß Europas in seiner Rede in Zürich
30.9./1.10. Urteilsverkündung in Nürnberg
4.11.–11.12. Außenministerkonferenz der 4 Mächte in New York
2.12. Unterzeichnung des britisch-amerikanischen Vertrages über die Verschmelzung ihrer beiden Zonen zur »Bizone«

1947
10.2. Unterzeichnung der Friedensverträge in Paris mit Finnland, Italien, Ungarn, Rumänien und Bulgarien
25.2. Auflösung des Landes Preußen durch den Kontrollrat
4.3. Pakt von Dünkirchen zwischen Großbritannien und Frankreich
10.3.–24.4. Außenministerkonferenz in Moskau: keine Einigung über die deutsche Frage
12.3. Verkündung der »Truman-Doktrin«: Hilfe für alle vom Kommunismus oder durch die UdSSR bedrohten Staaten
5.6. Rede des US-Außenministers Marshall in Harvard (»Marshall-Plan«): Angebot der finanziellen Unterstützung Europas
5.–8.6. Münchener Konferenz der deutschen Ministerpräsidenten
12.7. Konferenz für europäische wirtschaftliche Zusammenarbeit (CEEC)
30.9. Gründung des »Kommunistischen Informationsbüros« (Kominform) in Belgrad, dem die kommunistischen Parteien des Ostblocks sowie die Frankreichs und Italiens angehören.
25.11.–15.12. Außenministerkonferenz der 4 Mächte in London über Deutschland, keine Einigung

1948
23.2.–6.3. 1. Session der Außenministerkonferenz der 6 Mächte in London (USA, Frankreich, Großbritannien, Benelux)
23.2. Kommunistischer Umsturz in der Tschechoslowakei
17.3. Abschluß des Brüsseler Vertrages zwischen Frankreich, Großbritannien und den Benelux-Ländern gegen die »Erneuerung einer deutschen Aggressionspolitik«, gerichtet aber gegen eine sowjetische Expansionspolitik
20.3. Auszug des sowjetischen Militärgouverneurs aus dem Alliierten Kontrollrat für Deutschland
16.4. Wirtschaftlicher Zusammenschluß von 17 europäischen Staaten, der USA und Kanadas im Rahmen des Marshall-Planes (OEEC)
20.4.–3.6. 2. Session der Außenministerkonferenz der 6 Mächte in London: »Londoner Empfehlungen« (7.6.)
20.6. Währungsreform in den 3 Westzonen Deutschlands
24.6. Beginn der Berliner Blockade
23.–24.6. Warschauer 8-Mächte-Erklärung über Lösung der Deutschlandfrage
28.6. Ausschluß der KP Jugoslawiens aus dem »Kominform«
1.7. Übergabe der »Londoner Empfehlungen« durch die 3 westlichen Militärgouverneure an die Regierungschefs der westdeutschen Länder und Berlins (»Frankfurter Dokumente«)
10.–23.8. Tagung des vorbereitenden deutschen Verfassungsausschusses in Schloß Herrenchiemsee
1.9. Konstituierung des Parlamentarischen Rates in Bonn zur Erarbeitung eines Grundgesetzes
30.11.–2.12. Spaltung Berlins
7.12. Wahl Ernst Reuters zum Oberbürgermeister von Berlin
10.12. Annahme der »Allgemeinen Erklärungen der Menschenrechte« durch die Generalversammlung der Vereinten Nationen

1949
25.1. Gründung des »Rates für gegenseitige Wirtschaftshilfe« (COMECON) durch die UdSSR, Polen, die Tschechoslowakei, Ungarn, Rumänien und Bulgarien
4.4. Gründung des Nordatlantik-Paktes in Washington (NATO)
10.4. Überreichung des Besatzungsstatuts durch die drei Militärgouverneure an den Parlamentarischen Rat in Bonn
28.4. Errichtung einer internationalen Ruhrbehörde (»Ruhrstatut«)

5.5. Statut für den Europa-Rat in London

8.5. Beschluß des Parlamentarischen Rates über das »Grundgesetz der Bundesrepublik Deutschland«

23.5.–20.6. Außenministerkonferenz in Paris: keine Einigung in der Deutschlandfrage

29./30.5. Annahme der Verfassung der DDR durch den 3. Deutschen Volkskongreß und Bildung eines neuen Volksrates

20.6. Satzungen der Alliierten Hohen Kommission für Westdeutschland

3.8. Offizielle Gründung des Europarates nach Hinterlegung der Ratifizierungsurkunden

14.8. Wahlen in Westdeutschland zum 1. Deutschen Bundestag

20.8. Bekanntgabe eines ersten sowjetischen Atomwaffenexperiments

7.9. Konstituierung des 1. Deutschen Bundestages

12.9. Wahl von Theodor Heuss zum Bundespräsidenten

15.9. Wahl Konrad Adenauers zum Bundeskanzler

20.9. Regierungserklärung Konrad Adenauers

21.9. Inkrafttreten des Besatzungsstatuts, Ende der Militärregierungen, Vertreter der Westmächte sind Hohe Kommissare.

1.10. Gründung der Volksrepublik China

7.10. Konstituierung des Volksrates zur »Provisorischen Volkskammer« der »Deutschen Demokratischen Republik«

11.10. Wilhelm Pieck Präsident der Deutschen Demokratischen Republik

22.11. »Petersberger Abkommen«

1950

9.5. Vorschlag des französischen Außenministers Robert Schuman zur Gründung einer Hohen Behörde für die westeuropäische Kohlen- und Eisenindustrie

6.6. Anerkennung der Oder-Neiße-Linie als endgültige Grenze durch Walter Ulbricht (»Warschauer Deklaration«)

25.6. Beginn des Korea-Krieges

30.8. Sicherheitsmemorandum Adenauers: Wunsch nach Verstärkung der alliierten Streitkräfte, Angebot von deutschen Einheiten für Verteidigung Europas

19.9. Vereinbarung der Außenminister der 3 Westmächte in New York über Aufstellung einer »Europa-Armee« unter Beteiligung deutscher Kontingente

1951

6.3. Revision des Besatzungsstatuts

7.4. Bundesrepublik Deutschland Mitglied des Europarates

18.4. Unterzeichnung des Vertrages über die Gründung der »Europäischen Gemeinschaft für Kohle und Stahl« (EGKS = Montanunion durch Frankreich, die Bundesrepublik Deutschland, Italien und die Beneluxstaaten)

5.7. Interzonenabkommen (Berliner Abkommen) über den Warenaustausch zwischen der Bundesrepublik Deutschland und der DDR

9.7. Erklärung der westlichen Besatzungsmächte über Beendigung des Kriegszustandes mit Deutschland

1.9. Anzus-Pakt zwischen Australien, Neuseeland und den USA

19.10. Beendigung des Ruhrstatuts

1952

18.2. Aufnahme Griechenlands und der Türkei in die NATO

10.3. Note Stalins an die Regierungen der 3 Westmächte: Neutralisierung eines verkleinerten Gesamtdeutschlands

26.5. Unterzeichnung des Deutschland- bzw. Generalvertrags über die Beziehungen zwischen der Bundesrepublik Deutschland und den 3 Westmächten

27.5. Unterzeichnung des Vertrages über die »Europäische Verteidigungsgemeinschaft« in Paris, beide Verträge scheitern an der Nichtratifizierung durch Frankreich.

24.7. Schaffung von 14 Bezirken in der DDR

10.9. Wiedergutmachungsabkommen zwischen der Bundesrepublik Deutschland und Israel (März 1953 ratifiziert)

1953

10.1. D. D. Eisenhower neuer Präsident der USA, Außenminister J. F. Dulles

5.3. Tod Stalins, Vorsitzender des Ministerrates G. M. Malenkow

17.6. Volksaufstand in Ost-Berlin und anderen Städten der DDR
7.7. Waffenstillstand in Korea
9.8. Zündung der 1. sowjetischen Wasserstoffbombe
13.9. N. S. Chruschtschow Sekretär des ZK der KPdSU

1954
25.1.–28.2. Außenministerkonferenz der 4 Mächte in Berlin
25.3. Anerkennung der DDR als souveräner Staat durch die UdSSR
26.4.–21.7. Genfer Konferenz über Indochina und Korea mit Vertretern Frankreichs, Großbritanniens, der USA, der UdSSR, Chinas und Indochinas
21.7. Waffenstillstand in Indochina: Teilung Vietnams durch Demarkationslinie
30.8. Ablehnung des EVG-Vertrags durch die französische Nationalversammlung
8.9. Gründung der SEATO als Gegenstück zur NATO durch Australien, Frankreich, Großbritannien, Neuseeland, Pakistan, die Philippinen, Thailand und die USA
28.9.–3.10. Beschluß der Londoner Konferenz über Gewährung der Souveränität an die Bundesrepublik Deutschland und Assoziierung der Bundesrepublik Deutschland durch Beitritt zum Brüsseler Pakt und zur NATO
19.–23.10. 15-Mächte-Konferenz (14-NATO-Staaten und Bundesrepublik Deutschland)
Pariser Verträge: Deutschlandvertrag, Aufnahme der Bundesrepublik Deutschland in die NATO und den Brüsseler Pakt, »Saarstatut«
1.11. Beginn des Krieges in Algerien

1955
25.1. UdSSR beendet Kriegszustand mit ganz Deutschland
8.2. Sturz Malenkows als Ministerpräsident, Nachfolger N. A. Bulganin
18.–24.4. Konferenz von Bandung mit Delegierten aus 23 asiatischen und 6 afrikanischen Ländern: neutrale Haltung in Ost-West-Konflikt (»blockfrei«)
5.5. Inkrafttreten der »Pariser Verträge«: volle Souveränität der Bundesrepublik Deutschland
14.5. Unterzeichnung des »Warschauer Paktes« durch Albanien, Bulgarien, die DDR, Polen, Rumänien, die Sowjetunion, die Tschechoslowakei und Polen
15.5. Unterzeichnung des österreichischen Staatsvertrags durch die 4 Großmächte und Österreich in Wien
18.–23.7. Genfer Gipfelkonferenz der 3 Westmächte und der UdSSR
9.–13.9. Besuch Bundeskanzler Adenauers in Moskau: Aufnahme diplomatischer Beziehungen und Rückführung der deutschen Kriegsgefangenen
20.9. »Vertrag über die Beziehungen zwischen der DDR und der UdSSR«
23.10. Ablehnung des »Saar-Statuts« durch 67,7% der Saarbevölkerung

1956
18.1. »Gesetz über die Schaffung der Nationalen Volksarmee und des Ministeriums für Nationale Verteidigung« in der DDR
14.–25.2. XX. Parteitag der KPdSU: Geheimrede Chruschtschows über den »Personenkult« Stalins und Mißbrauch der Macht durch Stalin
17.4. Auflösung des »Kominform«
28.6. »Posener Aufstand«
7.7. Einführung der allgemeinen Wehrpflicht in der Bundesrepublik Deutschland
17.8. Verbot der KPD und der Bildung von Ersatzorganisationen durch das Bundesverfassungsgericht
19./20.10. »Polnischer Oktober«: Rückkehr W. Gomulkas an die Spitze der »Vereinigten Arbeiterpartei« Polens (24.10. Bekanntgabe des Reformprogramms)
23.10.–4.11. Niederschlagung des Volksaufstandes in Ungarn durch die Rote Armee
27.10. Saarabkommen zwischen der Bundesrepublik Deutschland und Frankreich
29.10.–6.11. 2. israelisch-arabischer Krieg, gekoppelt mit einer britisch-französischen Aktion gegen Ägypten, beendet auf Druck der USA und UdSSR

1957

30.1. Nahost-Doktrin Eisenhowers zum Schutz vor einer kommunistischen Aggression

25.3. »Römische Verträge«: Schaffung einer Europäischen Wirtschaftsgemeinschaft (EWG) und einer Europäischen Atomgemeinschaft (EURATOM), am 5.7. vom Bundestag ratifiziert.

2.10. Vorschlag des polnischen Außenministers Rapacki über die Schaffung einer atomwaffenfreien und neutralen Zone in Mitteleuropa

4.10. Start des 1. Erdsatelliten (»Sputnik«) durch die UdSSR

14.–16.11. Internationale Konferenz von 12 regierenden kommunistischen und Arbeiterparteien in Moskau: Prinzip des »Proletarischen Internationalismus« und Prinzip der »friedlichen Koexistenz«

26.12. 1. Solidaritätskongreß der afroasiatischen Völker in Kairo

1958

27.3. Chruschtschow sowjetischer Ministerpräsident

1.6. Rückkehr de Gaulles als Ministerpräsident nach dem Militärputsch in Algerien

14.9. Besuch Adenauers bei de Gaulle in Colombey-les-deux-Églises

4.10. Inkrafttreten der neuen Verfassung in Frankreich: Beginn der V. Republik

27.11. »Ultimatum« Chruschtschows an die 3 Westmächte: Umwandlung West-Berlins in eine »entmilitarisierte Freie Stadt« innerhalb von 6 Monaten

1959

8.1. Charles de Gaulle 1. Präsident der V. Republik

10.1. Sowjetischer Entwurf zu einem deutschen Friedensvertrag

15.4. Rücktritt des amerikanischen Außenministers J. F. Dulles, Nachfolger Christian Herter

11.5.–20.6., 13.7.–15.8. Genfer Außenministerkonferenz der 4 Mächte mit Delegationen der Bundesrepublik Deutschland und der DDR als »Berater«

1.7. Heinrich Lübke neuer Bundespräsident

10.9. Godesberger Programm der SPD

26./27.9. Treffen Eisenhowers und Chruschtschows in Camp David

1.12. Antarktisvertrag von 12 Mächten: Verbot von Atomversuchen, Raketen- und Militärstützpunkten

1960

4.1. Abkommen über die Europäische Freihandelszone (EFTA) durch Großbritannien, Portugal, Österreich, die Schweiz, Schweden, Norwegen und Dänemark, am 3.5. in Kraft getreten

11.–15.4. 2. Afro-asiatische Solidaritätskonferenz in Conakry

1.5. Abschuß eines US-Aufklärungsflugzeugs

7.5. Leonid Breschnew Staatspräsident

16./17.5. Scheitern der Pariser Gipfelkonferenz

10.11.–1.12. Konferenz von 81 kommunistischen und Arbeiterparteien in Moskau (2. »Konzil«)

1961

20.1. J. F. Kennedy neuer Präsident der USA

3.–4.6. Treffen Chruschtschow-Kennedy in Wien

25.7. Rede Kennedys über die Verpflichtungen der USA gegenüber Berlin: »Three Essentials«

30.7. Neues Parteiprogramm der KPdSU

13.8. Abriegelung der Grenze zu den Westsektoren durch die DDR (»Berliner Mauer«)

17.9. Bundestagswahlen, neues Kabinett Adenauer aus Koalition CDU/CSU und FDP

30.10. Zündung des stärksten sowjetischen Atomsprengkörpers während des XX. Parteitages (17.–31.10.)

1962

18.3. Vertrag von Evian zwischen Frankreich und Algerien: Ende des Krieges

15.5. Vorschlag de Gaulles für eine Konföderation europäischer Staaten

4.7. Bereitschaft Kennedys zu einer »Atlan-

tischen Partnerschaft« zwischen einem geeinten Europa und den USA
22.–26.10. Kuba-Krise

1963
14.1. Veto de Gaulles gegen Beitritt Großbritanniens zur EWG, Abbruch der Verhandlungen (29.1.)
22.1. Unterzeichnung des deutsch-französischen Freundschaftsvertrags durch de Gaulle und Adenauer in Paris
5.8. Unterzeichnung über die teilweise Beendigung von Kernwaffenversuchen durch die USA, UdSSR und Großbritannien in Moskau, Ablehnung durch Frankreich
14.10. Rücktritt Adenauers, neuer Bundeskanzler Ludwig Erhard (17.10.)
Sturz Chruschtschows, 1. Sekretär der KPdSU Leonid Breschnew, Ministerpräsident A.S. Kossygin
22.11. Ermordung Präsident Kennedys in Dallas, Nachfolger L.B. Johnson

1964
2.8. Tonking-Zwischenfall
7.8. Resolution des US-Kongresses: Recht des Präsidenten zu »unbeschränktem« militärischem Eingreifen im südostasiatischen Raum

1965
4.2. Eintreten de Gaulles für verbesserte Beziehungen zwischen Ost und West
1.–5.3. Moskauer »Konsultativtreffen« – anstelle der gescheiterten »Gipfelkonferenz« des Weltkommunismus: Anerkennung der Unabhängigkeit und Selbständigkeit jeder KP
13.5. Aufnahme diplomatischer Beziehungen zwischen Israel und der Bundesrepublik Deutschland
19.9. Bundestagswahlen: Koalitionsregierung aus CDU/CSU und FDP unter L. Erhard

1966
3.1. Bekanntgabe von 14 Punkten für eine Friedensregelung in Vietnam
22.2. Ankündigung des Abbaus der Verpflichtungen »östlich von Suez« durch Großbritannien
7.3. Austritt Frankreichs aus den militärischen Gremien der NATO
26.10. Rücktritt von 4 FDP-Ministern der Regierungskoalition
1.12. Bildung einer Großen Koalition unter Kurt Georg Kiesinger (CDU) als Bundeskanzler und Willy Brandt (SPD) als Außenminister

1967
20.2. »Gesetz über die Staatsbürgerschaft der Deutschen Demokratischen Republik«
19.4. Tod des ehemaligen Bundeskanzlers Konrad Adenauer
21.4. Putsch der Armee in Griechenland
10.5. Aufnahmegesuch Großbritanniens in die EG, danach Aufnahmegesuche Irlands, Dänemarks und Norwegens
5.–9.6. 3. israelisch-arabischer Krieg
1.7. Fusion der Exekutive der Europäischen Gemeinschaft
3.11. Feierlichkeiten zum 50. Jahrestag der Oktoberrevolution

1968
9.4. Inkrafttreten der neuen Verfassung der Deutschen Demokratischen Republik
13.5. Beginn der Maidemonstrationen in Frankreich
29.5. Billigung der Notstandsverfassung durch den Bundestag
20./21.8. Einmarsch von Truppen der Warschauer-Pakt-Staaten in die CSSR
26.9. Ablösung Salazars durch M. Caetano

Aldous Huxley Moksha. SP 287
Aldous Huxley Narrenreigen. SP 310
Aldous Huxley Die Pforten der Wahrnehmung – Himmel und Hölle. SP 6
Joachim Illies Kulturbiologie des Menschen. SP 182
François Jacob Das Spiel der Möglichkeiten. SP 249
Karl Jaspers Die Atombombe und die Zukunft des Menschen. SP 237
Karl Jaspers Augustin. SP 143
Karl Jaspers Chiffren der Transzendenz. SP 7
Karl Jaspers Einführung in die Philosophie. SP 13
Karl Jaspers Kant. SP 124
Karl Jaspers Kleine Schule des philosophischen Denkens. SP 54
Karl Jaspers Die maßgebenden Menschen. SP 126
Karl Jaspers Philosophische Autobiographie. SP 150
Karl Jaspers Der philosophische Glaube. SP 69
Karl Jaspers Plato. SP 147
Karl Jaspers Die Schuldfrage – Für Völkermord gibt es keine Verjährung. SP 191
Karl Jaspers Spinoza. SP 172
Karl Jaspers Strindberg und van Gogh. SP 167
Karl Jaspers Vernunft und Existenz. SP 57
Karl Jaspers Vom Ursprung und Ziel der Geschichte. SP 298
Karl Jaspers Wahrheit und Bewährung. SP 268
Karl Jaspers/Rudolf Bultmann Die Frage der Entmythologisierung. SP 207
Walter Jens Fernsehen – Themen und Tabus. SP 51
Walter Jens Momos am Bildschirm 1973–1983. SP 304
Walter Jens Die Verschwörung – Der tödliche Schlag. SP 111
Walter Jens Von deutscher Rede. SP 277
Louise J. Kaplan Die zweite Geburt. SP 324
Rudolf Kippenhahn Hundert Milliarden Sonnen. SP 343
Leszek Kolakowski Der Himmelsschlüssel. SP 232
Leszek Kolakowski Der Mensch ohne Alternative. SP 140

Paul Watzlawick   Wie wirklich ist die Wirklichkeit? SP 174
Der Weg ins Dritte Reich. SP 261
Johannes Wickert   Isaac Newton. SP 215
Wolfgang Wickler   Die Biologie der Zehn Gebote. SP 236
Wolfgang Wickler/Uta Seibt   männlich weiblich. SP 285
Wolfgang Wieser   Konrad Lorenz und seine Kritiker. SP 134
Sighard Wilhelm   Geschichte der Bundesrepublik Deutschland. SP 256
Wilhelm Worringer   Abstraktion und Einfühlung. SP 122
Wörterbuch der Erziehung   Hrsg. von Christoph Wulf. SP 345
Heinz Zahrnt   Aufklärung durch Religion. SP 210
Dieter E. Zimmer   Die Vernunft der Gefühle. SP 227